廖奔 著

古典戏曲卷

廖奔文存 ②

中原出版传媒集团
中原传媒股份公司

大象出版社
·郑州·

图书在版编目（CIP）数据

廖奔文存. 2, 古典戏曲卷 / 廖奔著.— 郑州：大
象出版社，2019. 2
ISBN 978-7-5347-9248-9

Ⅰ. ①廖… Ⅱ. ①廖… Ⅲ. ①古典戏曲—中国—文集
Ⅳ. ①J-53

中国版本图书馆 CIP 数据核字（2017）第 118513 号

廖奔文存2 古典戏曲卷

LIAOBEN WENCUN 2 GUDIAN XIQU JUAN

廖 奔 著

出 版 人 王刘纯

责任编辑 管 昕

责任校对 裴红燕 安德华

装帧设计 付锁锁

出版发行 大象出版社（郑州市郑东新区祥盛街 27 号 邮政编码 450016）
　　　　　发行科 0371-63863551 总编室 0371-65597936

网　 址 www.daxiang.cn

印　 刷 北京汇林印务有限公司

经　 销 各地新华书店经销

开　 本 787mm×1092mm 1/16

印　 张 33.25

字　 数 492 千字

版　 次 2019 年 2 月第 1 版 2019 年 2 月第 1 次印刷

定　 价 598.00 元（全四卷）

若发现印、装质量问题，影响阅读，请与承印厂联系调换。

印厂地址 北京市大兴区黄村镇南六环磁各庄立交桥南 200 米（中轴路东侧）

邮政编码 102600 电话 010-61264834

目　录

关于中国戏曲的起源与形成

一、戏曲起源与形成的研究现状

中国戏曲的起源与形成问题,一直是理论界讨论的热点,众说纷纭,莫衷一是,至今仍未能达成统一的认识。为了能够使讨论深入一步,这里先对研究现状做一大致的勾勒,以便确定我们论述的基点。

(一)有关戏曲起源诸认识

关于戏曲的起源,古代曲论家留下了一些论述。归纳他们的方法,主要是从两种途径为戏曲探源的:

1.从文体的变化来追溯

如元末人夏庭芝在《青楼集志》里说:"唐时有传奇,皆文人所编,犹野史也,但资谐笑耳。宋之戏文,乃有唱念,有诨。金则院本、杂剧合而为一。至我朝乃分院本、杂剧而为二。"夏庭芝大概是看到了戏文、杂剧在题材上对唐代传奇的继承关系,因而认为戏文、杂剧系自传奇承传而来。距夏氏写作此文不久,陶宗仪在《南村辍耕录》一书中写下了大致相同的说法。可以看出,在他们的时代,人们还不具备直接探求戏曲起源的自觉,仅只是着眼于眼前所见的戏剧样式的最近文体渊源。这种从文学体裁的发展变化解释戏曲流变的方法,被明、清人广为接受。如人们常说的"唐诗、宋词、元曲",即是根基于这种认识。明代王骥德在《曲律》里则追本溯源地论述了"曲"的历史变迁过程:"曲,乐之支也。自《康衢》《击壤》《黄泽》《白云》以降,于是《越人》《易水》《大风》《刿子》之歌继作,声渐靡矣。乐府之名,昉于西汉……入唐而以绝句为曲……入宋而词始大振……而金章宋时,渐更为此曲……迨季世入我明,又变而为南曲……"王骥德着眼于戏曲的重要形式特征——"曲"来立论,一直追溯到先秦民歌,不为无见。

2.从优人的表演来追溯

明人胡应麟《庄岳委谈》称:"优伶戏文,自优孟抵掌孙叔敖,实及汉宦者傅脂粉侍中郎,后世装旦之渐。《乐府杂录》:'开元中黄幡绰、张野狐善弄参军。'即后世副净矣。又'范传康、上官唐卿、吕敬迁三人弄假妇人',即装旦矣。……杂剧自唐、宋、金、元迄明皆有之。唐所谓优伶杂剧,装服套数,观苏中郎、踏摇娘二事可见。宋杂剧亦然。元世曲调大兴,凡诸杂剧,皆名曲寓焉……"①胡氏按照角色行当寻找优人表演起始,一直追溯到优孟衣冠,亦有卓见。以后吕天成干脆就在《曲品》里明说戏曲是"自昔伶人传习,乐府递兴。爨段初翻,院本继出,金元创名杂剧,国初沿作传奇……"明代是中国戏曲和中国戏曲理论成熟的时代,明代戏曲理论巨匠王骥德《曲律·杂论第三十九上》还从上述两种途径的结合中正确论述了戏曲从仅有科白到唱、念、歌、舞一起登场的演变过程:

> 古之优人,第以谐谑滑稽供人主喜笑,未有并曲与白而歌舞登场如今之戏子者;又皆优人自造科套,非如今日习现成本子,俟主人捡择,而日日此伎俩也。如优孟、优旃、后唐庄宗,以迨宋之靖康、绍兴史籍所记,不过"葬马""漆城""李天下""公冶长""二圣环"等谐语而已。即金章宗时,董解元所为《西厢记》,亦第是一人倚弦索以唱,而间以说白。至元而始有剧戏,如今之所扮演者是。此窍由天地开辟以来,不知越几百千万年,俟夷狄立中华,而于是诸词人一时林立,始称作者之圣,呜呼异哉!

古代曲论家对于戏曲起源问题的探讨,虽然囿于当时认识水平的限制,不尽

---

① 〔清〕李调元:《剧话》引,中国戏曲研究院编:《中国古典戏曲论著集成》(八),北京:中国戏剧出版社,1960年,第37~38页。

全面、准确、允当,但却为我们后世的研究者提供了有价值的借鉴。

20世纪初,由于西方近代人文科学传入中国,戏曲起源问题在发生学的意义上重新引起了学者们的思考。于是,一些新型的研究者提出了新的看法,较有影响的有如下三种:

第一,王国维巫觋歌舞说。这一说法接受了法国考古学家雷纳克提出的艺术起源于原始巫术说,这一学说系在弗雷泽和泰勒对原始民族巫术和宗教活动的研究基础上形成,在西方具有较大的影响。王国维借鉴雷纳克的方法,提出:"歌舞之兴,其始于古之巫乎?"巫的职能是祭祀神明,《说文》说它是:"事无形,以舞降神……"而"群巫之中,必有象神之衣服形貌动作者,而视为神之所冯依;故谓之曰灵,或谓之灵保"。灵或灵保的功能是用模拟表演来表现神明附体后的行为,"是则灵之为职,或偃蹇以象神,或婆娑以乐神,盖后世戏剧之萌芽,已有存焉者矣"。事实上,说戏剧表演起源于祭祀装扮,古时早有人说过,那人就是苏轼。他根据《礼记·郊特牲》中所描述的先秦一种祭祀活动——蜡祭场面里有猫虎一类动物神出现,因而推测说:"祭必有尸(尸:神灵所依附的载体)……猫虎之尸,谁当为之?……非倡优而谁?"[①]当然,苏轼混淆了巫师与俳优的职能,犯了史识的错误,但他"祭必有尸"的认识却是正确的。只是他仅仅是朦胧地联想到祭祀与戏剧表演的关系,王国维则是站在近代思想界科学认识的水平上提出新见解,王国维的说法一直到今天为止,还在戏剧界占有权威性的地位。

第二,许地山、郑振铎印度输入说。许地山写有《梵剧体例及其在汉剧上底点点滴滴》[②]一文,从中国戏曲的内容和形式与印度梵剧接近来立论。郑振铎《插图本中国文学史》第十四章亦持有相同看法,并提出了进一步的证据。郑氏指出梵剧与戏曲的相似处有:其一,皆有唱、白、科段;其二,皆有生(筝耶伽)、旦(筝依伽)、丑(毗都娑仍伽)、家童、梅香;其三,皆有自报家门;其四,皆有上、下场诗;其五,皆有典雅与俗语两种念白。更有许多题材上的巧合,如印度古典名剧《梭康特拉》中的梭康特拉上京寻夫被拒,就与

① 《东坡志林》卷二,《苏轼集》卷一百二,明海虞程宗成化刻本。
② 《小说月报》第17卷号外,1927年。

《王魁》《赵贞女蔡二郎》《张协状元》等的主体情节相似。郑氏还提出一个旁证材料:胡天辅曾在离温州不远的天台山国清寺发现梵文写本《梭康特拉》,而温州是宋代著名的港口,与印度有大量商业往来,温州恰恰又是南戏的发源地。他认为这一切都说明戏曲系由印度经海上传播而来。这种说法颇资借鉴,但其根本弱点在于颠倒了源与流的关系。如果不是中国本土已经有了戏剧表演的形式,至少是具备了戏剧因子,那么仅仅输入梵文的剧本(甚至是梵剧剧班的演出),不足以引起汉文戏剧的凭空而起!我们今天已经知道中国戏剧在宋代之前已经走过了一条漫长的道路,因而输入说是站不住脚的。但是,郑、许二氏提出的现象,却为我们研究梵剧对中国戏曲的影响打开了思路。

第三,孙楷第源于傀儡戏说。前面提及的许地山一文,认为中国戏曲舞台形式源自梵剧,而梵剧表演方式则原出傀儡。孙楷第接过这一思路,在《傀儡戏考原》一书中提出戏曲表演是由模仿傀儡表演发展而来的,而傀儡始自方相氏的驱傩逐疫。方相氏本系由巫师装扮承递而来,本来就是真人装扮,傀儡表演则是模仿真人,孙氏反又倒过去了,更是本末倒置。当然,后世戏曲表演形式受到傀儡戏影响的痕迹也有,例如京剧中的"走线儿",莆仙戏表演里明显的傀儡戏动作,很值得研究。傀儡戏在形成独立艺术形式之后,就开始了其自身的发展,从唐代傀儡戏能够演出"尉迟鄂公突厥斗将之戏"和"项羽与汉高祖会鸿门之像"[1]这类故事来看,已经比当时人的优戏演出具有更强的戏剧性,因而对于戏曲产生影响是可能的。但那仍然是"流"而不是"源"。

以上三种说法,较其优劣,还是王国维说更加接近历史真实,因而几十年来产生了很大的影响。

(二)戏曲形成诸说

与戏曲起源的意见分歧相比,戏曲形成更是一个至今仍旧喋喋争议并且还将继续争议下去的理论领域。争论的焦点在于戏曲形成的时限定于何时。概括起来,有如下四种说法:

---

① 〔唐〕封演:《封氏闻见记》卷六,《说郛》本。

1. 宋代说

人们一般认为,亚里士多德关于悲剧的定义部分适用于一般戏剧,即它是对于一个"完整、有一定长度的行动的模仿"。另外,王国维对于戏曲特征的定义"以歌舞演故事",也得到研究界普遍的认可。由这两条尺度来衡量,中国戏曲的形成必然是在它既具备了歌舞表演的形式,又能够表现一个完整而有一定长度的内容的时候,这个时候就应该是南戏兴起的时候。因此,目前几部体例完备的中国戏曲史著作,包括周贻白先生的几部著述、张庚与郭汉城先生主编的《中国戏曲通史》和余秋雨先生的《中国戏剧文化史述》,都持这种看法,这种认识也是目前戏曲史界的权威意见。笔者也赞同这种看法。需要提出的是,王国维先生实际上也是这种意见。在王国维的时代,宋元南戏的剧本尚未发现,因而他只能就宋杂剧和元杂剧来立论。尽管他认为南戏"渊源所有,或反古于元杂剧",但还是采取了审慎的态度,指出:"虽谓真正之戏剧起于宋代,无不可也。然……其本则无一存。故当日已有代言体之戏曲否,已不可知。而论真正之戏曲,不能不从元杂剧始也。"因此,王国维关于戏曲形成的标准是与上述著作一致的。

2. 唐代说

任二北先生力主唐代已出现"全能之戏剧"说。一部《唐戏弄》,洋洋八十余万言,其基本观点实出于此。所谓"全能之戏剧",其实例主要指歌舞戏《踏摇娘》。任先生认为,此戏已兼备音乐、歌唱、舞蹈、表演、说白五种技艺,"已具后世戏剧之规制"。此说较有影响,至今许多人皆以《踏摇娘》为戏曲成熟的第一个代表剧目。

3. 汉代说

东汉张衡的《西京赋》在描写宫廷宴乐百戏演出中提到了《东海黄公》这个剧目,其表演有简单的情节,有至少两个演员,因而也有人将其作为中国戏剧史上第一个剧目。

4. 先秦说

陈多、谢明二先生在《先秦古剧考略——宋元以前戏曲新探之一》①一

---

① 载《戏剧艺术》1978 年第 2 期。

文中,用舞台剧本的方式讲述了《大武》《九歌》《诗经》中的某些篇章以及《史记》有关"优孟衣冠"的一段记载,将这些全部视作古剧。尽管多数人感到其中臆测的成分很大,但认为《九歌》是歌舞剧,"优孟衣冠"是戏剧表演的看法也有。

以上陈述有关戏曲形成的四种说法,其中优劣品评,留待下文论证。这里想指出研究者一种盲目的心态,即将戏曲的形成日趋推前。因为如果将中国戏曲的形成定在宋代,那么,世界三大古老戏剧体系的成熟时间将显得极不平衡,而恰恰是中国戏曲成熟得最晚,并且晚得时间还相当长。请看下面的比较:

古希腊戏剧:前 3—前 2 世纪

古印度戏剧:5 世纪

中国戏曲:12 世纪

这种差异不能为我们传统的文化心理所接受(实际上就艺术的价值来讲,本无时间先后的区别),我们的文化习惯于一种空间上的大、时间上的久,习惯于长期积淀而成的历史厚重感,容不得别人领先。然而,正是这种文化的保守和封闭造成了我们文化的潴留!于是,一些研究者就不顾材料的缺乏与贫弱,只从感情和主观愿望出发,将戏曲的形成一味前推。然而有一个顽强的事实我们不得不正视:古希腊在前二三百年时,戏剧至少已经是对于一个"严肃、完整、有一定长度的行动的模仿"了,而且有了专门的宏大剧场,而且每年举行三次全民参加观看的比赛,而且具有了专职的剧作家,留下了丰富的剧本!这些条件的具备,在我们的文化里,不是到了宋代才具备的吗?印度则在 2 世纪,出现了专门的戏剧理论著作《舞论》(在梵语中此名称亦即《戏剧论》),论及了戏剧的起源与性质、结构与分幕、表演与台词、角色与化妆以及剧场等问题。如此完整的戏剧理论构架,在我国恐怕要到 17 世纪的王骥德《曲律》里才找得到吧?戏剧的兴起有着极其复杂的历史和文化因素,与民族的生活环境和文化心理有关。既然民族与民族之间有着差异,就不能用同一种艺术尺度去要求其创作。如果我们硬要到先秦文学中去寻找类似于希腊文学的史诗,那无异于到希腊文化里去寻找《春秋》史著,同样会一无所获。倒是正视现实,从文化限制的角度和中国戏曲特质的角度来探讨一下为什么中国戏曲形成迟,更有实际的意义。像余秋雨在《中国戏剧文化史述》里用泛戏剧化的社会生活、和谐反冲突的文化心理来解释中国文学的缺乏戏剧性,就富有启发性。

二、关于中国戏曲的起源与形成

在戏曲的起源与形成问题上,之所以歧议纷纭,关键问题在于大家未能站在相同的基点上来立论,而这一点是进行科学对话的起码要求。

(一)戏剧的起源与戏曲的起源

戏曲是戏剧的类概念。如果我们从发生学的角度去追溯戏曲的起源,势必会涉及人类戏剧的发生问题,进而涉及人类艺术起源的问题。对于艺术起源的研究已有一百余年的历史。在黑格尔时期对此认识还若明若暗,黑格尔的《美学》认为艺术的发端始于象征型的东方艺术,才只有几千年的时间。到1871年,达尔文相继发表《物种起源》和《人类起源和性的选择》,指出人类社会和自然界的历史都是一个不间断的自然历史过程,才使西欧从宗教神学的上帝造人说中解放出来,正视了人类起源的问题。人类学和史前史的研究把人类艺术发展史一直推到旧石器晚期,距今4万—3万年的时候,同时,考古学、民族学和民俗学的研究也把戏剧的起源推到原始部落里的宗教仪式歌舞。

在西方美学界,一种占统治地位的认识是戏剧起源于模仿。很自然,当追溯原始模仿中最初的戏剧因子时不能运用现代戏剧的概念。芬兰美学家希尔恩在其著名的《艺术起源》一书中谈到戏剧起源时,曾对这个问题作了明确界定。他认为,戏剧艺术在戏剧这个词的现代意义上它必然是相当晚的事情,甚至是最晚才出现的。它是艺术发展的一种结果,一种完美意义上的文学剧本。这样的艺术作品只可能是文化高度进步的产物,并且它被许多美学家看作是所有艺术形式中最后的形式。然而当我们涉及原始部落的产品时,我们应该采取一种比较低的标准,虽然在当时这种发展水平上我们不可能遇见悲剧也不可能遇见喜剧,但我们至少可以指出这样的事实:最简单的滑稽戏、哑剧和哑剧似的舞蹈是常常可以在原始部族那里发现的,而这些部族往往还都不能创造出任何的抒情诗,而且即使有抒情诗也仅仅限于少数有节奏而没有意义的句子而已。这样,如果戏剧这个词被用于最广泛意义上的话,那么它就应该包括所有再现某一种活动的表演,这样,戏剧也可以说是所有模仿艺术中最早的。它确实在书写发明之前很早就有了,也许它比语言本身还要古老。作为一种思想的外在符号,行为远比词更直接。布须曼人、澳洲土人和因纽特人都向我们表示出他们有着高度发展了的戏剧的语言。

按照这种理论,戏剧因子的最初萌芽尽可以到最原始的模仿活动中去寻找。而这种模仿活动就是原始人的巫术活动。原始人在模仿生活和模仿环境的时候,并非出于审美的动机,甚至并非直接出于实用的动机,而是受到一种深刻宗教意识的支配,例如感应巫术观念使他们相信模仿活动能够导致自身命运的改变。然而这种模仿活动逐渐演变为仪式,宗教性日益减弱,世俗性日渐增强,审美的观念就抬头了。这是一个从宗教目的向审美目的转变的过程,也是一个被大量原始人类学材料所证明了的过程。如果研究戏剧的发生,不能不到这个过程中去寻找源头。同样,作为人类戏剧样式之一的中国戏曲,其源头也应追溯到这里。曾有这样一种说法,认为戏曲是综合艺术,其起源是多元的,应到优戏、舞蹈、说唱等各种技艺中去寻找源头。殊不知在原始宗教模仿活动中,歌、舞、表演总是三位一体的,并不像后世技艺有着明确的划分和彼此的独立性。从这一点来说,戏曲的起源与一切人类戏剧一样,是一元的。

了解了戏剧暨戏曲的源头问题,对于中国戏曲起源的脉络就清晰了,我们就可以很容易地从现有文献史籍中勾勒出其线索。如《书经·舜典》所说的"击石拊石,百兽率舞",《吕氏春秋·古乐》所说的"拊石击石……致舞百兽",反映的都是人类在原始狩猎时期,一种图腾崇拜性质的动物模拟表演。以后社会进入农耕阶段,劳动对象和劳动手段的变化引起人类观念形态和崇拜对象的变化,这种模拟仪式也从狩猎内容转向与农事相关的方面。今天在文献中所看到的如《吕氏春秋·古乐》所载"葛天氏之乐"的舞蹈"三人操牛尾,投足以歌八阕①",所歌每阕内容就都是农业生活。舞蹈也有八遍,第一遍可能会有不同的模仿表演。这种带有宗教意义的原始狩猎舞、农业舞,逐渐发展为祭祀仪式,例如一种与"葛天氏之乐"极其相似的祭仪:蜡祭,就是民间每年秋收以后酬谢八位农业神明的演出活动。扮饰神明自然由巫来充任,还系仪式性而非表演性活动,但从鲁国蜡祭时"一国之人皆若狂"②的反映看,其全民性娱乐活动的性质已经很明显了。古希腊悲、喜剧的前身是酒神祭典活动,中国这类农业祭典仪式则成为中国戏曲的萌芽,这不是很相似吗?类似的祭祀表演还有傩仪,是一种赶鬼活动,春秋时每年三月、八月、十二月各举行一次,汉代以后改为每年岁终举行一次。傩仪中有方相氏和十二神的装扮,并有驱赶奔扑的模拟与鬼搏斗表演以及合唱。傩仪在中国农村长久地保存下来,直至近世。

原始祭祀歌舞在长期的演变过程中逐渐发展为两路:一路是宫廷中祭祖拜庙、歌颂先人开辟之功的大型庙堂史诗歌舞,一路是民间敬神祭鬼、求祥之福的迎神悦神仪式歌舞。前者如周朝的《大武》,后者如楚国的《九歌》。《大武》是宣扬周武王伐纣克商盛伟功绩的仪式舞蹈,其前身是原始氏族公社的部族歌舞。传说每一氏族公社都有自己的部族歌舞。如伏羲氏时叫《扶来》,神农氏时叫《扶持》,黄帝时叫《咸池》,尧时叫《大章》,舜时叫《大韶》等。③ 其内容跟种族来源的神话传说及部族的兴旺史有关。进入奴隶社会,部落联盟首领便将这种乐舞变成替自己的英雄业绩歌功颂德的工具,《大武》即是其中一种。这个过程反映了人类由远古图腾歌舞向祖先崇拜继而向英雄崇拜祭奠的过渡。从历史记载来看,《大武》的内容包括了周武王出师克商、扫平南疆、回师镐京,封周公、召公采邑分而治之、建立周朝

---

① 八阕:一曰载民,歌颂人类之祖;二曰玄鸟,歌颂春的使者燕子;三曰遂草木,乞告田地里不要生长野草、灌木;四曰奋五谷,祝祷五谷丰登;五曰敬天常,表示对天的意志的畏惧;六曰建帝功,歌颂帝王的业绩;七曰依地德,希望倚重大地的恩惠;八曰总禽兽之极,幻想让百禽百兽俱听命于人类。见《吕氏春秋·古乐》。

② 《十三经注疏·礼记正义》卷十七"月令第六",清阮元校刻本。

③ 〔唐〕杜佑:《通典·乐典第一百四十一》,四库全书本。

的全过程,一共有六节①,有一定的叙事性。然而从《荀子·乐论》描写《大武》的文字为"执其干戚,习其俯仰屈伸,而容貌得庄焉。行其缀兆,更其节奏,而行列得正焉,进退得齐焉"来看,这只不过是一种队舞,充其量大概也只能有一点点带象征意味的模仿动作,其演出性质则是庄严神圣的典礼仪式。陈多等先生将《大武》指为"古剧",恐怕是没有什么根据的。《九歌》是南方楚国民间的祭神乐舞,从歌词来看,当时演出的场面很大,运用了多种乐器如鼓、瑟、竽、箫、钟、篪等,上场人物很多,身穿艳丽的服装,手拿香花瑶草。演出中有代言体的歌唱、对唱,还有众人的合唱。表演分成许多场,每场祭祀一种神灵,第一场是尊贵的天神(东皇太一),第二场是云神(云中君),接下来是湘水配偶神(湘君、湘夫人),然后是掌握寿命的神(大司命)、掌握生育的神(少司命)以及太阳神(东君)、河神(河伯)、山神(山鬼)等,再加上祭祷战士亡灵一场,最后有送神曲。由于《九歌》代言体的直接扮演形式,闻一多先生大胆提出这是一种古代歌舞剧。② 以后有不少人以为这就是最初的戏曲演出。然而,尽管《九歌》已经具备了极其浓郁的戏剧性,但它毕竟还是一种迎神仪式,其功利性和目的性都不是为了给人们看的,因而还缺乏戏剧的必然要素。

从原始模仿到原始祭祀乐舞,戏剧的因子逐渐增加。当这种模仿活动最终抛开了它的宗教外衣,而成为世俗化的娱乐活动后,戏剧就产生了。

(二)戏剧的形成与戏曲的形成

这也是一个看似简单,实则复杂的问题。从一般道理上来讲,形成者,成形也,即是说一个事物已经具备了它的基本形态和基本特征,才叫作形成。这样,戏剧的形成便是当它具备了代言体的模仿功能,同时又拥有演员与观众这两个因素之后。这种形成的标志,我们尽可以从原始模仿表演的娱神到娱人的转化过程中去寻找。然而,"戏剧"一词只是一个笼而统之的大概念,是艺术种属中类的概念,实则戏剧在各民族各地区以及各历史时期

---

① 《史记·乐书》:"且夫《武》,始而北。出,再成而灭商,三成而南,四成而南国是疆,五成而分陕,周公左,召公右,六成复缀,以崇天子。"

② 闻一多:《九歌古歌舞剧悬解》,《闻一多全集》第1册,武汉:湖北人民出版社,1993年。

有着不同的表现形态,当我们从某一形态出发来谈论它的形成时,就已经不单单是站在"戏剧"这一整体概念的立足点上了。例如,"歌剧产生于 16 世纪末意大利的佛罗伦萨。第一部歌剧是文艺复兴时期田园诗人利努奇尼和作曲家佩里合写的《达芙妮》"①,"芭蕾艺术是从 15 世纪和 16 世纪的意大利贵族余兴戏剧演出脱胎而来"②,就都是从戏剧的某种独特形态出发来追溯此种形态的形成的。而实际上,歌剧和舞剧,其原生形态绝非十五六世纪以来才出现。

因此,当我们说到戏曲的形成时,自然不是在追溯它的起源,也不是在寻找它的原生形态,而是站在成形的戏曲形态基点上,去探究这种形态最初具备规模的标志。这就需要总结出戏曲的特征,再进而用这种特征去衡量戏曲从古剧蜕变而来的历史,其哪一环节已经初步具备了这种特征,这一环节就是戏曲形成的标志。过去有许多研究者实际上已经这样做了,因而得出令人信服的结论,尽管他们在理论方法上不一定自觉。

有人抱怨说,讲戏曲的形成不应该用今天所看到的戏曲形态为标准来衡量,那就像用成人标准要求儿童一样。但这样一来,戏曲的形成就失去了客观标准,致使研究者将时代愈推愈久,将戏曲的原生形态当作它的形成形态,使关于戏曲形成命题的理论探讨失去它的意义和价值。事实上,尽管上述成人与儿童的比喻十分蹩脚,我们还是可以借用一下的,只是不要将着眼点放在大人与小人上,而放在人的"成形"上。这样,我们就可以说,人的成形是在妊娠后的第八周,这时人的胚胎外形开始表现得与人相似——这又是站在了出生后的人的基点上。然而,要讲人的形成,这还不够,因为胎儿还不具备人的吃饭、呼吸、排便等功能,这些全是依靠脐带来完成的。因此,只有分娩之后,人才达到了形成的临界点。

当我们的理解在上述层次上达到了一致,就可以来探求戏曲的形成了。

与任何戏剧形态相同,戏曲首先也是一种模仿艺术,代言体的对话和模拟表演、演员与观众这两方面条件的具备,是戏曲得以作为戏剧的基本的元

---

① 《简明不列颠百科全书》中文版第 3 册,北京:中国大百科全书出版社,1985 年,第 341 页。

② 《简明不列颠百科全书》中文版第 1 册,北京:中国大百科全书出版社,1985 年,第 490 页。

素。在中国戏剧史上，楚国的"优孟衣冠"，三国时优人的装扮刘备二博士，都是刚刚满足了这些条件的实例。优孟在楚王面前装扮孙叔敖，究竟是在进行扮饰表演还是现实生活中的假冒，由于记载文字的简略，今天还引起歧义。即使确定是戏剧表演，也仅仅是停留在生活动作模拟的水平，可以说是最简陋的戏剧，离戏曲的形成途程尚远。有人将中国戏曲的形成追溯到这里，实在是过于急切了。

戏剧是叙事艺术，因而其形成条件还必须加上故事情节的完整。以上两例都缺乏这一条件。今天所能见到具备这一条件的最早记载是西汉宫廷百戏演出中的《东海黄公》一剧。此剧的表演是以黄公能念咒制服老虎起始，以黄公年老酗酒、法术失灵而为虎所杀结束，有两个演员按照预定情节表演。如果追究戏剧的形成，把这一剧目作为标志是有道理的。然而对于戏曲来说，它还缺乏歌舞的因素。这类有着完整故事情节的表演，在唐、五代优戏中已发展得非常成熟，能够表现各种人物、各类生活场景，上场人物也可达四五人，但它们虽然是成形了的戏剧，却仍然都不是戏曲。

歌舞小戏在唐代已经发展得非常成熟，出现了《踏摇娘》那样著名的剧目。其演出形式有歌有舞，两个演员按照一定的程序进行情节表演，歌唱的句尾还有众人的帮腔。许多研究者根据王国维给戏曲下的定义"以歌舞演故事"，认定此剧即是戏曲形成的标志。然而，如果我们考虑到《踏摇娘》的歌唱还只是一种在生活基础上的艺术加工，这种歌唱的曲调还只是这一具体表演的专用曲调，与戏曲程式化的音乐唱腔还不可同日而语；考虑到这一剧目还只是刚刚从生活形态转化过来，其演员还只是充作特定角色而未形成表演行当；尤其是在它后面并没有产生用同样手段表现的剧目，我们只能说它是戏曲的胎儿，还不是独立生长的儿童。当然，前面说过，这种比喻是蹩脚的。作为戏剧形态的一种，戏曲与任何人类戏剧一样来源于原始宗教歌舞，其起源是一元的，那么，它当然有一个从胚胎到孕育到降生的过程。但是，由于戏曲经历了过于漫长的形成过程，在这一过程中，它又不断吸收了后起的各类表演艺术的养料，这些艺术门类虽同源而不同宗，都在自身的发展中形成了独自的特征。戏曲在融会这些艺术因子的时候，又常常是大口大口贪婪地吞食，因而使自己带有其明显的遗传基因，很难说戏曲可以不需要这些艺术因子里的哪一种——缺少哪一种戏曲都不能称为戏曲。然而,戏曲成为一门综合性的艺术,它的来源有多条渠道,在这一点上说,戏曲的形成过程实际上又导致它成为多元艺术。既是多元的,胚胎理论在这里就不适用了。

　　那么,在唐代优戏、歌舞戏互相融合的基础上,戏曲还吸收了哪些艺术因素呢?至少应该提到说话与说唱艺术。说话艺术是一种从叙事的情节性和表现内容方面给了戏曲极大养料的艺术。说话在初时为"俳优小说",是优人滑稽戏谑、捷才辩词的工具,魏王曹植就曾模仿优人"诵俳优小说数千言"[①],唐代民间市肆说话盛行,所说有扁鹊故事[②]、李娃故事[③]等。唐代寺庙中的俗讲,则是释家利用说话艺术(当然,俗讲与"说话"并不是一回事儿)吸引善男信女的手段,所讲内容有张义潮故事、伍子胥故事、秋胡故事、昭君故事、季布故事等。[④] 到了宋代勾栏瓦舍中的说话,则达到了说话艺术的极盛,内容已可分作烟粉、灵怪、铁骑、公案、史书诸类,情节委曲婉转,跌宕生姿。这些内容使中国的叙事文学走向成熟,并进入世俗化的历程,而给戏曲以极深刻影响。单单从题材上说,今知宋金杂剧院本和宋元南戏与宋人话本袭用的题材就有三十多种。说唱艺术则从根本上决定了戏曲演唱形式的确立。说唱艺术(或称讲唱文学)是用夹说夹唱的形式表演的艺术,与说话有极近的血缘关系,亦来自唐朝寺院的俗讲。俗讲中的讲经义、变文,从文学形式看,大多都夹有韵文和散文,讲唱时以散文叙述,以韵文歌唱。歌唱的目的和作用是突出文中重点,增加抒情气氛,同时加大手段的表现力,从而吸引观众的兴趣。唐太和年间有文溆僧,善俗讲,"愚夫冶妇乐闻其说,听者填咽",讲说时的方式就是有说有唱,致使"教坊效其声调,以为歌曲"[⑤]。僧人最初咏唱的调子当然是梵呗的乐调,以后说唱世俗化了,就大量采用民间乐调了。宋代讲唱文学种类繁多,有嘌唱、覆赚、陶真、涯词、鼓子词、诸宫

013

① 《三国志·魏志·王粲传》裴松之注引《魏略》。
② 〔唐〕段成式:《酉阳杂俎续集》四"贬误"。
③ 〔唐〕元稹:《酬翰林白学士代书一百韵》诗自注,《全唐诗》卷四〇五。
④ 参见敦煌石室变文。
⑤ 〔唐〕赵璘:《因话录》卷四,四库全书本。

调等,我们将其演唱形式与戏曲的曲牌体音乐体系比较一下,就能看出其中极其相近的血缘关系,尤其是诸宫调对于元杂剧音乐体制的影响,简直起了决定性的作用。这方面的研究论文颇多,此处不赘。

优戏、歌舞戏与说唱艺术以及他种技艺,在北宋时期一齐进入瓦舍勾栏,既彼此竞争,又互相融合,终于形成了以程式性和写意性为特征、有着完整的情节和长度、以歌舞演故事的戏曲。根据今天所掌握的材料,这种最早形成的戏曲形态应该是南戏。

至此,我们看到,戏曲的形成走过一个怪圈。从载歌载舞的原始模仿表演,到分散在各艺术分支中,成为纯粹的优戏、歌舞、说唱、杂耍,然后又逐渐合拢,融为一体,才终于形成了地负海涵、无所不包的更高一级的综合艺术,成为否定之否定的二级阶梯上更成熟的艺术品类。只有到了这时,我们才可以说:戏曲的形成过程正式完结了。

(原载《河北学刊》1991 年第 1 期)

论汉画百戏

一

百戏,是伴随着秦汉封建经济的发展和文化高涨而兴盛的表演艺术,是汉代表演艺术的主体。百戏不是一种成形的、完整的、规范的艺术形式,而是混合了竞技、杂耍、歌舞、幻形诸种表演艺术的大杂烩。它生动体现了汉代气势雄浑、兼收并蓄、包罗万象的时代精神,成为中国表演艺术史上的创举。其余澜直接波及六朝文化,并对后世表演艺术的各个分支产生了深远的影响。

汉代的绘画雕塑遗存,为我们保存了大量百戏演出的视觉形象。这些演出形象的载体主要有四种。

第一,画像石。为百戏图像的主要承载物。以山东出土者为最多,河南南阳次之。

第二,画像砖。较画像石中的百戏图像为少,主要分布在四川。

第三,壁画。散见于汉代贵族墓葬中。

第四,陶塑。较少见。

上述载体物质,都是当时墓葬构件或饰物,汉人运用绘、塑手段在这些载体上留下众多的百戏演出场面,其意义有二:第一,百戏是汉代的普及艺术;第二,百戏是汉人文化娱乐生活的重要部分。故而在带有赞颂、回顾、祝福、希企意义的墓葬装饰中,专门为之辟出了一块领地。

汉画百戏的内容极其丰富,仅以两幅场面较完整的百戏雕绘为例:

一是山东沂南北寨村汉墓百戏画像石。演出项目:跳丸、跳剑、掷倒、寻

015

橦、跟挂、腹旋、高缗、马技、戏龙、戏凤、戏豹、戏鱼、戏车、七盘舞、建鼓舞等。演员 28 人。伴奏乐器品类:钟、磬、鼓、鼗鼓、排箫、竖笛、笙、瑟、埙等。乐队 22 人。全部场面共 50 人。

二是内蒙古和林格尔新店子东汉墓彩绘百戏壁画。演出项目:跳丸、跳剑、掷倒、寻橦、跟挂、腹旋、舞轮、送案、角抵、男女对舞、建鼓舞。演员约 16 人。伴奏乐器品类不辨。乐队约 9 人。另有观赏者 6 人。全部场面共约 31 人。

这两幅百戏绘刻并未囊括汉画百戏表演的全部技艺。如果将各地汉画百戏的品类集中统计,则至少还应增添以下名目:旋盘、顶碗、扛鼎、冲狭、吐火、蹴鞠、长袖舞、巾舞、鼓舞、鼗鼓舞。伴奏乐器也应添上竽、铙等。

将上述百戏内容按照今天的观点进行粗略分类,约可划分为四部分:杂技、舞蹈、假形扮饰、竞技。

舞蹈一类是否应当归属于百戏的统摄,今人尚有不同看法。按照张衡《西京赋》对宫廷宴乐的描写,先是"大驾幸乎平乐","临迥望之广场",观看一场惊目骇听的百戏表演。"然后历掖庭、适欢馆",始观女乐,"美声畅""嚼清商""屣盘樽""奋长袖",表演盘鼓舞、长袖舞。似乎是舞蹈与百戏分庭。盘鼓舞是汉代宴乐中一项极为流行、能够独立擅场的女乐舞蹈,傅毅的《舞赋》、张衡的《七盘舞赋》皆专咏盘鼓舞。以此而论,舞蹈亦当归为纯女乐,似与百戏无涉。然而,以舞蹈加入百戏演出的事例,于史籍中却偶有泄露。《汉书·西域传》载,武帝"设酒池肉林以飨四夷之客,作巴渝、都卢、海中砀极、漫衍鱼龙、角抵之戏以观视之"。"巴渝",舞名,《晋书·乐志上》云:"汉高祖自蜀汉将定三秦,阆中……其俗喜舞,高祖乐其猛锐,数观其舞,后使乐人习之。阆中有渝水,因其所居,故名曰巴渝舞。"在武帝时的百戏演出中,巴渝舞已明显成为一项内容。盖汉代百戏,乃集几乎所有表演艺术于一堂。魏晋以后,百戏始渐趋于向纯杂技表演发展。而汉画中舞蹈与杂技、角力、戏象、幻术夹杂演出的大量图像,应该成为历史文化典故的可信实证。

下面,我们采用图表的形式来展示汉代绘画雕刻中的百戏内容组合:

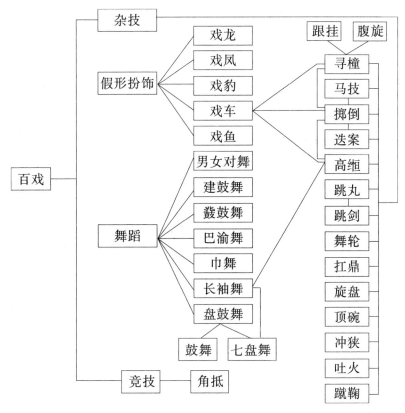

汉代百戏内容组合图

　　舞蹈类中列出"男女对舞"一目,史料无征,然汉画中常出现。最具特点的是河南荥阳河王水库东汉墓出土两座陶楼上的彩画。两楼形制一致,在两座陶楼的前壁上各绘一幅色彩艳丽的男女对舞图。其一,绘一裸脊男优追逐戏弄一舞女,女子迅疾逃避,踏盘腾跃,长袖翻飞。其二,两人位置颠倒过来,舞女呼天抢地,飞身相扑,男优仓皇回顾,跟跄奔逃。两图内容相关,描述了一定的故事情节,当为从世俗生活中提取情节的歌舞小戏表演。与之相类,和林格尔汉墓百戏壁画中有一舞女扬袖奔逐、男优避逃的场面,南阳汉代百戏画像石中也有舞女男优对舞的图景。这些表演应是后世踏摇娘、苏中郎一类歌舞小戏的滥觞。

　　以上统计汉代百戏演出的品类,仅以今存汉代绘画雕刻所表现内容为限。若征引当时文献,则会大大超越,更甚者,尚有许多奇幻变化于汉画中无法表现,诸如"海鳞变而成龙""舍利化为仙车"之类,此处皆略之。

017

二

汉代百戏的渊源缺乏文物实证。但早期文献中却留有蛛丝马迹。先秦史籍里出现的"倡优侏儒"①一类人物,即为汉代百戏从演者的师祖。若按"类"索骥,百戏中的舞蹈则应自先秦女乐发展而来。其他几类亦各有宗承,下面从四种途径略作绎述。

(一)表现原始图腾与宗教情绪的祭典仪式歌舞

原始吉庆贺颂歌舞,常扮饰鸟兽假形以显现图腾之像。有文献为证:

> 夔曰:戛击鸣球,搏拊琴瑟以咏。祖考来格,虞宾在位,群后德让,下管鼗鼓,合止柷敔,笙镛以间,鸟兽跄跄,箫韶九成,凤皇来仪。夔曰:于! 予击石拊石,百兽率舞。②
>
> 帝喾乃令人抃……击钟磬、吹苓、展管篪,因令凤鸟天翟舞之。③
>
> 帝尧立,乃命质为乐。质乃效山林溪谷之音以歌,乃以麋鞈置缶而鼓之,乃拊石击石以象上帝玉磬之音,以致舞百兽。④

其中所云"鸟兽""凤凰"之属,皆乃以人为饰。

初民祭祀,以巫扮神。原始农耕时代蜡祭,祭祀八种与农事相关的神明,曰:先啬、司啬、农、邮表畷、猫虎、坊、水庸、昆虫。⑤ 八种神明必然是由巫师——人来装扮。此说由宋代苏轼初创,《东坡志林》卷三云:"八蜡三代之戏礼也……祭必有尸……猫虎之尸,谁当为之,置鹿与女,谁当为之,非倡优

---

① 《管子·小匡》:"倡优侏儒在前,而贤大夫在后。"近人认为《管子》一书或为秦汉时人假托。
② 《尚书·虞书·益稷》,《十三经注疏》上册,北京:中华书局,1980年,第144页。
③ 《吕氏春秋·古乐》,四库全书本。
④ 同上。
⑤ 《礼记·郊特牲》,《十三经注疏》下册,北京:中华书局,1980年,第1453~1454页。

而谁?"以为神灵之尸由优人装扮,未免缺乏史识。但祭神必有尸,尸必以人充任,却是苏轼的卓见。战国时,"楚国南郢之邑、沅湘之间,其俗信鬼而好祠,其祠必作歌乐鼓舞以乐诸神"①。从今天保存的经屈原改造过的楚国民间祭祀乐舞《九歌》来看,所祭神明甚夥:东皇太一、云中君、湘君、湘夫人、大司命、少司命、东君、河伯、山鬼,这些神明皆由巫师扮饰来参加"歌乐鼓舞"。王国维说:"盖群巫之中,必有象神之衣服形貌动作者,而视为神之所冯依。"②正确指出了祭祀中巫觋与神的关系。

傩亦为原始祭祀之一种,有文字记载的傩始自殷商时期。③ 傩仪是驱邪逐疫的仪式,从汉代傩仪来看,有以人扮作方相氏和十二神兽的表演。《后汉书·礼仪志》言:"方相氏黄金四目,蒙熊皮,玄衣朱裳,执戈扬盾。十二兽有衣毛角。"十二神兽各有名称,曰:甲作、胇胃、雄伯、腾简、揽诸、伯奇、强梁、祖明、委随、错断、穷奇、腾根。行傩时"方相与十二兽舞,欢呼周遍……"。沂南汉画像石墓前室北壁上方横额《大傩图》(采孙作云说),刻有十数个狰狞可怖、张牙舞爪的凶神恶煞,或执弓矢斧钺作四处驱逐状,或捕获疫鬼而吞食,即反映了当时傩仪模拟表演在人们感知中的幻象。汉代傩仪系自前代承继而来,因此上述情况可以反衬出原始傩仪的一些影子。

带有宗教图腾色彩的原始祭祀乐舞,启迪了人们的戏剧观念。当这种乐舞的宗教巫术性质日趋淡化,以人为中心的娱乐审美观逐渐滋长后,就向纯表演性的假形扮饰靠近了。西汉时,象人成为朝廷乐府机构中的常置乐工,《汉书·礼乐志》言乐府中有"常从象人四人""秦倡象人员三人"。孟康曰:"象人,若今戏虾鱼狮子者也。"韦昭曰:"著假面者也。"戴假面具、装扮虾鱼狮子,即是上古祭祀扮饰之遗。百戏的假形舞蹈,在汉画像石中有着生动的表现:沂南汉墓百戏画像石中一只凤鸟,上身鸟首彩羽,下面却露出一人下身,束裙穿裤着鞋,历历在目。另一条巨鱼,鱼身上部露出二人上身,各戴平巾帻,着交领大袖衣,右手执鼗鼓。江苏铜山洪楼汉代戏鱼画像石,刻

---

① 〔汉〕王逸:《楚辞章句·九歌序》,四库全书本。

② 王国维:《宋元戏曲考》"上古至五代之戏剧",《王国维戏曲论文集》,北京:中国戏剧出版社,1984年,第5页。

③ 参见于省吾《甲骨文字释林》和郭沫若《卜辞通纂考释》。

一鱼形,下出四兽腿,当为戏鱼形象的变形。结合沂南、铜山两图,可知汉代戏鱼即如后世之划旱船、跑毛驴、骑竹马一类舞蹈。

百戏中的假饰舞蹈,将吉兽祥禽、仙女神人全部拉在一起,例如《西京赋》中描写:"总会仙倡,戏豹舞罴。白虎鼓瑟,苍龙吹箎。女娥坐而长歌,声清畅而蜲蛇。洪涯立而指麾⋯⋯度曲未终,云起雪飞,初若飘飘,后遂霏霏。复陆重阁,转石成雷⋯⋯"将仙境、天界展现在五彩缤纷、斑驳陆离的幻景演出中,创造出一种人神杂处的氛围,增添了百戏演出的神秘色彩。这恰恰符合汉人的谶纬迷信思想,故而又反过来助长百戏的盛行。

(二)奇技表演

先秦史籍中常有"奇技"一词出现,例如:

> 作奇技淫巧以悦妇人。[1]
> 作淫声、异服、奇技、奇器以疑众,杀。[2]

另外,刘向《列女传·孽嬖传·夏桀末喜》载:"桀既弃礼义,淫于妇人,求美女,积之于后宫,收倡优侏儒狎徒能为奇伟戏者,聚之于旁,造烂漫之乐。"何为"奇技"?竟至于能"疑众",下引史料可做说明:"宋有兰子者,以技干宋元,宋元召而使见。其技以双枝,长倍其身,属其胫,并趋并驰,弄七剑迭而跃之,五剑常在空中。元君大惊,立赐金帛。又有兰子能燕戏者,闻之,复以干元君。元君大怒曰:'昔有异技干寡人者,技无庸,适值寡人有欢心,故赐金帛。彼必闻此而进,复望吾赏。'拘而拟戮之,经月乃放。"[3]晋人张湛注"燕戏"曰:"如今之绝倒投狭者。"原来,"奇技""异技""奇伟戏"都是指杂技表演。兰子表演的长跷、跳剑,能使宋元君"大惊,立赐金帛",说明战国时此项技艺尚不流行,但演员的演技已极其高超了。又,《庄子·徐无鬼》载:"市南宜僚弄丸而两家之难解。"《约解》注:"市南宜僚善弄丸铃。常

---

① 《尚书·泰誓下》,《十三经注疏》上册,北京:中华书局,1980年,第182页。
② 《礼记·王制》,《十三经注疏》下册,北京:中华书局,1980年,第1344页。
③ 《列子·说符篇》,四库全书本。

八个在空中,一个在手。楚与宋战,宜僚披胸受刃,于军前弄丸铃,一军停战。遂胜之。"弄丸铃能吸引得"一军停战",影响战争胜败,奇技"疑众"的力量得到了体现。然而到了汉代,跳丸、跳剑却已成为百戏中最为普遍的表演了。

战国时代的杂技演出,尚有其他品类。《国语·晋语》载:"侏儒扶卢。"韦昭曰:"扶,缘也。卢,矛戟之秘,缘之以为戏也。"扶卢,即爬竿,汉代寻橦之祖。

由此可见,杂技在战国时已经初露头角,只是还不多见,且声名欠佳。一旦遇到西汉好大喜功,竞奇逐异的气候,便迅速发展为百戏表演的中坚力量。

(三)角抵戏

角抵戏始兴于秦。《史记·李斯列传》载:"是时(秦)二世在甘泉,方作觳抵优俳之观。"应劭集解:"战国之时,稍增讲武之礼,以为戏乐,用相夸示,而秦更名曰角抵。角者,角材也;抵者,相抵触也。"文颖注:"案:秦名此乐为角抵,两两相当角力,角伎艺射御,故曰角抵也。"三者合观,知角抵戏来源于战国武备训练,秦时正式命名,成为表演艺术之一项。

梁朝任昉对于角抵戏来源有不同的解释:"秦汉间说蚩尤氏耳鬓如剑戟,头有角。与轩辕斗,以角抵人,人不能向。今冀州有乐名蚩尤戏,其民两两三三,头戴牛角而相抵。汉造角抵戏,盖其遗制也。"①任昉训"角抵"为"以角抵人",与上说"角力"不同。任昉依据梁代冀州民间蚩尤戏"头戴牛角而相抵"来立论,已为汉后之事。而汉代角抵戏实非如此"戏"法。这一点可从"东海黄公"戏的演出形态中得到证明。《西京杂记》载:"有东海人黄公,少时为术能制蛇御虎,佩赤金刀,以绛缯束发,立兴云雾,坐成山河。及衰老,气力羸惫,饮酒过度,不能复行其术。秦末有白虎现于东海,黄公乃以赤刀往厌之。术既不行,遂为虎所杀。三辅人俗用以为戏。汉帝亦取以为角抵之戏焉。"黄公斗白虎,还是属于角力一类,所以能"取以为角抵之

---

① 任昉:《述异记》卷上,四库全书本。

戏"。具体演法,《西京赋》中有所描述:"东海黄公,赤刀粤祝,冀厌白虎,率不能救。挟邪作蛊,于是不售。"已不是单纯凭角力取胜,而是按照规定的情节,黄公必然要败于猛虎。从表演艺术的角度看,这种演出形态,与头戴牛角两两相抵比较无疑进步得多了。

汉画中的角抵场面很多,而形式不一,有两人手搏、两人械斗、人与虎(熊、牛、猿)斗等。这些图像表现的不一定全是角抵戏,有些是生活中体育、武术活动的反映,有些则是当时斗兽风习的写照。[①] 但在百戏中夹杂演出的(如和林格尔汉墓百戏壁画两人角抵图像)则是角抵戏无疑。

角抵戏在尚武嗜勇的汉代,对于人们娱乐心理的影响是不可低估的。事实上,汉代很长时期内未能出现"百戏"这个名称,而由"角抵"来代替。试看一组材料:

> 方作觳抵优俳之观。[②]
>
> 大觳抵,出奇戏诸怪物,多聚观者。[③]
>
> 觳抵奇戏岁增变。[④]
>
> 三年在,作角抵戏,三百里内皆观。[⑤]
>
> (六年)夏,京师民观角抵于上林平乐馆。[⑥]

更直接的证据是张衡《西京赋》描述平乐观前广场"程(逞)角抵之妙戏",罗列了杂技、戏象、鱼龙漫延、幻术、"东海黄公"戏等几乎全部的百戏项目。东汉文颖注《汉书·武帝纪》角抵戏亦曰:"盖杂伎乐也,巴俞戏、鱼龙蔓延之属也。""百戏"名称的初见,未能详考,似乎当为《后汉书·孝安帝纪》"乙酉,罢鱼龙曼延百戏",但尚与他技并称。真正以"百戏"指称全部此类演出,则是汉代以后了。

---

① 参见王子今:《汉代的斗兽和驯兽》,《人文杂志》1982 年第 5 期。

② 《史记·李斯列传》,四库全书本。

③ 《史记·大宛列传》,四库全书本。

④ 同上。

⑤ 《汉书·武帝纪》,四库全书本。

⑥ 同上。

（四）西域幻术

张骞、班固数通西域，打开了东西方文化交往之途，西方国家的幻术因而传入中国。《史记·大宛列传》载："初，汉使至安息（古伊朗）……汉使还，而后发使随汉使来观汉广大，以大鸟卵及黎轩（古埃及）善眩人献于汉……是时上方数巡狩海上，乃悉从外国客……于是大觳抵，出奇戏诸怪物，多聚观者……及加其眩者之工，而觳抵奇戏岁增变，甚盛益兴，自此始。"司马贞索隐："韦昭云：'（眩人）变化惑人也。'按：《魏略》云：'黎靬多奇幻，口中吹火，自缚自解。'小颜亦以为植瓜等也。"史料载明，古埃及幻术表演十分发达，艺人向周围国家渗透，于汉武帝时来到中国。东汉安帝时，又有罗马幻人经由他国入中国，《后汉书·南蛮西南夷列传》载："永宁元年，掸国（缅甸）王雍由调复遣使者诣阙朝贺，献乐及幻人，能变化吐火，自支解，易牛马头。又善跳丸，数乃至千。自言我海西人。海西即大秦（罗马）也，掸国西南通大秦。"《后汉书·西域传》注引《魏略》曰："大秦国俗多奇幻，口中出火，自缚自解，跳十二丸，巧妙非常。"天竺幻技亦传入，《太平御览》乐部优倡引《大周正乐》曰："安帝时，天竺献伎，能自断手足、刳腹胃，自是历代有之。"西方幻术传入中国后，即与汉代百戏结合，成为其组成部分。今天在南阳汉画像石中还能看到一高鼻尖髯、着浑脱帽的胡人张口喷火的表演形象。而百戏受到西方技艺的刺激，更加竞新出奇，"加其眩者之工"，"岁增变"。

以上从不同途径探讨了百戏由来及其在汉代演出中的对应位置，实际上组成百戏的各因子——各个最基本的表演单位都是相对独立的，彼此之间并无实质性的联系和制约，它们共同构成一个松散的联盟来进行一场表演，随便哪几种因子凑在一起，或多或少，都可以进行演出。这也是汉画百戏组合表现为自流性、随意性的原因。真正联系百戏各因子的纽带——将它们串组为一场统一演出的，是宴乐。

三

宴乐为宴饮之乐，《左传·文公四年》曰："昔诸侯朝正于王，王宴乐之，于是乎赋《湛露》。"宴乐多以俗乐为之,故《论语·季氏》曰:"乐宴乐,损矣。"战国时期,雅乐已失去其所有的美感,成为凝固僵死的纯形式躯壳,而民间俗乐舞却受到从王室到平民的欢迎,魏文侯听古乐则思卧,梁惠王"直好世俗之乐"①。雅俗乐的消长反映了乐舞的演进和时代审美心理的变迁。汉世俗乐大兴,汉武帝元鼎五年(前112)设立宫廷乐府机构,采集民间歌曲乐章,主要用途就在于施之宴飨。桓谭《新论·离事》载:"昔余在孝成帝时为乐府令,凡所典领倡优伎乐,盖有千人之多也。"这些倡优伎乐就是在宴飨时进行演出的。东汉设"黄门鼓吹署",典宴俗之乐,晋人刘昭注《后汉书·礼仪志》引蔡邕《礼乐志》曰:"汉乐四品:一曰大予乐,典郊庙、上陵、殿诸食举之乐……二曰周颂雅乐,典辟雍、飨射、六宗、社稷之乐……三曰黄门鼓吹,天子所以宴群臣,《诗》所谓'坎坎鼓我,蹲蹲舞我'者也。其短箫、铙歌,军乐也……"黄门鼓吹归承华令掌管,《唐六典》卷十四曰:"后汉少府属官有承华令,典黄门鼓吹百三十五人,百戏师二十七人。""百戏师"乃百戏演员,与黄门鼓吹乐一起在宴会上演出。汉代宫廷宴乐机构的建立是刺激百戏得以会聚繁兴的一个重要条件。

宴乐演出的内容为散乐。《乐府诗集》卷五十三曰:"盖自周有缦乐、散乐,秦汉因之增广。宴会所奏,率非雅舞。"《通典》卷一四六曰:"散乐者,历代有之,非部伍之声,俳优歌舞杂奏。"汉代郑玄注《周礼·春官》:"散乐,野人为乐之善者,若今黄门倡矣。"汉代百戏演出即归属散乐一类,故《乐府诗集》卷五十六云:"秦汉以来,又有杂伎,其变非一,名为百戏,亦总谓之散乐。"

散乐百戏演出,场面阔大,声势宏伟,奇幻变化,惊俗骇观,带有强烈的感官刺激,一旦出现,即为统治者所倾心沉湎。最初的演出记载为秦时,秦二世胡亥在甘泉宫,始作角抵优俳之戏。其后历秦火之乱,至汉武帝时再次崛起。元封三年(前108)春一次百戏会演,"三百里内皆观",可谓影响广远。三年之后,武帝又于上林苑平乐观前,广聚京师军民,再举百戏。史籍尚有一次武帝招待"四夷之客",而飨以百戏的记载。武帝力倡百戏,一方面

---

① 参见《礼记·乐记》《孟子·梁惠王》,四库全书本。

是自恃强盛、耽于逸乐的表现，另一方面又有其外交目的。《汉书·张骞传》揭示了武帝这一心理动机："上方数巡狩海上，乃悉从外国客，大都多人则过之，散财帛赏赐，厚具饶给之，以览视汉富厚焉。大角氐，出奇戏诸怪物，多聚观者，行赏赐，酒池肉林，令外国客遍观各仓库府臧之积，欲以见汉广大，倾骇之。"百戏演出被当作政治外交的一种手段，用以向外国使者显示其震慑力量。西域幻术进入中国，亦被武帝用来"加其眩者之工"，而又反夸饰于各国使臣。对于此举，汉儒颇有微词。桓宽《盐铁论·崇礼》曰："今乃以玩好不用之器，奇虫不畜之兽，角抵诸戏，炫耀之物陈夸之，殆与周公之待远方殊。昔周公……目睹威仪干戚之容，耳听清歌雅颂之声，心充至德，欣然以归。此四夷所以慕义内附，非重译狄鞮来观猛兽熊罴也。"批评的是非此处不作评判，但桓宽却从侧面揭示了汉代百戏兴盛的一个间接原因。

汉元帝时，纳贡禹之谏，"罢角抵百戏"①。东汉复兴，《晋书·乐志》载："后汉正旦，天子临德阳殿受朝贺，舍利从西方来，戏于殿前，激水化成比目鱼，跳跃嗽水，作雾翳日。毕，又化成龙，长八九丈，出水游戏，炫耀日光。以两大丝绳系两柱头，相去数丈，两倡女对舞，行于绳上，相逢切肩而不倾。"极尽形式变幻之能事。汉祚倾移，天下扰攘，百戏潜迹。至三国魏明帝曹叡，又仿汉制而兴百戏："岁首，建巨兽，鱼龙曼延，弄马倒骑，备如汉西京之制。"②以后六朝诸帝，纷纷增修百戏品类，《文献通考·散乐百戏》载："……梁又设跳铃、跳剑、掷倒、猕猴幢、青紫绿、缘高絙、变黄龙、弄龟等伎。陈氏因之。后魏道武帝天兴六年冬，诏太乐、总章、鼓吹，增修杂戏，造五兵角抵、麒麟、凤凰、仙人、长蛇、白象、白武及诸畏兽、鱼龙、辟邪、鹿马仙人车、高絙百尺……跳丸，以备百戏，大飨设之于殿前。明元帝初又增修之，撰合大曲，更为钟鼓之节……北齐神武平中山，有鱼龙烂漫、俳优、侏儒、山车、巨象、拔井、种瓜、杀马、剥驴等，奇怪异端，百有余物，名为百戏。"北齐时，百戏表演项目真正达到了百余种，成为名副其实的"百戏"了。至隋炀帝，集中全国散乐伎人，举行了百戏表演史上规模最为宏大的大检阅，演出仍以夸饰外国为

---

① 《汉书·贡禹传》，四库全书本。
② 《魏书·明帝纪》裴注引《魏略》，四库全书本。

目的。在八里长的"戏场"里，有三万人参加演出，每日从早演到晚，连演半月，可谓宴乐娱乐的登峰造极。① 至此，百戏表演达到鼎盛，以后就逐渐被歌舞戏、戏曲取代了宴乐主角的地位。

宫廷宴乐百戏演出只是当时时代风气的集中代表和突出反映。今天所见的汉画百戏墓，都是王公贵戚、豪强达官、富商巨贾的葬所，在这些大大小小的墓葬中，有许多相同的汉画主题，除却神话历史祥瑞异兽不论，在表现现实社会生活方面，几乎毫无例外地都有车骑出行、炊爨庖厨和宴饮百戏的画面，这种现象反映了汉人对于生活享乐的理解及其社会实践。而宴饮百戏，则成为汉人文化娱乐生活中不可或缺的一部分。

在汉代官僚贵戚这一层人中，狎近俳倡成风，《汉书》中多有记载，如丞相田蚡"所好音乐狗马田宅，所爱倡优巧匠之属"②。宗室刘去"好文辞方技博弈倡优""数置酒，令倡俳裸戏坐中以为乐"③。昌邑王尝"发乐府乐器，引内昌邑乐人，击鼓歌吹作俳倡"④。元后时期，"五侯群弟，争为奢侈……后庭姬妾，各数十人，僮奴以千百数，罗钟磬，舞郑女，作倡优狗马驰逐"⑤。成帝时期，"贵戚五侯定陵、富平外戚之家淫侈过度，至与人主争女乐"⑥。这些人死后，又在墓葬里以绘画雕刻的形式继续其宴乐生活。如和林格尔汉墓，墓主人从举孝廉开始步入仕途，历官"郎"、西河长史、上郡属国都尉、繁阳县令，直至使持节护乌桓校尉，是一个上层官僚。墓中与出行图、庄园图、官廨图并列的，是一幅色彩艳丽的百戏作场图。密县（今新密市）打虎亭二号汉墓，据推测墓主与弘农太守张伯雅有关⑦，墓中壁画内容除出行、庖厨外，亦有一幅盛大的宴饮百戏画面。

在汉代由兼并土地、商贾渔利而致富的"富民"层中，也多有仿效贵族排

---

① 《隋书·音乐志》，四库全书本。

② 《汉书·窦田灌韩传》，四库全书本。

③ 《汉书·景十三王传》，四库全书本。

④ 《汉书·霍光传》，四库全书本。

⑤ 《汉书·元后传》，四库全书本。

⑥ 《汉书·礼乐志》；刘志远等：《四川汉代画像砖与汉代社会》，北京：文物出版社，1983 年，第 127 页。

⑦ 安金槐等：《密县打虎亭汉代画像石墓和壁画墓》，《文物》1972 年第 10 期。

场,大兴俳倡之乐者。《盐铁论》中指责了下述淫侈社会风气:

今富者祈名岳,望山川,椎牛击鼓,戏倡舞象。①

今俗因人之丧以求酒肉,幸与小坐而责辨,歌舞俳优、连笑
伎戏。②

夫家人有客,尚有倡优奇变之乐,而况县官乎?③

《盐铁论》成书于汉昭帝朝,而事实上在武帝时即已兴起这种社会习俗,
东方朔曾规劝武帝戒奢侈,指出民俗的侈靡与之有直接关系:"今陛下……
设戏车,教驰逐,饰文采,聚珍怪,撞万石之钟,击雷霆之鼓,作俳优,舞郑女。
上为淫侈如此,而欲使民独不奢侈失农,事之难者也。"④道理虽正,但不能
改变社会时尚。到西汉末期,社会政治、经济危机四起,汉哀帝不得不采取
一项措施,罢除已建立一百零六年的乐府机构,欲以缓解社会矛盾。"然百
姓渐渍日久,又不制雅乐有以相变,豪富吏民湛沔自若。"⑤东汉后期,同样
的社会淫侈浮夸之风更为剧烈,仲长统《理乱篇》描述道:"豪人之室,连栋
数百,膏田满野,奴婢千群,徒附万计。船车贾贩周于四方,废居积贮满于都
城。琦赂宝货,巨室不能容;马牛羊豕,山谷不能受。妖童美妾,填乎绮室;
倡讴伎乐,列乎深堂。"豪人富氏的经济财力和豪奢心理,使他们在厚葬问题
上也比拟王侯,这当是汉画百戏墓葬如此众多、覆盖地域如此广远的原因。

027

四

根据目前掌握的文物资料,汉画百戏墓集中分布于三个区域——山东
南部、河南南阳、四川成都地区,主要表现为三个地区都积累了相当数量的

---

① 《盐铁论·散不足》,四库全书本。
② 同上。
③ 《盐铁论·崇礼》,四库全书本。
④ 《汉书·东方朔传》,四库全书本。
⑤ 《汉书·礼乐志》,四库全书本。

百戏画像石、画像砖。这种情况的发生有其历史必然性。《盐铁论·力耕》曰:"宛周齐鲁,商遍天下。"南阳(宛)位于江、汉、淮三水与京都关中地区的往来通道上,是南北贸易的重要枢纽,因而在西汉时已成为全国最重要的商业都会之一。山东是一开辟更早的商业区域,大都会临淄不论,即如定陶,亦为"天下之中,诸侯四通,货物所交易也"①。成都物产丰富,"巴蜀亦沃野,地饶卮、姜、丹沙、石、铜、铁、竹、木之器"。西汉后期也已成为中国西南部最大的商业中心城市。三地皆产铁,出现一批以铁致富著名全国的巨商,如南阳的孔氏,鲁地的丙氏,蜀郡临邛的卓氏、程氏。除经济原因外,南阳、山东还兼有政治方面的原因。光武帝刘秀起兵,以南阳豪强集团为骨干,主将"二十八宿"皆南阳豪强地主,以后又定南阳为南都,此地遂成为皇族、地主和富商的会聚点。山东之富庶,也使东汉历代皇帝多分封其内亲外戚在此做王②,因而成为另一豪贵聚集区。这些皇亲国戚、大兼并地主、大商巨贾为了满足自己的生活享乐,无不征歌选舞,耽于耳目声色之娱,因此宴乐百戏得以繁兴。而他们死后大起冢墓,极尽雕镂,又将百戏带入地下。

河南南阳、山东南部和四川成都三个地区的百戏画像石、画像砖有不同的风格特点。河南南阳百戏画像石构图布局疏朗,雕法粗拙,给人更多的古朴感。每一石刻绘两三种表演技艺,共六七个演员,极少见到众伎芸芸、萃于一石的场面。同一石上内容亦单一,少有百戏表演与他种活动合刻的。且伎人变形很大,常常着意突出某些形体特征。如舞伎往往腰肢纤细,袅袅婷婷,长袖飞飘,步态迅疾,明显染有楚国女子细腰遗俗,又充分体现出"翩若惊鸿,矫若游龙"的意境。掷倒伎则细肢柔体,身轻若燕。各种弄伎、嬉戏俳优则腆腹凸臀、极尽怪态。人物之间粗细、飘滞、虚实对比强烈。山东南部百戏画像石多为大结构的画面,如沂南汉墓百戏画像石雕刻了14种技艺共50人的演出场面。在同一石上,往往聚集了多种内容,采用上下分层或左右分格的方法将这些内容纳入数个空间,共同组成一幅各自独立而又互相关联的图画。常见的内容连接主要有两种:一种是将出行、庖厨与宴饮百

---

① 《史记·货殖列传》,四库全书本。
② 参见李发林:《山东汉画像石研究》,济南:齐鲁书社,1982年,第16页。

戏活动刻为一石,反映贵族现实生活中的宴居享乐,如微山沟南画像石:"画面三格:左格为橦戏。地上树三根高橦,两边橦顶各一人倒立;中间橦两边有斜索(或竿),有人缘索上下,橦顶一人长袖起舞。下列 6 人。中格,楼上宴饮、六博,楼下仆人抬壶,进酒食,楼外有人、马立候。右格,刻升鼎。"①另一种是以上述贵族宴居生活为基础,添加神话迷信色彩,如嘉祥宋山画像石:"画面四层:一层,中为东王公,两边有羽人和人首鸟身者。二层,左边三人,中间一女子抚琴;右边三人舞蹈,中间舞者左手执桴横卧踏鼓。三层,汲水庖厨图。四层,车骑出行。"②将人世变成了仙界。滕县西户口画像石亦为一典型范例。画面的构图,仍为蹈袭战国而来的平列填充式散点透视结构,缺乏远近纵深的空间感,但气氛热烈,风格古拙。雕刻技法多样变化,给人带来凝重、流畅、深沉、明朗等各种不同基调的审美感受。四川成都百戏画像砖、画像石,无论是大格局还是小格局构图,都能够疏密得当、错落有致,人物造型比例适度。特别像成都羊子山汉墓石刻宴饮百戏图,描绘了一幅贵族宴乐的完整场面,主人与宾客共 10 人,分席而坐,观看 12 个伎人表演,另有立侍若干人。整个画面采用了鸟瞰透视,有合度的空间感,众多人物间架距离安排极为均衡得当,伎人演姿动感强烈,呼之欲出。郫县东汉石棺宴饮百戏石刻亦独具风采、细腻传神。这些百戏绘刻堪称汉画中的上乘。

以上探讨了百戏汉画分布情况及其风格差异。下面谈谈汉代百戏演出的三个问题:

(一)演出场地

百戏演出的场所可分为三类:

第一,广场。广场演出一般是由帝王安排的,如汉武帝在平乐观前广场上大设百戏,使 300 里内的人都来观瞻,显示出阔大的皇家气派。反映贵族地主生活的汉画内容不能及此,然亦有在开阔地带演出的,如山东临淄一汉画像石,上刻一树,树上有鸟、猴,树侧有七八个伎人在表演长袖舞、掷倒、跳

---

① 山东省博物馆、山东省文物考古研究所:《山东汉画像石选集》,济南:齐鲁书社,1982 年,第 16 页,图版 46。

② 同上,第 27 页,图版 189。

丸等节目,应是露天广场上的演出形象。

第二,殿庭。这一类表演是贵族地主家庭演出的常见方式,一般是主客坐在堂屋内宴饮,伎人在庭院中表演。宫廷百戏也有在殿庭演出的记载,如《晋书·乐志》称后汉"舍利从西方来,戏于殿前"。《魏书·乐志》曰:"大飨设之于殿庭,如汉晋之旧也。"汉画中亦有很多反映。四川郫县汉墓石棺刻一楼阁,楼的下层有 5 人席地而坐,前面置樽、盘等,楼外空地上,6 个伎人正演出叠案掷倒、寻橦、旋盘、翘袖折腰舞等。山东曲阜旧县村汉画像石中刻一进深三重的地主庄园,在第一重院落的堂屋前面,有 7 人在表演杂技。

第三,厅堂。这一类是最为普遍的演出方式,《汉书·景十三王传》所谓"数置酒,令倡俳裸戏坐中",即指此类演出。密县(今新密市)打虎亭二号汉墓壁画、成都羊子山汉墓石刻都在百戏图上方绘出一幅长幅的帷幕,象征着室内景象:在低垂的帷幕下,大摆酒宴,贵族行行列坐,猛嚼豪饮。于座席围成的空地中央,摆开各类百戏技艺,为饮酒助兴。百戏演出图像上方刻出帷幕的,在山东多见。

(二)百戏演员

百戏演员为倡伎俳优,这一类人在皇宫中往往数量众多。如秦始皇造"关中离宫三百所,关外四百所,皆有钟磬、帷帐、妇女、优倡……妇女倡优,数巨万人,钟鼓之乐,流漫无穷"[1]。这些关内外的倡优乐人在汉代成为乐户,如孝惠帝葬安陵,官府即曾徙关东倡优乐人 5000 户以为陵邑,乐户数量仍然很大。西汉宫廷乐府机构有乐人 829 人,前六年汉哀帝罢乐府,减免 441 人,还保留了 388 人别属他官。各封国亦养有大批乐人,如昌邑王即曾"引内昌邑乐人,击鼓歌吹作俳倡"。民间则不计其数。这些艺人多来源于破产农民。《史记·货殖列传》载:"中山地薄人众……民俗懁急,仰机利而食。丈夫相聚游戏,悲歌慷慨,起则相随椎剽,休则掘冢作巧奸冶,多美物,为倡优。女子则鼓鸣瑟,跕屣,游媚富室,入后宫,遍诸侯……郑卫俗与赵相类。"又云:"今夫赵女郑姬,设形容,揳鸣琴,揄长袂,蹑利屣,目挑心招,出不

---

① 《说苑》卷二十,四库全书本。

远千里,不择老少者,奔富厚也。"这些因无地耕种而"奔富厚"的农民,纷纷进入大家充当优人舞女,故《汉书·贡禹传》称:"……诸侯妻妾或至数百人,豪富吏民畜歌者至数十人。是以内多怨女,外多旷夫。"我们在百戏汉画中所见到的各类伎人形象,大多是这种身份。

(三)演员技艺

百戏演员常常是一人身兼数技,如掸国所献大秦幻人就兼能"变化吐火,自支解,易马牛头"以及跳丸等众技。《西京杂记》载:"京兆有古生者,学纵横、揣摩、弄矢、摇丸、樗蒲之术,为都掾史四十余年,善诡漫二千石,随以谐谑,皆握其权要而得其欢心……京师至今俳戏,皆称古掾曹。"古生一小吏,亦以能兼善诸种俳倡之技而颇得贵宦欢心。又,《魏志·王粲传》注引《魏略》曰:"(曹)植初得(邯郸)淳,甚喜,延入坐,不先与谈。时天暑热,植因呼常从取水自澡讫,傅粉。遂科头拍袒,胡舞五椎锻,跳丸击剑,诵俳优小说数千言讫,谓淳曰:邯郸生何如邪?"以曹植一贵公子而能兼习数技,职业优人就更不用说了。百戏汉画,由于表现材质的限制,只能选取某一表演时空的瞬间来做"定格"处理,因而无法展现上述情况。然而从汉画百戏组合场面的阔大繁杂来看,事实上是集不同时间和空间的情景于一图,因为实际演出中是不可能"百戏"并举的,所以我们完全可以理解为是由部分演员兼有众多技艺的。

本文的论述至此将要结束。汉画百戏,无论从绘画还是演出的角度来看,都是一种古老的、浑朴的,然而又是新奇的、闪光的艺术。由于本文只是从历史学、社会学的角度来研究它,因而统观全文,除去那些干瘪枯燥的征引、考证、推论以外,已经看不到一丝汉画百戏原有的灵动之气了。好在汉画艺术之宫存在,读者自可到其中去亲自领略其时代风格和韵致,直观的自我感觉才是最真切的。

(原载《汉代画像石研究》,文物出版社,1987 年)

031

参军戏论辨

一、误解参军戏所造成的矛盾

自王国维开始，研究戏曲史的人都把唐代参军戏视作宋杂剧最直接的来源而倍加重视，对之进行了大量的研究和考证工作。关于参军戏的演出形态，虽然说法不一，但今天多数人的认识似乎已经趋向于一致，即认为参军戏是优人装扮的用以嘲谑犯官的滑稽戏，它的两个主要角色中，苍鹘通常要戏弄或"扑击"参军来进行调笑。

然而，这种说法面对着一个无法解决的矛盾，即终唐之世，甚至再延长到五代，从保存下来的大量的史籍中，我们至今还未找到一条有关苍鹘参军的明确记载，甚至也找不到一条扮戏嘲弄假官的明确例证！

历来参军戏研究者常引以作为唐、五代参军戏演出实证的，有下述几条关于优戏的记载（但各人看法也不尽统一）：

"出魃"：玄宗开元时，优人扮魃为戏。（《资治通鉴》卷二一二）

"疗妒"：宣宗大中初，崔铉家童扮为主人及其妻妾为戏。（唐·无名氏《玉泉子真录》）

"三教论衡"：懿宗咸通中，优人李可及扮儒者论讲。（唐·高择《群居解颐》）

"宣州土地"：梁末帝时，伶人扮绿衣大面胡人——宣州土地神为戏。（宋·郑文宝《江表志》）

另外,还有把"麦秀两歧""李天下"都看作是参军戏演出记载的。①

就上引诸条资料,我们来看两家的说法。王国维说:

> 如李可及之儒服险巾,褒衣博带;崔铉家童之执简束带,旋辟唯诺;南唐伶人之绿衣大面,作宣州土地神,皆所谓参军者为之;而与之对待者,则为苍鹘。
>
> ——《宋元戏曲考》"上古至五代之戏剧"

任中敏说:

> 例如"系囚出魃"戏内:戏魃,非假官也……但……(其配角苍鹘属谁,未显)舍为参军戏,莫属也。《三教论衡》明明曰"儒服险巾,褒衣博带",非假官也……然而……舍为参军戏,亦莫属也。(其配角苍鹘亦不甚显)"疗妒"戏内:执简束带者,诚为假官矣……此戏问答形式固不分明,参鹘关系亦被冲淡,与其滥入参军戏,使参军轮廓模糊,何如仅谓为科白类戏之为愈!
>
> ——《唐戏弄》"二辨体·参军戏"

王国维所举三条中,儒服者、宣州土地都不是假官,作为苍鹘的"与之对待者"也不明显。"疗妒"戏里虽然有一位扮官者,但装扮崔氏妻妾的众人绝不可能是苍鹘!任中敏先生也认为它不能"滥入参军戏"。而任氏所举例子中不与王氏重复的"出魃"戏,亦自以为没有扮假官,配角苍鹘也不明显。总而言之,上述诸例中找不到假官受凌辱的迹象,更谈不上什么苍鹘击参军(当然,任先生不主此说)!

相反,《新五代史·吴世家》中却载有一条以苍鹘为辱的资料:

033

---

① 此二条显非参军记载,极易辨明,故此处不列出。

　　　　徐氏之专政也,隆演幼懦,不能自持,而知训尤凌侮之。尝饮
　　酒楼上,命优人高贵卿侍酒。知训为参军,隆演鹑衣髽髻为苍鹘。

类似记载亦见于其他史籍。其实早在李商隐《骄儿诗》"忽复学参军,按声
唤苍鹘"中已经透露出了这种倾向。这给许多研究者带来了困难,于是又有
人试着对此做出解释,如周贻白认为:

　　　　据此,"参军"已逐渐成为主脚地位,而以"苍鹘"为配脚了。
　　其间虽具变迁,然可见唐代的参军戏在李义山赋诗时,已早不为旧
　　有形式所拘。也许相反地以"参军"侮弄"苍鹘",亦未可知。
　　　　　　　　　　　　——《中国戏剧史长编》"隋唐歌舞与俳优"

他用参军戏的发展具有不同的阶段来做解释,却引出了如下问题:首
先,"苍鹘"一词最早见于李商隐的诗,此时的苍鹘已经是被"唤"的角色,而
在这之前参军戏中有无苍鹘这个角色尚且不得而知,怎么知道其时苍鹘是
主角呢? 其次,即按此说,那么参军戏在中唐以前是苍鹘辱参军,到李商隐
时代变为参军辱苍鹘,而发展到宋代却又变作苍鹘辱参军(即副末打副净)
了,其演变的动因是什么呢?

参军戏剧研究中出现的这种矛盾,说明本文开头所引那种看法具有某
种缺陷。

二、对于苍鹘嘲弄参军说的考究

误解参军戏所造成矛盾的症结在于,认为嘲弄或扑击假官是参军戏表
演的主要特征,而恰恰是在参军戏的主要流行时期——唐代却偏偏找不到
这种演出形式! 那么在没有史料依据的情况下,一般研究者是如何推导出
这种结论来的呢? 这里大致归纳出三条根据或三个步骤:第一,唐人认为参
军戏源于优人辱弄犯官。第二,元明人认为院本中副末打副净即由参军戏中
的苍鹘击参军发展而来。第三,宋杂剧演出中有参军受辱的例子。前有史承,

后有实证,上下勾连,于是,唐代参军戏的这种演出形式就被拟定出来了。

那么,这三条根据有多少可靠性与合理性呢?让我们来具体考究一下。

首先,关于参军戏剧起源的说法,最早见于唐代段安节的《乐府杂录》"俳优"条:

> 开元中,黄幡绰、张野狐弄参军,始自后汉馆陶令石耽。耽有脏犯,和帝惜其才,免罪。每宴乐,即令衣白夹衫,命优伶戏弄辱之,经年乃放。后为参军,误也。

段氏为参军戏寻源,找到了后汉石耽被优人弄辱的记载。但是就段氏这一说法本身,却可以有两种解释:第一种,历史上曾有过以优人辱弄命官参军(段说应为县令)的事例①,后来这种形式被用于戏剧演出。第二种,参军曾被罚入优人队伍,以后优戏中就出现了扮演参军的。②

研究戏曲史的人凡涉及此条资料的都持第一种解释法,而我对这种解释存有疑问,试论之。宫廷优戏开始是对皇帝进行"谲谏",后来也被皇帝用来讽刺臣下,成为皇帝惩罚属臣的一种特殊手段。③ 唐前这种记载很多。例如《三国志·许慈传》言刘备曾命倡家扮作他的两个博士许慈和胡潜,讥讽他们的闹矛盾。《北齐书·尉景传》亦曰:北齐高祖曾因尉景性贪,"令优者石董桶戏之"④。就是到了唐朝开元年间,会弄参军戏的名优黄幡绰,也曾受玄宗之命而辱弄臣子:

> 安西牙将刘文树,口辩,善奏对,上每嘉之。文树髭生颔下,貌

----

① 按后汉实无参军官职,汉末曹操幕中始置参丞相军事,尚非官名,南北朝方以参军为官职。然此处问题之讨论无碍,故略而不计。

② 《艺文类聚》《太平御览》两书引《赵书》均有类似记载,然判为后赵石勒参军周雅(延)串,而内容略同,以参军言,则《赵书》所载较《乐府杂录》与参军戏关系更为直接,按《太平御览》所引,因文字交代不明,或即据以认为乃俳优伪官而非本官入于俳优辈中,似属臆测。《艺文类聚》所引有句:"使与俳儿着巾帧……",或《太平御览》脱一"与"字。

③ 参见张庚、郭汉城主编:《中国戏曲通史》上册"角戏与参军戏"一节,北京:中国戏剧出版社,2007年。

④ 亦有以此为参军戏者,显系附会。

参军戏论辨

035

类猿猴,上令黄幡绰嘲之。文树切恶猿猴之号,乃密赂幡绰,祈不言之。幡绰许而进嘲曰:"可怜好个刘文树,髭须共颏颐别住。文树面孔不似猢狲,猢狲面孔强似文树。"上知其赂遗,大笑之。

——〔唐〕郑綮《开天传信记》

这已经不属于罪罚,而成为单纯的嘲戏取乐了。从刘文树事先贿赂黄幡绰、想免掉猿猴之讥的情况来看,唐人对于这种御前优人戏臣的手段早已经惯熟并且知道事先设法防备了。以上都是优人直接辱弄犯官的例子。既然优人辱弄犯官不必借戏剧表演来寓讽而可以直接进行,既然唐代参军戏盛行宫廷优人的这种职能依然存在(事实上直至明朝犹如此),那么利用戏的形式来完成这一任务就失去了必要性,而且还失去了现实针对性。

如果依据第二种解释,由于参军曾被罚入优伍而出现了扮演参军的戏,则戏的内容既可以是辱弄犯官的情节,又可以是其他与参军有关的故事,按照戏剧的职能来说,这样似乎较为合理。再证以唐代参军戏记载中参军都未受辱,并且都是扮演正面主角(详见后面论述)的实例,我们宁采取后一种解释法。

其次,关于苍鹘打参军说,最早见于元人夏庭芝的《青楼集志》:

院本始作,凡五人:一曰副净,古谓参军。一曰副末,古谓之苍鹘。以末可扑净,如鹘能击禽鸟也……

夏庭芝直指副净为参军、副末为苍鹘,是否有什么根据呢?由其推导式:"以末可扑净,如鹘能击禽鸟也"来看,知他并没有直接看到有关的资料,而是从当时的院本演出体制中副末可以打副净生发出联想,把苍鹘理解成一种能够搏击禽鸟的猛禽来比附。稍晚一些陶宗仪又重复了这种说法。[①] 以后明代朱权亦承其说:

---

① 〔元〕陶宗仪《南村辍耕录》所载与《青楼集志》文字略同,按明代无名氏辑《说集》所收本《青楼集》附有夏庭芝"志",署为"至正乙未春三月望日录此"。《南村辍耕录》前有孙作"叙",署为"至正丙午夏六月",则《南村辍耕录》较之《青楼集》或稍微后出。

付末古谓苍鹘，故可以扑靓者。靓谓狐也。如鹘之可以击狐，故付末执榼瓜以扑靓是也。

靓付粉墨者谓之靓……古谓参军。书语称狐为田参军，故付末称苍鹘者，以能击狐也……

朱权和夏庭芝一样曰“古谓”，大概就是从夏氏那儿来的。但夏说中的禽鸟和参军并没有必然的联系，是一缺漏。于是朱权又在《书》语中找到了狐称为“田参军”的说法，而将夏说的“鹘能击禽鸟”修正为“鹘之可以击狐”。这更是牵强附会之谈。① 后来的徐渭却也随声附和。

再次，宋杂剧中确实有参军被打的记载，今天见到的有三例：

“元祐钱”：北宋徽宗崇宁间，伶者对御为戏，推一参军作宰相，凡元祐时所立皆摒弃，独要元祐钱。“副者举所持梃，挟其背”。[〔宋〕洪迈《夷坚志》支乙四]

“二胜环”：南宋高宗十五年，赐秦桧第，赐宴，优人作参军，束发作“二胜环”，一伶“遽以击其首”。[〔宋〕岳珂《桯史》卷七]

“被笮篥坏了”：南宋理宗端平年间，内宴，优人扮参军听笮篥，不签文书，“胥击其首”。[〔宋〕周密《齐东野语》卷一三]

但由这三个例子并不能直接导出唐代参军戏的演出方式。因为一方面，打参军的并非苍鹘②；另一面，宋杂剧中以扑击相调笑是一惯常手法，其被扑击的对象范围很宽，并非仅限于参军一色，而参军也并不是必然被扑击的角色（见后述）。

---

① 参见任中敏《唐戏弄》“四脚色，参军苍鹘”及洛地《苍鹘试解》（载浙江省艺术研究所编《艺术研究资料》第二辑）。

② 苍鹘在宋杂剧演出的具体记载中未见出现过，此第一例中，前后有僧、道、士人，主管宅库者出入问答，击参军者则称“副者”，可见此人应为案相旁持梃侍立的“衙吏”而非苍鹘，第二，三两例中，或标为“伶”，或称为“胥辈”，似亦未扮作苍鹘的形状，因苍鹘既为传说角色，若出现于宋杂剧中，则录者不应不识。

根据以上辨析可知:首先,参军戏系参军出现于优人队伍中而衍变成戏,并未确定参军必须受辱的格式。其次,苍鹘打参军系元明人附会,并无实凭,不能作为判定唐参军戏中两个角色关系的依据。再次,宋杂剧中虽有参军受辱的例子,但以之来论证唐戏,似乎也不足以立说。因此,我认为,苍鹘嘲弄参军说并没有多少根据,其中主观臆测的成分大了些。

三、唐、五代参军戏演出的基本情形

在辨清了以往参军戏研究中出现的一个偏向以后,让我们来根据现有的资料,对参军戏的演出情形做出一个大概的推断。这期间,有些说法前辈业师已经讲过,只是便于叙述连贯计,仍然串组其中。但首志于此,以便不昧先人之功。

关于最早参军戏演出的记载,还是前引的《乐府杂录》那条资料,段安节在"黄幡绰、张野狐弄参军"一语后追溯了参军戏的起源,然后又接着说:

> 开元中,有李仙鹤善此戏,明皇特授韶州同正参军,以食其禄。是以陆鸿渐撰词云"韶州参军",盖由此也。武宗朝有曹叔度、刘泉水,咸淡最妙。咸通以来,即有范传康、上官唐卿、吕敬迁等三人。

这一条资料确认开元年间起记载了唐朝参军戏三代的名演员。段安节是晚唐人,他写《乐府杂录》的时间大约在乾宁元年(894)以后[1],也就是说离唐亡不到 12 年。他所记的开元中 3 个演员,可能有资料的根据。李仙鹤演参军戏已很出名,因此而得到品官的俸禄,可见当时参军戏已经盛行。武宗在位 6 年,其时距唐亡有 60 年左右,所以当时的两个演员应该是段氏的上辈,大概因为他们声名斐然,段氏也知道他们的名字。咸通以来,也就是段氏著述前二三十年的事,所记的三位演员可能是他亲眼所见。段安节这一段记

---

① 中国戏曲研究院编:《中国古典戏曲论著集成》(一)《乐府杂录》"提要",北京:中国戏剧出版社,1959 年。

载,为我们勾勒出宫廷参军戏演出由盛唐至晚唐的粗略痕迹,据此可以知道,参军戏终唐之世一直在盛行。

戏既然名之曰"弄参军",就是表演以参军为内容——为中心人物的戏(见后文)。李仙鹤因为演参军戏而得以食参军之禄,可知他在戏中一定是扮饰参军的。因此我们得出结论:参军是参军戏中的主角。这一点本来是非常清楚的事情,有人根据苍鹘可以击参军的片面看法而认为苍鹘应该是主角,反而把问题弄得复杂化了。

段氏在论述参军戏的起源时有一点令人不解,即他只讲了参军的来源,而没有提到苍鹘的来源——甚至也没有提到苍鹘的名字。如果"苍鹘"是一个有特殊含义的名词的话,段氏不应放过不论的。但我们由此也可以推测,苍鹘仅仅是戏中的配角而已。从李商隐诗句中参军"按声唤苍鹘"的语气也透露出来,参军在对苍鹘进行呼唤支使。①

按照这种推论再来看《新五代史·吴世家》所说的徐知训自为参军而让傀儡皇帝杨隆扮演苍鹘对他进行凌辱的事实,问题就迎刃而解了。《资治通鉴》卷二七〇后梁贞明四年所载与《新五代史》略有文字之异:

039

> ……知训狎侮吴王,无复君臣之礼。尝与王为优,自为参军,使王为苍鹘,总角敝衣、执帽以从。

就更是指明了以参军为主、苍鹘为从并且从事执唱之役。而宋代姚宽《西溪丛语》引《吴史》所载徐知训"令王鬌髻鹑衣为苍头以从",则直接把苍鹘称为"苍头"。其说是否有根据,我们尚无法证明,但联系《资治通鉴》所记载的苍鹘的装扮及其在戏中所处的地位来看,或许苍鹘就是苍头的转称也未可知。而以此来解释段安节为何不追究苍鹘来源的疑问,也恰恰能够解得开了。

---

① 洛地《苍鹘试解》文中认为"苍鹘"实际上是"参军误"之促者,使从其说,则《乐府杂录》言"黄幡绰、张野狐弄参军,始自后汉馆陶令石耽……后为参军,误也",当点为"后为'参军误'也"一段之中,前称"参军",后称"参军误",岂非自相混乱?又《新五代史·吴世家》"隆演鹑衣鬌髻为苍鹘"则为"为参军误",不可解。不取。

由以上分析可以看出,参军戏一般具有两个基本的角色——参军和苍鹘,二者扮作主从身份来进行表演,参军角色在戏中占有支配的地位。当然,根据优戏的特性,亦不排除参军有被辱的可能性,这要由剧中的内容所决定。

大家常引的唐代参军戏的资料还有一条有关"陆参军"演出的记载,为便于说明问题,摘录在这里:

> 安人元相国……廉问浙东……乃有俳优周季南、季崇及妻刘采春,自淮甸而来,善弄"陆参军",歌声彻云……元公……赠采春诗曰:"新妆巧样画双蛾,慢裹恒州透额罗。正面偷轮光滑笏,缓行轻踏皱文靴。言词雅措风流足,举止低回秀媚多。更有恼人肠断处,选词能唱望夫歌。""望夫歌"者,即"罗唝"之曲也。采春所唱一百二十首,皆当代才子所作。其词五、六、七言,皆可和矣。词云:"不喜秦淮水,生憎江上船。载儿夫婿去,经岁又经年。"……采春一唱是曲,闺妇行人莫不涟泣。
>
> ——〔唐〕范摅《云溪友议》卷下"艳阳词"条

有人推测"陆参军"是因为陆鸿渐为李仙鹤撰写"韶州参军"词而得名,尚嫌证据不足①,暂存疑,但"陆参军"自为参军戏的一种应该没有什么怀疑。从这条资料里,我们可以看到参军戏演出的许多具体情况:

第一,参军戏里的参军可以由女性扮演。元稹赠刘采春诗中有"正面偷轮光滑笏,缓行轻踏皱文靴"的句子,从装扮看,她演的正是参军的角色。唐代赵璘《因话录》中也记载了女子扮演参军的情况:"肃宗宴于宫中,女优有弄假官戏,其绿衣秉简者,谓之参军妆。天宝末,番将阿布思伏法,其妻配掖庭,善为优,因使隶乐工。是日逐为假官之长,所为妆者。上及侍宴者笑乐。"但那是纯粹的女优戏,所有角色都由女性扮演,不足说明问题。而刘采

---

① 此说初见于徐慕云《释末与净》(载《新中华》复刊三卷十期),任中敏《唐戏弄》"二辨体·参军戏"疑之;次见于周贻白《中国戏曲发展史纲要》"参军戏";《戏曲研究》第8辑李大珂《曲海摭拾(二则)》陆羽与"陆参军"又重提,然亦未提供更多证据。

春却还有男伴两人,单单由自己饰演参军。

第二,参军戏的表演中可以加进歌唱。唱的内容虽然与戏的表演并不连贯,但以一个主角主唱,其他人配合表演,已经开了后世戏剧这种惯例之端。① 既然有唱,就更有伴奏,唐代薛能《吴姬》诗"女儿弦管弄参军"恰可为此作一注脚。

第三,参军在演出中是观众瞩目的主要对象。这伙俳沈共三人,元稹独独赠刘采春诗,称赞她扮演参军的"风流""秀媚",可以说明这种情况。参军的舞台形象十分生动,"言词雅措""举止低回",笏是"正面偷轮",靴是"缓行轻踏"。有念诵,有表演,有歌唱,可以窥见参军戏演出之一斑。

第四,"陆参军"是一种"正剧"不以滑稽调笑为主,而以表演与歌唱取胜,重在演员的才色与艺术,剧团以女演员的才艺作为演出基础。

第五,参军戏已远播民间。在远距长安数千里的"淮甸",已经有了类似周季南兄弟妻子这样的家庭班子,进行流动演出谋生,常常赴士大夫的宴会,而由"采春一唱是曲,闺妇行人莫不涟泣"看,或许也在广庭中公开演出。

参军戏有固定的装扮。其扮参军者,见诸记载中,必然是"绿衣秉简",或"荷衣木简",或执笏穿靴。可见其化装是模仿当时品官的服饰。② 扮苍鹘者,必然是"鹑衣鬓髻",或"总角敝衣"。鹑衣也是敝衣,鬓髻亦是总角。明人于慎行《谷山笔麈》卷一四"杂解"亦曾提到唐代参军戏的装扮:

> 优人为优,以一人幞头衣绿,谓之参军;以一人鬓角敝衣,如僮仆状,谓之苍鹘。

他提到参军头上的幞头,这是唐、五代资料中所未见的,可能别有所据。而《资治通鉴》所说的苍鹘"执帽以从",则提到参军的帽子。据理按照当时的品官服饰,参军是应该裹有幞头的。又如果由女子扮演参军,则似乎还有

---

① 李大珂《曲海摭拾》以为刘采春所唱"显然是以妇女的身份,离开扮假官的表演而另外表演的清唱节目","其非扮假官表演(即参军戏表演)之内的事,至为明显"。然范摅指出"善弄'陆参军',歌声彻云",当以歌与弄为一事,故此文仍取陆参军有歌唱说。

② 唐制,诸州府置参军,其官阶自六品至九品不等。六品至九品服制:公服,绿衣、木笏、幞头、乌皮靴。

意添加上一些女子的装束,以增加其"风流""秀媚"。① 另外,唐代路德延《小儿诗》中有"头依苍鹘裹,袖学柘枝揎"的句子,则与上述苍鹘"髽髻""总角"不同,似乎亦裹有幞头之类的东西。从语句中可知,苍鹘自有其特殊裹式,或者就类似宋杂剧里的"浑裹"也未可知。

王国维根据《乐府杂录》后汉石耽衣白夹衫被优人弄辱、《太平御览》引《赵书》石勒参军周延着黄绢单衣入优人辈中,遂认为参军服色"或白,或黄,或绿"(见《古剧脚色考》),后人多承袭其说。其实这两个例子是因为官吏有贪污罪行而罚其穿上白夹衫、黄绢衣,对他进行辱弄,后世参军戏中再也没见到这种穿戴。

四、参军戏在唐、五代优戏中的地位

唐戏(自然不是现代意义的戏)种类繁多,自王国维以来,各研究者对其有不同的分类,并且日趋复杂、精细②,本文不准备涉及这个问题。这里要说的是,唐代优戏里有不少种类,而一些研究者却总是只认参军戏为宋杂剧的直接前身;唐代有一些其他种类优戏演出的记载,研究者又往往把它们统统归入参军戏。这是过分主观,缺少具体分析的。

我们知道,唐人对于扮演某种人或某类人多称之为弄××,如优戏中就有"弄假官""弄参军""弄孔子""弄婆罗门""弄假妇人"等称呼,这是唐人的分类。这些戏所扮演的一定都是与其名称有关的内容。我们如果把今天所能见到的有关唐、五代优戏的记载做实事求是的分类的话,则可以大致作如下划分(当然这里只是略举其隅,只求说明问题,不图全面与精密):

第一,弄假官(假吏)见于唐代赵璘《因话录》,言肃宗时"女优有弄假官戏"。《全唐文》卷四三三,《陆文学自传》言陆羽弄"假吏",也就是此类戏。

---

① 刘采春饰参军,特画"蛾眉",裹"透额罗"。按蛾眉乃以黛画眉作蛾翅形,唐代妇女流行此饰,多见于唐人题咏,又今传世唐人《簪花仕女图》中蛾眉可看看,透额罗乃以纱网罩于额间以为装饰,唐初妇女出行骑马用帷帽垂网遮挡面部,开元年间废,透额罗则为帷帽之遗制,敦煌唐代壁画《乐庭瓌夫人行香图》中贵族青年妇女有三人即着透额罗网巾,参见沈从文《中国历代服饰研究》图六九、图七一。
② 参见《唐戏弄》"二辨体"。

弄假官戏早在蜀汉就已经有了记载，前引的《三国志·许慈传》载刘备的两个博士忿争，"先主愍其若斯，群僚大会，使倡家假为二子之容，效其讼阅之状，酒酣乐作，以为嬉戏。初以辞义相难，终以刀杖相屈，用感切之"，让倡家扮作两个博士的样子，模仿表演他们平日的举止纷争，这应该说是假官戏的滥觞，到唐初仍有类似的演出。《太平广记》卷二五〇引唐代韦口《两京新记》：

> 尚书郎，至两汉以后，妙选其人，唐武德、贞观以来，尤重其职。吏、兵部为前行，最为要剧。自后行改入，皆为美选。考功员外专掌试贡举人，员外郎之最望者。司门、都管、屯田、虞水、膳部主客，皆在后行，闲简无事。时人语曰："司门、水部，入省不数。"角抵之戏有假作吏部令史与水部令史相逢，忽然俱倒，良久，起云："冷热相激，遂成此疾。"

这自然不是角抵戏，而是假官戏。其中所表演的内容，已经不是对某一位官僚进行讽刺，而是嘲弄一种吏制现象了。唐代无名氏《玉泉子真录》记载崔铉家童扮戏疗妒事，本文开头已判定它不是参军戏，其实这也是假官戏的一种发展，录以见之：

> 崔公铉之在淮南，尝俾乐工集其家童，教以诸戏。一日，其乐工告以成就，且请试焉。铉命阅于堂下，与妻李坐观之。童以李氏妒忌，即以数值农妇人衣，曰妻、曰妾，列于傍侧，一童则执简束带，旋群唯诺其间。张乐，命洒，不能无属意者，李氏未之悟也。久之，戏愈甚，悉类李氏平时所尝为。李氏虽少悟，以其戏偶合，私谓不敢而然，且观之。童志在发悟，愈益戏之。李果怒，骂之曰："奴敢无礼！吾何尝至此？"童指之，且出曰："咄！咄！赤眼而作白眼，讳乎？"铉大笑，几至绝倒。

此戏所表现的已经是官吏的日常生活，虽然内容为宣扬女德，不足取，但它的表演形式却极其值得注意！上场人物已有数个，妻、妾、扮官者，应该各有扮饰。而戏中模仿李氏日常举止所为,各人间一定互有科白,与后世杂剧已十分接近。此外,由这段记载,还可以看到两种情况:一是,其时官僚贵族家庭中已经开始拥有戏剧家班(虽然此例中仅仅由童仆充当),有专门乐工进行教练;二是,李氏"以其戏偶合"自己平日所为,久不敢怒,可见当时已有非即兴式的日常生活小戏盛行,李氏已习见。

第二,弄孔子。《旧唐书·文宗论》载:

> 太和六年二月己丑,寒食节,上宴群臣于麟德殿。是日,杂戏人弄孔子。帝曰:"孔子,古今之师,安得侮渎!"亟命驱出。

这是唐代弄孔子的记载,由于古人认为优人弄孔子系侮渎先师,所以史不记载此戏内容,使我们今天无从知道演出的详细情况了。但宋代却屡有弄此戏的,自然应该是唐代的嫡传。宋代宫廷宴会曾经多次禁罢这一类戏,并惩罚演员,许多史籍都有记载。《宋史·孔道辅传》还记有契丹"优人以文宣王为戏"的史实。宋杂剧中以孔子为戏的具体记载,则有宋代洪迈《夷坚志》支乙四"看取别人家女婿""做出一场害人事"、岳珂《桯史》卷十三"钻逐改"、周密《齐东野语》卷十三"钻弥远"诸条可参看。

第三,弄假妇人。《乐府杂录》"俳优"条载:

> 弄假妇人,大中以来有孙乾、刘璃瓶,近有郭外春、孙有熊。傅宗幸蜀时,戏中有刘真者,尤能,后乃随驾入京,籍于教坊。

可知晚唐时除长安之外,四川也出现了精于此戏的名演员。唐前男优扮作女人进行表演的记载很多,如《三国志·魏书·三少帝纪》裴松之注引《魏书》载废帝使小优郭怀、袁信等作"辽东妖妇",这是弄假妇人之始。以后南齐东昏侯扮作"女儿子",北周宣帝令市井少年衣妇人服而歌舞,隋炀帝时男子为妇人服以歌舞的一次竟多至3万人。唐高祖时亦曾借妇人裙襦五百余具,以充作散乐之服。但是唐代弄假妇人的具体记载却未见。唐代崔令钦《教坊记》言"踏摇娘"的演出为"丈夫着妇人衣,徐步入场,行歌",或者就属这一类。而崔铉家童的扮妻扮妾,也许就是弄假妇人的时事戏。到了宋杂剧中,周密《齐东野语》卷一〇有伶人扮作三婢演出"三十六髻"的记载,亦承唐而来。后世扮剧中净、丑等角色可以扮作不庄重的女子,也可能就始于唐代的弄假妇人。

第四,弄婆罗门,也就是以僧侣为戏。《乐府杂录》"拓俳优"条曰:"弄婆罗门,太和初有康乃、未禾稼、米万槌,近年有李伯魁、石瑶山也。"五代孙光宪《北梦琐言》卷六所载的或许就是这类戏:

> 光化中,朱朴自《毛诗》博士登庸,恃其口辨,可以立致太平。由藩邸引导。闻于昭宗,逐有此拜。对扬之日,面陈时事数条,每言:"臣必为陛下致之。"泊操大柄,无所施展,自是恩泽日衰,中外沸腾。内宴日,俳优穆刀绫作念经行者,至御前朗讽曰:"若是朱相,即是非相。"翌日,出官。

这个例子未免简略,但也可看出其表演方式是由优人扮作僧侣,模仿和念经的声调对时事进行讽谏。宋金杂剧中继承了这个传统,《唐戏弄》"二辨体,弄婆罗门"指出:"宋官本杂剧内,有《四僧梁州》《和尚那石州》二本。金院本内有'和尚家门',列《秃丑生》《窗下僧》《坐化》《唐三藏》四本,另有《喷水胡僧》一本"都是演此类戏的。

第五,弄神鬼:有些扮演神鬼的戏不知在唐代属于哪一类,这里姑妄名之。《资治通鉴》卷二一二载唐玄宗开元年间,"会天旱,优人作魃状,戏于上前"。又宋代郑文宝《江表志》载五代时事:

> 魏王知训为宣州帅,苛暴敛下,百姓苦之。因入觐,侍宴。伶人戏作绿衣大面胡人,若鬼神状者。傍一人间曰:"何为者?"绿衣人对曰:"我宣州土地神。王入觐,和地皮掠来,因至于此。"

魃为旱鬼,长二三尺,袒身而目在头顶,见《神异经》。优人"作魃状",必然是照这样装扮。宣州土地神则扮作"绿衣大面胡人"。装神弄鬼始自先秦的巫觋祭祀活动和民间的傩戏，唐代进入戏剧，而表现世俗生活内容。影响到后世戏剧，则有宋官本杂剧里的《驴精六幺》《土地大明乐》《钟馗爨》《二郎神变二郎神》、金院本中的《马明王》《五鬼听琴》《变二郎爨》《错取鬼》等，宋南戏《张协状元》中还有山神判官小鬼的戏穿插其中。

第六，其他。另有一类以经义论难为内容的戏，不知所属。如唐代高择《群居解颐》所载之"三教论衡"，优人李可及"儒服险巾、褒衣博带"而升高座讲论，摘取《金刚经》《道德经》《论语》的语句来进行调笑。如果按其中戏弄文宣王为妇人的内容，则有一部分应属弄孔子，但又弄释迦如来、弄太上老君，因此称之为"弄三教"恐怕更合适些。这种经义论难，最初见于北齐优人石动筩的事迹，见敦煌卷子《启颜录》"论难"篇。但石动筩是在大斋日，道场或儒生会讲时，直接与法师、博士等进行论难，逗趣调笑，并非演戏，而"三教论衡"则是由优人装扮讲论法师。到了宋杂剧中又有发展，《夷坚志》支乙四所载"百姓受无量苦"一则，就是由数名演员分别扮为儒、释、道者，"各称颂其教"。又宋官本杂剧中有《门子打三教爨》《双三教》《三教闹著棋》《打三教庵宇》《满皇州打三教》《三教安公子》《普天乐打三教》《领三教》，金院本中《集贤宾打三教》《三教》等，可见以三教为内容的戏很多。

上述唐戏都属于优戏，或称"杂戏"，意思是优人扮作各色人等来进行表演。这些不同种类戏的影响在宋杂剧中都可以找到痕迹。弄参军则为其中的一种。段安节在《乐府杂录》中把弄参军和弄假妇人、弄婆罗门并列，共入"俳优"条，也可以看出他的分类标准。其实当时优人扮戏，并没有什么分工专门化的演出，是根据某种实际需要，选弄一种罢了。黄幡绰是名优，一定会弄多种戏（即扮演多种人物），唯独扮演参军戏更加拿手而已。陆鸿渐为伶正，可以同时兼"弄木人、假吏、藏珠之戏"。崔铉命乐工集其家童"教以诸戏"，"诸戏"应该是指各类杂戏。刘采春等人"善弄陆参军"，玩其语意，也不排除弄他种戏，而只以弄陆参军更加拿手罢了。

需要辨明的是参军戏与假官戏之间的区别。参军戏的主角是参军，假官戏的主角则是除参军以外的一切其他假官。实际上参军戏原应属于假官戏的一种，因为唐代扮演假官戏常常爱扮作参军（其社会原因见"附论"），于是参军戏就独立出来了。但有时扮演的假官因有具体对象或其他原因，不能由参军来代替,所以假官戏仍然存在。前引假官戏的几则演出实例都可以证明这一点。假官戏中又可以有参军出场,《因话录》言:"女优有弄假官戏,其绿衣秉简者,谓之参军桩。"又言阿不思妻"是日遂为假官之长,所谓桩者"。"桩者"系指"假官之长"而言,所以"参军桩"实际上就是参军。上文曾论及参军的服饰为绿衣秉简,那么其他女优所装扮均应非参军,而是其他下属官员或者吏员。由此可以知道参军戏与假官戏原本并不分家。

优人杂戏发展到五代后期,就已经出现了接近于宋杂剧的演出形式。宋人马令《南唐书》卷二五载:

> 李家明,庐州西昌人,谈谐敏给,善为讽辞。元宗好游,家明常从。初景遂、景达、景逖,皆以皇弟加爵,而恩未及臣下。因置酒殿中,家明俳戏,为翁、媪列坐,诸妇进饮食,拜礼颇繁。翁、媪怒曰:"自家官、自家家,何用多拜耶?"元宗笑曰:"吾为国主,恩不外覃!"于是百官进秩有差。(原注:江浙谓舅为"官",谓姑为"家"。)

047

上场演员有数个,扮演平民家庭琐事,其内容是上列诸戏所不能容括的,更不是参军戏,已开宋杂剧的先驱。但主演李家明仍然不是专职演员,而是常从皇帝的侍优。一直要到宋代,专职杂剧演员才出现,并且有了角色的固定分工。

五、宋代参军戏的发展

宋杂剧兴起以后,将唐、五代各种优戏的表演传统熔为一炉,发展成为一种更为进步的戏剧形式,角色增多,装扮复杂,表演技巧提高。参军戏也与其他杂戏一样,被吸收到宋杂剧中来。宋杂剧成熟以后,有了四至五个固定的角色,但有时在记载中还出现"参军"的名称,其原因何在呢?这是由于:第一,以往优戏演员凡扮官几乎照例都扮作参军,所以参军已经形成了一种角色类型,它几乎可以与宋杂剧中装官的角色对等。第二,宋代演戏扮官仍像唐代一样,由于某些社会原因而多扮作参军,所以仍以参军称之。但是,参军戏到了宋杂剧中,已经完全改变了性质,过去那种一主一仆相从为戏的简单演法已经被更复杂的表演所代替,苍鹘这个角色名称已没有存在的必要,因此消失了。宋杂剧所能包括的社会内容已远远超过唐代参军戏和其他优戏。只是,民间可能还保留了以往那种参军的形式,陆游《春社》诗曰:

> 太平处处是优场,社日儿童喜欲狂。
> 且看参军唤苍鹘,京都新禁舞斋郎。

似乎直到南宋时期民间社日里还在演出那种"参军唤苍鹘"形式的参军戏,但一般情况下,它早已经被杂剧所淘汰了。

宋杂剧里扮官,仍然存在着唐代参军戏与假官戏的那种区别。这里具体举例说明一下。首先,凡不必确指扮作某官的,一般以参军为之。如《程史》卷七所载"二镘","有参军者前,褒(秦)桧功德",忽然幞头坠地露出头上的双迭胜大巾镘而遭到另一优伶的击打。这里"参军者"就没有确指为哪个官,开始在赞颂秦桧时,他只是一个一般的下属官员,后来因为将"二圣还掉脑后"而遭打时,他又隐代秦桧。其次,如果需要影射某官时,则可以直接按他的官职装扮。宋代张端义《贵耳集》卷下载:

> 袁彦纯尹京,专一留意酒政。煮酒卖尽,取常州宜兴县酒、衢州龙游县酒,在都下卖。御前杂剧,三个官人:一曰京尹,二曰常州太守,三曰衢州太守。三人争座位。常守让京尹曰:"岂宜在我二州之下?"衢守争曰:"京尹合在我二州之下!"常守问曰:"如何有此说?"衢守云:"他是我两州拍户。"宁庙亦大笑。

其中就扮作具体的职事官。不过,优人扮官不是毫无顾忌、想扮什么官就扮什么官的,以"御前杂剧"来取笑一下守尹还问题不大,若要讥讽当朝的执政宰辅,就得有所避嫌了。蔡京任宰相时,"斥远元佑忠贤,禁锢学术",优人扮戏嘲讽他,在戏中还要以梃"挟其背",就不敢直接扮饰,而要"推一参军作宰相"(见《夷坚志》支乙四)。宋杂剧演员因演戏寓讽而触犯权贵,遭受刑罚的记载随处可见,也足以说明这个问题。

宋杂剧中出现了参军挨打的科诨,是否参军在杂剧中是一必然挨打的角色呢? 不是的。要说明这个问题,得先从优戏中的批颊说起。《新五代史·伶官传》载:

> 庄宗尝与群优戏于庭,四顾而呼曰:"李天下! 李天下何在?"新磨遽前,以手批其颊。庄宗失色,左右皆恐,群伶亦大惊骇,共持新磨,诘曰:"汝奈何批天子颊?"新磨对曰:"李天下者,一人而已,复谁呼邪?"于是左右皆笑,庄宗大喜,赐与新磨甚厚。

这大概是今天所见的关于优戏中批颊的最早一条记载。从这条资料我们可以知道,至迟在后唐庄宗时,优人间的互相批颊已经成为优戏中调科的重要手段,并且已成为常例。如果不是这样,那么以庄宗的天子之尊,即便敬新磨善于巧言回护,也不敢动手打天子,而庄宗也不会轻易饶恕他。正因为是在戏中,庄宗的身份也是一个角色,而演员角色间可以互相批颊不至于冒犯,所以敬新磨才敢打庄宗。开始时庄宗和他人被敬新磨的举动惊呆,都出了戏,后来敬新磨发一诨语,大家才明白过来。另外,优戏中哪一个角色可以打哪一个角色似乎没有规定,都根据剧情的需要,否则如果庄宗本来扮的就是一个固定要挨打的角色,敬新磨打他也就无可惊怪。

优戏中的批颊发科被宋杂剧所继承,后来还发展到用棒打、梃杖。但被打的角色却不限定为参军一色。我们在宋杂剧演出的记载中可以找到参军在场而并不挨打的例子。宋代江少虞《宋朝事实类苑》卷六四引张师正《倦游杂录》曰:"一日,军府开宴,有军伶人杂剧。参军称:'梦得一黄瓜,长丈余,是何祥也?'一伶贺曰:'黄瓜上有刺,必作黄州刺史。'一伶批其颊曰:'若梦镇府萝卜,须作蔡州节度史?'"这显然是一伶打另一伶,与参军无关。又周密《齐东野语》卷二〇载:

> 宣和间,徽宗与蔡攸辈在禁中自为优戏。上作参军趋出。攸

戏上曰："陛下好个神宗皇帝！"上以杖鞭之，曰："你也好个司马丞相！"

据此，则参军似乎也可以打人，但也许这是皇帝行使了戏外之权。洪迈《容斋随笔》"对雨编"曾提到参军在优戏中的威风是"据几正坐，噫呜诃筸"，可以发号施令，高喊打人，这大概较为客观。以参军扮作官员的身份，似乎也不必去亲自动手打人。宋杂剧中参军以外的角色挨打的记载就更多了，如：宋代龚明之《中吴纪闻》卷六所记徽宗宣和间内宴，有优先后持梅花、松、桧出，都说成是芭蕉，"诨人"遂批其颊；沈作喆《寓简》所载伪齐刘豫时教坊杂剧，处士以杖击星翁；明代田汝成《西湖游览志余》卷二所言宋理宗时内宴杂剧，一人扑击打锣人；等等。

参军这个名称既然在宋杂剧中数有出现，它究竟是宋杂剧中的何种角色呢？据宋代灌圃耐得翁《都城纪胜》、吴自牧《梦粱录》记载，宋杂剧中一般有四个角色——末尼、引戏、副末、副净，但又"或添一人名曰装孤"。夏庭芝和陶宗仪根据鹘击禽鸟和院本中副末打副净，认定参军即副净。王国维从其说，并且以"净"为参军的促音。但明代已经有人对此提出了怀疑，钱希言《戏瑕》卷二"弄参军"条曰：

陶宗仪撰《辍耕录》，直以参军为后世副净。据云：开元中，黄幡绰、张野狐善弄参军。然则戏中孤酸，皆可名参军也，岂必副净为之哉？

钱氏这一段话前后逻辑较混乱，不易洞晓。但他认为参军可以是孤和酸。根据现在掌握的材料，我认为，参军基本上应该属于装孤的角色。明代朱权《太和正音谱》曰："孤，当场装官者。"装孤的角色职能只是扮官，与宋杂剧中其他四个角色比，是一个不够健全的角色。它的职能受到所扮演人物身份的限制，戏中有官出时，它就上场，无官时，它就偃息，故称："或添一人名曰装孤。"而参军，其本身就是假官，与装孤一角在戏中的职能是一致的。前面举过"梦镇府萝卜"的例子，如果我们按照记载来设想一下当时的演出情景,则明显地参军居中为官,两伶人侍立在侧,对白后一伶人批另一伶人颊。这两个伶人很可能是副末与副净,而参军不是装孤又是什么呢?另外,根据今天所能见到的资料,宗杂剧中凡是出现参军角色,其所扮演的就必定是官员。如"元祐钱"中装宰相;"被笪箓坏了"中作掌签文书的官吏多。"二圣镮"中虽没有指明确切身份,但影射秦桧,可见还是装官。再者,参军可以由女子扮演,而按照当时封建伦理思想的要求,像副净这样的发乔角色绝不可能由女子充任。但是,装孤却常常用女子扮演,这一点从宋代墓葬中的杂剧雕砖上可以找到证明。① 元人刘庭信(【双调】夜行船)散曲《青楼咏妓》中也提到女子装孤:"新梦青楼一操琴,是知音果爱知音。笺锦香寒,帕罗粉渗,遥受了些装孤处眼余眉甚。"可见元代仍然如此,这也可作为一个旁证。

我们还可以找到两则宋代的资料来推究出参军与装孤二者之间的关系。宋人赵彦卫《云麓漫钞》卷五曰:"优人杂剧,必装官人,号为参军色。"接下来,在举例说明了优戏中装官皆应为参军之后又说:"今人多装状元进士,失之远矣!"他认为装官人还应该装扮成参军才对。而我们反过来看,在宋杂剧中如有状元进士出场是应该由装孤来扮演的。又一则,宋人廖莹中《江行杂录》在引《因话录》"女优有弄假官戏,其绿衣秉简者谓之参军妆"后,又说:"古穿绿衣,今则改穿红袍,即执象笏上场者是也。"红袍象笏是五品以上官员服饰,这是由装孤扮演无疑!既然宋人也认为参军变成了装孤,我们怎么能够不相信宋人的说法而去听信元人呢?《云麓漫钞》刊刻于宁宗开禧二年(1206),恰处南宋中期,据此可以知道当时杂剧中扮官已不限于参军而多有状元进士。《江行杂录》撰写时间不详,但廖莹中是贾似道门客,在度宗驾崩后次年(1275)自杀,见《宋史·贾似道传》,则他应该是南宋后期人,所记也应是南宋后期事,可知当时装孤已都穿红袍执象笏上场了。由此也可以看出宋杂剧中装孤角色装扮发展之一斑。

参军戏中参军每场必出场,而《都城纪胜》言宋杂剧角色中"或添一人名曰装孤",这是否可视为参军与装孤并非同类角色的依据呢?我们认为不

---

① 参见偃师宋杂剧雕砖左第二人(刊于《文物》1959 年第 9 期《偃师县酒流沟水库宋墓》),温县宋杂剧雕砖左第三人(刊于《中原文物》1983 年第 1 期《温县宋墓发掘简报》)。

能。因为：其一，装孤只在扮官戏中出场，而大量的世俗生活戏并不涉及官僚的行为，因而都可以没有这一角色。其二，事实上，"官本杂剧段数"和"院本名目"中有装孤出场的数量也很多，如前者有《孤夺旦六么》等 21 目；后者有《乔托孤》等 13 目，而《官吏不和》《同官不睦》《同官贺援》也应该是由装孤扮演的，再加上"孤下家门"（王国维《宋元戏曲考》："孤下谓官吏。"）3 种，于是也有 19 目。在实际演出中，同样的角色还可以同时上场几个，如"官本杂剧段数"中有《三孤惨》《四孤醉留客》等可证。另外，还会有许多装孤虽然出场但并不以其为主的戏，这样在剧名上就反映不出来。联想到参军戏只是唐代诸种优戏中间的一种，这些数字也就很能够说明问题了。

那么，为什么要说参军"基本上"属于装孤的角色呢？这是由于：第一，装孤比参军的角色职能要大，它既可以装扮参军，又可以装扮其他假官，二者不等。第二，由后世戏剧演出的实例来看，扮官者并不都是由一个角色来充当的，如宋代南戏《张协状元》中净、末、丑都可以扮官，所以参军的扮演者也不能排除副净、副末等角色。从这个意义上说，参军又比装孤的角色职能要大。

附论：参军戏演出的社会基础

唐代假官戏中为什么主要扮演参军并且形成了专门的一类戏呢？参军是下层官吏，这自然是一个重要的原因。唐代参军官品在六品到九品之间，在封建官僚机构中，他们虽占有一席位置，但又没有多大的权力。因此，把他们放在戏中代表官吏、让身份卑贱的优人来扮演，一般不会触犯贵胄之忌。优戏自古以来主要是在皇帝面前演出，皇帝所宠幸的优人拿低品阶的参军来开开玩笑也没有什么问题。李仙鹤演得好了，还可以被皇帝恩赐得到参军的俸禄。另外一个原因是参军在唐代系不定职，唐人沈亚之《河中府参军厅记》曰："国初设官无高卑，皆以职授任，不职而居任者，独参军焉。"因此，扮演参军可以不被人疑为特指某官，免去许多不必要的麻烦。由于扮演参军有这种方便，所以优人在弄假官时，除特意要指明身份的外，一般都由参军充当了。

在唐代时，参军的职衔本身还属于优游之任，沈亚之在说了上引一句话以后，又接着说：

> 观其意，盖欲以清人贤胄之子弟将命，试任使，以雅地出之耳。不然，何优然旷养之如此！其差高下，则以五府六雄为之次第。蒲河中界三京，左雍百里，且以天子在雍，故其地益雄。调吏者必以其人授焉。噫！今之众官多失职，不失其本者亦独参军焉。长庆三年，余客蒲河中城，某参军、某族，世皆清胄，又与始命之意不失矣。乃相与请余记职官之本于其署。

沈氏之言，固然因为受人之请而多尽美意，但也介绍了参军之职是"优然旷养"、任于"雅地"、多以"清人贤胄之子弟"担任，以作以后升迁的跳板。《太平广记》卷四九六引温庭筠《乾𦠆子》也称"参军等多名族子弟"。而当时一些身居清要之职的官僚，因为本官品阶不高，俸给微薄，还要求兼任参军以食其禄，如白居易、姜公辅为翰林学士，尚自请为京兆府参军。① 既然参军之职在当时社会中不失其尊，反映到优戏中，参军就成为官僚阶层的代表，成为戏中发号施令、占支配地位的角色。宋代资料里还有记载戏中参军的威风情状的，如前引过的《容斋随笔》"对雨编"载：

> 士之处世，视富贵利禄，当如优伶之为参军。其据几正坐、噫鸣诃箠，群优拱而听命；戏罢，则矣已矣！

虽然是用戏中的参军作比，但也从侧面反映了参军在戏中的地位。唐戏中参军受辱的情形也不会没有，但那不是主要的倾向。

到五代时，战事连绵，社会混乱，吏制也腐败不堪。宋代李攸《宋朝事实》卷九载：

053

---

① 参见《历代职官表》附瞿蜕园《历代职官简释》"参军事"条。

> 五代任官,凡曹掾、簿尉,有龌龊无能以至昏老不能任驱策者,始注为县令。故天下之邑,率皆不治。甚者诛求刻剥,秽迹万状!故天下优诨之言,多以长官为笑。而祖宗深嫉贪吏。

社会和吏制的黑暗,使优戏中增加了"以长官为笑"的成分,以此来加强对贪官污吏的嘲讽,可知此时参军戏和假官戏中辱弄犯官的机会增多了。从当时人对待参军官职的态度来看,也知道它已失去了"优游"的荣誉。明代胡仔《苕溪渔隐丛话·后集》卷十六载:"五代王建时,王宗侃责受维州司户参军,曰:'要我头时,断去!谁能作此措大官,使俳优弄为参军耶?'"王宗侃是蜀主王建的假子,累战功拜中书令,封魏王。胡仔所说不知何时事,但以"责受"来看,王宗侃任参军是贬官,他不愿赴职自然有对受黜不满的因素在,但参军在优戏中常被作为犯官辱弄当然也是一条重要原因。

宋杂剧中扮官仍爱用参军充当,其社会原因与唐代基本相同,但宋代参军官职的声誉已远不如唐时那么好。《苕溪渔隐丛话·后集》卷十六还引了《复斋漫录》的一段话:

> 本朝张景,景德三年,以交通曹人赵谏,斥为房州参军。景为《屋壁记》,略曰:"近置州县参军,无员数,无职守,悉以旷官败事违戾政教者为之。凡朔望缲宴使与焉。若处人一见之,必指曰:'参军也,尝为某罪矣。'至于倡优为戏,亦假而为之,以资玩戏,况真为者乎?宜为人之轻视,又将狎而侮之。"

以"旷官败事违戾政教者"任参军,从五代已开始,王宗侃就是一个例子,宋代则更为多见,甚至到了凡是参军人都认为其曾经犯罪的地步。所以,优人在戏中就越发对参军进行辱弄,甚而可以对扮演参军的人手批其颊、梃杖其背!更有甚者,还在猴戏里让猴子扮饰参军,"或令骑犬,作参军行李,则呵殿前后。其执鞭驱策,戴帽穿靴,亦可取笑一时"①。如此而不会被官府所苛责。另外,宋代参军按官品穿绿袍②,而宋初令南唐降臣都穿绿袍,事见宋王栐《燕翼贻谋录》:

> 江南初下,李后主朝京师,其群臣随才任使,公卿将相多为官。惟任州县官者仍旧。至乎服色,例行服绿,不问官品高下。

直至淳化元年(990)太宗才下诏赦免,准许按官员服红紫。因此宋代"服绿"又与"降臣"连在一起,这更降低了参军的社会声誉。

(原载《戏剧》1989年第1期)

---

① 参见《太平广记》卷四六六引宋景焕《野人闲话》"杨于度"条。
② 按宋元丰元年后改制,六品以上服绯,则如王府咨议参军等改服绯,然七品以下参军仍服绿。

宋戏曲论

11世纪以后,以宋王朝为主体的各民族表演艺术迈入了一个新的发展时期。其间形成的一个突出现象是戏曲逐步走向成熟,并在社会文化生活中发挥了越来越大的作用。最初是在市井勾栏瓦舍众多表演艺术之中,形象表现人生故事的戏剧艺术——杂剧、傀儡戏、影戏等吸引了人们的主要注意力,继而是南戏的异峰突起,产生了划时代的影响。从此以后,中国戏曲以成熟的面貌辉映于表演艺术领域,在中国古代社会晚期发挥了巨大的作用,而掩夺了其他表演艺术种类的光辉。

一、概述

(一)走向成熟的戏曲

当中华戏剧经历了原始戏剧和初级戏剧阶段,走过了漫长的演变和发展道路之后,它跨入中国型的成熟戏剧——戏曲的飞跃期就来到了,其时间是在两宋时期。之所以说戏曲是中国型的成熟戏剧,是因为它具有与西方戏剧不同的文化意蕴和美学风貌(它不同于西方一般理解意义上的戏剧,不能等同于西方任何一种戏剧类型,诸如话剧、歌剧、舞剧等),而在中国历史上所产生的成熟戏剧形态也只有戏曲。

戏曲有着自己的特殊形态,即它是一种把诗、歌、舞的艺术因素统一起来,使之共同为戏剧模拟人生情境的目的服务的舞台表演艺术。也就是说,它是一种综合型的舞台手段,分别运用语言、歌唱和舞蹈等表现方式进行艺术创作。这是一种在东方思维方式支配下孕育成熟的戏剧形态。

宋代以前，虽然中国戏剧里也分别发展了以生活情境拟态表演为主的优戏和以歌舞手段娱乐为主的歌舞戏这两个分支，但它们走着各自相对独立的路子。宋代瓦舍勾栏创造了把诸多表演艺术共熔一炉的社会环境，终于使这种分立的局面被打破，而优戏和歌舞戏又吸收了说唱艺术的营养成分包括其特色，终于熔铸出了新型的戏剧样式——戏曲。至此，中国戏曲具备了成熟的形态，其美学原则和面貌特征也已定型，以后的发展与演化都是在此基础上的进一步完善，而没有再发生根本性的变化。

宋代成熟戏曲的代表形态是南北宋之交时在东南沿海一带形成的南戏，而戏曲形成的最初过程则发生在北宋，其基础是北宋杂剧与各类歌舞说唱表演艺术的融合，在这个融合过程中，仍然属于初级戏剧形态的北宋杂剧，其表演形态较前有了革命性的发展，直接启迪了宋代南戏的产生。

南戏是中国戏曲达到成熟程度后的第一个标志，它具有比较完备的大型体制，以在舞台上表现完整人生故事为目的，其表现手段集念诵、说白、歌唱、舞蹈、科介于一身，在程式化的音乐结构中，遵循写意性、虚拟性、假定性等审美原则进行舞台创造，从而奠定了以后800年戏曲舞台的基本面貌。

（二）戏曲种类概貌

由五代传统继承而来的宋代戏曲形成了不同的种类，大体可以划分为三个类型：杂剧、傀儡戏和南戏。其中，杂剧和南戏是由真人进行装扮演出的戏曲种类，两者有着戏剧性发展程度的差异，后者比前者的戏剧形态更为完备。傀儡戏则是用雕造的人物形象模仿真人进行演出的戏曲种类，它对于真人戏曲的演出形态也有着模仿性。这三种不同的戏曲样式，在当时的社会娱乐生活中都产生了很大的影响，各自发挥了独到的艺术魅力。

1.杂剧

唐、五代优戏发展到北宋，被冠之以"杂剧"的名称。杂剧成为一类专门化的表演形式，特指戏剧演出，从歌舞杂技和优人谲谈调笑的状态中超越出来。在中国戏曲史上，这是一个很大的转变，它标志着初级戏剧开始脱离原始庞杂混融的表演形态，而朝向单纯的戏剧形式迈进。

在长期勾栏共同演出的环境中,北宋杂剧逐渐吸收了多种表演艺术的营养成分,而在形态上有所进化,逐渐向成熟的戏曲形态倾斜,例如在表演上形成两段结构,扮演与歌舞手段开始联姻,出现五个角色末泥、引戏、副净、副末、装孤。然而,随着宋金战争所造成的巨大历史变故,宋杂剧被分别纳入南北两个不同的地理环境中去发展,在不同的地域和文化背景下发生了不同的变异。

北宋杂剧的主体部分,随着宋室的南迁而转移到南宋的临时都城临安(今浙江杭州),形成更为繁盛的南宋杂剧,其形态也有进一步的发展,例如表演演变为三段结构,曲调运用更为丰富,并能够表现较复杂的人生故事。但是,由于脱离了其生成的本土及语言环境,它的发展在南方受到很大的局限,无法再像汴京那样与民俗文化的发展紧密联系与互动,而仅仅成为宫廷艺术和北方艺术的遗存物,未能发生根本性的体制革命。于是,成熟戏曲样式的载体不得不由另外一种南方民间的舞台艺术形式——南戏来承担。南宋杂剧始终未能脱离母胎的框范,充其量只是对南戏的发展给予一定的影响。

杂剧在北方辽、金地界里(特别是后者)发展的一路,由于接触了契丹和女真民族的异质文化,发生了较大的增值变异,逐渐朝向北曲杂剧的形态发展。由于辽、金历史时段较短,这种转化要一直持续到金、元之交时(相当于南宋中期)才最终完成,那时中国北方的成熟戏曲样式——元杂剧正式出现,形成与南方的南戏相呼应而并行的局面。而这种转变的过程则发生在金代杂剧中。金代杂剧已经开始了由北宋杂剧的滑稽科诨小戏向元杂剧的歌唱大套曲子过渡,乐队的重要性开始突出,成为必须与演出人员一起登场的表演主体。但其演出的重点仍然在于滑稽调笑,以歌唱为主的正剧大戏的完善尚有待时日。

2.南戏

南戏是一种完全新型的戏曲样式,它最初在唐、五代优戏和歌舞戏,以及民间曲子的基础上兴起,经过北宋的长期成型阶段,终于在12世纪初叶的南、北宋之交时,正式形成于南方的浙、闽交会地区,以温州作为据点,很快繁衍开来,在南宋中期成为广布浙江、福建甚至覆盖江西部分地区的大的剧种,而以演唱南方曲调为特色。在它的发展中,除大量吸收当地民间唱曲、社火舞蹈、民俗技艺以外,南渡的汴京杂剧也为之提供了丰富的营养。

南戏的演出体制和音乐体制都不同于宋杂剧,它已经能够比较熟练地运用诗、歌、舞的综合舞台形式来表现完整的故事情节和比较复杂的场景,在它的舞台表演里,歌唱成为最重要的表现手段之一,它的音乐结构尽管显得庞杂无序,但已经能够把大量的曲牌组织在众多的场子里,使之共同连接成一个长篇的音乐作品,它的角色发展出分工更为细致的行当,包括生、旦、外、贴、丑、净、末七类,各行当都有自己的表演特色。最重要的,南戏已经奠定了中国戏曲的基本美学原则,诸如舞台时空的自由转换、程式化与假定性、综合表演手段的运用等。由此,南戏最终完成了中国戏曲表演从滑稽谐谑小戏向篇幅完整的正剧的过渡。

3.傀儡戏和影戏

傀儡戏一般用木头或泥巴塑制人物,影戏用皮或纸雕作人物。它们都是由真人操作假人进行表演,与真人戏剧有异。

傀儡戏的产生很早,早在春秋战国时期的随葬木偶就有被用于歌舞表演的迹象,唐代木偶已经开始被用于商业化演出,到了宋代的宫廷和瓦舍勾栏里,傀儡戏表演成为一项十分重要的内容。由于操作演出的方法不同,傀儡戏又分化出不同的表演种类。影戏产生于北宋仁宗时期,是瓦舍勾栏里孕育而成的新兴戏剧种类,由于其雕造工艺较木偶更为简便易行,适宜于成批制作,操作方式又很简单,容易进行故事性的表演,因此一经出现立即引起社会的极大兴趣,很快发展成一支有生命力的戏剧种类。影戏与傀儡戏一道参与当时宫廷和民间各种演出活动,共同烘托了戏剧表演的一代之盛。

傀儡戏和影戏的戏剧形态与杂剧、南戏有相通之处,例如都有人物形象的登场表演,采用代言体的演出形式,运用念诵、道白、歌唱、舞蹈、身段动作的综合手段来表现故事,可以想象它们之间会发生演出技艺上的彼此交流和互相借鉴。由于傀儡戏和影戏表演比真人登台扮演具备更大的灵活性,因此它们在演出内容上较杂剧和南戏更具包容性,例如它们可以很轻松地胜任对于历史征战场面的舞台表现,以及对于仙佛题材的舞台展示,这对于杂剧和南戏来说都有相当的困难度。因此,傀儡戏和影戏在这方面先行一步，为真人戏剧提供了新鲜的经验。中国戏曲在宋代的走向成熟，不能忽视傀儡戏和影戏的贡献。

（三）戏曲演出占据表演艺术的中心地位

唐代以来，戏剧在各类表演艺术中的地位处于不断上升的趋势。唐玄宗建立了专门的散乐机构教坊和梨园，在其中演习倡优百戏，优戏表演从此受到宫廷的特别重视。五代各国君主继承了这一传统，他们甚至常常与优人共同参加优戏表演，反映其对于优戏的重视程度。辽、宋、金各朝沿袭下来，都设置教坊机构而储散乐，其中以戏曲演出的力量为主。

北宋宫廷设置的云韶部，是专门在节庆宴会上演出戏曲的机构，这一点从其人员组成可以看得很清楚。宋代陈旸《乐书》卷一八八"乐图论·俗部·杂乐·云韶乐"条说：云韶部"凡歌员三，笙、琵琶、筝、拍板员各四，方响员三，笛员七，篥、筚篥员各二，杂剧员二十四，傀儡员八。每正月望夜及上巳、端午观水嬉，命作乐宫中，冬至、元会、清明、元社，宫中燕射用之"。归纳一下，云韶部成员由三部分人组成：歌者3人、伴奏者30人、扮戏者（包括杂剧与傀儡戏演员）32人。很明显，云韶部的主要功能是从事戏曲演出，歌者和伴奏者都是作为辅助人员而存在的。在当时的宫廷乐部机构中，只为戏曲表演设置了专门组织，这无疑说明戏曲在当时众多表演技艺中已经取得最为重要的地位。

辽、宋、金各朝在宫廷节庆和皇帝、皇后诞辰日，以及款待外国使臣而设置国宴时，宫廷教坊机构都要专门演出杂剧、傀儡戏等节目来侑觞助欢，这在前代是没有过的规例。例如杂剧演出，通常在一轮饮酒礼仪节次中要表演两场。宋代孟元老《东京梦华录》卷九"宰执亲王宗室百官入内上寿"条记载北宋皇帝生日大典时宫廷杂剧的演出情形说："第五盏御酒……小儿班首入进致语，勾杂剧入场，一场两段……第七盏御酒……女童进致语，勾杂剧入场，亦一场两段讫。"我们从宋代吴自牧《梦粱录》、周密《武林旧事》等书里看到，南宋宫廷大宴里杂剧演出仍然如此。而且这种规例不仅宋朝有，辽国和金国的宫廷里也有。

南宋以后，教坊杂剧演员甚至成为宫廷散乐中最为重要的成员，这就是所谓的"正色"。宋代灌圃耐得翁《都城纪胜》"瓦舍众伎"条说:"散乐传学教坊十三部,唯以杂剧为正色。"意思是说,瓦舍勾栏里的"散乐"是从宫廷教坊"传学"来的,而在这 13 部中,唯独杂剧居于"正色"的地位。反过来说,其他部就都应该是"副色"。这 13 部的行当为:"筚篥部、大鼓部、杖鼓部、拍板色、笛色、琵琶色、筝色、方响色、笙色、舞旋色、歌板色、杂剧色、参军色。"除器乐演奏者之外,主要有四种人员:舞蹈者、歌唱者、杂剧演员和指挥者(参军色)。在这所有的表演种类中,杂剧跃居到首要的位置,这说明它在当时已经成为最受欢迎的表演项目。

在民间的市井和乡村演出中,戏曲成为最受欢迎的表演艺术。《都城纪胜》"瓦舍众伎"条、《梦粱录》卷二十"妓乐"条记叙临安瓦舍勾栏里的众多表演艺术,都以杂剧打头并作重点介绍。乡村中间两宋和金代都流行用杂剧雕砖或石刻镶嵌墓室的做法,此类墓葬在中原一带以及川蜀的出土绵延不绝。南戏在东南沿海地区民间兴起以后,尽管被杂剧的正宗地位所抑制,但它的影响在民间却是最大的,由宋入元的刘埙在《水云村稿》卷四《词人吴用章传》中记载南宋时候的事说:"至咸淳永嘉戏曲出,南丰泼少年化之,而后淫哇盛、正音歇。"永嘉戏曲即南戏,它的蓬勃发展强有力地冲击了当时以宫廷为主导的所谓正统表演艺术。从刘埙叙述的字里行间,我们不难感受到南戏在民间所受欢迎的程度。

由于戏曲是综合型的表演艺术,它将众多表演艺术如舞蹈、歌唱、说话、杂技等的表现手段都吸收到自己的肌体里,熔铸为自身的有机构成,因而具备了更强的舞台表现力和感染力。随着戏曲艺术的走向成熟,它在众多表演艺术中日益占据了领袖群伦的地位,发挥了越来越大的作用和影响力,而其他一些表演艺术则由于戏曲的磁场作用,逐渐开始萎缩,有些甚至失去其独立价值,沦为戏曲的附庸。这种情形的发生,构成了中国社会后期一种独特的文化现象,值得我们去深入探讨。

二、杂剧的变迁

作为一代艺术样式的宋金杂剧,其基本舞台形态的形成有着一个渐进的过程。它的源头是唐代优戏和歌舞戏,它的名称最早出现于晚唐文献中①,五代时雏形颇具,完备于北宋,发展于南宋和金。元以后,它的位置为南戏和北杂剧所取代,结束了自己的历史使命。

下面按照历史的顺序来描述这一过程。

(一)五代优戏

后唐庄宗李存勖是著名的优伶皇帝,他曾经因为演戏而被优人打耳刮子,事见宋代孔平仲《续世说》卷六的记载:

> 唐庄宗或自傅粉墨,与优人共戏于庭,以悦刘夫人,优名谓之"李天下"。尝因为优,自呼曰:"李天下!李天下!"优人敬新磨遽前,批其颊。帝失色,群优亦骇愕。新磨徐曰:"理天下者,只此一人,岂有两人耶?"帝悦,厚赐之。

李存勖在与优人一起表演优戏时,因为误叫"李天下",被优人敬新磨借发诨的机会打了一个嘴巴。在当时的优戏演出中,优人以互相击打对方来制造笑料,所以敬新磨才敢于打唐庄宗。从这则资料可以看出,五代优戏的表演手法已经较唐代有所发展,由单纯运用便捷语言制造喜剧效果,变化为角色之间互相捉误并击打对方来进行插科打诨,这种手法后来成为宋杂剧制造喜剧场景的最常用手段,并且从手批改为用杖抽、用棒打。

南唐优戏的演出形式已经接近宋杂剧。宋代马令《南唐书》卷二十二载:"韩熙载不拘礼法,常与舒雅易服燕戏,入末念酸,以为笑乐。"韩熙载和舒雅换了服装参加的表演,叫作"入末念酸",这里的"末"应该就是宋杂剧中的角色"末泥",末泥的表演里常常要念诵一些诗词歌赋,这就是所谓的"念酸",因此,南唐优戏已经具备了宋杂剧角色和表演的雏形。南唐优戏的表演形式从《南唐书》卷二十五的记载里可以看出轮廓:

---

① 参见〔唐〕李德裕:《李文饶文集》卷十二《第二状奉宣令更商量奏来者》,四部丛刊初编本。

李家明,卢州西昌人,谈谐敏给,善为讽辞。元宗好游,家明常从。初景遂、景达、景遏皆以皇弟加爵,而恩未及臣下。因置酒殿中,家明排戏,为翁、媪列坐,诸妇进饮食,拜礼颇繁。翁、媪怒曰:"自家官、自家家,何用多拜耶?"元宗笑曰:"吾为国主,恩不外覃!"于是百官进秩有差。(原注:江浙谓舅为"官",谓姑为"家"。)

这一场戏,出具角色多(有翁、媪、诸妇等,至少五六人),场面铺排大,表现题材也转向平民生活的家庭琐事,已经是宋杂剧的开端。不过,主演李家明仍然不是宫廷中的专职优戏演员,而是常从皇帝的侍优,他的职能不仅是演戏,还要跟从皇帝左右,用语言为之逗乐解闷,这种性质是五代以前的所有宫廷优人都具备的。一直要到宋代,专职宫廷杂剧演员才出现,并且有了角色的固定分工,那时的优人已经不能在皇帝跟前说笑打诨,而只能进行戏剧表演了。

吴越优戏也发展无碍,1987年在浙江省黄岩县潮济乡潮济铺村灵石寺塔内发现的吴越国乾德三年(965,吴越奉宋朝正朔)前后优戏人物雕砖六块,正是这种现实的反映。[1] 雕砖高22~36厘米,宽15~30厘米,各阴线剔刻戏剧角色一两人,人物形象生动,造型充满戏剧性,似乎有着某种故事场景,但彼此之间并没有内在的联系,不像宋代杂剧雕砖或壁画人物那样四五人一组,为角色展示,说明此时的优戏演出较之宋杂剧尚为简略,角色配制还没有完善。

五代歌舞戏也与优戏并行发展,例如后梁金州(今陕西安康县)曾经演出《麦秀两歧》歌舞剧,宋代王灼《碧鸡漫志》卷五载:"倡优作数妇人,抱男女筐筥,歌《麦秀两歧》之曲,叙其拾麦勤苦之由。"这一歌舞戏的内容是表现贫民拾麦生活,有装扮有表演有歌唱,虽然情节较为简单,场景却是完整的。

(二)北宋杂剧

北宋优戏继承了唐、五代优戏的演出传统,全国各地都见得到其踪影,

063

---

[1] 参见卢惠来:《黄岩县灵石寺塔戏剧砖雕》,《戏曲研究》1989年第29辑。

但北宋杂剧的最初兴起地点，以及后来的演出繁盛地都是北宋的都城汴京，这是由于宋太祖、宋太宗将七国宫廷优伶都集中在这里的缘故。宋初教坊、云韶部、钧容直等机构都设置有确定数额的杂剧演员，宋代陈旸《乐书》卷一八六"乐图论·俗部·杂乐·剧戏"条说："圣朝戏乐：鼓吹部杂剧员四十二，云韶部杂剧员二十四，钧容直杂剧员四十。亦一时之制也。"这些杂剧演员负责在各类节日庆典和宴会酒席上演出。

北宋宫廷宴乐机构的完备，为宋杂剧的发展和提高创造了条件。它使杂剧演出发生了第一次质的变化，即专职杂剧演员的出现。宫廷乐部里的杂剧员，其唯一的职分即进行杂剧演出，与前代优人在皇帝面前作滑稽调笑的职掌已经有了明显的不同。分工的专门化使杂剧艺人具有了精心研磨表演技艺的条件，而宴乐机构又负责训练和挑选杂剧演员，例如《宋会要辑稿·乐五·教坊乐》说，教坊中每年由教坊大使和副使审阅杂剧，将"把色人"分成三等，订立了严格的培养和淘汰标准，以供集英殿、紫宸殿、垂拱殿君臣宴筵时应奉，这就更加刺激了杂剧表演水平的提高。

汴京勾栏杂剧在宋仁宗末期兴起，迅速发展起来，在徽宗时期达到了大盛，作为民间艺术，它又顺着水陆通道以京城汴梁为中心向外辐射，在中州一带形成了汴京杂剧的主要流播区域。

仁宗朝以后，汴京已经成为一座东方最大的游艺场，杂剧则是其中最为活跃的表演艺术之一。在瓦子中的各个勾栏棚里，平日都有"富工""闲人"在游荡，往往聚集数千人观看杂剧以及各种技艺表演。除日常性的演出外，一年中还有许多大的节日庆祝活动如元宵、上巳、中元和皇帝诞辰、神祇生日等，届时勾栏露台弟子与教坊、军中以及开封府衙的演员一起在人烟稠密、交通要闹处临时扎架的露台上演出杂剧百戏，引起万人聚观、城市空巷。流风所及，连城周的农民也成为杂剧的热心观众。宋代洪迈《容斋随笔》卷二载：范纯礼知开封府时，有淳泽村民"尝入戏场观优"，归途中见有匠人箍桶，就取其桶戴在头上，模仿戏中的样子，装扮成刘备来取笑。范纯礼知开封府是徽宗初立时候的事，大约在崇宁年间（1102—1106），正是汴京杂剧兴盛之时。虽然不知道文中所说的"戏场"设在何处，但村民到市肆勾栏中去看杂剧演出却是可能的。

在这种以市民为观众的演出中,杂剧艺术的发展也日益受到市民阶层审美趣味的影响。勾栏杂剧的演出可以不受限制,对于演出的内容可以自由选择,由于他们活动于民间,熟悉下层人民的生活,因而所表现的内容也多是反映了民众的观点;它的表演方式可以随意发挥,非常诙谐活泼。这对于宫廷杂剧来说是根本不可能办到的。宫廷杂剧总是受到各种封建礼仪和伦理道德的束缚,演出很不自由。例如当时屡有禁止以先圣先师为戏的情况出现,又《东京梦华录》卷九"宰执亲王宗室百官入内上寿"条载:"内殿杂戏,为有使人预宴,不敢深作谐谑。"从中也可以窥见平时演出时会有其他种种避讳和讲究,这就捆住了艺人们的手脚,使他们的才能得不到尽情发挥。正是由于勾栏杂剧具有自己的优越性,它才在民间日益发展,对于宋杂剧表演方式的不断成熟,对于后世更加进步的戏剧形式的出现,起到极大的推动作用。

汴京以其四大漕渠和呈辐射状散开的陆路交通干线,构成一个覆盖中州通向全国的庞大水陆交通网。随着汴京杂剧的兴盛,杂剧艺人逐渐沿着这些水陆交通要道向汴京周围地区流动演出,在中州一带形成汴京杂剧的一个主要活动区域,将汴京杂剧普及各地的主要是民间路歧艺人的活动。路歧艺人一般是那些在都市勾栏技艺竞争中力不胜任的演出团体,例如宋代周密《武林旧事》卷六说的"不入勾栏,只在耍闹宽阔处作场"的戏班,说他们是"艺之次者"。宋代周南《山房集》卷四《刘先生传》中描写的就是这样一个杂剧班子的演出情况。他们在一座城市站不住脚,就向另一座城市流动,或向农村寻求发展,因而横跨数州四处卖艺的路歧杂剧演员就出现了。北宋史籍里虽然找不到这类路歧杂剧的演出记载,地下文物的考古发掘却为我们提供了形象资料:1978年出土的河南省荥阳县(今荥阳市)东槐西村"大宋绍圣三年十一月初八日朱三翁之灵"石棺,于棺板右侧以阴线雕刻出一幅乡绅夫妇宴饮并路歧杂剧艺人演出的场面。表演形式较为简陋,属于乡村"堂会"演出一类①。路歧杂剧的演出方式,大概一是赶逐人家的

---

① 参见廖奔:《北宋杂剧演出的形象资料——荥阳石棺杂剧雕刻研究》,《戏曲研究》1985年第15辑。

红白喜事、酒会宴筵,二是春社秋赛、迎神致祭。

今天所发现的北宋杂剧文物集中出土于汴、洛一带,显露了汴京杂剧向洛阳传播的痕迹。其中最早一例是上面提到的绍圣三年(1096)荥阳石棺杂剧图。绍圣三年是哲宗年号,上距仁宗朝仅三十余年时间,其时杂剧已经在民间迅速地传播开来。荥阳北宋属郑州,其地理位置恰好处在汴京与洛阳之间,是由汴入洛的必经之地,故而这里活动着杂剧艺人是必然的。稍后一些时候的位于荥阳西部的偃师县(今偃师市)酒流沟水库宋墓杂剧砖雕①,以及于偃师出土的丁都赛雕砖②,为上述论点提供了更充分的论据。宋杂剧的流播还浸润到两京之间的邻近地区,例如从偃师向南、与偃师隔着一座嵩山、地处颍水之滨的禹县(今禹州市)白沙镇,以及黄河北岸、与偃师隔河相望、被沁水环绕的温县,都有类似的杂剧雕砖出土。③ 还有地处洛阳以西的义马、新安、洛宁等县,也都出土了宋墓杂剧雕砖或壁画④,更是这一地区杂剧盛行的明证。

这些杂剧文物出土墓葬的墓主身份都是平民,大多属于乡村土财主和富商之类的人,墓葬装饰反映了他们生前的生活情况,而只有当杂剧已经成为一种为人们所熟悉、所乐于欣赏的娱乐方式,才可能被容许进入墓葬为冥府中的墓主人服务。以此可证杂剧已经在这一带盛行并且极其活跃。值得注意的是,政和至宣和间(1111—1125)汴京勾栏中的著名杂剧女演员丁都赛的形象,被模勒写刻在砖上,镶嵌于偃师民间的墓壁上,尤为显示了汴京杂剧在这一带所产生的巨大影响。

唐代以前的优戏演出从来没有剧本,北宋杂剧开始有了剧本创作,其作者为教坊大使甚至皇帝。⑤ 剧本的出现使戏曲从此脱离临场的即兴式表演

---

① 参见徐苹芳:《白沙宋墓中的杂剧雕砖》,《考古》1960 年第 9 期。

② 参见刘念兹:《宋杂剧丁都赛雕砖考》,《文物》1980 年第 2 期。

③ 参见徐苹芳:《白沙宋墓中的杂剧雕砖》,《考古》1960 年第 9 期;廖奔:《温县宋墓杂剧雕砖考》,《文物》1984 年第 8 期。

④ 参见廖奔:《中国戏剧图史》,郑州:河南教育出版社,1996 年,图版 2-39、图版 2-2;廖奔、杨建民:《河南洛宁上村宋金社火杂剧砖雕叙考》,《文物》1989 年第 2 期。

⑤ 《宋会要辑稿·乐五·教坊乐》曰:"真宗不喜郑声,而或为杂剧词,未尝宣布于外。"灌圃耐得翁《都城纪胜》"瓦舍众伎"条说:"教坊大使在京师时,有孟角球,曾撰杂剧本子。"

而走上文学化的道路,它改变了以前优戏创作临场发挥的模式,必须遵循一定之规,按照剧本所规定的情境进入角色,唱词、说白都会有具体的要求,虽然即兴发挥的机会仍然很多,但是不可能由着演员的性子任意驰骋。既然有了剧本,就需要事先排练,这对于杂剧演技的提高也有很大的推动。

汴京杂剧在宋徽宗朝达到了其发展的极盛,但最终因为巨大的历史变故而走向衰亡。1127 年,女真贵族的铁蹄踏灭了北宋王朝一统万年的幻想,战火烧毁了中原的辇毂繁华。战争使汴京杂剧的一代艺人离开他们生活的本土而流亡,战争的后果又摧毁了汴京杂剧所赖以生存的根基。在遭受这一巨大厄运之后,汴京杂剧从此在汴京地区销声匿迹。这种状况一直持续到金宣宗于贞祐二年(1214)迁都汴梁时。

(三)南宋杂剧

大厦忽倾,宋王朝一夜间失去了半壁江山。南渡的王室满足于江南的湖山胜景,不思恢复,只图眼下的耳目之娱。在这种特殊的文化背景中,与王室共渡的汴京杂剧也南移到杭州,发展较汴京更为兴盛,在宫廷教坊的 13 部中,占据了唯一"正色"的地位,并留下了 280 多种剧目。南宋杂剧的活动足迹遍及江、浙以及川蜀地区。

南渡之后,宫廷杂剧机构因战争而有所调整,由德寿宫乐部、临安府衙前乐、修内司教乐所等执行掌管职能。另外,每遇宫廷大宴等,还"和雇"瓦舍勾栏里的民间艺人参加演出。① 周密《武林旧事》卷四"乾淳教坊乐部"条记载,当时在宫廷里演出的杂剧演员分为五种归属:德寿宫、衙前、前教坊、前钧容直、和顾(雇)。其中"前教坊"应该隶属修内司,"前钧容直"大概隶属殿前司。书中详细开列了各属里杂剧演员的名单,有:德寿宫 10 人、衙前 22 人、前教坊 2 人、前钧容直 2 人、和雇 30 人,共计 66 人。这是一个不小的数字。当宫廷举办喜庆宴会时,这些杂剧演员就竞相呈艺了。《武林旧事》卷一"圣节"条记载了"理宗朝禁中寿筵乐次"里的杂剧表演,其中就有吴师贤、周朝清、何宴喜、时和等人表演的《君圣臣贤爨》《三京下书》《杨饭》《四

---

① 参见〔宋〕赵升《朝野类要》卷一"教坊"条、周密《武林旧事》卷四"乾淳教坊乐部"条。

偌少年游》等杂剧。四人中,吴师贤、何宴喜、时和都是"和雇"来的临安瓦市杂剧艺人,在《武林旧事》卷六"诸色伎艺人"条中列有名字。

南宋市井杂剧发展得更为兴盛。宋人潜说友《咸淳临安志》卷十九说,南渡不久,流寓临安的各类民间艺人就又仿照汴京之制,创立瓦舍勾栏进行演出,杂剧艺人也开始聚集于此进行商业性的演出活动。绍兴三十一年(1161)宫廷取缔教坊,乐工伶人"各令自便"①,其中很可能有一部分进入市肆瓦舍勾栏,他们以宫廷中受到严格训练的表演技艺与瓦舍艺人进行交流,促进了演技的提高。于是,民间演出开始模仿宫廷乐部的分类。

临安市肆杂剧演出的活跃,首先,可以从《宋史·乐志十七》所说宫廷不设教坊,临时"但呼市人使之"的办法看出来。宋代西湖老人《繁胜录》说,临安北瓦中的一座莲花棚勾栏:"常是御前杂剧:赵泰、王喜、宋邦宁、何宴清、锄头段子贵。"这些勾栏演员都是经常被宫廷"和雇"在皇帝面前演出的。其次,临安市肆各种技艺纷纷组建社团,其中就有专门的杂剧社团"绯绿社"②。

临安市肆杂剧演出一般来说有如下四种形式:第一,勾栏作场。临安共有 25 座瓦子,应该有上百座勾栏,其每日杂剧的演出频率可以想见。第二,庙会演出。宋代周密《武林旧事》卷三"社会"条说,绯绿社二月八日在霍山张渤庙贡献杂剧,就是庙会演出,继而又说:"若三月三日殿司真武会,三月二十八日东岳生辰社会之盛,大率类此,不暇赘陈。"可见各个庙会上都有杂剧呈献。而临安庙会活动极其众多,一年之中络绎不绝,它们为杂剧演出提供了合适的场所。第三,节序演出。一年之间有诸多节日,都有杂剧演出。第四,路歧演出。宋代周南《山房集》卷四《刘先生传》一文专门记述了一个路歧杂剧班子的作场情况:"市南有不逞者三人、女伴二人,莫知其为兄弟妻姒也,以谑丐钱。市人曰:'是杂剧者。'又曰:'伶之类也。'每会聚之冲、阗咽之市、官府厅事之旁、迎神之所,画为场,资旁观者笑之。自一钱以上皆取焉,然独不能鉴空。"当时路歧艺人的数量是相当惊人的,在城市中几乎随处

① 《宋史·乐志十七》,四库全书本。
② 〔宋〕周密:《武林旧事》卷三"社会"条,四库全书本。

有一空地,就可以看到他们的作场活动。

南宋瓦舍勾栏以及南宋杂剧在临安兴盛之后,逐渐也向周围其他地区蔓延,蔓延的一个重要原因是北方人在东南沿海地区的聚居。靖康之变以后,中原一带的北方人大量南迁,在江、浙、闽一带几乎遍满。他们都像临安的北方人一样,习惯于在瓦舍勾栏中消遣、观看杂剧演出。因而,在临安之外的城镇里,也很快兴建了众多的瓦舍勾栏,以便进行商业化的杂剧表演,这在当时或以后的志书里往往有记载。这些瓦舍勾栏是南宋杂剧得以立足的基地。由其存在可以推知,当时这一带的杂剧演出仍然具备比较适宜的环境,活动频繁,它们与临安的宫廷和市井杂剧遥相呼应,彼此争胜,促成了南宋杂剧的一代之盛。

南宋杂剧的另外一个兴盛地区是蜀地。蜀自唐、五代时期就有优戏演出的传统,蜀之益州(今成都)是当时的名镇,宋代洪迈《容斋随笔》卷九说:"谚称扬一益二,谓天下之盛,扬为一而蜀次之也。"依据宋人庄季裕《鸡肋编》卷上的记载,益州在北宋末期就有杂剧比赛之举。蜀地杂剧在当时被称作"川杂剧"①,其演出水平相当高,颇有值得称道的剧目及演员。例如宋代岳珂《桯史》卷十三就记载了一则成都杂剧《钻遂改》的精彩演出,并称赞说:"蜀伶多能文,俳语率杂以经史。"周密《齐东野语》卷十三记述了另外一次《钻弥远》杂剧的演出,也称赞"蜀优尤能涉猎古今,援引经史,以佐口吻、资笑谈"。川杂剧最著名的演员是袁三,周密《齐东野语》卷十三列举了他表演中聪敏机智的实例。川杂剧的兴盛,从四川广元市出土的南宋墓葬杂剧石刻也可以看出来。墓葬为南宋嘉泰四年(1204)建,其东墓室两侧壁面浮雕杂剧演出图四幅,每侧各有两图,雕于同一块石板上,各长51厘米,宽43厘米。其中一幅图上浮雕乐队三人,演奏大鼓、杖鼓、筚篥,三幅图上各浮雕杂剧角色二人,相对进行表演②。川杂剧雕刻进入墓葬这件事情本身,就足以说明它在当地的影响深刻。

---

① 南宋大觉禅师有《马大师与西堂百丈南泉玩月》诗咏"川杂剧"曰:"戏出一棚川杂剧,神头鬼面几多般。夜深灯火阑珊甚,应是无人笑倚栏。"见《大觉禅师语录》卷下"颂古"类。转录自[日]高楠顺次郎等编:《大日本佛教全书》第95册,东京有雅堂,1933年。

② 参见廖奔:《广元南宋墓杂剧、大曲石刻考》,《文物》1986年第12期。

1276 年,蒙古军队的铁蹄南下,攻占了临安,之后南宋灭亡,南宋杂剧从此湮灭了。由于其时成熟的戏曲形式已经兴起,在南方为南戏,在北方为北曲杂剧,它们都已经达到了繁盛的程度,因而作为初级戏剧潴留物的南宋杂剧,随着宋王室进入了历史的坟墓。虽然,它的一部分剧目及其表演经验被元代院本所吸收,仍然在舞台上演出,但作为一代表演样式,南宋杂剧已不复存在。

(四)辽朝杂剧

辽朝表演杂剧的传统是从中原继承而来的,最早是后晋天福三年(938)晋高祖石敬瑭遣刘昫帮助辽国建立宫廷散乐时带来,杂剧从此得以进入辽国。此后,辽东地区的辽国杂剧就与汴京地区的北宋杂剧并行发展,辽、宋通使,两个地区间保持了文化交流,杂剧也会彼此产生影响。

与宋朝一样,辽朝宫廷大宴中,杂剧成为不可或缺的表演项目,《辽史·乐志》记载皇帝生辰朝廷庆贺节仪及"曲宴宋国使乐次",其中的节目都有杂剧出场,同样安排在酒盏过程中,想来其形式同样会有勾队、进致语、杂剧表演一场两段、遣队的程序,只是具体细节见不到记载了。

《宋史·孔道辅传》记载,辽太平七年(1027)冬,宋使孔道辅至辽,辽教坊杂剧以孔子为戏,所谓"弄孔子",遭到孔道辅的抵制,这是辽朝宫廷宴宋使时演出杂剧的实录。宋代邵伯温《邵氏见闻录》卷十载,宋仁宗嘉祐五年(1060),文彦博判大名府,兼北京留守司,派人到辽国侦探情报,看到辽朝宫廷杂剧在演出时讽刺宋臣司马光:"辽主大宴群臣,伶人剧戏,作衣冠者,见物必攫取怀之。有从其后以挺扑之者,曰:'司马端明耶?'"辽朝杂剧以当时健在的宋朝大臣作为表现内容,说明这是一个时事戏,是辽朝杂剧艺人的创作。表演的路数与宋杂剧一样,先设置一个戏剧场景,然后用杖击打诨点题结束,其基本形态与宋杂剧是相同的。

与五代时的一些国主及宋朝几代君王一样,辽朝也产生过爱好演戏的皇帝,例如辽兴宗耶律宗真,与教坊使王税轻的交情很深,他不仅自己混入优人队伍,甚至让后、妃都参加装扮①。君主所好,是辽朝杂剧得以兴盛的原因之一。

(五)金代杂剧

当北宋杂剧在汴京一带蓬勃发展的时候,北部由女真部落组成的大金国逐渐强盛,金太祖阿骨打1122年1月破辽,得辽教坊四部乐,于是,金朝也开始拥有了宋杂剧型的戏剧表演。1127年,金人又攻陷北宋都城汴京,将汴京的众多伎艺人北掳,途中逃脱的艺人流落河东一带,以后就成为这一地区杂剧和歌舞百戏艺术的主要力量。剩余的艺人,被金人押解到燕山和金国上京会宁府(今哈尔滨一带)入朝。留在燕山的,为以后金中都戏曲文化的发展准备了基础。带到会宁府的,有些可能进入金朝教坊,和以前得到的辽朝教坊乐人混合,形成金朝的宫廷杂剧队伍。后来,金海陵王于天德四年(1152)由上京会宁府迁都燕京,金宫廷杂剧又与燕京遗留的宋代艺人会合,开始在燕京一带发展。

由于来源途径的不同,金代杂剧形成两个系统:一是由辽、宋宫廷杂剧承袭而来的燕京杂剧,一是由汴京地区民间杂剧流播而来的河东(今山西南部和河南北部地区)杂剧。

关于燕京杂剧的活动情况,所知不多,只有寥寥几则文献记载,如《金史·元妃李氏传》曰:"一日,章宗宴宫中,优人玳瑁头者戏于前。或问:'上国有何祥瑞?'优曰:'汝不闻凤凰见乎?'其人曰:'知之,而未闻其详。'优曰:'其飞有四所,应亦异:若向上飞,则风雨顺时;向下飞,则五谷丰登;向外飞,则四国来朝;向里飞,则加官进禄。'上笑而罢。"这段文献并没有载明杂剧表演的场景与主体内容,仅仅截取其中一段有关时政的插科打诨,我们从中并不能了解金代宫廷杂剧的表演特征,但其中优语以谐音讽刺时政的技巧,与北宋同类记载大同小异。另外的记载,如《金史·章宗本纪》说,明昌二年(1191)正月加上太后尊号,金章宗曾在宣华殿宴集百官及宫人内外命妇,"纵诸伶人百端以为戏",同年十一月又"禁伶人不得以历代帝王为戏",

---

① 参见〔宋〕曾巩:《隆平集》卷二十,四库全书本。

说明金代宫廷杂剧同样是十分盛行的。南宋楼钥于乾道五年(1169,金大定九年)奉使北行,写有《北行日录》,其中提到金人宴席上有杂剧演出:"亦有杂剧逐项,皆有束帛银椀为犒。"《大金国志》卷二十也说:"伶人往日作杂剧,每装假官人,今日张太宰作假官家。"这一切都说明金代杂剧演出的频繁,以及它与宋杂剧的相通。

金代河东杂剧的兴起,固然是由于汴京杂剧艺人逃亡此地所促成的,也得力于当地的民俗传统。当北宋后期汴京杂剧在河南一带传播时,其中一支可能已经顺着商业通道来到河东的平阳地区(今山西临汾、运城一带),与当地优戏发生融合交流,而成为河东杂剧的先驱。今天在河南省西北部一带屡屡发现的宋、金杂剧文物墓葬,可以视作汴京杂剧向河东传播的一个痕迹。从地理位置上讲,这里恰处于汴京到河东的主要陆路上,这些墓葬文物的存在,应该是北上的汴京杂剧影响了这一带的社会生活所产生的结果。汴京杂剧在北宋末期流布到河东地区,以后又与散亡在此地的金掳乐工会合,遂成为金世宗、章宗时期河东杂剧兴盛的前奏。

金世宗大定年间,金立国已经五代,又经过几十年的经济文化发展,民间渐渐抹平了战争的疮痍,河东杂剧便繁衍起来,并且在适宜的气候中愈演愈烈。虽然,我们今天找不到文字记载,但晋南和豫北金墓中保存着如此众多的杂剧砖雕装饰,足以证明杂剧演出已经与当地人民的文化生活发生了极其密切的关系,而杂剧雕砖多为模制的情况,更能说明当时以杂剧作为墓葬装饰的风习。透过这些沉睡地底数百年、阴冷潮湿的墓葬杂剧雕砖,还原回望到当时的历史现状,我们不是可以感受到河东民间戏曲蓬勃兴旺、热闹红火的演出声势吗?

汴京杂剧流传到河东,由于没有一个像汴京那样拥有众多市民观众的大都市,因而缺乏瓦舍勾栏以容身。但当地却有着浓厚的民间娱乐习俗,如庆贺红白喜事、年节社火、庙会祭祀活动等。杂剧发展到河东以后,进一步削弱了它对都市的依附性,而更加紧密地与民间娱乐活动形式结合起来,它的主要观众成分也由市民转化为农民。

由戏曲文物所体现的杂剧演出形式来看,金世宗、章宗时期河东杂剧的演出主要采用两种方式:一种是民家堂会演出,一种是神庙祭祀演出。金杂剧堂会演出的文物形象留存得很多,集中出土于山西省稷山县马村段氏家族墓地、苗圃墓地、化峪镇墓地的金代墓葬群中。① 这一批墓葬都是仿木结构砖雕墓,墓室四壁一般都用青砖雕出柱额、斗拱、屋檐等建筑形状,而四壁共同组成一个拥有前后厅堂、左右厢房式的四合院内天井环境。各墓北壁大多雕出墓主人夫妇端坐堂屋正中,有的前面设有宴席,而朝南看戏。南壁则于前厅背面排列杂剧艺人进行演出。这种墓葬雕刻式样的出现应该是当时家庭杂剧演出习俗极其兴盛的反映,演出的地点可能是在前厅里,也有可能是在天井中(后世有这两种演出形式的文献记载和文物遗存)。堂会杂剧雕砖墓葬的成批出现,反映了金代河东大量路歧杂剧演员的存在。而这些演员在农村的演出受到当地观众的深厚爱戴,他们的演出场面才能被砌入墓葬,成为墓主的永久陪伴。山西省侯马市出土的金代董氏墓则是河东地区的另外一种杂剧演出形式——神庙祭祀演出。② 侯马董氏墓于北壁上方屋檐之上砌出砖雕戏台模型一座,内有五个彩绘砖质戏俑。从其戏台模型的样式来看,应该是依据当时神庙戏台的建筑形制雕造,这从晋南保存至今的金、元戏台可以得到印证。

与南宋王朝偏安一隅、局促苟且、气骨柔弱不同,北方民族的风沙征尘、金戈铁马锻铸了其慷慨豪气,而拓边扩土的成功战绩更激励起其勃勃雄心。北方民族以这种强劲血质注入它们承接的中原文化,使其性格发生刚性变异,于是,杂剧也在这种文化氛围中拙长成另外一种面貌,它的前景直接昭示了元杂剧黄金时代的到来。

三、杂剧表演手段的初步综合

宋金杂剧处于中国戏曲发展到成熟阶段的前期,它的体制已经略显后世成熟戏曲的雏形,尽管它对戏剧效果的追求仍然是纯粹喜剧式的,以制造滑稽气氛为主要目的,但它尚停留在表演短小生活场景的阶段,还没有表现

① 参见杨富斗:《山西稷山金墓发掘简报》,《文物》1983 年第 1 期。
② 参见畅文斋:《侯马金代董氏墓介绍》,《文物》1959 年第 6 期。

完整人生故事的剧目出现,因而在其舞台组成中,综合表演的成分已经占有很大比重,它的结构已经有所发展,角色行当正式形成,出现逐渐吸收歌舞成分的趋势,这些都体现了它在表演形态上的进步。为了对这个问题有所认识,下面来剖析宋金杂剧的体制特征。

(一)结构体制

宋杂剧的前身五代优戏还谈不到结构,它只是片断化的即兴表演而已。北宋杂剧发展出了两段互相接续的演出,《东京梦华录》卷九所谓"一场两段",于是其表演形态就具备了一定的结构。这两段演出,第一段表演的是"寻常熟事",称作"艳段",其名称含有开场引子的意思;第二段是"正杂剧"。也就是说,每次杂剧表演,都要先演出一段习常的套子,作为开场引子,然后才上演内容经过正式编排的新杂剧段子。南宋杂剧又有所发展,由两段结构改为三段结构,即在"艳段""正杂剧"后面又增加一段"杂扮"表演,作为一场杂剧演出最后的"散段"。所谓"杂扮",就是装扮各色人等的意思,例如常常模仿乡巴佬的特征来进行调笑。[1] 所谓"散段",就是在正式演出过后,留一个余头来满足观众的余兴,类似于后来元杂剧正剧结束以后补充表演的"打散",其表演形式也较杂剧为简单。多段连续演出的方式显示出一种结构张力,是社会对于戏剧扩大含容量要求的反映,它导致戏剧从独场戏向多场戏的跨越。

不过,南宋杂剧三段演出的内容互不相连,彼此各演各的,这就限制了它朝向演出一个完整的长篇故事发展。尽管南宋杂剧已经开始上演诸多富有故事内容的剧目,但它无法像南戏那样在舞台上充分展开情节。从宋代吴自牧《梦粱录》卷三"宰执亲王南班百官入内上寿赐宴"条所记载的南宋宫廷演剧情况看,杂剧演出仍然像北宋那样夹杂在酒盏过程中进行,在君臣饮用一盏酒的空隙里,就要演出两段到三段杂剧,说明它的表演形态还是片段式的,不可能是长篇故事敷叙,只能是短段子小品。反过来说,我们也可以认为,由于杂剧作为宫廷仪节的内容,为各类庆典服务,无法像南戏演出

---

① 〔宋〕灌圃耐得翁:《都城纪胜》"瓦舍众伎"条。

那样可以不受时间和空间的任何限制,因而制约了它形态的进化。这正反两个方面的原因是相辅相成的。

金代杂剧继承北宋杂剧的演出形式,也形成"一场两段"的表演结构,即前面为艳段,后面为正杂剧。虽然缺乏当时的文献记载,但我们从金元之交时杜善夫《庄家不识勾栏》散套里对于"院本"演出情景的描写可以推测出来。院本即是宋金杂剧的后身,它的表演仍是先有"艳段",即由众多角色一起踏场表演歌舞念诵,后有正杂剧《调风月》。① 与南宋杂剧不同的是,金代杂剧没有发展起后面的"杂扮"一段演出,但在自己的肌体里却孕育了歌唱北曲的元杂剧体制,不过北曲杂剧已经是另外一种成熟的戏曲表演体制,与我们所说的"宋金杂剧"内涵已经不同,并且它的产生时代已经到了金元之交时,我们不在这里进行论述了。

金代杂剧的两段表演都得到长足的发展,各自分化出许多不同的内容和形式种类,例如"艳段"里分为"诸杂院爨""冲撞引首""拴搐艳段""打略拴搐"等。② "诸杂院爨"的表演手段主要是踏场,表演舞蹈、念诵诗词、唱小曲,彼此插科打诨;"冲撞引首"的表演是通过语言、动作的冲突来展开一个矛盾,用以引起后面的正杂剧的出场;"拴搐艳段"就是用来捆住正杂剧的艳段,同样是正杂剧的引子,它与"冲撞引首"的区别大概在于其表演内容不以矛盾冲突为主;"打略拴搐"也是拴搐艳段,但它不用故事装扮而用念诵口技表演来引出正杂剧,所谓"打略",就是数落、奚落的意思。从金代杂剧的"艳段"分类可以明显看出,它的两段结构与宋杂剧有所不同,已经开始注意彼此之间的关系以及重视对其连接和过渡的处理技巧。金代杂剧里将正杂剧也分成不同的种类,如"和曲院本""上皇院本""题目院本""霸王院本""诸杂大小院本""院么"等。③ 其分类依据不明,我们还弄不清楚其具体含义,但至少知道它已经朝向类型化发展。

075

---

① 隋树森编:《全元散曲》上册,北京:中华书局,1964 年,第 31 页。文中所谓"爨"即"艳段",所谓"么"即正杂剧。

② 〔元〕陶宗仪:《南村辍耕录》卷二十五"院本名目"条,四部丛刊本。

③ 同上。

（二）角色体制

戏剧角色的行当制是中国戏曲的特征之一，它的正式形成是在宋杂剧里。唐代优戏中虽然也出现了"参军""苍鹘"的名称，但其角色职能还不够完善，只可以视作正式戏剧角色的雏形。宋杂剧里正式形成五个角色的制度，即末泥、引戏、副净、副末、装孤。

依据《都城纪胜》的记载，这五个角色有着明确的分工。"末泥"是杂剧演出的领导者，所谓"杂剧中末泥为长"，南宋时称末泥为"戏头"。"末泥"的具体职司是"主张"，即主持、指挥之意，他负责安排、调度整个的演出，同时也要上场念诵诗词歌赋并歌唱。"引戏"来源于唐代宫廷大乐里的引舞，他在杂剧演出中首先上场表演舞蹈，然后引出其他角色。他的职司是"分付"，即交付、委托、发落的意思，大概就是指由他的表演来带出别的角色。"副净"在表演中的特长是"发乔"，亦即装疯卖傻，他用墨、粉涂抹颜面，是一个滑稽角色。"副末"与"副净"一样是一个滑稽角色，搽白脸，职掌在杂剧表演中"打诨"的工作。其打诨的方式，一是常常于副净装疯卖傻的时候在一旁用语言来对之进行调侃；二是在一段精心构设的表演之后，运用聪俊、幽默、机敏伶俐的语言来点题收场，引人发笑。副末与副净在杂剧里构成一对滑稽角色，互相配合，共同营构滑稽场景。"装孤"就是扮演官员的人，他并非一个完善的角色，只在有官吏出场时才起作用，所谓"或添一人装孤"。当然，上述分工只是就各个角色的职能特征而言，具体演出中，每一个角色都会根据情况来装扮人物、进行人物化的表演。

由五种角色的表演体制决定，当时的杂剧团体一般都由五个人组成，例如宋代周密《武林旧事》卷四"乾淳教坊乐部"记载了宫廷里的四个杂剧班子，其中三个为五人，一个为八人。五人一班的角色不重复，八人一班的有三个副净。净角插科打诨，类似于后世戏曲里的丑角，是宋杂剧里最重要的角色，因此不妨多用几个。民间杂剧班子同样如此，宋代周南《山房集》卷四记载了一个到处撂地作场的路歧杂剧班子，其成员就是五人："不逞者三人，女伴二人。"

（三）音乐体制

宋金杂剧的音乐体制，由于尚缺乏足够的文献材料作为支撑，我们只能大略推导出一个轮廓。宋杂剧在登场时有器乐为之伴奏，称为"断送"。灌圃耐得翁《都城纪胜》"瓦舍众伎"条说，杂剧演出中，"其吹曲破断送，谓之把色"。说的是"把色"在杂剧开场时要先吹奏乐曲，曲破来为杂剧演员上场进行"断送"。"断送"的意思就是"送"，在这里解释为送杂剧演员上场时奏一个过门曲。北宋杂剧里至少已经有了器乐"断送"上场的表演。另外，北宋杂剧雕刻里有些出现了配器完整的乐队，例如河南省禹县（今禹州市）白沙镇沙东宋墓和温县前东南王村宋墓杂剧砖雕①各出现一支由6人到7人组成的伴奏乐队，温县乐队人物还全部侧向杂剧人物站立，这或许表明他们是在为杂剧演出进行伴奏。南宋杂剧已经将音乐成分大量引入自己的体制。周密的《武林旧事》卷十所载"官本杂剧段数"280本里，半数以上都配有大曲等曲调名字，南宋杂剧用这些曲调作为表演的音乐旋律这一事实是很清楚的。南宋杂剧演出形象里，伴奏与表演也已经合为一体，例如四川省广元县〇七二医院（今广元市第一人民医院）宋墓杂剧石刻，就在一块石面上既雕出表演者，又雕出乐队。② 由此可见，南宋杂剧已具有了自己的音乐结构。

"官本杂剧段数"里的配曲剧目，一部分采用了当时的流行词调，而主要采用的曲调形式则是大曲。流行词调的演唱，当时叫作"小唱"，是一种伴随着宋词的兴盛而极其风行的演唱艺术，其演唱方式很简单，通常只是一人清唱，也可以有弦乐伴奏。南宋杂剧里采用了词调音乐的，无非是在表演中穿插以词曲演唱而已，其音乐结构应该类似于小唱。大曲是一种包含有器乐、声乐和舞蹈的大型乐舞形式，其音乐结构十分庞大，由数十段乐曲组成，每段又有若干"叠"，共同组合成一个完整的乐曲，其中有着丰富的旋律变化。事实上，宋人演奏大曲，多数已经不奏完整的乐章，只摘取其中的一部分而

---

① 参见徐苹芳：《白沙宋墓中的杂剧雕砖》，《考古》1960年第9期；廖奔：《温县宋墓杂剧雕砖考》，《文物》1984年第8期。
② 参见廖奔：《广元南宋墓杂剧、大曲石刻考》，《文物》1986年第12期。

已,而杂剧中所用,更是只摘取其中的一段,满足了自身表现内容的需要就可以了。那么,"摘遍"大曲的演唱就又和小唱接近了。

大曲的音乐体制具备特殊的结构张力,它有自己的节奏规律,表演中必须遵从这些规律,否则就会导致旋律的破坏。因此,杂剧在把它纳入自己的表演体制中来时,也必须照顾到其原来的结构,遵从其节奏。这样,杂剧结构就与其音乐结构密不可分了。一般来说,运用某种音乐结构的杂剧,就一定是按照该音乐结构以及节奏进行表演的,何时念诵、何时歌唱、何时舞蹈都有定数。大曲的先决音乐节奏对于杂剧表演来说有着许多限制,在演奏过程中并不能时时紧密配合故事节奏及人物情绪轨迹,反而使之处处捉襟见肘。由于宋杂剧未能突破其音乐结构上的这种框架,因此只能停留在比较简略的戏剧阶段。金代杂剧走了不同的发展道路,开始了其由北宋的滑稽科诨小戏向元代的演唱完整大套曲子转化,它在演出形态上已经较之北宋杂剧有很大的进步。晋南金代墓葬杂剧雕砖提供了实例。稷山县马村金代杂剧雕砖墓群里,有三座墓皆雕出了伴奏乐队。[1] 以之与宋杂剧雕砖乐队的位置安排相比较,可以看出一个重大的变化,即稷山墓中已无一例外地将乐队安置在杂剧演员身后,与元代忠都秀壁画所显示的杂剧作场形式完全相同,它反映了金代杂剧体制已经开始向歌唱为主过渡。因为杂剧表演中唱的比重加强,它与乐器伴奏的关系日益密切,乐队的重要性就突出了,不但成为杂剧演出里必不可少的组成部分,而且成为必须与演出人员一起登场的表演主体,以便能够与演员的表演和歌唱达到和谐的配合。尽管从雕砖形象中,我们尚不能估计其歌唱的情景究竟怎样,但从前排表演、后排伴奏的场景看,歌唱在其中占有远较北宋杂剧中更为重要的位置,这一点却是可以肯定的。金代杂剧在北方民间所吸收的曲调形式,不同于南宋杂剧的词调和大曲,而是新兴的诸宫调、北曲散套等,这使它在音乐结构上突破了原有的框架,得以朝向北曲杂剧的道路发展。

但是,稷山墓葬雕砖也证明了其时北曲杂剧一人主唱的体制尚未确立,它的角色排列方式仍然接近于北宋杂剧雕刻,无论有无伴奏乐队,都没有发

---

[1]　参见杨富斗:《山西稷山金墓发掘简报》,《文物》1983 年第 1 期。

现主唱者的明显痕迹,甚至常常是副净、副末等角占据了中间位置。这表明,当时山西平阳杂剧演出的重点仍然在于滑稽调笑,以歌唱为主的正剧大戏的完善尚有待于时日。值得注意的是,侯马金大安二年(1210)董氏墓舞台模型戏俑,已经是红袍秉笏、身扮官员的角色居中站立,而副净、副末侍立两旁,其排列形式极其类似元代文物形象,只是由于雕造省简的缘故,后面未出现乐队。① 大安为金卫绍王年号,已经是在金末,董墓这种角色排列法,是否意味着正末主唱体制的开端?

(四)表演体制

宋杂剧的表演与唐、五代优戏一样,仍然以滑稽调笑式的短剧为主。这类演出通常都是先扮演一段故事,然后由滑稽角色发一科诨,一语点题,造成滑稽的感觉,逗人发笑。北宋诗人黄庭坚曾经以杂剧表演来比喻作诗曰:"作诗如作杂剧:初时布置,临了须打诨,方是出场。"②这里,黄庭坚点明了当时杂剧表演的一般路数。

但是,宋杂剧并未完全停留在语言科诨的阶段,它已经开始了对于歌舞说唱杂技等表演手段的吸收与融合。宋杂剧角色里的引戏就是专门从事舞蹈表演的,他在杂剧"艳段"里首先登场舞蹈,其舞姿在文物形象里保存很多。当然,这种舞蹈还没有与戏剧故事本身的表演融合在一起,当"正杂剧"开场时,引戏舞蹈就退场了,它只是作为外在的成分而出现在杂剧里。但是,南宋杂剧里运用了大量的大曲曲调,大曲都是歌舞曲,那么,南宋杂剧是否已经成为运用歌舞表演的综合艺术了呢?南宋杂剧里有歌唱,这一点见诸史籍。宋代吴自牧《梦粱录》卷二十"妓乐"条在讲述杂剧表演形态时,说到"唱念应对通遍",即南宋杂剧表演有唱有念。还有一个证据:临安有杂剧社团绯绿社,《梦粱录》卷十九"社会"条说它是"豪富子弟绯绿清音社",灌圃耐得翁《都城纪胜》"社会"条还说:"豪贵绯绿清乐社,此社风流最盛。"绯绿社被称为清音社或清乐社,可见它是以歌唱知名的。只是由于缺乏史料,

---

① 参见畅文斋:《侯马金代董氏墓介绍》,《文物》1959 年第 6 期。
② 〔宋〕王立之:《王直方诗话》,〔宋〕曾慥:《类说》卷五十七引。

我们无法推测南宋杂剧对于其他综合表演手段的融合程度。

金代杂剧广泛运用综合表演手段的迹象则是明显的。金代杂剧仍然以滑稽科诨表演为主要特征之一,因此它最为重视三类演技:念诵、筋斗、科泛。[①] 这三类演技都主要集中在副净身上,因而元代陶宗仪《南村辍耕录》卷二十五"院本名目"条说:"其间副净有散说,有道念,有筋斗,有科泛。"其中,念诗诵词,唇天口地,花言巧语,表现的是口才。[②] 打筋斗的武功表演在宋杂剧里并不占明显地位,到金代杂剧里才有了充分发展,从而成为元杂剧绿林戏表演经验的来源。"科泛"指表演技巧,包括趋跄、做嘴脸、打哨子等。另外,金代杂剧雕砖造型里,引戏的舞蹈身段仍然是经常见到的,而乐队的普遍及其在舞台上位置的突出,证明了歌唱的存在。金代杂剧处于向成熟的北曲杂剧的过渡时期,因而在舞台综合表演手段上有一个大的发展。

四、杂剧内容的社会化

五代之后的辽、宋、金300余年中,杂剧演出繁盛之极,积累了大量的剧目,其内容涉及社会生活与历史生活的各个方面,涵盖之宽、包蕴之广,都是前所未见的,这也是戏曲即将走向成熟的一个标志。杂剧由其追求临场插科打诨效果的特征所决定,具有极强的现实性,它总是关注人们最为注意的现实题材,即使是选择历史题材作为内容,也总是去尽力挖掘其现实意义,从而起到警醒现实的作用。因而,杂剧内容的首要特色就是它的政治讽刺性。

(一)政治讽刺

宋金杂剧,特别是宫廷杂剧继承了前代优戏的演出传统,以针砭朝政、讥讽时弊为己任,常常能够产生朝臣廷谏所无法实现的效果,从而改变某种政治环境或举措,充分发挥了其现实作用。宋代吴自牧《梦粱录》卷二十

---

① 参见〔元〕夏庭芝:《青楼集志》。

② 参见〔元〕杜善夫:《庄家不识勾栏》【三煞】,隋树森编:《全元散曲》上册,北京:中华书局,1964年,第31页。

"妓乐"条解释杂剧表演的这种功能说:"此本是鉴戒,又隐于谏净,故从便跣露,谓之'无过虫'。若欲驾前承应,亦无责罚,一时取圣颜笑。凡有谏净,或谏官陈事,上不从,则此辈妆作故事,隐其情而谏之,于上颜亦无怒也。"由于杂剧表演能够巧妙地发挥政治作用,因此它有关政治内容的演出很多,我们在两宋笔记中可以见到大量此类记载。例如朱彧《萍洲可谈》卷三载,北宋熙宁年间(1068—1077)"伶人对上作俳,跨驴直登轩陛。左右止之,其人曰:'将谓有脚者尽上得。'"用以讽刺宰相王安石行新法越级举荐人才,于是"荐者少沮"。又如彭乘《续墨客挥犀》卷五载,熙宁九年(1076)皇帝生辰教坊演剧,扮一位僧人入定到阎王殿,见当朝判都水监侯叔献在场,问左右人,说是"为奈何水浅,献图,欲别开河道耳"。对于这个戏的目的,书中解释说:"时叔献兴水利以图恩赏,百姓苦之。故伶人有此语。"尤值一提的是,一些杂剧因为抨击权臣、直斥奸佞,其艺人遭到残酷的迫害,为戏曲史书写了正直刚烈之章。例如宋代岳珂《桯史》卷七记载,绍兴十五年(1145)教坊乐人在宰相秦桧家里演出杂剧,用脑后装饰"二胜环"的表演,讽刺秦桧一味向金人求和,把被金人掳走的徽、钦二帝忘在脑后。于是"桧怒,明日下伶于狱,有死者。于是语禁始益繁"。

宋金杂剧的内容很多与政治有关的原因,可以有两种解释:一是在当时以官吏体制为主体的社会结构里,官吏是社会生活的最重要部分,因此杂剧内容常常与他们有关,故而宋代李攸《宋朝事实》卷九说:"天下优诨之言,多以长官为笑。"二是由于杂剧表演在特定社会结构中具备一定的政治功能,士大夫们就以这种功能发挥的强弱来衡量杂剧艺人的水准,杂剧艺人也以此为己任。例如北宋晚期教坊大使丁仙现即是一个绝好的例子。宋代叶梦得《石林避暑录话》卷四说:"丁仙现自言,及见前朝老乐工,间有优诨及人所不敢言者,不徒为谐谑,往往因以达下情。故仙现亦时时效之,非为优戏,则容貌俨然如士大夫。"这是对于杂剧表演重在政治讽刺的一个最清晰的注脚。

(二)广泛的社会内容

当然,讥讽政治的内容在杂剧里毕竟只占少数,大量的演出还是建立在社会生活的丰富性与多样化之上,因此杂剧内容的涵盖面是十分宽阔的。从宋代周密《武林旧事》卷十"官本杂剧段数"条所记载的 280 个剧目中可以考见的情节来看,杂剧的内容包含了众多历史和传说中的人物故事、神话志怪故事、文人仕女的爱情传奇及世俗生活故事等。从中可以看出,宋杂剧广泛采用了从前代到当代的各种资料来源作为自己的题材内容,其中尤以爱情故事为多,著名的如《崔护》《郑生遇龙女》《裴少俊》《柳毅》《相如文君》《王魁》等,其题材成为后世历代戏曲作品反复表现的对象。另外,还有许多以社会各色人等和行业、各类技艺和游戏、各种社会活动等为题材的剧目,通常是模仿现实生活的创作目,和前面的情节剧不同,它们大多只是调笑打趣的段子。

元代陶宗仪《南村辍耕录》卷二十五所录的"院本名目"713 种里,去除明显为宋、元的作品以后,剩余的金代杂剧剧目可以分为如下几类:历史故事类、传说故事类、北宋人物类、爱情故事类、民间故事类、当朝故事类。除此以外,"院本名目"里还有大量以市井生活为内容的剧目,如《上坟伊州》《烧香法曲》《菜园孤》《货郎孤》《别离酸》《哭贫酸》《师婆儿》《贫富旦》《闹学堂》《闹浴堂》《闹酒店》《闹结亲》《倦成亲》《闹棚阑》《错上坟》等。从"院本名目"里可以看到金代杂剧三个显著特点:第一,题材范围比宋代"官本杂剧段数"进一步扩大。第二,对于历史故事的兴趣增强,增添了许多历史征战内容,因此其"历史故事类"的剧目最多。第三,对于北宋人物事迹格外感兴趣,增加了许多有关剧目,这或许是因为金人杂剧对于北宋文化格外倾目的缘故。

宋金杂剧大量的剧目积累,为后起的戏曲种类提供了丰富的传统材料。我们从宋元南戏、元明杂剧以及明清传奇里面可以看到,其中众多的题材内容都本于宋金杂剧,或者换句话说,后世戏曲感兴趣的大量题材,在宋金杂剧中已经都被采用过。这说明,宋金杂剧的剧目建设,已经奠定了中国戏曲800 年发展的基础。

五、杂剧表演的美学追求

宋金杂剧的表演,在传统积累与现实经验的支配下,形成了自己独特的美学追求。其特征主要体现在风格的喜剧性、内容的讽喻性和效果的突发性这三个方面。

（一）喜剧性

风格的喜剧性首先是由宋金杂剧的演出体制所决定的。其演出过程通常都是先敷叙一段故事，然后由滑稽角色发一科诨，一语点题，造成滑稽的感觉，逗人发笑，由此结束，所谓"初时布置，临了须打诨，方是出场"①。其演出效果主要体现在内容的滑稽谐谑上，以逗笑为表演的主要目的，如果达不到让观者发笑的目的，演出就告失败。这一点，可以从宋代杨万里《诚斋集》卷一四〇"诗话"条的一则记载里看得很清楚：

> 东坡尝宴客，俳优者作技万方，坡终不笑。一优突出，用棒痛打作技者曰："内翰不笑，汝犹称良优乎？"对曰："非不笑也，不笑所以深笑之也。"坡遂大笑。盖优人用坡《王者不治夷狄论》云："非不治也，不治者，所以深治之也。"

观者不笑，说明演员技艺不强，因而宋金杂剧的表演以制造强烈的笑料为指归。上述文字里的杂剧艺人，为了实现表演效果，甚至研究并掌握了具体观者（苏轼）的心理，最终获取了成功。杂剧通过场景铺排、语言指示等手法来取笑现实中某人或某事的方法，构成了其喜剧表演的固定程式。

宋金杂剧表演以制造喜剧情境、调动观众兴奋情绪为最高境界，于是就出现了四川成都式的杂剧比赛，以观众诨笑的次数多少来判定杂剧戏班的优劣。宋代庄季裕《鸡肋编》卷上说：

> 成都自上元至四月十八日，游赏几无虚辰。使宅后圃名西园，春时纵人行乐。初开园日，酒坊两户各求优人之善者，较艺于府会。以骰子置于盒子中撼之，视数多者得先，谓之撼雷。自旦至

083

---

① 〔宋〕王立之：《王直方诗话》，〔宋〕曾慥：《类说》卷五十七引。

暮,唯杂戏一色。坐于阅武场,环庭皆府官看棚,棚外始作高凳,庶民男左女右,立于其上如山。每诨,一笑须筵中哄堂,众庶皆嚎者,始以青红小旗各插于垫上为记。至晚,较旗多者为胜。若上下不同笑者,不以为数也。

这次比赛不仅单纯以喜剧效果作为评判标准,而且对于喜剧效果的实现程度也做出明确规定:必须是坐在看棚雅座里的上流观众和站在高凳上的普通看客,大家一起启颜才能算数。这种标准已经含有喜剧必须雅俗共赏的成分了。

(二)讽喻性

内容的讽喻性是与宋金杂剧实现喜剧效果的前提联系在一起的。为了制造笑料,杂剧表演通常要运用事例比附、人物影射、语言谐音等手段,嘲讽或讥刺现实人物,这些人物常常直接在场,或为在场者所熟知。表演者的嘲讽不一定有恶意,大多情况下只是临场抓哏逗笑。例如宋代罗点《武林闻见录》载,张俊多财富,教坊杂剧演员就借用铜钱窥星的表演,说"只见张郡王在钱眼里坐"。又如宋代张端义《贵耳集》卷下载:

> 袁彦纯尹京,专一留意酒政,煮酒卖尽,取常州宜兴县酒、衢州龙游县酒,在都下卖。御前杂剧,三个官人:一曰京尹,二曰常州太守,三曰衢州太守。三人争座位。常守让京尹曰:"岂宜在我二州之下?"衢守争曰:"京尹合在我二州之下!"常守问云:"如何有此说?"衢守云:"他是我两州拍户。"宁庙亦大笑。

这种嘲讽的目的,只是借现实中的可笑人事来调动观者的兴奋点,专一为了制造喜剧效果用。但如果讥刺到现实生活中的非正当行为,喜剧可能就会变成非喜剧,人们也就笑不起来了,甚至还可能会成为一场现实悲剧的肇因。例如宋代洪迈《夷坚志》支乙四记载,南宋奸相秦桧的一子二侄同科进士,杂剧艺人用"韩信取三秦"来讽刺他,"四座不敢领略,一哄而出"。这还是情形较轻松的,更有甚者,观者害怕自己得罪被讽刺者,就把杂剧艺人捆送下狱。同书还记载了另一事件,杂剧艺人在演出时讽刺秦桧"做出一场害人事","闻者畏获罪,不待此段之毕,即以谤亵圣贤,叱执送狱"。至于前面引到的杂剧演出用"二圣环"讥刺秦桧把徽、钦两帝忘在脑后的例子,演员就遭受了杀身的报复。

由于政治讽喻要冒风险,通常杂剧艺人在利用表演嘲讽现实时都会掌握一个"度",尽量使之停留在喜剧的范畴之内。

(三)突发性

效果的突发性是宋金杂剧实现喜剧性的另外一个前提。突发性效果产生的首要条件是出人意料,当杂剧在开始布置和结撰场景时要有巧妙的安排,曲折委婉,不可让人意会到结局。宋代吕本中《童蒙训》说:"东坡长短句,波澜浩大,变化不测,如作杂剧:打猛诨人,却打猛诨出也。"意谓苏轼填词就像杂剧表演那样,布置安排富于变化,结尾常常出人意料。反过来我们也看到当时人对于杂剧演出的认识。杂剧表演的喜剧性专一体现在结尾时插科打诨的效果上,因而要保持效果的强烈,就必须让人在久久迷离猜测而不得其解之后,听到打诨之语,突然恍然大悟。实现突发性效果的另外一个条件是打诨语言必须切题,让人听后即悟。宋代陈善《扪虱新语》说:"予谓杂剧出场,谁不打诨,只难得切题可笑也。"可笑的前提就是切题,否则观者如堕五里雾中,就感觉不到喜剧的效果。

突发性效果的形成,关键在于最后打诨时的点题,点题手段通常是通过语言谐音、双关等技巧实现的。谐音如宋代张端义《贵耳集》卷下记载的御前杂剧,用"黄檗苦人"点出"皇伯"秀王李某在湖州苦害百姓的事情;周密《齐东野语》卷十三记载的教坊杂剧,用"三十六髻"点出童贯兵败蓟州鼠蹿而回、三十六计走为上计的狼狈相。双关如周密《齐东野语》卷十三记载,蜀中从官袁某贪婪,杂剧艺人袁三在扮演中自称爱财,其他优人对之百端讥笑,他说:"任你讥笑,其如袁丈好此何?"

以上谈的是制造突发喜剧效果的内在原理,宋金杂剧里还常常用到另外一种外在的喜剧手段,就是优人间的互相击打。在最后用语言点题时,伴随着对被嘲弄对象的击打来增加科诨的强度,将表演情绪推进到高潮。杂剧里演员互相击打是插科打诨的常路,有用手批、用杖打等不同方式。例如宋代洪迈《夷坚志》支乙四载,宋徽宗崇宁年间(1102—1106)演出御前杂剧,一位演员装扮成宰相,对前朝元祐时期所执行的一切政策都斥逐不用,但见到元祐铜钱却不放过,于是另一位演员就用木杖痛打他的脊背,说:"你做到宰相,原来也只好钱!"以此打诨点题结束。人身击打虽然只是一种外在笑料,但它必须有内容的喜剧性作为基础,否则就会流于浅俗,但它却能够极大地加强喜剧效果的程度,因此在宋金杂剧里被用作有效的喜剧手段。

六、傀儡戏的发展

傀儡戏是宋金时期取得异常繁荣的戏剧样式之一,曾经在当时的社会生活中受到极其广泛的欢迎。它与杂剧一起参与了对中国戏曲成熟阶段的准备工作,后世又与众多戏曲种类一道长久发挥了演出功能。因此,有必要在宋金这个傀儡戏活动的鼎盛阶段,对其来龙去脉作些介绍。

(一)源起

傀儡的历史十分悠久,其起源可以追溯到春秋战国时期墓葬里的木俑。木俑的驱祟避邪功能和方相氏相同,因此它又被用于丧葬之乐。《旧唐书·音乐志》曰:"魁磊子,作木偶以戏,善歌舞,本丧家乐也。汉末始用之于嘉会。"可见傀儡戏原来是在丧葬时所唱的"挽歌",后来因为它的音乐和表演受到普遍欢迎,就被移用在宴会上了。中古以后,中原乐舞受到西域文化的巨大影响和渗透,傀儡戏也明显地染上了域外的色彩,从而向生活化和世俗化演进。所谓的"郭郎"之类木偶人物应运而生,在历史上发挥了其作用。郭郎(郭公)是傀儡戏的一个著名角色。《乐府广题》曰:"北齐后主高纬雅好傀儡,谓之郭公,时人戏为郭公歌。"①为什么把傀儡称为郭公呢?唐代段安节《乐府杂录》解释说:"傀儡子戏,其引歌舞有郭郎者,发正秃,善优笑,

① 《乐府诗集》卷八十七"杂歌谣词"《邯郸郭公歌》序引。

凡戏场必在俳儿之首。"原来当时的傀儡表演里,众傀儡队伍的前面,一定有一个秃头滑稽的角色,叫作郭公或郭郎。那么,郭公又来自何处呢?齐代颜之推《颜氏家训·书证》做出了回答:"或问:'俗名傀儡子为郭秃,有故实乎?'答曰:'《风俗通》云:诸郭皆讳秃。'"当是前代人有姓郭而病秃者,滑稽戏调,故后人为其象,呼为郭秃。原来是前代有一位姓郭的秃头,善于滑稽调笑,被后人仿照他的形象刻成傀儡,进行表演,从而得名。

六朝时的傀儡表演主要还以歌舞为主,缺少故事情节,唐代傀儡戏已经走向演故事的方向①,而纯粹以娱人为目的、以商业演出为存在方式的傀儡戏也已经出现②。唐代还有别种形式的傀儡戏演出,如《唐语林》卷七"补遗"条记载了四川官府演出傀儡戏的故事:"崔侍郎安潜……镇西川三年……而频于使宅堂前弄傀儡子。军人、百姓,穿宅观看,一无禁止。"这是官署衙府内的演出,但也允许大众观看。唐代宫廷里也有傀儡戏演出,玄宗因为它不是正宗雅乐而是民间俗乐,把它编隶于教坊。③

傀儡戏的全盛时期是在宋代。从两宋笔记掌故著作里可以看到,当时民间的瓦舍勾栏技艺演出,傀儡戏占了很重要的一项,而以傀儡戏技艺谋生的艺人有很大的数量。傀儡戏表演受到市民观众的欢迎,例如孟元老《东京梦华录》卷五"京瓦伎艺"条说:"枝(杖)头傀儡任小三,每日五更头回小杂剧,差晚看不及矣。"这是日常的勾栏演出,另外每年元宵节还有成批的傀儡舞队,周密《武林旧事》卷二"舞队"条即载有"大小全棚傀儡",吴自牧《梦粱录》卷一"元宵"条也说有"二十四家傀儡"。

傀儡戏也成为宫廷宴乐演出里的常设节目,《文献通考》卷一四六载,宋代宫廷乐部机构云韶乐里,就有"傀儡八人"。这些傀儡乐伎的执掌是在宫廷宴会上进行表演,例如周密《武林旧事》卷一"圣节"条记载宋理宗朝宫廷寿筵仪式顺序,即有三次演出傀儡戏。

傀儡戏在民间仍然被用来祭神,《梦粱录》卷十九"社会"条记杭州众多行社参加神庙祭祀,其中就有"苏家巷傀儡社"。另外,宋代朱彧《萍洲可

---

① 参见〔唐〕封演:《封氏闻见记》卷六。

② 参见〔唐〕韦绚:《刘宾客嘉话录》。

③ 参见《旧唐书·音乐志》。

谈》卷三更是记录了一个具体的例子："江南……又以傀儡戏乐神,用襄官事,呼为弄戏。遇有系者,则许戏几棚。至赛时张乐弄傀儡。"这种利用傀儡戏还愿谢神的演出,后来成为傀儡戏最重要的活动方式。

(二)分类

观众的欢迎和频繁的演出,促进了傀儡戏种类的发展。宋代傀儡戏的品种,见于记载的有五种之多,如《武林旧事》卷六"诸色伎艺人"条曰:"傀儡:悬丝、杖头、药发、肉傀儡、水傀儡。"这五种傀儡戏,当时都非常盛行,但后世却以悬丝傀儡和杖头傀儡的演出最为普遍,一直到今天仍然是常见的傀儡戏演出形式。

1.悬丝傀儡

悬丝傀儡即提线木偶。北宋汴京勾栏里著名的提线木偶艺人有"悬丝傀儡张金线"①,南宋临安勾栏里又有"悬丝傀儡炉金线"②。以"金线"称呼艺人而作为艺名,是由于以线提弄木偶技巧纯熟的缘故。《梦粱录》卷二十"百戏伎艺"条评价悬丝傀儡艺人的技巧说:"如悬线傀儡者,起于陈平六奇解围故事也。今有金线卢大夫、陈中喜等,弄得如真无二,兼之走线者尤佳。"其中艺人也以"金线"称。所谓"走线者",也许是指提线木偶里一种在线上行走的特殊表演。

悬丝傀儡的表演形式,在1976年7月河南省济源县(今济源市)勋掌村出土一具宋代三彩磁枕枕画面中得到表现③。图中右侧一位绾双髻、着绿衣白裤、坐于墩上的婴童,用右手执一小杖,杖前有丝数根,悬吊一个皂巾黄衫的傀儡老翁。中间一位皂衣白裤的婴童横吹一笛,同时起舞。左侧一位绿衣黄裤的婴孩儿,席坐于地面击锣。画面反映的只是婴戏悬丝傀儡的简单形式,他们耍弄的傀儡人可能是玩具而不是正式演具,但也可以视作当时悬丝傀儡极其普及情况的写照。两位伴奏童婴,也应该是模仿当时傀儡戏演出的实况而进行戏耍。

---

① 〔宋〕孟元老:《东京梦华录》卷五"京瓦伎艺"条,四库全书本。
② 〔宋〕西湖老人:《繁胜录》,北京:中国商业出版社,1982年,第16页。
③ 参见卫平复:《两件宋三彩枕》,《文物》1981年第1期。

又,南宋李嵩作有《骷髅幻戏图》一幅,也是悬丝傀儡的表演。图中一个大骷髅用数丝悬吊一个小骷髅来吸引儿童,小骷髅的关节动作已经十分复杂,丝数也相应增加,可以代表当时悬丝傀儡的水平。

2.杖头傀儡

杖头傀儡即用木杆儿操纵的木偶,演出时需要帷帐一幅,把观众和操纵者隔开,戏弄人将其举于头上进行表演。中国历史博物馆藏品中有一方婴戏傀儡铜镜,镜背铸杖头傀儡图。[1] 其中央用双杆儿拉一横幅帷帐,帐后有一位垂髻女童,两手各执一个杖头傀儡,举于帷帐之上做表演状。傀儡做战斗之状,两具傀儡各手持长矛类兵器,大概是在表演铁骑兵戈故事。帐侧一个垂髻女童,身着褂子,双手挥动小槌击鼓,为演出进行伴奏。帐前四个孩童,席地而坐,观看傀儡女婴耍弄。中间一人右手也持一个布袋傀儡玩具。他的身后地面上放有一副拍板,应该是傀儡戏的伴奏乐器。帐后背景为殿宇露台的石阶,上面坐有一个袖手男婴。

这幅图虽然以婴戏形式出现,也是宋代傀儡戏演出形象的反映。从其中杖头傀儡的形象看,仅仅用一个木杆儿撑起木偶,耍弄人双手撑双木偶,大概演出还缺乏相应的手脚动作。当时人的吟咏里也透露出这一点,宋代俞文豹《吹剑录·四录》说:"韩侂胄看弄傀儡,令包道成作诗:'一人头上又安人,脚踏空虚舞弄春……'"从"脚踏空虚"看,并非有杖支撑和操纵其脚部活动。

宋代勾栏里杖头傀儡同样受到极大欢迎,《东京梦华录》卷五说"杖头傀儡任小三",每天清晨五更就开始演出了。又《梦粱录》卷二十"百戏伎艺"条说:"更有杖头傀儡,最是刘小仆射家数果奇。"刘小仆射是南宋临安勾栏里表演杖头傀儡最为出色的代表。

3.药发傀儡

药发傀儡又作摇法傀儡,《东京梦华录》卷六就有"李外宁药法傀儡"的记载。这种傀儡戏的演出情况,由于史料的缺乏,不得其详。顾名思义,应该是用火药发动作为助推力来帮助傀儡活动的。如《都城纪胜》"瓦舍众

089

---

[1] 参见杨素荣:《从傀儡戏纹镜看木偶戏的起源》,《文物天地》1986 年第 2 期。

伎"条把它归入"杂手艺"一类:"杂手艺皆有巧名:……烧烟火、放爆仗、火戏儿、水鸡儿……药法傀儡……"从其他"杂手艺"项目都是弄巧技来看,这种推论大概不会相去太远。

4.肉傀儡

肉傀儡是用真人来装扮的傀儡。《都城纪胜》"瓦舍众伎"条说:"肉傀儡,以小儿后生辈为之。"《武林旧事》卷六"诸色伎艺人"条里有"张逢喜:肉傀儡""张逢贵:肉傀儡",点出了临安两位著名肉傀儡艺人的名字。肉傀儡的表演方法是儿童骑在成人肩膀上演出,也就是《梦粱录》卷二十"伎乐"条所谓"街市有乐人三五为队,擎一二女童舞旋,唱小词",也是《武林旧事》卷二"元夕"条所说的"都城自旧岁冬孟驾回,则已有乘肩小女,鼓吹舞绾者数十队"。南宋吴文英【玉楼春】"京市舞女"词里有"乘肩争看小腰身"①的句子,就是歌咏的这种在肩上表演的肉傀儡技艺。河南省博爱县月山镇出土的宋代长柄铜镜,镜背铸有乘肩表演的图画,就是肉傀儡演出的形象。②

5.水傀儡

还有一种用水流作动力的傀儡——水傀儡。因为水流可以发动机关,便于制造工巧的机械装置,因此很早就有人在傀儡表演上动脑子。最早见于记载的是《三国志·魏志·杜夔传》裴松之注所引傅玄的说法,说魏国马钧能制造活动的傀儡百戏表演:"以大木雕构,使其形若轮,平地施之,潜以水发焉。设为女乐舞象,至令木人击鼓吹箫;作山岳,使木人跳丸掷剑,缘绳倒立,出入自在;百官行署,舂磨斗鸡,变巧百端。"马钧发明的水傀儡,后人称之为"水转百戏",并一直沿袭下来。唐代杜宝《大业拾遗》里说,隋炀帝令黄衮造水动木人,装扮故事,如《姜太公钓鱼》《刘备过檀溪》《周处斩蛟》《秋胡戏妻》之类,一共72种。到宋代又翻新花样,甚至在湖里演出。汴京城西顺天门外金明池,每年三月一日开始供人游玩,皇帝驾临池边临水殿,池中先演百戏、水傀儡,后进行竞渡比赛。孟元老《东京梦华录》卷七"驾幸临水殿观争标锡宴"条曰:

---

① 《全金元词》下册,北京:中华书局,1979年,第1214页。
② 参见廖奔:《宋元戏曲文物与民俗》,北京:文化艺术出版社,1989年,图版16。

　　……又列两船皆乐部。又有一小船，上结小彩楼，下有三小门，如傀儡棚，正对水中乐船。上参军色进致语，乐作。彩棚中门开，出小木木偶。小船子上，有一白衣人垂钓，后有小童举棹划船，辽绕数回。作语，乐作，钓出活小鱼一枚。又作乐，小船入棚。继有木偶筑球、舞旋之类，亦各念致语和乐作而已。谓之水傀儡。

从这条记载里可以看出，水傀儡的表演是在一条船上进行，船上安装有机关装置，可以发动来控制傀儡的表演，另外两条船上则由真人来奏乐并念诵致语、唱和等。

　　金明池演出为大规模的水中表演活动，至于市井瓦舍勾栏中也有水傀儡演出，则是用小巧的装置进行的，可惜这种装置已经见不到实物了。吴自牧《梦粱录》卷二十"百戏伎艺"条中仅用文字描述了其表演效果，同时提到南宋临安一批著名水傀儡艺人的姓名："其水傀儡者，有姚遇仙、赛宝哥、王吉、金时好等，弄得百怜百悼。兼之水百戏，往来出入之势，规模舞走，鱼龙变化夺真，功艺如神。"

（三）余说

　　上面提到的五种傀儡戏形式，不全是做故事表演的，如其中的药发傀儡只是一种技巧，肉傀儡大概也只有舞蹈身段表演，而水傀儡则以百戏杂技内容为主。只有悬丝傀儡和杖头傀儡两种，是模仿现实戏剧，进行有完整故事情节表演的形式。其演出的内容和说话、讲史、杂剧、崖词往往相同，范围广泛，传奇性强，所以《梦粱录》卷二十"百戏伎艺"条说："凡傀儡敷衍烟粉、灵怪、铁骑、公案、史书、历代君臣将相故事话本，或讲史，或作杂剧，或如崖词，大抵弄此多虚少实，如巨灵神、朱姬大仙等也。"这种吸引力极大的演出，是导致"杖头傀儡任小三"受到欢迎的主要原因。

　　傀儡戏能够把当时说唱艺术和真人戏剧艺术所表现的内容都兼顾起来，广泛展示历史、人生、神话故事，较之单纯的说唱艺术具备舞台形象的吸引力，较之杂剧等真人戏剧又具备更广泛内容题材的吸引力，因此得以在当时兴盛一时。

傀儡戏的伴奏乐器主要是鼓和笛子两种,这在宋人、元人的题咏里常常见到。如黄庭坚《山谷外集》卷六《题前定录赠李伯牖二首》其二:"万般尽被鬼神戏,看取人间傀儡棚。烦恼自无安脚处,从他鼓笛弄浮生。"又如《中州集》戊集第五金代赵元的《薛鼎臣罢登峰》诗:"弄人鼓笛不相疑,便看当场傀儡衣。"《中州集》辛集第八金代苑中的《赠韶山退堂聪和尚》诗也说:"郎当舞袖少年场,线索机关似郭郎。今日棚前闲袖手,却从鼓笛看人忙。"除诗里反复出现的鼓和笛子这两种乐器以外,从当时的文物形象中可以看到傀儡戏的伴奏乐器还有锣、拍板等。另外,还有一种伴奏方法:用能够模拟人声切口的哨子,吹出道白曲调,代替人声说唱。宋代沈括《梦溪笔谈》卷十三"权智"篇说:

世人以竹木牙骨之类为叫子,置人喉中吹之,能作人言,谓之颡叫子。尝有病喑者为人所苦,烦冤无以自言,听讼者试取叫子令颡之作声,如傀儡子,粗能辨其一二,其冤获申。此亦可记也。

从这一则资料里可以知道,当时的"傀儡子"表演里有一种是用竹木叫子代替人工发声的。

傀儡戏的盛行与普及,使它与儿童游戏发生了极其密切的关系,上述许多文物形象都以儿童戏要形式出现就是很好的说明。又,宋代俞文豹《吹剑录·四录》引包道成咏傀儡诗有句"莫教线断儿童手,骨肉都为陌路尘"也反映了儿童经常玩傀儡的现象。宋代市肆所卖杂货中,常常见到木偶一类玩具,宋代西湖老人《繁胜录》里提到的有"悬丝狮豹""杖头傀儡",吴自牧《梦粱录》卷十三"诸色杂货"条于"小儿戏要家事儿"下列有"线索傀儡儿、狮儿猫儿"等。文物图像中对儿童玩具傀儡也有专门表现,前面已经提到一些。1981年春河南省南召县云阳镇五红村发现的一座宋金砖雕墓,墓壁上也雕有两幅童戏傀儡玩具图,傀儡都用杖挑起。① 南宋萧照《中兴祯应图》

① 参见黄运甫:《南召云阳宋代雕砖墓》,《中原文物》1982年第2期。文中定墓建年代为北宋晚期,但从墓室形制看,加设须弥座,雕饰繁缛,应该是南宋或金代墓葬。

里所绘市井商贩,一老者也手持一个杖头傀儡沿街叫卖,肩上还背有其他木偶。这种傀儡玩具还反复见于宋代苏汉臣、李嵩及元代王振鹏所绘货郎担子上,说明是很风行的玩具。

七、影戏的产生

(一)一种新兴的戏剧种类

影戏的产生是在北宋仁宗时期。宋代高承《事物纪原》卷九"影戏"条曰:"宋朝仁宗时,市人有能谈三国事者,或采其说,加缘饰作影人,始为魏、吴、蜀三分战争之像。"说得很具体:在宋仁宗朝,有人为了使说书形象化,创作了"影人",于是以三国故事为题材的影戏就产生了。高承的说法有没有科学性呢?现引一条和他时代相近的材料加以印证。宋代张耒《明道杂志》曰:

> 京师有富家子,少孤,专财。群无赖百方诱导之。而此子甚好看弄影戏,每弄至斩关羽,辄为之泣下,嘱弄者且缓之。一日,弄者曰:"云长古猛将,今斩之,其鬼或能祟。请既斩而祭之。"此子闻甚喜。弄者乃求酒肉之费,此子出银器数十。至日,斩罢,大陈饮食,如祭者。群无赖聚享之。乃白此子,请遂散此器。此子不敢违,于是共分焉。旧闻此事,不信,近见事有类是,聊记之,以发异日之笑。

张耒所记的是他过去听说过的事,近来又亲眼见到类似的事情。张耒生于宋仁宗皇祐四年(1052),在仁宗朝长到11岁,卒于徽宗政和二年(1112),他所见到的是北宋晚期的事,他听说的则有可能是仁宗朝的事或稍晚。大概在宋仁宗朝以后,北宋京城汴梁已经盛行影戏,为市民观众所喜好,其内容则以三国故事为本,这和高承的说法是吻合的。直至南宋末吴自牧写《梦粱录》时,影戏仍然和讲史表现相同的内容,不像傀儡演出已经可以内容无所不包，从烟粉、灵怪、铁骑、公案一直到历史故事。后世影戏擅长表演神话题材的功能，这时还被傀儡戏垄断着。

根据当时笔记记载，宋代的影戏分为手影戏、纸影戏和皮影戏3种。手影戏见灌圃耐得翁《都城纪胜》"瓦舍众伎"条，是用手指造型投影的游戏，属于最简单的影戏种类，所以同书同条另有"影戏"一项，而只将手影戏列为"杂手艺"之一种，和踢瓶、弄碗、放爆仗、打弹等并列。宋代洪迈《夷坚志》三志辛卷第三"普照明颠"条说有一位僧人曾为手影戏占偈："华亭县普照寺僧惠明者……尝遇手影戏者，人请之占颂，即把笔书云：'三尺生绡作戏台，全凭十指逞诙谐。有时明月灯窗下，一笑还从掌握来。'"从中可以了解到，手影戏是用灯将十指影形投射在布幔上表演的。这种影戏表现力受到很大局限，表演内容也会受到很大的限制，所以不是影戏的正宗。纸影戏和皮影戏，《都城纪胜》是这样说的："凡影戏乃京师人初以素纸雕镞，后用彩色装皮为之。"稍后的《梦粱录》卷二十"百戏伎艺"条进一步发挥说："弄影戏者，元汴京初以素纸雕簇，自后人巧工精，以羊皮雕形，用以彩色妆饰，不致损坏。"这两种用纸或皮做成影人，由艺人操纵影人进行表演的影戏，才是真正的影戏。从中我们还可以知道，最初的影人是用不上色的纸做的，后来改进了工艺，变成皮影。皮影的好处是坚固耐用，羊皮的透明度又比纸高，可以绘成彩色的人像，增加表演的娱目性，因此后来皮影成为影戏的主要种类。羊皮薄而不韧，又有用牛皮、驴皮的。不过，纸影也一直延续下来，明、清还时常见到纸影戏的演出。

（二）演出

影戏演出在北宋后期已经非常兴盛。《东京梦华录》卷六载，汴京元宵节时，城内四处张设灯烛，而"诸门皆有宫中乐棚，万街千巷，尽皆繁盛浩闹。每一坊巷口，无乐棚去处，多设小影戏棚子，以防本坊游人小儿相失，以引聚之"。影戏演出不宜在灯光通明的地方，所以被专门设在灯火阑珊处。而每一坊巷口都设立影戏棚子，当时汴京从业的影戏艺人数量也就可观了。南宋影戏的发达,使雕刻影人成为专门的职业①,并且出现了"社"的组织,如周密《武林旧事》卷三"社会"条里有"绘革社",自注为"影戏"。人们看惯了影戏演出,熟悉了它的表演程式之后,又有人开始模仿影戏动作来取笑:杭州元宵夜晚,"或戏于小楼,以人为大影戏。儿童喧呼,终夕不绝"。

可贵的是,宋代无名氏《百宝总珍集》"影戏"条为我们留下了当时影戏戏箱具体内容的记录:

> 大小影戏分数等,水晶羊皮五彩装。自古史记十七代,注语之中仔细看:影戏头样并皮脚,并长五小尺。中样、小样,大小身儿一百六十个。小将三十二替(屉),驾前二替(屉)。杂使公二,茶酒、着马马军,共计一百二十个。单马、窠石、水、城、船、门、大虫、果卓(桌)、椅儿,共二百四件。枪、刀四十件。亡国十八国,《唐书》《三国志》《五代史》《前后汉》,并杂使头,一千二百头。

这一个戏箱的容量真是惊人,包括了表演宋前十七史所有故事的影人造型1200个,仅将帅造型就有32屉,这在后世影箱里是绝对找不到的,它反映了宋代影戏所达到的高度表现力和繁盛度。但也只有如此,影戏才能够真正随心所欲地表演当时讲史所包括的一切内容。从这条记载里还知道,当时影戏演出中还运用了丰富的场面布景和道具,如城、船、门、桌、椅、水、窠石等,又有动物形象如马、虎的出现。这些辅助了影人对丰富复杂社会生活的表现。

金代影戏承袭宋代,时见遗迹。例如1980年在山西省孝义县(今孝义市)榆树坪村发现的金正隆元年(1156)墓里,有皮影头像壁画。② 山西省繁峙县岩山寺文殊殿金大定七年(1167)壁画则绘有一幅儿童弄影戏图,这是金代影戏传到北方边远地区的写照。

既然影戏和讲史表现相同的内容,它的底本最初就直接取自讲史话本

---

① 〔宋〕周密:《武林旧事》卷六"小经纪"条,四库全书本。
② 参见张一、朱景义:《山西皮影》,《文史知识》1989年第12期。

（即所谓"采其说,加缘饰作影人"。见前引《事物纪原》）。南宋的影戏仍然是"其话本与讲史书者颇同,大抵真假相半"①。按照古人的历史观念,讲史主要是表现各朝代的忠奸斗争,影戏也将同样的观念体现在它的表演中,甚至渗透到它的人物造型上,在雕刻影人时运用了态度鲜明的褒贬手法,所谓"公忠者雕以正貌,奸邪者刻以丑形,盖亦寓褒贬于其间耳"②。这项美学原则后来成为中国戏曲人物造型的基本法则,后者或者是受到了影戏的深刻影响。另外,因为以讲史为内容,在当时的影戏表演技术里,讲说也就和操纵影人同等重要,所以吴自牧在推赞杭州几位影戏大师时说:"杭城有贾四郎、王升、王闰卿等,熟于摆布,立讲无差。"是将两种技艺并提的。

影戏剧本既然来自讲史说唱,也就沿袭了其形式,例如它的念白多用七字句,不讲究平仄,近乎白话等,这一点从当时的笔记里可以推测出来。宋代张戒《岁寒堂诗话》卷上曰:"往在柏台,郑亨仲、方公美诵张文潜《中兴碑》诗,戒曰:此弄影戏语耳。二公骇笑,问其故,戒曰:郭公凛凛英雄才,金戈铁马从西来。举旗为风偃为雨,洒扫九庙无尘埃。岂非弄影戏乎?"张戒之所以取笑张耒的《读中兴颂碑》诗是"弄影戏语",就因为它和影戏剧本的句式风格十分接近。而我们从所引的这几句诗里,不是正可以得出上述结论吗? 另外,影戏表演是有念有唱的,因而其中还有唱词,下述资料可以证实这一点:徐梦莘《三朝北盟会编》卷一九九载,宋高宗晚年无嗣,有一个叫刘僧遇的人因为相貌接近皇侄,就发心想冒充而袭取帝位,他为了熟悉宫廷礼仪,"每看影戏唱词,私记其宫中龙凤之语,附令称说",然后向朝廷自荐,但被查明原身而发配琼州牢狱。这里明确无误地说出影戏剧本有唱词。影戏演唱可能还形成了自己独特的曲调,因而宋元南戏曲牌里有【大影戏】一种,见于宋代无名氏《张协状元》、元代无名氏《吴舜英传奇》和徐畖《杀狗记》,为长短句式。那么,我们是否可以认为,宋代影戏的念诵部分为七言押韵诗句,唱的部分为曲牌。

---

① 〔宋〕吴自牧:《梦粱录》卷二十"百戏众伎"条,四库全书本。

② 同上。

八、南戏的兴起与发展

　　唐代戏剧发展的成就有两个高峰,一个是以参军戏为代表的优戏表演,一个是以《踏摇娘》等剧目为代表的歌舞戏表演,后者已经是载歌载舞以演故事的表演形式,例如《踏摇娘》的演出,在对主人公夫妇两人矛盾冲突的揭示和动作模仿中,还要穿插女主角的"许步入场行歌""且步且歌"①的歌舞表演。宋杂剧更多继承了唐代优戏的表演路数,发展了以滑稽科诨为主的戏剧手段,南戏则更多继承了唐代歌舞戏的表演路数,发展起以歌舞表演为主的戏剧手段,但是南戏同样也吸收了前代优戏的全部经验积累,它能够成为中国戏曲最早的成熟形式脱颖而出,也是历史的必然。

(一)南戏的兴起

　　南戏兴起的时间大约在北宋末期。明人祝允明(1460—1526)说:"南戏出于宣和之后、南渡之际。谓之'温州杂剧'。余见旧牒,其时有赵闳夫榜禁,颇述名目,如《赵贞女蔡二郎》等,亦不甚多。"祝允明论述中提到两个时间概念,一个是南戏形成于"宣和之后、南渡之际",也就是北宋末期的1119—1127年之间,另一个是在赵闳夫的时代已经产生了南戏剧本《赵贞女蔡二郎》。根据考证,赵闳夫大约是南宋光宗朝前后人②,其时距宋室南渡70年左右。祝允明的前一个说法虽然没有举出证据,但后一个说法却有事实依据,那就是他见到了当时赵闳夫张贴的官榜,宣令禁止一批包括《赵贞女蔡二郎》在内的南戏剧目。把两者连起来看,祝允明的说法是有道理

---

① 〔唐〕崔令钦:《教坊记》。

② 张庚、郭汉城主编的《中国戏曲通史》(北京:中国戏剧出版社,1981年,上册第83~84页),钱南扬著的《戏文概论》(上海:上海古籍出版社,1981年,第22~23页),都根据赵闳夫为宋太祖赵匡胤的弟弟魏王赵廷美的八世孙,与宋光宗同辈(见《宋史·宗室世系表》),推其为光宗朝前后人。因为世系过远,这种推论的误差会很大,不可骤信。但金宁芬进一步考证出赵闳夫的同太祖兄弟赵闳夫为宋光宗绍熙元年(1190年)进士(见《南戏形成时间辨》,《文学遗产增刊》第15辑,北京:中华书局,1983年),这就使赵闳夫与宋光宗朝产生了更近的联系。但其时代的最后确定,仍然需要更加直接的材料。

的：南戏的形成在前，产生比较成熟的剧本在后，其间相差几十年，这符合事物的发展规律。

由祝允明关于"温州杂剧"的说法，也能看出他所提供的史料有据。很明显，"南戏"的名字是元代以后形成的，元代北方有北曲杂剧，南方有南曲戏剧，为了在指称时有所区别，才把用南曲演唱的戏剧称作南戏。而北宋末期的南戏也许只称作杂剧，因为按照当时习惯，对于戏剧演出或呼作"优戏"，或呼为"杂戏"，或称作"杂剧"，这适用于全国各地的情况。而"温州杂剧"这种在"杂剧"前面冠以地名作为限定词的用法，在宋代却别无他见。这说明，它是在汴京杂剧随着朝廷入南以后，南来的士大夫为了和汴京杂剧的表演形态相区别，而给这种当地的特殊戏剧样式另起的名字。还可以找到两个旁证。南宋时期又见到"戏文""戏曲"的名称。例如由宋入元的周密《癸辛杂志》别集卷上说："乃撰为戏文以广其事。"这里"戏文"一词是用以指称南戏剧本，南戏当时在民间大概是只呼为"戏"的，所以把它的剧本称作戏文（元以后也用"戏文"来指称南戏这种戏剧样式，那是引申了的用法）。又宋代刘埙《水云村稿》卷四说："至咸淳，永嘉戏曲出。"这里称南戏为"戏曲"，也是因为它不同于宋杂剧，其特征是以唱"曲"——亦即以歌唱为主。刘埙也是由宋入元的，在他的时代"南戏"的名称还没有固定下来，因此他用"戏曲"称之。以后元人陶宗仪《南村辍耕录》卷二十五也说："宋有戏曲、唱诨、词说。"于是事实就很清楚了：温州一带一直有着本地"戏"或"杂剧"的演出，汴京杂剧南来以后，这些本地"戏"或"杂剧"被称为"温州杂剧"。

时代较晚的明人徐渭（1521—1593）《南词叙录》里关于南戏兴起的说法，在时间上与祝允明说的有差异，但也有可以与之互相印证的地方。他说：

> 南戏始于宋光宗朝，永嘉人所作《赵贞女》《王魁》二种实首之，故刘后村有"死后是非谁管得，满村听唱《蔡中郎》"之句。或云宣和间已滥觞，其盛行则自南渡，号为"永嘉杂剧"。

徐渭说南戏起于宋光宗朝,比祝允明的说法晚了几十年。但他提到了光宗朝有南戏剧本《赵贞女蔡二郎》和《王魁负桂英》,前者见于赵闳夫的榜禁,恰恰可以和祝允明的说法相印证。以最早的南戏剧本的写定本作为南戏产生的时间,是当时文人的一种习惯性思维方法,例如时代较早的由元入明的叶子奇也有相同说法:"俳优戏文始于《王魁》,永嘉人作之。"只是他们的结论都不如祝说科学,因为南戏的形成必然是一个比较长期的过程,不可能从无到有地突然就能够演出完整的剧目。重要的是,徐渭自己对于南戏始于宋光宗朝的说法也没有把握,因此他又引用了另外一种说法:"或云宣和间已滥觞,其盛行则自南渡。"这就与祝允明的说法完全一致了。徐渭关于南戏最初称作"永嘉杂剧",上述两个剧目为"永嘉"人创作的说法,又印证了祝允明的观点:最初的南戏是被冠以特殊的名称以与汴京杂剧相区别的(永嘉杂剧即是温州杂剧,永嘉和温州这两个地名同指一地,在历史上曾被交替使用)。由此可证,祝允明关于南戏兴起时间的说法,在明代前期既是一种通行的认识,也具有相当的可信度。

　　说南戏兴起于温州一座城市,并不能反映客观情况。事实上,一种戏剧样式产生的空间需要有较大的文化延展度和历史纵深,它既要有前代丰厚的戏剧文化基础作为前提,又要有一个适度的地域文化环境作为土壤,同时,在中心城市发生的进化最快的戏剧样式也必然很快地向周围地区蔓延。这就如同北宋杂剧在汴京发展得最为成熟,而它的足迹则遍见于全国各地,汴京杂剧也迅速向周围传播一样。温州杂剧只是由于在当时当地发展得最为成熟,成为周围地区南戏样式的集中代表,才被以之命名,而一些迹象表明,南戏应该是东南沿海一带——浙江东南部甚至福建东北部地区共同的文化生成物。温州和福州两地原本毗邻,两地又曾在五代时期同属吴越(吴越二世国主钱佐在他主政期间,攻占福州,将其纳入吴越国的版图,在此设立彰武军节度使),有着共同的戏剧文化传统。两地又都讲吴语——六朝以后浙江移民不断向福建进发,他们把语音也带去了,当时的福建方言就是吴语,到了唐、宋时期在闽南地区形成另外一个方言圈——闽南语系,但福州地区却在其外。另外,在南宋中期出现的南戏剧本《张协状元》里运用了以福州地区的地名命名的曲调【福州歌】【福清歌】,这些曲调都是福州地区的民间曲调,而这个剧本的写定时间并不是它的产生时间,它的出现更早。它们被南戏吸收,应该是南戏在这一带地区普遍酝酿形成时期所发生的事。《张协状元》里同时也有【台州歌】,则是与温州毗邻而地处其北面的台州地方的曲调。因此可以说,南戏生成的文化地域在浙江东南部和福建东北部的毗邻地区一带,而不仅仅局限于温州一地。

当然,由于温州特殊的经济文化环境,这里成为南戏最发达的中心城市,因此宋代的南戏剧本很多都产生在这里,故南戏以"温州杂剧"命名,甚至到了元代,这里仍然是南戏创作和演出的中心。

(二)南戏形成的地域文化基础

南戏兴起于浙江南部、福建北部一带地区,是一种完全在吴越文化区域里形成的戏剧样式。追溯历史可以看到,此地有着很好的戏剧传统。

中唐时期,东南一带的优戏表演已经出现明显重视歌唱的倾向,产生出与长安宫廷参军戏不同的"陆参军",前者以滑稽表演为主,后者则辅以歌唱表演。唐代浙江一带设浙东观察使治之,据唐人范摅《云溪友议》记载,宰相元稹来浙东巡视时,曾看到陆参军的演出:女子刘采春装扮参军进行表演,而"歌声彻云",所唱为当地民间流行曲调,如【望夫歌】之类,文辞则都是当代才子所作五、六、七言诗。范摅说这个陆参军戏班是从"淮甸"来,"淮甸"指当时的淮南节度使治下地区,在扬州一带,那么唐代从扬州到浙东都是陆参军的活动地区,所以这里的优戏传统是渊源有自,其特点在于对戏剧体制中歌唱成分的重视。

五代十国时,"陆参军"的流行地区成为吴、南唐和吴越国的统治地域,这些割据政权僻处江浙一带,远离中原战乱,苟且偷生,为优戏的发展提供了很好的环境,因而成为当时的优戏活动中心。吴国宫廷盛行参军戏,权臣徐知训为了侮辱吴王杨隆演,曾让他与自己一同演戏,徐知训扮演参军角色,让杨隆演扮苍鹘角色,成为历史上以臣欺君的著名实例。① 李氏南唐留

① 参见〔宋〕欧阳修:《新五代史·吴世家》、〔宋〕司马光:《资治通鉴》卷二七〇、〔宋〕姚宽:《西溪丛语》引《吴史》等。

下来的戏剧砖俑、钱氏吴越国留下来的戏剧砖刻,则是这一带优戏盛行的最好实物见证。[①]

　　唐、五代以后,民间的曲子演唱极其兴盛,流风所化,文人开始依照曲格填写曲子词,是为宋词的先声。南唐的词体创作极其发达,产生了著名词人皇帝李璟、李煜及冯延巳等,这反映了当地民间词调演唱风习的浓厚。入宋以后,当地优戏演出中重视歌曲演唱的趋势在蓬勃发展的曲词创作推动下,另辟一路,逐渐孕育出以唱词调和小曲为主的南戏体制来。当时全国其他地区的优戏表演,更多地受到首都汴京杂剧的影响和渗透,大多采取了与之相类似的演出体制(例如四川杂剧),这其中当然有着同属于中原方言区域的因素的制约。而地处东南沿海的吴越之地,使用的语言是不同于中原音的吴语,演唱的是带有强烈地方色彩的吴歌,于是在与汴京杂剧并行发展的过程中,逐渐形成了自己的独特体制。

　　中国最早的成熟戏曲形式——南戏形成于吴越文化区域,还有着远较上面说到的更为深厚的历史文化渊源。南戏运用吴语方言道白,演唱的曲调是南曲,这是它的特征。鉴于南戏日后与北方兴起的北曲杂剧成南、北分立之势,形成中国戏曲史上的南曲和北曲两大音乐体系的分野,这里有必要对其发生源头再作一点历史的回顾。

　　中国幅员辽阔,在不同的地区,就会产生不同风格的乐曲,这一点早在先秦时代已经为人们所注意。吴公子季札在鲁国观乐时,能根据乐曲的不同风格而辨别出其产地,就是一个极好的例子。[②] 南梁文论家刘勰在《文心雕龙·乐府》里专门论述了上古音乐风格的地域区分:"涂山歌于《侯人》,始为南音;有娀谣乎《飞燕》,始为北声。夏甲叹于东阳,东音以发;殷整思于西河,西音以兴。音声推移,亦一概矣。"他把古乐区分为东、西、南、北四种风格,并指出音声差别是按照地域推移的,这就抓住了问题的症结。

　　但是,不同地区的不同乐曲风格,是基于什么条件形成的呢?一个很重要的因素就是不同的方言基础。早期华夏文化出现在黄河流域中下游一

① 参见曾昭燏、张彬:《南唐二陵发掘简略报告》,《文物》1951 年第 7 期。
② 参见《左传·襄公二十九年》。

带,那时这一带的语言统一使用中州语,《诗经》乐歌基本上都是用中州语演唱的。华夏文化势力逐渐浸润到长江流域,于是在长江中游和下游,又分别产生了两种风格独具的文化:楚文化和吴、越文化。这两种文化都是华夏文化与长江流域文化——荆蛮和百越文化结合的产物,在语言上则分别归为楚语和越语范畴,与中州语成三足鼎立之势。于是,就有不同于《诗经》乐歌的南方乐歌产生。

楚地乐歌以楚辞著称,另外如《接舆歌》《孺子歌》《侯人歌》等,都是用华夏语言、楚地方音唱的乐歌。越语区域文化的开发比楚地又要晚一些,春秋时期还使用不同的语言体系。例如鄂君子晳泛舟河上,听到越人舟子唱的歌完全是越语,听不懂,要求译者把它翻成楚语。[①] 以后,随着华夏文化的影响扩大,在东南的浙江一带形成了汉语最早的一个分支——吴语方言区。而这里的乐歌则被称为"吴歌",六朝以来十分流行。宋人郭茂倩《乐府诗集》说:"《晋书·乐志》曰:吴歌杂曲,并出江南。东晋来稍有增广。其始皆徒歌,既而被之管弦。盖自永嘉渡江之后,下及梁、陈,咸都建康。吴声歌曲,起于此也。"与之相对的北方方言则是一个范围要宽广得多的概念,它奠基于中原之音,历经诸朝代的分合动荡,广泛地吸收融合,在唐宋时期逐渐形成了北方方言区,其地域北至长城,西北至沙州(今敦煌一带),西南到云、贵、川,南到江、淮的广大地区。当然,北方方言内部也有地区差别,例如当时至少还可以分为四类——河朔、秦陇、巴蜀、中原,但北方话的概念已经形成,成为以后历朝官腔官话的基础。[②] 由于这种方言地域的划分,以北方话为基础的宋杂剧自然可以很容易地扩大到全国广大地区,而以吴语和吴歌为基础的南戏则在吴越文化区域形成。

(三)南戏的发展

大约在南宋中期,南戏有了一个比较大的发展,向北传入杭州,向南传到闽南,向西传入江西,成为一个足迹遍布浙江、福建、江西的声腔剧种。

---

① 参见〔汉〕刘向:《说苑·善说篇》。

② 参见周振鹤、游汝杰:《方言与中国文化》,上海:上海人民出版社,1986 年。

　　由于杭州是东南沿海最为繁盛的商业都市,又是南宋的临时国都,南戏经由商业渠道很快传入杭州是十分自然的。元人周德清在《中原音韵·正语作词起例》里指出:南宋杭州有戏文"《乐昌分镜》等类"的演出,其声韵切口完全遵从梁人沈约依据吴语方言所制订的韵书《四声谱》。另一元人刘一清《钱塘遗事》卷六"戏文诲淫"条则说:"戊辰、己巳间,《王焕》戏文盛行于都下,始自太学有黄可道者为之。""戊辰、己巳间"为南宋末咸淳四年到五年(1268—1269),当时杭州盛演太学生黄可道创作的南戏剧本《王焕》。另外,南宋诗人陆游(1125—1210)在他的诗里曾反复提及在家乡山阴观看村中庙戏的情况,例如《夜投山家》其二曰:"夜行山步鼓冬冬,小市优场炬火红。唤起少年巴蜀梦,岩渠山寺看蚕丛。"①地处山村的岩渠寺里,夜里点起火炬,上演优戏,演出的内容是有关古代蜀君蚕丛的故事,这恐怕不会是宋杂剧的表演,应该就是南戏的演出。陆游活动的时期在南宋中期以前,据此,南戏传到山阴、杭州一带的时间大约也在此之前。

　　闽南地区与福州毗邻,闽南的漳州、泉州又都可以很容易地通过海路与温州来往,南戏因而由福州一带很快向南传到闽南地区。彰州大约在宋光宗朝已经开始演出南戏。庆元三年(1197),理学家陈淳写给漳州太守傅伯成的《上傅寺丞论淫戏》中说道:"以此邦陋俗,常秋收之后,优人互凑诸乡保作淫戏,号'乞冬'。群不逞少年遂结集浮浪无图数十辈,共相唱率,号曰'戏头',逐家哀敛钱物,豢优人作戏。"陈淳还生动描写了看戏对于社会风气的影响:"诱惑深闺妇女出外动邪僻之思""贪夫萌抢夺之奸""后生逞斗殴之忿""旷夫怨女邂逅为淫奔之丑""州县一庭纷纷起狱讼之繁,甚至有假托报私仇击杀人无所惮者"。② 这里描写的,正是作为完整情节剧的南戏,多讲述传奇故事、男女恋情,在观众心目中所产生的社会效果,而这种效果绝不是以滑稽调笑为主要目的的宋杂剧所能制造。考虑到元代周德清《中原音韵·正语作词起例》里干脆把"今之搬演南宋戏文唱念声腔"称为"闽、浙之音",我们宁可相信陈淳所指为南戏。

---

① 〔宋〕陆游:《陆放翁诗集·剑南诗稿》卷四十三,四部丛刊初编本。
② 〔宋〕陈淳:《北溪先生全集》第四卷二十七"札",乾隆四十八年重刊本。

南戏传入江西,有两种事实证明。一是南宋咸淳年间(1265—1274),江西南丰县一带盛行"永嘉戏曲"。由宋入元的江西南丰人刘埙在他为同乡的宋代著名词人吴用章写的传记里说:吴用章用"汴都正音教坊遗曲"填词,在当地盛行百余年,然而"至咸淳,永嘉戏曲出,泼少年化之,而后淫哇盛,正音歇"。"永嘉戏曲"即为南戏,其"淫哇之音"传到了南丰,在当地的"泼少年"中一时风靡,吴用章词的"正音"只好告歇,只在"州里遗老"的嘴里仍旧传唱。① 二是在江西景德镇和鄱阳曾出土了数量众多的南戏瓷俑②,姿态生动,造型逼真,其角色形象以生、旦为主,体现了南戏的特色。以之与北宋、金代墓葬杂剧砖雕形象比较,前者姿态明显更具情节性。景德镇是宋代著名的瓷都,只有当南戏在当地盛行的情况下,瓷工才有可能把其舞台造型塑入瓷俑,民间才有可能把南戏瓷俑用作墓葬明器。

九、南戏的体制

(一)演出体制

1.形态

宋代南戏具有完整和独立的长篇演出结构,与宋杂剧的分段演出及表演和其他技艺相穿插不同,它以在舞台上表现完整人生故事为目的,每次演出以一个完整故事的展现为起讫,表演具备单纯的戏剧性质,而不和其他技艺表演相混合,在戏剧发展过程中有时出现一些技艺表演必然与剧情有着某种联系。《张协状元》在开场前先有一段诸宫调说唱表演,虽然仍然是戏剧与技艺穿插表演习俗的遗留,但也已经和戏剧的内容主题相关联。

宋代南戏的开场,从《张协状元》看,是先由副末登场,念诵两首词文吸引观众,交代前因后果,这种形式在元代以后固定下来。但是,副末接着又说唱了一大段诸宫调,内容是张协的故事,说到惊险处打住,再喊生角登场,

---

① 〔元〕刘埙:《水云村稿》卷四《词人吴用章传》,四库全书本。
② 唐山:《江西鄱阳发现宋代戏剧俑》、刘念兹:《南宋饶州瓷俑小议》,《文物》1979 年第 4 期。

重新开始。这段诸宫调表演，却又明显透示出勾栏杂剧与其他众多技艺交替登场的痕迹。接下来又借鉴了宋杂剧艳段踏场的路数，由登场的主角生先踏场舞蹈一番，并与"后行"艺人相问答，然后进入正式剧情。开场时加添技艺表演和踏场表演，对于南戏完整的剧情结构来讲实际上是一种外在赘疣，它使本来就很冗长的演出更为臃肿拖沓，显现出早期南戏广泛吸收诸种表演技艺尚未来得及消化提纯的原始面貌。到了后来的元代南戏里，这种开场形式就被逐渐简化，最终固定为精练明确的副末开场程式。

开场以后各场次的设置，主要依照剧情需要安排，当然也照顾到角色行当的劳逸和冷热场子的调剂，可长可短，随意性比较大。一个内容段落结束，角色全部下场，就是一场。场次的总数也没有限定，同样依据内容来决定，例如《张协状元》一共有 50 余场。

宋代南戏人物的上场有不同的形式，随意性比较大，也不够成熟。正剧角色的上场通常是先唱曲，道出自己心情，然后念白补充说明自己身份和情境，《张协状元》里的张协、王贫女、胜花、王夫人都如此。其中胜花、王夫人都唱到三四支曲子后才自道身份，而王贫女竟然在第三出唱完三支曲子下场，到第六出重新登场唱曲后才自道身份，未免使观者久久不明人物情况。次要人物的上场经常是不宣告的，有时常常让人弄不清楚他的身份，但偶尔也有次角上场大肆自报家门，例如第八出丑做强人出，就念出一大篇类似于说话里常见的俳语来。人物登场形式的这种差异给人一种混乱和表演分配不均匀的感觉。这说明，早期南戏的人物登场还没有形成有效的家门范式，其中有些人物可以从当时的宋杂剧、说唱技艺里借鉴到现成程式，有些则没有先例，需要慢慢摸索。人物在一场结束时的下场则一定要念四句七言的下场诗，已经成为固定格式，这四句诗可以是独念、分念、合念，内容通常与剧情、人物心理、情节进展有关。

以上所述是作为南戏成熟表演结构的实质部分，实际上早期南戏的结构十分庞杂，其中还透露出它吸收诸多表演技艺的明显痕迹，南戏正是在自己的发展进程中，不断向周围吸纳营养，同时又不断消化它们，使之逐渐成为自身的有机组成，慢慢形成自己的独特结构。从《张协状元》看，早期南戏的结构中至少容纳了如下表演技艺的成分：宋杂剧、说话、社火舞队等。宋杂剧的表演痕迹在南戏里保留得最多，大凡净、末、丑插科打诨的表演段子，大多是由宋杂剧而来或受其影响产生，《张协状元》里甚至还吸收了完整的宋杂剧演出《赖房钱》。《张协状元》里说话的痕迹也很重，例如上面指出的第八出强人出场的大段骈文道白，又如第三十二出胜花气死、众人慌张下场后，竟然由末出场做了如下一番评论："看底！莫道水性从来无定准，这头方了那头圆。那胜花娘子一意要嫁状元，那张状元心下好不活落。赫王相公是当朝宰相，娘子有些不周，你道如何？怕你贪观天上中秋月，失却盘中照殿珠。"这完全是说书人的口吻，这种形式后来成了戏曲和说唱技艺中的"喝断"。《张协状元》中也吸收了傀儡、民间社火舞队的表演成分，如第五十三出丑舞伞学鲍老舞，末说他"好似傀儡棚前一个鲍老"。

2.线性结构

从《张协状元》看，至少在南宋中期，南戏的演出结构已经形成一定的成功范式。最突出的是运用双线和多线展开的手段来处理复杂的情节内容，使之始终牵引住观众的视线。具体说就是：男女主角最先分别上场，用唱曲、说白和念诗的手段交代清楚各自的情形、处境和心境，为后面的矛盾展开和情节发展奠定基础，然后场景就按照双线延伸。例如张协先上场，说明他的书生身份和正在准备进京赶考，然后说做了一个被老虎追赶的梦，为后来的赴考途中被强人抢劫、遭遇贫女埋下伏笔。张协下场后贫女接着上场，表明她的贫困处境与爱情企盼。以后的情节就按照张协与贫女两条线索分别展开，递相发展，到一定的时候合为一处。当最初张协与贫女交替上场的时候，两条线索之间并没有必然的联系，在观众心目中形成疑窦和悬念，引起关切剧情发展的心理期待，这样剧情就可以自然往下延伸。这种双线结构范式的确立，既是南戏生、旦主角体制的必然舞台呈现，也是演示男女爱情传奇主题的自然形式结果，因而它成为后世南戏的不变之法。

然而，社会生活的运行事实上并不呈现为线状轨迹，事件往往构成错综复杂、彼此交织的网状结构。南戏对此的处理手段是尽量简化其横向联络，而强调其纵向血脉。当双线结构不足以表述生活内容时，就用同样的手段再增加一条或几条线索，总之，以便于舞台时空的表现为宜。《张协状元》已经透示出这种处理的努力并且取得了效果。《张协状元》的主线事实上不是两条而是三条，即另外还有宰相王德用和他女儿的一条线，它的存在为张协与贫女的关系带来牵制，但并不冲淡二者的主角地位。这是因为剧本在处理上把这条线摆在了次要的地位，其最重要的手法就是将其代表人物的登场时间向后推，使之与主角的登场时间拉开一定距离，它的出现已经不能干扰主线的发展。剧中王德用的女儿胜花出场是在第十三出，已经在张协与贫女两条线索会合之后了。只是，副线的增添也不能够太晚，否则有可能会出现得太过突兀，《张协状元》将其放在两条主线刚刚汇拢时，处理得恰到好处。这说明在《张协状元》的时代，南戏已经能够比较自如地处理错综交织的情节线索。线性结构是中国戏曲美学特征之一，它在宋代南戏里已经奠定了。

当然，《张协状元》里的线索设置不尽合理，还有凑合、勉强的地方，有时显得累赘。例如为了接续第三条线，第十五出由外扮次角宰相夫人独自登台唱、念一场，就完全没有必要。其中交代的内容，与前面胜花的出场（第十三出）和后面夫人、胜花一场戏（第十七出）重复，推测设置这一场戏的原因，大概只是为了与张协、贫女一条线构成穿插，同时避免这条线过于潜隐。类似败笔在其他地方还有，这种缺陷给后世南戏带来一定的不良影响，造成其场景繁杂琐碎、过场戏频仍、演出拖沓冗长的弊病。

在主要由生、旦承担的剧情主线之外，南戏常常分别穿插了许多由净、末、丑角充任的插科打诨的片段，这成为它的一个特色。例如张协想请人圆梦，就有几个狐朋狗友以及后来圆梦先生的科诨，张协入古庙前，就有庙神、判官、小鬼的一场打闹等。科诨的内容和手段常常借鉴宋杂剧，有时情景符合还可以把宋杂剧段子整段地移入，例如第二十四出里一个秀才赖房钱的表演，显示的应该就是"官本杂剧段数"里《赖房钱麻郎》的内容。[①] 这些科诨穿插有时过于勉强，冲淡了主线，增添了戏剧情节和人物的繁缛，例如狐朋狗友的圆梦就没什么必要，而凭空增加几个对于全剧无用的人物，分散了

①　此为叶德均最先指出，见胡忌：《宋金杂剧考》，上海：上海古典文学出版社，1957年，第275页。又孙崇涛：《〈张协状元〉与"永嘉杂剧"》（《文艺研究》1992年第6期）文中也举出一些例子，如说第八出净、末夸说棒法的科诨约《闹夹棒麤》杂剧，第十出判官小鬼的装门表演约为《门儿麤》杂剧等，均有道理。

剧情和观众的注意力。但次角的插科打诨在演出中有着不可抹杀的作用，一方面他们调剂冷热场子，用轻松热闹的戏剧场景冲淡冷静严肃的正剧场景，从而减缓观众的神经紧张度和疲劳感，以便于注意力的继续集中，一方面他们又为正角生、旦的休息创造了条件，否则在长达几十出的演出中，主要角色会力不敷任的。这种正剧喜剧穿插的演出路数成为后世南戏和元杂剧的程式，并一直影响到明清各声腔剧种和地方戏的舞台面貌，构成中国戏曲的基本风格特征。

（二）角色体制

1.七色制

宋代南戏的角色主要分为七种行当，即生、旦、净、末、外、贴、丑，它们与宋杂剧的角色行当有着一定的联系，但并不完全一致。例如其中的生应该与末泥对应，旦与引戏对应而和装旦有关，净和末与副净、副末对应，其他则与宋杂剧角色无关：外角是生角的扩大（明代徐渭《南词叙录》说外是"生之外又一生"），贴角是旦角的扩大（徐渭说是"旦之外贴一旦"），丑角则是南戏的发明。

生指有才学之人，其历史可以追溯到《诗经》的时代。汉以后称儒者为生，又扩充到称一切读书人，这些人当然都是男性。[①] 因此《南词叙录》云："生即男子之称。史有董生、鲁生，乐府有刘生之属。"在南戏里生是男主角，通常扮演年青书生类人物，例如张协、蔡二郎、王魁、王焕、徐德言等，或许就是因为它的这一职能，遂使它把生采纳为角色名称。生是一个以唱为主的正剧角色，其表演强调的是声清韵美，因此《张协状元》第四出里曾经借丑的打诨把生比作燕子的后裔，说他"其声甚清，其韵又美""先世如果不是燕，如何唱出绕梁声"。外角是对生角的扩大，他扮演老年的正剧角色。

旦在中古指女子，宋代释文莹《玉壶野史》说，南唐韩熙载："畜声乐四十余人，阃检无制，往往时出斋外，与宾客生、旦杂处。"其中所说的"生、旦杂

---

① 《诗经·小雅·常棣》："虽有兄弟，不如友生。"《史记·儒林列传》："言礼自鲁高堂生。"〔晋〕司马贞《史记索隐》："自汉以来儒者皆号生，亦先生省字呼之耳。"〔唐〕元稹《元氏长庆集》卷三十一《上门下裴相公书》："岂特小生而已哉。"

处”就是男女杂处。“旦”为外来语,是中国以西地区语言中广为采用的“舞蹈”一词的词根,汉代以后,它伴随着西域舞蹈输入中国。唐、宋时期经常运用“旦”字来指称舞蹈者或表演者,舞蹈古来大多由女乐担任,于是旦渐渐成为女性的代称。南戏里的旦是女主角,通常装扮年轻女子,例如贫女、赵贞女、桂英、贺怜怜、乐昌公主等。旦与生一样也是一个以唱为主的正剧角色,与之共同构成南戏中的男女二部声腔。贴是旦角的延伸,她扮演剧中重要性仅次于女主角的女性正剧角色。

南戏里的净与末是和宋杂剧一样从五代优戏里发展而来的,同时与宋杂剧发生交叉影响,因此与宋杂剧里的情形一样,他们两个共同构成一对发乔打诨的喜剧角色。用灌圃耐得翁《都城纪胜》里说宋杂剧里“副净色发乔,副末色打诨”的职能分工来套比南戏里的净、末,也同样适用。这一点,只要看《张协状元》里众多的例子就很清楚了,剧中有许多净、末两人的对子戏,都遵循了副净发乔、副末打诨的路子。与宋杂剧不同的是,南戏里又增添了一个喜剧角色丑。在南戏里,丑是一位与净一样的花面角色,《南词叙录》说他是“以墨粉涂面,其形甚丑”。丑大概在体形上还有着特殊装扮,《张协状元》第五出有如下对白:“(丑)亚哥,有好膏药买一个归。(生)作甚用?(丑)与妹妹贴个龟脑驼背。”或许丑的身材也有所扭曲。丑的来源不明,也许类似于后世民间小戏里那样,是从最初的旦、丑两人歌舞表演而来,《张协状元》中由旦、丑两人应工的一些场子就类似于这类小戏,其源起可以追溯到唐代歌舞戏《踏摇娘》。丑与末也时时构成一对彼此插科打诨的角色。而当丑与净同台出场时,它们共同构成一对装疯卖傻、互相打闹的角色,而由末从旁边撺掇、讥讽、嘲笑他们。这是一种卓有成效的科诨表演程式,为帮助体制庞大、篇幅冗长的南戏有效地调剂冷热场子、改变舞台节奏、保持戏剧性,起到了很好的作用。这种路子形成后来元、明南戏演出中的喜剧科套,曾经在舞台上长期使用。

2.职能分工

南戏的角色从宋杂剧的四五个增加到七个,正剧、喜剧角色都有所增添,反映了它舞台涵容量扩大的内在变化,这恰恰适应了它表现完整人生故事和社会生活功能的要求。七个角色的分工,生、旦只扮演男、女主角,其他角色都要装扮多个配角,因此除生、旦能够比较从容地完成人物的性格塑造以外,其他角色所装扮的人物都成为面目不彰的匆匆过场者。《张协状元》里,净先后扮演了张协友、张协母、商贩、山神、李大婆、店婆、卖登科记的、王府丫鬟、张协门子、脚夫、柳屯田、谭节使、送亲人 13 个人物;丑先后扮演了圆梦先生、张协妹、强人、小鬼、李小二、王德用、考生、脚夫、送亲人 9 个人物;末先后扮演了张协友、商贩、土地神、判官、李大公、堂后官、考生、买登科记的、张府小吏、送亲人 10 个人物,有三出又直接用副末身份出场。净、末、丑装扮了如此众多的人物,根本没有表现角色的时间和空间,只好大多以自己的行当面目出现。他们常常是才下场又上场,例如第四十八出净先扮柳屯田,后扮谭节使,中间仅隔了丑和末几句对白的时间,其人物服饰大概也只是临时更换些许衣帽而已,何谈个性塑造!另外,七个角色的劳逸也不均匀,其中的外、贴两角都是冷角,前者只扮了张协父、王夫人,后者仅扮了胜花、野方养娘,都是偶一出场,没有多少戏,与净、末、丑的忙如车轮相比,他们都未发挥多少作用。这些都需要在日后的舞台实践中逐渐摸索经验而改进。

(三)音乐体制

南戏的音乐曲调不是专门设计也不是临时即兴发挥而来,而全部是利用当时民间流行传唱的词曲曲调,其每首词曲的旋律都是固定的,南戏只是把它们吸收进来,并通过一些手段将诸多曲调组合在一起,让它们共同来担负起表现剧情的需要。南戏音乐的这种外在于剧本创作的特性,形成中国戏曲一个突出的特征,即它的音乐的程式性。当然这种程式性在初期南戏里还不很明显,因为它的曲调组合尚处于初级探索阶段,还没有形成比较固定的规范化旋律,日久以后,对于单首词曲曲调的连接积累起经验,逐渐形成一定的串联程式,就出现了分宫别调的组曲约定,那时戏曲音乐的程式性就突出了,其最集中的代表还不是南戏,而是北曲杂剧。

1.来源

南戏音乐所吸收的民间传唱曲调,其中一部分来自传统曲子和民间技艺音乐,更多的则是当时民间流行的俚曲小调。当时历史继承下来的和民间流行传唱的大量曲牌是南戏音乐借以组合的基础,每一个曲牌都联系着具体的音乐旋律和词体格律。曲牌最初来源于唐宋时期形成的词体音乐,即由词牌演变而来,唐宋时期在歌唱的基础上创造了众多的词牌,其中很大一部分被后来曲牌所吸收。唐宋时期在唱词的基础上又不断创造出各种词牌、曲牌体音乐形式,诸如大曲、鼓子词、诸宫调、嘌唱、缠令、缠达、唱赚等,它们按照不同的方式来组合曲牌,形成各类音乐旋律体式,为南戏提供了经验和体例。《张协状元》里所用曲牌一共 155 种①,由其曲调来源和形式体例看,有出于古诗词的,有来自大曲、曲破和佛曲的,有传唱教坊曲的,有出于影戏、社火舞队、赚词、诸宫调等民间技艺的,以及众多的民间传唱曲调②。其中,教坊曲和一些民间技艺曲调,有可能是随王驾南来的北方曲调③,大曲也有部分这种可能,多数则应该是在东南一带流行的民间俚曲歌谣。南戏在这一带的长期发展,使它得以将不同来源的众多曲调逐渐纳入自己的音乐结构中来,并进行一定的组曲编排,使之为表现人物和故事服务。

明代徐渭《南词叙录》对于南戏音乐最初是从民间小曲而来这一点,说得非常具体:"永嘉杂剧兴,则又即村坊小曲而为之,本无宫调,亦罕节奏,徒取其畸农市女顺口可歌而已,谚所谓随心令者。"又说:"其曲则宋人词而益

---

① 钱南扬注本《张协状元》全剧标明的词牌和曲牌数目,除去"同前换头"的,将【添字赛红娘】并入【赛红娘】,【添字尹令】并入【尹令】,余下一共为 162 种,减去首出末念诵的【满庭芳】和四十五出外念诵的【长相思】词牌,得 160 种,再减去开场时由末演唱的诸宫调曲 5 种,共计 155 种。

② 关于《张协状元》的曲调来源,金宁芬《南戏研究变迁》一文(天津:天津教育出版社 1992 年版,第 288~315 页)统计有具体的数字,如说出于大曲者九、教坊杂曲者十六、古诗词者四十七、影戏等民间技艺者十二、佛曲者二等,可以参考。但其科学性尚可商讨,因为:第一,许多曲牌在诸种音乐体制里重见,很难说谁吸收了谁,或许有南戏运用在先的。第二,许多民间技艺运用曲牌的情况今天并不了解,无法据以统计。例如除《张协状元》前面的引用外,今天未见到一个南曲诸宫调作品;缠令、缠达等歌唱艺术作品也同样无见,仅在后世其他技艺形式里保留了一些;唱赚作品则只见到《事林广记》里保存的一个。

③ 例如《张协状元》中的曲调【紫苏丸】,就是由北宋汴京传来的民间技艺吟叫的乐曲。宋代高承《事物纪原》卷九曰:"嘉祐末……市井初有叫果子戏,其本盖自至和、嘉祐间叫紫苏丸洎乐工杜人经十叫子始也。京师人凡卖一物,必有声韵,其吟哦俱不同。故市人采其声调,间以词章,以为戏乐也。今盛行于世,又谓之吟叫也。"其他如【蛮牌令】也有同样可能,如宋代曾敏行《独醒杂志》卷五说:"先君尝言宣和末客京师,街巷鄙人多歌蕃曲,名曰【异国朝】【四国朝】【六国朝】【蛮牌序】【蓬蓬花】等。"孟元老《东京梦华录》卷五记汴京"京瓦伎艺"里有"蛮牌",后传入临安,如灌圃耐得翁《都城纪胜》记临安瓦舍众伎里有"舞蛮牌"。

以里巷歌谣,不叶宫调,故士夫罕有留意者。"徐渭所说的南戏音乐过于粗俗,为士大夫所鄙弃的情况,是一直到明代还存在的实情,例如早于徐渭的祝允明也曾说过:"不幸又有南宋温浙戏文之调,殆禽噪耳,其调果在何处?"①祝氏蔑视南戏的曲调,认为它根本没有旋律,仅仅类似于禽噪。联系上述对于《张协状元》曲调来源的统计,徐渭关于南戏音乐最初起源于民间小曲的说法是有根据的。再看看《张协状元》中收录的曲牌名称,有些带有明显的民间气息,例如【赵皮鞋】【吴小四】【斗双鸡】【鹅鸭满渡船】【林里鸡】【生姜芽】【油核桃】【斗黑麻】等,大约都出自村坊小曲,而【福州歌】【福清歌】【台州歌】等,应该是由里巷歌谣发展来的曲牌名,从曲词内容也可以看出有些是民间十分流行的歌谣。

2.音乐组织

早期南戏的音乐结构比较粗糙,《张协状元》里的曲牌组合还看不出什么明显的规则,其多个曲牌的前后连缀虽然可能已经有了一定的运用习惯,但还没有形成固定的内在规律。例如其中最主要的曲牌连缀方式就是同一个曲调的反复运用,虽然这种音乐结构可能受到大曲音乐里的相同曲调多遍连唱形式的启发影响,但更直接的原因大概还是南戏最初对于整体音乐旋律的统摄力不够。

从上述对于其曲牌来源的叙述中,可以看出早期南戏音乐成分的驳杂,其中广为吸纳了诸多技艺的音乐元素,这些技艺音乐的曲牌组合方式也都会对南戏发生影响。例如其中最为常见的同一曲牌多遍连唱形式,是当时词牌连唱、鼓子词、大曲多遍结构同时采用的音乐形式,另外也有其他音乐形式被南戏吸纳进来,例如《张协状元》中有一出采用了缠达的形式,有两出引入了缠令或唱赚的音乐联套体例,有一出又引入了大曲的音乐截遍。在这些结构里,音乐旋律遵从了缠达、缠令、唱赚和大曲的形式规则。

南戏形成于吴语文化区域,在当地被民间广为传唱的村坊小曲、里巷歌谣,自然带有吴歌的显著特点,它在调式上的特点是只有五声音阶,即宫、商、角、徵、羽,不同于北方曲调的七声音阶。

---

① 〔明〕祝允明:《怀星堂集》卷二十四《重刻中原音韵序》,四库全书本。

早期南戏的音乐伴奏里使用乐器的情况，目前还不大明了，从《张协状元》的开场里知道至少有鼓、笙、箫的运用。有人根据开场末角的念白里有"弹丝品竹"句，认为南戏运用了丝弦乐器，证据不足，因为这一句实际上描述的是宦门子弟的风流情境，不是指南戏演出。事实上，由于南曲音乐旋律不遵宫调，使得元、明南戏长期不能使用丝弦乐器伴奏，因而宋代使用的可能性极小。

3.演唱

在南戏的舞台表演里，演唱是最重要的手段之一，人物通过演唱来叙事抒情、表达心境、发展剧情、渲染气氛。其演唱角色以生、旦为主，但各个角色都可以开口演唱，演唱的形式主要是独唱，但也有对唱、轮唱、合唱，有时有数人递相接唱一支曲牌，还常常由后台帮腔合唱曲尾，总之，对于角色演唱的安排也是很随意的。《张协状元》第三十二出用四遍【雁过沙】曲，表现宰相女儿王胜花的精神郁闷，其中既有独唱，又有轮唱，更有帮腔，既有高声唱，又有低声唱，充满了戏剧性，将主人公的情绪一步步推向高潮，运用演唱的手段，把人物心境及其发展转变的脉络展现得淋漓尽致。后台帮腔是南戏演唱的一种特殊手法，其形式早见于唐代歌舞戏《踏摇娘》。后世南戏诸多声腔变体中曾经长期保存了这个特点，并在其支裔高腔中一直延续到今天。

十、南戏的内容

由于南戏创作大多不落作者姓名、不署写作时代，因此，虽然今天可以从各种文献资料里搜罗到众多的宋元南戏剧目（200 种左右），但真正可以明确指为宋代作品的却寥寥无几，仅有《赵贞女蔡二郎》《王魁》《王焕》《乐昌分镜》《张协状元》五种。① 这些作品中,知道作者姓名的有《王焕》和《张协状元》两剧。前者为太学生黄可道作,于度宗咸淳四五年间(1268—1269)盛演于杭州,事见元人刘一清《钱塘遗事》,但剧本已经不传。《张协状元》是今存最早的南戏剧本,作者为东瓯(温州)九山书会的双才人,其开场【满庭芳】有句:"占断东瓯盛事。"第二出【烛影摇红】有句:"九山书会,近目翻腾。"第二十六出丑扮村夫李小二唱【吴小四】嘲讽贫女,贫女不悦,小二忙推卸责任,说这首歌不是自己做的:"我弗做,是我书院中双老哥做。"从剧情看,李小二与书院不搭界,这一句是故意添置的插科打诨语,点明作者。双才人大概是南宋时期温州九山书会里的一个下层文人。明人张大复《寒山堂曲谱》收录《张协状元》零曲,题为"吴中九山书会著",所说"吴中"不知何据。

(一)现存剧目内容

上述五种戏文的内容可以分为两类,一类为士人负心戏,即《赵贞女蔡二郎》《王魁》《张协状元》三种,另一类为爱情遭磨难传奇,即《王焕》《乐昌分镜》两种。

1.《赵贞女蔡二郎》

明人徐渭《南词叙录·宋元旧篇》曰:"即旧伯喈弃亲背妇,为暴雷震死,里俗妄作也。实为戏文之首。"蔡伯喈为汉末蔡邕,史籍里没有他弃亲背妇的记载,但这个故事在宋代浙江一带曾广为流传,南宋诗人陆游《小舟游近村》诗曰:"斜阳古道赵家庄,负鼓盲翁正作场。死后是非谁管得,满街听说蔡中郎。"②在村落之中有盲艺人用鼓词说唱蔡中郎,使得他的故事深入妇孺,但其内容显然是后人比附。由《南词叙录》的说法看,这个戏是一个悲剧,以主人公的毁灭为最终结果。《赵贞女蔡二郎》的原剧本失传,也没有只

---

① 另外有《陈巡检梅岭失妻》一种,有学者认为也是宋代作品,参见郑振铎:《插图本中国文学史》第三册,北京:人民文学出版社,1957年,第575页。通常认为的宋代南戏剧目尚有《韫玉传奇》一种,但根据研究,这个剧本大约产生于元代。其记载见于由宋入元的张炎《山中白云词》卷五,洛地考证张炎这本词集大约应该是元代作品集,其结论可取。见洛地:《韫玉试证》,《艺术研究资料》第3辑。

② 〔宋〕陆游:《陆放翁诗集·剑南诗稿》卷二十三,四部丛刊初编本。

字片曲留下,但它长期在福建莆仙戏中传演,名为《赵贞女》,闽南七子班大约也一直能够演出此剧,可惜近代也都失传了。①

2.《王魁》

明人徐渭《南词叙录·宋元旧篇》作《王魁负桂英》,注曰:"王魁名俊民,以状元及第。亦里俗妄作也。周密《齐东野语》辨之甚详。"王俊民为北宋仁宗时期人,原名廷评,嘉祐六年(1061)进士状元及第,后来精神失常而终,有人说他曾和一位妓女密约,允诺登第后来迎娶,后来负约,妓女自杀,鬼魂讨命而去,事见宋人张师正《括异志》卷三"王廷评"条。张师正是仁宗至神宗朝人,与王俊民的时代接近,这件事在当时一定影响很大,因此张师正才立即把它写入自己的笔记中。王俊民的同窗虞世写的《养生必用方》也详细记载了王俊民发狂之事。② 以后这个故事就在宋代长期流行,人物名称变成王魁是由于当时习俗称某状元为"某魁"③,宋人曾慥《类说》卷三十四引《摭拾》、张邦基《侍儿小名录拾遗》、罗烨《醉翁谈录》辛集卷二"负约类"《王魁负约桂英死报》都记载有其事。宋代话本小说和戏剧曾广泛采用这个故事,《醉翁谈录·舌耕叙引》所收话本小说目"传奇类"中有《王魁负心》一目,周密《武林旧事》卷十"官本杂剧段数"中有《王魁三乡题》一目,南戏最初的写定剧本也有《王魁》一目。由此可见,南戏剧本最初是选择民间最为流行的传说题材来创作的。其情节大致为:王魁赴试不中,妓女桂英助其攻读再试,及至上京前,两人同至海神庙于神前盟誓白首不弃。王魁高中状元后负心别娶,桂英得讯自尽,王魁白日见魂而终。这个戏同样是悲剧,它与《赵贞女蔡二郎》一道,体现了中国戏曲成熟的初始时期对于题材处理的一种兴趣,这种兴趣在元、明以后被大团圆的套子所打断。剧本已佚,仅在后世曲谱里存残曲18支。福建莆仙戏、梨园戏里都有《王魁》一剧④。

3.《张协状元》

《永乐大典》卷一三九九七收录其剧本,今存。这是今天见到的唯一一

① 参见刘念兹:《南戏新证》,北京:中华书局,1986年,第131~140页。
② 参见〔宋〕周密:《齐东野语》卷六,四库全书本。
③ 参见胡士莹:《话本小说概论》上册,北京:中华书局,1980年,第334页。
④ 参见刘念兹:《南戏新证》,北京:中华书局,1986年,第130~133页。

个宋代南戏剧本,也是中国戏曲最早的存本,极其珍贵。张协不见史籍记载,似乎是一个传说人物,故事背景为北宋,其中出现仁宗前后人物王德用、柳永,但戏的成型是在南宋,因为第二十出说从四川到"帝京"要经过湖州,湖州在太湖南侧,恰处于由四川顺长江到南宋都城杭州的路上,而与北宋汴京不相干。该剧本从现存内容看并不是一个彻底的负心戏,但其中的情节线索设置很不近情理,例如张协中状元以后不肯娶宰相女,将其气死,但也不认前来寻找的发妻贫女,上任路过贫女家乡时又把贫女砍了一剑,以后贫女被宰相收为义女,张协则重新被宰相招为女婿,夫妻相会。这种先勉强设置矛盾后又生硬调和矛盾的做法,使人物性格发展失去现实依据。那么,这种情况的造成是否另有原因?从剧本开头可以看到这样的句子:首出末念诵【满庭芳】:"《状元张协传》,前回曾演,汝辈搬成。这番书会,要夺魁名。"第二出生唱【烛影摇红】:"九山书会,近目翻腾,别是风味……况兼满坐尽明公,曾见从来底。此段新奇差异,更词源移宫换羽。"从中大致可以总结出如下意思:现在这本《张协状元》剧本,是九山书会才人根据以前舞台上演出的《张协状元传》改编的,在座的人都很熟悉它的旧演法,现在请看我们移宫换羽以后的新奇效果吧。如果这个推测不错,那么《张协状元》是有一个旧本的,在旧本中大约最后是以张协负心结束的,改编本为之加添了一个大团圆的结尾,但由于编织不严密,造成了许多情节上的缺漏。明代沈璟《南九宫十三调曲谱》卷四录有《书生负心》散套轶曲【刷子序】云:"书生负心:书文玩月,谋害兰英;张协身荣,将贫女顿忘初恩。无情,李勉把韩妻鞭死,王魁负倡女亡身。叹古今,欢喜冤家,继着莺燕争春。"其中的陈书文、李勉、王魁都是历史上著名的负心型人物,而张协与他们同列。或许此词的作者依据的是《张协状元》原来的本子?元代南戏《宦门子弟错立身》第五出【排歌】叙述戏文名目,提到"张协斩贫女",是否原本中张协将贫女杀死?明代钮少雅《南曲九宫正始》第九册录有《崔君瑞》戏文轶曲【簇仗】曰:"负心的是张协、李勉,到底还须瞒不过天。天,一时一霎丧黄泉。"似乎张协最终也是死于非命的。福建莆仙戏有《张协状元》一剧,在 20 世纪初期尚能演出,后于 20 世纪 50 年代和 60 年代又经老艺人回忆重新排演恢复登台,其内容与《永乐大典》本一致,但较为精练集中。①

4.《王焕》

《永乐大典》卷一三九七八收录其名曰《风流王焕贺怜怜》,《南词叙录·宋元旧篇》作《贺怜怜烟花怨》。其戏文已失传,只在后世曲谱里存佚曲22支。② 元无名氏有《逞风流王焕百花亭》杂剧,和南戏的题材相同,或许是据南戏改编。其基本情节为:风流秀才王焕与名妓贺怜怜相遇于百花亭,彼此有意而定情,后来王焕金钱用尽,被老鸨赶出,贺怜怜被鸨母卖与军需官高常彬,贺怜怜私下助王焕盘费往延安府投军,王焕立军功受封西凉节度使,贺怜怜则向延安招讨使种师道状告高常彬擅移公款买妇、强占人妻,高氏问斩,王焕、贺怜怜最终团圆。

5.《乐昌分镜》

《永乐大典》卷一三九六九收其目,作《乐昌公主破镜重圆》。《南词叙录·宋元旧篇》所收目与之相同。其本事见唐代孟棨《本事诗》,大略为:徐德言娶陈后主之妹乐昌公主,陈末动乱,两人分破一镜,各藏一半。后乐昌公主落入越公杨素家,按前约于正月十五日让仆人持镜出售,徐德言在市场见镜而题诗:"照与人俱去,照归人不归。无复嫦娥影,空留明月辉。"公主得诗,涕泣不食,杨素知道后,将公主归还徐德言,两人遂归隐江南。宋人有话本《徐都尉》写其事,见《醉翁谈录·舌耕叙引》目。其剧本已佚,仅存残曲31支。③

(二)生旦传奇模式

由上述五种南戏剧本的内容看,早期南戏选择了最能抓取人心、牵动千人万人情感的爱情伦理和人世悲欢离合题材,作为自己的集中表现对象,以有代表性的人生情境和心境作为舞台展示的重点,这些表现人生情景与心境的故事,许多都长期在人们口头上流传,具有极大影响力和生命力,又具有相当的社会生活空间。其内容以青年男女主人公情感发展与变化或遭受

---

① 参见刘念兹:《南戏新证》,北京:中华书局,1986年,第140~145页。

② 参见钱南扬:《宋元戏文辑佚》,上海:古典文学出版社,1956年,第110~113页。

③ 同上书,第223~228页。

挫折为基本模式,恰适宜于用南戏以生、旦为主角的歌唱表演体制来表现,而其较大的生活容量与完整的传奇故事内容,也正好可以由南戏随意延伸的松散舞台结构来从容地委婉曲折地进行充分展示。或者反过来,南戏在其最初形成时,就是在这种生、旦爱情悲欢离合内容基础上的一种舞台形式确立。另外,上述书生负心和爱情遭磨难两类戏,都具备自己天然的矛盾冲突结构,并在主线发展的最终有一个明确的结局,它们便于舞台的展现,便于导泄观众心理情感的抒发,对于戏曲来说都是天然合宜的题材,因而中国戏曲最初的成熟形态选择了它们也有着必然性。

从题材范围看,早期南戏舞台上展示社会生活的幅面,较之当时流行的话本小说和宋杂剧要狭窄得多。宋人话本的题材几乎可以包罗社会生活万象,囊括各类社会生活领域,罗烨在《醉翁谈录·舌耕叙引》中开列的话本题材包括灵怪、烟粉、传奇、公案、朴刀杆棒、妖术、神仙各类,南戏所表现的仅仅是其中的传奇类。由于舞台表现的困难,南戏不可能像说话那样谈锋无所不至,它必须对于题材有所选择。初生的南戏选择了家庭生活与男女爱情关系的角度切入社会生活,这个角度最便于发挥南戏的舞台特长,它所体现的又正是人生最核心的部分,也是人类情感最为关注的部分,因而这种选择给南戏带来最初的生命力。但是,人类社会所发生的事件却不可能被全部纳入家庭和男女的框范来表现,所以早期南戏的舞台表现力也有着较大的局限性,这种局限性被后起的元杂剧打破,后者在表现题材上对于南戏有一个极大的突破,反过来又影响了南戏的演进。元明南戏中虽然生、旦离合仍然是长期运用的舞台模式,但它们并不完全沿袭早期南戏的套子,而充分吸收了元杂剧的优长,对于社会生活面的展现有很大的拓宽。宋杂剧的内容范围也是十分广泛的,只是宋杂剧的表演大多只是切取人生片段,而南戏则要在舞台上展现完整的人生故事,两者的难易程度是不同的。而且,南戏的表演实际上穿插了众多的宋杂剧段子,只是这些段子已不是单独的内容存在,而附属于南戏的全剧主题之中。从这个意义上说,南戏又不比宋杂剧的题材狭窄太多。

十一、中国戏曲舞台艺术特征的初步形成

早期南戏在它成型的时候,已经奠定了中国戏曲美学特征的基本范畴,诸如表演上时间与空间过渡的随意自由性,表现手法的虚拟性,对唱、白、科手段的综合运用等,即使是表演的程式性尚需实践提供进一步的经验积累,也已经开始孕形。

其一是时空自由观的奠定。《张协状元》里,运用唱、念和走过场的表演手段,处理剧情中时间与地点的转移,已经十分得心应手。第二出张协从街上回家,与父亲见面,在唱词中就解决了:"(生唱)徐步花衢,只得回家,扣双亲看如何底。(外作公出接)草堂中,听得鞋履响,是孩儿来至。"第五十出谭节使和张协的仆人两个从谭府到张府议事,只有几句口头描述和几步台步就实现:"(末)穿长街。(净)蓦短巷。(末)过茶坊。(净)扶酒库。(末)兀底便是了。"最突出的例子是第四十出,张协自京城经湖北江陵到四川梓州赴任,跨越几千里地路途,只在他(生)与门子(末)、脚夫(丑、净)四个人的一番对唱、几个圆场后就完成了。这期间众人一边对唱一边行路,各人还有不同的舞蹈身段,例如张协是骑马的舞姿,两个脚夫是挑担的舞姿,大家通过载歌载舞的表演,在观众不知不觉之中,轻易而顺畅地就完成了时间和空间的大跨越。这种舞台时空处理手法,实在是南戏的一个重大建树,它确立了中国戏曲表演时空自由的美学原则,这一原则成为后世承袭千年而行之有效的戏曲舞台手段,又转化为中国戏曲舞台最本质的审美特征。

其二是舞台表演手段的虚拟性。《张协状元》中对于虚拟手段的运用也比比皆是,主要有拟声音和拟动作两种。例如第三十五出有这样的表演:"(净)泓!(闭门介)"净用虚拟动作表现关门,而用嘴模拟门在闭合时所发出的声音。其动作模拟令人想起后世戏曲舞台上的类似表演。第四十四、第四十五出还有两段宰相王德骑马赶路和下马的模拟表演:"(末出)【三台令】一声鼓打咚咚,一棒锣声喤喤。(丑)骑马也匆匆。(末)相公马上意悠扬。看马王二齐和着。(丑)马蹄照。(末)自炒自卖。(合)帮帮八,帮帮八八帮。""(末)相公下马来。(丑)帮帮八帮帮。(叫)具报!(末)具报甚人?

（丑）下官下马多时，马后乐只管八帮帮帮。"演员一边做骑马、下马的虚拟动作，一边用嘴模拟马后乐的音响效果。关门和骑马的动作比较容易模拟，其他动作就不一定了，例如第四十八出柳屯田（净）参见王德用（丑）时有一节插科打诨："（丑）请坐。（净）没坐物。（虚坐，有介）"在舞台上"虚坐"就是比较难做到的事，大概仅仅示意一下就算了，这说明早期南戏对于虚拟表演所能够胜任的范围还没有把握住。《张协状元》中更常见到的是以人代物的虚拟表演，如第十六出大公大婆设酒席庆贺张协贫女毕姻，台上没有桌子，就要李小二（丑）做桌子，于是"丑吊身"，"安盘在丑背上"。如第二十一出："（丑）……左右，将坐物来。（末）覆相公，画堂又远，书院又远，讨来不迭。（丑）快讨来……（拽末倒）没交椅，且把你做交椅。（丑坐末背）"这类表演最为突出的例子是第十出由人装扮门扇："旦叫：开门！（打丑背）丑：蓬！蓬！蓬！末：恰好打着二更。旦叫：开门！（重打丑背）丑叫：换手打那一边也得！"

上述例证都说明一个问题：南戏一开始就在观众面前直接承认自己的表演是在做戏，并在这一前提下进一步发挥，从而使表演产生喜剧效果。从实例可以看出，南戏不仅不掩盖伪装，而且经常有意揭穿伪装来制造笑料，例如第三十九出贫女拜神，扮作李大婆的净当面站立承受，李大公让她走开，净说："神须是我做。"因为净确实分别扮饰神和李大婆二人。又如第三十五出贫女千辛万苦来到京城寻夫，到了张协府前，门子却拿她的脚大、是由男子装扮来开玩笑。这类揭开角色本来面目的例子在剧中大量存在。更为出格的是，第十六出要李小二（丑）装成桌子，李小二一会儿偷吃桌子（背）上酒肉，一会儿嚷腰疼，其他人或者警告他别吱声，或者问小二在哪儿说话，最后他站起来，又有人问桌子哪里去了。这种承认假定性的戏剧观，一直统率了中国戏曲 800 年，其表现手法在后世戏曲里长期发挥作用，被反复借鉴，成为一个重要的喜剧手段。

不过，假定性如果被发挥得过分，距离生活真实和具体戏剧情境过远，就会起反作用，冲淡表演的戏剧性，上述例子中不乏这种过头趋势，它体现了早期南戏表演还不够成熟的一面。以人拟物的虚拟表演更多带有插科打诨的色彩，但却打断了戏剧情境，扰乱了原有氛围，拖人出戏，偶用之确有喜剧效果,频繁运用则让人徒添厌恶,因此后世戏曲中基本摒弃不用。

其三是表演程式化的开端。早期南戏表演中也出现少量的程式化动作,例如第三十二出宰相女王胜花因状元张协拒婚而成病,其登场后的舞台提示为"作病人立",也就是说当时的舞台上病人站立有其特殊的姿势;第十六出净装扮土地神,有这样的提示:"净睁眼作威。"亦即装神有瞪眼逞威的造型。但相对来说,早期南戏的程式化表演还较少,而且尚未成型,例如人物的登场形式还比较随便,大多没有上场诗介绍,常常弄得身份不明。《张协状元》前面几场戏里,末竟然没有人物身份,仅仅以角色出场,例如第二、四、五出末扮为张协家仆,但剧中只呼"叫副末底过来",而不呼人物。第五出末对此称呼还表示反感,有一段与净的脱离人物的表演:"(净白)敢!叫副末底过来。(末出)……未做得事,先自敢将来,只莫管他便了。(末背净立)(净)敢!莫管他,莫管他,(扯末耳)你说谁? (末)不曾说甚底。(净有介)"程式化是对于表演手段的提炼和抽象,它的成熟尚需要长期的实践积累和经验聚集,因而有待于时日。

其四是综合舞台手段的调动。早期南戏里已经能够熟练地穿插运用唱、念、做等舞台手段,使之共同为表现剧情、塑造人物服务。例如第三十出,张协赴考一走杳无音信,贫女心中惦念,胡思乱想,忽然听到他中了状元,心中惊疑未定,不敢乍信,剧中这一段表演,通过唱、白、做等手段的综合运用,把贫女从最初的愁思郁闷到后来的闻喜乍惊、不敢相信的心理变化,丝丝入扣地表现出来,一个有血有肉的人物形象就栩栩如生地出现在舞台上。南戏中唱、白、做的表现手段,虽然各个角色都可以运用,但也有偏重,一般来说,生、旦同场时,以对唱与做为主;净、末、丑同场时,以对白科诨为主;生、旦与净、末、丑夹杂出场时,有唱有白有科诨。

宋代南戏在运用唱、念、做手段表现人物时,已经具有一定的形式自觉,亦即能够有意识地调遣不同手段来构设特定风格,为展现人物特征服务。一个最普通的规则是,生、旦扮演的主角通常用正剧手段塑造,净、末、丑扮演的次角用喜剧手段塑造,前者的表演偏于典雅庄重,后者则偏重于诙谐滑稽。在人物语言上,前者常常运用上层交际时采取的文言官话,后者则用生活中使用的俗语、白话。在歌唱曲牌上,前者注意选用通行曲调,后者时或使用民歌俚曲。这里为滑稽人物使用的俚曲举一个例子,第十九出净扮庄农李大婆唱【麻婆子】:"二月春光好,秧针细细抽。有时移步出田头,虮蚪要无数水中游。婆婆傍前捞一碗,急忙去买油。"

南戏的舞台装扮,遵循和宋杂剧相同的原则。人物的服装以生活穿着为依据,各类人物穿与其身份符合的衣饰。南戏正面角色的面部不化妆,净、丑角色则须在脸上"抹土搽灰",即敷粉涂墨。早期南戏表演的舞台上是空的,不设实物道具。剧情需要时,剧中人用台词描述出环境。例如,《张协状元》第四十五出描写庙里的情形:"(丑)夫人,你看一堂神道塑得精神。(外)也是精神。(丑)你看小鬼到长丈二。(外)是忒长了。"这时丑打了一个诨:"夫人,便做我眼见鬼,你也见鬼。"说明舞台上是空的,所谓神鬼都不存在。舞台上需设桌椅时通常用人装扮或者虚拟。只有一些小道具例如张协赶考时挑包裹,强人出场携带刀、棒等,李小二给贫女送吃食挑担,贫女乞讨提"招子"等,则是当时生活中的实物。

汴京杂剧兴衰录

11世纪,北宋都城汴京由于它在国家政治、军事经济方面占据中心地位,迅速达到历史上极高的商业繁荣,成为当时东方最大的商业城市。宫廷豢养和商业化寄食的双重优越条件,为戏剧的发展铺平了道路。在唐、五代优戏基础上形成的宋杂剧,得以在这里活跃一时,形成汴京一代戏剧的盛况。在中国戏曲发展史上,这是成就辉煌的一段,中国戏曲综合艺术形态的萌芽由此开始孕育,中国社会生活与戏曲文化的极其密切的关系由此奠定。汴京杂剧,伴随着汴京城的兴盛一度曾极其繁荣,成为戏曲发展波涛中的第一个高峰。对于这样一种历史文化现象,以往我们的注意是不够的,有关汴京杂剧兴衰的情况、原因,汴京杂剧兴盛的基本面貌,汴京杂剧兴起的时代性和地域性等诸多方面,都缺乏必要的研究和论述。本文即拟提出并初步阐述这些问题,以将戏曲史和文化史的研究引向深入。

一、汴京宫廷杂剧的出现

(一)有关杂剧早期活动情况的记载

要阐述汴京宫廷杂剧的出现,首先必须搞清楚杂剧产生于何时。这是一个复杂的问题,没有任何确凿的文献根据能够准确地指明这一点。由唐代优戏发展到宋杂剧有一个缓慢的历史过程,这个过程中的哪一点能够成为宋杂剧产生的标志,我们找不到判断的依据。但某些文献可以提供有价值的线索。宋代曾慥《类说》卷十五引《晋公谈录》一书,其中"御宴值雨"

条,明确提到宋太祖赵匡胤宫中宴乐已用杂剧演出来侑觞:

> 太祖大宴,雨暴作,上不悦。赵普奏曰:"外面百姓正望雨。官家大宴,何妨只是损得些陈设,湿得些乐官衣裳。但令雨中作杂剧,更可笑。此时雨难得,百姓快活时,正好饮酒。"太祖大喜,宣令:"雨中作乐,宜助满饮。"尽欢而罢。

《晋公谈录》,宋初丁渭撰。丁渭,长洲人,宋太宗淳化三年(992)进士,累官同中书门下平章事、昭文馆大学士,封晋国公,《宋史》有传。丁渭之时代去太祖朝不远,其说可信。这是关于杂剧最早活动情况的记载。

另外,还有关于宋初杂剧情况的几种记载,即成书于北宋建中靖国元年(1101)的陈旸《乐书》、宋代官修《会要》以及元脱脱等撰《宋史》,在提及宋初宫廷所设几个乐部机构教坊、钧容直和云韶部时,皆提到这些机构所隶属的杂剧供奉情况。如《乐书》卷一百八十八"乐图论·俗部·杂乐·云韶乐"条载:

> 圣朝开宝中平岭表,择中人譬悟者得八十员置箫韶部,使就教坊习乐。至雍熙初改为云韶焉。以官寺内品充之,凡歌员三,笙、琵琶、筝、拍板员各四,方响员三,笛员七,觱篥员各二,杂剧员二十四,傀儡员八。每正月望夜及上巳、端午观水嬉,命作乐宫中,冬至、元会、清明、元社宫中燕射用之。

由此条记载可以看出,云韶部演出由三部分人组成:歌者、伴奏者和扮戏者。其后一种即杂剧和傀儡戏演员,说明早在北宋初期宫廷宴乐中杂剧演出已经制度化。故而,杂剧不始于宋。据胡忌先生说,"杂剧"一词最早见于唐太和三年(829)李德裕《第二状奉宣令更商量奏来者》一文,文中提到南蛮掳去成都、华阳县居民中有"杂剧丈夫"两人。"杂剧丈夫"的职掌不清楚,如果确系优戏演出,根据唐代优戏表演形态所达到的发展程度,与宋代意义上的杂剧演出也不能同日而语。五代优戏演出形态的发展已经取得进步,接近北宋杂剧。宋人马令《南唐书》卷二十五所载南唐优人李家明俳戏"何用多拜",角色多,场面铺排大,表现题材也转向平民生活,已经是北宋杂剧的开端。又,辽朝宫廷宴乐中有杂剧,其宴乐源出五代石晋政权。① 因此我们可以得出结论:杂剧的基本演出形态奠定于五代时期。只是未见五代史籍中出现"杂剧"的名称记载。

(二)五代优戏盛况

初具杂剧演出规模的五代优戏,曾一度被畸形的社会政治制度刺激繁荣。五代十国,军阀混战、政权更迭,统治者或朝不虑夕、日耽淫乐,或偏安一隅、歌舞升平,因此各割据政权都养有大批优人乐伎。有些国主本人就精于俳优之道。金元燕南芝庵《唱论》所列举的"帝王知音律者五人"中就有后唐庄宗、南唐李后主两人。艺术的幸运却建立在政治的不幸之上,这也是历史的一个特异现象。

后唐庄宗李存勖建都洛阳,宫中优戏盛行。《五代史平话》卷下载:"唐主幼善音律,好优伶之戏,或时自付粉墨,与伶人共舞于庭……"又尝扮作刘皇后之父刘叟,"自负著囊,令继岌破帽相随"以取笑。② 著名的"李天下"优戏之例也是出自庄宗。③ 庄宗日与优人为伍,最终国政为伶人所乱,死后尸体还被杂入乐器堆中焚化。④

在中原军阀逐鹿称雄时,南唐却偏安于富庶的东南之区,统治者沉湎于酣歌醉舞中等待着国祚的完结。李昪篡吴七年而卒,他生前宠幸优人申渐高等人,死后墓中还以优人俑陪葬⑤,据考证,这些俑人身份系供奉内廷的伶人和舞人模型⑥。李璟、李煜父子是一代著名词人,他们一面和冯延巳等人酬唱着"簌簌泪珠多少恨,倚阑干"的感伤、颓废曲调,一面纵情声色,消愁于

125

---

① 参见《宋史·乐志》,四库全书本。
② 〔宋〕孙光宪:《北梦琐言》卷十八,四库全书本。
③ 〔宋〕孔平仲:《续世说》卷六,丛书集成初编本。
④ 参见《旧五代史·唐书·庄宗纪》,四库全书本。
⑤ 参见曾昭燏、张彬:《南唐二陵发掘简略报告》,《文物参考资料》1951年第7期。
⑥ 参见徐苹芳:《唐宋墓葬中的"明器神煞"与"墓仪"制度——读〈大汉原陵秘藏经〉札记》,《考古》1963年第2期。

俳儿舞女之中。李璟好游,优人常从①,宋太祖赵匡胤登基后,发兵征讨李重进,李璟恐惧,"遣其户部尚书冯延鲁贡金买宴,并伶官五十人作乐上寿"②,以为供奉优伶就能够延续自己的统治。

与南唐同样偏安的西蜀,政局较为稳定,君主又都爱好文艺,聚集了一批文人词客,形成当时与南唐并立的另一个经济文化中心。前蜀王建生前好歌舞,死后还在墓棺座基上浮雕出一支庞大完备的宴乐乐队。③后蜀孟昶则惑于俳优,以至于出现教坊部头孙廷应、王彦洪谋借宴席优戏叛乱事。④宋乾德二年(965)赵匡胤遣将伐蜀,孟昶命其子玄喆统兵拒战,"玄喆离成都,但携姬妾、乐器及伶人数十辈,晨夜嬉戏,不恤军政"⑤,遂致后蜀亡于宋。

统治阶级的好尚为宫廷优戏的发展提供了条件,因而在各割据政权中出现了一批技艺精绝的著名优戏演员,如后唐敬新磨、南唐李家明等人。其事迹引起史家的关注,被载入《五代史·伶官传》《南唐书》等史著中。

五代十国时分散于各割据政权的戏剧力量与各地不平衡的戏剧发展因素,随着宋王朝的统一和宋朝廷所采取的文化政策,被集中起来,获得全面发展。

(三)"四方执艺之精者"集于汴京

宋承周祚,陆续灭七国,将各国皇室贵族、臣属官人,悉迁徙至汴京,"是故七国之雄军、诸侯之陪臣,随其王公与其士民,小者十郡之众,大者百州之人,莫不去其乡党,率彼宗亲,尽徙家于上国"⑥,被赐予甲第,成为"大梁布衣"⑦。各国优伶亦向汴京集中。宋太祖、太宗在征讨时已注意将各国乐人搜括入京,为了满足宫廷享乐的需要,宋初设立了宴乐机构教坊乐,又用各

---

① 参见〔宋〕马令:《南唐书》卷二十五《谈谐传》第二十一,四库全书本。
② 《宋史》卷四七八《南唐李氏世家》,四库全书本。
③ 参见杨有润:《王建墓石刻》,《文物参考资料》1955年第3期。
④ 参见〔宋〕张唐英:《蜀梼杌》,四库全书本。
⑤ 《宋史》卷四七九《西蜀孟氏世家》,四库全书本。
⑥ 〔宋〕吕祖谦:《宋文鉴》卷二杨侃《皇畿赋》,四库全书本。
⑦ 《宋史》卷四八一《南汉刘氏世家》,四库全书本。

国优秀乐工来补充之。《文献通考》卷一四六"乐考十九·俗部乐·女乐"条载：

> 宋初循旧制，教坊凡四部。其后平荆南得乐工三十二人，平川西得一百三十九人，平江南得一十六人，平太原得一十九人，余藩臣所贡者八十三人，又太宗藩邸有七十一人，由是四方执艺之精者皆在籍中。

教坊职掌岁时宴享演出，其演出内容有奏乐、舞蹈、杂剧、杂技等。教坊注意训练与挑选杂剧演员，"使、副岁阅杂剧，把色人分三等，遇三殿应奉人缺，即以次补"①。天下的优秀乐工都被集中到汴京，杂剧演员又有了严格的培养和淘汰标准，这就为汴京杂剧的发展提供了前提。

宋太宗赵光义袭位后，留意于宴乐。一方面，他对于当时流行的曲调进行了加工整理以及再创作的工作，史载："太宗洞晓音律，前后亲制大小曲及因旧曲创新声者总三百九十。凡制大曲十八……曲破二十九……琵琶独弹曲破十五……小曲二百七十……因旧曲造新声者五十八……"②另一方面，他又陆续增设几个宫廷宴乐机构，即于教坊之外，在太平兴国二年(977)诏籍军中善乐者为引龙直，淳化四年(993)改名钧容直，亦在太平兴国中又选东西班善乐者为东西班乐，雍熙初改太祖所立黄门乐箫韶部为云韶部③，于是成为宋朝一代之制。这些机构中设置有确定数额的杂剧演员，如宋代陈旸《乐书》"乐图论·俗部杂乐·剧戏"条载："圣朝戏乐：鼓吹部杂剧员四十二，云韶部杂剧员二十四，钧容部杂剧员四十。亦一时之制也。"由此可见，宋初时杂剧即已开始活跃于宫廷的节日、喜庆宴筵上。

127

---

① 《宋会要辑稿》乐五"教坊乐"条，中华书局 1957 年影印本。

② 同上。

③ 参见《宋史》卷一四二《乐志》，四库全书本。

二、汴京市井杂剧的兴起

宫廷杂剧只是汴京杂剧的一个方面,另一个更加积极、活跃、进步和带有特定时代风貌的方面,是闾阎市井杂剧,只有当杂剧在市井间普及开来,成为真正的市民文艺时,汴京杂剧才获得了飞速发展和强大的生命力。而这是一个较之宫廷杂剧确立机构进行演出远为复杂和缓慢的过程,它需要一系列的城市发展条件。宋朝开国后,这些条件逐步在完善成熟。

(一)汴京全国文化中心地位的形成

汴梁古属豫州之城,地处九州之中。前353年魏惠王由安邑徙都大梁①,曾带来汴梁的一度繁荣。然而前225年秦将王贲决河灌城,大梁文化葬身鱼腹,萧条局面一直统贯汉唐。唐代文化中心在关中一带。唐王朝在中央政府所在地长安建立了巨大的宴乐机构——教坊和梨园,长安坊市中又有游艺场所——寺庙"戏场",因而唐代歌舞戏、优戏都集中在这里进行演出。唐末帝出奔,宣告关中雄踞数朝的中央文明从此沦没。五代几个北方政权相继在汴、洛立都,北方文化中心东迁。尤其后周政权在汴梁的强盛,奠定了它日后成为全国政治、经济、文化中心的基础。

宋初立国,经过一番激烈的争议,终于因为"大梁四方所凑,天下之枢,可以临制四海"②的地理位置,便于贯彻"以兵为险"的立国之本,确定建都汴梁。由于禁军宿卫、七国遗民入徙,汴京迅速聚集起一百多万人口。这些人口的成分,除驻军、皇亲贵戚、达官显宦外,多数是商贾摊贩、小手工业者、船夫脚力、艺人妓女、僧尼奴婢、日者郎中、叫花子、无业游民等③,形成庞大

---

① 魏国徙都大梁时间,史载多异,其说有四:一是,魏惠王六年(《汉书·高帝本纪》《水经注·渠水》);二是,梁惠王十九年(《史记·魏世家》裴骃集解);三是,梁惠王二十九年(《史记·商君列传》司马贞索隐);四是,魏惠王三十一年(《史记·魏世家》)。据吴汝煜考证,则当在魏惠王十八年(前353)四月一日(《关于魏国徙都大梁时间》,《文史》第19辑),从之。

② 《宋史》卷九十三《河渠志》,四库全书本。

③ 参见姜庆湘、萧国亮:《从〈清明上河图〉和〈东京梦华录〉看北宋汴京的城市经济》,《中国社会科学》1981年第4期。

的市民阶层。而拥有 6400 家、分属 160 行的工商业者的汴京城,元丰后每年商税额就达五十五万贯①,已成为当时东方最大的商业化城市。这样庞大的人口堆积,这样复杂的社会阶层,必然要求纷繁多彩的文化生活。而汴京雄厚的商业经济实力和通都大邑水陆畅通的条件为这种文化生活的迅速繁盛准备了基础。加上封建中央王朝在此立都的政治原因以及宫廷宴乐机构的巨大影响,汴京很快成为全国的文化活动中心。随着城市经济的发展,汴京文化生活逐渐达到历史上的极盛。

(二)汴京市井通俗文艺活动的繁兴

宋太祖、太宗平定天下后,真宗、仁宗时期休养生息,太平渐久,汴京日渐繁华。真宗天禧元年(1017)晏殊在《丁巳上元灯夕》中描写汴京已经是"百万人家户不扃,管弦灯烛沸重城"②。歌曲的创作自太宗以来已晕染风习,技巧亦臻高明。太平兴国中伶官蔚茂多尝闻鸡叫,法其声而制曲,名为【鸡叫子】。民间则"作新声者甚众,而教坊不用也"。真宗虽不喜欢这些所谓"郑声",但却爱写优词:"或为杂剧词,未尝宣布于外。"仁宗则"洞晓音律,每禁中度曲以赐教坊"③。当时帝王追求声色享受的思想还体现在其陵墓的兴建中。史载,宋太宗永熙陵比太祖永昌陵增辟法物中包括"音声队",而真宗永定陵明器又添"钧容及西第二班执乐者"俑人④,一代比一代增加其制。风习所至,上下仿效,士大夫文人日耽泆乐,陶醉于市井冶游,甚至于功名而不顾,沉溺于歌楼妓馆、酒绿灯红之中,"忍把浮名,都换了浅斟低唱"。王迥少年情事即被"狭邪辈"播入乐府,以【六么】传唱。⑤ 柳永长调慢词就产生于这种都市冶游生活中。市民歌乐则遍及闾阎,以至于到仁宗末年出现了宋人王灼《碧鸡漫志》卷一所记载的情景:"嘉祐间,汴都三岁小儿在怀饮乳,闻曲皆捻手指作拍,应之不差。"虽不免夸张,却反映了当时汴京

---

① 参见《文献通考》卷十四"征榷考",四库全书本。

② 《元献遗文补编》卷三,清劳格辑本。

③ 《宋会要辑稿》乐五"教坊乐"条,中华书局 1957 年影印本。

④ 《宋会要辑稿》礼二十九,中华书局 1957 年影印本。

⑤ 参见〔宋〕朱彧:《萍洲可谈》卷一,四库全书本。

市井讴歌的盛景。

在这蹈咏升平、寻欢作乐的时代，就日益产生出新的世俗文艺品种来。有几种通俗文艺皆约起自仁宗朝：第一，小说。第二，陶真。明代郎瑛《七修类稿》卷二十二载："小说起宋仁宗时，故小说得胜头回之后，即云'话说赵宋某年'。间阎陶真之起，亦曰'太祖太宗真宗帝，四帝仁宗有道君'。"第三，吟叫。宋高承《事物纪原》卷九载："嘉祐末……市井初有叫果子戏。其本盖自至和嘉祐之间叫紫苏丸洎乐工杜人经十叫子始也。京师凡卖一物，必有声韵，其吟哦俱不同。故市人采其声调，间以词章，以为戏乐也。今盛行于世，又谓之吟叫也。"影戏则从仁宗时开始表演三国故事。《事物纪原》卷九还载："宋朝仁宗时，市人有能谈三国事者，或采其说加缘饰作影人，始为魏蜀吴三分战争之象。"另外，知其为北宋后期出现的技艺还有嘌唱和杂班。嘌唱，宋人程大昌《演繁露》曰："凡今世歌曲，比古郑卫又为淫靡。近又即旧声而加泛艳者，名曰嘌唱。"程著成书于南宋绍兴中，其言"近又……名曰嘌唱"，知嘌唱出现不远，而《东京梦华录》卷五记北宋末"京瓦伎艺"中已有嘌唱，则知形成于北宋后期。杂班，宋人灌圃耐得翁《都城纪胜》"瓦舍众伎"条曰："在京师时，村人罕得入城，遂撰此端……""在京师时"指的是北宋，而北宋史料中仅《东京梦华录》一见，盖亦起自北宋后期。

受民间大量创作新曲调风习的影响，文人在尚属高雅文艺种类的词调中也试行改革。仁宗至和年间（1054—1055）开始有人在"长短句中作滑稽无赖语"。嘉祐之后逐渐兴旺，到"熙宁元丰间（1068—1085），兖州张山人以诙谐独步京师，时出一两解"，这是后世"曲"的滥觞，孔三传则在此基础上"首创诸宫调古传"①，开创了多宫调多曲体的说唱艺术，为以后综合性戏曲艺术的形成做出了贡献。适应这种形式，原本即属于通俗文艺的杂剧走出宫廷，日益同市民观众结合了。

---

① 《碧鸡漫志》卷二，四库全书本。

（三）瓦舍的产生

仁宗中期的庆历、皇祐间（1041—1054），汴京城坊制度彻底废弛了。[①]这是中国古代城市制度一场新的变革。隋唐以来棋盘式平面结构的城市布局被临街道热闹而随处开设商业活动中心的结构所代替，这在孟元老《东京梦华录》与张择端《清明上河图》中都有着真切的反映。"坊市之名多失标榜。民不复称"[②]，"不闻街鼓之声，金吾之职废矣"[③]的记载表明，城市制度进一步为自由商业活动打开了方便之门。

坊制崩毁之后，在市民聚居区出现了许多大大小小的冶游点——瓦子。据《东京梦华录》记载，崇宁、大观以后有名可数的有朱雀门外西边新门瓦子，城东南角桑家瓦子、中瓦、里瓦，旧曹门外朱家桥瓦子，梁门西边州西瓦子，相国寺南保康门瓦子，旧封丘门外州北瓦子，一共有八个。瓦子占地面积很大，如州西瓦子，"南自汴河岸，北抵梁门大街……约一里有余"[④]。瓦子中拥有多少不等的勾栏，为各种技艺进行商业性演出，如桑家瓦子、中瓦、里瓦三个瓦市，"其中大小勾栏五十余座。内中瓦子莲花棚、牡丹棚，里瓦子夜叉棚、象棚最大，可容数千人。自丁仙现、王团子、张七圣辈，后来可有人于此作场"[⑤]。丁仙现在神宗熙宁九年（1076）前已进入教坊，并做了教坊大使[⑥]，宋代朱彧《萍洲可谈》卷三说他"在教坊数十年"，因此丁仙现在瓦子中作场应该是入教坊前的事情。那么，在神宗熙宁前这几个瓦子已经出现了。瓦子勾栏中聚集了各类时兴技艺，如小唱、嘌唱、杂剧、傀儡、球杖踢弄、讲史、小说、散乐、舞旋、小儿相扑、掉刀蛮牌、影戏、弄虫蚁、诸宫调、商迷、合

① 参见［日］加藤繁：《中国经济史考证》第一卷《宋代都市的发展》一文，吴杰译，北京：商务印书馆，1959年。
② 〔宋〕朱长文：《吴郡图经续记》卷上，学津讨原本。
③ 〔宋〕宋敏求：《春明退朝录》卷上，四库全书本。
④ 〔宋〕孟元老：《东京梦华录》卷三"大内西右掖门外街巷"条，四库全书本。
⑤ 〔宋〕孟元老：《东京梦华录》卷二"东角楼街巷"条，四库全书本。
⑥ 丁仙现最早活动情况记载见于宋人彭乘《续墨客挥犀》卷五，称"熙宁九年太皇生辰，教坊例有献香杂剧"，丁仙现表演了"别开河道"杂剧。丁仙现任教坊使见于各种笔记记载，其中所记时间最早为宋蔡绦《铁围山丛谈》，言熙宁初，"教坊使丁仙现辄作戏嘲诨王安石行新法"。

生、说诨话、杂班、说三分、五代史、叫果子等。瓦子中除了进行各类演出,还进行其他商业贸易活动,《东京梦华录》卷二"东角楼街巷"条载:"瓦子中多有货药、卖卦、喝故衣、探搏、饮食、剃剪、纸画、令曲之类。终日居此,不觉抵暮。"一面可拿着令曲本子之类对照观看演出①,一面还有食品等供应,实为消磨时光的最好场所。故而瓦子"甚为士庶放荡不羁之所,亦为子弟流连破坏之地"②。

瓦舍勾栏成为杂剧和各种技艺的荟萃之地。勾栏演出使宋杂剧发生了质的变化,即产生了商业化的杂剧演员,它导致杂剧迈出宫廷,走向市井民间,杂剧艺人脱离皇室贵族的豢养而与市民观众建立起一种新型的商业性经济依存关系。

三、汴京杂剧的兴盛面貌

汴京勾栏杂剧在宋仁宗末期兴起以后,成为最受市民观众欢迎的表演艺术之一,因而迅速发展起来,在徽宗时达到了大盛。作为民间艺术,它又顾着水陆商道以京城汴梁为中心向外辐射,在中州一带形成了汴京杂剧的主要流播区域。

(一)汴城市肆中的杂剧活动

仁宗朝以后,汴京已经成为一座东方最大的游艺场,杂剧则是其中最为活跃的表演艺术之一。在瓦子中的各个勾栏棚里,平日都有"富工""闲人"在游荡,往往聚集数千人观看杂剧以及各种技艺表演,并且"不以风雨寒暑,诸棚看人,日日如是"。除日常性的演出外,一年中还有许多大的节日庆祝活动如元宵、上巳、中元和皇帝诞辰、神祇生日等,届时勾栏露台弟子与教坊、军中以及开封府衙的演员一起,在人烟稠密、交通要道处临时扎架的露台上演出杂剧百戏,引起万人聚观、城市空巷。如元宵节,宣德楼前"用枋木

---

① 山西省繁峙县岩上寺金大定七年(1167)壁画西壁左上方所绘市井酒楼中,一女子击鼓说唱,右方一人右手执酒杯,左手执令曲本子,回视女子——即是当时对照曲本观看演出的形象记录。

② 〔宋〕灌圃耐得翁:《都城纪胜》"瓦舍众伎"条,四库全书本。

垒成露台一所","教坊、军容直、露台弟子,更互杂剧","万姓皆在露台下观看"。如中元节,"市肆乐人自过七夕,便搬'目连救母'杂剧,直至十五日止,观者增倍"①。流风所及,连城周的农民也成为杂剧的热心观众,宋人洪迈《容斋随笔》卷二载:范纯礼知开封府时,有淳泽村民"尝入戏场观优",归途取匠人之桶戴在头上而装扮刘先主。范知开封府乃徽宗初立时事②,约在崇宁年间(1102—1106),正是《东京梦华录》所载汴京勾栏杂剧兴盛之时③。虽不知所说"戏场"设在何处,但村民到市肆勾栏中观看杂剧演出是可能的。

汴京城中的官籍乐人数量很大,教坊、云韶部、钧容直、东西班乐共近千人④,开封府衙前乐尚未计算在内。这些乐人年节庆典、宫廷宴会及皇帝驾行时演出,平时精研技艺,也与民间有所接触;"教坊、钧容直每遇旬休按乐,亦许人观看","或军营放停乐队,动鼓乐于空闲,就坊巷引小儿妇女观看"⑤,因而提高了民间的戏曲欣赏水平。官籍乐人的补充来自汴京乐户,亦有许多市民杂人,陈旸指责当时"歌工乐吏多出市廛畎亩规避大役素不知乐者为之"⑥,正可反映市肆习乐风气之盛。流风浸染,就出现了宋人廖莹中《江行杂录》引《旸谷漫录》所云"京都中下之户,不重生男,每生女则爱护如捧璧擎珠"的现象。待"甫长成,则随其姿质,教以艺业",其中一项就是"杂剧人"。

汴京市肆勾栏中作场的则是大批"露台弟子",他们的身份是在商业化城市条件中发展起来的进行固定演出的民间艺人。其艺业各有专工,《东京梦华录》卷五"京瓦伎艺"条对崇宁、大观以来汴京瓦肆主要艺人的姓名、艺业记载极其详细,其中包括一批杂剧演员。露台弟子多数是妓女,如"京瓦伎艺"中的"小唱李师师"即是当时名妓。宋人徐梦莘《三朝北盟会编》卷七

133

---

① 〔宋〕孟元老:《东京梦华录》,四库全书本。

② 参见《宋史·范纯礼传》,四库全书本。

③ 按孟元老《东京梦华录序》言:"仆从先人宦游南北,崇宁癸未到京师,卜居于州西金梁桥西夹道之南,渐次长立……仆数十年烂赏迭游,莫知厌足。一旦兵火,靖康丙午之明年出京南来,避地江左……"因将京师繁华盛景"省记编次成集"。其所记记述皆亲己阅历之事,故书中所言勾栏盛况,当在崇宁后至宣和间。

④ 参见《乐书》"俗部·杂乐·教坊乐"条,四库全书本。

⑤ 〔宋〕孟元老:《东京梦华录》,四库全书本。

⑥ 《乐书》"雅部·歌曲·调上"条,四库全书本。

十七记载金人攻陷汴京时索要艺人,有"露台祗候:妓女千人",亦可证明。露台妓女集中居住在一起,宋人罗烨《醉翁谈录》卷一载:"中曲者,散乐、杂班之所居也。夫善乐色技艺者,皆共世习,以故丝竹管弦,艳歌妙舞,咸精其能……暇日群居金莲棚中,各呈本事。"这里的"金莲棚",大概就是中瓦子的"莲花棚",是一所能容数千人的大勾栏棚,除终年在勾栏中作场外,遇有节庆,露台弟子还参加广场演出,或者建立临时乐棚进行表演,如三月一日金明池争标,"伎艺人作场勾肆,罗列左右"。露台弟子也参加内宴演出,"每遇内宴前一月,教坊内勾集弟子小儿,习队舞、作乐、杂剧节次"。瓦舍艺人与宫廷演员时有交流,在勾栏中演出的杂剧演员丁仙现做了教坊使,勾栏中的杂班刘乔、散乐王颜喜到了教坊中都担任副使,为杂剧角色。而"教坊减罢"出来的杂剧演员张翠盖、张成又回到勾栏里来演出。①

在这种以市民为观众的演出中,杂剧艺术的发展也日益受到市民阶层审美趣味的影响。勾栏杂剧完全没有了宫廷杂剧所受到的种种封建思想的限制与束缚②,又被勾栏中进行竞争的他种技艺所刺激,因而迅速向表演连贯性的完整故事情节发展,到徽宗政和至宣和年间(1111—1125)已经能够演出《目连救母》一类的大型剧目。汴京杂剧达到一个新的表演高度,它主要已经不是以滑稽调笑,而是以表现情节为抓取观众心理的手段,出现了"小儿看杂剧——又爱又怕"③的演出效果。汴京杂剧代表了北宋杂剧发展的最高成就,在其他地区,戏剧的成熟程度就要相对地弱一点。例如成都虽历来具有优戏表演的传统,与此同时也出现了商业性的演出与竞争,但演出的形式仍是戏谑调笑为主,以观众谇笑次数的多少来判断表演艺术的高低④,较汴京杂剧的敷衍故事就要逊一筹。尤其值得重视的是,在北宋晚期

---

① 〔宋〕孟元老:《东京梦华录》,四库全书本。

② 例如宋代屡有禁止以先圣先师为戏的诏告,又《东京梦华录》卷九"宰执亲王宗室百官入内上寿"条载:"内殿杂戏,为有使人预宴,不敢深作谐谑。"亦可窥见其平时演出也会有其他种种避讳。

③ 〔宋〕王铚:《杂纂续》,宛委山堂《说郛》本,四库全书本。

④ 参见〔宋〕庄季裕:《鸡肋编》卷上,四库全书本。

汴京杂剧已形成了演员之间的角色分工①,这是中国戏曲角色行当的开端。另外,汴京杂剧已出现向综合性表演过渡的趋向。《东京梦华录》卷七记载上巳节宝津楼前演出节次,先有狮豹、蛮牌、抱锣、装鬼、舞判、哑杂剧、七圣刀、歇帐、抹跄、扳落等数十对,继有杂扮演出,"其村夫者以杖背村妇出场毕","后部乐作,诸军缴队杂剧一段,继而露台弟子杂剧一段,是时弟子萧住儿、丁都赛……之辈,后来者不足数,合曲舞旋讫"。可见杂剧演员演出结束后要在大曲伴奏中舞蹈一回②,这是宋杂剧初时容纳舞蹈的痕迹,从今日出土的北宋杂剧雕砖人物形象则可看出,当时引戏角色是以舞蹈为主要表演特征的。③

(二)汴京杂剧向周围地区的渗透传播

汴京以其四大漕聚和呈辐射状散开的陆路交通干线,构成一个覆盖中州通向全国的庞大水陆交通网,在这张网上,终日"舳舻相衔,千里不绝"④、"巾车错毂,蹄踵交道"⑤。随着汴京杂剧的兴盛,杂剧艺人逐渐沿着这些水陆交通要道向汴京周围地区流动演出,在中州一带形成了汴京杂剧的一个主要活动区域。

水运航道的沿线城镇,商贾云集、人烟繁阜,往往也成为歌乐盛行之地。如汴河由江淮经宋城(宋南京,今商丘)、汴京直达洛阳⑥,"江淮八路商贾大舶"⑦源源而来。宋城在北宋初年即已成为水陆都会,"舟车交会,居民繁

135

---

① 宋杂剧角色名目及其分工的最早记载见于南宋灌圃耐得翁《都城纪胜》。按与南宋杂剧同出一源的金院本,其角色名目据元夏庭芝《青楼集志》、陶宗仪《南村辍耕录》,与《都城纪胜》全同。盖金院本与宋杂剧尚未分支之前已出现了这种角色分工,其时间当在北宋后期。

② 《都城纪胜》载:"小唱……与四十大曲舞旋为一体。"可知舞旋是由大曲伴奏的。

③ 参见廖奔:《温县宋幕杂剧雕砖考》,《文物》1984 年第 8 期。

④ 〔宋〕吕祖谦:《宋文鉴》卷七周邦彦《汴都赋》,四库全书本。

⑤ 〔宋〕秦观:《淮海集》卷十三"安都"条,四库全书本。

⑥ 隋代开通济渠(宋汴河前身),自洛阳西苑引谷、洛水东流至巩县(今巩义市)洛口入黄河。自板渚(在今荥阳西北口牛口峪)复引河入汴,至泗州临淮县入淮河(见陈代光《运河的兴废与开封的盛衰》,《中州学刊》1983 年第 6 期)。唐末五代湮废,至后周、宋初数次修浚自汴口至入淮一段,宋神宗元丰二年(1079)又从汴口西开渠五十里,导伊、洛河水入汴。自是由洛阳至淮河全程复通。

⑦ 《宋史》卷九十四"河渠志",四库全书本。

伙,倡优杂户,厥类亦众",盛行"河市乐"。① 蔡河是另一条由汴入淮的通道,沿岸亦十分繁华。曾将当时流行的【般涉调·拂霓裳】曲子改写成传踏作品的石曼卿②在"蔡河下曲"居住时,"邻有一豪富家,日闻歌钟之声",拥群妓十数人,石曼卿与之交接,即饮酒作乐待客。③ 蔡河流入颍河经颍州入淮,晏殊知颍州时,曾在这里看到路歧人演出百戏杂技。④ 宋杂剧兴起后,立即沿着商业通路在这些通俗文艺盛行之区传播开来,是十分自然的事。

将汴京杂剧普及各地的主要是民间路歧艺人的活动。路歧艺人一般是那些在都市勾栏技艺竞争中力不胜任的演出团体,如宋人周密《武林旧事》卷六所说路歧"不入勾栏,只在耍闹宽阔处作场",认为他们是"艺之次者"。宋人周南《刘先生传》中描写的就是这样一个杂剧班子的演出情况。他们在一座城市站不住脚,就向另一座城市流动,或向农村寻求发展,因而横跨数州四处卖艺的路歧杂剧演员就出现了。北宋史籍中虽然找不到这类路歧杂剧的演出情况,地下文物的考古发掘却为我们提供了形象资料:1978 年出土的荥阳县(今荥阳市)东槐西村"大宋绍圣三年十一月初八日朱三翁之灵"石棺,于棺板右侧以阴线雕刻出一幅乡绅夫妇宴饮观看路歧杂剧艺人演出的场面。表演形式较为简陋,属于乡村"堂会"演出一类。⑤ 路歧杂剧的演出方式,大概一是赶逐人家的红白喜事、酒会宴席,二是春社秋赛、迎神致祭。

汴京杂剧向四外传播的重要一支是向洛阳发展。洛阳为宋代西京,作为封建王朝的"陪都",是仅次于东京汴梁的第二大都市。由于唐宋两朝皆通过通济渠(汴河)漕运东南之粟,故而唐时汴洛之途已十分热闹,"东至宋汴,西到岐州,夹路列店肆待客,酒馔丰溢。每店皆有驴赁客乘,倏忽数十里,谓之驿驴"⑥。宋朝西京洛阳仍然倚重漕粟,路途畅通,而宋王朝为巩固中央皇权,加强东西两京附近京畿的建设,也促进了这一地区的经济文化繁

---

① 〔宋〕王曾:《王文正公笔录》,百川学海本。
② 参见〔宋〕王灼:《碧鸡漫志》卷三,四库全书本。
③ 参见〔宋〕沈括:《梦溪笔谈》卷九"人事"一,四库全书本。
④ 参见〔宋〕王铚:《默记》卷下,四库全书本。
⑤ 参见廖奔:《荥阳北宋石棺杂剧图考》,载《戏曲研究》1985 年第 15 辑。
⑥ 〔唐〕杜佑:《通典》卷七,四库全书本。

荣。宋人视东西两京为"帝王东西宅"①,又由于两京间为五代和宋皇陵幽栖地,因而在太宗时数次迁徙云、朔等边地之民到这里垦荒居住,"民多致富"②。农村自然经济的发展,再加上自然山水的秀丽,因而像唐朝时一样吸引了大批文人名士往来游历其间,大量从事诗词歌曲的创作。王灼《碧鸡漫志》卷二载:"赵德麟(令畤——笔者加,下同)、李方叔(廌)皆东坡客……晚年皆荒醉汝、颍、京、洛间,时时出滑稽语(指长短句)……少游(秦观)屡困京洛,故疏荡之风不除……宗室中明发(赵士暕)、伯山(赵子崧),久从汝、洛名士游,下笔有逸韵……"流风所化,民间传唱词曲风行。一有新词,即刻播至妇孺。五代时即如此,如宰相"和凝少年时,好为曲子词,布于汴、洛"③。这种丰厚的经济文化基础,为汴京杂剧在其间传播提供了适宜的气候和土壤。

今天所发现的北宋杂剧文物集中出土于汴、洛之间,显露了汴京杂剧向洛阳传播的痕迹。其中最早一例是上面提到的荥阳绍圣三年(1096)石棺杂剧图。绍圣是哲宗年号,上距仁宗朝仅30余年时间,其时杂剧已在民间迅速地传播开来。荥阳北宋属郑州,其地理位置恰处于汴京与洛阳之间,是由汴入洛的必经之地。故而这里活动着杂剧艺人是必然的。稍后一些时候的位于荥阳西的偃师酒流沟水库宋墓杂剧雕砖④及偃师出土的丁都赛雕砖⑤,为上述论点提供了更充分的依据。宋杂剧的流播还浸润到两京之间的邻近地区,例如从偃师向南、与偃师隔着一座嵩山、地处颍水之滨的禹县白沙镇,以及黄河北岸、与偃师隔河相望、被沁水环绕的温县,都有类似的杂剧雕砖出土。⑥

据考证,这些杂剧文物出土墓葬的墓主身份皆为平民,多是乡村土财主和富商之类。墓葬装饰反映了他们生前的生活情况,而只有当杂剧已经成

① 〔宋〕李格非:《洛阳名园记》宋绍圣八年(1101)张琰序,四库全书本。
② 《宋史》卷四"太宗本纪",四库全书本。
③ 〔五代〕孙光宪:《北梦琐言》,四库全书本。
④ 参见徐苹芳:《宋代的杂剧雕砖》,《文物》1960年第5期。
⑤ 参见刘念兹:《宋杂剧丁都赛雕砖考》,《文物》1980年第2期。
⑥ 参见徐苹芳:《白沙宋墓中的杂剧雕砖》,《考古》1960年第9期;廖奔:《温县宋墓杂剧雕砖考》,《文物》1984年第8期。

为一种为人所熟悉、所乐于欣赏的娱乐方式,才可能被容许进入墓葬为冥府中的墓主人服务。以此可证杂剧已经在这一带盛行并且极其活跃。值得注意的是,政和至宣和年间汴京勾栏中的著名杂剧青年女演员丁都赛的形象,被模勒写刻在砖上、镶嵌于偃师的墓壁上,尤为显示了汴京杂剧在这一带所产生的巨大影响。

汴京杂剧向洛阳发展的一个重要原因是,洛阳是适宜于杂剧活动的另一大都市。洛阳因是历朝旧都,有着优伶演出的传统。北魏时市南专设有"调音""乐律"二里,"里内之人,丝竹讴歌,天下妙伎出焉"①。后唐庄宗在洛阳更是有名的优弄皇帝。北宋时洛阳尚"多衣冠旧族"②,朝中公卿贵戚又仿效唐人纷纷在此开馆列第,营建园池台榭,如赵普、吕蒙正、文彦博、富弼、邵雍、司马光等都在这里买有宅院,以为公退之地,平日或"宴集于此",或"载歌舞游之"③,"加以富贵利达、优游闲暇之士……风俗之习,岁时嬉游,声诗之播扬,图画之传写,古今华夏莫比"④。王公贵族一般都拥有家乐,文彦博居洛时就带有声伎、伶人⑤,平日宴集时自然免不了观赏杂剧。⑥至于市肆中是否也出现了类似汴京的瓦舍勾栏和杂剧演出,史料无征,不好推断。

四、汴京杂剧的衰亡

(一)汴京杂剧的巨厄

汴京杂剧在宋徽宗朝达到了其发展的极盛,终于因巨大的历史变故而

---

① 〔北魏〕杨衒之:《洛阳伽蓝记》卷四,四库全书本。
② 《宋史》卷八十五"地理志",四库全书本。
③ 〔宋〕李格非:《洛阳名园记》,四库全书本。
④ 〔宋〕李格非:《洛阳名园记》宋绍圣八年(1101)张琰序,四库全书本。
⑤ 参见〔宋〕马永卿:《嬾真子》卷五,四库全书本。
⑥ 王公贵族家中演出杂剧的记载见宋朱弁:《曲洧旧闻》卷六:"宋子京修唐书,尝一日逢大雪……其间一人来自宗子家,子京曰:'汝太尉遇此天气,亦复何如?'对曰:'只是拥炉命歌舞,间以杂剧,引满大醉而已,如何比得内翰。'"

走向衰亡。1127年，金人的铁蹄踏灭了北宋王朝，战火烧毁了中原的辇毂繁华。汴京、洛阳相继沦陷，金人的焚烧掠夺，几乎把这两座城市夷为平地，东方的两座历史文化名城从此湮废了。整个中原地区也变得疮痍遍地、满目焦土。

战争之后，中原地区的自然经济被彻底破坏。《大金重修中岳庙碑》载："遭宋靖康兵革之难，海内俶扰，饥馑荐臻，郡邑凋残，寇盗充斥。齐国建立，疮痍未疗，用兵不休，赋役繁重。故伊、洛、淮、甸之间，户口萧条为甚。"①大定年间，金同知西京留守曹望之上书称"陈、蔡、汝、颍之间土广人稀"，主张把山东、河北失业农民移居那里去垦荒②，亦可反映中州凋敝之一斑。靖康之变40多年后的宋乾道六年（1170），范成大为祈请国信使出使金国，道出汴梁，看到的仍然是"新城内大抵皆墟，至有犁为田处。旧城内粗布肆，皆苟活而已。四望时见楼阁峥嵘，皆旧宫观寺宇，无不颓毁"③。洛阳的残破也无法恢复，直至金贞祐二年（1214）金国群臣议迁都时，聂希古尚言："洛阳宫阙废坏，地多荒圮。"④

战争使汴京杂剧的一代艺人离开他们生活的本土而流亡，战争的后果又摧毁了汴京杂剧所赖以生存的根基。在遭受了这一巨大厄运之后，汴京杂剧从此在汴京地区销声匿迹。这种状况一直持续到金宣宗于贞祐二年迁都汴梁时。

（二）汴京杂剧的转移

作为一种地域性的历史文化形态，汴京杂剧消亡了。但也正是由于战争所引起的动荡与变迁，改变了汴京杂剧在自然发展形态中逐渐向四处渗透的缓慢速度，使它以突变的形式伴随着社会政治结构的急剧变化而迅速转移为南北两端。

北方一路，随着金人将大批汴京艺人掳掠而北上。金人撤离汴京时，曾

---

① 〔清〕王昶：《金石萃编》卷一八五"金三"，清光绪上海宝善书局石印本。

② 参见《金史·曹望之传》，四库全书本。

③ 〔宋〕范成大：《揽辔录》，丛书集成初编本。

④ 〔金〕宇文懋昭：《大金国志》卷二十四，四库全书本。

搜括汴京数万艺人带至燕山和上京会宁府。金海陵王天德四年(1152)由会宁府迁都燕京后,这两部分艺人合为一处,形成燕京宫廷杂剧的主流。金人北撤时,沿途艺人纷纷逃亡,散在山西平阳一带,以后就发展起平阳的民间杂剧。在燕京和平阳这两处据点中,金代杂剧逐渐演变为院本形式,并向北曲杂剧过渡,成为后世北曲杂剧的滥觞。这些问题,笔者有专文论述,此处不赘述。

南方一路,随宋高宗南渡而南下。"其时东京一路百姓,惧怕鞑虏,都跟随车驾南渡"①,其中定有不少艺人,如李师师就流落到湘浙一带。② 北方艺人逃亡到临安,又在这个南宋皇帝的驻跸之地重新创立瓦舍勾栏进行演出,宋人吴自牧《梦粱录》卷十九"瓦舍"条载:"杭城绍兴间驻跸于此,殿岩杨和王因军士多西北人,是以城内外创立瓦舍,招集妓乐,以为军卒暇日娱戏之地。"以后瓦舍数量日增,《梦粱录》提到 17 处,《武林旧事》提到 23 处,远远超过了汴京。南宋勾栏杂剧更加受到重视和喜爱,在"传学教坊十三部"的"散乐"中,已上升为唯一"正色"的地位。杂剧的表演手段亦进一步向综合性发展,已经能够"唱念应对通遍"③。到周密写《武林旧事》时,搜集到"官本杂剧段数"280 种名目,概括了宋杂剧所达到的极高成就。

至此,我们匆匆审视了一遍整个北宋历史时期,在中州这块土地上所发生的戏曲现象。读者从中能够感受到作者统贯全篇的两个观点:第一,汴京杂剧是一种地域文化形态;第二,汴京杂剧处于不断的扩展流播中。笔者之所以用"汴京杂剧"来为本文所论述的杂剧现象命名,也是基于这种观点。地域因素和发展不平衡性是艺术世界普遍的客观存在,它们体现于中国戏曲的特征中,而这种特征早在宋杂剧里已经出现了——这就是笔者写作此文所依据的认识基础。

让我们拭去历史的积垢,从客观的角度来认识一下汴京杂剧吧。

(原载《河南大学学报》1987 年第 2 期)

---

① 《京本通俗小说》所收宋代话本《冯玉梅团圆》入话,文学古籍刊行社 1987 年影印本。
② 参见〔宋〕张邦基:《墨庄漫录》卷八、刘子翚:《汴京纪事》诗其二十。
③ 〔宋〕吴自牧:《梦粱录》卷二十"妓乐"条,四库全书本。

北曲的缘起

一

北曲的缘起要追溯到北宋时期在北方民间普遍流行的"曲子",它的出现甚至更早,可以一直上溯到唐、五代时期,其典型文学代表形式就是敦煌曲子词。事实上,宋代盛行的"词调"也有部分源头可以追溯到曲子(另一部分来自宫廷宴乐,例如大曲),但词调创作由于文人士大夫的介入,走的是雅化的道路,从音律到文辞都比较规整和高雅,我们所读到的"宋词",就是这类产物的文学显现。而民间流行的大量曲子则一直保持着自然、朴素的面貌,它们就是"曲"暨北曲的来源。

这里举一个典型的例子来说明。明人洪楩编《清平山堂话本》所收宋人话本《柳耆卿诗酒玩江楼记》里,收有【浪里来】词一首:

> 【浪里来】柳解元使了计策,周月仙中了机扣,我交那打鱼人准备了钓鳌钩。你是惺惺人算来出不得文人手,姐姐免劳惭皱。我将那点钢锹,掘倒了玩江楼。

由话本前后文可以看出,这首词大概是当时街市传唱的小词,被话本采入。从词律与风格看,它不像宋词,而更接近后来的元曲,所以元代前期杂剧作家戴善甫在创作《柳耆卿诗酒玩江楼》杂剧时,就将这支曲子直接移入其中的【商调】套曲,用作尾曲,仅文辞稍做改动,而标为【浪来里】,它与周围的环境显得非常和谐。① 【浪来里】在元曲中成为【商调】组曲里的固定曲牌。②

北宋时期有相当一部分文人爱好民间曲子，并在据曲填词时模仿民间情趣与格调，但那样做往往会被正统士大夫嗤之以鼻，我们只要看宋代王灼《碧鸡漫志》卷二的记载就可以明白：

> 长短句中作滑稽无赖语，起于至和。嘉祐之前，犹未盛也。熙丰、元祐间，兖州张山人以诙谐独步京师，时出一两解。泽州孔三传者，首创诸宫调古传，士大夫皆诵之。元祐间，王齐叟彦龄，政和间，曹组元宠，皆能文，每出长短句，脍炙人口。彦龄以滑稽语噪河朔。组潦倒无成，作【红窗迥】及杂曲数百解，闻者绝倒，滑稽无赖之魁也……同时有张衮臣者，组之流，亦供奉禁中，号"曲子张观察"。其后祖述者益众，嫚戏污贱，古所未有。

曹组所作【红窗迥】词，见于宋人胡仔《苕溪渔隐丛话》后集卷三十九，是一首咏脚的曲子：

> 春闱期近也，望帝京迢迢犹在天际。懊恨这一双脚底，一日厮赶上五六十里。争气，扶持我去，博得官归，恁时赏你：穿对朝靴，安排你在轿儿里，更选个弓样鞋，夜间伴你。

今天看到的其他宋人所作的【红窗迥】词，都没有像曹组词的风格这样浅近平俗的。除内容诙谐外，运用口语、不避俚俗是曹组词的特色，而这个特色正是"曲"的特征之一，所以我们读这首词，其感受就与读元曲相似。

用【浪里来】和【红窗迥】与当时的文人词相对照，可以清晰地看到二者

---

① 〔元〕戴善甫：《柳耆卿诗酒玩江楼》【商调·浪里来煞】："这的是双解元使的计策，小苏卿中了机彀。我去那打渔船上准备了钓鳌钩。他是个惺惺人算来出不得渔父手。相公呵，免劳台候，我将那点钢锹掘倒了这玩江楼。"（《雍熙乐府》《盛世新声》《词林摘艳》俱收录）。

② 参见〔元〕周德清：《中原音韵》和陶宗仪《南村辍耕录》卷二十七"杂剧曲名"条。

在文学风格上的显著区别,两者之间的分野大约相当于民间艺术与士大夫艺术的划分。王灼把士大夫模仿民间曲子所作的词体称为"滑稽无赖语",将其与通常所说的"词"划为二类,视之为不上大雅之堂而在"北里狭斜间横行者",这倒是符合它的源出。虽说有不少士大夫爱好这类词体的创作,但毕竟因为其托体卑下,颇影响清誉,例如曹组的儿子后来就受到名誉上的牵连①,因此它们被排除在宋词之外。

南宋以后,士大夫随宋室南迁,北方成为女真统治地界,民间曲子脱离了文人的控制,犹如卸去了一副重担,自由自在地延展,遂蓬勃而起,逐渐发展成为成熟的北曲体系。民间曲子里也包括一部分词调,但民间传唱词调时,会依据自己的审美倾向对之进行加工,例如在歌词格律上突破词的规范,增添衬字、忽视平仄、放松韵辙、加密韵脚,同时还会逐渐改变音乐旋律。因此,我们可以看到后世北曲曲牌里有许多与宋人词调同名的,但在格律上二者又相去甚远,就是因为这个缘故。

北曲另外一个来源,就是北方民族音乐曲调的介入。这种介入早在北宋末期就已经开始了。宋代江万里《宣政杂录》曰:"宣和初收复燕山以归朝,金民来居京师。其俗有'臻蓬蓬歌',每扣鼓和臻蓬蓬之音为节而舞,人无不喜闻其声而效之者。"《臻蓬蓬歌》是女真歌舞,汴京人模仿其声调歌唱,依照当时曲调产生规律,自然就会有新的曲牌出现。果然,宋人曾敏行《独醒杂志》曰:"先君尝言,宣和间客京师时,街巷鄙人多歌蕃曲,名曰【异国朝】【四国朝】【六国朝】【蛮牌序】【蓬蓬花】等,其言至俚,一时士大夫亦皆歌之。"所谓的【异国朝】【四国朝】【六国朝】【蛮牌序】【蓬蓬花】,都是汴京人依据蕃曲曲调唱出的曲牌,它们自然带有明显的北地民族特色。这些曲牌有的进入后世北曲里被长期运用,例如直接移用的有"大石调"里的【六国朝】,还会有许多被改名使用。南宋都城临安也曾一度流行女真歌舞,《续资治通鉴》孝宗乾道四年(1168)臣僚言:

I 43

---

① 〔宋〕洪迈:《夷坚志》支甲三说,南宋绍兴时期,曹组之子曹勋出使金国,好事者戏作小词,其中有句:"单于若问君家事,说与教知,便是【红窗迥】底儿。"

临安府风俗，自十数年来，服饰乱常，习为边装，声音乱雅，好为北音……今都人静夜，十百为群，吹【鹧鸪】，拨洋琴，使一人黑衣而舞，众人拍手合之。伤风败俗，不可不惩。诏禁之。

这说明北地民族的歌舞曲调对于汉民族来说是一种新异的艺术样式，带有奇特的审美效应，受到广泛的欢迎。女真民族的【鹧鸪】歌舞在元代杂剧演出里成为节目结束后"打散"的常用歌舞，表明了其生命力。女真民族的流行曲调有一部分进入后世北曲，例如见于"双调"的【阿纳忽】【风流体】【古都白】【唐兀歹】等都是。元明间人贾仲明的《金童玉女》杂剧四折演唱了【阿忽那】【忽都白】【唐兀歹】三曲，标明是女真歌舞。元人周德清的《中原音韵》则说："且如女真【风流体】等乐章，皆以女真人音声歌之，虽字有舛讹，不伤于音律者，不为害也。"这些是女真歌曲完整保留下来的，另外还会有大量以转换形式进入北曲的。

金、元民族歌舞大量涌入中原的同时，它们的乐器也一并传入，例如元代陶宗仪《南村辍耕录》卷二十八"乐曲"条说："达达乐器，如筝、纂、琵琶、胡琴、浑不似之类，所弹之曲，与汉人曲调不同。"并且标出一些蒙古曲调的名称，大曲如哈八儿图、蒙古摇落四，小曲如哈儿火失哈赤、曲律买，等等。

在曲调、乐器都发生改变的情况下，北曲一天天脱离了旧有的面貌，逐渐形成自己的独特音乐体系，而与南曲日益分道扬镳。因此明代徐渭《南词叙录》说："中原自金、元二虏猾乱之后，胡曲盛行，今惟琴曲仅存古曲，余若琵琶、筝、笛、阮咸、响盏之属，其曲但有【迎仙客】【朝天子】之类，无一器能存其旧者。至于喇叭、唢呐之流，并其器皆金、元遗物矣。"

二

金朝中原一带俗间俚曲极其兴盛，已经开了北曲之先河。其初兴之时，由于地缘文化的原因，各地流行的曲调不同，如金末燕南芝庵《唱论》曰："凡唱曲有地所：东平唱【木兰花慢】，大名唱【摸鱼子】，南京（指汴梁——笔者)唱【生查子】,彰德唱【木斛沙】,陕西唱【阳关三叠】【黑漆弩】。"①其中所涉及的地域涵括了山东、河北、河南、陕西的黄河流域沿线。当然,燕南芝庵所说的"唱曲有地所",仅是指某个时期内某地民间对于某个曲调特别爱好与熟悉,并不是说这些曲调不能流传到其他地区,事实上这些曲调很快就在中原地面上传播开来了。例如金末文人杜善夫,就曾经用两仪琴为元好问弹奏流行曲调【穆护砂】,元好问因此作《杜生绝艺》绝句曰:"杜生绝艺两弦弹,【穆护砂】词不等闲。莫怪曲终双泪落,数声全似古【阳关】。"②这里说的【穆护砂】就是燕南芝庵所说的【木斛沙】,是曾经在彰德(今河南安阳)民间

---

① 燕南芝庵《唱论》的年代,当前的流行说法是元。但著者考证当作于金末。《唱论》最早刊于元人杨朝英于泰定元年(1324)所编《乐府新编阳春白雪》卷首,又元代王恽《秋涧文集》卷九有《赠僧芝庵》诗,因此一般据此认为燕南芝庵即僧芝庵,乃元人。然而,仔细考察《唱论》内容,似乎不是元代所出。理由有四。第一,元代周德清《中原音韵》说:"古人云:有文章者谓之乐府。"这一句是《唱论》里的话,原文作"成文章曰乐府"。周德清称芝庵为古人,大约因为他是前朝人。第二,《唱论》里规范北曲为6宫11调,共17宫调,这是金代的情况。宋代实际运用宫调为18个(见《宋史·乐志·教坊乐》)或19个(见宋代张炎《词源》),金代《刘知远诸宫调》和《西厢记诸宫调》里运用了16个宫调,元代北曲运用的只有12个宫调(见元代周德清《中原音韵》),元人王伯良《天宝遗事诸宫调》所用宫调仅为10个,而元杂剧里运用的宫调更少,只有9个。根据宫调数目逐步递减的规律,以《唱论》宫调设置与其他文献相对照,它显然处于金代阶段。元代周德清《中原音韵》说:"自轩辕制律一十七宫调,今之所传者一十有二。"周德清将17宫调归为轩辕所创,虽然极为牵强比附并缺乏史实,但却证明他认为17宫调属于古律,与当世情况不符。《唱论》里将17宫调的调性特征一一形容出来,这是元人无法做到的。第三,《唱论》中提到的一些曲名,不见于元人散曲和杂剧。如正文所引"凡唱曲有地所"一段里提到的六种曲名【木兰花慢】【摸鱼子】【生查子】【木斛沙】【阳关三叠】【黑漆弩】,前四种在《中原音韵》所开列的北曲曲名中都无踪影,在存世散曲与杂剧中也没见到,但却都见于前代。宋人词调里有【摸鱼儿】【生查子】【木兰花慢】。【木斛沙】更早见于唐代(唐代崔令钦《教坊记》所列曲名有【穆护子】,唐人张祜作有【穆护砂】曲词),《唱论》时代彰德民间流行的曲调【木斛沙】应即其变异,金末文人杜善夫还曾经在黄河南岸的中州一带为元好问弹奏此曲(见金代元好问《遗山集》卷十三《杜生绝艺》七绝)。元人宋褧作有【穆护砂】词一首,不是北曲,自称为"近世乐府",实际上是词体,有上下两阕,169字(见《燕石集》卷十)。这或许是在民间曲调基础上形成的。第四,《唱论》说:"一曲入数调者如【啄木儿】【女冠子】【抛球乐】【斗鹌鹑】【黄莺儿】【金盏儿】类也。"与元代情形有诸多不符。《中原音韵》里,除【斗鹌鹑】见于越调与中吕宫,正宫【啄木儿煞】下注出"亦入中吕"外,其余均不可借宫。而其中开列的"名同音律不同者"8个曲牌,只有【斗鹌鹑】一个与《唱论》相重,其他都不相同。元代陶宗仪《南村辍耕录》卷二十七"杂剧曲名"条所开列的可在其他宫"出入"的曲牌5个,则完全与《唱论》不同。这说明《唱论》的时代与它们不同。因此,著者认为《唱论》产生于金朝后期,其作者与僧芝庵不是一人。

② 〔金〕元好问:《遗山集》卷十三,四库全书本。

流行的北曲曲调。① 元好问另有一首《赠绝艺杜生》诗咏同一事,说是"新声休数李龟年"②,当时【穆护砂】是被文人当作"新声"看待的。

民间俚曲因为其清新活泼的风格,引起当时文人的喜爱与重视。金代刘祁《归潜志》卷十三论述金末的诗歌创作时,就对之极为推崇:

> 夫诗者,本发其喜怒哀乐之情,如使人读之无所感动,非诗也。予观后世诗人之诗,皆穷极辞藻,牵引学问,诚美矣,然读之不能动人,则亦何贵哉? 故尝与亡友王飞伯言:"唐以前诗在诗,至宋则多在长短句,今之诗在俗间俚曲也,如所谓【源土令】之类。"飞伯曰:"何以知之?"予曰:"古人歌诗,皆发其心所欲言,使人诵之至有泣下者。今人之诗,惟泥题目、事实、句法,将以新巧取声名,虽得人口称,而动人心者绝少,不若俗谣俚曲之见其真情而反能荡人血气也。"飞伯以为然。

刘祁金末活动于河南、河北、山西一带,他注意到当时民间俚曲的盛行并具有极其旺盛的生命力,盛称其能"见真情""荡人血气",认为它们能够成为金代文学的代表而与唐诗宋词相颉颃。

民间传唱的俚曲主要体现为两种形式:小令与套数。小令为支曲,俗名"叶儿",通常曲调流畅,内容清新。套数是多个支曲的联唱,通常要在后面加上一个尾声,使之成为一个完整的音乐单元。金末燕南芝庵《唱论》说的"时行小令唤叶儿""街市小令唱尖歌倩意""有尾声名套数",就是我们这里的论据。无论小令与套数,其文学风格都与宋人词调有很大差异,这里除内容朴素而见真情的原因外,运用大众化语言也是一个重要的因素。"曲"之所以能够在民间风靡而压倒文人词调,就是因为它口语化的表述句式较为浅白,更适合于传达真情实感,因而更加活泼生动。后人常常用"唐诗""宋词""元曲"的概念排列来推举一代文学,看来这种评论方式最早始于刘祁,

---

① 曲调之变,元人已有感喟。元代陶宗仪《南村辍耕录》卷二十七"杂剧曲名"条说:"金章宗时,董解元所编《西厢记》,世代未远,尚罕有人能解之者,况今杂剧中曲调之冗乎?"

② 〔金〕元好问:《遗山集》卷十一,四库全书本。

而刘祁说的是金末的情况，因此"元曲"得改为"金元曲"才更为恰切。这一事实说明，作为一代文学代表样式的北曲，在金代后期已经形成，只是仍停留在民间，文人还未来得及厕身其中而已。

明人王世贞《曲藻·序》则从音乐旋律的改变引起语法词格的变化这一角度，推论文学发展中这个由词入曲的过程，见解也颇为中肯。他说："曲者词之变。自金、元入主中国，所用胡乐，嘈杂凄紧，缓急之间，词不能按，乃更为新声以媚之。"初用于民间清歌俚唱，舞伎戏艺，继则文士因调写曲，乃有散曲之专名。是宋金俗曲，实元明北词所肇始。他把"曲"的兴起归结为音乐旋律上的转换，由于音乐新声出现，势必要求填词规则的变化，所谓实词以求声，其情形恰似词在初起时对于诗格的突破。这种说法是极有道理的。我们将今天传存下来的北曲作品与宋词比较一下，就可以看出其格律的差异：北曲的平仄规定放宽，平、上、去三声常常可以互叶，不像诗词里那样一般平仄韵不能通押。北曲的用韵加密，几乎一句一韵。更重要的，北曲可以增加众多的衬字，不像词的字数是固定了的。这些都是"曲"朝向口语化发展的明显特征。

北曲有一个突出的特点，就是其曲调大多能够被纳入宫调体制，这一点南曲是做不到的。其原因在于北曲采用弦索乐器伴奏，为了协律定弦，人们对北曲做了长期的归宫入调的工作。其源起也要追溯到北宋。例如北宋鼓子词演唱，用"管弦"伴奏，其所使用曲牌就要有宫调归属，宋人赵令畤作鼓子词【商调·蝶恋花】十首，明人洪梗编《清平山堂话本》所收宋人话本《刎颈鸳鸯会》里运用的鼓子词【商调·醋葫芦】十首，都是例子。后者金、元时期成为北曲里的曲牌，仍归商调，曲律一同，甚至其单曲反复连用的形式都带入北曲杂剧，例如元代马致远《黄粱梦》杂剧第二折里，就插入了【醋葫芦】曲牌的十遍连用。南曲大多为徒歌，不需器乐伴奏，也没有归宫入调的必要，因此长期停留在不明宫调归属的状况下。

三

曲子的最基本形式是一支支单曲，这是它传唱于人们口头上的表现样式。然而,支曲的容量小,只能表现极其片断的内容,当表演艺术要求展现较为广阔的社会生活面时,它的表现力就受到限制。于是,新的音乐形式出现,这就是宋代以来各种各样的联套组曲形式。所谓联套组曲,就是根据曲子的调性,将其分属各个不同的宫调,而将相同宫调的两个以上的小令连接使用,使之成为一个较大的音乐单元,构成较大的表现空间,缠令、缠达、诸宫调等皆是。

缠令由若干个曲调联结而成,首曲为引子,终曲为尾声,共同构成一个有机的音乐单元。缠达则由两个曲调轮流反复多遍,前面也有引子,后面没有尾声。宋代灌圃耐得翁《都城纪胜》所谓"有引子、尾声为缠令,引子后只以两腔迎互循环间用者为缠达"。缠令、缠达在内容和文辞上的特色为艳冶俚俗,所以宋代张炎《词源》说,作词"如邻乎郑卫,与缠令何异也"?《乐府指迷》说,作词"下字欲其雅,不雅则近乎缠令之体"。缠令、缠达开创了多曲牌联套的音乐结构形式,缠令实际上就是最早的套数,经过诸宫调的过渡,它们最终将影响到北曲联套的形态。

为北曲曲调的宫调归属奠定局面的是北方极其盛行的诸宫调的演唱。诸宫调由于其连缀诸多曲调以形成长篇大套的音乐体制,要求它能够将众多的曲调都串组在自身的音乐结构里,因此在民间的长期演唱过程中,它承担了将众多北曲曲调划明宫调归属的任务。另外,诸宫调又将其他诸种组曲联套方式(如缠令、缠达、唱赚)吸收到自己的音乐结构中来,使自己的音乐体制具备极大的结构张力,于是,它成为北曲联套发展过程中的一个典型阶段。我们只要分析一下今存两部金代作品《刘知远诸宫调》和《西厢记诸宫调》的音乐构成,就可以对此有明确的理解。

《刘知远诸宫调》的文字质朴粗糙,其音乐结构也较为简陋,从形态上看产生的时间比《西厢记诸宫调》早。[①] 该书为俄国柯智洛夫探险队于1907年至1908年发掘夏国黑水城遗址(在今内蒙古达来呼布镇东南)时发现,为山西平阳刊刻的平水版图书。同时出土的《蕃汉合时掌中珠》刊刻年代标明是西夏乾祐二十一年(1190),亦即金章宗明昌元年。那么,《刘知远诸宫

---

① 参见冯沅君:《天宝遗事辑本题记》,《古剧说汇》,北京:作家出版社,1956年,第230~296页。

调》的刊刻要早于金章宗朝,因为它从金国流传到西夏还有一个过程。现存残文一共运用了 14 个宫调,每个宫调里串联的曲子大约都是一曲一尾,只有三套例外,即:

【正宫·应天长缠令】—【甘草子】—【尾】(第一卷)

【中吕调·安公子缠令】—【柳青娘】—【酥枣儿】—【柳青娘】—【尾】(第一卷)

【仙吕调·恋香衾缠令】—【整花冠】—【绣裙儿】—【尾】(第十二卷)

其中,诸宫调受到缠令影响的痕迹十分明显。首先,所有一曲一尾的联套形式,都是在缠令的影响下形成的。旧有诸宫调只是诸多不同宫调曲牌的单曲连用,这一点在南宋戏文《张协状元》开首所引一段诸宫调演唱的形式中可以看出,其中的五支曲牌都不带尾声,甚至都不曾标明所属宫调,显示了诸宫调早期的形态。以后受到缠令的影响,诸宫调采用缠令的尾声,基本废除了单曲联宫的形式。尾声都是三句,所谓“三句尾”,句七字,或增减衬字,其句格基本上没有变化。其次,诸宫调还完整吸收了缠令的音乐形式,上引三个多曲牌组宫联套的例子都是证明。由于缠令本身有着完整而规模较大的音乐结构,它的进入导致诸宫调的体制革命,即每个宫调里的组曲开始朝向多曲牌联合的套数的方向发展,这一点从下面对《西厢记诸宫调》的分析中会看得很清楚,而套数的产生则是北曲杂剧诞生的前提。

《西厢记诸宫调》产生于金章宗时期,作者为董解元。① 这是一部文人的作品,笔致细腻,文辞优美,其组曲方式也显得更为规范而成熟,很明显是在民间说唱诸宫调风俗大盛的时代文人措手其创作的例子。“董西厢”的套曲组合结构更加向大型发展,虽然一个宫调仅用一曲一尾的现象仍然很多,但缠令曲式结构的容量增加,常有四五个曲牌加一个尾声的缠令出现,甚至

I 49

---

① 〔元〕陶宗仪:《南村辍耕录》卷二十七“杂剧曲名”条:“金章宗时,董解元所编《西厢记》,世代未远,尚罕有人能解之者。”钟嗣成《录鬼簿》:“董解元,大金章宗时人。以其创始,故列诸首。”明初朱权《太和正音谱》卷上“古今群英乐府格式”:“董解元,仕于金,始制北曲。”

出现了【黄钟宫·侍香金童】这样由八个曲牌加一个尾声的长套缠令：

　　【黄钟宫·侍香金童缠令】—【双声叠韵】—【刮地风】—【整金冠令】—【赛儿令】—【柳叶儿】—【神仗儿】—【四门子】—【尾】

另外还出现了一些并非缠令的同宫调多曲牌套数：

　　【般涉调·沁园春】—【墙头花】—【柘枝令】—【长寿仙】—【急曲子】—【尾声】

　　【越调·水龙吟】—【看花回】—【雪里梅】—【揭钵子】—【叠字玉台】—【绪煞】

　　【正宫·梁州令断送】—【应天长】—【赚】—【甘草子】—【脱布衫】—【三台】—【尾】

　　【仙吕调·六么实催】—【六么遍】—【哈哈令】—【瑞莲儿】—【哈哈令】—【瑞莲儿】—【尾】

　　【黄钟宫·闲花啄木儿第一】—【整乾坤】—【第二】—【双声叠韵】—【第三】—【刮地风】—【第四】—【柳叶儿】—【第五】—【赛儿令】—【第六】—【神仗儿】—【第七】—【四门子】—【第八】—【尾】

这些套数的出现很重要，它说明人们对于缠令的联套形式已经耳熟能详，不必再专门标示，缠令也已成为诸宫调的有机构成部分，不需继续区分了。而最后的【黄钟宫·闲花啄木儿】里，又有着大曲音乐结构中【排遍】形式的相同曲调多遍运用的明显痕迹，诸宫调的组曲联套已经走向了更为广阔自由的天地。

　　从"董西厢"音乐结构中长篇套数的出现，可以推知当时民间传唱的单一宫调套数也已经具备相当的规模，成为刘祁所说民间俚曲的构成部分。只是因为没有任何当时的民间作品流传下来，而今天看到的文人仿作大约都是金末元初以后的东西，我们对其具体情形无法了解。但套数这种同宫调内多曲牌联套的音乐结构形式，与南宋形成的唱赚颇为相似，我们可以从唱赚取得一些印证。唱赚与套数一样,是在缠令、缠达的基础上,进一步丰富音乐结构中所涵括的曲牌数量,所形成的较为大型而完整的音乐体制。今存作品有宋元人编撰的《事林广记》戊集卷二所收录的南宋《圆社市语·圆里圆》一套,共八曲一尾,其曲牌联套形式为:

【中吕·紫苏丸】—【缕缕金】—【好女儿】—【大夫娘】—【好孩儿】—【赚】—【越恁好】—【鹊打兔】—【尾声】

唱赚繁衍于南宋地域,所唱曲牌均为南曲,除此之外,我们很难指出它与套数的其他不同之处了,而其共同处则是明显的,如前后曲牌一韵到底,平仄通叶,各曲都不分上下片等。看来,由于缠令的影响,在南北两地大约同时形成了同一宫调内多个曲牌联套的音乐体制,在南曰唱赚,在北名套数。入元以后,由于政治文化的影响,北方的套数成为一代文人寄情寓意的文学工具,从而达到了鼎盛,南方的唱赚则在其冲击下消亡了。

151

四

北曲联套的最终成果是导致了一代艺术品类——元代北曲杂剧的诞生。

宋金杂剧的表演形态以说为主,以唱为辅,但通过长期的实践,在它们的体制中,陆续吸收了许多音乐曲调。这些曲调最初都和具体的剧目相连,我们只要看宋代周密《武林旧事》里的"官本杂剧段数"和元代陶宗仪《南村辍耕录》里的"院本名目",里面有着众多的"和曲杂剧"与"和曲院本",就很清楚了。随着北曲套数的发展,杂剧表演自然而然地也把套数演唱吸收到自己的表演体制里来,并逐渐组成为音乐上固定的四宫调套数结构,所谓"四大套",北杂剧就在这样的历史条件下形成了。

可以推测,当杂剧最初摄入北曲套数作为自己的音乐结构时,其形式大约并不很规范,其运用套数的多寡像诸宫调一样随意性很大,一套到五套甚至更多的可能性都有(但由于表演体制的限制,它的套数不可能像诸宫调那样多,而每一套中的曲调却会比较多)。以后经过实践的筛选,慢慢固定为四大套。著者认为,北杂剧四大套的音乐体制,很可能是文人介入以后形成的规范。至于四大套曲音乐结构的形成当然有它的内在原因。

由于资料的缺乏,这是一个迄今未有定论的问题,学者们见仁见智,认识歧异,有时观点可以相去甚远。著者仅谈一家看法,将北杂剧的形成时间定于从金章宗到金亡的40多年时间里,而认为这个时期是它的民间阶段,文人阶段则始自金末元初。

要推定北杂剧的形成时间,首先就要知道北曲的形成时间。北曲的成形,大约可以早到金朝前中期。距靖康之变(1126)40余年的南宋乾道六年(1170)范成大出使金国,在真定(今河北正定)看到的都是带有异域风格的歌舞,因而感叹"虏乐悉变中华"①。金国地界里盛行的民间俚曲,其音乐旋律很多采用这些所谓的"虏乐",因而与宋朝音乐的距离越拉越大,北曲就在这个过程中产生了。

金代诸宫调的极盛时期是章宗朝(1190—1208)中叶。此前有平水版的《刘知远诸宫调》,刊刻于金国地界里的山西平阳,而流传到西域的夏国。金章宗时产生了董解元《西厢记诸宫调》这样划时代的宏伟巨制,而"董西厢"卷上【般涉调·柘枝令】里又提到另外8种诸宫调名目——《崔韬逢雌虎》《郑子遇妖狐》《井底引银瓶》《双女夺夫》《离魂倩女》《谒浆崔护》《双渐豫章城》《柳毅传书》,这些都是当时民间流行的剧目。仅这10种诸宫调名目的涌现,也可以说明问题了,我们同时还有其他材料证实金章宗时期民间曲调创作的兴盛,那就是,女真宗室贵胄里也有人染指。《金史·永中传》《金史·孙即康传》都提到,金世宗之子镐王完颜永中于章宗明昌年间(1190—1195)判平阳府事时,其第二子神徒门因"所撰词曲有不逊语"而获罪。神徒门所撰词曲,应该就是运用的当时民间流行曲调。

金章宗时期在北曲的形成史上确实是一个不容忽视的重要阶段,曾经留下了众多的词曲作品。其中有不少流传到明初,因而藩王朱权在他的《太和正音谱》里"析定乐府一十五家",其中特别标有"承安体"一家,"承安"是

---

① 〔宋〕范成大:《范石湖诗集》卷十二《真定舞》诗序,丛书集成初编本。

金章宗的年号,说明他认为金章宗朝的曲调创作在北曲内自成一家,而对其风格的评论则是:"华观伟丽,过于沈乐。"这恰恰是金章宗时"典章文物粲然"①而"极意声色之娱"②时代风习的写照。我们从"董西厢"的文辞风格,大约还猜测得出朱权评论的依据。明初皇室曾经得到大批前代的词曲本子,分发给诸王③,朱权应该是有所见而发,可惜我们已经见不到了。那么,说北曲形成于金章宗时期是有一定根据的。

但是,当时的词曲作品在格式上与后来的北曲有一定的区别。例如《刘知远诸宫调》《西厢记诸宫调》里的曲牌都采用宋词的多片形式,大多都有两叠、三叠,甚至四叠,而北曲的曲牌是没有叠的,如果需要重复一遍,则用一个【么篇】。我们只要看元人王伯良所写的《天宝遗事诸宫调》的形式与元人散套和杂剧接近,不用叠而用【么篇】,就清楚了。还有,两种诸宫调里各套的尾声仅仅限于"三句尾"一种形式,而今天见到最早的北曲套数里已经出现了尾声的多种形式和各类变形,"三句尾"的尾声反而较少使用了,这是歌唱技巧有了发展变化的产物,金末燕南芝庵《唱论》称之为"歌声变件",举例说:"尾声有赚煞、随煞、隔煞、羯煞、本调煞、拐子煞、三煞、七煞。"它反映了民间歌唱的进步情况。因此,正式的北曲形式应该出现于"董西厢"之后。

今天见到文人所写的标准的北曲小令和套数,最早只能追溯到由金入元的一些人,如元好问、杨果、商衢、杜善夫、王修甫等人的作品,他们现存作品的写作时间究竟是在金还是在元也不清楚,说大约在金元之交的几十年中是比较可信的,例如杨果有一个【仙吕·赏花时】散套就写于元太宗己丑十一年(1239)左右。杨果于金正大元年(1224)登进士第,出任偃师令,金亡隐居。元太宗己丑元年(1229)杨奂征河南课税,杨果起为经历,以后历仕至参知政事,至元六年(1269)出为怀孟府总管,以老致政,卒于家,年75。④

153

---

① 《金史·章宗纪》,四库全书本。
② 〔宋〕宇文懋昭:《大金国志》卷二十一,四库全书本。
③ 明代李开先《李中麓闲居集·张小山小令后序》曰:"亲王之国,必以词曲千七百本赐之。"续修四库全书本。
④ 参见《金史·杨果传》,四库全书本。

其【仙吕·赏花时】散套里有句："客况凄凄又一春，十载区区已四旬。犹自在红尘，愁眉镇锁，白发又添新。"①由内容可以知道，杨果40岁时写作此曲，其时他已经仕元10年，以"客况""红尘"作喻。由1229年后推10年，应该是1239年。杨果能够随手用散套来抒发感情，说明这种形式当时正值流行。那么，民间开始传唱散套的时间一定在此之前，因为从散套兴起到流行，到文人注目并运用其体例进行写作，需要一个过程。

杜善夫的例子也证实了这一点。杜善夫名仁杰，先字善夫，后改仲梁。他曾于金正大（约1228）时与麻革、张澄仲一道隐居河南内乡山中，以诗篇唱和，名重一时，金亡不仕。麻革《贻溪集·送杜仲梁东游》诗题注曰："仲梁，先称善夫。"②可知"善夫"是杜仁杰前期所用的字。今见《太平乐府》《太和正音谱》《词林摘艳》《北词广正谱》所收其小令散套，都题作杜善夫撰，说明这些作品大约都作于其前期，那么，它们应该是金末元初的作品。

再从金末燕南芝庵《唱论》里的迹象看。《唱论》论散曲说："成文章名乐府，有尾声名套数……套数当有乐府气味，乐府不可似套数。"这段话有点颠来倒去，到底乐府与套数各是什么体裁？彼此间又是什么关系呢？我们引入元人周德清的解释，就看得明白了。《中原音韵》说："凡作乐府，古人云：有文章者谓之乐府。如无文饰者谓之俚歌，不可与乐府共论也。"原来，区别只在于雅俗之分，两者在实质上并没有不同。因此燕南芝庵的意思是：散曲写得有文采可称作乐府，无文采则是套数。这是当时文人的通行观点，例如金代董解元《西厢记诸宫调》开场曲【太平赚】里说自己的作品："比前贤乐府不中听，在诸宫调里却着数。"我们由此可知，在燕南芝庵的时代，已经有被他称作"乐府"的文人套数出现了。民间传唱套数更在其前。事实上我们知道套数渊源于北宋的缠令形式，它在民间有一个长期传唱和演变的历史，我们这里指的只是转化为典型北曲形式的套数。

综上所述，我们大体可以将散套的形成时间定于金代后期，即从金章宗开始的40年时间内。前引金末刘祁关于民间俚曲盛行的说法，也正好为这

---

① 隋树森编：《全元散曲》上册，北京：中华书局，1991年，第9页。
② 《元诗选》三集卷一所收《贻溪集》，四库全书本。

个认识提供了支持。那么,如果说北曲杂剧的形成与散套大体同步——两者一定是紧密相连的,它应该也是在金代的后期。

<h1 style="text-align:center">五</h1>

按照规律,一种大众艺术品类创作的文人阶段通常晚于它的民间阶段,我们从文人介入北曲杂剧创作的时间,可以反推出它民间阶段的下限。那么,文人介入北曲杂剧创作始于什么时候呢?

首先,我们从北曲杂剧前期作家的活动时期来看。元人朱经《青楼集序》曰:"我皇元初并海宇,而金之遗民若杜散人、白兰谷、关已斋辈,皆不屑仕进,乃嘲风弄月,留连光景。庸俗易之,用世者嗤之,三君之心,固难识也。"朱经既然把杜善夫、白朴、关汉卿都称作"金之遗民",他们三人应当都是由金入元的人。杜善夫与白朴的活动时间比较清楚。杜善夫的活动时间见前,金末已经成为著名诗人。白朴比杜善夫小,生于金正大三年(1226),金亡那年8岁。杜善夫与白朴入元以后都未出仕。但称杜善夫为"金之遗民"是合适的,白朴在金朝仅只是一个幼童,也被与杜氏并称,猜想朱经立论的根据大约就是入元不仕。同样的标准也被用于关汉卿,可见他也是由金入元的人,大约与杜善夫、白朴前后同时。史家还注意到一条资料,即元人杨维桢《宫词》说:"开国遗音乐府传,白翎飞上十三弦。大金优谏关卿在,伊尹扶汤进剧编。"[①]其中明确说到关汉卿为"大金优谏",是由金入元的人。杨维桢是元代后期著名文士与散曲作家,对于关汉卿的创作十分熟悉,曾经评论其风格[②],因而他对于关汉卿生平的介绍应该有重要参考价值,关汉卿的由金入元可信。关汉卿的散曲里有【大德歌】若干,通常认为"大德"即为元代年号大德(1297—1307),如果关汉卿活到了大德年间,其时距金亡已经60余年,即使关汉卿长寿,在金代也不过是一个少年,比白朴大不了多少。这些材料更支持了上面的推论,关汉卿的年岁约在杜善夫与白朴之间。

---

① 〔元〕杨维桢:《铁崖先生古乐府》卷十四,四部丛刊初编本。

② 参见〔元〕杨维桢:《东维子集》卷十一《周月湖今乐府序》,四库全书本。

根据今天的材料,关汉卿为最早从事北曲杂剧创作的作家之一,例如元明之间人贾仲明《书〈录鬼簿〉后》称《录鬼簿》一书载"其前辈玉京书会燕赵才人……自金解元董先生,并元初关汉卿已斋叟以下,前后凡百五十一人",明代朱权《太和正音谱》说关汉卿"初为杂剧之始,故卓以前列"。关汉卿的创作最早只能开始于金末元初,那么文人介入北曲杂剧创作当在此时。

当然,早期杂剧作家中或许也有年岁更早些的,例如石君宝,据王恽《秋涧集》卷六十《洪罕老人石盏公墓碣铭》,他与元代著名文人王恽之父友善,王恽因此于他身后为之作墓志。根据碑铭,石君宝生于金章宗明昌三年(1192),卒于元世祖至元十三年(1276),金亡时他 42 岁。① 如果说这个石君宝就是杂剧作家石君宝,那么,他的成长时期恰好与北曲形成期重合。我们不知道他是什么时候开始杂剧创作的,即使是 20 多岁,也已经接近金末了。

其次从元人有关论述的概念前提看。今天见到的元人论述,大约都把北曲杂剧的兴起时间定于金元之交。最早如胡祗遹《赠宋氏序》曰:"乐音与政通,而伎剧亦随时尚而变。近代教坊院本之外,再变而为杂剧。"② 胡祗遹(1227—1293)在金亡时 7 岁,他所说的"近代",大约指的就是金末元初,因为这恰好可以体现他所说的戏剧随政治时尚而变的论点。元代后期如夏庭芝《青楼集志》说:"金则院本、杂剧合而为一,至我朝乃分院本、杂剧而为二。"陶宗仪《南村辍耕录》卷二十五"院本名目"条说:"院本、杂剧,其实一也。国朝院本、杂剧始厘而二之。"将三家说法综合起来看,北曲杂剧从金代杂剧里独立出来,形成与院本的正式分家大约是金元之交的事。

再从文人涉猎散套创作的情况看。金元之际的散曲作家留下的散套,有许多其间串组的曲牌量都不大,常见两三曲加一尾声的例子,它们远不能与北曲杂剧长篇大套的音乐体制相比。这是否能够反证当时文人的北曲杂剧创作也刚刚开始?让我们来看下述例子:

---

① 参见孙楷第:《元曲家考略》,上海:上海古籍出版社,1981 年,第 12~14 页。

② 〔元〕胡祗遹:《紫山大全集》卷十一,四库全书本。

阚志学：【仙吕·赏花时】—【尾声】

杨　果：【仙吕·赏花时】—【胜葫芦】—【赚尾】

　　　　【仙吕·赏花时】—【么】—【煞尾】

　　　　【仙吕·赏花时】—【么】—【赚煞尾】

　　　　【仙吕·翠裙腰】—【金盏儿】—【绿窗愁】—【赚尾】

商　衢：【南吕·一枝花】—【梁州第七】—【赚煞】

　　　　【南吕·梁州第七】—【么】—【赚煞】

　　　　【双调·夜行船】—【么】—【风入松】—【阿那忽】—
　　　　【尾声】

　　　　【双调·风入松】—【乔牌儿】—【新水令】—【搅筝
　　　　琶】—【离亭燕煞】

从这些短小的篇什里，可以看出文人对于套数的驾驭尚处于初级阶段。当然，商衢还有一两篇较长的套数，这表明了他对曲调掌握能力非凡，商衢还改编了《双渐小卿诸宫调》，在后世享有盛誉①，证实了这一点。但普通文人达不到其熟练程度。那么，他们对于北曲杂剧四大套的长篇联套体制的驾驭更有一定的难度。当然写作散曲与杂剧的情形不大一样，前者完全是抒情写志的创作，后者却可能仅仅是对于民间演出台本的加工与提高，二者的难易程度是不同的。但即使是依据演出本进行改编，也仍然需要相应的音乐知识、技巧与经验，因此它不可能比创作散套的时间早到哪里去。

　　由此可以得出结论：文人介入北曲杂剧创作的时间，大约在金元之际或稍早一点，但不可能早很多。

六

　　根据上面的论述，北曲形成的时间被定在金章宗时期（1190—1208），这

① 〔元〕杨朝英《太平乐府》卷九杨立斋【哨遍】注："张五牛、商正叔编《双渐小卿》。"张五牛为南宋早期人，绍兴间曾在临安开创"赚曲"的演唱方法（见《都城纪胜》"瓦舍众伎"、《梦粱录》卷二十"妓乐"），他与商衢的年代相去很远，只能理解为张五牛创作了《双渐小卿诸宫调》，而商衢对之进行了改编。

157

是北杂剧民间阶段开始的上限;而文人介入北杂剧创作的时间被定在金末元初,这是北杂剧民间阶段的下限。那么,二者之间的时间,就应该是北杂剧在民间兴起的时间,即金章宗至金末的40多年时间里。

这种观点的形成基于以下认识原则:第一,由北杂剧所需要的音乐条件来看,它只能在北曲散套和诸宫调的曲牌联套上积累一定的经验,连缀在一个套数中的曲牌数目也增加到一定的量之后,才可能实现。第二,由北杂剧的剧场性来看,它只能在普通戏班艺人有可以随口演唱的足够数量的北曲曲牌的情况下,才具有可操作性,否则就没有实践基础。因此,北杂剧的出现不能早于北曲的形成。而文人不可能凭空创造出一种舞台戏剧形式,他们只能顺势驾驭它,可见,北杂剧的产生一定早于文人创作。

北杂剧最初在民间兴起的情况,史料无征,但我们可以根据一些迹象,作如下理解:随着散套和诸宫调的兴盛,当时的民间杂剧表演里开始大量吸收曲调歌唱的因素并向以歌唱为主转化。这一点在金末燕南芝庵《唱论》里有所透露。《唱论》说:"凡歌之所:桃花扇、竹叶樽、柳枝词、桃叶怨、尧民鼓腹、壮士击节、牛僮马仆、闾阎女子、天涯游客、洞里仙人、闺中怨女、江边商妇、场上少年、阛阓优伶、华屋兰堂、衣冠文会、小楼狭阁、月馆风亭、雨窗屋雪、柳外花前。"其中所说的"场上少年"和"阛阓优伶",指的就是杂剧表演,那么,当时的杂剧表演已经与歌唱结下了不解之缘。再根据金代杂剧的出土文物看,这种转化早在大定至承安年间(1161—1200)就已经开始①,但那时大概还处于杂剧的吸收演唱阶段,正式向北杂剧的演唱套曲转变可能要在承安以后。

根据宋代杂剧吸收歌唱成分的情况,还可以推测,金代杂剧开始时的演唱形式也并不规范,仅仅如南宋杂剧《诸宫调霸王》《诸宫调卦册儿》那样,把其他种类的音乐体制吸收进来加以运用而已。将这些音乐体制变成自己的有机成分,实现杂剧表演音乐结构与舞台结构的最终统一,即形成四大套音乐体制与起、承、转、合舞台表演节奏的完整结合,其间经过了一个调适与融合的过程。而文人介入杂剧创作,又在民间杂剧演出形成一定规范以后。

---

① 参见廖奔:《金世宗、章宗时期河东杂剧的兴起》,《中华戏曲》1985年第2辑。

这样,从金章宗开始到金代灭亡的几十年时间就成为必要的酝酿时期。到关汉卿、白朴等文人投入杂剧创作并产生了决定性影响后,北杂剧才走向定型。

　　一些学者从现存的北杂剧作品里寻找内证,发现其中许多都带有金代风俗和典章制度的痕迹,因而认为有相当一部分作品产生于金代,今天知道的北杂剧作家也有一批人应该是金代作家。[1] 这种论证方法带有一定的科学性。但上面涉及的众多史料为我们提供的信息是:金末即使有文人杂剧创作,也不可能很多。那么,如何解释这种作品现象呢? 其实,只要我们考虑到杂剧在进入文人视域之前,曾经有过一个民间阶段,问题就迎刃而解了。凡是带有明显金代痕迹的杂剧作品,都有可能首先由民间创作出来,并曾经在舞台上传演。后来文人的写定本只不过是在民间本基础上的加工,这样,自然会遗留诸多原本的痕迹。[2]

（原载《中华文史论丛》2001 年第 4 辑）

---

①　参见戴不凡:《王实甫年代新探》《现存金人杂剧试订》,《戴不凡戏曲研究论文集》,杭州:浙江人民出版社,1982 年,第 62~109 页。

②　此观点为徐朔方先生首先提出,见其著作《论汤显祖及其他》(上海:上海古籍出版社,1983 年)前言,及《金元杂剧的再认识》(《中华文史论丛》第 46 辑,1990 年)一文。

导致元杂剧兴盛的三种历史文化趋势

——兼评新中国成立以来诸家元杂剧繁荣原因说

元杂剧的繁荣是文艺史上一个复杂的现象,其原因是多方面的。概括地讲,它是中国戏曲发生发展的内部规律,与中唐以来社会生活方式和文化需求心理的变化,以及元朝诸多社会因素交互作用的结果。

30多年来,研讨元杂剧繁荣原因的文字何啻千万!众说纷纭,论争蜂起。然而,综观诸家之说,尽管歧意纷呈,但其眼光和立足点却出奇一致地落在两个最基本的坐标点上:一是经济的影响;二是文人地位的促成。其观察问题的角度都是一个:以元代社会现象的排比式相加,与元杂剧的繁荣直接挂钩。这种方法虽然得力于社会历史学研究的某些成果而取得一定实绩,如对元代经济发展状况、文化政策、知识分子地位等社会因素影响杂剧繁荣的程度的初步认识,但以之与元杂剧的繁荣进行直接联系则容易导致认识上的偏执。下面略举二例:

从经济角度探讨元杂剧繁荣基础有诸多说法,如社会经济全面繁荣说、经济恢复说、大都城市经济畸形发展说及社会凋敝民不聊生说,诸说皆以为自己已然操券。然而,经济发展促成说未能回答:元代为何不是诗、词及他种文艺样式的突出繁荣,而偏偏是元曲(元杂剧)得以与楚骚、汉赋、唐诗、宋词相颉颃,取得了雄踞元朝一代文体之上的霸主地位?其中大都城市经济畸形发展说,更因为近年平阳杂剧兴盛遗迹的大批发现,暴露出严重的片面性,而平阳地区的地质、地理和社区经济条件,偏偏在自古及今的历代史志文献中皆标为:其土瘠、其地狭、其民贫而俭啬。社会凋敝民不聊生说则忽视了作为舞台艺术的元杂剧的生存,对于一定社会物质条件的要求,远较他种文艺样式更为直接。事实上,对于文艺发展与社会经济发展不平衡的规律,大家都是很熟悉的,但在具体阐释现象时却忘记了。应该重申,经济因素只是影响文艺发展的一个常量(或相对常量),它与文艺的兴衰决无直接的因果联系。在探讨文艺发生、发展情况时,它只能作为一个辅助参数来提出,而在社会经济与文艺之间,还需要中介环节的过渡。

元代知识分子的地位,有认为低的,低至三教九流:"九儒十丐",绝了做官之路;有认为高的,高至免役辅政,可以夤缘得进。然而两种截然不同的判断,在与元杂剧的发展发生联系时,结论却是惊人的一致:刺激了(或调动了)作者的创作意识(或创作积极性),促进了杂剧的繁荣。仅由两种根本相反的认识,结论却一样这种现象本身来进行反思,即可看出:文人社会地位的问题亦只能是影响元杂剧发展的一个参数,而非其繁荣的直接动因。

以上两种角度的研究,都是在文艺领域里直接而机械地套用社会革命学说"经济基础决定论"和"阶级论"的模式,因而虽然在问题的某一层面上有较深的拓掘,但也限制了人们的眼光。尤其是,多年来只从某一固定角度思考问题,形成了人们习惯性思维的心理定式,它无助于思想向更深更广的领域开展和对于文艺现象的本质进行全面完整的揭示。

我以为,元杂剧的兴盛,首先应该是某种历史文化趋势发展的结果,而元朝本身的各种复杂社会条件,则是在遭受这种运动撞击时发生作用。因而,我们的眼光应该伸延到较为广远的历史领域,应该具有一种历史的纵深和渐进观念。这种历史文化趋势,至少可以从三个方向来进行思考。

首先是中国戏曲沿着自身的特定轨迹向着元代迈进的趋势——这显然是一句老生常谈,然而由于元杂剧雏形期史料的缺乏,它在文化史上的初次显露即呈现出高潮与成熟状态,常常会使人们在仰视元杂剧的灿烂成就时,无意中忽视了它还存在初级阶段的前提。也有一些学者试图解开元杂剧突然崛起之谜,努力寻找它走向形式完善的历史足迹。已故学者戴不凡先生就曾将今存元杂剧剧本一一考订,指出其中一部分形式不甚规范者应该是金代作品。其结论成立与否不论,这种发展的眼光却是可贵的。事实上,从历史文献所提供的文字资料,加上出土文物的辅助,大致还是可以看出元杂剧历史渊源脉络的。当元杂剧的嫡祖北宋汴京杂剧遭逢靖康之难后,分成两部,一部向南,一部入北。其北方一路即开始向北曲杂剧发展演变的历程。杂剧入金后记载虽寥寥,所能看到的仅有正史关于金章宗时宫廷艺人在中都(燕京)演出"凤凰四飞"杂剧的笔录,至于演出形式则语焉不详。但晋南地区保存了成批的金世宗、章宗时期杂剧雕砖墓葬,它们有两方面的重要价值:一是足证金代杂剧除中都外还在晋南地区盛行;二是透露了当时的舞台演出体制,包括表演形式的痕迹。晋南墓葬杂剧雕砖所显示的歌舞说唱的表演体制已相当完备,其前行杂剧演员进行演出,后行排列乐队(个别还设乐床)的演出形式已与后世无异(反映元杂剧演出场面的洪洞县明应王殿忠都秀作场壁画即如此)。与中州墓葬出土的北宋末期杂剧雕砖形象相较,可看出 50 年后的金代杂剧演出形式已由单纯科白表演向综合歌舞化过渡。当时诸宫调歌唱艺术的高度发展与杂剧进化相辅相成,恰恰是在金章宗时产生了一代名作"董西厢"(一说即产自晋南地区),钟嗣成取董解元作《录鬼簿》第一人,为有深意。金章宗时有不少词曲说唱作品流传至明初,藩王朱权于《太和正音谱》中"析定乐府一十五家",特标"承安体"(承安,金章宗年号)一体,称"华观伟丽,过于泆乐",这恰恰是金章宗时"典章文物粲然"①而"极意声色之娱"②时代风习的写照。将金代中期杂剧舞台演出体制的趋于成熟与文人从事诸宫调说唱艺术底本的写作这两件事实联系起来考虑,金末杂剧创作有可能已达到基本成熟的程度。杂剧剧目从艺人们的即兴演出和教坊大使的编撰,到文人阶层开始参与创作,这个转变的实现应该是在金末完成的。如果不是历史的变故恰恰在这时发生,北曲杂剧的繁荣即有可能提前出现。金末战火,摧毁了文化艺术的生存根基,孕育中的北曲杂剧成为一股潜流并没有断绝。

当北曲杂剧的长期孕育过程已经走完,当它以充分准备的态势来面向前程时,一个基本合适的社会生存条件就会成为触发它勃然兴盛的契机。因而,一旦遇到元代至元年间相对稳定的社会环境,便突然崛起而大放光彩。元杂剧形式的成熟,是一种社会文化长期孕育的结果,是这种艺术样式长期发育的结晶,而决非元朝本身经济政治因素直接作用的必然。元朝经

---

① 《金史·章宗纪》,四库全书本。
② 〔宋〕宇文懋昭:《大金国志》卷二十一,四库全书本。

济可以影响杂剧的兴盛规模、面貌和声势,但不能决定杂剧自身的发展与完善。如果,杂剧在它孕育成熟时,所碰到的不是元朝而是其他种类型的文化土壤,它或许是另一种样子,但在适当的时期达到兴盛则是必然的。下述例证将是最好的说明:北宋杂剧在靖康年间南北分流后,于南北两块不同的地域、两种不同的社会环境中,几乎同时形成了成熟的戏曲形式——南戏和北杂剧,而南宋与元朝的政治经济情况却相去不啻千里。只有从上述观点出发,这种现象才能得到解释。

其次是社会生活方式的变化导致市民文化兴起并普及的趋势。中唐以后,巨大的社会动乱和藩镇割据,促成了中国社会生活方式在许多方面的变化,例如在集市贸易基础上全国星罗棋布的市、镇、集市的兴起,社会商业经济的迅速繁荣,商业网的形成与水陆交通的四通八达,贵族势力的衰落与商人地主、市民阶层的崛起等。这些变化反映在城市结构中的一个突出表现,即是晚唐以来城坊制度的日渐废弛,到北宋中期以后,"坊市之名多失标榜,民不复称"①,"不闻街鼓之声,金吾之职废矣"②。而反映在社会结构中的一个突出变化,则是不重族望而重实际资产,北宋城市居民已按现有资产定等③,民俗亦发生相应变化,宋人赵彦卫《云麓漫钞》卷三云:"唐人推崔、卢等姓为甲族,虽子孙贫贱皆家世所重。今人不复以氏族为事,王公之女,苟贫乏,有盛年而不能嫁者;闾阎富室,便可以婚侯门,婿甲科。"上述变化产生的直接后果是城市瓦舍勾栏的出现和市民冶游之风的兴起。如汴京"街南桑家瓦子,近北则中瓦,次里瓦,其中大小勾栏五十余座。内中瓦子莲花棚、牡丹棚、里瓦子夜叉棚、象棚最大,可容数千人。自丁仙现、王团子、张七圣辈,后来可有人于此作场。瓦子中有货药、卖卦、喝故衣、探博饮食、剃剪、纸画、令曲之类。终日居此,不觉抵暮"④。在这种社会基础上,市民文化迅速兴起,众多通俗文艺品种一时风靡,吸引了几乎整个社会下层的注意力和兴趣。首先是城市勾栏棚里包括杂剧在内的各种技艺演出几无虚辰,"不以风

导致元杂剧兴盛的三种历史文化趋势

① 〔宋〕朱长文:《吴郡图经续记》卷上,四库全书本。
② 〔宋〕宋敏求:《春明退朝录》卷上,四库全书本。
③ 参见《宋会要辑稿》"食货"六九至七九,四库全书本。
④ 〔宋〕孟元老:《东京梦华录》卷二,四库全书本。

雨寒暑,诸棚看人,日日如是"①。商业化演出的条件为通俗艺术的普及和杂剧的进化创造了极好的环境。而元代遍及全国城市的勾栏及其演出活动,即如元人夏庭芝《青楼集志》所云:"内而京师,外而郡邑,皆有所谓构栏者。辟优萃而隶乐,观者挥金与之。"则是这种商业性文化发展的结果。其次是这种通俗文艺演出随艺人团体的流动沿着水陆商道向广大农村地区蔓延。当它们的文化影响扩及农村后,又与农村文化娱乐活动的主要方式——迎神赛社结合起来,站稳了其在乡村的立足点。从金代中叶世宗、章宗时期在晋南农村出现成批的杂剧、社火雕砖墓葬可以看出,当时北方的戏曲活动已遍及农村生活的各个角落。下面几则资料可以作为农村祭祀演出活动盛大场面的状摹:

> 《重修中岳庙记》:"每至清明届候,媚景方浓,千里非遥,万人斯集,歌乐震野,币帛盈庭。陆海之珍,咸聚于此……"(《金石萃编》卷二二三"宋一")
>
> 《耀州三原县荆山神泉谷后土庙记》:"每当季春中休前二日张乐祀神,远近之人不期而会,居街坊者倾市而来,处田里者舍农而至,肩摩踵接,塞于庙下。不知是极神休而专奉香火,是纵己欲而徒为侠游,何致如此之繁伙哉?"(《金石萃编》卷一五八"金五")
>
> 《广禅侯碑》:"至于清和诞辰,敬诚设供演戏,车马骈集;香篆霭其氤氲,杯盘竞其交错,途歌里咏,伛偻提携,往来而不绝者,至日致祭于此也。"(按:碑在山西省临汾市魏村牛王庙廊下,为清光绪二十四年重刻元时碑文)

这种声势浩大的庙会戏乐活动,成为杂剧在农村得以稳固发展的极为可靠的阵地。

中唐以来社会生活方式的变化孕育了通俗文艺的兴起和普及,当戏剧从王公贵族的红氍毹中走出来而直接在下层人民中进行商业性质的演出,

---

① 〔宋〕孟元老:《东京梦华录》卷五,四库全书本。

成为整个社会的普及艺术,当城市的瓦舍勾栏和乡村的神庙戏台成为各类表演技艺融会综合向成熟戏曲转化的合宜场所时,戏曲繁荣期的到来就为时不远了。

再次是人们文化需求心理发生变化、在文艺作品中表现人的意识不断加强的趋势。中唐以后五花八门、多姿多彩的近世市井生活,使社会生活的内容极大地充实和丰富起来,市俗生活的平易而温馨,人情世态的委婉而曲折,导致人们的审美眼光从汉、唐的雄浑博大转而为细致入微。经济、事功的歌颂为儿女情长的眷恋所代替,文艺作品中状物写景、抒情议论、高深典雅的诗、文、赋退居文人案头,曲尽描摹世俗生活、委委谈叙人间悲欢离合的说唱文艺进入市民日常的欣赏活动。而在通俗文艺作品中,则完成了其表现对象从物到人的巨大转变。以人物发迹变态、爱情婚姻为主题的文学作品最早出现于中唐的传奇小说里,那时还是作为文人士大夫茶余饭后的消遣谈资,其文言写法与书面流传方式也仅限于通行在文人阶层中。宋代以后通俗文艺品种兴起,这类主题的表现任务就为各类技艺所负载,迅速在广大市民观众里传播。例如著名唐代传奇《莺莺传》,北宋时即被赵令畤改写为民间说唱形式——鼓子词(【商调·蝶恋花】),从此被之管弦,播于众耳。赵氏于此曲小序中曰:"夫传奇者(指《莺莺传》),唐元微之所述也。……至今士大夫极谈幽玄,访奇述异,无不举此以为美话。至于倡优女子,皆能调说大略。惜乎不被之以声律,故不能播之声乐,形之管弦,好事君子,极饮肆欢之际,愿欲一听其说,或举其末而忘其本,或纪其略而不及终其篇,此吾曹之所共恨也者。"遂动写作鼓子词以供说唱之念。可以推测,赵词出后,莺莺事迹一定在民间取得了远较以前广泛的传播。《莺莺传》传奇在金章宗时又被董解元改写作诸宫调,更加名声大噪、妇孺皆知,成为元杂剧《西厢记》的蓝本。《莺莺传》从传奇到鼓子词,再到诸宫调,又到元杂剧,其间一脉相承,历久不衰之理,皆在于它内容上对于人世情感的描写,适应了时代观众对于人的命运的关怀心理。宋代说话的兴盛亦与这种社会审美趣味的发展紧密相连,宋人罗烨《醉翁谈录》卷一描写了说话在听众心理上所引起的共鸣现象:"说国贼怀奸从佞,遣愚夫等辈生嗔;说忠臣负屈衔冤,铁心肠也须下泪;讲鬼怪,令羽士心寒胆战;论闺怨,遣佳人绿惨红愁;说人头厮挺,令羽士快

165

心;言两阵对圆,使雄夫壮志。"总之,是人物命运打动了人心,产生了极强的感染力量。至于元杂剧,在它的形式成熟之后,则更是以舞台形象来穷尽人间风情、世俗之态。元初胡袛遹《紫山大全集》卷八《赠宋氏序》,是一篇突出强调了人在世界上的中心位置,又从这个观点出发,极力推崇杂剧演出对于人的表现的议论,引录如下:

> 百物之中,莫灵莫贵于人,然莫愁苦于人……此圣人所以作乐,以宣其抑郁,乐工伶人之亦可爱也。乐音与政通,而伎剧亦随时所尚而变。近代教坊院本之外,再变而为杂剧。既谓之杂,上则朝廷君臣政治之得失,下则闾里市井父子兄弟夫妇朋友之厚薄,以致医药卜筮释道商贾之人情物理,殊方异域风俗语言之不同:无一物不得其情,不穷其态。以一女子而兼万人之所为,尤可以悦耳目而舒心思,岂前古女乐之所拟伦也。全此义者,吾于宋氏见之矣!

这几乎可以看成是元人对人的价值的肯定、对杂剧舞台表现人的极为优越地位的认识的一篇宣言,极富启发意义。

随着人们对文艺作品欣赏心理的变化,世俗生活内容的表现被推到了首要地位。当杂剧的发展趋于成熟,它在舞台上已从滑稽科诨的表演进化到能够曲尽其态、细致入微地表现人物的生活命运、喜怒哀乐,完整地展现事件的始末,这时,其舞台形式的形象性、逼真性及其戏剧性,就发挥了无比的审美娱悦力量,立即成为众多说唱表演技艺之首,将观众的主要注意力吸引到自己身上来。

上述三种历史文化趋势,彼此联系,互为促进。社会生活方式的改变为杂剧演出创造了大批城乡勾栏瓦舍、神庙戏台存在的演出条件,这种条件使杂剧得以在其中长期发展演变,逐渐向成熟的戏曲过渡。社会生活方式变化带来人们文化需求心理的变化,对于文艺作品中以人为表现主体的意识突出了,这种要求促使杂剧由摹状短小的人情世态场面向表演完整的故事转化。杂剧发展成熟后,因其极为有利的舞台手段,立即成为形象表现人生命运、社会心理、历史事件的最为擅长的艺术,拥有社会上最为广大的观众群,因而具备了成为一代文体的先决条件。这三种历史文化趋势的合力,在金末发展到了其临界点,共同构成了元杂剧繁荣的前提。于是,当元代社会条件恰恰成为比较适宜的土壤时,便迅速发展为一代之盛。

元代前期,战乱过去,适逢忽必烈的经济恢复、文化气氛较为宽松时期。金代杂剧盛行地区的社会条件得到改善。燕京于 13 世纪 20 年代毁于战火,40 年代逐渐恢复,一些离散的文人逐渐聚拢于此,开始了创作。如元人陶宗仪《南村辍耕录》卷二十三载,关汉卿的好友王和卿于中统初(约 1260)即在燕京创作了【醉中天】散曲。1264 年忽必烈将京城由上都开平府迁徙于燕,燕京自此日渐繁华。平阳民间则开始陆续修复并兴建庙宇戏台,见于文献记载和文物遗存的,即有至元二年(1265)渑池县昭济侯庙新建"舞亭"①、至元八年(1271)万荣县太赵村稷王庙新修"舞厅"②、至元十二年(1275)平阳府新修岱岳庙及建造"乐亭"③等。这类公众活动是人们在安居和聊得温饱后,对宗教、娱乐等文化事业的一种心理渴求的反映。已经成熟了的元杂剧即在此基础上开始兴盛。

元杂剧的兴盛遇到了一个极为特殊的条件,即历史的变故和异族的压迫。元灭金,一些在金末可能已开始杂剧创作的作家,遂绝意功名,隐迹市廛,流连于勾栏瓦舍之中。元人朱经《青楼集序》曰:"我皇元初并海宇,而金之遗民若杜散人、白兰谷、关已斋辈,皆不屑仕进,乃嘲风弄月,留连光景。"这就使他们有条件熟悉民间戏曲演出的形式,从而大量写作剧本。元朝实行的民族歧视和压迫政策,致使汉人知识分子地位下降,更多人亦绝了仕进之望,遂借杂剧创作以抒发忧愤。两种因素的结合,促成元代前期文人杂剧创作的兴盛。创作兴盛是建立在当时勾栏戏台演出基础之上的,反过来,创作提供了更多的新剧目,又促进了演出。而文人之所以恰恰选择杂剧这一文艺样式来创作,正在于它已达到成熟的阶段,是表现人生忧患意识的最好舞台手段。另外,勾栏商业化演出的条件,又可使写作剧本的杂剧作者取得生活经济来源。因此,忽必烈时期元杂剧的突发异彩实在是各种历史

---

① 参见〔元〕雷豫:《昭济侯献殿舞亭记》,《中州金石目》卷四"渑池",丛书集成初编本。

② 参见丁明夷:《山西中南部的宋元舞台》,《文物》1972 年第 4 期。

③ 参见〔元〕王恽:《平阳路景行里新修岱岳行祠记》,《秋涧集》卷三十七,四部丛刊本。

条件交互作用的结果。否则,文人既借诗、词、曲、赋亦可以寄情写意、抒发幽思,正无须一致投入杂剧创作之中。

元杂剧思想内容方面的突出特点倒是元朝文禁松弛、礼教伦理秩序不严所造成的。这一点可与南宋婚变戏的大量占据舞台相比照。北杂剧在反映社会生活范围的广阔性和揭示社会矛盾的深刻性上着实高出南戏一筹。这与作者的愤世情绪、反抗心理以及能够秉笔直书有着直接的关系,《窦娥冤》里的激愤言辞:"地也,你不分好歹何为地! 天也,你错勘贤愚枉做天!"那种呼天骂地的气势,在中国封建社会里只有元朝的历史条件才可能出现。但这已经不是探讨元杂剧繁荣原因时所注意的目标,而是把握元杂剧内容的时代特色时所应重视的因素。

至于元朝某一时期中杂剧创作与演出所发生的变化,与文人地位、经济发展状况等因素相关,那亦只能是在进行元杂剧发展分期研究时应注目的情况,与作为一代文体的元杂剧的整体繁荣的关系已不很密切了。

总之,元杂剧在元代的繁荣是自然的瓜熟蒂落,是三种社会历史文化趋势发展的必然结果,至于元代本身的社会生态,诸如社区经济的特殊发展、特殊的政治文化气候、知识分子的变态心理等,只能影响元杂剧繁荣的规模、声势、范围和时期性,但它们必须通过上述历史文化趋势而起作用。我们不能够静止地用割取历史横剖面的方法来提取元杂剧繁荣的原因,那将继续导致片面结论的出现。

(原载《艺术百家》1987 年第 2 期)

冲州撞府：从瓦舍勾栏到庙会戏台

——元杂剧活动方式考察

　　戏剧生存的一个重要条件是剧场，宋元时期城市中发展起来的瓦舍勾栏，是当时戏曲得以走向繁荣的重要因素。北宋时期的瓦舍勾栏只见于《东京梦华录》对于汴京的记载，南宋以后，瓦舍勾栏开始在临安重建，逐渐发展到周围城市。元代瓦舍勾栏则遍及全国各地。元人夏庭芝《青楼集志》曰："内而京师，外而郡邑，皆有所谓构栏者。辟优萃而隶乐，观者挥金与之。"瓦舍勾栏是城市里商业化的演出场所，以之为纽带，元杂剧得以将自己的生存建立在观众群体之上。元代的京城大都是全国杂剧活动的中心，还在它刚刚立都时就已经有了瓦舍的设置，见之于早期杂剧作家李直夫《虎头牌》一剧，其中第二折说道："则俺那生忿忤逆的丑生，有人向中都曾见。伴着伙泼男也那泼女，茶房也那酒肆，在那瓦市里穿，几年间再没个信儿传。"元初至元元年（1264）继承金代的称谓，把北京叫作中都，至元九年（1272）才改为大都。这里既然用"中都"的说法，可见这本杂剧创作于元代初期，描写的是当时的情况。元初中都的瓦市也有可能是继承了金代的建制。

　　除大都外，建有瓦舍勾栏见于文献记载的还有如下几个城市：一是洛阳。见元代南戏《错立身》和元明无名氏杂剧《蓝采和》。二是东平。南戏《错立身》里的那个杂剧班子从东平到洛阳演出，由于受到当地官府的斥逐，又回到家乡东平。东平是一个戏剧活动十分活跃的城市，"端的有驰名的散乐，善舞的歌工。做几段笑乐院本，搬演些节义戏文"①。所以一定有很多的瓦舍勾栏。三是真定。元人葛逻禄乃贤《河朔访古记》卷上言："真定路

---

① 元明失名《王矮虎大闹东平府》杂剧第三折，脉望馆抄校本。

之南门曰阳和……左右挟二瓦市,优肆娼门,酒炉茶灶,豪商大贾并集于此。"真定这两个瓦市产生于何时,书中没有提及,大概在至元前期就已经兴盛了。因为至元十一年(1274)河北河南道巡行劝农官申奏,在邻近真定府的束鹿县(今河北辛集市)村社中,"见人家内聚百人,自般词传,动乐饮酒",并"攒钱置面戏等物""学习散乐,般说词话"①。"农民市户良家子弟"自动聚集起来,按照"词话"来排演戏曲的风气,与附近大都市里瓦舍勾栏演出的盛行应该有直接关系。四是松江。见元人陶宗仪《南村辍耕录》卷二十四"勾栏压"条。文中标明了时间:至元壬寅。但是查检元代纪年,有两个壬寅年,一为大德六年(1302),一为至正二十二年(1362),都不在至元年号里,可能是刻板致误,因此其具体时间仍然不明。但至少这一条历史掌故明确标示了事件发生的时间和地点,可以当作信史来看。

除上述直接见于文献记载的外,我们还可以从其他途径推测元代全国城镇瓦舍勾栏的设置情况。夏庭芝《青楼集》里记载了许多全国知名的杂剧女艺人的活动,而凡是她们演出的城市,都应该建设有瓦舍勾栏。这样,我们就得到下述地名:大都、金陵、昆山、婺州、维扬、云间、湖州、松江、京口、沂州、武昌等城市和湖南、浙江、江西、山东等省。还有一些名称只是笼统标示了地域方位,如湘湖、湖广、江湘、江淮、江浙、淮浙、江右等,大体不出两湖和东南几省的范围。另外,一些女艺人的艺名可能得自她们演出的城市,这样就又有一些城市名和地区名被指示出来,它们有:开封(梁园秀)、平阳(平阳奴)以及陇西(西夏秀)等。戏曲文物还提供了另外一个女艺人的乐名"忠都秀""忠都""中都"也,唐开元八年(720)曾以蒲州(今山西永济市)为中都,那么,蒲州也是一个设置有瓦舍勾栏的城市。

综括上述记载,元代瓦舍勾栏的分布地域是极其广泛的,黄河与长江的中下游地区都有其踪迹,而主要集中地带则是从大都到江浙的运河沿岸城镇。

施耐庵写于元明之交的《水浒传》里,也描写了一些瓦舍勾栏的情况,可以作为参证材料在这里提出来。其第二十九回描述快活林酒店:"里面坐着

① 《元典章》第五十七卷,"刑部"十九《杂禁》。

一个年纪小的妇人，正是蒋门神初来孟州新娶的妾，原是西瓦子里唱说诸般宫调的顶老。"这是山东孟州的情况。第二十一、五十一回写到山东郓城县的瓦舍勾栏活动："这张文远却是宋江的同房押司，那厮唤做小张三，生得眉清目秀，齿白唇红。平昔只爱去三瓦两舍，飘蓬浮荡，学得一身风流俊俏。更兼品竹调丝，无有不会。""李小二道：'都头出去了许多时，不知此处近日有个东京新来打踅的行院，色艺双绝，叫做白秀英。那妮子来参都头，却值公差出外不在，如今现在勾栏里，说唱诸般品调，每日有那一般打散，或是戏舞，或是吹弹，或是歌唱，赚得那人山人海价看。都头如何不去睃一睃？端的是好个粉头！'雷横听了，又遇心闲，便和那李小二径到勾栏里来看。"当时山东的一般城镇里应该都有瓦舍勾栏的设置，所以东京（开封）艺人才能到那里去"打踅"，这一点，同书第三十三回提供了证据：宋江来到青州清风镇，"那清风镇上也有几座小勾栏并茶坊酒肆，自不必说得。当日宋江与这体己人在小勾栏里闲看了一回"。《水浒传》虽说写的是北宋时候的事，但对社会风俗进行逼真状摹，作者应该借用了自己的生活经历。

元朝勾栏最著名的是洛阳的梁园棚。《蓝采和》杂剧一折："贫道观看多时，见洛阳梁园棚内有一伶人……"从这里知道洛阳有座勾栏棚命名为"梁园棚"。那么，历史上是否实有其物呢？我们再用其他文献来参证。元高安道作有散曲《嗓淡行院》，用以讽刺一个劣等戏班的表演，最后说它："梁园中可惯经，桑园里串的熟。"意思是说它只配在农村赶场，根本没见过梁园那样的勾栏，证明梁园棚曾经存在。明人汤式所作《新建构栏教坊求赞》，赞美明初南京宫廷教坊所建的一座大勾栏："这构栏领莺花独镇着乾坤内，便一万座梁园也到不得。"也用梁园棚来作比，可见梁园棚是此前一座最出色的勾栏棚。

如此众多的瓦舍勾栏，为戏曲的活动提供了极为便利的场所，因而成为元杂剧赖以繁荣的基地。元杂剧最主要的活动方式就是在勾栏里进行商业性的演出。《蓝采和》杂剧第一折里提到戏班子的勾栏作场："（旦同外旦引俫儿，二净扮王、李上。净云）俺两个一个是王把色，一个是李薄头。俺哥哥是蓝采和。俺在这梁园棚内勾栏里做场。这个是俺嫂嫂。俺先去勾栏里收拾去。开了勾栏门，看有什么人来。"这个戏班在勾栏里至少上演了下述元杂剧剧目:《金水题红怨》《玉女琵琶怨》《老令公刀对刀》《小尉迟鞭对鞭》《三王定政》《黑旋风诗酒丽春园》《韩退之雪拥蓝关记》。勾栏演出的方式,元人杜善夫的《庄家不识勾栏》和高安道的《嗓淡行院》散套有着详细的描写:观众付钱入内("要了二百钱放过咱"),在观众席落座(所谓"神楼"和"腰棚"),演员在戏台上表演,演完后散场。大体上已经接近后世的剧场活动形式。戏班演员则通过勾栏作场所收取的费用来养家糊口。《错立身》第四出赵茜海对女儿说:"孩儿,叫你出来,别无甚事,只为衣饭。明日做甚杂剧?"《蓝采和》杂剧第三折里艺人许坚出家后,他妻子求他:"你回家去,收拾勾栏,做几场戏俺家盘缠,你再出来。"

通常戏班演出并不固定在一座勾栏内,但如果艺人技艺好,名声大,也可以长期不换地方。《蓝采和》第一折许坚说自己:"试看我行针步线,俺在这梁园棚①一交却又早二十年。常则是与人方便,会客周全。做一段有憎爱劝贤孝新院本,觅几文济饥寒得温暖养家钱。俺这里不比别州县,学这几分薄艺,胜似千顷良田。"可见蓝采和戏班基本上有自己固定的勾栏,而且收入相当丰厚。这种情况在宋代即已出现。能在勾栏里相对固定地站住脚,取决于戏班的演出水平。元人散套《嗓淡行院》讽刺一个低劣戏班在哪里都不受欢迎,所以只好来回换地方:"淡翻东瓦来西瓦,却甚放走南州共北州。"

勾栏演出对艺人来说是一种严酷的竞争,所以《蓝采和》第二折说:"但去处夺利争名。"有时会碰见和别的勾栏棚一起演出与竞赛的情况,那时就靠艺人本事和剧本的优劣来争夺观众:"若逢对棚,怎生来妆点的排场盛?倚仗着粉鼻凹五七并,依着这书会社恩官求些好本令。"另外,也看谁击打的乐器响,如元人《咏鼓》散套用鼓的口气说:"争构阑把我来妆标垛。"一个戏班往往靠一个主要艺人撑台,许坚出家以后,"自从哥哥去了,勾栏里就没人看"②。艺人(尤其是女艺人)的青春年少是她们得以竞争获胜的重要条件,《错立身》里艺人王金榜自诩:"奴家年少正青春,占州城煞有声名。"明初朱有燉杂剧《桃园景》里也有类似描写:"(外旦引侠上云)老身姓李,名桔园

---

① 此字原作"城",因在他处皆作"棚",如"见洛阳梁园棚内有一伶人""贫道直至下方梁园棚内引度此人""俺在这梁园棚内勾栏做场""梁园棚勾栏里末尼蓝采和做场哩"等,故改。

② 元明失名《蓝采和》杂剧第三折,脉望馆抄校本。

奴。是这保定府在城乐户……老身年小时，这城中做构栏内第一名旦色。如今年纪过去了。不想如今有臧家一个小妮子长成了，十分唱的好，四般乐器皆能，又做的好杂剧。但构栏里并官长家，都子喝彩他，十分有衣饭。俺家的衣饭，都被那臧弟子搀夺了。"人老珠黄的艺人就只好给年轻人打下手，《蓝采和》第四折说："王把色我如今八十岁，李薄头七十岁，嫂嫂九十岁，都老了。也做不的营生，他每年小的便做场，我们与他擂鼓。"勾栏里表演得出色，就会受到观众喝彩。《水浒传》第五十一回："合棚价众人喝采不绝。"喝彩当时叫作"妆喝"（"妆哈"），如《蓝采和》第三折："不争我又做场，又索央众父老每妆喝。"《庄家不识勾栏》："难得的妆哈。"如果演出质量不好，也免不了遭到观众的报复，所谓"凹了也难收救：四边厢土掺，八下里砖丢。"总之，勾栏演出是受到市场经济规律的严格支配的。

既然戏班不可能长期固定在一个勾栏里演出，形势就逼迫它们选择流动作场、四处卖艺的经营方式。前面提到南戏《错立身》写了一个杂剧班子自山东东平到河南洛阳作场，后来又回东平府去演出。当这个戏班挪移时，并不是单纯只赶路，而是沿路只要遇到城镇，就在当地勾栏里表演几场。所以延寿马追赶他们，每到一座城市，就去勾栏里查看，终于找到了他们。这个戏班就是在城市间作流动演出。元代艺人在山东、河南之间作巡回演出，似乎是很经常的事情，《水浒传》第五十一回也说到一个说唱艺人从河南开封到山东郓城县"打踅"的情况："李小二道：'都头出去了许多时，不知此处近日有个东京新来打踅的行院，色艺双绝，叫做白秀英。……如今现在勾栏里，说唱诸般品调。"再如第一百三回也讲到一个艺人从河南洛阳到新安定山堡内段家庄演出："那粉头是西京来新打踅的行院，色艺双绝，赚得人山人海价看。"一直到明初，仍有山东一带的戏班子到河南开封来演出。如朱有燉《神仙会》杂剧末云："小生昨日街上闲行，见了四个乐工，自山东瀛州来到此处，打踅觅钱。"后来就由戏班里的净、捷讥、副末、末尼几个角色做院本《长寿仙献香添寿》。南方同样有大批流动的艺人。《青楼集》里载有许多女演员皆驰名一个地区，如张心哥，"驰名江、淮"；小玉梅，"独步江、浙"；翠荷秀，"自维扬来云间"；李芝仪之女童童，"间来松江，后归维扬"；小春宴，"自武昌来浙西"；帘前秀，"武昌、湖南等处，多敬爱之"；等等。这些艺人都是在当地四处演出的。另外如"平阳奴""驰名金陵"。她或许是得名于平阳,以后到金陵演出,也有可能是在金陵演红以后,以原产地命名。

艺人流动演出的原因:一是能够扩大观众面,亦即增加商业化的寄食条件;二是可以缓和观众不断更新剧目的要求与演员、戏班受到种种条件限制、制约之间的矛盾。例如演员会演的剧目有一定的限量,《青楼集》推掖李芝秀:"赋性聪慧,记杂剧三百余段。当时旦色,号为广记者,皆不及也。"这是记忆力极其出众的演员,一般人则很少能够达到。《青楼集》又说小春宴:"天性聪慧,记性最高。勾阑中作场,常写其名目,贴于四周遭梁上,任看官选拣需索。近世广记者,少有其比。"但这样做的条件却是艺人能记得足够多的剧目供人挑选。朱有燉杂剧《香囊怨》里也描写了一位博记的艺人:"今此女子,不比其他之妓,十分能弹能唱,记得有五六十个杂剧。"接下来,刘腊儿就数了 32 个杂剧的名字。上述都是称颂艺人记性好的例子。反过来看,一般人要达到这种水平就是很困难的了。在实际演出中,如果会演的剧目不多,就难免在观众面前捉襟见肘。《蓝采和》第一折里描写了一段观众点戏的情节,很能说明这一问题。"(钟云)我特来看你做杂剧。你做一段什么杂剧我看?(正末云)师父要做什么杂剧?(钟云)但是你记的,数来我听。(正末云)我数几段师父听咱。(唱)什杂剧请恩官望着心爱的选。"蓝采和一共数了 7 个杂剧名字,钟离权都不看,仍要"别作一段",最后蓝采和说:"小人其实本事浅,感谢看官相可怜。"只好认输了。这个戏里的汉钟离虽然是有意刁难蓝采和,但让人点剧大概是当时习俗。演员学戏毕竟有限,而且更新剧目还要添置新的戏衣行头砌末之类,困难很多。在一处固定演出一段时间以后,会演的剧目演完了,就不能满足观众新的要求。流动作场则可以避免较频繁的剧目更换与更新,而用更换演出地域和观众群的办法来保持演出剧目的相对稳定性。

另外,元杂剧的表演已经明确划分了行当。明初朱权《太和正音谱》总结为"杂剧十二科",各科的重头戏不同,对演员的要求也不同。艺人们则多有表演上的侧重,各人有自己的行当。这就限制了演员对于演出剧目的选择。如《青楼集》所载杂剧女艺人中,除赵偏惜、朱锦秀、燕山秀 3 人为"旦末双全"外,南春宴"长于驾头杂剧",国玉第、天锡秀、平阳奴善"绿林杂剧"，李娇儿、张奔儿、顾山山、孔千金长"花旦杂剧"，米里哈"专工贴旦杂剧"，大都秀则"外脚供过亦妙"。只有珠帘秀"杂剧为当今独步；驾头、花旦、软末泥等，悉造其妙"。顺时秀"杂剧为闺怨最高，驾头诸旦本亦得体"。天然秀"闺怨杂剧，为当时第一手，花旦、驾头，亦臻其妙"。这3个人为当时戏曲艺人之最了。艺人因演出行当的限制而对剧目有所选择，就更加减少了可演剧目。流动演出，可以缓和剧目减少的矛盾。反过来，由于演员各有自己的擅长技艺，又可成为其四处标榜的资本，恰可打出自己的旗号到处游走，作为号召，扩大宣传。

元杂剧戏班采取流动作场方式的可行性，还因为当时城乡之间有着大量庙会社火演出的机会而使之变得更加现实。华夏民族用社火舞乐来祭祀鬼神，庆贺节典，自楚汉的"其祠必作歌乐歌舞以乐诸神"①，"祈名岳、望山川，椎牛击鼓，戏倡舞像"②以来，已经形成深厚传统，并且日趋隆盛。宋以后，民间巫神小庙的建立数量极多，凡有忠义贤孝、灵异奇变，都随处立庙，供奉香火。历代统治者多视之为"淫祠"，一再下令拆除。例如，北宋政和元年(1111)徽宗就曾下诏令开封府把"神祠不在祀典者毁之""凡毁一千三十八区，仍禁军民擅立神祠"③。仅仅一个开封府就毁掉如此多的巫神杂庙，当时全国各地城乡庙宇的众多可以概见。宋以后戏曲成熟，民间神庙祭祀就和戏曲文化结合了起来。《东京梦华录》卷八记载汴京万胜门外灌口二郎神生日庙会情况："于殿前露台上设乐棚，教坊、钧容直作乐，更互杂剧舞旋。"《武林旧事》卷三"社会"条也说杭州二月八日桐川张王生辰，霍山行宫朝拜极盛，百戏竞集，其中第一项就是杭州著名杂剧班社绯绿社的杂剧演出。同书还说："若三月三日殿司真武会，三月二十八日东岳生辰社会之盛，大率类此。"而《梦粱录》卷十三提到杭州庙宇名字的就有95座，轮番祭祀一遍(通常神庙祭祀都需要3天以上时间)，一年中也就没有空闲日子了。那要多少戏班来演出？城乡民俗又有众多的节日需要庆贺，如正月里从元旦到元宵节是社火表演的集中时期，届时照例有大量戏曲演出，见于宋代各

175

① 〔汉〕王逸:《楚辞章句》,四库全书本。

② 〔汉〕桓宽:《盐铁论》第六卷,四库全书本。

③ 《文献通考》第九十卷"杂祠淫祠"条,四库全书本。

种笔记的记载。七月十五中元节,则连续 7 天搬演《目连救母》杂剧。① 元代把这些习俗全部继承下来,无疑为元杂剧的兴盛提供了又一块肥沃的土壤。

杂剧戏班一年四季在城内和四乡各庙会赶赛,就形成元杂剧另外一种主要的活动方式。山西洪洞县霍山明应王殿南壁东次间墙面绘有一幅杂剧作场图,其上方帐幔横额楷书曰:"尧都见爱大行散乐忠都秀在此作场泰定元年四月□日。"所谓"尧都"指平阳(今山西临汾市),传说唐尧都于此。"忠都"指蒲州。忠都秀应该是蒲州一带的女艺人,而得到了平阳观众的推戴。她即以平阳为根据地,在这一带地区作巡回演出(例如洪洞县即为临汾市的紧邻),并于 1324 年 4 月来到明应王庙为神殿壁画落成进行献演。元延祐六年(1319)《重修明应王殿之碑》描述了元代明应王庙的祭祀娱乐情况:"每岁三月中旬八日……远而城镇,近而村落,贵者以轮蹄,下者以杖屦,挈妻子,舆老赢而至者,可胜既哉! 争以酒肴香纸,聊答神惠。而两渠资助乐艺牲币献礼,相与娱乐数日,极其厌饫,而后顾瞻恋恋犹忘归也。此则习为常。"这就是忠都秀来此赶赛的社会基础——当地人出资邀请附近大城市的著名演员和戏班来演出。类似的文物遗迹在晋南地区还有发现。例如万荣县孤山风伯雨师庙元代戏台石质残柱上刻有这样的字迹:"尧都大行散乐人张德好在此作场,大德五年三月清明,施钱十贯。"这个张德好也是平阳的杂剧艺人,他于 1301 年清明节前率领自己的戏班沿汾河南下,来到这里进行祭神演出,并为神庙捐了钱。又如在汾河的入黄口——禹门一带的河津县,也曾有过一个元代戏班的足迹,在北寺庄禹庙戏台台基石上刻着如下字样:"建舞楼,都科韩□□张鼎拙书,石匠张珍刊。庆楼台,大行散乐:古弄吕怪眼、吕宣,旦色刘秀春、刘元。"很明显,这个戏班是为该庙的舞楼建成而作庆贺演出。元明间无名氏《王矮虎大闹东平府》杂剧第三折有一段有关城市社会的描写,外扮社头云:"自家东平府在城社头,时逢稔岁,岁遇上元,在城内鼓楼下作一个元宵社会。数日前出了花招告示。俺这社会,端的有驰名的散乐,善舞的歌工。做几段笑乐院本,搬演些节义戏文。更有那鱼跃于渊

---

① 〔宋〕孟元老:《东京梦华录》第八卷,四库全书本。

的筋斗,惊眼惊心的百戏……你看城里城外,四村上下、老小男女,都来看社,好是快乐也。"这里描写的是山东元宵节社火和戏曲表演的热闹场面。

除在城市勾栏和城乡庙会演出外,元杂剧还有另外一些更活泛的演出方式。

一是请艺人到家中演出。朱有燉《美姻缘风月桃源景》杂剧里有如下剧词:"(外旦引侲上云)老身姓李,名桔园奴。是这保定府在城乐户……老身年小时,这城中做构栏内第一名旦色。如今年纪过去了。不想如今有臧家一个小妮子长成了,十分唱的好,四般乐器皆能,又做的好杂剧。但构栏里并官长家,都子喝彩他,十分有衣饭。"这是明初的情况,也可看作对元代的继承。所谓"官长家",就是被请到达官贵人家中演出。其他民户也可以出资请戏班到家里表演,这虽然不见于文献记载,但戏曲文物却为我们留下了形象资料。山西省运城市西里庄出土的元杂剧壁画,描绘的正是一幅家庭厅堂内室演出的场面。[①] 墓为平面长方形,四壁遍绘壁画。其北壁所绘为墓主人神主所在之处,有香炉、烛台、帐幔及侍女举幡侍立。东西二壁则绘艺人演出图,共12人,或演奏乐器,或当场表演。全部艺人都向北壁侧立,表示演出的对象即为墓主人的神主。这是当时家庭杂剧演出场面的生动写照。看来戏曲演出和民家红白喜事的结合早在宋元时就已经成为传统。

二是请艺人到酒楼茶肆里演唱。朱有燉《宣平巷刘金儿复落娼》杂剧里,上厅行首刘腊儿述说自己的卖艺生活:"担着个女娘名器,迎新送旧觅衣食。止不过茶房赶趁,酒肆追陪。"元无名氏《拘刷行院》散套对酒楼演唱有着生动的描写:"穿长街蓦短衢,上歌台入酒楼。忙呼乐探差祗候:众人暇日邀官舍,与你几贯青蚨唤粉头。休辞生受,请个有声名旦色,迭标垛娇羞。"表演的形式主要是旦角弹唱歌舞,所谓"【青哥儿】怎地弹,【白鹤子】怎地讴,燥躯老第四如何纽"。另外有一些乐人为她伴奏,例如"老卜儿"打拍板,"狠撅丁"敲锣等。南戏《错立身》第十二出,延寿马坐在勾栏对面的茶坊里,要求茶博士去请旦角来"作场",则是在茶肆表演的例子(当然这里只是找个借口和王金榜见面)。

177

---

① 杨富斗:《山西运城西里庄元代壁画墓》,《文物》1988 年第 4 期。

三是唤艺人"官身"。官长喊艺人到自己的府第演出，这是艺人不自愿（因为官身是不付报酬的）却又不敢违抗的例行公务。《蓝采和》第二折："（祇候上云）蓝采和开门来，大人言语，唤你官身哩。"艺人一旦被唤官身，就必须停止一切活动，立即前去。《错立身》第四出同知府派人来唤官身："相公安排筵席。勾阑罢却，勾阑罢却。休得收拾，疾忙前去莫迟疑。"当时勾栏里已经是"阵马挨楼满"，戏班主不得不"去勾栏里散了看的"。《蓝采和》第二折里末尼许坚正过生日，众人为他献酒上寿，一旦唤官身，也只得抽身前往。因为延误了官身，就会受到严重责罚。官吏因许坚稍微来迟而责骂他："你知罪么？不遵官府，失误官身，拿下去扣厅打四十。"官吏的子侄亲眷也用官府的名义宣唤官身，艺人同样不敢违抗，《错立身》里延寿马喊王金榜来"唱曲"就是这种性质。唤官身是由官长指定具体艺人去官员的府第演出，不可由其他演员代替。《蓝采和》第二折许坚被唤官身，他想推赖，没有成功："（正末云）我今日好的日头，着王把色去。（祇候云）不要他，要你去。（正末云）着李薄头去。（祇候云）也不要他。（正末云）着王把色引着妆旦色去。（祇候云）都不要，只要蓝采和去。"唤官身可以是去做小型的演出，也可以是去清唱。《错立身》第四出，王金榜被唤官身，她父亲说："孩儿与老都管先去，我收拾砌末恰来。"官差说："不要砌末，只要小唱。"小唱就是清唱，又叫散唱。《复落娼》杂剧里有句："应官身唤散唱费损精力。"

元人对于戏班流动作场的生活有着形象的表述，即"冲州撞府，求衣觅食"①。艺人演出历来是四处赶场的，唐代所谓"散乐巡村"②，宋代所谓"俯仰东西阅数州，老丁歧路岂伶优"③。元人形容戏子则是"冲州撞府妆旦色，走南投北俏郎君"④。

能在勾栏里立住脚的，自然是好戏班。如果终年只能到处流浪，在各处空地上做场的，俗呼"打野呵"，如宋代周密说的"或有路歧，不入勾栏，只在

---

① 南戏《宦门子弟错立身》第五出，钱南扬：《永乐大典戏文三种校注》，北京：中华书局，1979年，第232页。

② 《唐会要》卷三十四，四库全书本。

③ 〔宋〕苏轼：《次韵周开祖长官见寄》，见《苏东坡全集》卷十一，北京：燕山出版社，2009年。

④ 南戏《宦门子弟错立身》题目，钱南扬：《永乐大典戏文三种校注》，北京：中华书局，1979年，第219页。

要闹宽阔之处作场者，谓之'打野呵'。此又艺之次者"①。也有长期在勾栏里演出的戏班，因为某些原因终于在竞争中败退下来，退回到"打野呵"的地位。蓝采和戏班的主角许坚出家以后，这个戏班就不能再在洛阳梁园棚勾栏立脚，而成为"一火村路歧"，在"公科地"演出。人们只要一看到这种在村落广场演出的戏班，就认为它是劣等的，所谓"行院每是谁家，多管是无名器"（《蓝采和》第四折）。元人高安道《嗓淡行院》散套也讽刺一个劣等戏班说："梁园中可惯经，桑园里串的熟。似兀的武光头刘色长曹娥秀，则索赶科地沿村转瞳走。"

艺人的流动作场生活十分辛苦。《雍熙乐府》卷八《嘲妓》描写说："赶赛处空熬了岁月……也子索每日家绕户巡门，论年价撞瞳沿村。唱的是唇干口燥，舞的是眼晕头昏。"四处赶赴迎神赛社、红白喜事，沿村转庄地卖艺，自然令人产生落魄的感觉，所以同书卷七《拘刷行院》说："也不是沿村串瞳钻山兽，则是暗气吞声丧家狗。"戏班挪移必须随带砌末、行头和行李，全靠人挑驴驮，《错立身》里对此有着生动的描写。延寿马要加入王金榜戏班，考虑到戏班流动演出生活的艰难，王父说："我招你自招你，只怕你提不得杖鼓行头。"延寿马拍胸脯说："正不过沿村转庄，撞工耕地。我若得妆旦色如鱼似水，背杖鼓有何羞，提行头怕甚的！"②但是真参加了以后，由于他公子哥儿的出身，毕竟吃不了苦，"挑行李怎禁生受"。所以不免唉声叹气："路歧歧路两悠悠，不到天涯未肯休，这的是子弟下场头。撞府共冲州，遍走江湖之游。"王父责备延寿马走得太慢，他说："爹行听分剖，奈担儿难担生受，更驴儿不肯快走。"③山西省右玉县宝宁寺藏元代水陆画"右第五十八：一切巫师神女散乐伶官族横亡魂诸鬼众"一幅，下层绘有 3 个艺人，就是携带道具正在赶路的形象。④

通过上述考察，我们可以得到以下结论：元杂剧的基本活动方式有两

---

① 〔宋〕周密：《武林旧事》卷六，四库全书本。

② 南戏《宦门子弟错立身》第十二出，钱南扬：《永乐大典戏文三种校注》，北京：中华书局，1979年，第 245 页。

③ 同上第十三出，第 252~253 页。

④ 廖奔：《宋元戏曲文物与民俗》，北京：文化艺术出版社，1989 年，第 234~235 页。

种,一是在城市勾栏里作相对固定的演出,二是到四处城乡作流动演出。二者不是绝对分立的,通常是以某座城市的勾栏为立足点,而到周围地区的神庙社去巡回赶赛。有时也以几个大城市为中轴线,在其间进行流动作场。此外,也有在茶楼酒肆及人家厅堂中进行小型表演或清唱的,作为正式演出的辅助方式。

(原载《首届国际元曲研讨会论文集》,河北教育出版社,1994 年)

由《唱论》时代、宫调递减节律到明人九宫十三调

　　燕南芝庵《唱论》的产生时代尚需辩证。《中国古典戏曲论著集成》①第一册收录,于"提要"里指其为元人所作,但未提供任何依据。后人皆沿袭其说法。实际上燕南芝庵《唱论》产生于金代后期。因《唱论》为我国第一部论述北曲歌唱技法的著作,其中牵涉到的北曲演变阶段在音乐史和戏曲史研究中又关系重大,因此不得不辨明。

　　由于认为《唱论》是元代作品,于是其中开列的十七宫调,就被认为是元代北曲所运用的宫调数,今人所有权威的音乐史和戏曲史著作都如此。但元代周德清《中原音韵》里虽然照抄了《唱论》关于宫调调性风格描写的一段文字,其中开列的北曲曲牌 335 支,实际上却只隶属于 12 个宫调,并专门注明:"自轩辕制律一十七宫调,今之所传者一十有二。"这就造成其著作中前后不一的矛盾。《唱论》显然不是与《中原音韵》同时代的作品,而要早于它。

一、《唱论》产生的时代

　　《唱论》最早刊载于元人杨朝英所编《乐府新编阳春白雪》(以下简称《阳春白雪》)卷首,署为"燕南芝庵先生撰"。燕南芝庵生平无考,元代王恽《秋涧文集》卷九有《赠僧芝庵》诗,一般据以认为燕南芝庵即僧芝庵。其《唱论》署名既然冠以"燕南"字样,说明其籍贯或居住地在河北中南部一

---

①　中国戏曲研究院编:《中国古典戏曲论著集成》,北京:中国戏剧出版社,1957 年。

带。《阳春白雪》在元泰定元年(1324年)以前已经流传于世,元代周德清《中原音韵·自序》说,友人萧存存见到《阳春白雪》集里所收曲调,往往不谐音律,因而于泰定元年向他求教,他于是作《中原音韵》一书。可见《阳春白雪》至少成书于泰定以前,而燕南芝庵的时代更要靠前。但这只划出了《唱论》时代的下限。

这里首先判定它不能晚到元代:

第一,《唱论》里规范北曲为6宫11调一共17宫调,这是金代的情况。宋代实际运用宫调为18个①或19个②,金代《刘知远诸宫调》和《西厢记诸宫调》里运用了14个宫调,元代北曲运用的只有12个宫调③,元人王伯良《天宝遗事诸宫调》所用宫调仅为10个,而元杂剧里运用的宫调更少至9个④。根据宫调数目逐步递减的规律,以《唱论》宫调设置与其他文献相对照,它显然处于金代阶段。周德清将17宫调归为轩辕所创,虽然极为牵强比附并缺乏史实,但却证明他认为17宫调属于古律,与当世情况不符。《唱论》里将17宫调的调性特征一一形容出来,这是元人无法做到的。所以周德清写《中原音韵》时,就照抄了《唱论》的这一段。以后明人朱权《太和正音谱》更是抄录《唱论》全篇。

第二,《唱论》中提到的一些曲名,不见于元人散曲和杂剧。如正文所引"凡唱曲有地所"一段里提到的六种曲名【木兰花慢】【摸鱼子】【生查子】【木斛沙】【阳关三叠】【黑漆弩】,前四种在《中原音韵》所开列的北曲曲名中都无踪影,在存世散曲与杂剧中也没见到,但却都见于唐宋词调。【木兰花慢】为唐、五代词中【木兰花】的增字、用平韵体。金代《西厢记》诸宫调里有【木兰花】,属高平调(该调元代已失)。【摸鱼子】一名【摸鱼儿】,与【生查子】并为唐代教坊曲名,后入词调。金代《西厢记诸宫调》里有【木鱼儿】,属中吕调,与词牌【摸鱼儿】声律接近,或许即其后裔?《唱论》说到北曲【生

---

① 参见《宋史·乐志》教坊乐,四库全书本。

② 参见〔宋〕张炎:《词源》,守山阁丛书本。

③ 参见〔元〕周德清:《中原音韵》,四库全书本。

④ 《元刊杂剧三十种》《元曲选》《元曲选续编》皆运用了相同的9个宫调。元代陶宗仪《南村辍耕录》卷二十七"杂剧曲名"条仅开列了8个宫调,少了一个越调。越调为元杂剧常用宫调,估计为陶宗仪漏抄或刊本刊漏。

查子】在北宋旧京汴梁(文中称"南京",金国南京即汴梁)民间流行的事实,说明了【生查子】北曲与词调的承袭关系。【木斛沙】情形稍微复杂一些。唐代崔令钦《教坊记》所列曲名有【穆护子】,唐人张祜作有【穆护砂】曲词①,二者应为同一曲子。《唱论》说的彰德民间流行的曲调【木斛沙】应即其变异。金末著名文人杜善夫,曾经在黄河南岸的中州一带为元好问弹奏此曲,元好问因此作《杜生绝艺》绝句曰:"杜生绝艺两弦弹,【穆护砂】词不等闲。莫怪曲终双泪落,数声全似古【阳关】。"②元人宋褧有【穆护砂】一首,不是北曲,自称为"近世乐府",实际上是词体,有上下两阕,169字③。这或许是在民间曲调基础上形成的。

第三,《唱论》说:"一曲入数调者如:【啄木儿】【女冠子】【抛球乐】【斗鹌鹑】【黄莺儿】【金盏儿】类也。"与元代情形有诸多不符。《中原音韵》里,除【斗鹌鹑】见于越调与中吕宫,正宫【啄木儿煞】下注出"亦入中吕"外,其余均不可借宫。而其中开列的"名同音律不同者"8个曲牌,【水仙子】【寨儿令】【端正好】【祆神急】【上京马】【斗鹌鹑】【红芍药】【醉春风】,只有【斗鹌鹑】一个与《唱论》相同。元代陶宗仪《南村辍耕录》卷二十七"杂剧曲名"条开列的可在其他宫"出入"的曲牌5个,则完全与《唱论》不同,分别为【白鹤子】【快活三】【镇江回】【风流体】【柳叶儿】。

第四,元代周德清《中原音韵》说:"古人云:有文章者谓之乐府。"这一句是《唱论》里的话,原文作"成文章曰乐府"。周德清称芝庵为古人,大约因为他是前朝人。

上述四条根据,证明《唱论》只能产生于金而不是元。下面再根据一些迹象推定它产生于金代后期。

第一,《唱论》说的"近出所谓大乐"里,提到了蔡伯坚【石州慢】、辛弃疾【摸鱼子】。蔡伯坚名松年,为金初丞相,【石州慢】为其赠妓名词,载于元代杨朝英《太平乐府》卷一,事见《萧闲老人明秀集》卷五,王国维《曲录》有考证。辛弃疾《稼轩词》【摸鱼儿】小序署年为南宋淳熙己亥(1179),其时间相

---

① 参见〔宋〕郭茂倩:《乐府诗集》卷八十,五言四句,四库全书本。
② 〔金〕元好问:《遗山集》卷十三,四库全书本。
③ 参见〔元〕宋褧:《燕石集》卷十,四库全书本。

当于金大定十九年。《唱论》开列的"帝王知音律者"里有金章宗,1190 年至 1208 年在位。这些划出了《唱论》时代的上限,即不早于金章宗时期。

第二,《唱论》说的"歌声变件"里提到尾声的多种变化形式,如【赚煞】【随煞】【隔煞】【羯煞】【本调煞】【拐子煞】【三煞】【七煞】等,在金章宗时代的董解元《西厢记诸宫调》里尚未出现,其中使用的还是单一的三句尾。这就把《唱论》时代的上限又后推到金末。

笔者的结论是:燕南芝庵是金代后期人,《唱论》写成于金末。

二、关于宫调递减节律的考察

以往总结宫调历代递减节律,由于误将《唱论》判属为元代,于是金代材料不全,而元代却出现两种数据,无法解释。历来人们只好对这个矛盾视而不见,但论及元代宫调情况时却仍以《唱论》为据,以为元代仍有 17 宫调存在,又由于《太和正音谱》里也照抄了《唱论》,于是以为到了明初北曲宫调仍然是 17 之数,更是大误。

将《唱论》的材料归入金代,与唐、宋、金、元的其他宫调材料进行比较,对于宫调递减的节律就看得很清楚了(见"宫调变迁表")。

唐代燕乐里实际运用 28 宫调,经过五代十国民间的流变精简,到了宋代,实际运用的宫调只剩下十八九个。宋代教坊乐里减少了 4 个高宫调,7 个角调里只剩下 1 个商角。张炎《词源》里多出一个高宫,大概是根据民间曲调情况进行的归纳。金代递减到 17 个左右,又减少了 1 个正平调,仙吕宫与仙吕调合一,中吕宫与中吕调合一,另外黄钟羽也已经可用可不用了。元代散曲更减少至 12 个宫调,又继续减去道宫、歇指调和高平调。元杂剧实际运用的宫调数,比散曲又少 3 个,即小石调、商角调、般涉调。但其中有一个变格,即杂剧中吕宫里吸收了般涉调的【哨遍】【耍孩儿】【收尾】3 曲,元人陶宗仪《辍耕录》卷二十七"杂剧曲名"条明明白白地在这 3 个曲牌前面注明"般涉"二字,以标示其所出。元杂剧剧本的实际运用中,这几个属于般涉调的曲牌,确实经常夹杂于中吕宫里。《元刊杂剧三十种》里一共使用了中吕宫曲 22 套,夹杂了【哨遍】和【耍孩儿】或仅仅【耍孩儿】,然后接续几套变调如【三煞】【二煞】【煞尾】等，一共有 18 套。可见北曲杂剧里已经把般涉调吸收到中吕宫里来了，这与散曲不同。

三、关于明人所说的"九宫十三调"

明人南曲 9 宫 13 调的说法最初来自沈璟，他把自己曲谱的名字就定为《南九宫十三调曲谱》。但实际上南曲没有 9 宫 13 调，这个名称的成立有一个过程。根据明人王骥德《曲律》的介绍，明嘉靖年间白氏家藏有《十三调南曲音节谱》一部，陈氏家藏有《九宫词谱》一部，这是两个不同的本子。前者较早，实际上是 15 宫调。其 15 宫调的设置，除去商黄调为犯宫不算，比《中原音韵》里多出羽调、道宫调、高平调，但比宋、金少了歇指调，又按照慢词、近词分类，大约是反映元代南曲宫调情况的本子。后者较晚，5 宫 4 调是南曲经过北 9 宫的规范以后形成，要晚到明代了。沈璟将二者合在一起，又不注明名称来源，就给后人带来一个麻烦，只好附会解说，清人王奕清编《钦定曲谱》凡例即一例。其实王骥德《曲律》对此交代得很清楚。明末徐于室、钮少雅编的《南曲九宫正始》又附会其说，说是得到元天历年间的《九宫十三调曲谱》，据以编纂。钮少雅为了提高自己曲谱的地位，就附会什么汉唐古谱和所谓元《九宫十三调曲谱》，反而为曲谱发展脉络制造了不少迷雾。根据宫调蜕变规律，元代绝无通行 22 宫调之理，把 9 宫 13 调相加的做法明显来自沈璟。这引起人们长期寻找元代的《九宫十三调曲谱》，却终无结果。钮少雅所说《十三调谱》与沈璟的 13 调也不一样，大约他见到的是另外一个 13 调，二者也有些时代差异，总之都是元谱，说明元代南曲宫调正在变化中。

廖奔文存 ② 古典戏曲卷

宫调变迁表

名目		古律	唐	宋			金				元	
		词源古律名及其俗名	新唐书和乐书唐燕乐二十八调	宋书教坊乐	张炎《词源》	《刘知远诸宫调》	《西厢记诸宫调》	燕南芝庵《唱论》	《中原音韵》	《开元天宝遗事》	元杂剧	十三调
宫		黄钟宫（正黄钟宫）	正宫	正宫调	正宫	正宫	正宫（调）	正宫	正宫	正宫	正宫	正宫调
		大吕宫（高宫）	高宫		高宫							
		夹钟宫（中吕宫）	中吕宫	中吕宫	中吕宫	中吕调	中吕调	中吕宫	中吕	中吕宫	中吕宫	中吕调
		仲吕宫（道宫）	道调宫	道调宫	道宫	道宫	道宫	道宫				道宫调
		林钟宫（南吕宫）	南吕宫	南吕宫	南吕宫	南吕调	南吕宫	南吕宫	南吕	南吕宫	南吕宫	南吕调
		夷则宫（仙吕宫）	仙吕宫	仙吕宫	仙吕宫	仙吕调	仙吕调	仙吕调	仙吕	仙吕宫	仙吕宫	仙吕
		无射宫（黄钟宫）	黄钟宫	黄钟宫	黄钟宫	黄钟宫	黄钟宫	黄钟宫	黄钟	黄钟宫	黄钟宫	黄钟
商		黄钟商（大石调）	大食（石）调	大石调	大石调	大石调	大石	大石调	大石调	大石调	大石调	大石调
		大吕商（高大石调）	高大食（石）调									
		夹钟商（双调）	双调	双调	双调	双调	双调	双调	双调	双调	双调	双调
		仲吕商（小石调）	小食（石）调	小石调	小石调		小石调	小石	小石调			小石调
		林钟商（歇指调）	歇指调	歇指调	歇指调	歇指调		歇指				
		夷则商（商调）	林钟商	林钟商	商调	商调	商调	商调	商调	商调	商调	商调
		无射商（越调）	越调	越调	越调	越调	越调	越调	越调	越调	越调	越调

由《唱论》时代、宫调递减节律到明人九宫十三调

	古律	唐	宋			金				元	
名目	词源古律名及其俗名	新唐书和乐书唐燕乐二十八调	宋书教坊乐	张炎《词源》	《刘知远诸宫调》	《西厢记诸宫调》	燕南芝庵《唱论》	《中原音韵》	《开元天宝遗事》	元杂剧	十三调
羽	黄钟羽(般涉调)	般涉调	般涉调	般涉调	般涉调	般涉调	般涉	般涉调	般涉调		般涉调
	大吕羽(高般涉调)	高般涉(调)									
	夹钟羽(中吕调)	中吕调	中吕调	中吕调							
	仲吕羽(正平调)	正平调	正平调	正平调							
	林钟羽(高平调)	高平调	南吕调	高平调	高平调	高平调	高平				高平调
	夷则羽(仙吕调)	仙吕调	仙吕调	仙吕调							
	无射调(羽调)	黄钟羽	黄钟羽	黄钟羽		羽(黄钟)调					羽调
角	黄钟闰(大石角)	大食(石)角									
	大吕闰(高大石角)	高大食(石)角									
	夹钟闰(双角)	双调(角)									
	仲吕闰(小石角)	小食(石)角									
	林钟闰(歇指角)	歇指角									
	夷则闰(商角)	林钟角			商角		商角	商角调			
	无射闰(越角)	越角									
其他							角调 宫调				商黄调
总计		28	18	19	14	14	17	12	10	9	15

187

注:燕南芝庵《唱论》里有一个角调与一个宫调,不知所归。吴梅《曲学通论》论宫调

引用《唱论》,注曰:"四十八调中无宫调,未详其理。"对于角调则不着一词。(见《吴梅戏曲论文集》,中国戏剧出版社,1983 年,第 264 页)可见他也未能找到答案。笔者怀疑其名称中有漏字,存疑。

(原载《中华戏曲》2003 年第 29 辑)

《张协状元》的作者是双才人

　　《张协状元》的作者,依据《永乐大典》所收剧本提供的线索,通常推测是东瓯(温州)九山书会里的才人。其开场词【满庭芳】中有句:"占断东瓯盛事。"第二出①【烛影摇红】里有句:"九山书会,近目翻腾。"就是上述推测的依据。我在读剧本时注意到,其中还提供了另外一个线索:第二十六出,丑扮村夫李小二,唱了两支【吴小四】曲,用以嘲讽贫女,其一词为:"一个大贫胎,称秀才。教我阿娘来做媒,一去京城更不回。算它老婆真是呆,指望平地一声雷。"其二词为:"两相底逢,穷合穷。一去不见踪,脚踏浮萍手拿空。劝你莫图它做老公,它毕竟是个鬼头风。"贫女听后不悦,小二连忙推卸责任,强调这两首歌不是自己做的,说是:"你莫道是我做。别人做十段,我只记得两段。"又说:"我弗做,是我书院中双老哥做。""书院"即当时人对书会的称呼。从剧情看,李小二与书院不搭界,这一句是剧中故意添置的插科打诨语,用以点明作者,亦即李小二称之为"双老哥"的人。据此,《张协状元》的作者应该是一位姓双的书会才人,他大概是南宋时期温州九山书会里的一个下层文人。当然,《张协状元》或许是一部世代累积型作品,那么,双才人就是其中的一个写定者,至少是一位加工润色者。

　　　　　　　　　　　　　　　　　　　　(原载《书品》2001 年第 4 期)

---

①　按照钱南扬《永乐大典戏文三种校注》(中华书局,1979 年版)本分出。

南戏《宦门子弟错立身》时代考辨

南戏《宦门子弟错立身》(本文简称《错立身》)的产生时代,学术界一般认为应是元代,但未能讲出多少可靠的根据。南戏专家钱南扬先生 1936 年撰文认为"本戏当出于宋人手"①,在他近年的著作《永乐大典戏文三种校注》和《戏文概论》等书中,仍持这种看法,也未能在学术界引起讨论。

推定南戏《宦门子弟错立身》的时代,在文学史和戏曲史上是一个十分重要的问题,因为不仅作品本身是研究早期南戏的珍贵资料,更主要的是它还牵涉一系列其他作品的产生时代问题。在《错立身》第五出里提到了 29 种传奇名目,如《杀狗劝夫》《破窑记》等,如果按《错立身》是宋人作品往下推论,那么这 29 种传奇就都将成为宋朝的作品了。

因此,我认为对这个问题有做进一步考证的必要。

一、南戏《错立身》产生于宋代说质疑

有些作品往往能够从内容本身透露出时代的信息,《错立身》就是这样。《错立身》描写了一个活动在东平到洛阳一带的家庭戏班的生活,表现了女真族官宦子弟延寿马和杂剧女演员王金榜之间坚贞不渝的爱情。剧本里提到了金代教坊名演员刘耍和与北曲作家杜善夫的名字,又提到了北杂剧作家关汉卿、花李郎、尚仲贤等人的作品名目,并且可以看出,作者对于当时北方的杂剧和院本表演技术也是非常熟悉的。这些都表明,《错立身》产生于

---

① 钱南扬:《宋金杂剧搬演考》,《燕京学报》1936 年第 20 期。

南宋是不大可能的。

我们知道，自南宋绍兴十年（1140）宋金和议达成，以东自淮水中流、西到大散关为界，形成南北对峙局面，以后元又取金而代之，一直到元灭宋为止，其间一百三四十年时间，南北隔绝。大约在金末的时候，北曲杂剧兴起，其活动范围在平阳、洛阳、开封、东平及北京一带。同时，南方江浙一带则盛行南戏。这两种戏曲声腔，隔着江、淮二水，又有军事政权的割据控制，它们之间能有多少接触我们不知道，但起码可以说，南宋人对于北杂剧的了解无论如何也做不到像《错立身》的作者这样深刻。

那么，宋代说又有多少根据呢？让我们来推敲一下。

一般认为《错立身》应是元代作品，都是因为其中有了近似于南北合套的曲牌组织形式。钱南扬《宋金元戏剧搬演考》一文否定这种看法说："本戏在套曲中偶然插入两三只北曲，实在不成其为合套，不过开南北合用之端，对沈和创南北合套一些启发而已。写作时代自然应在沈和之前。"钱先生以此作为宋代说的一条根据。

这个观点应该说有一定的道理。考察《错立身》第五出南北曲牌混用的结构形式，确实还比较原始，不如沈和的散套《潇湘八景》那样工整和规范化，例如其中的南曲和北曲曲牌都未标明，这就是南北合套还处于不自觉的初级阶段的迹象。但是，据此只能推测这个作品可能产生于沈和南北合套的作品以前，而并不能直接得到出于宋人之手的结论。因为沈和在元朝统一约50年后才死去①，其间他何时开始南北合套的创作还不得而知，所以沈和之前并不等于就是南宋。

同时，也不排除《错立身》的合套创作在后的可能性。因为南戏与北杂剧本是两回事儿，即便当时的文人如沈和之辈在北曲套数中已经建立了规范的南北合套体制，南戏也不见得马上就受到它的影响而变得规整起来，也许直到沈和以后的很长时间内，南戏还是像原来那样把北曲曲牌随随便便地拿过来就用呢！

---

① 〔元〕钟嗣成《录鬼簿》录沈和于"方今已死名公才人相知者"项下，且言"近年方卒"。《录鬼簿》完成于元至顺元年（1330），其时距元灭宋（1279）已有50余年。沈和卒年当相去不远。

无论如何,南戏中出现了南北合套的趋向,在自己的曲牌结构中按照一定的方式吸收了北曲曲牌,这在南北对峙的南宋似乎不太现实。况且,在《错立身》第十二出中,还基本完整地吸收了一整套北曲①,这不能说是偶然的巧合,而应该认为南戏在有意识地成套吸收北曲。这种现象的发生不能够是宋朝,而只能是元代了。

《宋金元戏剧搬演考》认为《错立身》是宋人作品,还有一条理由:"本戏以河南府为西京,以东平为府。考宋金元三史'地理志'……以河南府为西京的,只有宋朝如此;东平宋金皆为府,元世祖至元九年改路。可见本戏当出宋人手。"

这似乎不能成为判定作品产生时代的依据。文学史上后人创作托为前朝之事或因袭前朝典章制度和地名的例子很多。就说南戏《小孙屠》吧,这个剧本大家一致公认是元朝的作品,钱先生也没有异议,而其中就称开封为"帝京",开封是北宋的京城,我们难道能据此得出《小孙屠》是北宋作品的结论吗?

这样看来,宋代说的根据是不足的。

二、南戏《错立身》乃元代作品的几点证据

《永乐大典》所录南戏《错立身》本身为我们提供了可靠的证据。《错立身》题为"古杭才人编撰",而同收于《永乐大典》的南戏《小孙屠》则题为"古杭书会编撰"。钱先生早在1934年的著作《宋元南戏百一录》中就已指出二者的"时地皆同",这是十分正确的。我们既然认为《小孙屠》是元代的作品,那么,就应该将《错立身》也同等看待。

进一步说,我认为上述的"古杭"应该是元人而不是宋人的称谓。北宋置杭州,南宋改为临安府。南宋因为承袭北宋,似乎不应该视杭州为"古",在宋人的文集里也找不到称杭州为"古杭"的用法。到元朝已经隔代,元人在前朝旧都名前往往加一个"古"字以表明其旧,如《录鬼簿》有元朝"至顺

---

① 《错立身》第十二出有【越调·斗鹌鹑】一套曲牌,如果去掉中间插入的一支【四国朝】、四支【驻云飞】共五支南曲,剩下的北曲曲牌如下:【越调·斗鹌鹑】【紫花儿序】【金蕉叶】【鬼三台】【调笑令】【圣药王】【麻郎儿】【么篇】【天净沙】【尾声】。前后顺序恰恰符合北曲套数的联套规则。

元年龙集庚午月建甲申二十二日辛未古汴钟嗣成序"可证。我们还能找到许多元人用"古杭"的例子，如今存唯一保留元代面目的剧作集《元刊杂剧三十种》里，剧名常常标出"古杭新刊"的字样。元人著述里也常见以"古杭"为名的，如《千顷堂书目》子部小说类有元人李有撰的《古杭杂记》一卷，《钦定续文献通考》子部小说家类有元代无名氏撰的《古杭杂记诗集》四卷等。而由宋入元的一些宋朝遗老在著述里言及杭州时仍不使用"古杭"字样，周密《武林旧事》称"武林"即一例。①

那么，《永乐大典》所收这两个南戏题为"古杭××编撰"会不会是明人后加上去的呢？我看不会的。因为《永乐大典》是一部杂抄，虽然明人喜欢任意增损，但凭空给前人著述添上个作者似乎不大可能。一般说，《永乐大典》应是照录原本的。

我还在《错立身》第十二出【麻郎儿】的曲文中找到了"御京书会"一词，这是《错立身》乃元人作品的又一例证。钱南扬《永乐大典戏文三种校注》于此处注为"在京城的书会，如编写本戏的古杭书会便是"。因为钱先生把这个戏看作南宋的作品，所以就认为"御京"是指的杭州。这未免有些想当然。

和南宋人不称杭州为"古杭"一样，他们也不称杭州为"御京"。北宋时置四京，以东京开封为京都。高宗南渡后以杭州为行在所，因杭州不在四京之数，所以从不称京，整个南宋一代都是这样。南宋皇帝们，谁都不肯承认自己是赵宋的不肖子孙，不管是口头上也好，真心的也罢，都希望恢复中原。因此，虽然开封早已沦入金人之手，还一直以开封为京师，而只称杭州为"都城""都下""杭城""钱塘"，诸如此类，这些都见于文献记载。事实上，杭州在南宋时只设置了临安府，即使称"都"还是因皇帝在此驻跸日久而渐渐从民间叫起的。②

---

① 元人陶宗仪编的《说郛》卷三收有题为"宋灌圃耐得翁"撰的《古杭梦游录》，视其内容，实乃耐得翁于宋理宗端平二年(1235)所写的《都城纪胜》一书的节录本。《四库全书总目》言《说郛》"实仿曾慥《类说》之例，每书略存大概，不必求全……"是很好的说明。可见《古杭梦游录》是元人后加上去的题目，这又从反面证明了凡题"古杭"的其作者一定不是宋人。

② 《四库全书总目》卷七〇史部地理类三《都城纪胜》条所言足供参考："考高宗驻跸临安，谓之行在。虽湖山宴乐，已无志于中原，而其名未改。故乾道中周淙修临安志(即《乾道临安志》——笔者)，于宫苑及百官曹署，尚著旧称。潜说友志(即《咸淳临安志》——笔者)亦因之。此直书题曰'都城'，盖官司案牍流传，仅存故事，民间则耳目濡染，久若定居矣。"

　　从剧本的内容来考察，"御京"也不可能是指南宋时的杭州。延寿马从河南府向东平府追赶一个家庭杂剧班子要求入伙，班主考问他的技艺，他夸说自己演杂剧是学的刘耍和，演院本是学的贾校尉，而写掌记则"更压着御京书会"。他所标榜的这些应该都是当时北方戏曲界的"名家"才对。如果延寿马在北方金元地界内活动，却以南宋杭州的书会相标榜（切莫忘了当时杭州只有南戏，还没有北曲杂剧），岂非不伦不类？

　　我认为，"御京书会"的"御京"应该是指的元朝大都而言。明朝天一阁抄本《录鬼簿》卷首贾仲明序曰："余因雨窗逸兴，观其前代故元夷门高士丑斋继先钟君所编《录鬼簿》，载其前辈玉京书会燕赵才人，四方名公士夫，编撰当代时行传奇、乐章、隐语、比词源诸公卿大夫士……"贾仲明提到的"玉京书会"应该就是《错立身》中的"御京书会"。贾仲明在为《录鬼簿》所补挽词中也多次提到"玉京"，如"闻玉京燕赵擅场""玉京燕赵名驰""锦排场起玉京"等。这里"玉京"都是指大都，而"御"与"玉"可能是一音之转。御京是皇帝所在地，从字面意思上也解得通。

　　再列举一条旁证。北杂剧的通例是以"题目正名"二句或四句诗的末句作为戏的名字，而早期南戏却不是这样。例如《张协状元》的"题目"诗末一句是"莽强人大闹五鸡山"。又明人祝允明《猥谈》曰："予见旧牒，其时（指宋朝南渡之际）有赵闳夫榜禁，颇述名目，如《赵贞女蔡二郎》等，亦不甚多。"官榜上的南戏名目应该是写的全名，而"赵贞女蔡二郎"颇不像诗里的句式，可见它的名字也并不是"题目"中的最末一句诗（况且"温州杂剧"时期的南戏前面是否有四句诗的"题目"还无从揣测）。但是，南戏《小孙屠》和《错立身》的名字却都是"题目"四句诗的末句，分别为"遭盆吊没兴小孙屠""宦门子弟错立身"。很有可能它们都是在北杂剧入南后受到北杂剧的影响而形成这种格式的，那么它们的产生时代自然应该在元朝统一后。

（原载《中州学刊》1983 年第 4 期）

南戏《宦门子弟错立身》源出北杂剧推考

元世祖忽必烈统一中国,带来了南北戏曲文化的交会融合。南戏、北杂剧在彼此的交流中都吸收了对方的艺术养料,这种吸收表现在音乐体制上是"南北调合腔"(钟嗣成语)的曲牌联套结构的产生,表现在文学内容上则是剧目的互相承袭甚至直接改编,例如《南词叙录·宋元旧篇》所著录65种戏文名目中就有24种与北杂剧今存剧目相同,可以说明这种情况。近年,笔者从南戏剧本《宦门子弟错立身》(本文简称《错立身》)中发现了其改编自北杂剧的痕迹,这个发现有助于我们对剧本内容的理解,以及对一些相关问题的认识。下面即将看法展开。

一、问题的提出

问题一,南戏《错立身》第五出①的四只曲牌【排歌】【那吒令】【排歌】【鹊踏枝】的曲文中共提到"时行的传奇"29种,南戏研究界一向认为它们都是南戏剧目,一个主要的证据是其中有南戏《张协状元》一目,此剧本今存,与《错立身》同收于《永乐大典》卷一三九一中。钱南扬先生《戏文概论·一篇总帐》②中统计南戏现存剧目,共得出238种,其中即有独见于《错立身》者10余种。然而,如果这29种"传奇"名目是南戏,则与《错立身》的剧情内容相矛盾。我们看,剧本描写了王金榜剧团的活动情况:

---

① 本文对南戏《宦门子弟错立身》的分出,均按照钱南扬先生《永乐大典戏文三种校注》(中华书局,1979年),标点断句亦从之。

② 钱南扬:《戏文概论》,上海:上海古籍出版社,1981年。

第四出,虔白:"……只靠一女王金榜,作场为活。本是东平府人氏,如今将孩儿到河南府作场多日。今早挂了招子,不免叫出孩儿来,商量明日杂剧。"

第十四出,外唤六儿:"你与我去叫大行院来,做些院本解闷。"六儿喊来王金榜等人。

由剧情可知,王金榜剧团是北方一个活动于黄河沿岸"冲州撞府"的家庭戏班,演出的形式是"杂剧"和"院本"。王金榜在剧中到同知府同知之子延寿马处唱曲,"温习""时行的传奇",上述第五出四支曲牌即王金榜在延寿马面前唱出。矛盾在于:既然是北方杂剧艺人唱曲,"温习"的就应该是北杂剧,为什么却唱出 29 种南戏名目?

问题二,剧情本身亦有许多前后错讹、抵触、不连贯的矛盾现象。例如剧中的冲突设置为:延寿马迷恋艺人王金榜,不习诗书,背着父亲唤王金榜来书院中唱曲,被父亲撞见,将他囚禁,将王金榜剧团赶出河南府,造成了延寿马出走追赶王金榜的契机。然而,剧本却在延寿马与父亲发生冲突前,安排他对王金榜唱出了如下曲文:"拼却和伊抛故里""一意随它去,情愿为路岐""更温习几本杂剧,问什么妆孤扮末诸般会,更那堪会跳索扑旗"等,使剧情出现两个矛盾:一是延寿马决心随王金榜出走,宁愿去演戏,没有动因。二是延寿马为何温习杂剧,什么时候学会演戏,前文没有交代。

南戏《错立身》剧本中出现的矛盾现象,应该如何解释呢?笔者认为,应由其改编于北杂剧来说明。

二、推论

据元人钟嗣成《录鬼簿》记载,元代曾有两个北杂剧作家创作了与南戏《错立身》同名的杂剧,他们是李直夫和赵文殷,在《录鬼簿》中皆属"前辈已死名公才人、有所编传奇行于世者"项,为北杂剧前期作家。二人所作"正名"皆为"宦门子弟错立身",与南戏剧名全同,然而剧本皆不存。南戏与北杂剧在创作中出现相同题材,有些是因为偶合——同出于一个历史传说或典故,有些则是相互改编。《错立身》属于哪种情况呢? 由其内容看,敷衍的是金朝故事,并非出典,事实上应该算作当时的"时事剧",因而解释为改编比较符合实际。既为改编,何为底本? 何为改编本? 仍由其内容看,剧中描写北方杂剧戏班的活动情况,作者对于金人生活、北方杂剧和院本的表演技术与行话都非常熟悉,因而最初的作者应该是生活在北方的人,北杂剧有可能先创作出来。

这里涉及南戏与北杂剧《错立身》产生年代孰先孰后的问题。钱南扬先生认为南戏《错立身》产生于宋末①,笔者则认为它产生于元朝统一后,理由有四:第一,《永乐大典》于此戏名下标为"古杭才人新编","古杭"乃元人称谓,与《元刊杂剧三十种》里"古杭新刊"的"古杭"意同。第二,南戏《错立身》的戏名即是卷首"题目"四句诗中的末句,这与早期南戏《赵贞女蔡二郎》《张协状元》不同,明显是受了北杂剧"题目正名"末句作为全剧名称习惯的影响。第三,南戏《错立身》中成套吸收了北曲(详见下述),这是北杂剧南下后才可能出现的现象。第四,南戏《错立身》中运用了少量蒙古族语言,亦非南宋作者所能为。② 既然南戏《错立身》产生于元朝统一后,而李直夫、赵文殷都是北杂剧早期作家,其创作时间就有可能在前面。③

将作品内容与创作时间两种因素相加,有理由认为南戏《错立身》乃由北杂剧改编。

三、内证

南戏《错立身》剧本本身保留着改编北杂剧的清晰痕迹。戏中第十二出

---

① 参见钱南扬:《宋金元杂剧搬演考》,《燕京学报》1936 年第 20 期。
② 参见廖奔:《南戏〈宦门子弟错立身〉时代考辨》,《中州学刊》1983 年第 4 期。
③ 李直夫、赵文殷生平皆不详,《录鬼簿》既系之于"前辈已死名公才人,有所编传奇行于世者"项,按戴不凡说,李直夫、赵文殷应生于 1260 年以前,或者在元朝统一之前已经开始了北杂剧创作。以二人出身、经历与《错立身》剧中所描写生活情景、所表现思想倾向相对照,创作此剧皆非无由。只是《太和正音谱》《元曲选目》于李直夫名下注此剧为"二本",《棟亭藏书十二种》本、天一阁本《录鬼簿》于赵文殷名下注此剧为"次本",两个剧本间的关系不得而知。傅惜华《元代杂剧全目》(作家出版社,1957 年)言赵文殷本为次本,"盖以李作在其前也",可以参考。

套用了北曲【越调·斗鹌鹑】一套共十支曲牌,其中虽也插入一支【四国朝】、四支【驻云飞】共五支南曲曲牌,但未打乱北曲套数的基本布局,五支南曲只是作为一个完整音乐段落插在北曲【紫花儿序】与【金蕉叶】之间。这套北曲应是改编时从北杂剧剧本中直接挪用的。其根据如下:

首先,第十二出中全部北曲皆由生(延寿马)一人演唱,这是北杂剧旦、末一人主唱体制的遗存。按:这一套曲子表现的内容是延寿马找到王金榜戏班,要求入班。生出场先唱北曲【斗鹌鹑】【紫花儿序】二曲述说自己目前的境遇,然后找到王金榜,二人对话,用五支南曲表现。最后接受王父(末扮)的考试,末说:"我孩儿要招个做杂剧的。"生唱北曲【金蕉叶】以夸说自己的杂剧演技。末问:"你会甚杂剧?"生唱北曲【鬼三台】以铺叙杂剧名目。以后一直是一问一答的形式,连唱八支北曲。由一人在旁边发问,由主唱的角色(旦或末)用唱来回答,连缀成篇,这本是北杂剧熟套,显而易见,兹不赘述。

其次,如果去掉插入的五支南曲,这一套北曲【越调·斗鹌鹑】的联套方式恰恰符合北曲套数的联套规则。试以《元刊杂剧三十种》中《严子陵垂钓七里滩》第二折的曲牌结构与之对照:

【越调·斗鹌鹑】【紫花儿序】【金蕉叶】【鬼三台】【调笑令】【圣药王】【麻郎儿】【么篇】【天净沙】【尾声】(《错立身》第十二出)

【越调·斗鹌鹑】【紫花儿序】【金蕉叶】【调笑令】【鬼三台】【秃厮儿】【圣药王】【麻郎儿】【么篇】【络丝娘】【尾声】(《七里滩》第二折①)

二者的曲牌连接顺序基本相同,即使不同处,也可于其他北杂剧剧本中找到相当的用法,如《元曲选·随何赚风魔蒯通》杂剧第三折中有【金蕉叶】【鬼

① 元人王实甫《西厢记》杂剧第四本第二折【越调·斗鹌鹑】套的曲牌联套方式至【络丝娘】以前全部与《七里滩》第二折相同,亦可参考。

三台】【调笑令】的连用,《元刊杂剧三十种·看钱奴买冤家债主》杂剧第四折和《诈妮子调风月》杂剧第二折皆有【调笑令】【圣药王】的连用,唯【麻郎儿】后接【天净沙】的用法未见于他处。

再次,天一阁本《录鬼簿》中李直夫的《错立身》"题目"作"庄家副净学踏爨",而南戏《错立身》"题目"中有句"戾家行院学踏爨",二者稍有不同。按:南戏第十二出北曲中有【调笑令】一曲,为延寿马夸说自己院本技术所唱,其曲词内容可与"庄家副净学踏爨"相印证,现录其曲文如下:

> 【调笑令】我这爨体,不查梨,格样全学贾校尉。趋抢嘴脸天生会,偏宜抹土搽灰。打一声哨子响半日,一会道牙牙小来来胡为。

"爨体"即院体,指院本的规模、式样。① 院本角色中有副净,而"趋抢""嘴脸"②是副净色发乔的常见科泛,"抹土搽灰"则是副净的扮像,吹口哨③亦是副净表演之能事,由曲文知道延寿马在院本中充任副净角色。因而,【调笑令】曲文与杂剧"题目""庄家副净学踏爨"相合。④ 南戏改为"戾家行院",大概是为了方言转换的缘故,而对"学踏爨"就只取其"学戏"一层意思,已取消了其"学做院本"的确旨。

结论是:南戏《错立身》第十二出【越调·斗鹌鹑】一套北曲由北杂剧中整套搬来,其唱曲的生即北杂剧中的正末,推测搬用的原因,大概这一段曲文唱出许多杂剧、院本名目,夸饰表演技能,其曲词平仄、韵脚均已排比和谐,而曲文中原有许多北方方言词语及杂剧、院本的演出行话,诸如"子这撇末区老赚""敢一个小哨儿喉咽韵美。我说散嗽咳呵如瓶贮水""一会道牙

199

---

① 参见钱南扬:《永乐大典戏文三种校注·错立身》第十二出注四十七,北京:中华书局,1979 年。

② 嘴脸,《孤本元明杂剧·刘关张桃园三结义》第一折,关羽斩杀外官及令史(二净扮),二人皆作"死科",关羽下场后,"外官同令史撑起身,不言语,做嘴脸、打手势科,下"。此亦可窥见院本中副净之遗风。

③ 吹口哨,《元曲选·同乐院燕青博鱼》杂剧第二折:"杨衙内(净扮)做嘴脸调旦科。正末云:待我再打这厮。杨衙内做怕、打哨子下。"

④ 庄家,作为副净的前饰词,似乎与副净角色的来源有关。宋杂剧后散段有"杂扮",多饰作"村老野夫",而杂扮演员与副净似有血缘联系(参见胡忌:《宋金杂剧考·杂扮研究》),则副净或与"庄家"有关。

牙小来来胡为""吃几个桩心撅背"等,不易再更为南曲,只得用原来的北曲唱。况且这里铺叙的内容既为北方戏剧的表演情况,自然以北曲唱更为合宜,所以南戏作者在改编时便采用了保守的"移植"法(这在南戏中却是一种革新)。至于其中插入的五只南曲曲牌,是延寿马找到王金榜时,与王、茶博士(净扮)三人的对唱。北杂剧只能一人主唱,在这里大概只运用了对白,南戏改为对唱,充分发挥了自己的特长。

那么,在南戏《错立身》第五出中的四支北曲曲牌是否与改编也有某种联系呢? 上文提到,第十二出里的北曲多用北方戏剧术语,而在第五出的北曲曲牌【六么序】里也能看到相同的现象,兹引录如下:

> 【六么序】一意随它去,情愿为路歧。管什么抹土搽灰,折莫擂鼓吹笛,点拗收拾。更温习几本杂剧,问什么妆孤扮末诸般会,更那堪会跳索扑旗。只得同欢共乐同鸳被,冲州撞府,求衣觅食。

此曲牌中所描写的情景与第十二出北曲所描写的非常相似,这里将后者也抄录两支曲的曲文以示对照:

> 【(麻郎儿)么篇】我舞得弹得唱得,折莫大擂鼓吹笛,折莫大装神弄鬼,折莫特调当扑旗。
> 【尾声】正不过沿村转庄、撞工耕地。我若得妆旦色如鱼似水,背杖鼓有何羞! 提行头怕甚的!

第十二出【调笑令】中又有"趁抢嘴脸天生会,偏宜抹土搽灰"语。前后二者间的一致性,不言自明。

第五出的曲牌还有这样两种现象:第一,北曲与南曲的曲牌连接方式是相间排列,其中北曲【那吒令】【鹊踏枝】【六么序】三支曲牌通押一韵("齐微"韵,只有【赏花时】例外),而前后的南曲就不受这个限制,不但曲牌可以变韵,即使一支曲的曲文中也可以换韵。这个现象与北曲中一韵到底而南曲则可"旁入他韵"(王骥德语)的特点是相吻合的。第二,四支北曲曲牌皆

属"北仙吕宫",如果除去相间的南曲不论,它们的连接顺序为:【赏花时】
【那吒令】【鹊踏枝】【六么序】。考《元刊杂剧三十种》里 30 个仙吕宫套数
中,用【那吒令】【鹊踏枝】二曲牌的共 22 套,并且凡用则必然二曲牌连用,
顺序与此相同。又【六么序】往往跟在二曲牌后面使用,但中间一定要隔一
个【寄生草】曲牌。可见这三支曲牌的排列顺序是基本符合北曲套数常例
的。唯有【赏花时】例外,不与其他三支曲牌相连,多用于楔子中。①

由上述条件,排除例外情况,大致可以肯定南戏《错立身》第五出中的三
支曲牌【那吒令】【鹊踏枝】【六么序】是由北杂剧移植而来。

根据第十二出【越调·斗鹌鹑】一套北曲由生演唱,第五出多用北方戏
剧术语的曲牌【六么序】亦由生演唱,推知北杂剧《错立身》当为末本,因而
【那吒令】【鹊踏枝】二曲在北杂剧中也应由正末来唱(南戏是由旦唱的)。
那么,在原剧中"把这时行的传奇"从头再温习的应该是延寿马而不是王金
榜!我们有两个理由支持这一判断:其一,天一阁本《录鬼簿》中李直夫的
《错立身》"题目"与南戏《错立身》"题目"中皆有"学踏爨"语,南戏《错立
身》第十二出里延寿马已精通杂剧院本的各种演技,那么在这之前似乎应该
有延寿马"学踏爨"的情节,而第五出【六么序】里正有延寿马唱"更温习几
本杂剧"的句子,这是延寿马曾跟从王金榜学唱杂剧的证明。其二,由剧情
的内容逻辑推论,延寿马背着父亲冒险喊王金榜来同知府书院幽会,不应只
是喊她来"温习"传奇。王金榜在"好难得见"的情况下终于"得见情人,心
下称怀抱"时,更无心思去温习传奇,况且她不去作场"求衣饭"而跑到同知
府来温习传奇,也不近情理。似乎解释为延寿马让王金榜教自己演习杂剧
比较合理,也就是说,延寿马此时已经下决心为了爱情走上反叛道路,并已
经在做准备了。他的动因可能原剧里有过交代,南戏在改编时进行了删改,

---

① "仙吕宫"的【赏花时】与【那吒令】连用只有一例,即元人沈和"以南北调合腔"的散套《潇湘八
景》,其曲牌联套方式为【仙吕·赏花时北】【排歌南】【那吒令北】【排歌南】【鹊踏枝北】【桂枝
香南】【寄生草北】【乐安神南】【六么序北】【尾声南】,中间尚隔一南曲。《潇湘八景》与南戏
《错立身》第五出南北相间部分的曲牌排列顺序完全相同,仅中间加入了一支北曲【寄生草】,使
北套的曲牌结构更为规范,同时南曲也添加一支【桂枝香】。笔者颇疑沈和的创作受到了南戏
中南北合套形式的启发,详见廖奔:《论"南北调合腔"的形成》,《戏曲艺术》1983 年增刊第 2
期。

从而造成缺漏。

四、间接证明

如果南戏《错立身》第五出【那吒令】【鹊踏枝】两支曲牌是从北杂剧移植而来，原为正末延寿马温习传奇时所唱，那么他唱的就应是北杂剧而非南戏名目。这一点从剧目本身的存佚情况得到了间接的证明。为说明这个问题，先将南戏《错立身》第五出中 29 种传奇名目与今存南戏、北杂剧作一对照，列表见文末。

由表中可以看出，南戏《错立身》第五出两支曲牌【排歌】中的名目，在《永乐大典》目录和《南词叙录·宋元旧篇》中多有重出，仅"卓氏女""临江驿""错下书""杨寞"四目无见，但也在《宋元戏文辑佚》里收有佚曲。并且，凡是两支【排歌】中的名目，除去有传本的以外，就都辑得有佚曲。而两支北曲【那吒令】与【鹊踏枝】中的名目，则不见于南戏目录，《宋元戏文辑佚》于后出的所有曲谱、曲选中，也只搜抉到《崔护觅水》一目的佚曲。相反，两支【排歌】中的名目在北杂剧剧目中未见，而【那吒令】【鹊踏枝】中的名目却几乎都与北杂剧剧目相合[1]，仅"老莱子斑衣"一目不见于北杂剧记载，但也未见于南戏名目。

由此推测，南戏《错立身》【那吒令】【鹊踏枝】两支曲牌中所含 11 种传奇名目应该是北杂剧名目，在北杂剧里，此处由延寿马温习杂剧时唱出，大概南戏在改编时又添加两支【排歌】演唱南戏名目，将四曲一并交由王金榜唱。

----

[1] "刘先主跳檀溪"和"马践杨妃"似与北杂剧名目颇不一致。然北杂剧《襄阳会》中有刘备赴刘表宴为刘琮所算，急骑的卢马跨越檀溪以脱险的情节。《梧桐雨》中有唐明皇于马嵬坡赐死杨妃、右龙武将军陈玄礼率众军马践杨妃情节；又岳伯川《罗公远梦断杨贵妃》杂剧，《雍熙乐府》收其【正宫·端正好】一套曲文，其【（小梁州）么篇】曲文有云："见踏雾腾云那马儿越咆哮，可惜将一个娇滴滴杨妃马践了。"按：《错立身》中传奇名目以填曲故，并不拘泥于原剧名，如【排歌】中"鸳鸯会卓氏女""郭华因为买胭脂"亦是此类例子。

五、结论与补充推测

南戏《错立身》系元朝统一后,由北杂剧同名剧目改编而来,其中由于改编的技术原因而照录了一些北杂剧曲牌,开"南北调合腔"的先河。第五出【那吒令】【鹊踏枝】两支曲牌中所含11种传奇名目为北杂剧剧目。

如果将上述分析综合一下,可能对于《错立身》由北杂剧改编为南戏这一点会看得更加清楚些。北杂剧的通例是由四套曲子或再加一两个楔子组成,试以南戏《错立身》的内容应之,看是否合拍?开场延寿马派狗儿都管去唤王金榜,应是楔子。第一折【仙吕】一套,王金榜一家人为演杂剧而对白,狗儿都管喊王金榜来到同知府书院教延寿马唱杂剧,正末主唱。第二折,延寿马被父亲禁足而逃出,投东摸西追赶王金榜戏班。第三折【越调·斗鹌鹑】一套,延寿马找到并要求加入王金榜戏班,接受王父考试并被收留,正末主唱。第四折,延父与儿子儿媳团圆。其首折为"仙吕",第三折为"越调",恰是北杂剧最常见的格式之一①,内容也相合,庶几得之。

本文的推论主要建立在剧本内证的基础上,限于资料,进一步充实论据尚有待时日。罅漏之处,在所难免,还乞读者赐正。

---

① 据周贻白先生统计,北杂剧第一折几乎皆用仙吕宫,第三折用中吕宫者居首,用越调与正宫者同居其次(见《中国戏剧史长编》,北京:人民文学出版社,1960年,第192页)。又北杂剧一本中四套曲子的搭配,多有以一折为仙吕、二折为中吕、三折为越调、四折为双调的用法,亦可以参考。

曲牌	分目			
	《错立身》传奇29种目录	《永乐大典》戏文目录	《南词叙录·宋元旧篇》目录	北杂剧目录
排歌	负心王魁*		王魁负桂英	尚仲贤:海神庙王魁负桂英
	孟姜女千里送寒衣*	孟姜女送寒衣	孟姜女送寒衣	郑廷玉:孟姜女送寒衣
	脱像云卿鬼做媒*	薛云卿鬼做媒	薛云卿鬼做媒	
	鸳鸯会卓氏女*		司马相如题桥记	关汉卿:升仙桥相如题柱
	郭华因为买胭脂*		王月英月下留鞋	曾瑞:王月英元夜留鞋记
	琼莲女临江驿*			杨显之:临江驿潇湘夜雨
那吒令	周孛太尉			关汉卿:薄太后走马救周勃
	崔护觅水*			白朴:崔护谒浆 尚仲贤:崔护谒浆
	秋胡戏妻			石君宝:鲁大夫秋胡戏妻
	关大王独赴单刀会			关汉卿:关大王单刀会
	马践杨妃			白朴:唐明皇秋夜梧桐雨 丘伯川:罗公远梦断杨贵妃

曲牌	分目			
	《错立身》传奇29种目录	《永乐大典》戏文目录	《南词叙录·宋元旧篇》目录	北杂剧目录
排歌	柳耆卿栾城驿*		秋夜栾城驿	郑廷玉：子父梦秋夜滦城驿
	张珙西厢记*	崔莺莺西厢记	莺莺西厢记	王实甫：崔莺莺待月西厢记
	杀狗劝夫婿	杨德贤妇杀狗劝夫	杀狗劝夫	萧德祥：王翛然断杀狗劝夫
	京娘四不知*		京娘怨燕子传书	彭伯威：四不知月夜京娘怨
	张协斩贫女	张协状元		
	乐昌公主*	乐昌公主破镜重圆	乐昌公主破镜重圆	沈和：徐驸马乐昌分镜记
	墙头马上掷青梅*		裴少俊墙头马上	白朴：裴少俊墙头马上
	锦香亭上赋新诗*	孟月梅写恨锦香亭	孟月梅锦香亭	王仲文：孟月梅写恨锦香亭
	洪和尚错下书*			
	吕蒙正风雪破窑记	吕蒙正风雪破窑记	吕蒙正破窑记	王实甫：吕蒙正风雪破窑记 关汉卿：吕蒙正风雪破窑记
	杨寇遇韩琼儿*			
	冤冤相报赵氏孤儿	赵氏孤儿报冤记	赵氏孤儿	纪君祥：赵氏孤儿冤报冤

曲牌	分目			
	《错立身》传奇29种目录	《永乐大典》戏文目录	《南词叙录·宋元旧篇》目录	北杂剧目录
鹊踏枝	刘先主跳檀溪			高文秀:刘先主襄阳会
	雷轰了荐福碑			马致远:半夜雷轰荐福碑
	丙吉教子立起宣帝			关汉卿:丙吉教子立宣帝
	老莱子斑衣			
	包待制上陈州粜米			无名氏:包待制陈州粜米
	孟母三移			无名氏:守贞节孟母三移

说明:①有 * 号者于钱南扬《宋元戏文辑佚》(古典文学出版社,1956 年)中辑有佚曲。

②"《错立身》传奇 29 种目录"栏中所收目,大致依原曲文中文字。

(原载《文学遗产》1987 年第 2 期)

明代南戏曲律与体制研究

一、曲律五题

明代南戏研究疑难事体尚多,尤以曲律为最。经品嚼研琢时人作品,颇有心得,开列如下。

(一)联套方式

明代以后,南戏对北曲音乐的吸收日渐增多。这种吸收主要体现为两种方式:一是吸收北曲曲牌或套数,以组成自己的套曲音乐;二是采用南北合套的方式,将北曲曲牌与南曲曲牌连接成独具特色的套曲音乐。

在南戏音乐结构中插入北曲曲牌或套数,多半是为了创造一个与前后戏情不同的特殊音乐环境,来凸现这一场的特殊情调。例如《千金记》第二十六出写韩信拜将,前后为南曲,而韩信拜将登坛时则唱北曲【中吕·粉蝶儿】【十二月】两支,让他来得志舒怀。《浣纱记》第十二出用北曲【仙吕·点绛唇】一套,是山中隐士公孙圣所唱,特意用北曲是为了表现这一方外之人与俗世中人的不同情怀。《鸣凤记》第三十出用北曲【越调·斗鹌鹑】一套,是锦衣卫指挥所唱,表现武人情怀。同剧第六出"二相争朝",表现夏言与严嵩二人的争执,争执未起时,先用三支南曲交代,待到夏言恼怒,斥责严嵩误国时,用了【正宫·端正好】【倘秀才】【滚绣球】【煞尾】一套北曲。这些用北曲的场子通常都遵循北曲的演唱规则,由一人唱。

南戏里采用南北合套的方法,一般用于不同身份、情绪、见解的人物对唱时,从而造成两者之间的鲜明反差。例如《鸣凤记》第四十出,御使林润祭奠被害忠臣,要推官郭谏臣陪祭,二人一人唱北曲,一人唱南曲。《浣纱记》第四十五出写范蠡与西施最终乘船泛湖而去,二人对唱,范蠡唱北曲,西施唱南曲。这都是为了加强反差,《昙花记》第二十三出"真君显圣"的情形却有所不同,该出合套的南曲和北曲全部为关羽一人所唱。在这里,关羽是作为显灵的神圣出现的,为了强调其仙性,作者特意加大其演唱风格之间的变化。

北曲曲牌加入南曲音乐系统,为南曲音乐体系的扩充提供了广阔的来源,渐渐地,南曲将北曲曲牌都吸收到自身体系里。到明万历之后,随着北曲的消亡,北曲曲牌就只保留在南曲里面了。

(二)犯调

明代南曲曲牌比元代增加了很多,其原因之一是吸收了北曲曲牌,原因之二则是南曲逐渐形成了自己的独特创腔方式——犯调(或称集曲)。所谓犯调,即从旋律风格相接近的不同曲牌中,截取一些旋律片段而使之连接,组成新的曲牌,并命以新名。用两调合成的如【锦堂月】,三调合成的如【醉罗歌】,四、五调合成的如【金络索】。另外,有许多是在曲牌名称上明标为犯调或有明显迹象可以看出为犯调的,如【二犯江儿水】、【四犯黄莺儿】、【六犯清音】、【七犯玉玲珑】、【八宝装】、【九嶷山】、【十样锦】、【十二红】、【一秤金】(十六犯)、【三十腔】、【皂袍罩黄莺】、【莺集御林春】、【醉归花月渡】、【浣沙刘月莲】等。犯调的极端,也有把四五个完整曲牌连接在一起,组成一个所谓新曲牌的,如【雁鱼锦】。[①] 犯调中还包括南北曲牌相犯,这样,创腔的范围又有更大的扩充。例如,清初钮少雅编纂的《南曲九宫正始》里,归属于高平调的曲牌【十二时】,系采纳 12 支曲牌中的旋律片段集合而成,这些曲牌有【山坡羊】(北)、【五更转】、【园林好】、【江儿水】(北)、【玉交枝】(北)、【五供养】(北)、【好姐姐】、【忒忒令】、【鲍老催】(北)、【川拨棹】(北)、【桃红菊】、【侥侥令】,其中北曲曲牌占了一半。犯调的唱法亦有

---

① 参见〔明〕王骥德:《曲律·论调名第三》,中国戏曲研究院编:《中国古典戏曲论著集成》(四),北京:中国戏剧出版社,1959 年,第 58 页。

讲究,所谓"既合为一,须唱得接贴融化,令不见痕迹,乃妙"①。

犯调在明代初期还不多见,明代晚期以后愈演愈烈。大体上是由于人们对于旧有南曲曲牌旋律的熟悉程度日益加强,出于标新立异的目的,便对之重新进行裁割组装。但这期间也不乏形式主义的文字游戏,所以清初曲律家李渔批评说:"曲谱无新,曲牌名有新。盖词人好奇嗜巧,而又不得展其技俩,无可奈何,故以二曲、三曲合为一曲,镕铸成名。"②

犯调的设计当然也有其内在规律,并非可以随意而行。例如,新组合曲牌的开首旋律,必须是取自旧曲牌的开首旋律,而不能由中部甚至尾部截取;新组合曲牌的结尾旋律,也必须是取自旧曲牌的结尾旋律,而不能由前部或中部任选。这是因为,曲牌的开首旋律都具有展开的倾向,而结尾旋律都具有收束的倾向,不能错乱。又如,不同宫调的曲牌犯调,只能在笛色相通的宫调中进行。

(三)引子、过曲、尾声

南曲曲牌习惯上分为引子、过曲和尾声。宋元时期称引子为慢词、过曲为近词。一套曲调的开始,一般先用引子,然后再接用过曲。体现在表演上,就是人物上场,先唱引子,所以嘉靖抄本《蔡伯皆》在每一出的开头,总要标出"××慢"的字样,如"生上慢:【点绛唇】",意即生上场唱慢词(引子)【点绛唇】。引子的节奏舒缓散漫,为散板段落,只在每一句结束时加一底板。

过曲分为大曲(细曲)和小曲(粗曲)两种。大曲为正角(如生、旦)唱,通常扮作读书人、大家闺秀等,填词讲究文采;小曲为次角(如净、丑等)唱,通常扮作市井中人、粗莽俗夫等,填词讲究通俗。所以王骥德《曲律·论过曲第三十二》说:"过曲体有两途:大曲宜施文藻,然忌太深;小曲宜用本色,然忌太俚。"

过曲曲牌的联套,有一定之规,除依据宫调、沿袭惯例外,主要根据曲调

---

① 〔明〕王骥德:《曲律·论过搭第二十二》,中国戏曲研究院编:《中国古典戏曲论著集成》(四),北京:中国戏剧出版社,1959年,第128页。

② 〔清〕李渔:《闲情偶寄》卷二"音律第三·凛遵曲谱",中国戏曲研究院编:《中国古典戏曲论著集成》(七),北京:中国戏剧出版社,1959年,第39页。

的粗细、板拍的设置情形来定。曲有快板、慢板。快者一板一眼,常为粗曲设;慢者一板三眼,常为细曲设;又有赠板,比慢板慢一倍。于是,在把这些曲牌进行联套的时候,就要考虑到其间的顺利过渡,所谓"前调尾与后调首要相配叶,前调板与后调板要相连属",王骥德称之为"过搭之法"。①

相同曲牌两首以上相连接,后面的标作【前腔】。有时为求音乐旋律上的变化,将后面曲牌的开头作些改换,则称【前腔换头】。反映在句格上,则【锦堂月】【念奴娇序】换首句,【锁南枝】【二郎神】换一、四、五句,【朝元令】全调都换,仅余"合前"两句和前面的曲牌相同。又有些曲牌必须重复数次之后才允许换头,例如【梁州序】要重复到第三次之后才能换首二句。②

尾声又称"余文""意不尽""十二时",其后一种名称的起因是凡尾声都是十二拍。尾声的句格稍有不同,随各自所隶属的宫调而有所变化。比较特殊的是有一种【双煞】体式,为采取本宫调中尾声,并外借一宫的尾声,二者相连组成。例如《拜月亭记》里有【喜无穷煞】后接【情未断煞】的例子。这种体式尤为民间声腔所喜用,所以凌濛初在《谭曲杂札》中说:"尾必双收,则弋阳之旅,尤失正体也。虽谱中原有【双煞】一体,然岂宜频见?况煞句得两,必无余韵乎?"

一般来说,比较大的场子通常都用尾声,过场戏则不用。例如一些只用一个曲牌或一个曲牌加数个【前腔】组成的场子,以及两个曲牌或各加一个【前腔】组成的场子,都不用尾声。③

(四)宫调

南戏音乐在宫调方面的自觉意识一直没有北曲那么强,也就是说,它长期没有把曲牌的宫调隶属关系理性地确定下来,人们创作时,通常只是凭借经验把曲牌连接成套,但并没有形成必须遵守的严格形式规范,所以元末高则成作《琵琶记》时,在开场词里不无自我解嘲地说自己"也不寻宫数调"。

---

① 〔明〕王骥德:《曲律·论过搭第二十二》,中国戏曲研究院编:《中国古典戏曲论著集成》(四),北京:中国戏剧出版社,1959 年,第 128 页。
② 〔明〕王骥德:《曲律·论调名第三》,同上,第 60~61 页。
③ 〔明〕王骥德:《曲律·论尾声第三十三》,同上,第 140 页。

但是,经验性的东西毕竟有极大的局限,例如它不能明确提供规律,又受到眼光的限制等。其直接不良影响就体现在南戏创作上的音乐混乱现象,这种现象是随着文人逐渐加入南戏创作队伍中来而日益扩张的。当南戏创作尚停留在艺人阶段时,它的曲牌联套建立在直接经验之上,还不会发生大的问题。当文人投入之后,由于他们并不具备或较少具备直接经验,于是就会在曲牌联套方面出现硬伤,例如将板式、音乐风格完全不同或反差极大的曲牌生硬地连接在一起,造成实际歌唱与演奏中音乐旋律的错讹与割裂情形出现,所以曲律家王骥德批评说:"南曲无问宫调,只按之一拍足矣,故作者多孟浪其调,至混淆错乱,不可救药。"①

这种情形在明代一直持续到嘉靖时期,随后才逐渐开始发生变化。当时,由于受北曲的长期影响,也由于南戏的曲牌联套已经有了丰富的经验积累,南曲在宫调归属方面实际上已经有了大体的划分,于是有人进一步从理论上做出归纳,形成了南九宫谱之类的著作。但是,这种工作尚未得到社会的全面认可,例如南戏理论家徐渭就在《南词叙录》里对之进行指责。徐渭依据宋词不能全部判定宫调归属的现象立论,指出南曲与宋词形成于相同的音乐基础之上,既然前者无法规范,那么后者理当也不需规范。徐渭的理论只在前提上有一部分道理,他的缺点在于用静止的而不是发展的眼光去看待音乐现象。

说到南曲宫调谱一类著作的形成,实际上早于明嘉靖时期,甚至可能要早到元代。但是,由于这类著作最初的作用大约是为教坊乐工服务,长期被藏为私人秘籍,一直没有在民间的南戏实践中发挥作用,因此为人们所不知。例如嘉靖时期某白氏家藏有《十三调南曲音节谱》一卷,其著者失载,谱内将 629 个南曲曲牌分入 15 宫调,计有仙吕、羽调、黄钟、商调、商黄调、正宫调、大石调、中吕调、般涉调、道宫调、南吕调、高平调、越调、小石调、双调,其中商黄调和高平调没有自己所属的独立曲牌,剩下 13 宫调,就是所谓"十三调"的由来。《十三调谱》所运用的宫调情况接近董解元《西厢记》和燕南

---

① 〔明〕王骥德:《曲律·论宫调第四》,中国戏曲研究院编:《中国古典戏曲论著集成》(四),北京:中国戏剧出版社,1959 年,第 104 页。

芝庵《唱论》，其曲牌按照慢词、近词分类，并有明人已经不能理解的"六摄"名词出现①，这些都透示出它产生的时代比较早，至少是元代。嘉靖年间又有陈氏藏有一部《九宫词谱》，著者亦失载，谱分五宫四调，计有仙吕宫、正宫、中吕宫、南吕宫、黄钟宫、大石调、越调、商调、双调，总称九宫，已经和北杂剧所用宫调完全一致。这显然是受到北杂剧影响之后的产物，其时间大约是在明初。嘉靖年间徐渭在《南词叙录》里也说它："意亦国初教坊人所为。"但接着就指责说它"最为滑稽可笑"，是"无知妄作"，认为南曲本来就没有宫调，"彼以宫调限之，吾不知其何取也"。

从《十三调谱》到《九宫词谱》，南曲宫调减少了 6 个，相同宫调里的曲牌也有许多不同，这反映了南曲音乐所发生的变化。其他方面的变化还有，例如曲牌联套方法从慢词与近词的连接过渡到引子和过曲的连接。前者比较原始，必须利用【赚】来作为中间桥梁，因为慢词为散板，句后下底板，而【赚】曲的前段恰只用底板，便于与慢词相接，到最后两句改作实板，又可接后面的近词。因此，其每一宫调中都有【赚】曲。正如王骥德《曲律·论过搭第二十二》所说："古每宫调皆有【赚】，取作过度而用。缘慢词(即引子)止著底板，骤接过曲，血脉不贯。"后者则完全解决了过渡问题，【赚】曲就大多消失了，其中当然也不排除【赚】被各宫调吸收后转化为引子或过曲的曲牌。

《十三调谱》和《南九宫谱》都是出于音乐演奏目的编撰的，这从它们有谱无词的体例可以看出来。到了嘉靖二十八年(1549)，有一位名为蒋孝者意欲以之作为南戏填词时的创作指南用，于是在二者基础上整理了《南小令宫调谱》，为每一曲牌选择一首前人所填词附于谱中。当然，他已经无法为《十三调谱》中的曲牌一一找到曲词，因为这些曲牌很多都没有词样，或者早已失传。他只是在《九宫词谱》的基础上做了这个工作。只是，他的工作并没有引起当时人的重视，人们创作南戏时也不以之为曲谱准则。

一直到了万历年间，文人创作南戏传奇之风大兴。又有吴江名士、曲坛

① 〔明〕王骥德:《曲律·论调名第三》曰:"今《十三调谱》中，每调皆有赚犯、摊犯、二犯、三犯、四犯、五犯、六犯、七犯、赚、道和、傍拍，凡十一则，系六摄，每调皆有因。其法今尽不传，无可考索。"

领袖沈璟,在蒋谱基础上进行增补修订,再次编撰了一本《南九宫十三调曲谱》。由于他的影响,此谱一出,遂成南戏法规、传奇准则,一时作者皆遵为范式。正如当时曲论家徐复祚所说:"令作曲者知其所向往,皎然词林指南车也。我辈循之以为式,庶几可不失队耳。"①在这种情况下,南曲宫调亦随之成为固定则例。但这只是就文人创作而言,充其量也只是对昆山腔音乐产生了一定影响,而当时流行民间的南戏诸多声腔,例如弋阳腔、青阳腔、义乌腔、徽州腔、乐平腔、石台腔、太平腔等,并不受其影响,王骥德称言:"其声淫哇妖靡,不分调名,亦无板眼,又有错出其间,流而为'两头蛮'者,皆郑声之最,而世争膻趋痴好,靡然和之。"②凌濛初也说:弋阳土曲,随心入腔,不必合调。③ 所以说,南曲宫调规则的建立,始终也没能达到北曲那样的完善程度。

南曲建立起宫调体制,也不妨碍它继续保留早期音乐体制方面的特点,例如其曲牌联套中,并不要求每一套曲子一定用相同宫调的曲牌。我们看到明末汲古阁刊本《琵琶记》里,仍然常常转宫,如第十出仙吕入双调【窣地锦裆】【哭歧婆】、越调过曲【水底鱼儿】、正宫【北叨叨令】【窣地锦裆】【哭歧婆】、仙吕入双调【五供养】【前腔】、中吕【山花子】【前腔】【前腔】【前腔】【太和佛】【舞霓裳】【红绣鞋】【意不尽】。这自然是由其娘胎里带来的特点,但即使是遵照沈璟曲谱格律创作的传奇仍然如此,甚至一直到清初的《长生殿》里,这一原则都没改变,在它50出戏里,有14出换了宫调,甚至有4出用了3种宫调。当然不同宫调曲牌的联套不是无条件的,通常要笛色相同的宫调才能联为一套。

与北曲宫调里的曲牌旋律各有风格倾向一样,南曲不同宫调的曲牌也各有自己的风格色彩,因此作者在从事创作时一定要注意到。王骥德《曲律·论剧戏第三十》说:"用宫调,须称事之悲欢苦乐。如游赏则用仙吕、双

213

---

① 〔明〕徐复祚:《曲论》,中国戏曲研究院编:《中国古典戏曲论著集成》(四),北京:中国戏剧出版社,1959 年,第 240 页。

② 〔明〕王骥德:《曲律·论腔调第十》,中国戏曲研究院编:《中国古典戏曲论著集成》(四),北京:中国戏剧出版社,1959 年,第 117~118 页。

③ 〔明〕凌濛初:《谭曲杂札》,中国戏曲研究院编:《中国古典戏曲论著集成》(四),北京:中国戏剧出版社,1959 年,第 254 页。

调等类,哀怨则用商调、越调等类,以调合情,容易感动得人。"其每一宫调里又特别有一些情感色彩明显的曲牌,它们是构成这些宫调风格特色的主要音乐段落,其中欢快曲子如双调里的【锦堂月】,悲情曲子如商调里的【山坡羊】、越调里的【山桃红】等。

(五)滚调

嘉靖以后,随着南戏诸声腔的广泛出现,在一些变体声腔如青阳腔、弋阳腔、太平腔中,逐渐发展起一种更为灵活的音乐形式,即在曲牌连套音乐结构的基础上,创造了"滚调"的形式。"滚调"是在当时已经兴起的乐调的基础上,于中间和后面添加与五言、七言对句诗相配合的变奏音乐旋律,使之与曲牌音乐结构融为一体,其板式为"流水板"①。其剧本面貌最早见于万历元年(1573)刊刻的"海内时尚滚调"《词林一枝》,以后的《玉谷调簧》《摘锦奇音》《万曲明春》里也都收录加滚的剧本选出。

"滚调"的出现,打破了南戏原有的曲牌体音乐形式,丰富了其原有曲牌音乐的表现力。以后随着经验的不断积累,它又发展为"畅滚",即把"滚"作为完整的音乐段落与曲牌并列使用,而在剧本上标出类似于曲牌表现形式的【滚】或【滚调】的名称,这反映出滚调音乐已经有了独立存在的价值。

加滚的特殊效果之一是在人物情绪发生剧烈变化时,能够对之进行酣畅淋漓的渲染和表现,正如清人王正祥所说:"一切悲哀之事,必须畅滚一二段,则情文接洽,排场愈觉可观矣。"②

二、演出体制二题

南戏体制在宋元时期形成,但并不规范,而是逐渐有所发展变化,到明代中叶以后才由于文人的作用走向相对整饬,而这时它的内涵又已经过渡到了传奇。对于这个过程的研究和得出的认识,现有成果中仍然有似是而

---

① 〔明〕王骥德:《曲律·论板眼第十一》,中国戏曲研究院编:《中国古典戏曲论著集成》(四),北京:中国戏剧出版社,1959年,第119页。
② 〔清〕王正祥:《新定十二律京腔谱·凡例》,清康熙停卞室刊本。

非的地方。今举二例。

（一）关于登场规制

钱南扬先生认为："戏文在正戏之前，先由副末报告戏情概况……一般用词两阕……第一阕浑写大意，第二阕叙述戏情。也有仅用一阕的，就是直截了当叙说戏情，把浑写大意的一阕省去……这些方式，一直沿用到明清传奇而不变。"①由于钱先生这一结论符合今天所仅能见到的三个元代南戏《小孙屠》《琵琶记》和《错立身》的文本实例，遂成定论。张庚、郭汉城主编的《中国戏曲通史》也说："昆山腔传奇的结构形式是固定的。第一出必然是'副末开场'，由副末用两首（或一首）词略述作者创作意图及全剧大意，这是从南戏继承下来的定例。"②于是，似乎至迟在元代，南戏开场已经形成这样的"定例"。

然而，我们以之来衡量明初的一些南戏例证，却总有方枘圆凿的感觉。明代前期的戏文舞台本偶有发现，为我们了解当时的演出面貌提供了资料。现以 1975 年 12 月在广东省潮安县明代墓里发现的宣德七年（1432）抄本《刘希必金钗记》③（以下简称《金钗记》）和 1967 年在上海嘉定县明代宣氏墓里出土的成化年间北京永顺堂刊本《新编刘知远还乡白兔记》④（以下简称《白兔记》）为依据，来探讨这个问题。

1.《金钗记》末上白：

　　□□□□□处，无明彻夜东流，滔滔不管古今愁。浪花如飞雪，新月似银钩。暗想当年隋旸（炀）帝，驾锦帆□□□，风流人□几千秋。两行金线柳，依旧缆龙舟。

　　青山无□，绿水□□，更那堪白云无数。灞陵桥上望西州，动不动□□□□。□□春暮，春暮，去时秋暮，总□头又是冬□。

---

① 钱南扬：《戏文概论》，上海：上海古籍出版社，1981 年，第 170~172 页。

② 张庚、郭汉城：《中国戏曲通史》（中），北京：中国戏剧出版社，1981 年，第 83 页。

③ 参见陈历明：《明初南戏演出本〈刘希必金钗记〉》，《文物》1982 年第 11 期。

④ 参见赵景深：《明成化本南戏〈白兔记〉的新发现》，《文物》1973 年第 1 期。

□□□□□□□，这光景能消几度？

汗颜因血……看时容易做时难……似管□□虎……胡□强……未开□句齿先寒，专伏□□耽带（担待）。做成慢天锦帐，□□□望遮拦。拟等待子期打盹（眈）睡，方敢抱琴弹。

众子弟每，今夜搬甚传奇？（内应）今夜搬刘希必金钗记。（末白）□□得刘希必金钗记，即见那：

邓州南阳县，忠孝刘文龙，父母六旬，娶妻肖氏三日，背琴书赴选长安。一举手攀丹桂，奉使直下西番。单于以女妻之，一十八载不回还。公婆将肖氏改嫁，□□□夜泪偷弹。宋忠要与结情缘，□文龙□□复续弦。古公宋宗……一时为胜事，今古万年传。

（下□上白）

一任珠玑列□□，□□□外不相饶。

习驾小舟游大海，怎回不怕浪头高。①

216

末上场后，先念【临江仙】【鹊桥仙】词各一首，内容是感叹时光流逝、春色不永。继而续念词一首，说明做戏不易，希望观众理解包涵。然后与后台问答，再念词一首，叙说剧情大意。最后有七言四句下场诗。与上述三个元本南戏所呈现的面貌相比，这里的开场形式反而显得繁复冗杂，接近宋代的《张协状元》。

我们知道，《张协状元》开始时的表演还不规范，先由末上场念诵【水调歌头】【满庭芳】两首词，然后唱念了一大段诸宫调下场，之后生角上场，却又不进入正戏，而是踏场歌舞一番，并与后台人员问答，最后才摇身一变，身份由场外人转为角色，正戏开始。元代南戏的开场已经由末一个人承担，将念诵诗词和与后台问答的形式一次性完成。末下场后，生角上场就是正戏的开始，生不再跳出人物说话。在这一点上，宣德本《金钗记》已经遵从元代

---

① 引文据《明本潮州戏文五种》（广东人民出版社，1985年）影印宣德写本《金钗记》，以及刘念兹校注《宣德写本金钗记》（广东人民出版社，1985年版），参校录用。影印本字迹时而难以辨认，校注本因作者亲见原写本并斟酌揣摩，应当有所凭恃。但校注本偶亦有误，例如"这光景能消几度"一句，误作"遮老亦能消几度"，就是明显误笔。

的"定例",但这不等于说它也将开场形式的繁复拖沓根本改变了。

和宋代的《张协状元》开场文辞相比,宣德本《金钗记》甚至更为俚俗而缺文理。前者词意先提示韶华不永,马上就转入鼓吹及时行乐。后者用了两首词来重复时不我待的感叹,意蕴却无所归属。前者面对观众颇为自负,自诩技艺不已,后者则转为对观者谦恭、卑逊,颇有临场怯懦感。造成这种差异的原因,或许是由于前者乃名班演出、文人作者加工而成,后者仅系一般民间戏班的艺人舞台本。这个例子至少说明,当时民间南戏演出的开场既有一定的套路,又很不规范。

2.《白兔记》扮末上开云:

诗曰:国正天心顺,官清民自安。

妻贤夫祸少,子孝父心宽。

喜贺升平,黎民乐业,歌谣处,庆赏丰年。香风复(馥)郁,瑞气霭盘旋。奉请越乐班,真宰遥,鸾驾早赴华筵。今宵夜愿:白舌入地府,赤口上青天。奉神三巡,六仪化真金钱。齐赞断:喧天鼓板,奉送乐中仙。

【红芍药】(末唱)哩罗连,罗罗哩连,连连哩,罗哩连,哩连罗,连哩连,罗哩罗连,罗哩连,哩连罗连,哩连罗连,罗□□,罗哩连,罗哩罗哩。

(末云)青山莫(抹)微云,天连衰草,昼(画)角声断樵(谯)门。站(暂)听□□,□□□黎(离)樽。多少蓬莱旧事,空回首,烟蔼(霭)纷纷。夕阳外,寒鸦数点,流水绕孤村。宵(销)昏(魂),当此济(际),香囊暗结(解),罗带轻纷(分)。慢(谩)赢得秦楼薄倖明(名)存。此去何时见也,襟袖空染啼痕。伤情处,高成(城)望断,灯火以(已)黄昏。

惜竹不雕当路笋,爱松不折横横枝。

不是英雄不赠剑,不是才人不赋诗。

今日利(戾)家子弟,搬演一本传奇。不插科,不打问(诨),不为之传奇。倘或中间字藉(迹)差讹,马(抹)音(夺)字,香(乡)谈别字,其腔列调中间,有同名同字,万望众位做一床锦被遮盖。天色非早,而即晚了也。不须多道散说。借问后行子弟,戏文搬下不曾?("搬下多时了也。")计(既)然搬下,搬的那(哪)本传奇,何家故事?("搬的是《李三娘麻地捧印,刘知远衣锦还乡白兔记》。")好本传奇! 这本传奇亏了谁? 亏了永嘉书会才人,在此灯窗之下,磨得笔浓,斩(蘸)得墨饱,编成此一本上等孝义故事,果为是千度看来千度好,一番搬演一番新。不须多道散说,我将正传家门,念过一遍,便见戏文大义(意)。怎见得?

五代残唐,汉刘知远生时紫雾神光,李家庄上招赘作东床。二舅不容完聚,使机谋,拆散鸾凰。分飞去,知远投充边塞,看他武艺高强。岳节度把秀英小姐,匹配鸾凰。三娘受苦,磨坊中生下咬脐郎。年长一十六岁,因打猎,实认亲娘。后来加官进嚼(爵),直做到九州安抚,衣锦喜还乡。

诗曰:剪烛生光彩,开筵列倚(绮)罗。

来是刘知远,哑静看如何。(下)①

与宣德本《金钗记》相比,成化本《白兔记》的开场形式甚至更为繁复拖沓,大约民间演出习惯于把开场形式搞得很隆重。后者透示出一些祭神仪式的影子,这也许是它更为复沓的原因。

末上场,先按照当时惯例念"国正天心顺"五言四句诗②,然后念词一首,内容与迎奉乐神有关,接下来用【红芍药】曲牌唱迎神曲"罗哩连"一首,在此过程中大概举行迎奉神的仪式。仪式毕,念宋人秦观【满庭芳】词一首,内容为恋人离愁。继而念七言四句诗一首,内容归结于"才人赋诗"。下面入正题,开始与后台问答,引出今日演出的题目,但又添加了许多道白进去。

---

① 〔明〕陆采:《都公谈纂》卷中记明英宗时一南戏戏班演出开场情景为:"一优前云:国正天心顺,官清民自安。"英宗年号为天顺(1457—1464),恰在成化之前。另外当时笑乐院本的开场也用此四句诗。《金瓶梅词话》第三十一回描写笑乐院本《王勃》的演出情况是:"当先是外扮节级上,开:法正天心顺,官清民自安。妻贤夫祸少,子孝父心宽。"大约这是当时各类戏曲演出开场时的通用套句。后来扮官上场,也用此作为上场诗。

② 引文据《明成化说唱词话丛刊》,香港:生活·读书·新知三联书店,1973年。

最后再念【满庭芳】词一首,介绍剧情大意,以五言四句诗作结下场。这里一共念诗三首、念词三首、唱曲一首,还有许多道白及问答。其烦琐复杂的程度,几乎可追宋代的《张协状元》项背。

上引宣德本《金钗记》和成化本《白兔记》的开场例子至少说明,一直到明代前期,南戏民间演出的开场尚未形成文人剧本里呈现的那种规范样式。文人在写定剧本时,常常把舞台科范省略掉,甚至删落许多他们认为内容繁复、有损大雅的文辞,例如明万历时期的汲古阁刊本《白兔记》,就把成化本《白兔记》开场前面的文辞都删掉,只剩了后面那首【满庭芳】词。事实上成化本《白兔记》的开场,保留了当时舞台演出的真实面貌,也更为接近元代的舞台面貌。

这两个剧本都超出了所谓"定例",而上祖宋代的《张协状元》。宣德本《金钗记》由于出土较晚,钱先生大概没有见到,但他注意到了成化本《白兔记》的逸出常规,所以他在结论中补充了一句话:"只有《张协》和《白兔记》是例外。"①

事实上,还不止上述例子,明初有着更多不符合"定例"的情况出现。例如成化前后丘濬写《五伦全备忠孝记》的开场,连用【鹧鸪天】【临江仙】【西江月】三首词,中间插入与后台问答,后面又有很长的念白;邵璨写《五伦传香囊记》的开场,用【鹧鸪天】【沁园春】【风流子】三首词;姚茂良写《张巡许远双忠记》的开场,用【满江红】【满庭芳】【满庭芳】三首词。直到嘉靖年间李开先写《宝剑记》的开场,仍用了【西江月】【鹧鸪天】【满庭芳】三首词,陆采写《明珠记》开场,仍用了【圣无忧】【南歌子】【望海潮】三首词。只有到了万历时期,文人创作讲求文采格律,才固定为简要的一词或二词形式。但这时的民间演出仍然会有其自身的惯性,保留许多传统表演手法,因此舞台面貌与剧本还不是一回事儿。

上述事实都趋向于一种结论:所谓南戏用一首或两首词开场的"定例",是在明中叶以后的传奇创作中才形成的,南戏并没有这种"定例"。也就是说,它是明代文人大量参与南戏(传奇)创作的结果,而不是其前提。至于三

219

---

① 钱南扬:《戏文概论》,上海:上海古籍出版社,1981年,第172页。

个元本南戏的实例,或许也与文人加工或写定时的省略有关,为了追求精致文雅而省略了许多表演科套,并不能视作当时的"定例"。

(二)关于分出

宋元南戏不分出,明传奇分出并将各出标上名目,同时各本中又写法不同,如作"出""齣""齝"等。其发展演变情形,以往研究多语焉不详。兹根据一些材料,整理出如下见解。

从南戏到传奇,逐步走向分出,它的进展阶段性,可以依据今天见到的剧本大体推知。明成化本《白兔记》不分出,而先于它的宣德本《金钗记》已经开始分出,但还不列出目。嘉靖二十七年(1548)苏州书坊刻巾箱本《琵琶记》分出而无出目,嘉靖年间李开先所写《宝剑记》分出而无出目,广东揭阳县西寨村 1958 年出土嘉靖本《蔡伯皆》①里偶见分出(仅有总本"第四出"列出),亦开始偶有出目(仅见生本"官媒请婚"一目)。可见从南戏到传奇的分出经历了一个逐渐变化的过程,大约在嘉靖年间分出开始形成习惯,而标明出目则还要晚一些。

这一点,从明代文人对于南戏场子称呼相异的情况也可以看出来。例如成化年间姚茂良写《张巡许远双忠记》,分折,上下卷共 36 折,无折目。丘濬《五伦全备忠孝记》开场结束诗上句说:"此是戏场头一节。"称"节"。嘉靖年间何良俊写《曲论》,称"折",如说《拜月亭记》,"其'拜新月'二折,乃隐括关汉卿杂剧语。他如'走雨''错认''上路''驿馆中相逢'数折……可谓妙绝"。徐渭写《南词叙录》,称"套",例如:"《香囊》如教坊雷大使舞,终非本色。然有一二套可取者。"又如:"《琵琶》高处在庆寿、成婚、弹琴、赏月诸大套。"既然嘉靖时南戏场子还被时而称作"折",时而称作"套",说明"出"的概念也仍然没有固定。尤其值得注意的是上引何良俊语,在提及《拜月亭记》的折目时,用词尚不规整,在多数为二字标目的情况下,如"走雨""错认""上路",又出现一个五字标目"驿馆中相逢",这说明,折出标目最初大概是为了人们谈论的需要,以后逐渐固定为文人写作剧本时的定例。

---

① 参见曹腾騑:《广东揭阳出土明抄戏曲〈蔡伯皆〉略谈》,《文物》1982 年第 11 期。

用"出"来表示一场演出，最早可以推到唐代，《景德传灯录》卷十四有弄狮子一出、六出的话，但宋元时期又未见用。明人最初用"出"，或许即由"出场"转化而来，上引丘濬《五伦全备忠孝记》开场结尾诗，其下句曰："首先出白是生来。"意思是说：下面首先出来念白的是生角。接下来就是生角上场。"出"在嘉靖时还不为南戏所专用，例如李开先《词谑·词套·三十七》曰："梦符《扬州梦》，四出皆当刻。"元杂剧作家乔吉（字梦符）的《杜牧之诗酒扬州梦》，是传统四大套的杂剧剧本，李开先称之为"四出"。

万历以后，文人刊刻传奇剧本，习惯于把"出"字写作"齣"，于是又引起后人何字为古的争论。其实排比一下资料，答案也不难得出：宣德本《金钗记》作"出"，嘉靖苏州坊刻本《琵琶记》作"齣"，嘉靖本《蔡伯皆》作"出"，嘉靖四十五年（1566）刊本《荔镜记》①作"出"，直到万历九年（1581）刊本《荔枝记》②，开始"齣""出"并用。由这些材料看，"齣"字大概是从万历以后才开始滥用的，当然它的出现可能早在嘉靖年间。例如徐渭《青藤山人路史》里就说："高则诚《琵琶记》，有'第一齣''第二齣'。考诸韵书，并无此字。""齣"字不见于字书，是否为文人狡狯、故弄艰深的产物？故而曲律行家王骥德《新校注古本西厢记·凡例》说："元人从'折'，今或作'出'，又或作'齣'。'出'既非古，'齣'复杜撰。"这是有道理的。今人常常以为"齣"字为原字，大约是一个误解。

（原载《周口师范高等专科学校学报》2001年第1期）

221

---

① 此本国内无存，藏英国牛津大学波德林（Boldeian）图书馆，收入《明本潮州戏文五种》，广州：广东人民出版社，1985年影印出版。
② 此本国内无存，藏奥地利维也纳国家图书馆，收入《明本潮州戏文五种》，广州：广东人民出版社，1985年影印出版。

"诚斋乐府"非为朱有燉杂剧总集名

　　明初宗室周宪王朱有燉(1379—1439),号诚斋,又号锦窠老人、全阳翁等,为明代北曲巨擘,传世戏曲作品有杂剧31种、散曲两册。其杂剧作品保存数量是元明作家中最多的,超过关汉卿10余种,且皆有当时藩府原刻本,除《元刊杂剧三十种》外,是今见付梓时间最早的杂剧剧本,因此具有很高的研究价值。然而,朱有燉杂剧总集原为何名,甚至原刊时是否曾经汇为总集,尚未明晰。现代所有的文学史戏曲史著作、戏曲剧目著录著作及有关研究论文,几乎众口一词地认为:朱有燉所作杂剧集总称为《诚斋乐府》。其实这种说法颇为不当。

　　我因整理《朱有燉戏曲集》,于北京图书馆(以下简称"北图")善本部校阅了朱有燉戏曲的全部原刊本。北图藏有朱有燉杂剧两套:一为22种本,原为吴梅所藏;一为25种本,1929年8月23日购于蟫青书室。两套乃明初周藩同一刊本,半页10行,每行20字,四周双边,大黑口,双鱼尾、中记杂剧简名和页数。汰其重复,两套计有杂剧31种。这两套杂剧,皆无总名、总目、总序,排列顺序亦不一致,从中找不出总名为《诚斋乐府》的痕迹。北图题其集名为《诚斋杂剧》,《全国丛书综录》亦据此收录其目。

　　北图另有朱有燉《诚斋乐府》两册,不分卷,分散曲、套数,为明宣德九年(1434)开封周藩自刻本,版式与其杂剧相同,卷首有《诚斋乐府引》曰:

　　　　予既拾掇拙作诗词类而成集、名之《诚斋录》矣,复余时曲数十纸,□□日吟咏情怀、嘲弄风月之语,自愧□□,不敢□示于人,将欲付之□□。客有□□者曰:"君子耻一物之不□,□曲亦近□□

制作也,元之诸名公长□□□亦盛行□今之世,庸何伤乎? 法云道
人尝劝山谷勿作小词,山谷云:空中语耳。此古人不嫌于时曲之证
也。便当与诗录同刊,以为梁园风月之清赏耳。"予曰:"唯!"遂镂
于梓,名之《诚斋乐府》云。

朱有燉自言此集所收为"时曲",别于"诗词类"而与诗录同刊,名为《诚斋乐
府》。那么,其杂剧集决无复以此名之的道理。

近人以《诚斋乐府》为朱有燉杂剧总集名称,始见于吴梅。吴梅在 1923
年已于王孝慈处一睹朱有燉散曲集《诚斋乐府》,且录一副本,并为之作《诚
斋乐府跋》,其中引钱谦益《列朝诗集》小传云:"(朱有燉)所制诚斋乐府传
奇,音律谐美,流传内府,至今中原弦索多用之。"此前吴梅已得到朱剧原刊
本 22 种,1927 年,吴梅与张菊生商定,印行《奢摩他室曲丛》,次年印出初
集、二集。其二集收入朱剧 24 种,即吴梅 22 种外,张菊生又辗转借得二种,
一并印入。于卷端题"奢摩他室曲丛·杂剧之属·诚斋乐府",于目录中题
"诚斋乐府二十四种",并于卷尾复作一《诚斋乐府跋》,即已认定朱剧集名
为《诚斋乐府》了。此跋文中亦引上述钱谦益语,但将"所制诚斋乐府传奇"
一句改为"制诚斋乐府若干种"。查《列朝诗集》,钱谦益此句作"制诚斋乐
府传奇若干种",可见吴梅两次引文皆以意取之。

舛误更有甚者。1934 年《剧学月刊》三卷十一期载有那廉君《明周宪王
之杂剧》一文,据云:"周宪王之杂剧,《诚斋乐府》中只刊二十六种,其余各
曲书中亦间有散见之者,综计之,可得三十三种。除《诚斋乐府》中可见之二
十六种外,更有七种。《诚斋乐府》刊后所作也。"那氏所见 26 种本,即今北
图所藏 25 种本,另有一《曲江池引》而无剧本正文,那氏未辨。那氏已知吴
梅有 22 种本,且与"26 种本"剧目多有不同,视而不见,却据所见之不全本,
得出朱剧初刻 26 种成集的结论,并借吴梅《诚斋乐府》名称冠之,其疏失颇
为惊人。

此后,一应有关著作即皆承袭吴梅所说而未加详察。

朱有燉杂剧总集名称究竟是什么? 成书于明嘉靖十九年(1540)的高儒
《百川书志》,于卷六"史·外史"项下列朱剧名目 31 种,皆于各剧名后续接

"传奇一卷"字样,如"甄月娥春风庆朔堂传奇一卷",而于朱剧目之末注云:"皇明周府殿下锦窠老人全阳翁著……凡三十一种,总名《诚斋传奇》,异《乐府》行也。"又别于卷十八"集·词曲"项下录有:"《诚斋乐府》二卷,大明周府锦窠老人著,散曲、套数,各为一卷。"所言甚明,朱有燉杂剧总集名当作《诚斋传奇》而非《诚斋乐府》。高儒著录朱剧名目 31 种,与今存本名目全同而数量相符,应当是朱剧的全部,故其所云"总名《诚斋传奇》"云云,有可能即是原集所题。钱谦益亦称"制诚斋乐府、传奇若干种","诚斋传奇"也可标点作《诚斋传奇》。

称杂剧作品为传奇自元代始,如元人钟嗣成、周德清、陶宗仪皆有此称,明初贾仲明亦如此。朱有燉也习惯于将自己的杂剧作品称作传奇。他所作31 种杂剧中,25 种卷端有"引",其中有 12 种"引"在提及剧名时皆加"传奇"二字,如《继母大贤传奇引》《贞姬身后团圆梦传奇引》等。而 25 种杂剧"引"中,全部指称其正文为传奇,如"编制传奇一秩""因作传奇一秩"等。反之,朱有燉从无称杂剧作品为乐府的例子。当时人称乐府都指散曲、套数(亦包括杂剧作品中的套数),如《录鬼簿》分戏曲作家为"有乐府行于世者"和"有所编传奇行于世者"二类,前一类作家只有散套(包括诸宫调),后一类则有杂剧剧本。按照这种惯例,朱有燉有可能题其杂剧集名为《诚斋传奇》。

然而,我们并不能排除朱有燉杂剧作品当时未汇刻成总集的可能性。其疑点有三:第一,明清目录书著录朱有燉杂剧作品,皆单列其杂剧名称(几种或几十种不等),未见有列其集名的。第二,北图今存两套朱有燉杂剧,其每一剧的页数皆从第一页起,各剧不累加。有一剧成册的,有两剧合订一册的,25 种本多为两剧合订,22 种本多为单剧成册,而两套中合订者剧目亦不同。如前者《牡丹园》与《踏雪寻梅》合订;后者则《牡丹园》与《牡丹品》合订,《踏雪寻梅》另成册。可见其各剧间未按一定顺序排列。写作年代也前后舛错。第三,朱有燉《李妙清花里悟真如》杂剧,乃为妓女李妙清洞悟禅机而作,其"引"中称:"因详其事实,编作传奇,用寿诸梓,庶不泯其贞操,以为劝善之一端云。"其中提到将此剧本付梓之事。朱剧有计年者共25 种,此剧作于永乐二十年(1422),则前有 6 种,后有 18 种。意即在朱有燉杂剧创作的前期,已提到刊刻事宜。似可解释为朱有燉每剧一成,即时付梓。周藩府中设有自己的刻书作坊,《如梦录·周藩纪第三》言,周藩有存信殿,其"东厢是墨刻作,西厢是印书、裱褙",印一个杂剧剧本是很容易的事。朱有燉所撰《牡丹百咏》《梅花赋》刊于宣德五年(1430),《玉堂春百咏》刊于宣德六年(1431),《诚斋乐府》刊于宣德九年(1434),《诚斋录》又刊于前,皆可说明问题。这样,朱有燉杂剧作品多有流失的情况也就容易解释了。

因此,笔者倾向于诚斋杂剧没有总集的结论。在未找到更为直接的证明以前,高儒关于《诚斋传奇》的说法亦只能暂备一说而已。

(原载《文献》1988年第3期)

225

折子戏的出现

中国戏曲最早的成熟形式是宋南戏和元杂剧,这两种戏剧样式,从开始就是作整本演出的,也就是说,在舞台上表现首尾完整的情节和故事。然而,南戏经过了几百年的发展演变,其舞台形式到明代中叶以后开始发生变化,出现了将原有整本戏拆零演出的情况,形成了所谓的折子戏。以后,折子戏与整本戏的演出长期并行,一直持续至今,形成中国戏剧特有的舞台现象,本文拟对折子戏出现的时间、形成的原因、推动其艺术独立的因素及它的意义做些探讨。

一、产生原因

南戏剧本存在着拖沓冗长的毛病,动辄数十场上百场,时而结构松散,笔墨平铺直叙,剧情进展缓慢,这种情形严重影响了它的戏剧性。因而,民间事实上大多是将原来的剧本做简省演出的。例如明代潘之恒《鸾啸小品》卷三《醉张三》说,他极其喜爱《明珠记》,但"厌梨园删落太甚",吴徽州戏班的领班吴大眼为了讨好他,就"合班十日,补完传奇"。这一事实说明,《明珠记》平日是极难作整本演出的,戏场看到的通常都是删减了许多关目场子的本子。当时情况就是这样,戏班要想从头至尾演出一个常演的传奇本子,还得专门集中一段时间来进行排练。

从观赏的角度来说,整本戏吸引人的地方主要是它的情节性,但是,当人们看熟了一些整本戏、熟知了剧情之后,就不再能够耐得住性子从头看到尾了,特别是中间大量的过场交代戏,实在没有多少舞台欣赏价值。于是,観众常常提出拣选某些精彩戏出观看,而省略掉一些平淡折子的要求。《金瓶梅词话》第六十三回西门庆家里演堂会,请海盐弟子唱《玉环记》,就有这种情形出现:

> 西门庆令书童:"催促戏子,快吊关目上来,分付拣省热闹处唱罢。"须臾打动鼓板,扮末的上来,请问西门庆:"小的'寄真容'的那一折唱罢?"西门庆道:"我不管你,只要热闹。"

观众只拣"热闹"的折子看,无形中就要求戏班把整本戏改演成了折子戏。

另外,当时堂会戏是南戏的主要演出方式之一,而堂会观看全本戏常常耗时耗资颇多,对于一般家庭来说,并不容易措办。因此,从整本戏里挑选一些戏剧性比较强的戏出折子,进行短小精练的演出,就成为堂会演出的必要。

当然,最初挑选戏出来演,还不能叫作演折子戏,而只是将整本戏演简略了,其中的戏出还不具备独立的舞台价值。但随着时间的推移,人们日益对一些整本戏的某些精彩出折加深了认识,越来越经常地把它们挑出来观看,再后来,又发展到从不同剧目里挑选一些戏出,放在一起,组成一场演出,折子戏的时代就来到了。

以上所谈是折子戏产生的社会原因,同时戏曲演变的自身原因也在起作用。南戏经过几百年的发展,积累起众多的传统剧目,这些剧目中,掩藏有大量精彩的表演片段和场子,艺人们在长期演出中不断研琢磨炼,于其中赋予了众多的表演绝技。这些有特色、有绝活的表演,逐渐被观众所发现、所爱好,经常被专门提出来演出。而在这个过程中,艺人又对之做进一步的加工锤炼,使之更为精益求精,它们就逐渐成为有独立性的舞台保留节目了。

二、形成时间

折子戏演变并形成的时间,历史有些迹象遗留下来。大约明嘉靖时期

折子戏的出现
227

是盛行将整本南戏简省演出的时期,万历时期则是折子戏演出占有重要比重的时期。

说嘉靖时期盛行将整本南戏简省演出,一是由于上引《金瓶梅词话》大约就成书于此时,二是由于当时出现了简省剧本集。今天见到的嘉靖三十二年(1553)刊本《风月锦囊》,就是这样的一个集子。① 该书将当时流行的南戏剧本 40 种,各选择若干场刊印,称作"新刊摘汇奇妙戏式",即将这些剧目中的"奇妙"戏出"摘汇"出来刊行。每种一卷,标目为"新刊摘汇奇妙戏式全家锦囊伯皆一卷""摘汇奇妙戏式全家锦囊荆钗二卷"等。每一个戏,多则选十几、几十场,例如《荆钗记》《琵琶记》,少则选一场,例如《薛仁贵》《江天暮雪》《沉香记》《八仙庆寿》等。可以看出,这个剧本集的出现是与当时社会上的南戏简省演出习俗相适应的。事实上在该书成书以前,已经有类似的集子流行,从《风月锦囊》一书本身就可以看出这种痕迹。《风月锦囊》由"全家锦囊"与"续全家锦囊"各 20 卷组成,书尾莲花框内署为"嘉靖癸丑岁秋月詹氏进贤堂重刊"。很明显,在《风月锦囊》之前,该书坊曾经刻过一本 20 卷本的《全家锦囊》,大约销路甚畅,于是又补充剧目 20 种,合为40 卷,另命名为《风月锦囊》刊行,所谓"重刊"。这一事实表明,嘉靖年间简省演出南戏的情形已经十分常见。

万历以后,虽然整本戏仍然占据主要地位,但演出折子戏也成为时尚。我们从当时人的观剧日记里可以看出这种趋势。例如祁彪佳《祁忠敏公日记》里,有着众多观看整本戏的记录,但不时也有"观半班杂剧""观演戏数出""晚拉诸友看戏数出""向西泽呼女优四人演戏数折"②的记载。于是,书商们看准了这个门径,大量的折子戏选本被刊印出来发卖,我们随手就可以开列出一长串这类刊本的名称:《词林一枝》《八能奏锦》《群音类选》《歌林拾翠》《乐府菁华》《乐府红珊》《满天春》《玉谷调簧》《摘锦奇音》《万曲明春》《徽池雅调》《尧天乐》《时调青昆》《月露音》《吴歈萃雅》《昆弋雅调》

---

① 此书国内已失,存本藏西班牙圣洛伦索皇家图书馆(Real Biblioteca de San Lorenzo del Escorial),《善本戏曲丛刊》第四辑收录影印本(王秋桂编,台北:台北学生书局,1987 年)。

② 分别见崇祯五年(1632)五月二十日、十年(1637)九月九日、十一年(1638)二月十四日、十七年(1644)三月五日日记。

《赛征歌集》《万壑清音》《怡春锦》《乐府歌舞台》《万家锦》《玄雪谱》《醉怡情》《万锦娇丽》等。这些选本与《风月锦囊》的不同之处在于:《风月锦囊》是以整本南戏为纲,从中拣选某些戏剧性较强的折出,但仍未打乱原来的整本戏框架。而这些选本则都是立足于折子,不管它原来的整本面貌,常常是一本戏里的折子被打散,分刊到不同的卷秩里去。很明显,这些折子是供演出时随意点选用的。从中可以得出结论:万历时期已经进展到了真正的折子戏演出时代。

三、艺术上的独立

为了使抽出的折子更具观赏性和审美价值,人们开始在其中注入特别的精力,使之逐渐锤炼提纯为具备独到表演特色的段落,因而折子戏都是凝聚了丰富舞台表演技巧和功夫的演出段子。随着这些段子被公众认可,它们逐渐具备了独立存在的价值。在这个过程中,众多爱好戏曲的文人、串客们立下了卓越功劳。

晚明以后,许多文人和串客把精力投到研琢戏曲表演中来,他们的演出活动不同于商业戏班,不以获利为主要目的,专门讲究场上功夫和表演技巧,讲究表演符合戏情、戏理,这使他们侧重于对折子戏的钻研,并达到很高的境界。张岱在《陶庵梦忆》里有几处描写了他的串客朋友和家僮在公众场合串演戏出的效果。卷七说,他曾于崇祯七年(1634)闰中秋夜,"命小僎岕竹、楚烟,于山亭演剧十余出,妙入情理,拥观者千人,无蚊虻声,四鼓方散"。卷四说,他到绍兴严助庙看商业戏班演出整本戏时,让伙伴串演折子戏与之对垒,结果大获全胜:

> 天启三年,余兄弟携南院王岑、老串杨四、徐孟雅、圆社河南张大来辈往观之……
> 剧至半,王岑扮李三娘,杨四扮火工窦老,徐孟雅扮洪一嫂,马小卿十二岁扮咬脐,串"磨房""撇池""送子""出猎"四出,科诨曲白,妙入筋髓,又复叫绝,遂解维归。戏场气夺,锣不得响,灯不

得亮。

"磨房"等出是《白兔记》里的精华场子,张岱周围的串客和家僮们时常在家里练习这些折子,精益求精,所以才能达到"妙入筋髓""戏场气夺"的演出效果。《陶庵梦忆》卷六还特意记载了绍兴著名串客彭天锡刻苦研琢演戏的事迹:"彭天锡串戏妙天下,然出出皆有传头,未尝一字杜撰。"他曾经为了演好一出戏,用数十两银子聘请行家来家中指点。下这么大的本钱和功夫,无怪他串戏能够"妙天下"。这些文人、串客的活动,与艺人的舞台实践一道,把折子戏技艺不断地推向高峰。

四、意义

折子戏的出现,是中国戏曲发展史上的一件大事。由折子戏开始,人们看戏的审美聚焦点发生了转移,由欣赏剧本的故事情节转移到了欣赏舞台表演技艺,欣赏演员如何通过独到的舞台技艺把剧本所提供的内容更好地表现出来。这是戏曲舞台具备了足够的经验积累、走向成熟的象征,也是观众达到一定的戏曲欣赏层次,要求满足更高美学口味的标志。折子戏的诞生,必将促进戏曲舞台技艺的长足提高,它标志着中国戏曲史即将由文学时代进入演技时代。

以后戏曲舞台的创作情形是:折子戏开始反过来向完整的舞台演出过渡。即在折子戏成熟之后,人们不再去了解它的来龙去脉,却反过来,在折子戏已经获得独立舞台价值的基础上,为之添头加尾,使它具备完整的面貌。当然,这里的"完整"已经不同于原来的整本戏,而是以这一折或数折有独到表演技巧的场子为主的戏,其剧本面貌与前已经大不相同。

折子戏的形成大大促进了戏曲角色行当的分化与独立,原来在整本戏演出里不能脱颖而出的次要行当,在折子戏里都得到充分的发展。例如大净角色,以前长期处于附庸的地位,如果它发展过甚,就会夺了主角生、旦的戏。但在折子戏里,大净却毫无拘束地成长起来。绍兴串客彭天锡,专门在大净的表演上下功夫,张岱《陶庵梦忆》卷六描写他的技艺说:"千古之奸雄佞幸，经天锡之心肝而愈狠，借天锡之面目而愈刁，出天锡之口角而愈险，设身处地，恐纣之恶不如是之甚也。皱眉视眼，实实腹中有剑，笑里有刀，鬼气杀机，阴森可畏。"虽然我们不知道他都演过什么戏，扮过什么人物，但从张岱的描写里，似乎可以看到王莽、董卓、曹操、严嵩、严世藩等历史权臣的影子，这些人在戏里的身份都是"白脸奸臣"，角色都是大净。彭天锡的努力，为大净角色里"架子花"类人物表演程式的确立，立下了汗马功劳。折子戏演出的突起，也拨正了人们衡量一个戏班好坏的天平，生角和旦角的美艳善歌已经远远不够，各个行当的完备齐整才是标准。于是，中国戏曲行当的科学化分工到这时才开始真正实现，次要角色才真正从此走向成熟。

折子戏所带来的变化，决定了清代的戏曲舞台面貌。首先，折子戏的大量形成，为各地方戏剧种的兴起提供了内容和舞台技巧的源泉。地方戏少有整本大戏，很多情况下是由南戏折子戏的表演承袭、转化、借鉴而来。其次，人们对于戏曲剧本的标准改变，要求压缩过场戏，将有限的舞台时空集中运用到矛盾冲突激烈的地方，或者是有表演特色的地方。这种要求使地方戏剧本完全脱离了南戏传奇的路数，从而改变了清代舞台的构成。这期间虽然有声腔转换方面的原因，但也有演出体制改变的因素。在这种情况下形成的地方戏，相对于明代南戏来说，文人投入创作减少，剧本的文学品位降低，但在舞台演技上则有着多方面的发展和长足的提高。戏曲舞台审美基点则从以剧本为中心转化为以艺人为中心。

（原载《艺术百家》2000 年第 2 期）

也谈《思凡》与《孽海记》

1982 年我读研究生习曲时,曾经买了赵景深先生《曲论初探》(上海文艺出版社 1980 年版)一书,于中读到先生与文力探讨有关《思凡·下山》来历的一组文章,为其未能有解而对此问题深感兴趣,日后时时留心寻访,终有所得。近读《艺术百家》2002 年第一期蔡敦勇先生文章《〈思凡〉与〈孽海记〉》,始知当年的文力即为蔡先生,并知蔡先生为此曾付出 40 年时间进行探讨,先后写过 9 篇文章,终未有解。蔡先生因于篇末撰诗感叹:"四十春秋一瞬间,银丝初染两鬓斑。小文九篇堪告慰,天道酬勤无妄言。思凡研究应打住,到此亦应结本篇。"我于此深感学海无涯、堪畏堪叹,并因蔡先生一生为此孜孜不已所付出的精力与心血而感喟。这里,我把自己的研究结论托出,向蔡先生求教,也向他表明此道不孤,望能有所告慰。

我于 1993 年撰成《目连戏文系统及双下山故事源流考》一文,发表于台北《民俗曲艺》杂志 1995 年 1 月第 93 期,于中大体解决了《思凡》故事源流本末及《孽海记》问题。后因考虑到大陆学人难以见到,再发表于北京图书馆编的《文献》杂志 1996 年第 4 期(文章略作改动)。文章蔡先生显然没有见到,大约也因为题目没有直接涉及《思凡》《孽海记》,未能引起注意。由于该文没有单纯讨论这一问题,主要注意力放在目连戏文系统的研究上,因此这里专门撮括里面有关《思凡》和《孽海记》的结论如下。

近代昆曲和许多高腔剧种演唱的剧目里都有《思凡》和《下山》两出著名的单折戏,其他许多地方戏里也有相同的剧目,说明尼姑和尚双下山这一题材内容的影响广远。它们究竟渊源于何处?又具有怎样的发展脉络?20世纪 30 年代,郑振铎先生在他的《中国俗文学史》里说它们出自明代郑之珍的《目连救母劝善戏文》①，但因为二者之间在文辞上有着很大的歧异，人们心存疑惑。60年代，赵景深先生与文力先生曾经就双下山故事的来历进行过一场争论，但由于当时很多流传到海外的材料还看不到，他们仍然试图在目连戏的内部寻找源头，因此也没有得到接近事实的答案。② 随着近年诸多明代戏曲选本的发现和公布，这个问题变得比较明朗化了。我把这些选本中有关的戏曲散出和散套进行比勘，大致看到了尼姑和尚双下山故事的渊源发展脉络及《孽海记》的约略情景。

明代中后期产生而保存至今的有双下山情节的戏曲整本，有嘉靖年间冯惟敏创作的杂剧《僧尼共犯》和郑之珍《目连救母劝善戏文》两种。明中叶以后的诸多戏曲选本里的有关戏出和散曲，则至少有17种，它们大体可以划归《思婚记》《救母记》《出玄记》和《劝善记》这四种戏文的系统，另外还有作为散出戏上演的《尼姑下山》和《和尚戏尼姑》两个单独戏出。明末产生了一种弋阳腔剧本《孽海记》，清前期产生了宫廷大戏《劝善金科》。

我经过将各个文本仔细比勘分辨，得出这样的结论：尼姑和尚双下山故事有它独立于目连戏之外的发生发展脉络和在民间的长期流传演变过程，后来被目连戏吸收。《僧尼共犯》可能是双下山故事的源头，但其内容却和双下山故事相去甚远，说明双下山故事不是从这里直接发展演变而来，充其量只受到它的一点启发。从嘉靖三十二年（1553）刊本《全家锦囊》卷一下栏收录的《尼姑下山》南套和《新增僧家记》北套这两个散套里，却可以找到双下山故事更为直接的内容姻缘。虽然两个散套都是独立存在的，其故事情节还没有连在一起，但尼姑下山、和尚下山的基本路数已经完整存在了。嘉靖年间的南曲套数《尼姑下山》和北曲套数《僧家记》，前者被戏文《救母记》《思婚记》《出玄记》和《劝善记》分别吸收，后者被《出玄记》吸收。《劝善记》的双下山戏出分别受到《尼姑下山》散套和《出玄记》的直接影响。在《思婚记》《出玄记》和《劝善记》的影响下产生了《孽海记》。《孽海记》和《劝善记》给《劝善金科》的双下山部分以双重影响。以后的昆曲和各地方

233

---

① 参见郑振铎：《中国俗文学史》上册，上海：商务印书馆，1938年，第234页。

② 参见赵景深：《曲论初探》，上海：上海人民出版社，1980年，第149~171页。

剧种的双下山戏出大多承自《孽海记》。

《孽海记》剧本今虽不存，但在一些选本里有零出，一为明末清初刊印的《醉怡情》里收有《孽海记·僧尼会》一出，标明为"弋阳腔"；二为乾隆刊本《缀白裘新集初编》卷二里收有《孽海记》的《思凡》《下山》两出；三为乾隆刊本《新订缀白裘七编》里收有《孽海记·下山》。这些刊本里相同出目的曲词大体相同。乾隆时期的曲集和曲谱里收录《孽海记》双下山零出的还有不少，例如乾隆二十九年（1764）子麟抄弋腔选本里有《孽海记·思凡》一出，乾隆间精抄本《选声集》里收有《孽海记》的《思凡》《下山》各一出等。它们都与上述刊本曲词大同小异，彼此有着明显的承袭关系。

通过比照，知道《孽海记》与《思婚记》《出玄记》有直接的承袭关系，而与目连戏没有关系。过去前辈学者曾以为《孽海记》是封建道学家为目连戏强加的戏名①，现在看来是一种误解。

从题目上看，《孽海记》似乎只是一个单纯描写尼姑和尚逃庙结姻的戏，与《思婚记》《出玄记》的主题相同。但却有一则资料证明《孽海记》还不仅仅表现这些内容，这是清人俞正燮《癸巳类稿》卷十五《观世音菩萨传略跋》透露出的消息。其文曰：

> 元大德丙午岁，赵魏公管夫人书刊《观世音菩萨传略》，谓菩萨为妙庄王第三女。盖元僧所述，既装成册。阅明胡应麟《庄岳委谈》，讥其谬陋无识。案宋朱弁《曲洧旧闻》云：蒋之奇因僧怀《昼说》，取唐僧义常所书大悲之事。则此说唐已盛行。今世所演《孽海记》，其事亦然。

其中说到"今世所演《孽海记》"，说明在俞正燮的时代，《孽海记》正在演出，而俞正燮对之很熟悉。俞正燮生于乾隆四十年（1775），《癸巳类稿》辑成于道光十三年（1833），这个时间正是《孽海记》极其风行的时间，今天见到的

---

① 参见郑振铎：《中国俗文学史》上册，上海：商务印书馆，1938年，第234页；赵景深：《曲论初探》，上海：上海人民出版社，1980年，第150页。

《孽海记》刊本和抄本很多都产生在乾隆、嘉庆时期可证。① 俞正燮当时能够看到《孽海记》全本的演出,得以了解其内容,不像我们今天只凭借片鳞只甲去臆测,他的说法应该是可靠的。那么,《孽海记》就是一部敷衍观音事迹的剧本,其中穿插有尼姑和尚下山的情节;或者反过来,《孽海记》在双下山故事的基础上增加了观音事迹,使之在主题上发生了变化。

弋阳腔《孽海记》的双下山戏出曾经产生很大的影响,在舞台上长期流传,被高腔系统的剧种及昆曲广泛吸收,并且还被移植到其他剧种里面去。例如明清之际弦索调的"时剧"里有《思凡》《下山》两出(见《太古传宗》),与之文辞内容大致相同。梆子腔里也有《思凡》(见《新订缀白裘六编》),基本承袭了《孽海记》。

(原载《艺术百家》2003 年第 2 期)

235

---

① 蔡先生文中所引咸、同间成书的文康《儿女英雄传》第二十三回提到"整本的《孽海记》",更为此提供了补证。

汤显祖和莎士比亚

——16 世纪戏剧双星的文化际遇

16 世纪中西戏剧都有一个强劲突破，一个象征性符号是它们代表性剧作家的谢幕年份相同：汤显祖、莎士比亚甚至塞万提斯都是 1616 年去世的，当然塞万提斯不以戏剧而以小说著称。中西戏剧 16 世纪的突破形式、方向和内涵有着很大的不同，后世更是遇到了完全不同的历史遭际，因而造成汤显祖和莎士比亚文化命运的极大差异。400 年后的今天，中西携手纪念这两位文化伟人、16 世纪的戏剧双星，颇有耐人寻味的文化意味。

一

16 世纪中国戏剧的突破，一方面体现在继元杂剧之后第二轮创作高峰和演出高峰的到来，另一方面与当时新兴社会思潮相鼓荡而获取了时代的审美聚焦。此前流行的杂剧样式，拥有关汉卿、王实甫等众多代表性剧作家和作品，已经走完它 300 年的辉煌历程，进入衰竭期。而新兴戏曲样式——昆曲恰值方兴未艾，吸引了越来越多士大夫、文人的目光并为之从事剧本创作，产生了屠隆、梅鼎祚、叶宪祖、徐复祚、王骥德、沈璟、周朝俊、陈与郊、顾大典、汪廷讷、王玉峰、许自昌、施凤来等一大批重要剧作家，汤显祖则是其中的佼佼者和旗手。恰值其时，新兴商业经济的崛起带动了文坛摆脱礼教束缚、倡导个性自由的强劲社会思潮，人的性、情、欲在哲学范畴内得到新的阐发，作家们开始在作品中"独抒性灵"，提倡张扬个性、肯定自我和回归人性。昆曲创作作为表达新型社会理想、折射时代文艺思潮的利器，成了当时精英文化的重要代表，吸引了广泛的社会聚焦。昆曲因而借助时代风潮勃兴,获得如日中天的影响力及较高的普及率和覆盖率。

受新颖的社会风潮的感染,作为时代精英的汤显祖开始用戏曲创作来表达政治抱负、寄托人生理想、传达审美见解。受到当时王学左派反理学、反传统、反专制的异端思想影响,汤显祖形成超越时代认识高点的创作思想。他的代表作《牡丹亭》,高祭起"以情反理"的旗帜,歌颂爱情超越生死界域的伟大力量:"情不知所起,一往而深。"情之所至,"生者可以死,死可以生"。剧中抒发了闺阁女子杜丽娘出自本性的热爱自然、热爱青春、追求幸福、追求美好的纯真情感,憧憬了人的生命的完美实现,传达了传统社会中被长期束缚和压抑的女子的心声,成为对桎梏人性千年的专制坚冰的一声响亮爆破。因而汤显祖《牡丹亭》产生超越前人的光亮,形成穿透历史的辐射力,在中国戏剧史上取得如同牡丹花般堂皇富丽、雍容华贵的国花位置。汤显祖的《南柯记》《邯郸记》,更透示出他对传统文人的人格理想、人生价值实现与社会体制合理性的深入思考,充满了对社会现实秩序的批判意识和否定精神。汤显祖的"临川四梦"是时代的扛鼎之作,将中国戏曲带向高深的哲学思考层次,享有一世盛誉,成为中国文学史、戏曲史上的经典作品。汤显祖因而成为中国戏剧史里那颗最为耀目的明星。

二

16世纪西方戏剧的突破既体现在戏剧样式的转型与再造上,也体现在人文思潮对戏剧价值的重视与发掘上。其时发生的欧洲文艺复兴使得戏剧从中世纪宗教剧、神迹剧中跨越出来,直接接续早已断绝了的古希腊、罗马悲剧和喜剧传统,形成更为成熟而现实化的舞台演出方式,走出教堂,走向广阔的巡演天地,成为都市和乡镇民众广泛爱好的艺术宠儿。而作为文艺复兴的重要舆论阵地,戏剧的题材实现了由神到人的范围转变,内容转为关注普通人的社会生活,把当时新兴市民阶层芸芸众生的喜、怒、哀、乐和他们的故事搬上舞台,通过对人的尊严、价值和力量的热情讴歌,确立了以人为中心的价值观念。文艺复兴的戏剧与小说、绘画一道深入影响着人们的社会心理和审美观念,推动着欧洲历史从古代走向现代。这是一场意义深远的历史变革,西方戏剧发生了从内容到形式的彻底转型,重新成为古希腊、罗马悲剧和喜剧那样万众瞩目的文艺样式,它的结果甚至决定了今天世界戏剧的面貌。

其间莎士比亚的出现,犹如欧洲戏剧天空中升起一颗无比璀璨的明星。作为文艺复兴时期最有代表性的戏剧巨匠,莎士比亚把观察与捕捉生活真谛并将其搬上舞台的才能融于一身,以形象的感染力和思想的穿透力锻铸戏剧作品,建造了宏伟的戏剧大厦和琳琅满目的人物性格画廊,用剧作回答了时代所面对的众多历史与现实问题。莎士比亚通过娴熟的结构技巧大大提升了舞台演出的戏剧性,使得戏剧成为结构紧凑、组织精巧、内涵丰富、引人入胜的艺术样式,受到公众的热烈拥戴,极大扩展了其普及率。莎士比亚剧作涵盖了广阔的生活内容,把处于新旧制度交替之际社会矛盾动荡的图景一幕幕展现在舞台上,触摸到了时代跳动的脉搏,其中所蕴含的人文主义理想和鲜明时代色彩,至今令人赞叹不已。而意识到肩负的历史使命和自己完成这个使命的无力,促成了莎士比亚著名的哈姆雷特之问:"生存,还是毁灭?"它成为对人类与人生际遇的普遍拷问。在大的历史转折关头要克服犹疑不决立即付诸行动,则成为莎士比亚奉献给文艺复兴及一切时代的历史答卷。莎士比亚的遗产被欧洲戏剧全面继承,戏剧从此成为欧洲文艺的正宗,几百年来不断发扬光大,莎士比亚也成为西方文学和戏剧的集中代表,尤其成为英语文学的鼻祖。

三

两位戏剧家的文化背景、历史环境和时代认知完全不同,人生价值实现和意义追寻的方向也不同,因而其人生道路迥异。

汤显祖是一位对封建社会有着多种贡献的士大夫文人,并非仅只是一位剧作家。汤显祖有着忧国忧民、治国平天下的政治抱负,并在为官从政的实践上做出自己的建树:减免苛政、扶助农桑、兴教劝学、纵囚放牒,上《论辅臣科臣疏》条陈时政、切指利弊而震动朝野,显现了被儒文化塑造的典型士大夫情怀。他更在人生理想上有自己的追寻,在思想领地里有自己的卓绝见解,在文艺创作中有自己的独特观念。汤显祖一生作诗为文,高倡他所发明的"情"的理论,也都有独辟蹊径的闪光,在文学界独树一帜,而剧本创作只是他业余为之的个人爱好结晶。尽管写戏给汤显祖带来名声,却无法改变他仕途蹭蹬、晚景凄凉的命运。莎士比亚则是一位职业戏剧家兼诗人。他以戏剧为安身立命的工具,终生从事戏剧事业,从演出到导演到创作都进行过丰富实践。他从戏剧中获得自己的价值认可与荣誉,同时也获得生活来源和社会地位,是一位真正意义上的现代戏剧家。

　　汤显祖的戏剧题材范围比较狭窄。作为一个正统的士大夫文人,他的表现对象只是他熟悉的科举官宦生活,表达的是传统儒人的思想感情和时代脉动,代表了士大夫文化的深入拓展,他的影响力因而也局限于文人圈。混迹市井的莎士比亚则代表市民文化的崛起,他的戏剧题材包罗万象,当时社会政治、经济、宗教、军事、外交、商业、民俗……那个时代所拥有的一切,几乎都可以在莎士比亚剧作中找到投影。在他的戏剧大厦中,拥挤着帝王、贵族、富商、平民、流浪汉等社会各色人,他们一起工作着、努力着、挣扎着,充分体现了社会生活的复杂性和完整性。莎士比亚剧作从而成为当时英国社会的一部百科全书,广泛受到社会各阶层的注目与喜爱。

　　汤显祖遵循曲牌体戏曲规范进行创作,运用的是雅化的文言曲词工具,投注精力的重点是按照严格的文辞曲律格范进行曲牌填词。他娴熟驾驭传统的文言曲词技巧,在诗词曲创作方面达到了历史高峰,受到同时代和后世文人的极高赞誉。然而,他毕竟只是士大夫高雅文化的代理人,广大普通民众则缺乏对其曲词的理解和共鸣基础。莎士比亚有着熔铸生活词汇的天赋,他的剧作广泛采用当时蓬勃兴起的市井民间语言,把民谣、俗语、俚语、古谚语、滑稽隐语大量吸收进来,其语词中运用的比喻、隐喻、双关语集当时英语之大成。他运用的词汇量高达 2 万多个,远超一般人数千常用语词的范围。莎士比亚戏剧语言影响了当时和后世的语言习惯,其许多用词和语句成为后世成语、典故和格言的来源。莎士比亚戏剧用语因而开现代英语之先河,对今天英语世界的影响深远。

　　上述种种,决定了汤显祖剧作属于中国古典艺术的范畴,而莎士比亚戏剧则是西方现代文学艺术的遗产。

四

16 世纪出现在东半球的中国和西半球的英国、在各自戏剧突破中形成高峰的汤显祖和莎士比亚,尽管他们的作品都是人类的宝贵遗产,都不只属于他们的时代而属于所有时代,也不只属于他们的国家而属于全人类,但是他们在后世却遭遇了不同的文化际遇,构成他们文化命运的反差。

汤显祖身后,演出"四梦"的昆曲由于只流行在士大夫文人中,脱离了平民趣味,不被"下里巴人"欣赏,很快被后起的梆子、皮黄等声腔剧种所取代。《牡丹亭》成为文人手中把玩的雅物,其中倡导的"至情"观念更非普通人所易于理解并产生共鸣的,因而从清代开始就不能进行全本演出,只有《春香闹学》《游园惊梦》《拾画叫画》等零散折出流传在舞台上,成为小众的昆曲舞台上的保留剧目。经历了 20 世纪初的新文化运动之后,中国现代文化直接承接了西方文化而与自身传统脱节,中国戏曲遭到时代的轻视和忽略,昆曲成为遗响,汤显祖则成了中国传统戏剧的残存记忆。

莎士比亚戏剧则不同,应和着文艺复兴的声势,在 17 世纪陆续传入德、法、意、俄和北欧诸国,对欧洲各国戏剧的发展产生了深远影响。尤其不可忽视的是,莎士比亚戏剧还卷入了一个巨大的历史际遇:随着英语世界的扩张和世界文化的浸润风潮到各大洲,最终传遍了全球。15 世纪末"地理大发现"后的欧洲殖民热潮,携带着欧洲戏剧开始向美洲、亚洲、大洋洲、非洲播散,形成全球范围的西方戏剧文化圈,莎士比亚戏剧也随着英语覆盖地域的剧增,迅速膨胀为世界性的戏剧遗产。而印度、中国、日本和南亚这些有着自己古老戏剧传统的国家和地区,及世界上任何语种的国家,也都逐步在自己的舞台上引进了西方戏剧样式,而用本国语言来演出,同时也按照西方式样建造起众多的剧院供使用。西方戏剧尤其是英语戏剧于是在 20 世纪成为全球性文化现象,莎士比亚则成为其共同的标杆。几百年来,莎士比亚剧作成为世界戏剧舞台上最为盛演的内容,可以说有剧院就有莎士比亚,各国剧院也都以上演莎士比亚剧作为荣。莎士比亚成为被各国专家学者研究最多的戏剧家,"莎学"成为国际"显学",莎士比亚的剧本则进入大、中、小学教科书而成为一代又一代知识和文学艺术的积淀。

新文化运动的硕果之一是中国剧坛引进了话剧样式和莎士比亚戏剧，以后莎士比亚戏剧又被中国戏曲诸多剧种反复移植和改编上演。而汤显祖剧作翻译到西方和在西方演出，只是近若干年的事情。由于现代教育的西式格局，也由于现代汉语与文言曲词的距离过大，今天我国民众知道和了解莎士比亚的人比知道汤显祖的还多，接受莎士比亚剧作也比接受汤显祖剧作更为便捷容易。

五

然而上述文化趋势正在得到扭转。21世纪这个趋势体现为西方强势消减和东方弱势回升的过程。首先是西方科学主义与技术至上原则在孕育出强大工业文明的同时，日益感到无法解除现代人的精神焦虑，西方文化陷入新世界困境后出现自省意识，其思维中惯性保持的西方视点受到撼动，开始主动倾听、接近和谐宁静的东方文化，西方舞台上的现代派戏剧实验则从东方和中国戏曲汲取到灵感与动力。20世纪30年代京剧大师梅兰芳出访欧美，在西方剧坛引起一片惊叹之声是其表征，它表明西方戏剧开始接纳并关注东方戏剧。

新世纪伊始，随着中国的强劲崛起，东方以稳重而快速的上升态势有力扭转了世界格局，全球文化流向开始发生逆转。于是，东西方文化艺术将有希望重新进入平等对话与彼此静心倾听的心境。这种新的社会氛围为东西方文化的沟通提供了合宜条件，用高下来区分文明的势能型思维被每一种文明都有其存在合理性的理解所代替。于是，中国戏曲不必再继续用西方的眼光来对位，它将彻底摆脱自身一百多年来的心理尴尬而平静地走向未来。

人类要了解自己的传统基因和共同文化来源，认识到汤显祖"四梦"和印度迦梨陀娑的《沙恭达罗》、日本世阿弥的传统能剧，与莎士比亚戏剧一样都属于全人类的文化和戏剧遗产。中国戏曲从而受到世界日渐提升的重视，昆曲则成为人类非物质文化遗产的珍贵代表。昆曲是中国传统文化的智慧结晶,是把东方哲学精神与美学趣味结合、经过悠久的过程逐渐蒸馏、凝结为纯美的舞台艺术产物,是中国古典艺术的极致。人类现代艺术寻源,必须经过这里。汤显祖由此受到历史的重新瞩目,有希望成为国际文化交流的信使而获得重生。

在新世纪东西文化交流的双向努力中,今天世界纪念汤显祖和莎士比亚这两位戏剧大师逝世 400 周年,促使我们从他们的剧作共同关心人类情感和命运的角度,体味其经典作品的深刻人文内涵,重新认识人类智慧和人类情感的本源,也品味中西文化的差异与各自审美特征,了解我们共同和不同的历史传统,把握中西戏剧不同的样式品性与美学原则,从而确立人类文化艺术丰富性、多样性和异质性的认识。未来世界文化的前景,将取决于时代的这种努力。

(原载《光明日报》2016 年 7 月 15 日)

社火与队戏

一

　　民间迎神赛会的社火活动由古代社日的祭祀仪式发展而来。古代以后土为社稷神，祭祀社稷神之日称社日。先秦祭祀社稷神在春分前后，汉以后发展为春社、秋社。宋人陈元靓《岁时广记》卷十四"二社日"条曰："《礼记·月令》曰：'择元日命民社。'注云：'为祀社稷。春事兴，故祭之以祈农祥。元日谓近春分前后，戊日元吉也。'《统天万年历》曰：'立春后五戊为春社，立秋后五戊为秋社。如戊日立春立秋，则不算也。'一云：'春分日，时在午时以前用六戊，在午时以后用五戊。'国朝乃以五戊为定法。"由此知道，宋朝以立春后第五个戊日为春社，立秋后第五个戊日为秋社。

　　社日，乡里集会，祭祀饮酒，其俗见梁宗懔《荆楚岁时记》所载，称作"社会"，又称作"赛神会"，如宋人汪应辰《石林燕语辨》卷五"辨醵钱为赛神会"条所说"京师百司胥吏，每至秋，必醵钱为赛神会"即是。宋人认为这种迎神赛社活动与先秦时期的蜡祭有关，高承《事物纪原》卷八"岁时风俗部第四十二"曰："赛神：《礼·杂记》曰：子贡观于蜡。子曰：百日之蜡，一日之泽。郑康成谓岁十二月，索鬼神而祭祀，则觉正以礼，属民饮酒，劳农而休息之，使之燕乐，是君之泽也。今赛社则其事尔。今人以岁十月农功毕，里社致酒食以报田神，因相与饮乐。世谓社礼始于周人蜡云。"以后社会又发展到不仅社日有之，一年中其他重大节日亦有之。宋代孟元老《东京梦华录》卷八"秋社"条载："八月秋社，各以社糕社酒相赉送……市学先生预敛诸生钱作社会，以致顾倩应白席歌唱之人，归时各携花篮果实食物社糕而散。春社、重午、重九亦如是。"又扩而大之，则一切神祇生日、民间祭祀，皆有社会。

社会奉献祭神的节目即为社火。《东京梦华录》卷八"六月六日崔府君生日、二十四日神保观神生日"条记载了北宋末期汴京祭神社火奉献情况："天晓，诸司及诸行百姓献送甚多。其社火呈于露台之上……自早呈拽百戏，如上竿、跃弄、跳索、相扑、鼓板、小唱、斗鸡、说诨话、杂扮、商谜、合笙、乔筋骨、乔相扑、浪子杂剧、叫果子、学像生、倬刀装鬼、硏鼓、牌棒、道术之类，色色有之，至暮呈拽不尽。"这是将汴京瓦舍勾栏里的百戏技艺整个都搬到庙里来了。

宋元时期，民间于节日广泛盛行迎神赛会的庆祝活动，表演各种杂剧、歌舞、百戏、技艺。宋人范成大《石湖诗集》卷二十三《上元纪吴中节物俳谐体三十二韵》诗有句："轻薄行歌过，颠狂社舞逞。"自注曰："民间鼓乐，谓之社火。不可悉记，大抵以滑稽取笑。"由范注看，当时社火品类甚夥，节目众多，唯以热闹红火、欢腾快乐为表演旨趣。今天我们从中原地区出土的宋金元墓葬里可以见到许多社火砖雕装饰。例如山西省新绛县南范庄金墓主室南壁格子门上普柏坊下砌出社火雕砖九块①，而同地发现的元墓出土社火雕砖三十余块②，人物形象皆做儿童滑稽舞蹈状。河南省焦作市西冯封村金墓后室普柏坊上壁间拱眼内镶嵌社火舞俑八个，皆做童子戴假面舞蹈状。③ 这些出土的文物反映了当时民间社火演出的繁盛局面。这种传统在明清时期得以发扬光大，长期沿袭下来。

二

20 世纪 80 年代，晋东南地区先后发现《礼节传簿》《唐乐星图》等民间迎神赛社祭祀礼仪应用文本，其中载有众多的队戏剧目、角色出场单等珍贵材料，使我们发现了社火活动中一种以往所不知的表演形式——队戏。

队戏又有诸多不同的名称，见于《礼节传簿》的有"队戏""正队"，见于

① 参见杨富斗：《山西新绛南范庄、吴岭庄金元墓发掘简报》，《文物》1983 年第 1 期。
② 同上。
③ 参见河南省博物馆、焦作市博物馆：《河南焦作金墓发掘简报》，《文物》1979 年第 8 期。

《唐乐星图》的有"行队""正队""衬队""大队""队子",其他抄本中还有"走队""流队""演乐队""上马队"等。归纳起来,队戏根据演出条件的不同,分为三种:正队、衬队、队子(大队、走队、流队、演乐队、上马队),而以队戏(行队)统称之。

正队是在迎神赛会时和杂剧、院本等传统戏剧样式一样的正式演出,每天的祭神仪式结束后,在神庙戏台上进行。其最常见的剧目是《过五关》,《礼节传簿》二十八宿乐次里出现过四次,是上演频率最高的。此戏晋东南农村至今还在上演,其演出形式比较古朴,保存了很多的原始性。例如关羽和甘、糜二夫人及部将等剧中人物,要从一个戏台演到另一个戏台,途中真正骑马乘车,表现"过五关斩六将"的全部情节。表演过程中乡民观众皆随行观看,情绪热烈。发现《礼节传簿》的南舍村每次办赛,除本村玉皇庙中的戏台作为主台外,还需要临时搭架草台五座,就是为了供这个剧目演出。《过五关》的例子使我们看到,队戏虽然没有杂剧等戏剧样式发展得完善,但它却与本地民众有着更广泛密切的文化联系,这是它得以在这里长期传演的主要原因。

245

衬队是祭祀供盏过程中演出的队戏,在神庙的献殿上举行。由于是插在一次次的供献食品、茶果、酒水中间进行的,时间上不能不受到限制;又由于是和演奏乐曲、合唱、表演舞蹈、杂技等一起进行的,规模上也不能不受到限制。因此,衬队演出只是进行简单的装扮表演而已,故名"衬"。戏剧演出由于条件限制而简化表演,宋杂剧里已见到例子,例如宋人孟元老《东京梦华录》卷九记载,"内殿杂戏,为有使人预宴,不敢深作谐谑,惟用群队装其似像,市语谓之'拽串'"。"拽串",拉出一串也,也即队戏。这种"拽串"式的"装其似像",就是衬队。

供盏次数一般为七盏,前三盏表演奏乐、歌唱、舞蹈,第七盏为合唱、收队,从第四盏到第六盏,每盏都要上演一两个衬队戏,而正队戏只在收队后演出一个,因此衬队戏剧目比正队戏要多得多。《礼节传簿》二十八宿乐次中开列正队戏剧目 24 个,而衬队戏剧目竟有 110 个。《唐乐星图》三日赛社乐次,正队戏 9 个,衬队戏也有 21 个。而清抄《礼节传簿曲目文范》里则只有衬队戏剧目,一共 79 个。可以说,衬队戏是队戏剧目的主要部分,或者反过来,正因为衬队戏表演简单,使它能把更多的故事搬上舞台,极大地丰富了队戏的剧目。从上述文献中所记载的衬队戏名目看,颇有一些场面冷清的故事,例如《班超投笔》《独行千里》《(山伯)访友》《旷野奇逢》等,上场人物仅两三个,这些剧目是不适宜正队戏和队子演出的。

队子是祭赛活动中村落里游行社火式的演出,伴随着正赛开始前的迎神活动举行,由于演员不开口唱念,俗呼"哑队戏"。通常,一座神庙里举办赛会,要把周围许多神庙里的神祇都迎来供奉烟火,这种习俗详见于南宋陈淳《上赵寺丞论淫祀》的记载。他说,迎神动辄几十座,由人们抬着神像在街中走,都打黄伞,乘龙车,吹吹打打,十分热闹。更重要的是,他继而提到"复为优戏队相胜以应之,人各全身新制罗帛金翠,务以乐神"。这种"优戏队",就类似于晋东南的"队子"。直至近代,晋东南迎神习俗仍与陈淳所说的相类似。队子的其他种名称"大队""走队""流队""演乐队""上马队",都是指的这种行进中的戏剧装扮表演。由于队子表演不受场所的限制,而且追求场面和声势的浩大热闹,其剧目通常都是登场人数众多的,如《八百诸侯朝武王》《八仙过海》《二十八宿朝三清》等。

我认为,《礼节传簿》和《唐乐星图》后面所附录的排场角单,就是队子的角单。其理由有三:第一,队子因为不在舞台上表演,只在村落间行走,因此参加人数可以不受限制。角单中许多都有几十个角色,如《二十八宿闹天宫》角色87人,《唐僧西天取经》角色甚至多到150余人。这是正队和衬队都容纳不下的。① 第二,队子因为所追求的效果不是戏剧情节,而是装扮的红火热闹,因此以场面铺排为主。角单里多数都只开列出场人物,只有极个别的交代了最简单的情节,正是与这种需求相适应的。角单每一剧目名称后都特意标明"舞……上",就是指出队子的队舞性质,而不是情节表演。反过来,正是由于缺乏情节联系,角单需要细致周密地开具每一出场人物,甚至如《霸王设朝封官》《四公子斗富》里还详细开列了许多宝物名称,以防装扮遗漏。这也是角单设置的主要目的。第三,队子因为是迎神演出,在内容

---

① 《礼节传簿》中正队戏里也有《唐僧西天取经》一目,但那可以理解为角色大大简化后的演出,否则舞台场面不可设想。

和形式上都与之有所配合。角单里多数内容是神仙道化,这一点极其明显,而与正队、衬队以历史故事为主不同。角单里多数剧目又都有"驾头"出场,这是为配合迎神队伍的扛舆场面,抬着各路神祇、帝王的扮饰者进行表演,以壮大迎神的排场。

队子行进表演时,有乐曲进行伴奏,其曲调主要源自宋代大曲。《礼节传簿》和《唐乐星图》里的队戏角单,有些标明了所伴奏的曲调名,计有:

《二仙行道老子开御》 【剑器令】

《八百诸侯朝武王》 【胡渭州】

《十二湘江会》 【庆云乐】

《李卫公夜看扬州》 【长寿乐】

《徐福采灵芝》 【石州】

《四公子斗富》 【大明乐】

《杨六郎大破天门阵》 【梁州】

《二十八宿朝玉皇》 【梁州】

这些曲调全部出自宋代大曲,仅其中【剑器令】有一字之差,恐系传抄致误。《唐乐星图》又收有队子名目 38 种,其中 34 种标出曲调名,而有 21 个曲名属于宋代大曲。由此我们知道队戏的来源之古,甚至可以上溯到宋朝时期。

三

队戏最早见诸史籍,是元人杨维祯《东维子文集》卷六的《送朱女士桂英演史序》一文①,其中提到南宋孝宗时宫廷演出的诸多表演门类:"孝宗奉太皇寿,一时御前应制多女流也。若棋待诏为沈姑姑,演史为张氏、宋氏、陈氏,说经为陆妙、妙慧,小说为史惠英,队戏为李瑞娘,影戏为王润卿,皆一时

---

① 也有引宋人刘斧《青琐高议》后集五《隋炀帝海山记下》中"忆昔与帝同队戏时"一句,作为"队戏"名称之始见的。然而很明显,这种解释属理解之误。这里的"队戏"二字并非一词,而应从中断开,整句的意思是"回忆和帝王一起在队列中戏耍、表演的时候"。

惠黠之选也。"（此节文字又见于明人陈继儒《太平清话》）其中有"队戏为李瑞娘"一句，一般研究者都引此作为队戏之始的表征。然而我颇疑惑这里的"队戏"是种什么样的表演形式，因为既是"队"戏，就不能是一人表演，而与之并列的其他门类都是单人表演的。如果说是单举一个出色的作为代表，立说就显得牵强。更重要的是，"队戏"名目不见于任何宋人记载，宋人有关宫廷演出的笔记记载最称翔实赅备，但无一涉及"队戏"。因此，杨维桢的说法尚待证实，这里还不排除文字刊误、抄误的可能性。

那么，队戏究竟来源如何呢？我注意到自古以来的一些有关表演形式，会对队戏的形成产生直接影响，一是行傩表演，二是行像习俗，三是舞队表演，四是台阁表演。下面分述之。

（一）行傩表演

行傩驱祟的习俗始自上古巫术思维时期，周朝把傩祭列为国家大礼已经见于记载，汉代行傩时皇宫和州府县廨以及民间乡社一起举行。根据《后汉书·礼仪志》，汉代宫廷傩仪要装扮方相氏和 12 神兽，120 位"侲子"一齐击鼗鼓、唱傩歌，驱赶祟鬼。唐代驱傩发生变化，唐人段安节《乐府杂录·驱傩》说，方相氏由原来的"蒙熊皮，玄衣朱裳"变成了"戴冠及面具""衣熊裘"，12 兽由"有毛衣角"变成了红头发穿白地画衣，"侲子"全部戴面具，并增加一个唱师。行傩时由宫廷乐队在紫宸殿前奏乐，皇帝设大宴招待群臣，家属都上棚观看，百姓也可以进入。很明显，唐代宫廷大傩已经朝向乐舞表演发展。宋代宫廷傩首次改用戏剧艺人来装扮傩神。孟元老《东京梦华录》卷十"除夕"条说："至除日，禁中呈大傩仪。"教坊大使孟景初因为身材魁梧，穿上全副镀金铜甲装扮将军，而教坊艺人南河炭因为长得丑恶又肥大，装扮判官，其他还有装扮钟馗、小妹、灶神之类的人。仪式性的驱傩已经变为游戏性的戏剧表演。民间傩就更是戏剧化了，宋人周去非《岭外代答》记载说："桂林傩队，自承平时名闻京师，曰'静江诸军傩'。而所在坊巷村落，又自有百姓傩。严身之具甚饰，进退言语咸有可观，视中州装队仗似优也。"周去非评价说，桂林傩队比中原一带傩队表演的仅仅"装队仗"要优胜，就是站在戏剧化的立场上说的。明清以后，民间傩仪进一步戏剧化的结果，就形成了傩戏。

（二）行像习俗

行像是佛教习俗，由印度传入，晋僧法显曾在西域见到。《佛国记》记载："法显到于阗国，其国中十四大僧伽蓝，不数小者。从四月一日便扫洒道路，城门上张大帏幕，王及夫人在其中。瞿摩帝僧最先行像，像入城时，遥散众花，纷纷而下。至十四日行像止。"这一习俗随着佛教在中国的普及而成为中原寺庙每年的重大活动，北魏杨衒之《洛阳伽蓝记》里多有记载。例如宗圣寺"有像一躯，举高三丈八尺，端严殊特，相好毕备，士庶瞻仰，目不暂瞬。此像一出，市井皆空"（卷二）。又如景兴尼寺"有金像辇，去地三尺，施宝盖，四面垂金铃七宝珠，飞天伎乐，望之云表，作工甚精，难可扬推。像出之日，常诏羽林一百人举此像，丝竹杂伎，皆由旨给"（卷二）。这里提到佛像是由皇帝派出羽林军100人扛举而行的。昭仪尼寺的佛像经常行到景明寺，而景明寺的三尊佛像则出来迎接："寺有一佛二菩萨，塑工精绝，京师所无也。四月七日，常出诣景明，景明三像恒出迎之。"（卷一）不仅如此，景明寺还是全城寺院行像的目的地，所谓"四月七日，京师诸像皆来此寺"（卷三）。于阗国的行像，似乎只是佛像的游行，而没有更多的表演相从。至洛阳行像则添加了众多的百戏表演，同书卷一记载，长秋寺有一具"六牙白象负释迦"像，"四月四日，此像常出，辟邪师子，导引其前，吞刀吐火，腾骧一面，彩幢上索，诡谲不常，奇伎异服，冠于都市。像停之处，观者如堵，迭相践跃，常有死人"（卷一）。人山人海地观看，时常踩死人，其演出情景之盛，可见一斑。行像习俗由印度佛寺传入中国本土神庙，就转为民间习见的奉神游行和队列装扮表演，在晋东南又进而转为队戏演出。

（三）舞队表演

南宋时期，都市里的社火表演内容已经逐渐由百戏技艺向化装舞队发展，表演之人也由瓦舍勾栏里的专职艺人向民间自由组织发展。宋人吴自牧《梦粱录》卷一"八日祠山圣诞"条记各社献送曰："各以彩旗、鼓吹、妓乐、舞队等社……台阁巍峨，神鬼威勇，并呈于露台之上。"其中的舞队，皆为民间自行筹办,化装进行表演,名目繁多。同书卷一"元宵"条记正月十五夜临安社火曰:"姑以舞队言之,如清音、遏云、掉刀鲍老、胡女、刘衮、乔三教、乔迎酒、乔亲事、焦锤架儿、仕女、杵歌、诸国朝、竹马儿、村田乐、神鬼、十斋郎各社,不下数十。更有乔宅眷、汗(旱)龙船、踢灯、鲍老、驼象社……"而"官府支散钱酒犒之"。宋代西湖老人《繁胜录》里也记载了类似的情况而更为详细。宋人周密《武林旧事》卷二"舞队"条还开列出 71 种社火舞队的名目。从这众多的名目可以看出,社火舞队的主要内容是扮成社会各类人等,乔装打扮,装模作样,"滑稽取笑"。明清以后,社火舞队的内容大多改为戏剧故事装扮,常见的如"月明和尚戏柳翠"之类。

需要分辨的是,有人认为宋代兴起的民间社火舞队与当时的宫廷队舞有关,而队戏又源自宫廷队舞。[①] 事实上宫廷队舞并不装扮故事,只是一种大型的群体舞蹈。《宋会要辑稿》第八册"乐五·教坊乐"说,"小儿队凡七十二人",所表演的有《柘枝队》《婆罗门队》《醉胡腾队》等名目;"女弟子队凡一百五十三人",所表演的有《菩萨蛮队》《抛球乐队》《佳人剪牡丹队》等名目。宋人孟元老《东京梦华录》卷九"宰执亲王宗室百官入内上寿"条描写宫廷女弟子队表演的情形是"执花舞步,进前成列,或舞采莲,则殿前皆列莲花"。很明显,这是没有故事情节的抒情舞蹈。山西省高平市西李门村二仙庙殿前须弥座腰部有一组金代阴线剔刻乐舞图,则明显为大曲舞图,连队舞也不是,有研究者指称为"队戏图"[②],就更是失之千里了。

(四)台阁表演

南宋人的笔记里开始出现"台阁"这一名词。所谓"台阁",就是绑缚高架,由人装扮成戏剧人物,登上高架,众人抬起游街。宋人周密《武林旧事》卷三"迎新"条曰:"以木床铁擎为仙佛鬼神之类,驾空飞动,谓之台阁。杂剧百戏诸艺之外,又为渔父习闲、竹马出猎、八仙故事。""所经之地,高楼邃阁,绣幕如云,累足骈肩,真所谓万人海也。"由描写可以看出台阁受人欢迎

---

① 参见寒声主编:《上党傩文化与祭祀戏剧》,北京:中国戏剧出版社,1999 年,第 15 页。
② 同上,第 657~660 页。

的程度。明末人张岱《陶庵梦忆》卷四"杨神庙台阁"条说：当地台阁"扮马上故事二三十骑，扮传奇一本，年年换，三日亦三换之"，而对于挑选装扮人格外严格，"其人与传奇中人必酷肖方用。全在未扮时，一指点为某似某，非人人绝倒者不之用"。衣服冠履也极其讲究，花费重金购置。台阁出行时则"四方来观者数十万人"。一直沿袭到清末民初时期，各地农村还在盛扮不衰。

以上四个方面的装扮习俗，应该都对晋东南的队戏产生影响。哪一个是其直接源头，限于资料，我目前尚不能确定，先将思考写在这里，以待后援。

（原载《中华戏曲》2002 年第 26 辑）

补充：

近读《元史》和《资治通鉴后编》二书，其中有关于"队戏"的新发现。

元世祖忽必烈曾于至元七年(1270)采纳帝师帕克斯巴的建议，于二月十五日在皇城大设佛事，组织万余人抬佛像游街，叫作"游皇城"。游街时有大量仪仗队和表演队伍随行，其中就有宫廷教坊下属的兴和署组织的"妓女杂扮队戏一百五十人"。"游皇城"以后每年都举行，成为有元一代定例。到元顺帝至正十一年(1351)二月，中书省的大臣进谏说这一活动"非礼"，请求停办。顺帝不听，仍然下令照常举行。

这大约是今天见到关于"队戏"最早的直接而确凿记载了。而明人邢云路《古今律历考》卷三十四称："元专尚杂剧、队戏。"似乎队戏即兴于元。既称"杂扮队戏"，说明它是一种装扮成各种故事人物的行进队列，这与晋东南队戏的含义相仿，具体说，与其"队子"的内涵更加接近。从史料看，元朝队戏与佛教行像习俗有着更直接的关系，证实并修正了我在文章里的判断。晋东南用于祭祀演出的队戏极有可能是从元朝佛教行像习俗里的队戏沿袭而来。

下面把两种史料里的有关部分附录如下：

第一，《元史》卷七十七"志第二十七下·祭祀六·国俗旧礼"条曰："世祖至元七年，以帝师帕克斯巴言，于大明殿御座上置白伞盖一顶，用素段、泥金书梵字于其上，谓镇伏邪魔护安国刹。自后每岁二月十五日，于大殿启建白伞盖，佛事用诸色仪仗社，直迎引伞盖周游皇城内外，云与众生被除不祥、导迎福祉。岁正月十五日，宣政院同中书省奏请。先期中书奉旨移文枢密院八卫，拨伞鼓手一百二十人，殿后军甲马五百人，抬舁监坛汉关侯神轿军及杂用五百人，宣政院所辖官寺三百六十所掌供应佛像。坛面幢幡、宝盖、车鼓、头旗三百六十坛，每坛擎执抬舁二十六人，钹鼓僧一十二人，大都路掌供各色金门大社一百二十队。教坊司云和署掌大乐鼓板、杖鼓、筚篥、龙笛、琵琶、筝、篥七色凡四百人；兴和署掌妓女杂扮队戏一百五十人；祥和署掌杂把戏男女一百五十人；仪凤司掌汉人回回河西三色细乐每色各三队凡三百二十四人。凡执役者皆官给铠甲袍服器仗，俱以鲜丽整齐为尚，珠玉金绣，装束奇巧，首尾排列三十余里，都城士女闾阎聚观。礼部官点视诸色队仗，刑部官巡绰喧闹，枢密院官分守城门，而中书省官一员总督视之。先二日，于西镇国寺迎太子游四门，舁高塑像、具仪仗入城。十四日，帝师率梵僧五百人，于大明殿内建佛事。至十五日，恭请伞盖于御座，奉置宝舆诸仪卫队仗列于殿前，诸色社直暨诸坛面列于崇天门外，迎引出宫。至庆寿寺，具素食罢，起行。从西宫门外垣海子南岸入厚载红门，由东华门过延春门而西。帝及后妃公主于玉德殿门外搭金脊五殿彩楼而观览焉。及诸队仗社直送金伞还宫，复恭置御榻上，帝师僧众作佛事，至十六日罢散。岁以为常，谓之'游皇城'。或有因事而辍，寻复举行。夏六月，中上京亦如之。"

第二，《资治通鉴后编》卷一百七十四"元纪二十二·顺帝"条曰："至正十一年……二月命游皇城。初世祖至元七年，以帝师巴斯伯之言，于大明殿御座上置白伞盖一顶，用素段泥金书梵字于其上，谓镇伏邪魔护安国利。自后每岁二月十五日，于大殿启建白伞盖佛事，与众被除不祥。中书移文诸司，拨人舁监坛汉关羽神轿及供应三百六十坛幢幡宝盖等，以至大乐、鼓吹、蕃部、细乐、男女杂扮、队戏，凡执役者万余人，皆官给铠甲袍服器仗，俱以鲜丽整齐为尚，珠玉锦绣，装束奇巧，首尾排列三十余里，都城士女聚观。先二日，于西镇国寺迎太子游四门，舁高塑像、具仪仗入城。十四日，帝师率梵僧五百人，于大明殿内建佛事。至十五日，请伞盖于御座，奉置宝舆诸仪卫队导引出宫。至庆寿寺，具素食。食罢起行，从西宫门外垣海子南岸入厚载红门,过延春门而西。帝及后妃公主于玉德殿门外搭金脊吾殿彩楼而观览焉。事毕,送伞盖复置御座上,帝师僧众作佛事,至十六日罢散。谓之'游皇城',岁以为常。至是命下,中书省臣以其非礼,谏止之,帝不听。"

2006 年 5 月 12 日

晋东南祭神仪式抄本的戏曲史料价值

一

　　继 1985 年山西省潞城县(今潞城市)南舍村发现明万历二年(1574)抄本《迎神赛社礼节传簿四十曲宫调》(本文简称《礼节传簿》)之后,1989 年附近的长子县东大关村又发现明、清祭神仪式抄本 14 种,计有:《唐乐星行早七晚八图卷》,明嘉靖元年(1522)重抄本;《赛祭告白文书》,清雍正四年(1726)本,道光二十五年(1845)重抄;《赛祭告白文书》,清乾隆年间(1736—1795)抄本;《请神禀奏文书》,清乾隆年间(1736—1795)抄本;《报赛听命文集》,清嘉庆二年(1797)抄本;《赛场古赞》,清嘉庆三年(1798)抄本;《赛乐食杂集》,清嘉庆九年(1804)抄本;《享赛榜文》,清嘉庆十七年(1812)抄本;《唐乐星图听命文》,清嘉庆二十三年(1828)抄本;《赛古赞本》,清同治十□年(约 1872—1874)三月七日抄本;《赛古赞本》,清抄本;《赛祭安神仪节告白文》,清抄本;《祀神享乐仪节》,清抄本;《赛上杂用神前本》,民国 14 年(1925)六月十三日抄本。

　　这 14 种祭神仪式抄本,出自该村世袭堪舆业的牛希贤、牛小五兄弟,其内容大体记载乡村神庙迎神赛社仪礼规矩,对参与报赛各色人等的要求及供奉神前的各类表演、食品的名目。这些抄本常有互相重复处,可以互相印证。其中《唐乐星图听命文》(本文简称《唐乐星图》)内容比较完整,山西省长治市文化局戏剧研究室的李天生对之进行了校注整理和专门研究。①

———————————

① 　参见《戏友》1990 年增刊。

《唐乐星图》里记载了大量戏曲剧目,同时展示了晋东南农村古代迎神赛社戏曲演出的节次安排,为戏曲史研究提供了珍贵的资料。《中华戏曲》第13辑将李天生注释本全文发表,必将推动有关研究的深入开展。

二

《唐乐星图》主要有两部分内容。一是关于祭祀仪式和供奉内容的有关规定和标准,包括:二十八位值宿之神的装扮规制;祭赛过程中供奉戏曲,食品的次序,供奉戏曲的种类和剧目;队戏表演的角色排场单。二是对祭祀人众的要求和附录一些祭颂篇章样本,包括:对参与祭祀各色人等发出的指示命令;对神祇、帝王的祝祷文字;祭赛演出的赞颂文字。

其他13种抄本,笔者无由得见,但根据其名目,以及李天生的介绍,其内容大体上都被包括在《唐乐星图》抄本之内,只是详略不同罢了。如《报赛听命文集》,应该即《唐乐星图》的“听命文”一部分内容;几部《赛祭告白文书》,应与《唐乐星图》中收录的三节“告白榜文”相类;《请神禀奏文书》,约同于《唐乐星图》里的几篇上香祝祷文字;《赛乐食杂集》,与《唐乐星图》中的“食次文”应该相似;《祀神享乐仪节》,略近于《唐乐星图》里的三场乐次;而几部《赛古赞本》,也即类同于《唐乐星图》的赞颂词文;如此等等。

实际上,《唐乐星图》是一个综合记录其他各种抄本内容的大杂烩。它的本名,也不是目前这个模样,只是因为存本无名,李天生取其第一部分“听命文”前的名字作为书名,而这个名字并不能概括全书的内容。其中的“唐乐星图”四字,明显出自《唐乐星行早七晚八图卷》,因为本书内既没有涉及唐代乐星的内容,又没有有关的图画。很明显,这14种祭神仪式抄本,出自一个相同的系统,其间详略、繁简的不同,一则由于角度、取舍的原因,二则因为长期流传、辗转抄录的缘故。

将《唐乐星图》和《礼节传簿》相比较,可以发现,其第一部分内容与后者极其相似。例如,两者二十八宿的装扮规制基本相同,两者供奉乐次大体一致,两者所记载戏曲剧目和队戏角色排场单多有重复等。只是,后者记叙祭祀仪式,具体而详细,严格按照二十八位宿神的排列顺序,排定迎神赛社的值日次序,并认真写明每日当值星宿的装扮、食性、分野、所奏宫调曲牌、祭祀仪式、供馔次序、献演内容等。前者则仅仅总括性地举其大要而已。

由此可以看出,发现于长子县的《周乐星图》等 14 种抄本,和发现于潞城县的《礼节传簿》,也有着明显的承袭和影响关系。只是,《礼节传簿》首页篇首又标有"周乐星图本正传四十曲宫调"一行名目,既称《周乐星图》,显然与《唐乐星图》有着不同的体系。以理推之,二者必有一先创立体系者,另一个则重开炉灶、标新立异。但重创体系则必先参考原有体系,且两个体系流传区域又毗邻,因此二者有着最初的同源关系则是无疑的。从时间上看,《礼节传簿》抄立于明万历二年,《唐乐星行早七晚八图卷》重抄于明嘉靖元年,则这两个体系的源头可能会早到明代前期。既然《唐乐星行早七晚八图卷》绘有图画,《礼节传簿》作为"周乐星图",一定也是有附图的。

晋东南地区先后发现的这 15 种祭神仪式抄本,记录了当地明、清时期民间祭神活动和戏曲演出活动的足迹。它们为我们提示了以下几个方面的思考:

首先,古代民间祭神活动,有着远比我们想象的正规和严格的仪式要求。

《礼节传簿》标明为"潞城县南舍村"祀神所用,但未点明所祀何神。《唐乐星图》里一处标出"潞安府屯留县×里×甲,今有护国灵贶王尊神位前享赛三朝",另一处标出"禹王庙上排神"。可见这些抄本都是乡村神庙的祭祀仪礼记录,而且还可以推知,这些仪礼不局限于一庙一神使用,而是在当地普遍运用于各个神庙的祭赛活动中,作为一种形式上的规制和定格。

由抄本可以看出,祭祀仪式严格按照规定进行。每次祭赛,有一规定"星宿"主持,其装扮、所配奏的乐曲、所喜好的供膳食品都有一定规制。每天祭赛通常有七次供奉,依常例按次序上演乐曲、合唱、舞蹈和整本大戏(这一点与宋代宫廷乐次极其相似,尤可见出其郑重性)。每次供奉所选用的曲调、舞蹈和戏剧的名目,以及所供献的食品,也都有着明确的要求。

祭祀仪式最初大概形成于明代前期,但由于其中运用了许多宋元时代的曲调、剧目及承袭的宋元习俗看,其起源可能早到宋元。故而《唐乐星图》说:"乐星古圣遗留,礼仪先人规定。"为防止年久以后,祭祀仪式、供奉乐次被后人遗忘湮灭，需要用文字记录下来，这就是这些抄本得以产生的重要原因。

上述祭祀例由本地堪舆家主持，故抄本都由他们收藏（也有祭祀礼节本被保存在神庙里，用时才取出的①）。堪舆家的职业世袭，抄本也就在其后代子孙手中辗转流传及反复重抄。这保证了祭祀的连续性和正规性。

当然，随着时间的流逝，物事与习俗的转换，祭神仪式还是会逐渐发生变化的。清嘉庆年间抄本《唐乐星图》，就比明嘉靖年间抄本《唐乐星行早七晚八图卷》所记载的供盏食次远为省简，又比明万历年间抄本《礼节传簿》所开列的供盏乐次远为杂乱和便宜从事。这是由于，一方面在实际祭赛活动中，人们逐渐省去了古礼中的一些烦琐仪式；另一方面古代一些乐曲、剧目日渐失传，人们不再能够重新上演。尽管有礼节仪式抄本帮助人们将古礼传存下去，也不能阻止这种趋势。这里还必须加上另外一个因素，即抄本传抄过程中的鲁鱼亥豕之误。由抄本的字迹、格式、质量判断，传抄者文化水平都不高，因而除大量笔误外，还常常因为对前代文物制度不理解而致误。

257

其次，古代乡间祭神仪式有着严谨的体系。

如前所述，这15种抄本分为，"周乐星"和"唐乐星"两种祭祀体系。又据《唐乐星图》："自尧王设立皋繇，礼而奉神。至周唐宋代起立乐星，设选主神誊写书办，祭赛皇天后土口翰林院撰通五音，轩辕氏调成律吕，合作阴阳曲调，依乐星次序承应。"和他本所录相比，如《前行分戏竹》赞词："古今传三本乐星。周乐星八十四调，按本传三千小令。唐乐星四十大曲，依富调享赛神明。宋乐星珍馐百味，按四季造盏调羹。"以及《唐王游月宫》赞词："周乐星二十八宿，三百六古调分明。唐乐星四十大曲，依宫调奉献神暴。宋乐星珍馐百味，按四季奉献尊神。"似乎另外还有一个"宋乐星"体系。不过赞词中"宋乐星"只与供奉食次有关，不像"周乐星""唐乐星"与富调律吕相连，也许这个体系并不存在。

① 如山西临汾魏村牛王庙《会规簿》。参见廖奔：《宋元戏曲文物与民俗》，北京：文化艺术出版社，1989年，第242页。

《礼节传簿》记载"周乐星"体系的来源、建构、职司、仪节十分完备,让我们来大体看一下。簿中起始讲周庄王事,称其禁止一宫二调的运用。由于开头部分有残,其用意不可详知。接着引出八乐星君,分掌八音乐器。下面牵出东汉云台二十八宿,以应二十八宫调;又添四斗瞵星、又八星,凑足四寸之数,以应四十曲宫调。至此,从周代讲起,扯到乐星,带出二十八宿和四十天星,完成了"周乐星"向二十八值宿神和所奏四十大曲的过渡。下面即严格按照二十八宿的次序排列每日祭赛所用曲调、剧目等。可以看出,其二十八宿轮回值祭的赛祀体制才是这一体系的实质性部分,至于前面所说的来源本事,则纯属堪舆家的比附,即其行文本身就缺乏逻辑、似通不通。

"唐乐星"体系来源如何,《唐乐星图》没有提及。但其实际祭祀体制却与"周乐星"相同,也按二十八宿神值日顺序排列,只是由于流传年代久远,其所奏乐曲逐渐失去了宫调,不过多数曲名还与后者相同。由此我们至少可以得出一种认识,这两种祭祀体系除附会起源部分不同外,其实质性内容却是大同小异的。

《礼节传簿》值日宿神有着精确的排列,其顺序按照二十八宿与十二辰的对应关系来决定。十二辰与农历十二地支的概念相同,皆为"子、丑、寅、卯……",农历记日期也是用这种方法。因此,如果祭赛的时日为子日,就应该是由与之对应的角木蛟或亢金龙值日,演出其所指挥的节目。这种方法既严密又简便,易于堪舆家具体计算掌握。另外,二十八宿的数字恰好又与唐代燕乐二十八宫调一致,正好与祭祀奏乐挂起钩来。按理,"唐乐星"体系也应与之相类。

再次,由于祭神仪式的神圣性和延续性,许多古礼,古代乐曲和戏曲样式、剧目得以长期保存。

为保证祭祀供献符合自古流传下来的规定要求,每次开赛前都由堪舆家担任的主礼生出面,假借天帝神佛名义,对众宣读"听命文""告白文书",对祭祀的质量提出要求,对玩忽不恭者畏吓或提出惩戒。例如《唐乐星图》里屡有这类语言出现:"勿得欺神怠慢。若是作威把神瞒,招灾星显验。""各调奉神,谨慎殷勤,毋生怠堕之心,自招怠慢之罪。""如违此禁,非罪不轻。"……这种措施实是得以维护先代古礼长期流传的主要精神力量。

祭祀仪式中最为重要的一项是供盏演出,而演出内容属于活的舞台艺术,是最容易随时代转换而变化的。因而抄本对于演出的规定是最为严格和详尽的。这种规定分两方面内容,一是对于供奉演出的正式性、庄重性提出要求,二是严格规定演出的内容。

前者,如《唐乐星图》里反复强调演出的质量:"点择男女散乐人等,须体正规,毋得紊乱。男女须要颇晓古今,精通乐器,供馔分明,开呵立盏毋要粗心。女乐须择喉咽响亮,弹唱精明,衣服新鲜,甲锁明亮。倘若杂剧混乱,调弄差错,应唱不唱,应供不供,戏侮神灵,立见灾祸。各宜小心,竭力殷勤。""乐依古调,曲按宫商,奉神歌舞精严,供献箫韶韵美。衣甲新鲜,巾冠整顿。欢歌队舞,勿得失错。殷勤者降福,怠慢者招愆。丝毫失度,罪责非轻。各谨伺候,神明照鉴。"后者,如《唐乐星图》里指出:"大小散乐吉论:自今以后,奉祀神筵比方、院本、行队、杂剧,从人索唤。诗按太平古传,曲依乐府梨园。男记四十大曲,女记小令三千。但事承应节次,务要衣服新鲜,诸般乐器俱要完全。供盏换次,索唤不违。"点明了演出的几种形式:比方、院本、行队、杂剧和大曲小令。又《礼节传簿》《唐乐星图》等皆按供盏节次标明演出的曲目、剧目。

因为有了这种严格的规定性,致令一些明代以后在全国逐渐失传的演出形式如院本、杂剧、大曲等,得以在晋东南长期传存下来,一直延续到近代,为我们提供了戏曲历史的活化石。

三

抄本奏乐体系,承袭了唐宋乐曲。

《礼节传簿》二十八位宿神分掌的曲调,恰为唐代燕乐二十八宫调。其宫调又分为"行曲"和"不行曲"两种,其中"行曲"的共有十七宫调[其中(仙吕调)三曲未记曲名],计42支曲子,接近于宋教坊所奏乐40支大曲之数,曲名也多半相同。当然,由于抄本的某些缺失,实际曲数还要多于42支,再加上,"不行曲"的宫调名下实际上又开列了13支曲名,《礼节传簿》所开列大曲数就超过了50支。因此,它与唐宋大曲的承袭关系还需进一步深入研究。

《唐乐星图》虽然没有按二十八宿开列大曲名目，但却提到了有关数字，如"听命文"中对散乐人员的要求中有："男记四十大曲，女记小令三千。"对三场赛社"前行"人员的要求中有："承应依时，按乐星图内春动七宫，夏动七角，秋动七商，冬动七羽……承应四十大曲、十七宫调一。"这是些非常有意思的数字。春夏秋冬二十八宫调，符合唐代燕乐之数。十七宫调，宋代教坊所奏乐十八宫调，其中【正平调】无大曲，剩下的也即十七宫调。四十大曲、三千小令，恰与元代说法一致，如元代燕南芝庵《唱论》有句："词出曲海，千生万熟。三千小令，四十大曲。"这说明，它与唐宋大曲也有着直接的承袭关系。

《礼节传簿》头三盏乐次中记有小曲 20 支，曲破 6 种，计有：长寿歌、天净纱、乐三台、三台、太清歌、金殿乐、倾杯乐、插花乐、万寿歌、寿南山、万花乐、慢词、老人星、净纱乐、折花乐、折花三台、新水令、莲花小桃红、迓古令、游淇；温习曲破、梨园曲破、万寿曲破、单舞盘中曲、教坊司曲破、五花梁州。《周乐星图》头三盏乐次中记有小曲 16 支，曲破 7 种，除与上述重复者外，又有新花三台、散花三台、散水三台、念奴娇和道调宫，薄媚、王子高六么花十八、大乐曲破。小曲中出唐曲者三：金殿乐、倾杯乐、三台；出宋词者二：念奴娇、慢词；出元曲者三：天净纱、太清歌、新水令。其他或为由古曲化出者，如诸种三台，或为民间俗曲。曲破中如梁州、薄媚、六么皆出宋大曲。其中"六么花十八"为【六么】内一迭，前后共十八拍，再加四花拍，故名。宋人王灼《碧鸡漫志》卷三称："【六么】至花十八，益奇。"民间遂将其拆截使用。其他曲破，大概系后世之物，多出自民间，其中"教坊司曲破"，或来自明宫廷。

《礼节传簿》和《唐乐星图》里皆收有队舞角单，其中有些标明了所伴奏曲调名，计有：

《二仙行道老子开御》　【剑器令】
《八百诸侯朝武王》　　【胡渭州】
《十二湘江会》　　　　【庆云乐】
《李卫公夜看扬州》　　【长寿乐】

《徐福采灵芝》　　　　【石州】

《四公子斗富》　　　　【大明乐】

《杨六郎大破天门阵》　【梁州】

《二十八宿朝玉皇》　　【梁州】

这些曲调全部出自宋代大曲,仅其中【剑器令】与宋大曲【剑器】有一字之差,恐系传抄致误。

《唐乐星图》又收有"队子"名目 38 种,其中 34 种标出曲调名,而有 21 个曲名属于宋大曲。

经过以上分析,我们看到唐宋乐曲在晋东南乡村祀神活动中的长期保存。

四

抄本中提及几种不同的表演样式。如《礼节传簿》供盏节次里演出顺序为:第一,前行赞词;第二,供盏队戏;第三,正队戏;第四,院本;第五,杂剧。《唐乐星图》"听命文"里标出的则有"比方、院本、行队、杂剧"。归纳其类别,晋东南明清周、"唐乐星"祭神体系的表演样式有五种:前行赞词、比方、院本、杂剧、队戏。下面分别对之进行考索。

(一)前行赞词

前行赞词为供盏表演开始前,由一人近前念诵致语。据调查,潞城一带的"官赛"表演,都先由一人手执"戏竹"(竹竿上扎红布条),站在台前诵念赞词。其形式和作用,类似于宋代宴乐演出中"竹竿子"(参军色)手执"竹竿拂子"念致语,进行"勾队"和"放队"。《周乐星图》"听命文"要求前行"开呵立盏务要分明",则前行念诵致语的形式又相类于宋元戏文、杂剧里的"开呵",即在戏剧开场前,先由一人出场念诵致语、介绍剧情大意。

《礼节传簿》记载前行赞词名目 5 种:《三元戏竹》《百花赋》《细分露台》《百寿福》《酒词(诗)》。《周乐星图》收有前行赞词篇章 6 种:《祝寿讲山

赋》、《迎寿讲山祝水赞》、《祝山歌》(2 种)、《讲山歌》(2 种)。目前晋东南
上党戏剧院收集有前行赞词古抄本 7 种:《三元戏竹》《百花赋》《细分露台》
《扯淡歌》《古诗论》《阴阳药》《好山也》。由所见到的前行赞词篇章看,其
形式都是韵文、散文相间的诗赞体格式,韵文部分有四字句、六字句、七字
句、十字句不等,由一人念诵,每篇有一主题。如《三元戏竹》讲乐曲宫调起
源和戏竹来历,比附唐明皇以竹竿击打梧桐树的故事。《百花赋》用近百句
的七言赞词来讲花,每一句里都有一个"花"字。《细分露台》则讲述露台的
起源、构造和作用。

值得注意的是,今天发现的前行赞词中有些名目内容和金院本名目十
分相类。李天生在文章里提到赛社藏本里还有前行赞词《唐王游乐宫》《王
母赞》《八仙赞》《讲酒诗》《讲响杖》,与《南村辍耕录》所载院本名目中的
《击梧桐》《王母祝寿》《八仙会》《酒家诗》《唱柱杖》有对应关系。是偶然的
巧合,还是二者有某种联系?我倾向于后者,这里再举一例。院本名目中的
《讲百花囊》,应该是与前行赞词《百花赋》有着相近的念诵形式,都用韵体
来叙述百花。院本演出中本来有这种表演口才的形式,院本名目里还有《讲
百果爨》《讲百禽爨》等,都属于同类表演。由此推测,前行赞词已经超出宋
参军色致语的内容,吸收了院本中许多讲说念诵表演,扩大了容量,加强了
戏剧性。

(二)比方

《赛上杂用神前本》里宣统三年(1911)筹帖记载一次演出内容里有"设
嘲说比方三个"。"比方"是一种什么演出形式呢?晋东南发现的"副本院
东"《闹五更》里记载的表演可以解释这个问题。表演的前段唱【闹五更】小
曲,后段为设谜作比,由两个演员一递一猜。"比方"的意思就是用打比方的
方法破谜语,辅以演员的插科打诨表演。

"比方"这种演出形式的发现,有助于我们对元代一些文献记载的理解。
如明初贾仲明为《录鬼簿》所作序文里有一段,《中国古典戏曲论著集成》本
作如下标点:

余因雨窗逸兴,观其前代故元夷门高士丑斋继先钟君所编《录鬼簿》,载其前辈玉京书会燕赵才人,四方名公士夫,编撰当代时行传奇、乐章、隐语、比词源诸公卿大夫士,自金之解元董先生,并元初汉卿关已斋叟巳下,前后凡百五十一人,编集于簿。

其中"比词源诸公卿大夫士"一句曾令人百思不得其解,现在和"比方"联系起来考虑,问题就迎刃而解了。原来"比词"就是"比方"的底本说词,是和"传奇、乐章、隐语"并列的另外一种文学样式。这句话应该在"比词"后面断开。从这里又可以看出,"比方"这种表演样式在元代也已经出现了。《录鬼簿》里称吴本世作有"诗谜数千篇",大概就属于"比词"一类。

(三)院本

《礼节传簿》记有院本 8 种,记有:《土地堂》《错立身》《三人齐》《张端借鞋》《改婚姻簿》《神杀忤逆子》《劈马桩》《双揲纸》。其中后两种见于金院本名目,标作《四偌劈马桩》《奴揲纸爨》。

《错立身》院本名目的发现,对于戏曲史上一个疑案有解答作用。元代南戏有《宦门子弟错立身》一本,今存于《永乐大典》卷一三九九一"戏"韵戏文二十七中,系由北杂剧改编而来。[①] 北杂剧有同名剧目两个,一为李直夫作,一为赵文殷作,俱见《录鬼簿》记载。此戏内容是描写金代世俗生活,距李直夫、赵文殷的时代很近,两人同时选中了这一并非历史典故的题材,应该有些特殊的原因。南戏对此戏内容又进行改编,说明这一题材在当时影响还是很大的。同名院本的发现,证实了两部北杂剧同出一源,皆由金院本进行改编。而《礼节传簿》里《错立身》演出次数最多,前后共 9 次,证实这一故事在北方相当流行,很有可能是金代发生的实事,影响广远。

《土地堂》出自明人李开先院本《三枝花大闹土地堂》。《赛剧食杂集》里也记有《大闹土地堂》的名目,上党乐户老艺人直到近代还能演出此剧。故事描写秀才、富豪和谎张三三人在土地堂里的一场混闹,为典型的插科打

① 参见廖奔:《南戏〈宦门子弟错立身〉源出北杂剧推考》,《文学遗产》1987 年第 2 期。

诨剧。李开先共作有 6 种院本,除《土地堂》外,尚有《打哑禅》《园林舞梦》《搅道场》《乔坐衙》《昏厮谜》,总题《一笑散》。今 3 种已失传,存本《打哑禅》《园林舞梦》和《土地堂》的表现风格完全一致,从题目看另外 3 种也应相同。李开先为山东章丘人,他创作的院本却在晋东南一直演出到近代,这未必不是这位明代文豪的幸事。

不过也有另外一种可能,即《土地堂》时代比李开先更早,属于金、元院本,《礼节传簿》由之直承而来,李开先也据之改编。因为李开先的创作期在嘉靖年间,他本人于隆庆二年(1568)去世,其时代距《礼节传簿》的抄定时间万历二年(1574)太近。一个并非当地创作的作品要很快传播开来并得到认可,成为民间祭祀中间的保留节目,实非寻常之事。而且,《李中麓闲居集·一笑散序》里还明确说明了李开先此剧为改撰旧作。因此,需要更多的证据才能够下结论。

《唐乐星图》虽然标出了"院本"这一演出体制,但并未具体指明剧目。其中《双搽纸》一目却被列在"杂剧"栏下,这是后人搞混了(详论见后)。

前面提到晋东南发现的"副末院本"《闹五更》,也应该是与上述院本一样,由前代祭祀演出承袭而来。之所以标作"副末院本",大概是由于两个角色中有一个是副末的缘故。这是当地人的习惯,《礼节传簿》里《神杀忤逆子》一目就标作"副末院本"可证。《闹五更》院本的名字得之于其中所唱小曲【闹五更】,这是一支元明时期在北方流行的曲子,明嘉靖、隆庆年间曾广为传唱(见明人沈德符《顾曲杂言·时尚小令》)。今天从晋东南院本《闹五更》里演唱的小曲,我们还可以窥见元明北方小令【闹五更】的影子。

抄本中院本与金元院本的承袭关系,还可以从一条资料里得到旁证。《赛古赞本》所载前行赞词《唐王游月宫》里有句:"官里将丹盘末,令黄番绰、武官头、刘色长动乐,看杨妃舞盘中之曲。"其中武、刘二人,都是元代著名院本艺人、教坊色长,夏庭芝《青楼集志》说:"国初教坊色长魏、武、刘三人,魏长于念诵,武长于筋斗,刘长于科泛,至今行之。"武、刘二人姓名的远传后世,当然是借了院本演出历代相承之力。

(四)杂剧

《礼节传簿》有杂剧名目 26 个,将其与元明杂剧剧目相比较,相似的只有 7 个。换句话说,其杂剧来源多数不承自元明杂剧。由内容考察,这许多前无所出的杂剧多半来自历史演义,表现三国、东汉、五代、宋等朝代的兵戈征战故事,其前身可能是词话、平话、讲史甚或民间传说,如《擒彦章》《六郎报仇》《天门阵》《岳飞征南》《三王定正》《姜维九伐中原》《罗成显魂》等剧,皆是此种性质。这说明,除了文人创作,元明时期北方还有许多民间杂剧作品。它们虽然"不成文章"不登文学殿堂,因而不见于历代书目著作记载①,但却一直在民间戏台上上演。这反映了北方杂剧创作的普及性。

《礼节传簿》里杂剧名目,多有与队戏名目重见者,如《岑彭马武夺状元》《大破天门阵》《过五关》《四马投唐》《下河东》《四公子斗富》《十八骑误入长安》《樊哙脚党鸿门会》《关大王破蚩尤》《巫山神女阳台梦》《齐天乐鬼子母捧钵》《二十八宿朝三清》等。这是题材相同还是抄本中把戏剧体裁搞混了?我持前一种看法。因为《礼节传簿》里各类戏剧样式记载清楚,而且每次供盏过后均按正队戏、院本杂剧剧目各一的格式严格录载,不致相混,此其一。此本抄自万历初年,其时内对于杂剧、队戏的分别应该是常识中事,不会像后人那样因年代久远而不知杂剧为何物,此其二。因此,这许多题材相同的剧目可能是由来自民间说唱所致。

《周乐星图》对于戏剧样式的区分已不明确,其中仅分"杂剧""队子"二类。"杂剧"类中共记剧目 100 个,这是个惊人的数字,绝不可以把它们理解为全部是杂剧剧目。实际上,其中如《双揲纸》为院本,而绝大多数则为队戏。造成这种混同的原因是杂剧样式在舞台上逐渐失传,清代后期人已经忘记其本来面目了。近代晋东南人用"杂剧"来称呼队戏,两者可以互相等同就是一个证据。

(五)队戏

队戏名目初见于元人杨维祯《东维子文集·送朱女士桂英演史序》,所记为南宋时事。直至近代,队戏还在晋东南祭神仪式中演出。因此,这种戏

① 《录鬼簿》收录了元代教坊艺人赵文殷、张国宾、红字李二、花李郎四人的杂剧作品,已属不易,至明人朱权编《太和正音谱》,又特将四人析出,列为"娼夫不入群英"类。

剧样式有着古老的渊源和长久的生命力。

队戏的名称，见于《礼节传簿》的有队戏、正队，见于《唐乐星图》的有行队、正队、衬队、大队、队子，其他抄本中还有走队、流队、演乐队、上马队等。归纳起来，队戏根据演出条件的不同，分为正队（大队）、衬队、队子（走队、流队、演乐队、上马队）三种，而以队戏（行队）统称之。

正队是和杂剧、院本一样的正式戏剧演出，每天的祭神仪式结束后，在神庙戏台上进行。其最常见的剧目是《过五关》，《礼节传簿》二十八宿乐次里出现过四次，是上演频率最高的。此戏晋东南农村至今还能上演，其演出形式比较古朴，保存了很多的原始性。例如关羽和甘、糜二夫人及部将等剧中人物，要从一个戏台演到另一个戏台，途中真正骑马乘车，表现"过五关斩六将"的全部情节。表演过程中乡民观众皆随行观看，情绪热烈。发现《礼节传簿》的南舍村每次办赛，除了本村玉皇庙中的戏台作为主台，还需要临时搭架草台五座，就是为了供这个剧目演出。《过五关》的例子使我们看到，队戏虽然没有杂剧等戏剧样式发展得完善，但它却与本地民众有着更广泛密切的文化联系，这是它得以在这里长期传演的主要原因。

衬队是祭祀供盏过程中演出的队戏，在神庙的献殿上举行。由于是插在一次次的供献食品、茶果、酒水中间进行的，时间上不能不受到限制；又由于是和演奏乐曲、合唱、表演舞蹈、杂技等一起进行的，规模上也不能不受到限制。因此，衬队演出只是进行简单的装扮表演而已，故名"衬"。戏剧演出由于条件限制而简化表演，宋杂剧里已见到例子，例如宋人孟元老《东京梦华录》卷九记载，"内殿杂戏，为有使人预宴，不敢深作谐谑，惟用群队装其似像，市语谓之拽串"。这种"拽串"式的"装其似像"，就是衬队。队戏里一些比较大型的剧目，如《唐僧西天取经》出角色约 151 人，《二十八宿闹天宫》出角色 87 人，就不能作为衬队戏来演出。

供盏数一般为七盏，前三盏表演奏乐、歌唱、舞蹈，第七盏为合唱、收队，从第四盏到第六盏，每盏都要上演一两个衬队戏，而正队戏只在收队后演出一个，因此衬队戏剧目比正队戏要多得多。《礼节传簿》二十八宿乐次中开列正队戏剧目 24 个，而衬队戏剧目竟有 110 个。《唐乐星图》三日赛社乐次，正队戏 9 个，衬队戏也有 21 个。可以说，衬队戏是队戏剧目的主要部分,或者反过来,正因为衬队戏表演简单,使它能把更多的故事搬上舞台,极大地丰富了队戏的剧目。

队子是祭赛活动中村落里游行社火式的演出,伴随着正赛开始前的迎神活动举行。通常,一座神庙里举办赛会,要把周围许多神庙里的神祇都迎来供奉烟火,这种习俗详见于南宋陈淳《上赵寺丞论淫祀》的记载。他说,迎神动辄几十座,由人们抬着神像在街中走,都打黄伞,乘龙车,吹吹打打,十分热闹。更重要的是,他继而提到"复为优戏队相胜以应之,人各全身新制罗帛金翠,务以悦神"。这种"优戏队",就类似于晋东南的"队子"。直至近代,晋东南迎神习俗仍与陈淳所说相类。队子的其他种名称走队、流队、演乐队、上马队,都是指的这种行进中的戏剧装扮表演。

我认为,《礼节传簿》和《唐乐星图》后面所附录的排场角单,就是队子的角单。其理由有三:第一,队子因为不在舞台上表演,只在村落间行走,因此参加人数可以不受限制。角单中许多都有几十个角色,如《唐僧西天取经》角色多到150余人。这是正队和衬队都容纳不下的。① 第二,队子因为所追求的效果不是戏剧情节,而是装扮的红火热闹,因此以场面铺排为主。角单里多数都只开列出场人物,只有极个别的交代了最简单的情节,正是与这种需求相适应的。角单每一剧目名称后都特意标明"舞……上",就是指出队子的队舞性质,而不是情节表演。反过来,正是由于缺乏情节联系,角单需要细致周密地开具每一出场人物,甚至如《霸王设朝封官》《四公子斗富》里还详细开列许多宝物名称,以防装扮遗漏。这也是角单设置的主要目的。第三,队子因为是迎神演出,在内容和形式上都与之有所配合。角单里多数内容是神仙道化,这一点极其明显,而与正队、衬队以历史故事为主不同。角单里多数剧目又都有"驾头"出场,这是为配合迎神队伍的扛舆场面,抬着各路神祇、帝王的扮饰者进行表演,以壮大迎神的排场。

这样,我们可以从《礼节传簿》角单中,得到队子剧目25个,又从《唐乐星图》角单中得到28个,再加上《唐乐星图》开列的队子名目37个,剔其重

267

---

① 《礼节传簿》中正队戏里也有《唐僧西天取经》一目,但那可以理解为角色大大简化后的演出,否则舞台场面不可设想。

复,一共得到队子剧目 66 个。这其中,有许多剧目与正队、衬队戏和杂尉名目相同。

队子行进表演时,有乐曲进行伴奏,其曲调主要源自宋代大曲,这可见前面论述。

抄本剧目的内容,不同的戏剧样式有着不同的侧重。以《礼节传簿》为例,杂剧剧目大多敷衍历史故事,其中尤其是表现铁马征战的占了绝大多数,而没有一例反映民间普通生活的。院本则正好相反,多借市井生活、人世情态进行点染,充满揶揄讽刺和调笑的意味,而与历史事件无关。队戏中的队子剧目,用于迎神行队,以神话传说为主、历史传说为辅。正队戏与杂剧一样,也是祭神仪式结束后正式上演的大戏,因而同样以表现历史事件为主。衬队戏用于祭神供盏过程之中,其内容最为庞杂,历史故事、神话传说、悲欢离合、儿女情长,无所不有,无所不包。

由剧目内容的不同侧重,结合戏剧样式的演出前后安排,可以推见祭神过程中戏剧的上演情况。迎神时表演队子,人们簇拥着"神驾"或"圣驾",以及装扮的大队故事人物,沿路巡行,吹打奏乐。表演基本上没有什么情节,仅仅游街而已。祭神供盏时,在盏次间隔中表演衬队,受献殿空间限制,演员比队子大为减少,又受供盏时间限制,表演仅为"装其似象"地简略比画舞蹈一阵。供盏间要求上演的剧目多,因而要从各种来源广为搜求剧目,好在这种简单模仿式的演出较易组织,从杂剧、南戏、演义、讲史、词话、宝卷借鉴题材,拿来就是。供盏结束,正戏开始,转移到神殿对面的戏台上去演,这才是人们所等待的正式演出。演出都按两台大戏夹衬一台小戏进行,先正队、次院本、再杂剧。正队戏的表演还含有较多的原始性,如演出《过五关》一类剧目,还要台上台下地走过场,重在场面氛围的热闹红火和与观众的交流。正队结束,加演一个院本小戏,调笑逗乐,把观众的心收回到舞台上。最后是压台戏——杂剧出场。杂剧是成熟的戏剧样式,以唱为主,针线细密,戏剧性强,把一天的演出推向高潮而收束。

抄本剧目的来源,出自前代戏曲剧目的少,出自话本、讲史、民间传说的多。以《礼节传簿》为例,汇总其各类戏剧样式的全部剧目(名目大致相同的皆合并),得剧目 171 种。其中于前代所有宋元明杂剧、院本、南戏、传奇名目里可以找到题材相同者约占半数，但有些并不一定有承袭关系，如队子《二十八宿朝三清》之于金院本《二十八宿》，衬队《许真君点化》之于元明杂剧《许真人拔宅飞升》等。另外，即使前代有戏曲剧目存在，也不排除抄本剧目出自说唱艺术的可能性。因而，这约占半数的统计还要打打折扣。

出自民间说唱的部分，多半来自讲史。我粗略比照一下，就发现其本事来源至少涉及如下话本和演义：《武王伐纣平话》《东毅图齐七国春秋平话》《秦并六国平话》《前汉书平话》《东汉十二帝通俗演义》《三国志平话》《三国演义》《隋唐两朝志传》《大唐秦王词话》《残唐五代史演义传》《五代史平话》《杨家府世代忠勇通俗演义》《北宋志传》《大宋中兴岳王传》等。这简直是长长的一条历史连缀链。几乎可以说，凡历史演义讲到的地方，抄本剧目都囊括到了，其中尤以衬队戏内容最为宽泛。这许多出自民间说唱而不源于前朝戏剧的剧目，对后世地方戏剧目却有着重大影响，我们在地方戏里都可以找到与之对应的剧目。这一点，突出体现在北方梆子与皮黄系统的剧种里，如秦腔、京剧、豫剧、河北梆子、汉剧、同州梆子、曹州梆子、云南梆子、楚剧、山西梆子等，两者或者同源，都来自说唱，或者有着互相因承关系，这是个值得进一步深入研究的问题，但上述现象至少为我们开辟了一条新的思路。

269

抄本剧目里有一部分出自南戏或传奇，需要引起我们的特别注意，因为它体现出南方戏曲声腔对北方偏远山区的影响。《礼节传簿》内计有 23 种：天仙送子(《遇仙记》《织锦记》)、周氏拜月(《金印记》《卖钗记》)、尉迟赏军(《白袍记》)、芦林相会(《跃鲤记》)、南浦嘱别(《琵琶记》)、访友(《同窗记》)、周氏辱齐(《灌园记》)、送米(《跃鲤记》)、旷野奇逢(《拜月亭》《幽闺记》)、李逵下山(《木梳记》)、五鬼戏判(《西洋记》)、偷诗(《玉簪记》)、雪梅吊孝(《三元记》)、玉莲投江(《荆钗记》)、断机教子(《三元记》)、张飞祭马(《古城记》《三国志》)、秋江送行(《玉簪记》或《西厢记》①)、五娘官粮(《琵琶记》)、三元捷报(《三元记》《四德记》)、潘葛思妻(《鹦鹉记》)、佛殿

---

① 《玉簪记》有"秋江哭别"出，《西厢记》有"秋江送别"出(《尧天乐》收有此出，标作《西厢记》)，不知此系何出。

奇逢(《南西厢记》)、姑阻佳期(《玉簪记》)、拷打小桃(《三桂记》)。这是个不小的数字,还没有包括那些并见于南戏和杂剧的剧目。

上述南戏剧目在《礼节传簿》中有两个特点:第一,全部以出目出现而不是以剧名出现。将这些剧目与其他剧目对照,可以发现,那些来源于杂剧、说唱的剧目,大多表现一个大的历史事件,或一个完整的故事,上述剧目则多是截取一个故事片段、一个生活场景。这当然与南戏整本大套过于庞杂难于搬移有关。第二,全部属于衬队戏类。在其他所有杂剧、正队、队子等剧目里,未发现有一例直承自南戏者。这大概主要由于声腔方面的原因。杂剧、正队如要演出南戏,必须经过声腔韵口方面的改编,那是要费大劲的。队子则以神、佛和重要历史人物为表演对象,原顾不到借鉴南戏的。有衬队戏,不需唱说,只在供盏过程中舞弄一番,因而尽可以把一些家喻户晓的戏出人物搬来充充热闹、丰富一下内容。这两个特点透示出明代晋东南民间祀神活动对于南戏有限制地吸收的痕迹。上述有些出目后世已经失传,如尉迟赏军、周氏辱齐、李逵下山等,更是为我们提供了南戏传播的史料。

上述 23 种南戏戏出是在明代民间广为流传的,到了清中叶以后,渐渐丧失了其舞台活力。在《唐乐星图》里,我们就只能找到 4 出遗存下来了,即《潘葛思妻》《佛殿奇逢》《姑阻佳期》《三元捷报》。这 4 出南戏在晋东南衬队戏中从明代演到清代,表明了其顽强的生命力,但多数戏出则因为南戏剧目在此地的失传而逐步湮灭了。清代以后,晋东南祭祀演出里面不再继续吸收南戏传奇戏出,《唐乐星图》里有与《礼节传簿》不重见的剧目 68 个,其中一出南方来的也没有,全部由源于杂剧、民间说唱者组成。

《礼节传簿》剧目题材的朝代,凡可以考知的皆为宋以前,仅《宦门子弟错立身》一目为金代。《唐乐星图》相同,而且在其按朝代开列"杂剧"剧目时,最晚的朝代也是大宋。元以后的故事一例也没有收入,特别是朱明开国故事,曾经成为评话、戏剧的热门题材,产生过很大影响的《英烈传》讲史小说,也没受到青睐。这再一次表明抄本剧目来源的古老,以及祭祀演出对古礼的遵循。

五

晋东南民间祭祀演出中能将一些古老戏剧样式长期传存下来,得力于当地的自传自演。据调查,当地办赛演出,常常由若干村落联合举办,演出集中了各个村落里的乐户。乐户制度承自元代,初时隶为官籍,又分在城、在乡乐户①,例由世袭。明永乐年间许多宗室眷属就被建文帝贬到山西,籍属乐户。近代晋东南乐户演出队戏,常常备村有所分工,例如长子县,南李村乐户为旦角,壁村乐户为小生角,鲍店镇乐户为净角,南鲍乐户为生角,大家分工排演,代代相传。② 这有助于对前代戏剧的保存。

然而,由于北曲杂剧随着元、明、清易代而逐渐在各地舞台上失传,剧坛上代之而起的声腔剧种变幻更迭,晋东南的祭祀演出也不能不受到影响。尽管有《礼节传簿》一类簿录的严格规定和详细记载,尽管乐户艺人世世承袭,时光荏苒,许多杂剧、院本剧目还是逐渐被人们遗忘了。《唐乐星图》把杂剧、院本、衬队戏、正队戏剧目都归在一起,以"杂剧"统领之,很可能在其抄定的清嘉庆年间,北曲杂剧早已不能演出,人们已失去对它的认知。

在清代后期,这种祭祀演出已不能保持其祖传性,而加入了其他戏剧样式。《赛上杂用神前本》宣统三年(1911)筹帖记当时供献节目曰:"揽定男乐三十名,大杂剧二场,趁队戏九个,吹戏三场,出外有演乐队戏一场,迎神上马队戏一场,设嘲说比方三个。"其中"大杂剧"是何种戏剧样式不太清楚,我意不会是北曲杂剧,可能是指其他声腔剧种。"吹戏"则应该指梆子腔,因为梆子腔里的吹腔曲调是用笛子吹奏的,此处则指上党梆子。

明清时期,晋东南地区曾流行多种戏曲声腔剧种。从上党梆子的组成成分来看,在其形成时,当地至少流行昆腔、梆子、罗戏、卷戏、二黄诸种声腔。另外,据《泽州府志》和《沁水县志》,康熙时沁水人范度中《东岳庙赛神曲》诗里提到当地祭神演出有"台上弋阳唱晚情",有弋阳腔。又《礼节传

---

① 例如〔明〕朱有燉《美姻缘风月桃源景》杂剧里就提到一位杂剧旦色橘园奴,"是这保定府在城乐户"。

② 参见寒声等:《〈迎神赛社礼节传簿四十曲宫调〉初探》,《中华戏曲》1987年第3辑。

簿》衬队戏剧目有《张飞祭马》,为青阳腔剧目,或即来自青阳腔在山西的一支——清戏。这些声腔剧种在晋东南活动的时代,昆腔、弋阳腔、青阳腔可能始自明嘉靖、隆庆、万历之间,《礼节传簿》里的戏出应即由这些南曲声腔带来。梆子、罗戏、卷戏约在清初到乾隆年间。二黄腔则稍晚一点。可以说,这诸多声腔活动的时间,恰好覆盖了晋东南15种祭神礼仪抄本的上下范围。但只有在清末抄本中才见到加入"吹戏"演出的记载,以前长期都是只上演传统戏剧样式,从中也可看到当地传统的凝固。

抄本里剧目数量最多的是队戏,队戏在晋东南祭祀演出中占据最为重要的地位。这是一种什么样的戏剧样式呢?据调查,队戏表演形式古拙简陋,唱腔单一而少变化,通常是一句唱腔的反复吟唱,很明显由吟诵体说唱艺术进化而来。李天生文章引《山西剧种概论》一书第621页所记录的队戏剧本《太极图》的曲谱,每一句都是1177377,配以七言句诗,反复无已。这实际上还谈不到什么音乐旋律,仅仅是按山西口音而念诵韵白而已。可以想见,这种念韵是很单调的,而《大会垓》一剧里仅霸王一人的台词就有一千多句,音乐效果必然是枯燥乏味的。然而实际演出中并不如此,因为这类念诵都伴有人物的表演,配以打击乐器,烘托出气氛的古朴热烈,为乡民们所乐于参与。过场时伴以管、弦乐器,演奏宋、元大曲,从音乐旋律上对之进行补充,就弥补了其音乐氛围中的缺失。这种简单重复的吟诵乐调,其功用是便于应用,无论多长的七言诗体,拿来就能念,这恰好与乡村俚民的文化层次相吻合,这也即是为什么如此简陋的队戏表演得以长期在当地继承延续的重要原因。

队戏表演中有些带有驱傩逐疫的影子,上引《过五关》是一例,又如《鞭打黄痨鬼》,由方相、方弼黑、红二将执戈沿街追打黄痨鬼,最终将其交给阎王开膛油烹。这类表演的产生自然与队戏赛社祭祀的性质有关。这使我想起了山西省另外两种祭神戏剧——流行于晋南蒲州地区的铙鼓杂戏和传播于雁北地区的赛戏。这两种专为迎神赛社而演出的戏剧样式,也同样有着一些驱逐疫鬼式的表演,如前者的《神杀忤逆子》(队戏中有此剧目),后者的《斩旱魃》《铡赵万牛》,都属于同一类型。不仅如此,几乎凡队戏具有的特点,铙鼓杂戏和赛戏也都具备。例如表演都十分简陋古拙,唱腔都十分简单而近于吟诵调,剧目都大多来自历史演义而题材年代不晚于宋,演员都由乐户承担而世袭,等等。有人据此认为铙鼓杂戏与赛戏源出一支①,我意为队戏、铙鼓杂戏和赛戏应该都起自民间说唱,为山西宋、元民间说唱与迎神赛社祭祀演出结合的产物。唯其起自民间说唱,才能具备上述叙事说唱文学的特点,唯其为迎神祭祀演出,才能继承民间驱除疫鬼的形式。因而,这几种戏剧样式的发展阶段介乎原始表演、歌词说唱和成熟的戏剧样式之间,属于古老的戏剧形态。考虑到山西为元杂剧兴起的基地,或许这种古老的戏剧形态在元杂剧的形成过程中起过作用——这又为我们展开了另一项戏曲史研究的课题。

尾声

晋东南地区在中国戏剧文化史上的地位是极其重要的。它是宋、金、元时期北方戏剧演唱体系的发源地之一,又长期为其大本营和流传地。这 15 种祭神仪式抄本,既透示了北曲体系产生与繁衍生息的历史信息,又揭示了戏剧与祭祀文化的关系和其在乡民生活中的地位。它还向我们显现了与民间宗教活动紧密相连的戏剧其存在的遗传性和历史悠久性。因而,无论从宗教学、民俗学、人类学还是戏剧学的角度,这 15 种抄本都值得我们投入极大的注意力,而晋东南地区则由此而再一次成为中国戏剧文化史上的研究热点。

273

(原载《中华戏曲》1993 年第 13 辑)

---

① 参见任光伟:《赛戏、铙鼓杂戏初探》,《中华戏曲》1987 年第 3 辑。

戏神辨踪

戏神在明中叶以前不见记载。明万历以后,陆续有戏神庙兴建,尤其是到了清代,全国各地艺人普遍祭祀戏神,不但建有各种神庙,而且每个戏班都供奉一个戏神,流动作场时带着戏神神像走,演出时就把神像供在后台的神龛里。只是,关于戏神的神主,有一个历史演变的过程,由于记载的失详,其线索已经十分模糊。清代形成的局面是:大多数地区的声腔剧种供奉老郎神,而一些地区又有自己区域性的戏神,例如福建的田公元帅。

今天见到关于戏神最早的记载,是明代万历年间汤显祖为江西省宜黄县1000多位海盐腔艺人所供奉的清源师撰写的《宜黄县戏神清源师庙记》。汤显祖说:"予闻清源,西川灌口神也。为人美好,以游戏而得道,流此教于人间。讫无祠者。子弟开呵时一醵之,唱啰哩嗹而已,予每为恨。诸生诵法孔子,所在有祠;佛老氏弟子各有其祠。清源师号为得道,弟子盈天下,不减二氏,而无祠者。岂非非乐之徒,以其道为戏相诟病耶?"汤显祖把戏神祖师和儒、释、道三教之主相提并论,见出他对于戏曲艺术的重视和敢于破除传统观念。由其文得知,当时宜黄县艺人在演戏"开呵"时都口头提到其祖师清源师,表示敬仰,但没有立庙祭祀。灌口神原为汉代修建都江堰的蜀守李冰,由于为民造福,人民立庙祀之。宋人曾敏行《独醒杂志》曰:"永康军城外有崇德庙,乃祀李太守父子也。太守名冰,秦时人,尝守其地。有龙为孽,太守捕之,锁于离堆之下。有功于蜀,今人德之,祠祭甚盛。江乡人今亦祠之,号曰'灌口二郎'。"都江堰在灌口县境,所以称李冰为"灌口二郎"。又有说"二郎"是李冰之子的(见《蜀故》)。李冰父子后来又为赵昱所取代。《三教搜神大全》曰:"清源妙道真君,姓赵名昱,从道士李珏隐青城山。隋炀帝知其贤,起为嘉州太守。郡左有冷、源二河,内有犍为老蛟,春夏为害。"赵昱持刃入水,斩蛟而出。"时有佐昱入水者七人,即七圣是也。""民感其德,立庙于灌江口奉祀焉。俗曰'灌口二郎'。太宗封为神勇大将军。明皇幸蜀,加封赤□□。宋真宗朝,益州大乱,帝遣张乖崖入蜀治之,公谒祠下求助于神,果□□,奏请于朝,追尊圣号曰'清源妙道真君'。"这就是"灌口神"又为"清源师"的出处,只是二郎神不知怎么又被说成"以游戏得道"。北宋时期汴京有灌口二郎庙,每年六月二十四日神诞日,祭祀最为繁盛,"二十三日,御前献送后苑作与书艺局等处制造戏玩,如球杖、弹弓、弋射之具,鞍辔、衔勒、樊笼之类,悉皆精巧,作乐迎引至庙。于殿前露台上设乐棚,教坊、钧容直作乐,更互杂剧舞旋……自早呈拽百戏,如上竿、跃弄、跳索、相扑、鼓板小唱、斗鸡、说诨话、杂扮、商谜、合笙、乔筋骨、乔相扑、浪子杂剧、叫果子、学像生、掉刀装鬼、鼓牌棒、道术之类,色色有之,至暮呈拽不尽"[①]。这时的二郎神大概已经和游戏技艺、杂剧百戏结下不解之缘了,但是还没有被戏曲艺人当作戏神来供奉。

275

　　戏曲艺人供二郎为戏神,除了见于汤显祖的记载,又有清初李渔的描述,他在《比目鱼》传奇"入班"出里讲道:"凡有一教,就有一教的宗主。二郎神是做戏的祖宗,就像儒家的孔夫子,释家的如来佛,道家的李老君。我们这位先师,极是灵显,又极是操切。不像儒、释、道的教,这都有涵养,不记人的小过。凡是同班里面有些暗昧不明之事,他就会觉察出来。大则降灾降祸,小则生病、生疮。你们都要紧记在心,切不可犯他的忌讳。"可见一直到李渔的时代,许多戏班供奉的还是二郎神。但是入清以后,二郎神大多被老郎神所取代。清人杨懋建《梦华琐簿》曰:"灌口二郎神,为天帝贵戚。元人作《西游记》,盛称二郎神灵异,非伶人所祀也。伶人所祀乃老郎神。"杨懋建这里明显是用二郎神在后世进一步演变的原型来作为立论根据了,因为明代以后,二郎神的神主赵昱又被杨戬取代,杨被附会为玉帝的外甥,所以杨懋建说他是"天帝贵戚"。但是这也说明,清人已经开始怀疑二郎神为戏曲艺人祖师的说法。

①　〔宋〕孟元老:《东京梦华录》卷八,四库全书本。

　　清代艺人修建的老郎庙在全国到处可见，见于记载的有苏州、扬州、长沙、湘潭、广州、昆明等地的老郎庙。苏州老郎庙创建于清初，位于吴郡镇抚司衙门前，嘉庆以后碑文屡屡涉及。扬州老郎庙见于乾隆年间《扬州画舫录》的记载。长沙老郎庙据庙内旧存文件，建于乾隆十六年（1751）六月初九日①。湘潭老郎庙据嘉庆《湘潭县志》"职官"五、"祠墓"一，建于乾隆四十八年（1783）以前，分别立于下三十都、后湖、烟柳堤等处。广州老郎庙在归德门内魁巷，见道光年间《梦华琐簿》。昆明开花镇老郎庙建于乾隆五十三年（1788）之后，昆明县堂乾隆五十三年告示有文："据吉祥、长春、长泰、怡顺、朝元、桂花六班杨永泰等禀称：'转商开花镇，买得前营把总衙署拆遗空地一块，业蒙镇宪发给印契。今各班拟于买获空地盖建老郎庙宫宇，作为香火之所。'"②昆明市内老郎庙建于乾隆五十七年（1792）之前，清人檀萃《滇南草堂诗话》卷十记乾隆五十七年昆明梨园之会："……会于金埔城东隅白鹤桥东，双池之南，梨园之寺……梨园七部，共构为寺……中祀部神，神童像嬉笑，部弟子奉为所师，乃唐皇，或以为郭郎也。"由于时间接近，修建这两座老郎庙的戏班多数相重（修建城内老郎庙的戏班多出一个阳春部）。

　　老郎神的神主各说不一，通常认为是唐明皇，也有说是后唐庄宗和其他人的，如上述郭郎。乾隆年间昆曲艺人黄幡绰所作《梨园原》"老郎神"条说："老郎神即唐明皇。逢梨园演戏，明皇亦扮演登场，掩其本来面目。惟串演之下，不便称君臣，而关于体统，故尊为老郎之称。今遗有唐帽，谓之老郎盔，即此义也。"戏曲艺人祭祀唐明皇，大概因为他创立了梨园，而梨园成为后世戏班的代称，所以清代纪昀《滦阳消夏录》卷四说："伶人记唐明皇，以梨园子弟也。"其中不乏艺人抬高自己身价的因素。说老郎是后唐庄宗，见于杨懋建引安次香的说法，《梦华琐簿》说："安次香云：'伶人所祀神，乃后唐庄宗，非明皇也。'……昔庄宗与诸伶官串戏，自为丑脚，故至今丑脚最贵。"不过杨懋建自己就表示了对于这一说法的怀疑，他说："次香盖闻之宋

① 参见黄芝冈：《论长沙湘戏的流变》，欧阳予倩编：《中国戏曲研究资料初辑》，北京：中国戏剧出版社，1957年。

② 转引自杜颖陶：《滇剧》，欧阳予倩编：《中国戏曲研究资料初辑》，北京：中国戏剧出版社，1957年。

碧筠。然亦但以《新五代史》有《伶官传》,故臆度当然。实亦未有确据。"看来后唐庄宗的说法是清代中期文人根据一些历史迹象揣度产生的。但是无论老郎神主为谁,都不能割断他和二郎神的联系。《扬州画舫录》卷五说:"吾乡地卑湿,易患癣疥,班中人谓之'老郎疮'。"而清人顾铁卿《清嘉录》"二郎神生日"条说苏州"邑中患疡者,祷之辄应。相传六月廿四日为神生辰,男女奔赴,以祈灵贶。清人褚人获《坚瓠集》云:'六月二十四日,为清源妙道真君诞辰,吴人祀之。'"看来,清源妙道真君二郎神原来有治疗疡疾的神通,而戏班里的人由于生活条件不卫生容易生癣疥,常常企求二郎神治疗,渐渐呼之为"二郎疮",后来讹音为"老郎疮"。后人又为老郎另找神主,就附会到唐明皇和后唐庄宗身上去了。但也可能老郎与二郎无关,而另有来历。元代称前辈有成就的艺人为老郎,如元人赵明道《名姬》散套说:"乐府梨园,先贤老郎,上殿伶伦,前辈色长,承应优俳,后进教坊。有伎俩,尽夸张。燕赵驰名,京师作场。"其中老郎指的就是艺人。老郎神也有可能由此得名,而附会唐明皇的事迹。

清代北京艺人共同供奉的戏神不称老郎,而呼喜神。北京崇文门外旧有岳飞精忠庙,是清代戏曲社团共同议事的地方,在精忠庙侧附祀有喜神庙。清末《重修天喜宫祖师像碑记》曰:"溯自前明建立精忠庙,其左旁有天喜宫,奉祀祖师塑像。"似乎北京艺人供奉喜神为祖师始自明末。喜神祖师的原型是谁,几块碑刻都没有直接透露,但乾隆三十二年(1767年)《重修喜神祖师庙碑志》说出一点线索:"夫□者,创自明皇□□元纪,□其出剧,叶其宫商,虽小子顽童无不悦观而乐听□(焉)。是以□甚□□,□(是)以恶其奸,是以补经史之不及也。"似乎喜神就是唐明皇。另据道光七年(1827)《重修喜神殿碑序》"重修阁下喜神殿圣像两旁配像十尊"的文字,喜神还有10位神仙部下,身份一定不低。清人孙星衍嘉庆九年(1804)所撰《吴郡老郎神庙之记》说北京的喜神是唐明皇时的耿光,他说:"余往来京师,见有老郎庙之神,相传唐元宗时耿令公之子名光者,雅善霓裳羽衣舞,赐姓李氏,恩养宫中,教其子弟。光性嗜梨,故遍植梨树,因名曰梨园。后代奉以为乐之祖师。"孙星衍所说的北京老郎庙,应该就是喜神庙。那么,他听到的传说又为另外一种"版本"。但据清人黄幡绰《梨园原》所说:"戏中所抱小娃,谓之喜神,取其善而利于技,非即老郎。"喜神则是一个小儿。杨懋建说:"余每入伶人家,视其所祀老郎神像,皆高仅尺余,作白皙小儿状貌,黄袍被体,祀之最虔。"这白皙小儿应该就是喜神的原身像,只是人们已经把他和老郎,甚至和穿黄袍的帝王混为一谈。前引檀萃乾隆年间在昆明梨园之寺所见戏神明皇形象为"神童像嬉笑",又清人钱思元《吴门补乘》说苏州老郎庙,"其神白面少年,相传为唐明皇"也和这里所说一致。其实喜神另有来历,清人杨懋建《梦华琐簿》说:"小霞为余言:'闻诸父老,老郎神耿姓,名梦。昔诸童子从教师学歌舞,每见一小郎,极秀慧,为诸郎导。固非同学中人也。每肄业时,必至。或集诸郎按名索之,则无其人。诸郎既与之习,乐与游,见之则智慧顿生。由是相惊以神,后乃肖像祀之。'说颇不经,然吴人晨起禁言梦,诸伶尤甚,不解其故。如小霞言是:禁言梦者,讳其神名也。"这里说的小郎耿梦,即为小儿喜神的神主,和老郎无关,但与耿光可能会有传讹之处。①

清代康熙年间昆明本地戏曲艺人所供奉的神也不是老郎,而称"乐王"。昆明戏班于康熙四十年(1701)在城东门咸和门外创建乐王庙,于康熙五十八年(1719)重修②。到了乾隆五十年(1785)左右,昆明一些戏班又谋求在城内和开花镇建老郎庙,这些大概是后来从外省来的其他声腔剧种的戏班,他们带来了不同神系的信仰神。(杜颖陶推测为徽班)

乾隆四十八年(1783),苏州织造全德改老郎的神主为翼宿星君,他在《翼宿神祠碑记》里说:"旧有庙以祀司乐之神,相沿曰老郎神。其名不知何所出,其塑像服饰亦不典近。适有重修之役,予为易其祀曰:'翼宿之神。'星之精,各有所司,而翼,天之乐府也。诸杂祀皆于其始作之人,以云报也……钧天有乐,翼实尸之,通之于精灵,推之于本始。"翼宿古为乐星,《石氏星经》说:"翼主天倡,以戏娱故。近烫太微并尊嬉。"《晋书·天文志》也说:"翼,二十二星。天之乐府,主俳倡戏乐。"《隋书·天文志》《宋史·天文志》从之。所以全德之改也有一定根据。由于全德奉了乾隆皇帝"厘正乐曲之

---

① 又有说明代楚藩王华奎任用中官郎更梦为自己主管家班,后人遂以更梦为老郎。见梅兰芳述:《舞台生活四十年》第二集,北京:中国戏剧出版社,1987年,第219页。

② 事见乾隆二十一年(1756)刻《乐王庙众班起建重修功德常住碑记》(见杜颖陶《滇剧》,欧阳予倩编《中国戏曲研究资料初辑》,北京:中国戏剧出版社,1957年)。

命",总揽当时一方的戏曲审查工作,对于戏曲的权限很大,所以他对于戏神神主的改动也产生了很大的影响。如乾隆刊本《万全玉匣纪·一百二十行祖师》里已经接受他的说法,称:"唐明皇梨园祖师,南方翼宿星君。"只是人们往往只听说戏神又为翼宿星君,而不知道是从何时何地传来的说法,例如黄幡绰《梨园原》说:"今人供翼宿星君为老郎,其义未详。"杨懋建《梦华琐簿》说:"余尝见伶人家堂,有书'祖师九天翼宿星君神位'者,问之不能言其故。"连活动在乾隆后期的扬州昆曲艺人黄幡绰都已经不清楚翼宿戏神的来历,北京伶人又怎么能知道其详呢?由此也可见戏神的传说历来是模糊不清的,艺人们只要随便有一个神人作为自己精神上的主人就行了。

另外,还有一些戏曲艺人们分科供奉的神主,例如武神为武行之神,音神为音声之神等。音神一共12位,都是历史或传说人物,每人各主一音,如沈古之为鬼音,薛谭为鸟音,秦青为虎啸,阮籍为凤鸣,韩娥为云音,孙登为雷音,石存符为猿音,王豹为龙吟,绵驹为琴音等,但又有叶法善、黄幡绰、罗公远三人不明确主何音。北京崇文门外精忠庙喜神殿乾隆年间所绘壁画故事,就有关于音神的多幅。

福建的戏曲艺人有他们自己本地的戏神,即唐玄宗朝的乐工雷海青,泉州、莆田、仙游、厦门等地都有庙(称元帅庙或相公庙)。清人俞樾《茶香室丛钞》曰:"习梨园者共构相公庙,自闽人始。旧说为雷海青而祀,去雨存田,称田相公。此虽不可考,然以海青之忠,庙食固宜,伶人祖之亦未谬。若祀老郎神者,以老郎为唐明皇,实为轻亵,甚所不取。"俞樾认为戏曲艺人不配祭祀唐明皇,所以赞赏他们把雷海青奉为戏神。关于雷海青为戏神的来历,道光十九年(1839)刊《厦门志》卷二"祠庙"说到一点:"相公宫在庙仔溪尾,祀唐忠烈乐官雷海青之神。唐肃宗时追封太常寺卿,宋高宗追封大元帅,见莆田庙碑。婴孩生疮毒祈祷屡效,上元前后香火尤盛。"民国刊《福建通志·坛庙志》卷一说田元帅就是《三教搜神大全》里的"风火院田元帅",后者虽然说是唐玄宗时人,也典音律、善歌舞,但并不是雷海青,而是田苟留、田洪义、田智彪三兄弟,可见这个传说也有附会的成分。说田相公善治婴儿疮毒,又和老郎善治癣疥相混了。值得注意的是,湖南古老剧种辰河戏演出目连戏开台时,供奉的神位为"正乙冲天风火院内乐王戏主老郎星君",陪祀为

"金花大姐""梅花二娘",其习俗有可能从明代遗留而来,那么,"风火院田元帅"被当作"乐王戏主"则是明代戏班比较普遍的现象了(《三教搜神大全》里田元帅的随祀神人中有金花小姐、梅花小娘,与辰河戏吻合,说明后者出自前者。至于辰河戏说戏主是"老郎星君",很明显是受到后起的老郎神以及乐星宿神信仰的影响)。另外,早在汤显祖所写《宜黄县戏神清源师庙记》里,已经提到宜黄县艺人祭祀二郎神时,以田、窦二将军配享,这田、窦二将军有可能就是指田元帅和他的宾从神窦太尉(《三教搜神大全》里有窦太尉)。那么,田元帅又和二郎神有牵连。清道光刊本《灵台小补·戏题梨园所奉诸名号》曰:"冲天风火院,一个老郎魔,田、窦二元帅,清音鼓板哥。"可见在民间戏班所供奉的神像里,是不管诸神的来历和谱系,大家一起混用的。大约从明代万历年间开始,全国的戏神神系已经开始混淆了。

湖南祁剧供奉的戏神又有焦德瑞作为老郎神的陪祀,每年十月二十一日为神诞祭祀日。焦德瑞是北宋宫廷杂剧艺人,传为湖南祁阳人,所以成为当地声腔剧种的护法神。

(原载《民俗研究》1996 年第 1 期)

福建古剧遗迹三证

  戊辰岁仲春,我在莆田、仙游、泉州出席"南戏学术讨论会"期间,观摩了莆仙戏、梨园戏以及泉州木偶戏、南音的演出,感受到了浓郁的古老文化气息。演出风格古朴质拙,带给我明显的历史厚重感;而演出过程中时时透露出古剧遗迹的点点滴滴,更使我在不断的发现中产生惊喜——八闽之地,果然保存了如此丰富的传统文化!

  这里,我拟撷拾闽地古剧遗迹三例(不完全局限于会议观摩),略作推考,以见此间古老文化保存之一斑。

一、关于"鸟头"

  仙游县鲤声剧团演出的莆仙戏传统剧目中,角色扮饰有在头上用绸绢扎作"鸟头"的,其扎法是用一方绸绢裹在脑袋上,然后向侧上方缠出一根鞭样短棒,棒端留一骨朵。这种扮饰一般用于草莽强盗身上。如《三鞭回两锏》中的程咬金,《洪江被劫》中的贼人,即在头上扎作"鸟头"式样。

  "鸟头"扮饰系宋元古剧中"幞头诨裹"的遗迹。宋元人服饰,头上裹幞头。其制,朱熹《晦庵集》卷六十九《君臣服议》篇载之甚详,曰:"用布一方幅,前两角缀两大带,后两角缀两小带,覆顶四垂,因以前边抹额而系大带子脑后,复收后角而系小带子髻前,以代古冠。亦名'幞头',亦名'折上巾'。"

  所谓"诨裹",则是不按照普通裹饰,而在样式上独出心裁、随意加工,将头巾裹成各类滑稽形状以逗乐取笑。这种情况在宋元杂剧中常见。如宋人孟元老《东京梦华录》说:"诸杂剧色皆诨裹。"其他许多文献中也都透露出宋元杂剧角色扮饰的"诨裹"十分普及。

在今天所能见到的宋元杂剧文物中,我们看到许多"幞头诨裹"的形象,常见的如北京故宫博物院所藏两幅宋杂剧绢画里,《眼药酸》一图"诨"角的头巾朝天裹缚,上面扎以麻绳,即为"诨裹"一例。另一图中左侧一人,与正常裹式相反,将幞头大带反扎于脑前,又不整齐打结,而草草系之了事,亦是"诨裹"。

"诨裹"的样式很多,除上述二例外,又如河南省温县宋墓杂剧砖雕中副净角色裹成偏坠式①,山西省稷山县马村二号金墓杂剧砖雕左一人、侯马市牛村金墓戏俑右一人、芮城元潘德冲石椁院本图左一人裹成圆形编髻式②,河南省偃师县宋墓杂剧砖雕左第二人头巾向后裹、上扎花果成为脑后开花式③等。

另外,对于本文十分重要的,就是一种类似于莆仙戏里"鸟头"的裹式,其形象见于河南省荥阳县(今荥阳市)宋墓石棺杂剧图、温县文化馆藏一组宋金杂剧砖雕、山西省运城市西里庄元墓杂剧壁画。其中一人头巾都裹作独角斜挑式,与莆仙戏里完全一样。

"诨裹"多是由专司滑稽调笑的净角裹戴,《眼药酸》图中老者还专门在腰后所插扇子上写一"诨"字,标明这是一位插科打诨的角色,可见"诨裹"的目的在于增加人物造型的诙谐气氛。上述莆仙戏两个剧目中的草莽强盗一类人物扎有"诨裹",也是这个目的。

我们在莆仙戏传统剧目里所看到的角色装扮式样,从宋元古剧文物形象中找到了根据,不难看出其一脉相承的痕迹,而这种承递关系在其他剧种里早已绝迹了。尽管莆仙戏属南戏系统,而上引文物例证皆是北方杂剧遗迹,但我们由此不可以推测到宋元南戏的一点演出扮饰形式吗?

---

① 参见廖奔:《温县宋墓杂剧雕砖考》,《文物》1984 年第 8 期。

② 参见徐苹芳:《关于宋德方和潘德冲墓的几个问题》,《考古》1960 年第 8 期。

③ 参见董祥:《偃师县酒流沟水库宋墓》,《文物》1959 年第 9 期。

二、关于觱篥

莆仙戏传统剧目伴奏乐器中的觱篥,有六个孔。我在仙游县鲤声剧团陈列室里第一次看到了这种他处亡佚已久的古老乐器。

觱篥,唐以前写作筚篥。又名悲篥、笳管,以后又有头管、风管之称。原为胡俗之乐,约在六朝时随龟兹乐传入中国。其制以竹管为之,大者九孔,小者六孔,上口插芦哨而吹之。觱篥的种类很多,见于文献记载的,如大觱篥、小觱篥、双觱篥、桃皮觱篥及银字觱篥、添字觱篥等。

觱篥在唐代胡部乐中为主要乐器之一,至辽、宋,其地位愈益重要,被推为众器之首,如宋人陈旸《乐书》卷一三〇载"乐家者流""谱其(觱篥)音为众器之首,至今鼓吹教坊用之,以为头管"。

我们今天从宋、辽、金时期的壁画、石刻、砖雕乐舞或演剧场面中,几乎随处可见觱篥伴奏。可以这样说,当时的舞蹈(大曲、曲破等)和戏剧(杂剧、院本)中,都是以觱篥作为主要乐器的。南戏伴奏乐器是否有觱篥,疏于记载。然而南戏乐曲中广有大曲和宋词成分,而大曲和宋词都常用觱篥伴奏(大曲伴奏用觱篥见于宋金众多文物形象,宋词伴奏用觱篥见宋人张炎《词源》记载),因此南戏乐器有觱篥也可以想见。今天莆仙戏中保存了这一乐器,也可以作为南戏用觱篥伴奏的一个证明。

元以后,觱篥突然销声匿迹。元宫廷宴乐里还用觱篥(见《元史·礼乐五》),但杂剧中绝无仅见。而明代再未见过用觱篥伴奏的记载。从此,除了在福建莆仙戏里仍有保存,觱篥在他处均已失传。

从莆仙戏的伴奏乐器——觱篥的保存情况中,我们又看到与"鸟头"相似的现象:莆仙戏再一次与宋金古剧挂起钩来了。

三、关于"肩膀戏"

中央电视台 1988 年 6 月 22 日《新闻联播》节目里报道:近日福建省沙县发掘出一种久已失传的"肩膀戏",其演出方式是由少儿站在成人肩膀上表演,有生、旦、净、末、丑等角色,可唱南词、采茶戏、梆子腔和京戏等声腔。

这种"肩膀戏"源于何处?源于宋代的肉傀儡。肉傀儡,即用真人扮演的傀儡戏。宋代灌圃耐得翁《都城纪胜》曰:"肉傀儡,以小儿后生辈为之。"宋人吴自牧《梦粱录》卷二〇记载南宋都城临安的肉傀儡演出情况:"街市有乐人三五为队,擎一二女童舞旋。唱小词。"宋人周密《武林旧事》则称之为"乘肩小女",该书卷二称:"都城自旧岁冬孟驾回,则已有乘肩小女、鼓吹舞绾者数十队,以供贵邸豪家幕次之玩。"这类所谓"乘肩小女"的肉傀儡表演无疑与沙县的"肩膀戏"有渊源。

董每戡先生曾怀疑"乘肩小女"就悬在肩膀上表演,他说:"看这两条材料(即上引《梦粱录》与《武林旧事》的材料——笔者),显然没有明白地说坐在肩上的小女童就在肩上舞,也许到要表演的时候放下地来舞。"[①]然而南宋人吴文英的一首题名为《京市舞女》的词【玉楼春】中有"乘肩争看小腰身"句,恰恰明确指出表演是在肩上。

1976年在河南省博爱县月山出土的宋代铜镜上的肉傀儡演出图像,为乘肩表演提供了实物证据。此图中正有一人肩负一儿童,儿童作舞蹈状。后面一人执荷叶伞相从。前面有一人敲锣,一人来拍板,旁有二人观看。

从文物资料中我们看到,宋代肉傀儡表演,小儿是骑在成人脖子上的,这点与"肩膀戏"不同。表演内容是舞蹈,这点也与"肩膀戏"不同。可见沙县"肩膀戏"是在宋代肉傀儡表演的基础上又进化了的演出形式。

肉傀儡演出的记载仅见于宋代,以后绝无影迹。——福建又一种表演形态与宋代古老演出挂起钩来了。

福建,保存了宋代中原音韵的福建,保存了大量宋时中原文化习俗的福建,你的环境竟是那样宜于传统文化的保存吗?在八闽大地上,古老的文化遗迹几乎俯拾即是,南戏、南音、"肩膀戏",都在这里得以长期流传下来,而又都与上溯至宋代的古剧形态有着直接的关系,这不是一种文化奇

---

① 董每戡:《说剧》,北京:人民文学出版社,1983年,第41页。

迹吗?

福建,我愿意仔细地品察你。

(原载《福建戏剧》1988 年第 5 期)

清宫外戏始于康熙说

宫廷演戏,自唐至明,皆由教坊司承担。但明代又设立宫中太监演戏机构,隶属于钟鼓司管辖,万历以后更在玉熙宫设"外戏",即把当时流行的弋阳腔、海盐腔、昆山腔戏班艺人招进宫中,供御览演出。清代立国,教坊司承明之旧,设女乐,执掌宫内朝会宴享的奏乐演出,但已经不能演戏,雍正七年(1729)改称为和声署。清宫演戏任务,至少在康熙时期,已经由特设机构南府承担,演员则由太监充任。南府设置的时间,以往以为是乾隆朝,后来发现的材料已证实至少要早到康熙。① 但是,清廷是何时开始延揽外戏艺人入宫的? 见到的史著都众口一词地认为是在乾隆十六年(1751)高宗南巡之后,说是高宗在苏州一带看到了高水平的昆曲演出,于是就命苏州织造府选取外戏艺人进宫充作教习。查此说的最早来源,一是《戏剧丛刊》1932 年 5 月第 2 辑庄清逸《南府之沿革》一文,二是该刊同年 12 月第 3 辑齐如山《谈升平署外学角色》一文,三是 1935 年出版的王芷章《清升平署志略》一书。

最近读史,偶然发现康熙朝已经延揽外戏人才入宫,以上诸作皆误。清人焦循《剧说》卷六引《菊庄新话》,抄录了王载扬的《书陈优事》一文,文中记载的苏州昆曲大净陈明智扮演《千金记》里的人物项羽逼真而传神的故事,已经为治戏曲史者所熟知,然而我注意到在这段记载之后还有一段话:"圣祖南巡,江苏织造臣以寒香、妙观诸部承应行宫,甚见嘉奖。每部中各选二三人,供奉内廷,命其教习上林法部,陈特充首选。""圣祖"即康熙皇帝,

① 清宫懋勤殿藏《圣祖谕旨》中有曰:"问南府教习朱四美,琵琶内共有几调? 每调名色原是怎么起的? ……倘你们问不上来,叫四阿哥(即雍正皇帝——笔者)问了写来。"参见朱家溍:《清代内廷演戏情况杂谈》,《故宫博物院院刊》1979 年第 2 期。

曾于康熙二十三年(1684)南巡到苏州。"寒香部""妙观部"是当时苏州的挑头戏班,陈明智就是"寒香部"的大净。以此知道,康熙这次已经从苏州上等戏班里挑选了一批艺人入宫充任教习,陈明智则为其中首选。下面还说到,陈明智在宫廷里服务了 20 年,然后"以年老乞骸南归",临走时康熙还赐赠他七品官服。王载扬在文章结尾处说:"庚子秋,余偶至郡城,值陈于阊门友人家,见其须发皓白,举止方雅,殊不类优人也。"王载扬曾于庚子年见到陈明智其人,所载有据。庚子为康熙五十九年(1720),距康熙到苏州已经 36 年。下一个庚子年是乾隆四十五年(1780),有没有可能王载扬所记是乾隆年间的事,文中的"圣祖"是"高宗"的笔误呢?我认为不会,因为乾隆本朝人绝不可能出现这样的错误。

我又找到了乾隆朝之前清宫已有外戏艺人的另外一个证据。苏州老郎庙里保存有清雍正十二年(1734)《奉宪永禁差役梨园扮演迎春碑文》、乾隆元年(1736)《感恩碑记》《花名碑记》,北京景山保存有乾隆元年《梨园公所永名碑记》,这些碑记共同记载了一件事情:雍正年间,苏州的昆曲戏班艺人,为了免除年节时在当地举办的迎春社火队伍中充任杂役的差使,曾经依靠苏州织造府和北京内廷供戏机构的势力,与地方州府进行了一场政治斗争并取得胜利。当时后者出面斡旋的是苏州织造海某和景山总管邵圣嘉、陈黄在,参与其事的则有内廷供奉 42 人,各有名字记录下来。请注意这 42 个"内廷供奉",他们都是外戏艺人!苏州织造和景山总管之所以介入此事,是因为他们负有从苏州昆班挑选艺人的责任,而内廷供奉的这 42 位艺人,自然都是苏州籍了,他们积极支持了这场斗争,得到苏州戏班艺人的感激,因此其姓名被一一刊入了石碑。这说明,雍正年间清宫不但有外戏,而且招用了相当数量的外戏艺人!用以证误乾隆时期清廷始设外戏说,这一材料已经足够了。

况且,我们还可以找到一条旁证。康熙三十二年(1693)十二月,苏州织造李煦曾经上一奏折称:"念臣叨蒙豢养,并无报效出力之处。今寻得几个女孩子,要教一班戏送进,以博皇上一笑。切想昆腔颇多,正要寻个弋腔好教习,学成送去,无奈遍处求访,总再没有好的。今蒙皇恩特着叶国桢前来教导,此等事都是力量做不来的,如此高厚洪恩,真竭顶踵未足尽犬马报答之心。"①从奏折中可以知道,康熙皇帝曾经派出一位叫叶国桢的弋阳腔教师到苏州,帮助李煦教导他组建的女戏班。叶国桢应该就是当时"内廷供奉"的弋腔教习,并且,李煦之所以敢于准备弋阳腔戏班供奉朝廷,前提应该是宫廷里已经有了引进外戏的先例。再退一步说,叶国桢准备的弋阳腔戏班,经过皇帝指派的教习叶国桢训练之后,还是要送入宫中的,那时外戏也就入宫了。

(原载《中国文化报》1999 年 3 月 20 日)

---

① 引自故宫博物院明清档案部编:《李煦奏折》第五号,北京:中华书局,1976 年,第 4 页。

梨园公会浅考

　　戏曲艺人成立梨园公会来保护自己的共同利益,见于史载是在清代。清代在全国各地普遍建立的老郎庙,实际上就是戏曲艺人借供神而聚集议事的场所,也就是梨园会馆。例如光绪七年(1881)苏州《重修老郎庙捐资碑记》说:"老郎庙始为苏城昆腔演戏各班聚议之所,大殿供奉祖师神像,每逢朔望拈香惟愿。"一些地方干脆就直称老郎庙为梨园会馆或梨园公所,如清代杨懋建《梦华琐簿》说:"粤东省城梨园会馆,世呼为老郎庙……区心庐言:'梨园会馆有碑,载老郎神事甚悉,惜不记其文。'梨园会馆在广州城归德门内魁巷。"又如长沙老郎庙内存文件记载,该庙原称梨园公所,成立于乾隆十六年(1751)六月初九日①。广州梨园会馆是由外江班(指外地来此落脚的戏班,最初是昆班,后又有徽班等)建立的,而内江班(本地戏班,多唱乱弹、秦腔等)则"设有吉庆公所。初名琼花会馆,设于佛山镇。咸丰四年发逆之乱,优人多相率为盗,故事平毁之。今所设公所在广州城外,与外江班各树一帜"②。

　　梨园公会的职能是:对内管理艺人的日常事务,解决矛盾,调和关系,维护秩序。对外从事经营业务,并作为艺人的代表参加社会事务,维护艺人的共同利益。《儒林外史》第二十四回说到南京戏行情况:"他这戏行里,淮清桥是三个总寓,一个老郎庵。水西门是一个总寓,一个老郎庵。总寓内都挂着一班一班的戏子牌。凡要定戏,先几日要在牌上写一个日子。鲍文卿却

289

① 参见黄芝冈:《论长沙湘戏的流变》,欧阳予倩编:《中国戏曲研究资料初辑》,北京:中国戏剧出版社,1957年。
② 〔清〕俞洵庆:《荷廊笔记》卷二,清光绪十一年(1885)刻本。

是水西门总寓挂牌。他戏行规矩最大:但凡本行中有不公不法的事见换齐上了庵,烧过香,坐在总寓那里品出不是来,要打就打,要罚就罚,一个字也不敢拗的。"可以说,戏行就是戏曲艺人自己组织的公共事务管理处。

扬州、苏州的梨园聚议处则称梨园总局,这是由于它们的特殊政治地位造成的。清代李斗《扬州画舫录》卷五说:"城内苏唱街老郎堂,梨园总局也。每一班入城,先于老郎堂祷祀,谓之挂牌。"可见那时扬州的梨园公会已经行使垄断和调整演出市场的权力。道光十年(1830)刊顾铁卿《清嘉录》卷七"青龙戏"条解释苏州老郎庙的职能说:"老郎庙,梨园总局也。凡隶乐籍者,必先署名于老郎庙。庙属织造府所辖,以南府供奉需人,必由织造府选取故也。"苏州梨园公会由于隶属监督天下戏曲的机构织造府,就具有更大的权限。苏州梨园总局曾领导当地昆曲戏班,依靠清宫南府和苏州织造的势力,与地方州府进行了一场著名的政治斗争,赢得了昆曲艺人免于在地方政府每年组织的迎春社火舞队中装扮充役的权利,而由乞丐取代,事见苏州艺人于乾隆元年(1736)在北京景山所立《梨园公所永名碑记》,于雍正十二年(1734)和乾隆元年在苏州老郎庙所立《奉宪永禁差役梨园扮演迎春碑文》《感恩碑记》《花名碑记》等。苏州老郎庙创建于清初,民国4年(1915)苏州《老郎庙房屋图契碑》曰:"缘吾昆弋二腔梨园清音一业,向有梨园公所,原名翼宿星君,又名老郎庙。创自前清国初,为昆弋二腔梨园清音同业公共集议事务之所。"当时还只是一个普通的梨园公会,康熙、乾隆年间由于帝王屡屡南巡而被赋予了历史的重任,我们看乾隆五十六年(1791)《历年捐款花名碑》所提到的不但有来自全国各地——嘉兴、清江、安庆、无锡、镇江、湖州、杭州、扬州、邳州、仪征、南京、天津、保定的戏班,还有各个省地局——河南局、山东局、上海局、台湾局、湖广局、胶州局、六合局、山西局、长兴局、京局、池州局、福建局、济南局,就可以明白它当时在全国的影响之巨。

乾隆以后苏州老郎庙逐渐衰落下来,有政治的原因,也有昆曲衰落等艺术方面的原因。到了道光年间,竟然出现了会首侵吞公款的事情,道光二十七年(1847)《苏州织造部堂示禁碑》有记载:"据清音任瑞珍等禀称:清音梨园合立公所,供奉老郎神像,每年捐厘存贮以备公用。自张兆业接管以来,竟将房屋盗卖,侵吞捐厘。"其败落之象由此可知。

北京梨园公会见于记载的最早一次活动是在雍正十年(1732),当时有会首邹致善等六人率领各地在京19个戏班同人在右安门内陶然亭附近为梨园艺人建立了一块义冢,以供长年流浪在外死于京城而不能归葬的艺人使用,事见该年所立《梨园馆碑记》。乾隆、嘉庆年间梨园公会屡屡组织翻修崇文门外喜神庙正殿、神像、配殿、门楼、戏楼等,其中嘉庆二十一年(1816)会首是高朗亭等6人,见道光七年(1827)《重修喜神殿碑序》。这以前的梨园会首大概是公推性质的,大家轮流主持,如光绪十三年(1887)《梨园聚议庙会碑》说:"(前代)特立庙于崇文门外西偏,有事则聚议之。岁时伏腊,以相休息。举年资深者一人统司之。"以后程长庚因为其特殊影响,成为北京梨园公所的固定首领,并领取清廷的四品封赠和俸禄,清代周明泰《道咸以来北京梨园系年小录》曰:"北京在咸丰以前业梨园者皆散漫无系统,同治中叶程长庚统领四大徽班,始而出现梨园公所……初成立之日,其首领谓之庙首,只程长庚一人,复陆续添至四人,如杨月楼、刘赶三、黄月山、田际云等皆曾任此职。向归内务府管辖,庙首皆四品顶戴。"这时北京的梨园公所已经带有半官方的性质了,其职司为管理在京艺人事宜,对上承担法律责任,"倘有不法情事,即惟该庙首是问"①。

(原载《中国文化报》2000年11月16日)

① 《京剧谈往录》(北京出版社,1985年)第516页引清光绪四年(1878)十二月管理精忠庙事务内务府坐办郎中谕示。

18 世纪前后欧洲的中国戏剧文化热

一、叙说

　　欧洲人对于中国这个有着奇风异俗的遥远东方大国的认识，在唐以前还是很浮浅的，大概停留在一些难得见到的昂贵而绚丽的丝绸织品、精美的瓷器、醉人的香料和道听途说的传闻混合而成的种种神秘印象之中。元朝以后，由于一些不避艰险的商人和传道者的东行，对中国的带有浓重传奇色彩的报道开始出现，例如《马可·波罗游记》，使西方人对中国丰厚的传统文化有了一定的了解。中国戏曲成熟以后，可能曾有过远至中亚和西亚的机会，因为蒙古军队在作战时带有优人供休息和庆功宴会上演出用。① 但这充其量也只是为蒙古人服务，和当地的民间文化艺术活动很难联系起来。

　　不过，中国的影戏倒是在这时候传入西亚地区的，14 世纪波斯的历史学家拉施特(Rashidal-Din Fadl Allah, 1247—1318) 在著作里记载说："当成吉思汗的儿子继承大统后，曾有中国的戏剧演员到波斯，表演一种藏在幕后说唱的戏剧。"②这就是影戏。影戏在波斯扎下根以后，于 15 世纪传入埃及，

---

① 〔宋〕孟珙:《蒙鞑备录》记载:"蒙古国王出师,亦从女乐随行。"《大越史记全书》卷七《陈纪》载,蒙古将领唆都于元至元二十二年(1285) 侵越时,军中带有杂剧优人李元吉,曾"作古传戏,有《西方王母献蟠桃》等传"。这些是蒙古军队在对越作战时随军带有优戏的例子。至于在西征中亚时是否也曾如此,则缺乏实证。

② 转引自周贻白:《中国戏剧史》上册,北京:中华书局,1953 年,第 138 页。原文可能出自拉施特修撰的《史集》一书,但经江玉祥检索,现有中译本(余大钧、周建奇译,北京:商务印书馆,1986 年) 里没有这一节文字(见江玉祥:《中国影戏与民俗》,成都:四川人民出版社,1991 年,第 66 页注 9)。

17世纪传入土耳其,到了18世纪才由中国本土直接传入欧洲。

1492年哥伦布妄想横穿大西洋驰往中国而发现美洲大陆后,葡萄牙人反向航行,终于发现了通向远东的航线,建立起与东方的海上交通。葡萄牙人1515年在中国登陆,英国人在下一个世纪也匆忙赶来,他们和中国进行商业贸易的结果,是促使大量陶瓷、丝织品、漆器和其他贵重物器涌入欧洲市场,引起欧洲人对东方这个富饶大国的惊羡。与商船同行的是欧洲的传教士们,16世纪初他们关于中国的各种详细的报告书和以后源源不断的出版物……包括各种传奇性故事的中国书札,更是使东方艺术和学术潮水般涌入欧洲,刺激起欧洲人一阵阵强烈的东方热情。

17世纪耶稣会传教士把《大学》《中庸》等书翻译到欧洲,并开始介绍孔子及其哲学。那个时候的欧洲,经过了野蛮的中世纪的隔断,对于古希腊文化传统已经非常隔膜,当了解到中国具有如此丰厚而古老的文化艺术传统时,欧洲人是把它看成人类文明的来源地而尊崇着。当时欧洲的理性主义抬头,启蒙思想家们惊奇地发现:在孔子以实用主义道德理想为基础的大同世界里,可以找到他们梦寐以求的"理想国"和"乌托邦",而东方艺术的独特魅力则满足了欧洲诸国从宫廷到市民追寻新奇刺激的世俗口味。于是,一场持续了100年的中国狂热就此拉开了序幕。

二、17、18世纪欧洲剧坛盛行的"中国剧"

17、18世纪的欧洲,由于不断有中国的新巧玩意儿传入,例如轿子、服装、日用家具、装饰品等,引起世俗风气的模仿,于是,中国的绘画、雕塑、建筑风格进入欧洲文化艺术的中心——法国盛极一时的洛可可艺术中,当时在公园里随处可以看到的凉亭、假山、桥栏、金鱼等也透示出中国情调。法国还出现一些"中国"式的社交场所:例如巴黎一家"中国咖啡室"里有两个身穿中国服装的女招待和一名真正的中国仆人;罗隆一家"中国舞场"里设有中国式陈设和彩灯、烟火、中国浴室。① 人们还把对于中国异国情调的感受体现在游艺和娱乐中,按照自己的理解编排成节目,于是各种中国题材、中国内容和中国背景的化装舞会、歌剧、舞剧、笑剧、喜闹剧、讽刺剧的演出层出不穷。

　　中国服装的舞会和化装舞会首先出现在巴黎、维也纳,后来蔓延到其他宫廷中,逐渐成为 18 世纪世俗娱乐的一种流行样式。于是,巴黎万国博览会和游艺场里开始设立中国舞场,并出现"中国娱乐剧院"(Théâtre des recréations de la Chine)。最早用中国题材进行创作的例子似乎是英国人塞吐尔(Elkanah Settle)写于 1669 年的《中国的征服》(The Conquest of China)一剧,用当时英国流行的侠士英雄剧本的样式写成,内容是表现明末崇祯的亡国悲剧,但他几乎根本不知道中国的情况,就按照听到的有关中国的传闻以及他的理解编成。以后轻歌剧和喜剧里表现中国笑话的题材日益增多,如瑞格纳德(Regnard)和杜夫累尼(Dufresny)写的《中国人》(Les Chinois),1692 年由法国皇室意大利喜剧团在勃艮第酒店(Hôtel Bourgogne)为路易十四演出。这是一个五幕情景喜剧剧本,其中安排了一个中国文士角色,他无所不通:哲学、伦理学、理发、钉鞋、写剧本,用以讽刺当时一些称颂中国的人把儒士说成是全知全能者。在演出中,他将中国文化生活序幕的拉开设置成 18 世纪初法国宫廷歌舞剧《中国天子》(Le Roi de La Chine),颇具象征意义。这是一个模仿中国皇帝及其侍从人员的服饰装扮和行为习俗的闹剧,剧中装扮中国皇帝的演员乘坐着一顶真正的中国轿子,由 30 名身穿奇怪锦袍的随从抬着,前呼后拥地进入庆祝舞会大厅。这个发端所导致的自然是整个世纪的中国戏剧热。又如 1723 年内斯托(Nestier)剧团在圣日耳曼演出的两幕滑稽剧《小丑、水狗、医生和塔》(Arlequin, Barbet, Pagode et Médecin),以北京王宫外为背景,剧中出现说法文夹杂中文的中国皇帝。1723 年同一剧团又在圣劳梭特演出了三幕剧《中国公主》(La princesse de la Chine),背景也是北京,但剧中人物却包括亚洲其他国家的,有中国皇帝、提

295

　　① 参见[德]利奇温:《十八世纪中国与欧洲文化的接触》,朱杰勤译,北京:商务印书馆,1962 年,第 57、58 页。

阿曼提斯庭公主、巴斯塔王子等,以及一个所谓的中国宰相科拿斯。另外还有下表中的剧目见于记载。①

国别	书名	年份
意大利	《中国英雄》(L' Eroe cinese)	1752 年
	《中国女奴》(La Shiava Cinese)	1752 年
	《归裔华人》(Il Cinese Rimpatriato, divertimento scenico, daraprésentarsi in parigi, nel Teatrodell' Opera)	1753 年
	《金囡囡》(L' idolo Cinese)	1779 年
	《中国偶像》(L' idolo Cinese)	1779 年
法国	《中国人》(Les Chinois)	1753 年
	《回国的中国人》(Le Chinois de Retour)	1753 年
	《中国乐》(Les Fêtes Chinoises)	1754 年
	《法国的斯文华人》(Le Chinois Poli en France)	1754 年
	《中国孤儿》(L' orphelin de la chine)	1755 年
	《中国与土耳其芭蕾舞剧》(Le Ballet Chinois et turc)	1755 年
	《鞑靼儿》(Les Tartares)	1755 年
	《意外相逢》(La Rencontre Imprévue)	1764 年
	《中国老妪》(La Matrone Chinoise)	1765 年
英国	《中国孤儿》(The Orphan of China)	1759 年
	《大官人》(The Mandarin, or Harlequin Widower)	1789 年
	《中国谐角》(The Clown of China)	1812 年
	《小丑与富春》(Harlequin and Fortunio)	1815 年

295

　　这些作品大多是带中国风味的音乐喜剧,以声色娱人的景观剧和芭蕾舞剧,或者是讽刺喜剧。它们的出现,应该和18世纪欧洲流行风俗剧、对人情世态的题材津津乐道的风气有关。然而所谓的"中国风味",其实也只是以中国为背景、标了一个中国名字而已,演员常常是穿着俗艳的土耳其式服

① 参见[德]利奇温:《十八世纪中国与欧洲文化的接触》,朱杰勤译,北京:商务印书馆,1962 年,第 58~60 页。

装,配着意大利音乐,踏着法国滑稽舞步来表演他们的"中国"歌剧、"中国"喜剧、"中国"舞剧。这时的欧洲人,对于中国戏剧的面貌还知之甚微,他们只是凭着自己对东方文化的理解,创造出一种融合了欧洲各种传统艺术——诸如意大利的歌剧和"艺术喜剧",法国的宫廷舞剧和喜歌剧,英国的歌剧和面具舞等的欧式"中国戏剧"。

当然,上述剧作并不是等而下之的平民娱乐,也不仅仅是皇室宫廷里的游戏之作,它们在艺术成就上被公认是可以登堂入室的。当时许多艺术界名流都竞相参与,如法国文学泰斗伏尔泰(Voltaire)、意大利名剧作家梅塔斯塔齐奥(Pietro Metastasio)各写了一部《中国孤儿》,而伏尔泰的《中国孤儿》是分别由法国著名演员勒凯恩(H. L. Lekain)和克莱蓉(Mlle.Clairon)扮演男女主角的,英国最享盛名的演员兼剧院经理嘉瑞克(David Garrick)和法国著名芭蕾舞编导挪伏尔(J. G. Noverre)则鼎力合作排演了极尽声色之娱的《中国乐》。①

由上述分析可以知道,17、18 世纪欧洲剧场上演的这些戏剧多半与中国戏剧无关,只不过是利用中国这块招牌作为吸引观众的华丽布景来满足观众的好奇心而已。但是,其中确实也出现了一些与中国戏剧有着某种因缘的剧作,这就是在元杂剧作家纪君祥的剧本《赵氏孤儿》基础上改编的几部《中国孤儿》。②

与上演中国戏并行,18 世纪的欧洲也引进了中国的影戏。据法国学者享利·柯蒂埃(Henri Gordier)《十八世纪法国之华风》里的说法,德国人最先采用中国的影戏技术,后来传入法国③。周贻白先生则说,有一个在中国传教的法国神父居阿罗德(Father Du Holde)于 1767 年回国时,曾将影戏的全部形式和制作方法带回法国,并在巴黎和马赛公演。以后法国人改进了制作方法,又于 1776 年传入伦敦④。影戏传入欧洲后,受到一些人的喜爱,

296

---

① 参见[美]于漪:《浅说中西戏剧传统之交融》,《新亚学术集刊》第 1 卷。

② 参见陈受颐:《十八世纪欧洲文学里的〈赵氏孤儿〉》,《岭南学报》第 1 卷第 1 期,1929 年。

③ Henri Gordier, La Chine en France au XVIII Siècle.转引自[德]利奇温:《十八世纪中国与欧洲文化的接触》,朱杰勤译,北京:商务印书馆,1962 年,第 58 页。

④ 周贻白:《中国戏剧史》上册,北京:商务印书馆,1953 年,第 139 页。

例如德国诗人歌德(Johann Goethe)曾于 1774 年在一个展览会上介绍中国影戏,又在 1781 年 8 月 28 日他的生日那天观看影戏《米纳瓦的出生和生活》(*Minerva's Birth, Life Deeds*)一剧,同年 11 月 24 日他还观看了影戏《米达斯的判断》(*The Judgement of Midas*)一剧。[①]

三、元杂剧《赵氏孤儿》的几种改编本

第一个把中国戏剧翻译到欧洲的是法国耶稣会传教士约瑟夫·普雷马雷(Joseph Premare,汉名马若瑟),他翻译的剧本就是《赵氏孤儿》。普雷马雷于 1698 年(清康熙三十七年)赴中国传教,停留 37 年,最后死在澳门。他对于中国传统文化有着极深的研究功底,先后翻译过《诗经》《书经》等。

普雷马雷于 1731 年在中国将《赵氏孤儿》翻译成法文(法文名 *L'orphelin de la Maison de Tchao*),译后交给同会教士迪·布若西(Du brossy)带回法国,后被收入由迪·哈尔德(J. B. Du Halde)编著、1735 年在巴黎出版的《中华帝国通志》(*Dsecription geographique, Historeque, ronologique, politique, et physique de I'empire de la Chine et de la tartaric chinoise*)第三册内。他的法文单行本则于 1755 年由巴黎帕京出版社出版。普雷马雷之所以挑选了《赵氏孤儿》这个剧本介绍给欧洲的读者,大概主要是因为其中体现了中国人强烈的忠义精神和子嗣承递观念,可以看作是中国文化特色的一个重要方面。他在翻译时把原文里的唱词全部删去,这一方面是由于这些唱词过于深奥艰涩,另一方面也可以看出他原本不是为了向欧洲人提供一个剧本而只是提供一个故事。

然而,令普雷马雷始料不及的是,他的译本竟然在欧洲受到了热烈的欢迎——曾经被转译为德文、俄文,三次被转译为英文[《中华帝国通志》曾被 J. 瓦茨组织译成英文,于 1736—1741 年出版;又由 E.凯夫组织译成英文,于 1741 年出版。德文版 1748 年出版,俄文版 1774 年出版。另外,德罗莫尔主教托马斯·帕西(T. Percy)翻译的英文《中国杂记》(*Miscell Aneous Pieces*

---

① 周贻白:《中国戏剧史》上册,北京:商务印书馆,1953 年,第 139 页。

Relating to the Chinese)一书里亦收有根据普雷马雷法文本转译的《赵氏孤儿》(1762 年由伦敦多兹利出版社出版)]——出现五种改编本,其中四种都曾经上演。

第一个改编者是英国的威廉·哈彻(William Hatchett),他命名为《中国孤儿:一个历史悲剧》(The Chinese Orphan:A Historical Tragedy)。哈彻在改编时想把自己对中国有限的一点知识用进去,这从他给人物另起的名字里可以清晰地看出来:屠岸贾改为高皇帝,韩厥改名吴三桂,公孙杵臼变成老子,而赵氏孤儿却成了康熙! 随便找到一个为当时英国人所知的中国人名字就行,这似乎可以增强剧本的"中国感"。

有意思的是:哈彻的改编却是为了配合当时英国的政治斗争,用剧中权相的专横跋扈、排斥异己来影射当时执政的沃尔波尔。正如哈彻在把此剧献给沃尔波尔的对手阿盖尔公爵的献词里所说的:"中国人是一个聪明而有见识的民族,在行政管理方面是非常有名的。因此毫不奇怪,这本戏的情节是政治性的。戏里揭露了一系列的行政腐败,而中国那位作家又把它描写为使人深恶痛绝的东西,好像他在这方面熟悉您的坚贞不屈的品格似的。"用一个遥远的国度里发生的事情来做比附,不是很顺手吗? 这个改编本于 1741 年由伦敦科贝特印刷所出版,但没有上演过。①

第一个上演的改编本是意大利梅塔斯塔齐奥(Metastasio)的歌剧《中国英雄》(L'eroe Cinesi),他的改本曾于 1748 年出版,4 年以后公演。这是一个抒情歌剧,注重唱词,缺少具体描写。由于改编的目的是给宫廷提供一个异国情调的欢娱喜剧,因而把原来的复仇情节改成了大团圆。

最有影响的改本还是法国文学巨子伏尔泰(Voltaire)的《中国孤儿》(L'orphelin de la Chine)。伏尔泰改变了他认为的原剧中残忍血腥和不人道而贯穿全剧的复仇情结,把矛盾的解决归之于强大的迫害者面对弱小的受害者的真情和道义而最终产生的良心发现,从而宣扬他的道德能够战胜野蛮的理念。伏尔泰是一位中国哲学崇拜者,他读过许多儒家经典的拉丁译文和法译文,赞赏儒家的仁政和中庸之道,因而他把剧中忠义保孤的正面

---

① 参见王丽娜等:《〈赵氏孤儿〉在欧洲》,《戏曲研究》1984 年第 11 辑。

人物盛缔看作是孔子的代理人,又给了这个改本另一个名字《五幕孔孝剧》(*Confucian Moral in 5 acts*)。伏尔泰的最终动机是想用中国儒家的伦理道德观念来补救当时欧洲道德的败坏,这与当时欧洲崇尚中国哲学的风气是吻合的。伏尔泰的改本于 1785 年 8 月在巴黎国家剧院上演,影响颇巨。

伏尔泰的改本戏剧性不是很强,也改变了原剧悲剧的结局,因而遭到一些人的不满,于是又出现了一个英国戏剧实践者阿瑟·默非(Arthur Murphy)的改本。尽管默非也虚构了很多原剧所没有的人物和情节,但最终是以复仇结束的。这个改本于 1759 年 4 月 21 日开始在德鲁里·莱恩皇家剧院上演,由著名演员戴维·嘉瑞克(David Garrick)主演,引起了轰动。以后这个改编本还曾到美国演出,而仅在 1759 年一年之内这个本子就被印刷了两版。

德国大诗人歌德据说也根据《赵氏孤儿》改编了一个剧本《埃尔佩诺》(*Elpenor*),但没有明显的证据。《埃尔佩诺》剧本今天已看不到全本,只剩下两幕的主要部分,1783 年出版。从这些断编残简里也可以看出它与《赵氏孤儿》的故事情节是十分接近的,因此德国学者贝德曼·雷施恩德和卫礼贤等人认定它受到了后者的影响。但由于同是复仇的主题,因此也有人认为它受到了英国莎士比亚悲剧《哈姆雷特》的启发。

可以看出,元杂剧《赵氏孤儿》在欧洲一度引起的狂热,是由它所体现的道地中国内容和中国观念引起的:它的内容迎合了当时欧洲世俗的东方崇拜心理,它的观念适应了当时欧洲思想界向东方寻求出路的趋势,而《赵氏孤儿》译本在欧洲的出现又恰恰碰到了一些机遇,这种种看似偶然的因素加在一起,就促成了这一世界文化传播史上的奇异事件。

四、欧洲人对中国戏曲的早期认识

真正的中国戏剧对于 17、18 世纪的欧洲人来说,是一个很渺茫的概念。较早看到真正中国戏曲演出的欧洲人也许应该是 16 世纪初期的葡萄牙航

299

海家麦哲伦（Magellan），他在自己的笔记里赞美了中国戏曲精美绝伦的戏装①。但是，当时一般接触过中国戏曲的欧洲人对它的认识却是充满了种族的偏见与狂傲的无知所构成的混合物。

例如法国人布郎梯也尔（Brunetiere）为中国驻巴黎公使馆总兵衔军事参赞陈季同所著、1886 年于巴黎出版的《中国戏剧》一书写的书评里说："我认为中国戏剧与我们的戏剧之间唯一的不同……是婴儿的牙牙学语和成人语言之间的区别。"②其实他根本没有看到过中国戏剧。法国另外一位到过中国的海军军官波尔波隆（M.Bourboulon）说中国人根本没有艺术的观念，戏曲的唱法简直就像猫叫。③ 除了出自欧洲中心的自我意识，这些认识的形成还受到当时欧洲人对戏剧本质的普遍误解的影响。

17、18 世纪的欧洲剧坛，正是古典主义兴盛的时候，其时的欧洲戏剧已经从表现艺术走到了舞台写实，借助于文艺复兴以来的各方面艺术科技成果——绘画透视法、机关布景、灯光等，开始在舞台上通过幻觉制造逼真的生活场景，提出"第四堵墙"的口号。其原则则体现为强调演出中时间、地点、动作一致的"三一律"。在这种美学观念影响下，人们已经不能容忍戏剧的假定性和表现性，一切以"真"为原则，到剧场去是看"人们"在舞台上"生活"而不是表演，好像只有这样的演出才是戏剧。联想到在这种时代风气和审美标准支配下，人们对莎士比亚戏剧都进行了大量指责，就可以知道当欧洲人见到完全以写意为手段的中国戏曲时该是何等的惊讶了。

所以，当迪·哈尔德把普雷马雷翻译的《赵氏孤儿》收入他编的《中华帝国通志》时，特地在前面加一"序言"说："读者们不能在这里找得出三一律的遵守，时之统一、地之统一、情节的统一，在这里是找不到的。至于我们在戏剧里所守的其他惯例，令我们的作品精雅而整齐的惯例，在这里也是找不到的。我们的戏剧之达到今天的完美者，只是近百年内的事情。在此之前，也不过是十分笨拙而粗率。因此，如其是我们见得中国人不守我们的凡

---

①   Leonard Cabell Pronko, *Theater East and West*, Berkeley: University of California Press, 1978, p.36.

②   *Ferdinand Brunetiere in 'Revue Litteraire'*, March 1, 1886.转引自 Leonard Cabell Pronko, *Theater East and West*. Berkeley: University of California Press, 1967, p.40。

③   G.Bourboulon, *Les Representations dramatiques en Chine'*, Correspondant. May, 1862, p.98.

例,也不该觉得诧异。他们原是向来局处一隅,与世界的他部断绝往来的。"①这倒好像是在为"笨拙而粗率"的中国戏曲说几句公道话似的。

因而,如伏尔泰这样对中国哲学和道德极其欣赏的睿智之士,尽管他也改编了中国戏曲的一个剧本,但他对于中国戏曲本身的认识仍然受到时代认识水平的左右,他在自己的《中国孤儿》"序言"中说:"《赵氏孤儿》只能与16世纪英国或西班牙的悲剧相提并论……它的剧情活动长达25年之久,正如莎士比亚与罗伯德维加可怖的闹剧一般。这些作品美其名曰'悲剧',其实不过是不可置信的一堆故事而已。"他还指出其中缺乏对理性、感情的表现,缺乏辩才等。可以很明显地看出,伏尔泰的议论正是建立在对"三一律"绝对化和神圣化的基础之上,尽管他已经对古典主义的教条产生了不满。与之相同,当时欧洲一些评论者一致认为《赵氏孤儿》的最大缺点是不符合"三一律",剧本从婴儿一直写到成年复仇在时间上拉得太长,致使故事情节过于散漫等。

这种认识给伏尔泰的改编带来了麻烦:他不得不把时间从25年缩短到几天。于是,他仅仅借用了原剧中前半部分的内容,其中的孤儿始终是个婴儿,在剧中不能发挥任何行动作用。这迫使他舍弃了全剧的悲剧结局,把悲剧改写成了喜剧。出于同样的认识,默非的改本主要依据原剧的后半部分,孤儿一出场就已经是20岁的青年,造成他悲剧身世的巨大戏剧冲突过程都被隐在了幕后,剩下的只是一个血淋淋的结局。事实上,其他几个改本也都按照新古典主义的原则进行了处理。

五、19世纪中国文化热的余波

文化的进程有时候却是由看似荒谬的历史原因导致的,伏尔泰改编的这部不是中国戏的"中国戏",却为欧洲写实主义戏剧的进一步完善立下了汗马功劳。因为受贵族意识的支配,当时的舞台服装和动作还不够现实化、

301

---

① 转引自陈受颐:《十八世纪欧洲文学里的〈赵氏孤儿〉》,《岭南学报》第1卷第1期,1929年。

生活化,例如女演员还穿着礼服式的蓬松衬裙上场,舞台动作则讲究温文尔雅。由著名女演员克莱蓉扮演的女主角,却借助于体现中国风情而穿上了新奇的"中国时装",并添加了大量被人们认为不登大雅之堂的动作,一时引起舆论哗然。然而此后便蔚成风气,演员们不再穿着自己最为得意的晚礼服上台,开始按照剧中人物的时代、身份化装,舞台上的布景、道具也有了具体的描绘性,而不再陈陈相因:戏剧史上新的一页从此打开。19 世纪追求服装和时代背景贴近的浪漫主义历史剧,即由此滥觞。

欧洲对中国的这场文化热,根基于对中国文化的神秘感和崇拜倾向,导源于耶稣教会在远东的传播。18 世纪末期,当考古工作的巨大成果使希腊和罗马文化从废墟里重新出现,忽然高涨起来的欧洲世界文化发源说激动了欧洲人的情绪,而印度文化也成为欧洲人的嗜好,中国哲学被印度的神秘主义所取代,加上中西关系由于经济利益冲突而紧张,耶稣教会又因教派分裂而削弱。于是,对中国的文化热就衰竭了,这场风行了欧洲戏剧界百年左右的中国题材、中国背景的舞台狂热从此消失。

在整个 19 世纪里,欧洲社会对于中国戏剧的冷落状态一直持续着,然而,同时却有一些学者开始对之进行深入研究,并努力从事翻译和介绍的工作。作为先行者,他们的探索尤其具有深远意义。他们的工作从下面搜集的资料里可见一斑:

1817 年英文版《老生儿》,戴维斯(John F. Davis)译,伦敦:默里出版公司出版。

1819 年法文版《老生儿》,A. B. 德索尔桑据英译本译,巴黎:雷伊和格拉维埃出版公司出版。

1829 年英文版《汉宫秋》,戴维斯译,伦敦:东方翻译基金会出版。

1832 年法文版《灰阑记》,朱利安(Stanislas Jullien)译,伦敦:东方翻译基金会出版。

1834 年法文版《赵氏孤儿》,朱利安译,巴黎:穆塔迪埃出版社出版。

　　1834年法文版《绉梅香》,巴赞(Antoine P. L. Bazin)译,巴黎:皇家印刷所出版。

　　法文版《合汗衫》,同上。

　　法文版《货郎担》,同上。

　　法文版《窦娥冤》,同上。

　　1839年俄文版《绉梅香》,(?)译,《读书杂志》第35卷刊载。

　　1841年法文版《琵琶记》,巴赞译,巴黎:皇家印刷所出版。

　　1847年俄文版《琵琶记》,(?)据法译本译,彼得堡。

　　1849年英文版《合汗衫》,S.W.威廉译,《中国博物》第18卷刊载。

　　1872—1880年法文版《西厢记》,朱利安译,日内瓦:米勒出版社出版。

　　1876年英文版《黄鹤楼》,G.X C.X斯坦特译,美奥马哈:《远东》9、10二期刊。

　　1876年德文版《灰阑记》,A. E. W.达丰塞萨译,莱比锡:雷克拉姆出版社出版。

　　从事对中国戏曲剧本翻译工作的多是欧洲的汉学家。最初,当18世纪法国的普雷马雷教士在中国译出《赵氏孤儿》的时候,多少带有为宗教文化服务的意思。19世纪的汉学家则不同,他们是从了解东方文化的角度来开展工作的。从这个意义上说,英国的戴维斯(1795—1890)爵士是欧洲第一个重视并对翻译中国戏曲剧本做出了贡献的人。法国的朱利安(1797—1873,汉名儒莲)更是在中国文化的研究上下了苦功,为了正确理解和把握中国戏曲里韵文的含义和意象,并做出传神的翻译,他长期刻苦钻研《诗经》《楚辞》、唐诗等中国古典诗词,取得了很高的造诣。除上面列举的剧目外,他还翻译出版了《连环计》和《看钱奴》。法国另一位著名汉学家巴赞(1799—1863)则是工作实绩最引人瞩目的。他于1838年出版了一本《中国戏剧选》,收入了上面引到的《绉梅香》《合汗衫》《货郎担》《窦娥冤》四个剧本,这是西方人出版的第一个中国戏曲选本。他另外还翻译了大量其他戏曲作品,计有《金钱记》《鸳鸯被》《赚蒯通》《来生债》《薛仁贵》《铁拐李》《秋胡戏妻》《倩女离魂》《黄粱梦》《吴天塔》《忍字记》等。①

上述情况只是 19 世纪欧洲学者翻译的中国戏曲剧本的大概。可以看出,这些剧本多数都是根据《元曲选》译出的,这大概和欧洲人已经对元杂剧有所认识并在一定程度上对其有好的评价有关。至于当时的明清传奇作品,欧洲人翻译的绝少,只在 19 世纪末偶尔一见。例如 C. 安博·于阿尔(汉名于雅乐)用法文翻译的《比目鱼》(*Les deux soles ouacteurpar amour, drame chinois en prose dt en verse*),刊登在巴黎《亚洲杂志》1890 年第 136 卷。另外还有一些选出,却是在中国国内出版的。例如由 A. 佐托利(汉名晁德莅)翻译的拉丁文译本《慎鸾交》第二十出、《风筝误》第六出、《奈何天》第二出,均收在他编著的《中国文化教程》(*Cursus Litteraturae sinicae neo-mis-sionariis accomodatus*)一书第 1 卷里,1879 年在上海出版。又有德比西将佐托利翻译的上述三出戏转译为法文,于 1891 年也在上海出版。这大概是由于当时欧洲人对于由南戏发展而来的明清传奇还不熟悉。

此外,西方学者也写出了一些有关中国戏曲的书,有的还附有中国戏曲散出的译文或故事梗概。例如德国学者克莱因(J. L. Klein)1866 年在莱比锡出版的《戏剧史》里,有关于《汉宫秋》《灰阑记》的摘译和评介;汉学家戈特查尔(R. Von Gottschall)1887 年在布雷斯劳出版的《中国戏剧》一书里译介了《汉宫秋》和《窦娥冤》,并有朱利安翻译《灰阑记》的摘译文;另外约瑟夫·西塔德在他 1889 年于汉堡和莱比锡出版的《研究与特点》一书里,也译介了《㑳梅香》。英国人 R. K. 道格拉斯 1883 年在爱丁堡和伦敦出版的《中国故事集》里,收入了对《汉宫秋》的选译本和梗概介绍。巴赞在他的《中国戏剧选》所附的长篇导言里,也详细介绍了中国戏剧的历史源流及特点。俄国的《雅典娜神庙》杂志 1829 年第 11 期刊登了介绍《窦娥冤》和《王月英月夜留鞋记》的文章;1880 年俄国汉学家瓦西里耶夫在他的《中国文学史纲要》里介绍了《西厢记》的故事梗概。1898 年美国汉学家乔治·坎德林在芝

---

① 此节所收翻译剧目见王国维《宋元戏曲考》,中国戏剧出版社 1984 年出版《王国维戏曲论文集》收录。

加哥出版的《中国小说》一书中也译介了《西厢记》。

　　19 世纪西方学者的这些工作,为 20 世纪的西方接触和熟悉中国戏曲提供了一条文献通道。至少,20 世纪开始兴盛起来的西方汉学所取得的卓越成就里,包括了对这些历史先行者经验的吸收和借鉴。

(原载《戏剧艺术》1994 年第 1 期)

王国维曲学评价

在传统史学和文艺观念支配下,清代经学、史学、文学、艺术学都出现了辉煌的成就,戏曲学却相对比较冷落。尽管一直到清末,仍不断有曲话类著作出现,例如刘熙载《艺概·词曲概》、平步青《小栖霞说稗》、杨恩寿《词余丛话》等,但都为文人谈词论曲之余唾,作者亦视之为小道末技。到了清朝行将结束的 20 世纪初,受西方文艺思潮影响,忽然出现了一个王国维,把"戏曲小道"当作文学正宗来进行研究,王氏于是成为这一学科的开山大师。

王国维(1877—1927),字静安,号观堂,浙江海宁人。清末诸生,于1901 年游学日本,习日文、德文、英文,涉猎西方哲学与美学,偏爱尼采、叔本华哲学等。王国维为中国历史上旧时代最后一位、新世纪第一位国学大师,他既精于乾嘉朴学,又得以借助西方现代文艺观和历史观的眼光来研究中国古代学术,因此得出惊人成就,为现代文艺学、美学、戏曲学、考古学、历史学、古文字学、音韵学、版本目录学、敦煌学、边疆地理学等诸多领域的先行者和奠基者。

王国维问学的第一站是文艺学。他先涉猎小说批评和比较文学,于1904 年写出《红楼梦评论》,借鉴西方文艺理论的方法分析《红楼梦》的蕴含并与歌德的《浮士德》进行比较,一新世人耳目。同时从事对词的研究,于1908 年写出词论《人间词话》,提出著名的"境界说"。1907 年到 1912 年之间,王国维致力于对戏曲历史的考证和研究,先后撰写了《曲录》《戏曲考原》《优语录》《唐宋大曲考》《古剧角色考》《宋元戏曲考》等著作。这以后,他将精力转投到考古、历史等方面,取得更为辉煌的成就,没有再回来研究戏曲。

《曲录》之成,是王国维继《词录》之后所开展的一项工作,将古来中国戏曲作品目录统计出来,这是他从事戏曲研究的第一步,也是基础的一步。由词到曲,可以看出,王国维原本是准备做类似于古人词曲研究一类工作的,但一旦进入戏曲研究领域,他的现代史学观念就开始发挥指导作用,促成他的科学戏曲史著的产生。

从《曲录》入手,王国维先掌握了中国古典戏剧的创作全貌,继而撰《戏曲考原》,追寻戏曲在元杂剧之前的源头。在这部著作里,王国维提出了一个极为重要的定义:"戏曲者,谓以歌舞演故事也。"这一定义,用朴素的语言,极其精练而又明确地概括出中国戏曲这种特殊戏剧样式的本质内涵。对本质的准确把握,使得王国维能够透过复杂的历史现象,抓住戏曲史发展的真正动因,因而他从浩如烟海的文献史料中,立即勾辑到有关戏曲历史的真正有用的材料。这部著作涉及汉代百戏中的歌舞剧《东海黄公》,唐代歌舞剧大面、拨头、踏摇娘,宋杂剧,宋代鼓子词、大曲等,这些方面都成为后来出现的现代戏曲史著的重要组成。王国维由戏曲的综合性特征出发来寻找其来源,确为精见,入手即走正了路子,奠定了其成功的基础。王国维在书中还提出从歌舞剧到戏曲的明确界限:"由叙事体而变为代言体,由应节之舞蹈而变为自由之动作。"这样,他就真正把握住了戏曲起源和发展的脉搏。

《优语录》是搜集元以前历代有关戏剧表演史料的另外一部基础性著作,《唐宋大曲考》是研究戏曲音乐来源的专门个案,《古剧角色考》则是考察戏曲角色历史演变情况的专门性著作。这样,王国维具备了戏曲史研究的专门眼光,同时又日益积累了有关的特殊知识,为他最终写出划时代著作《宋元戏曲考》做好了充分的铺垫。

在《宋元戏曲考》里,王国维第一次架构起科学的戏曲史体系,它的严谨与完备达到极高的程度,彻底涤除了以往曲话著作的附会臆测和片章只简状态。王国维在此书中的贡献至少有以下六个方面。

第一,正确追寻到了戏曲起始的最初源头——原始宗教祭祀乐舞。以往的曲论通常对戏曲起源语焉不详,或谈到古优,或论及古诗,都是从个别现象入手。王国维借鉴西方文化人类学的历史眼光和研究方法,到中国古

307

籍里寻找例证,一下子就发现了上古巫觋祭祀乐舞与模仿人生表演之间的密切联系,得出戏曲起源的科学结论。

第二,从戏曲作为综合艺术的特性出发去绎述其历史演变脉络。王国维既然将戏曲定义为"用歌舞演故事",就建立起一种科学的眼光:戏曲的源头不是单一的,它的历史演变也必然呈现为多维交织状态。王国维从不同方位去观察戏曲的来路(歌舞剧、滑稽戏、百戏杂技等),并注意它们彼此之间的联系和交叉影响,因而得以描绘出一幅百川归海式的复杂而真实的戏曲演变图景。

第三,准确描述出了中国成熟戏曲样式——元杂剧的形成过程。王国维在这里进一步将他的戏曲定义修正为"合言语、动作、歌唱以演一故事",他因而找到了元杂剧是如何从宋代的杂剧、说话、傀儡戏、影戏、社火舞队等多种元素里综合孕育、脱胎而出的,更重要的是,他正确绎述了元杂剧的音乐结构和演唱方式是如何由鼓子词、传踏、大曲、曲破、唱赚、诸宫调表演中一脉承传变化而来的。

第四,科学考察了元杂剧的兴起过程、流传地域、发展周期(三期分法)、作家群貌、作品状况、演出结构、舞台特征等情形,第一次从社会学和历史学的角度勾勒出元杂剧的生存态势。

第五,独具慧眼地指出元杂剧所获得的历史性成功。尽管由戏剧技巧和表达思想的深度看,元杂剧显得贫乏浅露,但其文辞的自然天真却是后人所不可企及的,因而王国维说:"元剧最佳之处,不在其思想结构,而在其文章。其文章之妙,亦一言以蔽之,曰有意境而已矣。"他接着还分析道:"何以谓之有意境? 曰:写情则沁人心脾,写景则在人耳目,述事则如其口所出是也。"前人在论及元杂剧的成就时,常用情景交融、文辞本色等语言来概括,都不如王国维这里状摹得贴切生动。尤其是,王国维还进一步指出,元杂剧"以其自然故,故能写出当时政治及社会之情状",达到反映现实的广泛与深刻,这是元杂剧能够取得极高历史价值的关键所在。

第六,用研究元杂剧的方式考察了南戏的来源、兴起、发展演变、创作情况、历史价值等。尽管在王国维的时代,宋元南戏的三个重要剧本《张协状元》《错立身》《小孙屠》尚未发现,但王国维已经从历史文献里感觉到:"其渊源所自,或反古于元杂剧。"只是限于史料,王国维还是采取了审慎的态度,将南戏放在元杂剧后面论述。

王国维之所以能够在戏曲史研究中取得高迈的成就,首先是因为他突破了戏曲小道的正统观。他自己在《宋元戏曲考·序》里对这一点说得很清楚:"元人之曲,为时既近,托体稍卑,故两朝史志与《四库》集部,均不著于录。后世儒硕,皆鄙弃不复道。而为此学者,大率不学之徒;即有一二学子,以余力及此,亦未有能观其会通、窥其奥窔者。遂使一代文献,郁埋沉晦者且数百年。"因此他不无自豪地宣称:"世之为此学者自余始,其所贡于此学者亦以此书为多,非吾辈才力过于古人,实以古人未尝为此学故也。"王国维是值得骄傲的。不过,实在究诘起来,古人为什么没有"为此学"呢?还是受到观念的束缚,反之,王国维则是得时代风气之先,他之所以能够将戏曲提高到文学正统的地位,是受到西方文艺思想影响,是时代助成了他。

其次是他吸收了西方进化论思想,融合到他的文学发展观中。他在《宋元戏曲考·序》里提出一代有一代之文学的口号:"凡一代有一代之文学:楚之骚,汉之赋,六朝之骈语,唐之诗,宋之词,元之曲,皆所谓一代之文学,而后世莫能继焉者也。"这就进一步帮助他突破正统文学观念,而将戏曲作为自己重要的文学研究对象。

由上述看到,王国维《宋元戏曲考》的成功,首先得力于他思想观念的解放,得力于他对于西方学术思想的吸收。也要看到,王国维的个人成功,也得力于他深厚的国学根底和对乾嘉学派考证方法的正确运用。两者相加,成就了《宋元戏曲考》,使王国维写出了现代中国戏曲史学的奠基之作。在整个 20 世纪里,戏曲史学有了长足的进展,产生了众多更为体系完备、论述详尽、包罗广博的戏曲史著作,但就其基本框架和研究方法而言,没有能够脱出王国维窠臼的。从这个意义上,我们说王国维是中国现代戏曲史学的开山大师,是毫不为过的。

当然,王国维的研究重点是宋元戏曲,他的观念中仍未彻底抹去厚古薄今的印痕。他提出了唐诗、宋词、元曲代变的概念,但并没有把它继续向后推衍,却中途打住,把元曲作为文学发展的必然结果,而视明清传奇于不见。他仍然沿袭传统思路,从文学出发去研究戏曲,一方面忽视了明清传奇的成就,另一方面只是关注戏曲的文学内涵而忽视其舞台特性,看不到戏曲从元到明亦是代变的、发展的。因此,他过于偏爱元杂剧,过激地得出明以后无戏曲的结论①,再加上1912年后他的学术关注点转移,开始从事经史小学研究,他等于放弃了对明以后戏曲的研究,从而为他人留下空缺空间,使得日人青木正儿得以继往开来、施展才华,于1930年写出第一部通史性的戏曲史著作《中国近世戏曲史》。

就王国维的功底来说,当时一鼓作气完成一部戏曲通史,是并不太费时费力的,这终究是遗憾。但这以后王国维将精力投入考古学、历史学诸方面研究,取得更为卓越的成就,使他最终得以成为国学大师。一个人一生的精力是有限的,而王国维在做完他要做的事情之后,于51岁自沉于北平昆明湖,生命相对短暂,这样,他腾出时间来做历史最需要他做的事,毕竟是明智的选择。

(原载《艺术界》2005年第5期)

---

① 参见[日]青木正儿:《中国近世戏曲史·序》,王古鲁译,上海:商务印书馆,1936年。

论地方戏

地方戏是中国独有的戏剧现象,它曾在中华大地上长期流传繁衍,催生了地覆海涵的明清民俗文化。近年全球开始重视对人类非物质文化遗产的保护,中国民间存活的众多地方戏再次进入国人眼帘。

对一个当代中国人来说,你可以从来不进戏曲剧场,也没看过什么留下印象的戏,但张嘴总能哼出几段熟悉的地方戏旋律来,这应该是无可辩驳的事实。地方戏,就是这样进入我们的生活、头脑与精神的,它成为我们许多人似乎与生俱来的潜质、原旨和内涵。然而,瞬息万变的现代生活已经把地方戏抛入了高速旋转的分离器,使之进退失据;因而,我们需要进一步正视、端详地方戏并思索如何对待它。

正是在这个基点上,我们来探讨地方戏的内涵。

一、正名

地方戏是戏曲分类的近现代概念,此前人们只讲声腔剧种,诸如南戏、杂剧、昆山腔、弋阳腔、梆子腔之类。从字面意义看,与"地方"对应的是"中央",与"地方戏"相对应的就应该是"国剧"。这种分类法虽然没有多少科学性可言,但20世纪中期以来已经约定俗成、相沿成习,其思路实则由明代的"杂调"与"官腔"对举、清代的"花部"与"雅部"对举承袭而来,如果再追根溯源,则是由中国传统文化里的"郑卫淫邪之音"与"大雅正声"的对立观念演变而来,标示了官僚政体社会烙在传统戏曲上的深刻文化印痕。

在国人的传统观念里,朝廷采用的戏曲声腔就是"正音"。因此南宋后

311

期咸淳年间（1265—1274），江西南丰一带虽然"永嘉戏曲"（即南戏）极其盛行，"州里遗老"却仍然推尊"汴都正音教坊遗曲"①。明代前期虽然宫廷盛演的北曲杂剧在南方已经衰落，一些上层士大夫仍然以北曲为正宗，妓女如果唱南戏则视为"犯禁"②。明万历年间北京人看戏"一以昆腔为贵"③，皇宫里也设置了昆腔戏班④，在文人和宫廷的共同作用下，时人开始把昆腔视为"官腔"，而把其他声腔称为"诸腔"和"杂调"⑤。沿袭到清代乾隆年间，宫廷和官方把戏曲声腔划为"花""雅"二部，雅部指昆曲，花部则指其他一切声腔剧种⑥，并针对当时昆腔衰落、花部勃兴的社会现实，动用行政力量反复禁抑花部而帮抬昆腔⑦。历史上这种艺术势位观念曾一再遭到时代清议的诟病，一些清醒文人不断抨击其权势立场的愚昧可笑，然而我们今天仍然在沿袭其思维余势！

让我们看看时下的名词释义。打开网上"百度百科"，就可以看到这样的词条："地方戏：流行于一定地区，具有地方特色的戏曲剧种的通称。如黄梅戏、越剧、淮剧、秦腔、川剧、沪剧，是同流行全国的剧种（如京剧）相对的。由于中国地域辽阔，民族众多，各地的方言不同，除了京剧，还形成了丰富多彩的地方戏。据统计，中国的地方戏遍及全国各地，有300多种，可以称得上世界之最。其中影响比较大的有昆曲、评剧、粤剧、淮剧、越剧、豫剧、黄梅戏等。"具体说，就是除京剧外的剧种，都是地方戏。但它的解释是似是而非的，多有自相矛盾处。首先，确切意义上"流行全国的剧种"没有一个，京剧

---

① 〔元〕刘埙：《水云村稿》卷四《词人吴用章传》，四库全书本。
② 〔明〕徐渭：《南词叙录》，中国戏曲研究院编：《中国古典戏曲论著集成》（三），北京：中国戏剧出版社，1959年，第241页。
③ 〔明〕史玄：《旧京遗事》，双肇楼丛书本。
④ 参见〔明〕沈德符：《野获编补遗》卷一，姚氏扶荔山房刻本。
⑤ 参见〔明〕胡应麟：《群音类选》编选体例。
⑥ 参见〔清〕李斗：《扬州画舫录》卷五、吴长元《燕兰小谱》"例言"等。
⑦ 清廷曾于乾隆五十年（1785）、嘉庆三年（1798）发布禁演花部戏曲令，规定"嗣后民间演唱戏剧，止许扮演昆弋两腔，其有演乱弹等戏者，定将演戏之家及在班人等，均照违制律一体治罪，断不宽宥"（苏州老郎庙清嘉庆三年《钦奉谕旨给示碑》。载江苏省博物馆编：《江苏省明清以来碑刻资料选集》，北京：生活·读书·新知三联书店，1959年。但此书误将碑名录作《翼宿神祠碑记》）。

也未能覆盖无遗,因此京剧也只能说是"流行于一定地区"或流行于大部地区。其次,其中提到的"地方剧种"豫剧、秦腔、昆曲、评剧等也都是流行较广的剧种,覆盖面不限于一省一地而延伸到较广大地面,昆曲、秦腔历史上的流行地域还都要远远大于今天,和京剧只有程度差异。再次,京剧也有地方特色,只不过不单单是北京特色,也包括其形成地安徽、湖北等地的特色,这是复合声腔剧种的特点,下面还要论及。最后,其中提到的地方剧种川剧、粤剧等,同样属于复合声腔,也不仅仅只有四川、广东的地方特色。[1]

上述解释,更为人们留下质疑。例如许多人为昆曲鸣不平,认为它才是戏曲的真正代表,这种理解自有它绝对的道理在。昆曲比现今舞台上存活的大多戏曲腔种都要古老,其起源可以追溯到 600 年前的元末,成熟于 400 年前的明朝嘉靖年间,是兴起于清代嘉庆年间、现年 200 岁的京剧的长辈。在其悠久的经历中,经过一代代文人和艺人的共同培育,逐渐蒸馏、凝结为纯美的舞台艺术样式,成为包括京剧在内各个剧种继承与借鉴的源泉。所以当年文化部副部长、文学史家郑振铎曾这样充满憧憬地说:"我有个幻想,也是愿望吧,假定我们有个国家剧院,如同莫斯科歌剧院一样,贴出海报去,头一个肯定是昆剧,因为真正能表示民族戏剧的最高成就的还是昆剧。"[2]

但为何更多人心目中的"国剧"代表是京剧而不是昆曲?也有它的道理。京剧至少有三种可以傲居昆曲之上的资本:第一,晚清以来京剧吸收了众多声腔剧种的优长,在京都相对开放和高品位的环境中提升了自身的艺术品位,锻铸出凝练、大气的表演特质,其唱腔、表演、做派都臻炉火纯青境界,无论是儿女情长还是斩杀征伐都能恰当表现,尤其擅长演出宫廷袍带大戏,其表现力已超出昆曲。第二,清代后期京剧占据了京都舞台和戏园,受到宫廷和民间的一致爱好,尤其为主政的慈禧太后所赏识,先后赐予其代表人物程长庚、梅巧玲等以六品顶戴,由其担任北京老郎庙首,总揽天下戏界事宜,京剧因而更获号召力和影响力。第三,清末京剧沿运河、长江传播至

313

---

① 川剧涵括"昆、高、胡、弹、灯"5 种声腔,除灯戏为本地产外,其他都是外来声腔。粤剧原本就是外地戏班("外江班")带来,唱梆子、二黄、昆、弋等声腔。

② 郑振铎:《有关发扬昆剧的三个问题》,《郑振铎文集》第七卷,北京:人民文学出版社,1988 年,第 299 页。

全国广大幅面,覆盖南北诸多地域,受到众多戏迷群众的爱好与追捧,此时任何一种声腔剧种都无法与之相抗衡。反过来,昆曲的衰落不始于京剧兴起,早在清前期的"花雅之争"时已经颇现疲惫颓圮之态,中华人民共和国成立前已经沦落到少有专业戏班可以支撑的局面,北方许多人已经不知道昆曲为何物,全赖 20 世纪 50 年代的社会机制更换才为其延续和中兴奠定转机,所谓"一出戏救活一个剧种"①。两相对比,京剧和昆曲的强弱自现。

所以,虽然一些学者仍然坚持昆曲正宗的认识,实际上已经是传统理解的后滞,即使有相当的理论根据,已不符合民情与时事,没有尊重声腔剧种影响力随时代与风气变化而转移的客观规律。如果我们举明代后期、清代前期的剧种代表,那一定非昆曲莫属。由于此,联合国教科文组织在 2001 年评选首批人类非物质文化遗产代表作时,在中国的戏曲种类中拣选一个剧种代表,才选择了昆曲而不是京剧,因为它的标准中有一条是"濒临灭绝的"。甚至于 2009 年 9 月 30 日公布的"人类非物质文化遗产代表作名录",入选的仍然不是京剧而是粤剧,这是由于粤剧以往比京剧更加为世界所知,在 20 世纪前比京剧的国际影响大。早在十七八世纪广东人涌向海外谋生之时,粤剧就被带到了世界各个角落,不但在东南亚得到普及,也通过唐人街传到欧美,俗称"有华人处必有粤剧"。京剧则是尾随粤剧之后到达欧美的,并且一直到 2010 年 11 月 17 日才入选联合国教科文组织公布的名录。

如果讲影响,还有其他说法。例如 20 世纪 40 年代越剧蓬勃兴起,骎骎乎直追京剧势头,当时戏剧大师田汉就预言越剧有一天可以与京剧和话剧三分天下②,尤其 20 世纪后期在京剧的一再衰颓背景中,越剧却焕发出璀璨的光焰。田汉的京剧、话剧、越剧鼎立而三说当然不具备太多的科学性,凭的只是一种感觉,而且是立足于北京和上海的感觉,如果到了河南、陕西、四川、广东,恐怕又是别种说法,豫剧、秦腔、川剧、粤剧论者可能都会出来。但

① 1956 年浙江昆剧团《十五贯》进京演出取得成功,昆剧因受到重视而出现发展势头,因而誉之为"一出戏救活一个剧种",《人民日报》1956 年 5 月 18 日专门为此发表社论《从"一出戏救活了一个剧种"谈起》。
② 田汉说越剧"将来能和平剧、话剧'三分天下'",见《田汉论越剧》,《大晚报》1946 年 9 月 19 日。

它说明一个事实:当时越剧的受注目程度也已经超过昆曲。

既如此,一定要在二三百种戏曲种类里选出一种作为"国剧",除了一些人坚持的"好对世界宣传"的似是而非的理由(粤剧不用宣传也早已为世界许多地方所知),没有更多的实际意义。我们也只听过国歌、国旗、国徽的说法,以及一些国家确定的官方语言,从来没有听过世界上哪个国家的"国剧"是什么的说法,只知道古希腊悲剧、喜剧,英国莎士比亚戏剧,法国芭蕾舞剧,意大利歌剧,日本能乐和歌舞伎。那种非要在戏曲剧种中选出老大的思维立场,距京剧功臣齐如山七八十年前的境界还差得很远,他 1931 年就坚持"国剧"应该是指中国戏曲,包括全部地方剧种,而不是单纯突出京剧[1]。20 世纪 50 年代毛泽东也不赞成称京剧为国剧[2],因为他不希望京剧一花独秀而提倡各个剧种"百花齐放"。所以,笔者的观点是:称京剧为当下中国戏曲的代表则宜,称之为国剧则不宜。

平心而论,20 世纪 50 年代政府部门使用"地方戏"这个名词时,其潜在的对举概念是"京剧"而不是台湾人说的"国剧"。差别在于,说"京剧"时,概念只隐含"北京的代表性剧种"之意,与"其他地方的剧种"名词相对举,而没有台湾人离开大陆之后对于"国家的代表性剧种"的那种眷恋与标榜情怀。如果从这个角度来理解,京剧也只是各地方戏里的一种,只不过它是"京"地的戏而已,像历来对它的称呼"京调"、"京戏"、"平剧"(北平之剧)那样,也就没有对其他地方戏的观念歧视了。其实早在清初,流传到北京的高腔也曾被一度称作"京腔"。可惜,现在许多人还是习惯于强调京剧的霸主地位。由此,地方戏的范围就被划为京剧之外的所有其他地方的剧种,也

---

[1] 齐如山《国剧艺术汇考》(《齐如山文集》第 12 册,沈阳:辽宁教育出版社,2010 年)中说:"有许多人认为皮簧是国剧,其余如四川戏、云南戏、河南戏等等,都算地方戏,这就完全错了。要说是地方戏则都是地方戏,要说是国剧,则都是国剧。"(第 2 页)"有人说皮簧就是国剧。这句话虽然不能算错,但说法不是这样简单。按国剧这个名词,最初是鄙人办国剧学会创出来的……其实我所谓国剧者,乃国民国货之国,不是国旗国歌之国。说皮簧是国剧,当然不能算错,但它不过是国剧的一种,若以为国剧就是皮簧,那是不对的,可是皮簧界中人,或能唱皮簧的票界诸君,往往有这种思想。"(第 104 页)

[2] 王蕴明在《何为国剧》一文中说:"20 世纪 80 年代的两次戏曲会议上,有人称京剧为'国剧',张庚先生提出不同意见,并指出:'毛主席曾说过,不赞成单称京剧为国剧,要百花齐放。'"载《文艺报》2005 年 8 月 4 日。

包括北京除京剧之外的剧种如评剧、梆子、曲剧等（当然评剧不止流行于北京，所以当年北京的评剧院定名为中国评剧院而不是北京评剧院）。至于台湾人标榜京剧为国剧，则又有追溯文化正宗的内涵在，无可厚非。

至此，本文的立场已经明确：在中国戏曲的大家庭中，任何一种声腔剧种，历时态地看都是地方戏，因而都有其鲜明的地方特征和内蕴，只不过其涵括范围和程度有大小、广狭、深浅的区别而已。因此，本文运用"地方戏"概念的范畴大略等同于"戏曲"概念，只是比"戏曲"更加强调不同声腔剧种的地方性和特色而已，用之于"明清以来的地方戏"这样的场合，而与宋元南戏、元杂剧、明清传奇相对举。

二、形成

事实上，中国戏曲史上的一切声腔剧种最初都是典型的地方艺术。宋杂剧虽因唱腔尚未成熟，人们不以声腔剧种目之，其发展最成熟的一支则是汴京杂剧，盛行于北宋时期，流行于汴、洛一带的黄河两岸，也具有典型的地方性。南戏声腔最初起自浙江温州，南宋时的称呼是温州杂剧，干脆直接以地名冠之，直至元代末期它的流传范围也不出浙、闽、赣三省，是东南地区的地方戏，但已经被统称为南戏，其目的是与北杂剧声腔相区分。

明代前期南戏在浙、赣、闽、徽一带变化出诸多腔种：弋阳腔、余姚腔、海盐腔、昆山腔、杭州腔、乐平腔、徽州腔、青阳腔、太平腔、义乌腔、石台腔、潮腔、泉腔等都是地方腔种，所以皆以地名冠之。这些腔种彼此竞争、你消我长，一些得时势者迅速崛起为广为流行的腔种，就具有一定的全国性了。例如弋阳腔，产生于江西省弋阳县，因为"错用乡语"[1]，加用滚调，通俗流畅，内容浅显，因而得以在民间迅速传播，很快就传遍了除浙江外的整个南方地区。它以江西为基地，向南发展到福建、广东；向西浸润到湖南，进而远至贵州、云南；向北先是到安徽的徽州地区，随后到南京，甚至最远一支到达北

---

[1] 〔明〕顾起元：《客座赘语》卷九"戏剧"条。

京①。这个过程大概发生在嘉靖之前的15、16世纪之交,为时几十年。例如青阳腔,出于安徽省青阳县,在嘉靖、万历年间也是最为风行、传播最快的声腔,没有几年的光景,就进入江西、传入福建、进入北京,并且风行天下。昆山腔乃后世昆曲之祖,但一直到明代中期仍囿于昆山一地,等待魏良辅和梁辰鱼的历史助力,至于万历之后迅速发展到广东、湖南直至北京,崛起为"官腔",雄踞于"诸腔"之上,则是遭遇了特殊文化因缘的结果。

归纳起来,地方戏形成主要有三条路径:一是由地方方言小曲发展演变而成。明人徐渭《南词叙录》说,南戏最早就是吴地民间的村坊小曲、里巷歌谣,"宋人词而益以里巷歌谣","即村坊小曲而为之,本无宫调,亦罕节奏,徒取其畸农士女顺口可歌而已,谚所谓随心令者"。在最早的南戏剧本《张协状元》里,就收录了吴地民间小曲【东瓯令】【台州歌】【吴小四】【赵皮鞋】等,并且采用方言演唱。声腔剧种的这种原初形成在戏曲历史上一直发生,但清代则是涌发期。由于一些大的声腔剧种流传各地,在民间产生了深入肌理的影响,促发了各地的歌舞说唱表演纷纷向民间小戏转化,这个过程主要发生在清代以后。地方小戏主要有两种类型。一种来源于社火、社会、灯会等年节歌舞表演,如花鼓、花灯、秧歌、连厢、唱灯、采茶、彩调等,形成各地的花鼓戏、采茶戏、秧歌戏、灯戏、彩调戏等。另一种来源于曲艺演出,如在道情、滩簧、落子、琴书、坠子、八角鼓的基础上,形成各地的道情戏、滩簧戏、曲子戏等。

二是由某种声腔剧种传播演变而成。前面说到南戏在浙、赣、闽、徽一带变化出弋阳腔、昆山腔、杭州腔、徽州腔、青阳腔等是一个例子。又如明代中后期,中原一带在俗曲小令的基础上产生了弦索腔,陕甘一带在西调基础上产生了秦腔,它们都迅速向各地蔓延。弦索腔繁衍出了河南女儿腔,山东姑娘腔、柳子腔、罗罗腔等弦索腔系的众多剧种;秦腔繁衍的梆子腔系剧种,山西有蒲州梆子、中路梆子、北路梆子和上党梆子,河南有河南梆子豫东调和豫西调、大平调(大梆子戏、大油梆)、怀调(淮调、槐调)、南阳梆子(宛梆)、怀梆,山东有山东梆子、枣梆、莱芜梆子和东路梆子,河北、北京有河北梆子等。

---

① 根据〔明〕徐渭《南词叙录》、魏良辅《南词引正》所提供的资料。

　　三是由多种声腔剧种聚合而成。例如清初形成昆腔、高腔、弦索、梆子四大声腔统治全国的局面，而四大声腔中，高腔和昆腔属于南方腔系，弦索和梆子属于北方腔系，当这南北两种系统的声腔在长江沿线交合时，因为当地恰恰处在南北方言区的交界地带，对两种腔系的语言基础都有更大的接受可能，因而发生融会交流，从而又繁衍出带有南北双重特色的新的复合声腔来，这就是吹腔系的枞阳腔、襄阳腔，梆子腔系的梆子秧腔，以及两者结合的梆子乱弹腔。枞阳腔与襄阳腔进一步互相吸收融合，又陆续从更多声腔里吸取养分，还一直不断地受到秦腔的新的刺激，渐渐脱胎出进一层的复合声腔——皮黄，皮黄遂跃居其他声腔之上，成为至今影响最大的声腔之一。

　　这些复合声腔剧种在各地与流行当地的声腔剧种结合，就形成面貌各异的复合声腔剧种。例如川剧的音乐包括五种成分：昆、高、胡、弹、灯。其中"昆"指昆曲，"高"指来自南戏遗裔的高腔，"胡"指胡琴（又名丝弦子），来自皮黄腔，"弹"指弹戏（又名川梆子、盖板子），源自秦腔。五种成分融会贯通，形成统一而又别具特色的艺术风格。又如湖南的许多腔种，都具备复合特点。如湘剧唱腔由高腔、低牌子、昆曲、乱弹组成，高腔主要来自弋阳腔，低牌子可能属于另一种戏文声腔变体的遗裔，乱弹则为皮黄，又分为南、北路，即南路二黄，北路西皮。如祁剧（祁阳戏）源于弋阳腔，又融进了昆曲和乱弹。如辰河戏唱腔分为高腔、昆腔、低腔、弹腔。如常德汉剧、衡阳湘剧都兼唱高、昆、弹三种声腔，以弹腔南北路为主。如巴陵戏（巴湘戏）唱昆腔与弹腔南北路等。如果我们分析浙江婺剧还会发现，它保留了戏曲史上不同时期盛行声腔的成分，如古南戏系统的高腔和昆腔，花部勃兴时期的乱弹和徽戏，乾隆之际的滩簧和时调，有的声腔在它的起源地就已经凋零了，但在婺剧中仍然还保存着。① 这种现象在江浙一带许多剧种里都有显现。一般来说，长江沿岸地区由于南北复合腔种长期在此流行的缘故，形成了更多的复合声腔剧种。

　　清代中期以后，一方面，由于各声腔系统的戏曲剧种在全国传播，与当地流行的腔种结合，形成当地有特色的剧种；另一方面，各地又在民间歌舞

---

① 　参见叶开沅、张世尧：《婺剧高腔考》，北京：中国戏剧出版社，2004 年，第 39 页。

说唱的基础上,汲取大戏的营养,繁衍出众多的小剧种。这样,在清末民国时候,中国戏曲剧种达到了其发展的鼎盛阶段,形成大约 300 个剧种流行全国的整体格局。

三、流变

由上述可知,各地流行的地方剧种,不一定都产自本地,许多是外来剧种或其变种和衍脉。例如清代乾隆年间江西的情形是:安徽、陕西、湖北的"石牌腔、秦腔、楚腔时来时去"①;扬州的情形是"句容有以梆子腔来者,安庆有以二簧调来者,弋阳有以高腔来者,湖广有以罗罗腔来者"②。清嘉庆三年(1798)苏州的情形是:"元明以来,流传剧本皆系昆、弋两腔……近日倡有乱弹、梆子、弦索、秦腔等戏。"③因此各地剧种多呈现出多来源、多出处的多头混杂局面。各省分布又不均匀,一般来说中心省区的腔种多而杂,边缘省区则相对少而简,东南地区的腔种分布则又多于西北、东北地区。

这里先举陕西来说明问题。陕西是秦腔的发源地,秦腔流派众多,又有许多出自民间弦索的剧种,出自花鼓、道情的剧种,出自皮影戏、木偶戏的剧种以及古老的仪式戏剧等。秦腔在陕西分为四派:西路(西府秦腔、西路梆子)、东路(同州梆子、老秦腔、东路梆子)、中路(西安乱弹)和南路(汉调桄桄)。另外,阿宫腔(遏工腔)、汉调二黄(靠山黄、山二黄)也和秦腔关系密切。出自民间弦索的剧种有眉户(郿鄠、迷糊),出自民间歌舞说唱的小戏有陕西道情、陕南花鼓戏(包括安康八岔戏、大筒子戏、商洛花鼓戏等),出自当地皮影戏、木偶戏的剧种有弦板腔、安康弦子戏(弦子腔)、碗碗腔、老腔、合阳线戏等。另外,还有一些古老的祭神仪式戏剧如陕南端公戏、合阳跳戏等。这些共同构成陕西戏曲声腔剧种的整体面貌,而它们的来源十分复杂、脉系众多。

① 《乾隆四十六年江西巡抚郝硕覆奏遵旨查办戏剧违碍字句》,《史料旬刊》第 22 期,北京:故宫博物院,1931 年。

② 〔清〕李斗:《扬州画舫录》卷五,清乾隆乙卯(1795)本。

③ 参见苏州老郎庙清嘉庆三年:《钦奉谕旨给示碑》。载江苏省博物馆编:《江苏省明清以来碑刻资料选集》,北京:生活·读书·新知三联书店,1959 年。但此书误将碑名录作《翼宿神祠碑记》。

陕西由于是秦腔的发源地，因此拥有较多的本地腔种，其他省份就不一定有这种先决条件了，一些地区外来声腔剧种的成分还占了优势。例如同为戏曲大省的湖北，则除花鼓、采茶系的民间小戏外，主要流行腔种是皮黄声腔系统的戏，乃在与秦、徽两省声腔的长期融合中逐渐形成，如汉调（现称汉剧），承自襄阳腔，唱西皮与二黄，为湖北省的主要剧种，又分为襄河、府河、荆河、汉河四种流派；山二黄（汉调二黄），为汉调的一支，乾隆年间鄂东二黄戏进入鄂西北山区后形成；荆河戏，唱腔分为南、北路，流行于荆州、宜昌和湖南常德地区，又分为荆河、府河两支流派；南剧，为荆河戏流入鄂西在当地演变而成的剧种。另外如清戏、越调等，也难称本地剧种。清戏为青阳腔在湖北的存留，曾流行于黄州、汉阳、德安、安陆、襄阳五府的广大地区。越调（四股弦）明末已见于记载，唱腔以越调为主，可能是在南、北曲的宫调演变中，专门发展了越调一支，又分为湖北越调和河南越调，两者在风格上稍有差异。湖北越调流行于襄阳、郧阳、荆州、宜昌等地，目前已近失传。河南越调又分两派，一派流行于南阳地区，一派活动于豫东南地区。广西的情况与湖北略同。

还有一些省份干脆就只有外来腔种，或在外来表演成分基础上形成的新腔种。例如辽宁，拥有的几种小戏都是从关内流入的，一为彩扮莲花落，从河北东部流入辽宁锦州以西地区，又受到辽西蹦蹦戏的影响；二为海城喇叭戏（柳腔喇叭戏），在山西商贾带到辽宁海城的庆春歌舞基础上形成；三为辽南影调戏，为河北滦州皮影戏传到辽宁盖州后，逐渐发展并改为真人演出。例如台湾，明代有福建泉腔、潮腔渗入，清后随着大陆成批民众到台湾定居，闽、广两省的龙溪、漳州、同安、安溪等地的锦歌、车鼓、采茶等民间曲艺歌舞也传入台湾，后出现以说唱锦歌为主的民间乐社"歌仔馆"，又吸收车鼓、采茶等形式，逐渐走上戏台，在弋阳腔、乱弹、白字戏、七子班等影响下，发展为成熟的戏曲剧种。20世纪后，歌仔戏又返回大陆，在漳州、芗江一带形成芗剧，又流传到东南亚地区。

不管哪里来的剧种或演变声腔，在一地扎根以后，都会在当地环境的塑造下发生变化，俗语说"橘过江则为枳"，物候尚如此，作为复杂型综合艺术的戏曲更是会出现质的裂变和基因转型。例如昆曲在各地流传过程中不断发生变化。清康熙时人刘献廷《广阳杂记》里记述他在湖南衡阳观看村优演出昆曲《玉连环》，说是："楚人强作吴歈，丑拙至不可忍。如唱'红'为'横'，'公'为'庚'，'车'为'登'，'通'为'疼'之类……使非余久滞衡阳，几乎不辨一字。"清人顾彩《容美记游》写他曾在湘、鄂西一带的容美宣慰司听女优唱昆曲，说她们"初学吴腔，终带楚调"。孔尚任乾隆年间在山西平阳看昆曲，写有《平阳竹枝词五十首·踏歌词》咏其事，说当地演员是"扮作吴儿歌水调，申衙白相不分明"①，没有入声字，不押闭口音，已经唱走了声。例如潮腔在南戏基础上形成。编撰于明代嘉靖十四年（1535）的《广东通志初稿》卷十八《风俗》篇《御史戴璟正风俗条约》第十一条"禁淫戏"记载："潮俗多以乡音搬演戏文。"其结果便在以后形成了潮州腔，刊刻于嘉靖末年（1566）的《重刊五色潮泉插科增入诗词北曲勾栏荔镜记戏文全集》，就在文中明确标出"潮腔"字样。

根植地域文化土壤的结果，首先是表演语言靠向地方方言，其次是音乐唱腔逐渐吸收当地成分而发生地方性转化，再次是舞台表现方式和内容逐步趋向于当地群众的欣赏习惯和审美趣味。举粤剧为例。粤剧原系广东的外来剧种，始自清代中后期常来演出的徽班、湘班、汉班等，唱梆子、二黄等声腔，当地人称之为"外江班"。后来当地人向外江班学戏并演出，组建起本地班。本地班先是学演外地戏，逐渐创作出本地戏，并用当地方言演出，同时唱腔、伴奏、装扮、舞美等也发生变化，粤剧的地方化就完成了。② 这些转变使得剧种日益具备浓郁的地方特色，反映了一方民众的心理特征，因而也为当地群众所喜闻乐见，深入其起居文化中成为不可或缺的内容。

至于少数民族地区，也大多在汉族戏曲声腔剧种的影响下，形成自己的民族腔种。例如云南白剧，由白族"吹吹腔"和"大本曲"融合发展而成，可能受到弋阳腔的影响，产生于明末，流行于滇西白族居住区，剧目内容为汉族历史故事和白族民间传说。如壮剧，源自壮族元宵歌舞，形成于乾隆时期，又分为两个支派，一为土剧，流传于富宁壮族支系土族人中；另一为沙

321

---

① 《孔尚任诗文集》第二册，北京：中华书局，1962年，第401页。

② 参见李新华：《粤剧的起源及粤剧粤曲的关系》，《清远日报》2007年5月8日B2版。

剧,流行于广西壮族支系沙族人中。又有傣剧,源于傣族歌舞,形成于清末,流行于德宏傣族景颇族自治州。

因而,由戏曲声腔剧种的历史流动性、互为交融性和广泛包容性所决定,我们所说的地方戏拥有地方性特征,也只是相对而言。

四、定名

统计中国戏曲剧种的国家行为,发生在 20 世纪 50 年代,中华人民共和国各省的区划划定以后。和确定"国剧"的冲动一样,当时每个省也都有一种确定省剧的欲望,纷纷挑选一个本省影响最大的声腔剧种作为省剧,因此剧种以区划为名的现象多见,如京剧、豫剧、滇剧等。而这些剧种名称的确定,通常都有一个先在民间发生,渐成公众的约定俗成,最终被权威机构认定的过程。以豫剧为例。"豫剧"一词最早见于 1924 年《京报》副刊《戏剧周报》上河南王义成的文章《豫剧通论》。其时"豫剧"还是指在河南流行的所有剧种,包括河南梆子、二夹弦等。但是到了 20 世纪 40 年代,开封、兰州、西安的报界已经普遍用"豫剧"一词专门指称河南梆子,因此 1947 年河南太康人李战在兰州拉起一个河南梆子剧团,直接就称名为"新光豫剧团",次年他又创办了"私立新光豫剧学校",这是最早将豫剧名称用于剧团机构的做法。1951 年,中南区军政委员会副主席邓子恢在武汉看了"群众河南梆子剧团"的演出后说:"河南梆子是个小名,豫是河南省的简称,我看可以取个大名为豫剧比较恰当。"该团后即更名为"武汉市群众豫剧团"①。1952 年 12 月北京举办全国第一届戏曲观摩演出,河南梆子便被统一指称为豫剧了。20 世纪初还有不同剧种争夺一个地方官名的事件发生。流行于华北、东北、西北地区的评剧,起初在乡村演出时俗称蹦蹦戏、落子戏,后也叫平剧梆子腔,有剧团进入北平演出,当时皮黄称作平剧,皮黄班主就煽动武戏演员闯进落子戏班闹事。此事惊动了市政,派人进行调停,李大钊为落子班演员出了个主意:把"平"字加上言字旁变成"评"字,取其以评书说唱来评论

---

① 参见《豫剧的由来》,《中州统战》2003 年第 8 期。

社会、针砭现实的意思。此议为社会认可、为落子班采纳,评剧由此定名。①

概括起来,地方戏的定名规则主要有四类:一是以地命名。这其中又有以古地域命名的如秦腔、楚曲、越剧;以省市简称定名的如湘剧、闽剧、赣剧、粤剧、贵剧、川剧、黔剧、桂剧、沪剧、晋剧、吉剧;以地域命名的如汉剧、淮剧、琼剧、陇剧、辰河戏、西秦戏、芗剧、龙江剧;以府县为名的如婺剧、锡剧、扬剧、绍剧、瓯剧、睦剧、苏剧、宜黄戏、祁剧、潮剧、莆仙戏、黄梅戏、庐剧、泗州戏、蒲剧、西安乱弹等。二是以声腔、音乐、乐器或语言特征为名。如阿宫腔、耍孩儿戏、曲剧、越调、彩调戏、柳腔、柳琴戏、扬琴戏、大弦子戏、二夹弦、四股弦、肘鼓子、拉魂腔、碗碗腔、平弦戏、正字戏、白字戏等。三是以声腔(或种类)与地名结合命名。如秦腔有西府秦腔、老秦腔等,梆子有上党梆子、同州梆子、莱芜梆子、枣梆、宛梆等。又如新昌高腔、绍兴乱弹、武安平调、灵邱罗罗等,率皆此类。花鼓、花灯、采茶、秧歌等民间小戏系统的剧种也大多如此,诸如皖南花鼓戏、湖南花鼓戏、荆州花鼓戏、陕南花鼓戏、安康花鼓戏、云南花灯戏、贵州花灯戏、江西采茶戏、祁太秧歌戏、陕南道情戏、洪洞道情戏等。各地又多有各地的傩戏和目连戏,这里不再列举。四是以民族命名,如侗戏、布依戏、壮剧、白剧、傣剧、彝剧、藏剧等。

当然,戏曲剧种的名称五花八门,这里只是略总其命名的主要路径,仍有许多无法归纳。例如吕剧由"驴剧"而来,更名是为了文雅;五音戏由"五人戏"而来,定名时误读了方音;眉户戏又称迷胡戏,民间有不同叫法,对其定名也有不同说法,前者说是据眉县、户县地名而定,后者说是据其音乐旋律效果迷人而定,至今不能统一。

至于常见一剧种多名的现象,则是由于民间长期有不同称呼,或不同地方叫法不同,即使有权威机构已经发布定名,民间仍然相习不改。例如肘鼓子又叫周姑子、肘骨子、诌鼓子、郑国戏等,传说出自鲁南一种敲狗皮鼓演唱的姑娘腔,与清初山东姑娘腔有某种联系。在山东各地的长期流传过程中,演变出许多流派,又都有新的名称。在诸县、高密、胶县一带的称为本肘鼓(又叫老拐调、哦嗒唵),后称茂腔。本肘鼓的一支发展到胶东半岛的即墨、

323

---

① 参见《万事由来全知道·文艺体育卷》,北京:同心出版社,2006年。

平度、掖县(今莱州市)、莱阳一带,形成柳腔。章丘、历城一带的肘鼓子发展为五音戏(又叫五人班、五人戏、秧歌班),又分为东路、西路和北路三支。临沂、枣庄等地的肘鼓子则变化为拉魂腔,后称柳琴戏,逐渐扩展到苏北、豫东和皖北,也分为东路、中路和北路三支。拉魂腔在安徽北部产生了泗州戏,在江苏北部产生了淮海戏。

民间约定俗成和官方确认的结合,成为地方戏定名的主要途径。尽管其中的不尽科学之处比比皆是,但经过数十年来的长期运用,已经相沿成习。

五、根性

地方戏与民众互为依存的特殊关系是它的根性。首先,不同的声腔剧种对于民众的影响面是不一样的。例如"花部"与昆曲不同,其影响的观众平民也与士大夫有异。昆曲唱词文雅、情调悠闲,多表现青年书生的科举事业与爱情,受到士大夫阶层的欢迎,普通百姓则不喜欢这类掉书袋子卖弄学问、书生小姐调情骂俏的戏,而更喜欢情节紧凑、故事集中、戏剧性强的武戏、鬼戏、功夫戏,于是弋阳、乱弹、梆子等剧种更盛行民间。清人焦循《花部农谭》自序就谈道:昆曲深奥难懂,小民不喜,"花部"则农夫渔父都爱看,各村"递相演唱""聚以为欢"。

其次,不同的声腔剧种流行于不同地域,成为当地观众的娱乐对象和文化主体,而与当地民众发生精神融会和情感关联。例如陕西民谣说:"八百里秦川尘土飞扬,三千万老陕齐吼秦腔。"清代乾隆时期山东流行的是"山东姑娘腔",时人唐英《梁上眼》传奇里有一段说白:"你儿子在山东,每日里听的都是些姑娘腔,那腔调、排场,稀脑子烂熟。待我随口诌几句,带着关目唱一支儿。"乾隆后期河南的流行声腔是罗罗腔、梆子腔和弦索腔。乾隆五十三年(1788)重修河南《杞县志》卷八"风土志"说,当地乡民"好约会演戏,如逻逻、梆、弦等类"。嘉庆年间浙江衢州流行乱弹,《衢州县志》里录有郑桂东《竹枝词》曰:"乡风贪看乱弹班。"一地的流行腔种也不断发生变化,例如清代乾隆以前北京的流行声腔是秦腔、弋阳腔和罗罗腔,乾隆九年(1744),张坚《梦中缘》传奇序云:"长安(指北京——笔者注)梨园,所好秦声、罗、弋。"

而道光以后北京则流行二黄和梆子,杨懋建《长安看花记》说:"若二簧、梆子靡靡之音……台下好声鸦乱。"

地方剧种由于含有不同的文化特色,因而具有相异的文化品性与特征。它们彼此之间形成明显的区别,主要可以从以下五个方面来分判其根性:

第一,方言不同。运用不同方言是各地方戏最本质的区别。如清人李斗《扬州画舫录》卷五"新城北录下"说扬州:"郡城花部,皆系土人,谓本地乱弹,此土班也……然终止于土音乡谈,取悦于乡人而已,终不能通官话。"说的就是扬州本地乱弹腔运用当地方言——所谓"土音乡谈"而非"官话"演出。观众常常亲近本地剧种而疏远外地剧种的重要原因,就是由于方言。例如明刊《金瓶梅》第六十四回写西门庆在山东请两位北京来的宦官看海盐腔,薛内相看后不喜欢,说:"那蛮声哈刺,谁晓得他唱的是什么?"清人庞树柏《龙禅室摭谈》说,一次阮大铖为清军将领唱昆曲,清军多是北方人,听不懂,没有反应,阮大铖改唱弋阳腔,大家于是鼓掌称赞。清中叶小说《品花宝鉴》第三回里提到北京人听戏的嗜好:"不是我不爱听(昆曲),我实在听不懂,不晓得唱些什么。高腔倒有滋味儿。不然倒是梆子腔,还听得清楚。"这三则史料说明了方言演出与观赏效果的对应关系。当然,外地传播来的声腔剧种,使用的不一定是纯粹的当地方言,如京剧韵白念湖广音。

第二,曲调不同。各地曲调由于不同方言的作用而形成不同的地方风味,比如山西人唱《兰花花》,苏州人唱《好一朵茉莉花》,两者一粗犷率真一缠绵细腻,风味大不相同。腔调区分自古以来即形成。春秋战国时期的楚地民歌不同于中原,越歌又不同于楚歌,六朝时的吴歌、西曲构成与北方民歌完全不同的乐歌体系,两者风格差异很大。戏曲声腔剧种形成后,不同的腔种有着不同的特征,例如"秦声激越,多杀伐之声"[1],"乱弹者,其声甚散而哀"[2],"弦索腔……其声悠然以长"[3],它们各自培养起了不同的观众群和拥戴者。各地民间熟稔了当地流行声腔后,会对之产生亲切感和情感依赖,外地人则或许听不惯。例如清代《缀白裘》第七集收有传奇《麒麟阁·反

325

---

① 〔清〕叶德辉:《重刊秦云撷英小谱序》,载清刊本《秦云撷英小谱》卷首。
② 〔清〕刘献廷:《广阳杂记》,清功顺堂本。
③ 〔清〕李调元:《剧话》卷上,清万卷楼《函海》本。

牢》一出戏，写程咬金、尤俊达被囚禁在山东历城县监牢里，众囚徒和狱官聚首，就一起唱山东姑娘腔。而清代雍正年间写《粤游纪程》的录天，则讥刺广东的广腔是"一唱众和，蛮音杂陈，凡演一出，必闹锣鼓良久，再为登场"。这两个例子说明对待地方声腔的不同态度。一般来说，曲牌体腔种声多字少，擅长抒情，而板腔体腔种则字多声少，擅长叙事，所以有人厌烦前者的行腔舒缓，而爱好后者的急劲快捷。例如清人焦循《花部农谭》说："吴音（昆曲）繁缛……听者使未睹本文，无不茫然不知所谓。"而昭梿《啸亭杂录》卷八说秦腔则是："词虽鄙猥，然其繁音促节，呜呜动人。"

第三，乐器不同。梆子声腔的通用乐器为梆子。乾隆二十一年（1756）李声振《百戏竹枝词》说："梆子腔，以其击木若柝形者节歌也。"① 康熙五十一年（1712）四川绵竹县令陆箕永《绵州竹枝词》描写秦腔则是"铁拨檀槽柘为梆"②。乱弹腔的特征是不用拉弦乐器，只用月琴一类弹拨乐器伴奏。二黄腔的主乐器是胡琴，李调元乾隆四十年（1775）写的《剧话》卷上说："胡琴腔起于江右，今世盛传其音。专以胡琴为节奏，淫冶妖邪，如怨如诉，声之最淫者。又名二黄腔。"许多剧种拥有自己的专用乐器，例如陕西老腔用木块砸板凳作为敲击乐，福建莆仙戏里保留了宋元时期的觱篥。一些剧种的名称即带出其伴奏乐器与曲调特色，如北京丝弦腔用月琴伴奏，清人李声振《百戏竹枝词》说："月琴曲，形圆如月者以节歌。然曲近秦声，俗又名丝弦腔。"③ 又如河南坠子嗡用坠胡，大弦子戏用三弦，大笛子戏用唢呐（俗称大笛），山西碗碗腔的响铜敲击声清脆悦耳，河南曲剧的曲胡婉转悠扬。声腔剧种使用的乐器也会随历史进程而发生变化。例如早期秦腔不用拉弦乐器，只用月琴一类弹拨乐器伴奏④，乾隆后期魏长生改革秦腔，添加进胡琴，

① 路工编选：《清代北京竹枝词（十三种）》，北京：北京古籍出版社，1982年，第157页。

② 民国《绵阳县志》卷三十六引。

③ 路工编选：《清代北京竹枝词（十三种）》，北京：北京古籍出版社，1982年，第159页。

④ 乾隆四十年（1775）李调元在《剧话》卷上说："俗传钱氏《缀白裘外集》有秦腔，始于陕西。以梆为板，月琴应之，亦有紧、慢。俗呼'梆子腔'，蜀谓之'乱弹'。"康熙五十一年（1712）四川绵竹县令陆箕永所写《绵州竹枝词》，描写秦腔则是"铁拨檀槽柘为梆"（《绵阳县志》卷三十六引）。"檀槽"，指琴、琵类乐器，用拨不用弓，此处即指月琴。陆箕永跟李调元的说法是一样的。我们从李氏的说法里还可以知道，秦腔当时除被称作梆子腔外，还被称作乱弹，乱弹的名字是从月琴弹拨而来的。

于是天下风靡①。罗戏原先敲击大锣，用三弦伴奏，有康熙三十二年(1693)纂刻的《燕九竹枝词》里陈健夫词可证："锣鼓喧阗满钵堂，弯弹花旦学边妆。三弦不数江南曲，唯有啰啰独擅场。"但后来河南罗戏所用主乐器已经演变为唢呐，所以又称大笛子戏。

第四，表演方式不同。昆曲载歌载舞、声清韵悠，多表现文士书生的琴棋书画、礼尚往来，青年男女的眉目传情、卿卿我我。花鼓、采茶、花灯一类民间小戏的表演靠近生活动作，多为小生、小旦、小丑的民间生活戏，生动活泼、情趣盎然。乱弹戏重动作，李斗《扬州画舫录》卷五"新城北录下"条说它"以旦丑、跳虫为重，武小生、大花面次之"，很明显，这种角色结构是以表演动作戏为重的。所谓"跳虫"即武丑，李斗解释说："跳虫又丑中最贵者也，以头委地、翘首跳道及锤铜之属。""以头委地、翘首跳道"就是翻花样筋斗，又应工锤铜等兵器格斗。武丑、武小生、大花面的设置都是为表演武戏服务的，于是，乱弹戏在舞台上充分地发展了武技。京剧在京都环境下博采众长，发展成庄严典雅、凝练厚重的剧种，程式规范、行当谨严、行腔流畅、做工精细、声调铿锵、词情并茂，尤其擅演表现宫廷政治和军事斗争的大戏、袍带戏。各个剧种都有自己独特的绝活，如川剧的藏刀、变脸、矮子步，如莆仙戏的旦行走蹀步、丑行走矮步等。京剧在清廷限制下发展起成熟的男旦艺术，越剧则形成了以女子扮演生、老生、净、杂隶各路男性角色的舞台特征。

第五，风格不同。由于所运用方言、曲调、表演方法和伴奏乐器各方面的差异，地方戏之间有着明显的风格差异。例如昆曲典雅绮丽、文辞华美、轻歌曼舞、婉转悠扬。梆子腔剧种高亢激越、浑朴苍凉、行腔快捷、一泻千里。秧歌、采茶、花鼓戏活泼轻盈、欢快亮丽、民间气息浓厚。20世纪新兴的越剧、沪剧等则舞台齐整、台风亮丽。一般来说，由自然物候、民间心理等原因所决定，南方产生的剧种通常轻盈亮丽、婉转悠扬，北方形成的剧种多粗犷高亢、厚重质朴；而由渊源、传统、积累厚度和舞台经验等因素所决定，大剧种往往法度谨严、台风庄重、程式烦冗、手法多样，小剧种则轻巧活泼、

---

① 写于乾隆五十年(1785)的吴长元《燕兰小谱》说："蜀伶新出琴腔，即甘肃调，名西秦腔。其器不用笙、笛，以胡琴为主，月琴副之。工尺咿唔如话，旦色之无歌喉者，每借以藏拙焉。"

简单粗陋、手法单一、避重就轻。

六、濡染

明清以后的中国民间生活里,地方戏演出占据了绝对重要的位置。人们一年之中的主要文化生活,从祭祀敬神、年节庆贺、红白喜事一直到日常交往和娱乐,都与戏曲结下不解之缘。于是,地方戏所具有的文化特性与审美特征,就在当地人耳濡目染的过程中浸润渗透为其心理结构中的文化沉淀,成为其精神家园的珍藏。

中华文化中的诗乐传统常有盛行佳话,例如唐朝白居易的诗歌平易浅近流传最广,有"妇孺皆知"说;北宋柳永的词作婉转凄清流传最广,有"凡有井水饮处,皆能歌柳词"①说。这些极言对地方戏来说最终成为事实,中华大地上可说凡有人居处皆有戏曲,这在世界文化中是一大奇迹。而晚清以来地方戏共形成了 300 多个剧种,积累起 51876 个传统剧目②,其中京剧、秦腔、豫剧、川剧等大剧种都各有 5000 个以上的剧目,把中国历史从上古神话开始到二十四史的内容一直到现代生活都敷衍净尽,其范围可以涵盖一整部中国文明史,这种情况在全世界也是唯一的。传播的覆盖靡遗与内容的地覆海涵,使地方戏将它的辐射力,投影在中国人的整体精神家园中。

地方戏是一座连接精英文化和大众文化的桥梁,上至宫廷贵族士大夫,下到平民百姓三教九流,都成为它的爱好者,其影响因而深入民间。明清以来,它以民俗文化主流的姿态进入并牢牢占据着村落社区的精神空间,孩子从小就在其中濡染中国文化的传统墨色,如鲁迅小说《社戏》里所描写的生动情景那样。清人焦循《花部农谭》自序说地方戏:"其事多忠孝节义,足以动人,其词直质,虽妇孺亦能解,其音慷慨,血气为之动荡。"古代普通小民,尤其妇女没有读书识字的条件,他们的历史文化知识、善恶观念、审美能力

---

① 〔宋〕叶梦得:《避暑录话》,四库全书本。

② 此剧目数字系 1957 年文化部召开的第二次全国戏曲剧目工作会议统计,是当时全国经过整改的传统剧目数。参见高义龙、李晓主编:《中国戏曲现代戏史》,上海:上海文化出版社,1999 年,第 195 页;《中国大百科全书·戏曲曲艺卷》,北京:中国大百科全书出版社,1983 年,第 329 页。

和情趣都从看戏中来,他们同时也从戏曲演出中得到娱乐,看戏成为其日常生活中最为流行和风靡的事。地方戏承载了众多的文化负载,因而成为中国人性格的组成部分,成为中国人文化性格的核心,成为我们今天的生命基因。

肤色、种族、语言、习俗是一个文化共同的基因,离家在外,乡音乡曲则成为乡情的寄托物。李白《春夜洛城闻笛》诗说:"此夜曲中闻折柳,何人不起故园情。"乡音曲调有着浓重的移情作用:"一声何满子,双泪落君前。"①地方戏兴起后,不同地域观众都培养起了对地方戏的熟悉感、亲切感和牵情感,走遍天涯海角,只要听到地方戏曲调,心底就会涌起五味俱全的复杂情感。古代条件下戏曲的传播多得力于这种乡梓文化需求,许多地方剧种都沿着本地会馆在各地建立的路线而流动,甚至传播到南洋、美国、澳洲、欧洲各国的唐人街。而在外地看家乡戏的活动,常常会演变为民俗狂欢的盛会。今天华人的足迹遍及全球,我们也到处听得到地方戏唱腔在世界各地的回响。

眼下我们面临全球化背景下保护本土文化资源、守望精神家园的重任。什么是中国人的精神家园?乡音乡曲是中国人寻找情感寄托、身份认同和精神归属的对象,传达乡音乡情的地方戏就成为我们最重要的精神家园之一。

七、挑战

地方戏不断繁衍分化出新剧种的趋势至20世纪50年代达到高潮,然后逐渐止息,中国开始了由农业社会向工业社会、由乡村生活向都市生活的社会转型。产生于农耕文化土壤上的地方戏遭遇了时代窘境,于现代工业经济迅速崛起的80年代以后走向萎缩。这一文化景观成为当代中国的复杂社会存在。

经历了长期战乱动荡的社会安定下来,开始从事固定的生产和生活。

---

① 〔唐〕张祜:《宫词二首》其一,引自〔唐〕范摅《云溪友议》卷中,《太平广记》本。

在民间自由流动的地方戏戏班,也按照行政区划固定在都市中,并且通过制度改造,全面改变了传统的经营方式、训练方式、传承方式和演出方式。剧团固定化、都市化、剧场化和行政化,以及戏曲演员干部化的做法,违背了戏曲600年来在城乡自由流动和演出与民俗活动结合的天性。地方戏的发展演变在饱享时代机遇的同时也遭遇了体制瓶颈,而舞台的西化倾向以及社会"左"倾思潮的钳制加剧了其危机。

进入现代社会以后,地方戏的生存环境改变了,都市的背景改变了,人们的生活节奏改变了,人们休闲娱乐的方式改变了,时代审美主潮改变了,众多时代流行艺术吸引和分散了观众的注意力,这些决定了地方戏必然面临时代性压力。地方戏所遇到的现代挑战是严峻的,去掉社会和环境的重重压力不论,地方戏在形式发展上也深陷进退失据的泥淖,这其中,又有其作为戏曲整体而面对的共性挑战,以及作为地方戏所面对的特殊挑战。

作为戏曲整体所遇到的问题是,它的内容必须与现实生活密切关联,才能维持自身生命的鲜活状态。而在反映现代生活的路途中,如何既遵循传统的美学原则以保守住自己的传统特色,又能吸收新的表现手法来体现时代特色,构成了一对难以调和的矛盾。从形式上说,戏曲创新和表现现实生活的难点在于:由古代现实生活作总结、提炼、升华、美化后形成的传统程式,怎样用来描述现代生活行为;那些附载于袍服、水袖、靠旗、靴子而形成惯例、构成审美欣赏定式的一招一式的表演功夫,如何能够移接于今天的人物动作;扬弃了古人的马鞭、车旗、轿子、刀枪把子之后,现代人怎样在舞台上行进、交接与打斗;更重要的是,古人行腔缓慢、摇曳多姿、有板有眼、一唱三叹的唱腔艺术,能否成为今天快节奏社会的审美聚焦? 反之,抛弃了这一切古典特质的舞台样式,还能够称之为戏曲吗? 缺失了传统美学韵味的戏曲,又有多少存在的价值? 充盈着丰厚民族审美积淀的古典程式与现代生活内容的错位,造成传统与现实的矛盾,成为戏曲继承与创新的瓶颈。

今天戏曲的尴尬在于其自身特征的逐步消失,这很大程度上一方面来自现代科技对戏曲舞台的支撑与阉割,另一方面来自戏曲对于舞台公共导演越来越多的依赖。新时期舞台技术的巨大跨步,造成重大的时尚转移。现代戏曲在舞台设备现代化、电子化、程控化的基础上,广泛受到影视艺术和其他综合艺术的影响,舞台为日益加重的声光电效果所充斥,改变了其自身的原始质朴与浑融。戏曲表演对声光电特效的依赖日益严重,这既反映了戏曲的时代性进步,也使舞台受到严重的物理冲击,而减少了表演的独立含量。对舞台公共导演的依赖导致戏曲的进一步话剧化、歌舞化、影视化,使得原始的戏曲质被众量消除。戏曲的面目正在模糊,棱角分明的塑型正在融为一团混沌。时代共力的作用,使戏曲日益泯灭了独特性。

然而,当经过长期的摸索,戏曲终于有了一些可以较好地解决内容和形式矛盾的舞台手段时,时代审美却已经疏远和放逐了 600 年来人们钟情的戏曲,转向其他林林总总、五光十色、亮丽炫奇、令人目不暇接的当代艺术、外来艺术和流行艺术,戏曲剧场却门可罗雀!

地方戏遇到的特殊挑战在于,地方小剧种受到成熟大剧种磁场的吸引,在不断朝向正规化、规范化、成熟化发展的同时,也泯灭了其活泼天真、稚嫩拙朴的本性,这在戏曲史上虽然是趋势性规律,但个性泯灭的代价就是剧种特征的消除及存在价值的消失,众多的地方小剧种,特征不够鲜明、艺术不够独立的剧种迅速消亡或被同化掉了。坚持用方言演出是在维护地方戏的基本阵地,但是,全国范围内人口的再次流动和世界性交流的日益加强,强化了对于普通话的使用,缩小了方言乃至地方戏的影响力。舞台公共表意手段的经常共用,使得地方戏的地方文化和民俗特征逐步湮灭——许多地方戏的独有特征仅剩下唱腔,而地方唱腔又在外来音乐和配器的掺并下开始了蜕变。一些有特点的传统行当渐渐消亡,如京剧、川剧里的丑行,造成了地方戏审美概括力的蜕化。伴随着众多传统剧目消失的,是现在属于"人类非物质文化遗产"概念范畴的舞台表演艺术,其中包括各种表演特技、各种特殊的演唱处理方法及其韵味、各种特色装扮和服饰道具等。

地方戏遭遇了艰难的文化转型,其传统的舞台方式因受到现实需求的冲击而扭曲,它更在期盼时代审美潮流对自己反顾与择取的等待中一直心怀忐忑。

八、思考

然而,地方戏仍然是广大民众爱好的艺术样式,它每日每时都在广袤幅面的城市乡村间演出,有着广泛的观众群和爱好者。经历了曲折的探索、尝试与调整之后,地方戏这种典型的传统艺术,正与各种现代艺术样式一道,蹒跚地走向未来。

今天,随着昆曲、粤剧和京剧相继成为人类非物质文化遗产代表作,人们已经有了保护好地方戏的普遍意识。在各种保护思路、方案和措施陆续出台的时候,对于地方戏的时代性存活与发展,我们有如下思考:

首先,继承与创新是地方戏发展的必由之路。地方戏的本质要求它的发展轨迹必然是不断地继承和不断地创新。京剧在它200多年的演变史中从来没有凝固化,从徽班、汉调的二黄、西皮到吸收梆子、昆曲再到改良新戏、时装和古装新戏一直到现代戏,创造出日益丰富的表演手段和日益增强的舞台表现力。一部地方戏的历史就是不断发展变化提高,不断推出各时代的代表人物、代表剧目和唱腔流派的历史,地方戏只有不断继承与创新才能保持旺盛的生命力。

这一点和日本的能乐、歌舞伎的完全保留原样有着本质的不同。日本古典戏剧有着代代承袭固定不变的文化性格,而中国戏曲在它漫长的历史发展过程里,始终处在渐进式的演变之中,从杂剧、南戏到昆曲、梆子、皮黄一直到各种地方戏,因而先天具备"时代化"的基因,它在现代社会里的发生改变仍然是性质使然。只是这种改变以往都在相对固定的古代生活方式中完成,因而显得"润物细无声"般不着痕迹。20世纪社会生活从古老向现代的巨大飞跃,使得舞台转变遇到了实质性的跨越障碍,戏曲要面对的已经不是古代性质而是现代性质的现实生活了,地方戏的转变也就面临着"变质"的危险。

问题似乎还应该反向思考:地方戏如果不能继续像以往800年一样在现实生活里保持活性繁衍,它是否也就被改变本性,从此失去了生命活力乃至生命力?与时俱进是中国戏曲的本质特征。我们不能违背戏曲的本性,不能违背艺术规律。即使是已经成为人类非物质文化遗产的昆曲、粤剧、京剧等古老剧种亦需要创新。然而,戏曲又必须拥有丰盈的传统美学元素,仅仅继承唱腔不等于传承了戏曲,"话剧加唱"不为观众认可与接受,实现戏曲美学神韵的传递成为现代戏曲追求的方向。但是,戏曲必须创造现代生活程式吗？现代生活可否提炼为程式？程式与观众的现代审美心理是否构成矛盾？这些都成为地方戏所必须面对与超越的课题。

其次，地方戏的继承创新要遵循特定的艺术规律、尊重其质的规定性。大家都认可梅兰芳先生为京剧继承创新所归纳的"移步不换形"法则，这是大师自己长期继承创新的经验积累和理论提升。地方戏既要创新就不能离开它的本体、它的根、它的魂，即它的综合性特征，它写意性、程式性、虚拟性的表现手法，以及它的独特地方风味，这是它的美学本质。其创新一定是建立在这种传统基础上的，任何脱离传统的创新都是拔根行为。

当下舞台上地方戏的同质化趋势，成为它的发展瓶颈，造成地方戏最大的断根危机。地方戏最本质的部分除了方言，就是它的声腔曲调、它的基本旋律和韵味，这是它区别于其他声腔剧种的决定性要素，是它的独特属性，也是它不能被危及的根本部位和命脉所在。这部分出现问题，观众就不买账，就会问你究竟是姓京、姓昆还是姓梆。

再次，任何地方剧种，无论它的覆盖面、观众群、影响力大小，也无论它的历史长短、积累厚薄、特征强弱、美学形态完善与否，都具备同等的价值。我们决不可凭依一个剧种当下呈现的强弱态势来判断其存在价值和意义，历史上曾经盛行的强大声腔剧种最初都由弱小发轫，占据中心舞台的艺术种类永远都是从边缘走进来的。历史机遇也并不会永远青睐当时的强盛种类，南戏于宋杂剧兴盛时起自温州的村坊小曲，昆曲于北杂剧炙手可热时起自昆山，而清初统治全国的昆腔被花部挤垮，清乾隆年间统治北京的京腔被皮黄挤垮。这些还都是正向发展的例子，违背常规的因缘机遇也时见成果，20 世纪 50 年代初奄奄一息的昆曲重新崛起，21 世纪开端青春版昆曲再次耀目，甚至还有更极端的实例：当代已经几无人知晓而质野古朴的陕西老腔，经导演林兆华之手搬上话剧舞台，竟然在观众心中产生长久消失不了的审美震撼！

事实上，对传统的发现与再发现，为人类艺术史特别是当代艺术提供了不竭的动力源泉。20 世纪欧美艺术家从非洲、澳洲土著艺术里寻找到创作灵感，诱发了现代派艺术的崛起。欧美戏剧家从日本、中国、巴厘岛古老戏剧样式里发现了表演的原始可能性，促成了舞台变革的大潮。中国戏曲研究者从边缘闭塞山野乡村的傩戏、目连戏里发掘出传统表演的原始基因,激发了当代戏剧创新的灵感。传统激成了人类历史上无数次的创造力迸发,重复证明着一个真理:人类文明的任何过往都在指向着未来。

今天的时代已经走到人类文明发展的最高阶梯,一些普泛化的价值观得到越来越多的国际认可。如同弱势群体必须被同样尊重一样,如同异质文明必须被同样理解一样,如同任何一种民族民间艺术都有其特殊文化意蕴和审美内涵必须被同样关注一样,所有的地方剧种都具备不可替代的价值。

社会整体认识到地方戏的特殊文化价值与审美价值,认识到它的民族性与根性,认识到中国人对它不可替代的情感依赖与原乡情结后,会增强对它的保存和保护意识。我们尤其还观察到,不同的地方剧种都有自己或大或小的观众群和拥戴群,以自己的特色和风格吸引着一方爱好者。地方剧种无论欣赏对象的群体大小、人数多寡,都应受到同等的尊重。每一地人的寄托、记忆、眷恋各异,故地方戏的精神和艺术价值要由当地人去认定,甚至由每一个体去认定,绝非外人可以随意评判、任意肢解、代替处理、率意罢黜。①

让我们共同为地方戏做一点工作,让我们为传统的地方戏辟出一方适宜领地。

地方戏的未来,寄希望于我们的时代。

(原载《戏剧艺术》2011 年第 4 期)

---

① 余秋雨先生最近提出"文化淘汰论",说太多的传统挤占了空间不利于创新,必须消除一部分来为创新腾出地方;地方戏种类繁多、形态各异、成熟程度不同而不都具备保存价值,可以消除一部分。(余秋雨:《文化被淘汰不是坏事,淘汰腾出创新空间》,《人民日报》2011 年 2 月 11 日)本人对此议不敢苟同并感到惊讶。文化发展永远都是通过创新来淘汰陈旧,但永远不是通过消灭陈旧来促使创新,所谓"破旧立新""不破不立"。创新只能在继承的基础上起步,在旧的肌体上(例如传统文化、相沿艺术)自然长出,清除了传统拔着头发离开地球的创新只能是空想。文化发展的前提是种子的先决存在,一旦遇到适合的条件新苗即会蓬勃而发,失去种子,任何东西都无法凭空而生。而哪一部分传统、哪一颗种子会勃发,是无法料定并事先做出选择的,并不是只有时尚认可的种子才会勃发,先期"淘汰"或许就会消灭一个未来能够走向蓬勃兴盛的艺术种子。

戏曲：作为一种文化审视的对象

——读《中国戏曲文化》

近年文化学的走热实在不是一件偶然的事情。无论是对于一种文明及其内在推动力的潜层探求，还是对诸多现代人文学科甚至自然学科自身奥秘的深入研索，都从不同的路向提出了一个前拓性命题：进一步解读其所由支撑的文化。确实，除却地理、气候、资源等自然因素之外，文化是一个社会结构的深层控力，也是各个学科的内在纠结网络。循着对它更深层次的探讨，我们无疑可以找到一些新的视点和方向，打开学科拓展的思路。

戏曲作为一种文化审视的对象，具有特殊的研究功能。这是由于，戏曲在中国古代晚期社会里，是作为民俗文化的汇总和集大成体而显像的。戏曲的特殊内容蕴载力使它成为最广泛承载了中国传统文化积淀的物类——从思维方式、哲学意识、宗教心理、伦理准则、审美观念一直到百姓日用习俗，都在它的肌体中得到充分体现。戏曲在当时民众中具有最为便利的传播功能，它深入民间的程度在当时非其他任何艺术样式所可比拟，这又使它成为沟通社会文化大环境（政体社会的意识形态）与小环境（民间社会的思想氛围）的畅通渠道。作为文化积淀物同时又是传播物的戏曲，其自身样式与特征的确立自然就包蕴了复杂的社会文化因素的作用，以往我们的戏曲研究注重本体的审视，而比较忽略对这些社会文化因素交相作用的探讨，无疑是不够全面的。

周育德先生《中国戏曲文化》一书，试图在这些方面有所拓展，读来令人耳目一新。书中将戏曲本体视为一个"场"，一个具有普遍联系的信息系统，它与外界条件发生着千丝万缕的联系，从而制约着本体的发生、发展、变迁与衍流。戏曲体态与风姿的确立决定于中华民族传统文化心理的制约，例

335

如戏曲综合舞台艺术体制的形成与中国人整体浑然性思维特点有着密不可分的联系,戏曲舞台美学特性里的时空自由观与中国传统宇宙观保持着内在的统一,而表演写意性原则的确立则与传统审美发现中对于"意"与"神"的强调相辅相成。书中对于这些联系都有着精彩的论述。但是,该书又不是一本单纯的推理著作,它不建构在概念与概念的过渡上,而是托体于厚重的历史时空中,因而仍然是一部戏曲史著,它只是将上述思想潜融于历史的叙述过程中,从而使自己获得了既追文化渊薮又显现史著特征的全新特色,尽管这二者间的联系与呼应还不尽完熟合理。相比较而言,在史的叙述方面,该书体系井然,层次清晰,吸收融会了近年诸多的文献、文物发现和研究成果;在文化层面的探讨上,该书时有璀璨之笔,但整体思维结构显得较为潜隐与纤弱,这当然与它初次组合这一设计的性质有关。

(原载《中国文化报》1997 年 11 月 23 日)

戏曲文物学的奠基

——刘念兹《戏曲文物丛考》评介

中国戏曲是中国文化史上一种独异的艺术形态,它在自己长期的发展历程中,占据了广大社会阶层精神文化生活中极其显著的位置,不仅成为城乡娱乐的主要方式,而且跻入了世俗意识中两个庄重而神圣的领域:祭祀与乐舞。中国戏曲发展中出现的这种独特社会文化现象,使它的活动遗迹得天独厚地被广泛保存在各种形式的文物形态中。近 30 年来,随着中国考古学由史前考古学向历史时代考古学领域的扩展,戏曲文物也不断地被发现和出土。对这些戏曲遗迹进行考察研究,以探讨中国戏曲起源、形成和发展的历史面貌,以观察戏曲作为舞台艺术形态发展、演变的历史过程,以填补戏曲史上由于史籍匮乏而造成的空白,这种研究范畴的展开即形成戏曲文物学。戏曲文物学,是中国戏曲学与中国考古学两门学科结合的产物,是运用考古学手段来研究戏曲历史现象的一门新兴边缘学科。

刘念兹先生于 20 世纪 50 年代开始从事戏曲文物的研究。20 世纪 50 年代末,刘先生在考察了晋南两件金元时期著名的戏曲文物之后,发表了两篇重要的学术论文:《明应王殿元代戏剧壁画调查札记》《金代侯马董墓舞台调查报告》,拉开了中国戏曲文物学的序幕。这两篇论文在考察元杂剧的演出形式、论证金院本的发展及表演形态方面,为中国戏曲史研究拓开了新的路子,因而产生了广泛的社会影响,引起国内外学者的注目,长期以来被各国戏曲史研究著作频繁征引。刘先生的工作,吸引了一批学者将注意力投向戏曲文物的研究。以后,刘先生的继续深入研讨,使他在这个领域内多有创获。更重要的是,随着考古工作中戏曲文物的大批发现,一支专门的研究队伍正在形成,中国戏曲文物学作为一门专门学科的基础已经奠定了。

刘念兹先生对戏曲文物的研究包括三个方面：一是甄别鉴定，考其本原。宋元戏曲文物，由于历史风沙的掩埋，已使人们长久失去对它们的认识与了解。清代极其兴盛的金石考古之学，一则不重视近古文物遗存，一则受当时社会视戏曲为"小道""末技"风习的影响，对传世戏曲文物不着一词。一些收藏家藏有宋元戏曲雕砖等，亦疏于辨识。例如展现北宋汴京杂剧女演员形象风貌的"丁都赛"雕砖，原为定海方若旧藏，后归历史博物馆，即长期不为世人所识，最终被刘念兹先生甄别出来。这类工作在对墓葬出土文物的鉴定中更是大量存在。二是以物证史，宏其奥旨。中国戏曲因其舞台艺术的特质，具有形象流逝性和时间一次性的特点。仅仅依靠书面的文字记载使今人与古代戏曲存在着很大的距离，史料的不足更是带来人们认识上的障碍。刘念兹先生从事戏曲文物研究的主要目的即在于建立实证史学，用确凿的实物依据和科学的研究方法来论证古代戏曲形态。这种研究方法及其成果已被多方吸入当代戏曲史、文学史著作当中。三是统筹归纳，建其体系。中国戏曲文物学作为一门学科，有其自身的体系系统。刘念兹先生在对戏曲文物进行长期研究的过程中，陆续搜集了大量的资料，对之进行整理归类、分纲别目，以史为经，以类为纬，经界出戏曲文物的范畴，为中国戏曲文物学的建立作出了理论和实践的准备。综括这三方面的工作，从微观的具体考证，到宏观的体系确立，构成了刘念兹先生 30 年来的戏曲文物研究框架。这副框架的基本面貌，就反映在《戏曲文物丛考》一书中。

中国戏曲文物学尚属于一门新兴学科，因而无论从研究方法上还是理论概括上，都需要进一步充实和完善。《戏曲文物丛考》是中国戏曲文物学的第一项研究成果，亦是中国戏曲文物学的奠基之作。也正因为如此，它也存在着草创时期的痕迹。所提出的许多问题，尚待进行深入研究；所下的一些论断，也并非最终结论。从这个意义来说，《戏曲文物丛考》一书的出版，也必定会推动戏曲文物学这门学科向纵深发展。

（1986 年 10 月 7 日）

为传统艺术继绝学

——赞《中国昆剧大辞典》出版

随着水泥楼阵与高速公路、立交桥的无限延伸,现代社会迅速摧毁了大量古代文化遗存,包括它的物态与民俗态结晶。于是,田园的静谧成为现代都市人夜深时的梦想。一些文化学者开始风尘仆仆地四处奔走游说,把"挽救""保护"的标识戴在头顶,成为精疲力竭、口干舌燥的人群。忽而有喜讯从联合国教科文组织巴黎总部传来:昆曲被列为"人类口头和非物质遗产代表作",东方古老的国粹成了人类博物馆藏品中的珍玩。虽然这座建立在文件上的博物馆还只是导引了一种精神性的倾向,它所引起的国人的欢呼雀跃已经足以令人感奋。当人们把目光投注到这块文化沃土,准备做些什么的时候,却发现早已有人在这里默默耕耘了多少个春秋,春华秋实的硕果已经累累挂结在枝头!眼下,由吴新雷主编的《中国昆剧大辞典》,厚墩墩一大本,洋洋300余万言的文字集成,就摆在我的案头,散发出兰麝般的清香。静默地翻阅着它,我沉浸在一种精神的游骛状态,暂时忘却了外面熙熙攘攘的物质社会。

中国传统文化的承传史上,"盛世修志"是为佳话,于是20世纪90年代成为各类大部头史志辞典汇涌而出的时代。然而,这部昆剧辞典的问世,却又饱含着个体生命的多少历练与磨难。读一读吴教授的序言,我们看到的是一种对昆剧研究工作的文化朝圣般的生命投入,感觉到的是一种不避"苦其心志、劳其筋骨"的艰辛、自觉以缚鸡之力承担"天之大任"的历史性悲怆。昆曲之衰颓久矣!19世纪已经是为"遗响",20世纪更退却到"曲社""曲堂"里蛰伏,红氍毹上中华人民共和国成立后则仅余"传"字辈一线单传。近半个世纪的寻寻觅觅、筚路蓝缕、掘隐发微,吴先生成为"昆痴"。痴者亦有同道,与俞为民、顾聆森二先生在昆曲学领域里的聚首,是谓"痴合"。"痴"即是立志,即是执着于一项事业，这种文化情结促发了本部辞典的构想，并推动了6年的艰难进程，一直到最终完成。我从辞典背后读出的，是从事此工作的人的献身与生命投入。

我之所以盛赞这项事业，是由于昆曲作为一种独特的文化载体，值得学者付出生命。想想看，人类戏剧的四种古老品类中，古希腊戏剧早已沉积为爱琴海沿岸的残损石头剧场遗址，印度梵剧更是随着南亚次大陆频仍的海风飘散得无影无踪，只有中国的戏曲之花历千年而不败，和日本能乐一道穿透历史的屏障传承到今天。单纯讲昆剧本身的历史，我们也可以追溯到600年前元代的名曲家顾坚和他所存身的昆山千墩——正是在这里凭吊时，吴、俞、顾三先生萌发了编撰辞典的念头并立即付诸实施。昆剧是中国传统文化发展到成熟阶段的产物，于是它载托了封建文化众多而庞杂的内容物质，以自身精巧雅致的古典美、玲珑剔透的艺术质、悠扬婉转的音乐旋律、纤丽婀娜的舞蹈身段以及对人生百态写神寓形的场景，把一种绮丽精纯的古典艺术奉献给观众。然而，面对现代社会的坚硬逼迫，它却正在哀婉地退出现代人的视野、走向衰亡！2001年联合国教科文组织选定中国昆剧和日本能乐作为人类口头遗产保护对象，实在是眼光颇著。吴、俞、顾三先生为之投入6年的生命，越发显得有价值。

辞典自然是包罗万象的，我们面前展开了一整个昆剧学科的架构，从舞台综合艺术的分类解析到文本遗产的搜罗爬梳，从源流追溯到流派传承。于是，一典在手，昆剧艺术的历史信息和现实面貌就展现无遗。尽管这种丰富性和求全性偶尔也会使边缘模糊，造成"斯坦尼斯拉夫斯基体系""陌生化""打破第四堵墙"等词目的羼入，毕竟完备要优于缺失。内中一些成分已经被时代忘却久远，例如曲律腔格与发音咬字规则，20世纪前叶吴梅先生潜心其中问学的时候，这些已被世人视为绝学；许多内容都是既有研究成果中缺乏现成货存的，例如对历代昆剧家班、职业戏班、曲社、曲堂的全面收录，这需要下专门的考证功夫。我眼中看到的是一座极难攀登的巨山和编撰者辛勤跋涉的身影。然而，吴先生们成功地抵达了目的地。他们值得骄傲。

（原载《光明日报》2003年1月29日）

感人的文化坚守精神

——评《中国京剧百科全书》

中国大百科全书出版社在出版了《中国大百科全书》《不列颠百科全书》《中国百科大词典》《中国儿童百科全书》等综合性百科全书之后，开始把注意力的一个重点放在专业百科全书上，体现为中国传统文化晚近代表物之一的京剧于是率先进入人们的视野。其内容虽然在 1993 年出版、2009 年再版的《中国大百科全书·戏曲曲艺卷》中有所涉及，毕竟无法涵盖京剧文化的博大丰厚于万一，而百年来人们对于这一领域日渐增加的浓厚兴趣和知识积累，使得为之编纂专门的百科全书成为可能。于是，《中国京剧百科全书》应运而生。

京剧文化在晚清以来形成的民俗中占有重要比重，其艺术精神、文化内涵已经深深渗透到现代中国，成为我们的文化积淀与性格构成。以百科全书的体例与形式对京剧文化做出全面总结与浓缩，有利于今天和以后的人们认识京剧艺术本体、了解其学科内涵与文化生成、增进学科知识和固化研究成果，为京剧传承奠定一个阶段性的层级平台。

《中国京剧百科全书》的撰写，既保持了以狄德罗为代表的 18 世纪法国百科全书派开辟的西方现代百科全书体例的优长，又继承了中国自汉初《尔雅》伊始的古代类书的编纂传统，特别是总结借鉴我国新时期以来众多辞书包括各类戏曲词典编撰的经验，在充分尊重京剧特殊艺术规律的基础上，架构起系统、全面而科学的条目结构体系。

例如条目分类依据今天人们对于京剧的学科认识，区分为京剧历史、文学、音乐、表演、舞台美术、导演诸类，又按照京剧涵盖的实际内容增添了演出团体、剧场、教育、研究等类，它们的组合实现了对京剧文化的整体覆盖。

又如灵活处理次级类目:"京剧文学"类目下既有"折子戏""现代戏"这样的二级类目,也有在"作品""作品集""作家"二级类目统领下的三级类目"《锁麟囊》""《平剧汇刊》""范钧宏"等;"京剧行当"类目下既有"脚色行当""生""旦""净""丑""演员"等二级类目,也有二级类目"生"和"演员"下的三级类目"老生""红生""小生""武生""娃娃生"和"米应先""余三胜""程长庚"等。原则性与灵活性的结合使得条目分布均匀合理、详略得当,特别是不以规格限义、不以框架害文,一切都以完整科学地折射出京剧内涵为目的,而其优长则是依据时代认识对以往经验进行合理总结与提升。条目的设定注重科学合理性,例如"新编历史故事剧"一目,将通常所说的"历史剧"和"故事剧"并为一条,就解决了二者区分的实际困难和带来的诸多矛盾。当然,条目拟定的整体厚今薄古倾向,使得全书稍许减弱了历史感,尽管这是由实际材料的限制所造成而非有意为之,其影响之一是一些未见得能够被历史沉淀的当下条目入选。条目涵括超出了京剧,也是无法避免的一个现象,例如所列众多北京古代剧场并非是专门为京剧所设,一些建造于京剧诞生前,梆子、昆曲、评剧也在这里演;又如张彭春被列为"京剧导演",他的导演成就却主要在话剧,虽然他在梅兰芳访美演出时充任导演发挥了重要作用。个别条目的归类似可商榷,例如"茶社和茶楼"应该列于"剧场"类,现在却放在了"演出团体"类。

条目释文既遵从百科全书的规范体例,更尊重京剧文化的特殊需求。例如人物条目既介绍生平事迹,更关注艺术造诣,注重总括其行当优长、代表剧目和流派、艺术特点与历史建树等;剧目条目既介绍剧情大意,也点明本事出处、作者姓名、应工行当、所属流派、擅演艺人及传人等,重要剧目还分析剧情结构、人物塑造和内容意蕴等。在规定体例和限定篇幅中为读者提供科学而又尽可能多量的文化信息与艺术传导,成为此书条目撰写的一大追求。条目释文注重用表格说明,则是此书资料库性质的突出显现。尤值称道的是,娴熟驾驭今天印刷、装帧技术的时代性进步,用大量精美的彩色图片充实条目内容,既符合专业词典的要求,又能增进读者对京剧艺术的立体理解。

《中国京剧百科全书》今天庄严而隆重地推出,意义深远也正值其时,既为推动文化大发展大繁荣奠定了一块学术基石，也为京剧 2010 年入选"人类非物质文化遗产代表作名录"竖立了一个纪念碑。该书的出版是在一代京剧学人的学术坚守下获取成功的，他们在社会转型期文化浮躁和社会急功近利背景下完成了这项宏伟工程，我们从中看到了一种难能可贵的文化坚守精神。20 世纪 90 年代以来有两项耗时费力的文化工作遇到特殊困难，一是翻译，二是编撰词典，粗枝大叶、粗制滥造时见其间。《中国京剧百科全书》则坚持不怠，一代学人沉潜其中 15 年，深入细致、勤勉认真、孜孜矻矻、用功不懈，最终完成这部约 240 万字、4000 幅图片，保持了学术严整性、标准规范性、水准高精性的词典，使之成为一个学科的全面总结。此书体现出的中国学术的文化坚守精神，使我们对编撰者产生深深的敬意。

（原载《人民日报》2012 年 3 月 27 日）

走近齐如山和他的时代

——赞《齐如山文集》出版

　　梁燕以一人之力,十几年如一日,孜孜矻矻,坚持不怠,最终完成了《齐如山文集》11 卷的浩大编纂工程,持之以恒的精神难能可贵。当下学界浮躁,少有人能够不避烦冗、不计回报地为他人编纂文集了。有了这个文集,我们就有了了解齐如山和他那个时代的便径,不但易于触及当时京剧和众多北方民俗的肌理,而且知道在东西方文化发生剧烈碰撞的现场齐如山为中国传统文化做了些什么,通过齐如山又可以窥见中国现代学术奠定在什么样的基础之上。

　　齐如山的主要贡献当然是他创立的京剧研究方式及其成果。在社会转型和现代学术奠基的当口,20 世纪初戏曲研究领域出现王国维、吴梅、齐如山三位风格、路径与效果完全不同的开创者,而齐如山做了别人做不到也无可替代的事。在德国等西方世界游走的经历,使他建立起现代学术新视角,也生成了一定的平等意识,这使他得以打破当时社会对于戏子的鄙夷观念,因而能够得到自己的特殊所得。他深入对象进行社会调查,在戏台内外、戏班上下采访了几千人,从最红的角儿到打下手的,甚至管戏箱的、烧水做饭的,将之琐琐碎碎、涓滴无遗地记录下来,进行归纳整理、旁征取证和思索参悟后,提炼出京剧的内蕴、历史、行当、俗规,归并成百科全书式的成果,并用清晰优美的文笔表述出这一切,这个工作只有他能做,迄今为止也只看见他做到了。今天旧的戏台和戏班早已无存,旧的戏曲传统也涤荡殆尽,我们所看到的京剧已经完全不是 100 年前的样子。想评述历史,想厘清京剧是怎样在变革中一步一步走来的,有了齐如山的记录,我们就能够在发言时脚踏实地,而仅依据当下舞台状况往往会谬之千里。这套文集出版的意义首在于斯。

　　齐如山的弘博使他涉猎了更为宽泛的领域。例如他对于清末民初河北地区和北京的生活方式、名物制度、文化习尚、世风民俗都娓娓道来、笔录无遗，使我们从中了解到当时的社会结构、民生层次、世态图景等方方面面的知识。我读他有关晚清科举的著述，通过其直观细致具体而微的描述，就看到了一幅完整的科考操作流程图，再没有任何其他文字能够给我这样深入的导引。他的行文都不用思维型的、学理化的方式，而多用感性的描写语言，带给人的是真切逼近的印象。由此，我们不能单纯把齐如山看作戏曲学者，像以往一直以来的看法那样，他同时也是一位杰出的民俗专家，这个认识《齐如山文集》让我们确立了。

　　齐如山在承接众多的中国传统学术渊源之后，由于个体的契机，又捷足先登地接触西方文化，他因而在东西方文化交通的孔道中起了导引风气的作用，从而做出独特的贡献。这应该是那一代学者得风气之先的地方，也是他们成就非凡而使我们无法望其项背的地方。中国现代学术是19世纪末20世纪初的一代学者奠基的，他们奠定了现代学术的格局，现在大学和研究机构的学科分类大约都是那时形成的。我们如今很难跳出前人的经验，我们只能丰富它、完善它、充实它，但是我们难以完全突破他们的框架。通过这套文集，我们有了一个解读齐如山、解读那一代学者、解读新一代学术的门径，这是它的一个深层价值。

　　由于历史的脱节，以往我们对于齐如山研究不够，时代角落遮蔽了他。我们常常在了解梅兰芳时就看到了齐如山，梅兰芳的历史成就背后有着齐如山、张彭春等人的鼎力辅助，但是我们对这些幕后的人了解很少。现在回过头来想，20世纪前期的社会变革中，风起云涌的戏剧界出了诸多大家，人们熟知的如欧阳予倩、郭沫若、洪深、田汉、曹禺一直到焦菊隐等，在舞台上指点江山，社会一直对他们形成聚焦。但是还有另外一批学者，他们拥有东西方文化的双重背景，对于中国的戏剧变革起到理论导引和趋势把握的作用，如宋春舫、余上沅、齐如山、张彭春等，我们对他们的了解并不多，他们被隐藏在历史的背影中。梁燕把《齐如山文集》摆在了世人面前，它的价值中也包含了剥离历史迷雾、还历史以本来面目这一块，故其功劳莫大焉！

（原载《文艺报》2012年2月1日）

被遗忘了的柳子戏

——《柳子戏图像大观》序

　　柳子戏是源于山东的一个古老剧种,有三四百年的历史了,属于当下联合国教科文组织概念中的"人类口头和非物质遗产代表作"的范畴,当然它尚未得到这种称号。如果说昆腔是"人类口头和非物质遗产代表作",柳子戏又何尝不是?而且是更不为人所知的民间剧种。它不像昆腔那样始终为封建时代的文人所重视,明后期即被视作官腔,清前期则划归雅部。柳子戏是从民间口头传唱发展演变而来的纯粹的民间非物质文化遗产。

　　柳子戏是一个曾经辉煌过的剧种,在清初的时候兴盛一时,其声腔的覆盖范域曾横跨五省——山东、河南、江苏、河北、安徽的许多地区,曾经是当时剧坛包括北京舞台上影响很大的声腔剧种。柳子戏声腔在清代前期曾经被以"南昆、北弋、东柳、西梆"的称呼记录在人们的口碑中。其中的"东柳",指的是当时流行于我国东部地区的弦索声腔,里面包含了柳子戏,由于柳子戏在当时的影响一度最巨,于是就把弦索声腔以"东柳"代指。

　　弦索声腔主要是在明清中原各地俗曲小令的基础上形成的,它分布的地域广泛、包罗的剧种繁多,而大部分都是北方民间各地土生土长的小剧种,没有像昆、弋、梆子等成为流行南北的大剧种,因而很少引起文人的注意并得以记录。但弦索声腔剧种在它的产生地却是最受欢迎的剧种。大约从明代宣德年间开始,北方民间广为传唱弦索小曲,如【锁南枝】【傍妆台】【山坡羊】【耍孩儿】【逐云飞】【醉太平】【闹五更】【寄生草】【罗江怨】【哭皇天】【乾荷叶】【粉红莲】【桐城歌】【银绞丝】【打枣竿】【挂枝儿】等,前后盛行了近200年。到了万历中期,各地逐渐在弦索小曲的基础上产生出各种弦索腔调来,包括女儿腔(又名弦索腔、河南调)、山东姑娘腔(又名巫娘腔)、柳子腔、罗罗腔(又名罗戏)等。弦索腔多用弦索乐器伴奏,常见的如三弦、琵琶、筝、篆、浑不似(或称火不思、琥珀匙)等。人们常习称由这些乐器伴奏的弦索剧种为"弦索调"或"弦子腔"。①

弦索腔最早见于记载是在明万历四十八年(1620)抄本《钵中莲》传奇里。其中收入的曲牌【弦索玉芙蓉】【山东姑娘腔】就是属于弦索腔的曲牌。以后史籍记载就连绵不绝了。如清初随缘下士编撰的小说《林香兰》第27回寄旅散人批语云:"昆山、弋阳之外,有所谓梆子腔、柳子腔、罗罗腔等派别。"乾隆四十二年(1777)脱稿的李绿园小说《歧路灯》第77回、第95回都提到"山东弦子戏",乾隆六十年(1795)刻的《霓裳续谱》里收有两支弦子腔的曲牌,乾隆年间刻的《太古传宗琵琶谱》里收有《弦索调·时剧》的《思凡》《下山》两出戏,乾隆五十七年(1792)刻的叶堂《纳书盈曲谱》"时剧"条里所收【金盆捞月】,亦为弦索调等。苏州老郎庙里两块嘉庆三年(1798)《钦奉谕旨给示碑》的碑文里都提到:近日盛行乱弹、梆子、弦索、秦腔等戏。山东曲阜孔庙藏《孔府档案》里有多处清光绪到民国初年聘请"柳子班""弦子班"演出的记载。

属于弦索腔的柳子腔,清代乾隆年间已经在北京剧坛与诸腔争胜。清嘉庆八年(1803),小铁笛道人《日下看花记》自序云:"有明肇始,昆腔洋洋盈耳。而弋阳、梆子、琴、柳各腔,南北繁会,笙磬同音,歌咏升平。伶工荟萃莫盛于京华。"其中提到"柳"腔。嘉庆年间北京抄本《杂曲二十九种》里收有"八角鼓·牌子曲"的《西厢·游寺》,其中即有【柳子曲】。这两条资料互相参看,可以知道当时柳子腔通过两条渠道进入北京:一是进入剧坛,争雄于戏场;二是进入曲坛,求盛于歌楼。

当时柳子戏最为流行的一出戏目,即是与《钵中莲》传奇有关联的《王大娘补缸》。乾隆五十年(1785)印行的吴长元《燕兰小谱》卷二"郑三官"条有诗曰:

吴下传来补破缸,低低打打柳枝腔。

---

① 参见明人李开先《词谑·市井艳词》、沈德符《顾曲杂言》、沈崇绥《度曲须知》等。

　　　　庭槐何与风流种,动是人间王大娘。

又有附注曰:"是日演《王大娘补缸》。"当时北京的艺人郑三官即擅用柳子(枝)腔唱《王大娘补缸》一出戏。

　　值得注意的是,这里所说的柳子腔《王大娘补缸》一剧,不是从柳子腔的本土——山东传入北京,而是由"吴下"传来的,这至少说明一个事实:柳子腔也已经传播到江、浙一带,并极受欢迎,还产生了自己的代表剧目,进而更向远处流传。今天山东流行的柳子戏,应该是它的后裔。

　　但是到了清末,柳子戏已经是气息奄奄,只在山东民间还保留着一些剧团。抗日战争时期又受到战争的重创,仅剩的专业剧团被迫陆续解散,柳子戏几乎成为绝响。中华人民共和国成立后,在政府的支持下,山东省陆续组建了郓城县工农剧社、复程县新声剧社、曲阜县新生剧社、嘉祥县人民剧社等专演柳子戏的职业剧团,1959 年 6 月在郓城县工农剧社的基础上组建了山东省柳子剧团,柳子戏的新生才又开始。今天,除山东少数地区的个别民间业余剧团外,专业剧团只剩下了一个山东省柳子剧团,真正成了所谓的"天下唯一团"。

　　由于上述历史背景,在民国年间,人们已经对柳子腔几乎丧失了记忆。齐如山、梅兰芳都曾在文章里提到没见过这个剧种,只听说山东还有。齐如山《京剧之变迁》一文引述清末民初老伶工胜云(庆云)自述说:"同治初年,余在科班时,曾听见那些老教习们说过,清初尚无二黄,只有四种大戏,名曰'南昆、北弋、东柳、西梆'。昆、弋、梆三种,人人尽知,惟东柳一种,知道的很少了。东柳原名柳子腔,现已失传,听说山东尚有……"[1]梅兰芳《东柳重青》一文说:"年青时常听老辈说,在四大徽班尚未进京,皮黄调未盛行前,中国流行的曲调,有南昆、北弋、东柳、西梆……柳子腔没有看到过。京剧里有一出《小上坟》,大家说是柳子腔,用笛子伴奏,唱词七字成文……除这出戏以外,就再找不到'东柳'的痕迹。我一直以为这个剧种已经失传了。"[2]

---

①　《齐如山全集》第二卷,台北:联经出版事业公司,1979 年。
②　载《人民日报》1959 年 11 月 29 日。

当年学者戴不凡曾用"迷失了的余姚腔"来形容明代余姚腔历史线索的扑朔迷离,今天我则愿意用"被遗忘了的柳子戏"来形容清代以来柳子戏声腔经历的曲折坎坷。

中华人民共和国成立以后,随着文化普查和戏曲、民俗学者的努力,柳子戏的面貌才逐渐清晰了起来。山东省艺术研究所的纪根垠先生是在柳子戏研究上着力最勤、成果最著的学者。他为 1955 年上海新文艺出版社出版的《华东戏曲剧种介绍》第 4 辑撰写了《柳子戏介绍》一文,第一次较为全面地钩稽出柳子戏的剧种史和特征。以后他陆续丰富材料和认识,写出了系列文章,最终成果则是形成一本《柳子戏简史》的专著。1954 年,中国戏曲研究院的杜颖陶先生从山东省清平县田庄的田延雪那里见到其根据村里保存的柳子戏手抄本过录的剧本,曾转示纪根垠先生,纪留了心。1957 年他与人骑车去往田庄,过目并复抄了这批手抄本。共有 40 余个剧目,纪年有"道光三十年"(1850)、"咸丰元年"(1851)、"同治三年"(1864)等,可见大约是 19 世纪中叶的一批抄本。根据他当时的调查,该村近百年来业余剧团代代相传,对于这批剧目以及其中包含的 100 多个曲牌,绝大部分都能演唱。他于是将之披露于世①。他的研究基本廓清了柳子戏的迷雾。

1959 年 11 月,山东省柳子剧团进京演出,引起轰动,以后又先后赴上海、浙江、河北、河南、江苏、陕西演出,才使更多的人看到和了解了柳子戏。

但是,人们对于柳子戏确实已经暌违得久了,很不容易认清它。因此,当我在 1992 年于台北出版的《中国戏曲声腔源流史》一书里论述柳子戏声腔时,即受到台湾前辈魏子云教授的质疑,认为"南昆、北弋、东柳、西梆"的称呼是描述的北京一地情形,不足以之概括当时全国戏曲的发展大势,引发了一场笔墨争论②。争论当然有助于我们进一步认识柳子戏,效果是好的。

(原载《戏剧丛刊》2004 年第 4 期)

---

① 参见纪根垠:《柳子戏早期发展概貌》,《艺术论坛》1986 年第 1 期。
② 参见《戏剧丛刊》1993 年第 3 期《关于柳子声腔寻源的争论》、第 4 期《"东柳"问答》二文。

文化，濡染了学者

——王宁《宋元乐妓与戏剧》序

　　暮秋时分，在北方都市校对自己的几篇姑苏游记，心绪沉浸在江南小城的蒙融水雾里正不可自拔，忽然收到姑苏来电。原来是王宁，说是请"伊妹儿"送来他的博士论文下篇《宋元乐妓与戏剧》，要我为其出版"赐"序。他的论文我已经阅读过，那是在他通过博士答辩之前，自然很熟悉，写些评价文字没有问题。我惊讶的是，这位三晋朴士如何向南越游越远，从石头城又游到了姑苏！询问后得知，原来他在南京大学中文系师从俞为民兄获得博士学位后，又进了苏州大学的博士后流动站，跟随朱栋霖兄追溯昆曲文化的渊源。我很感奋。机遇使王宁得以及时扩充自己的文化覆盖半径，他的步履恰好又追踪了戏曲发展由中原到江南的衍生路径，这不仅使他得以顺利完成这篇视域限定在宋元时期乐妓文化的论题，而且让他有更真切逼近的条件来审视后来的昆曲，以延伸他的研究范围。我想，清丽秀美的吴越文化，定能点染出这位来自太行腹地的淳朴文士的另一种蕴藉与情操。我因而对他表示了祝福、企盼甚至欣羡之意，还带有一点善意的嫉妒。

　　王宁的学问做得是很淳朴浑厚的，这在青年学子来说很难得，而在当前的浮躁世风中尤为难得。仅看他的论题《宋元乐妓研究》，上篇追踪乐妓渊源、考述古代乐妓称谓、为宋元乐妓判类考用、辨证乐妓娼妓散乐之关系、汇录宋元青楼小名，下篇追讨宋元乐妓对戏剧进化以及戏曲形成的作用与贡献，由宋金杂剧伎艺形式的研究入手，辟出乐妓对杂剧的加入、乐妓与宋金元戏曲的扮演、乐妓对宋金元戏曲发展的影响与制约等视角，架构已经很大了，洋洋洒洒50万言，颇具规模与厚重感。文中重视文献文物资料，多用统计数字说话，大约以前山西师大戏曲文物研究所的环境熏陶使他得益——

他在那里的师友有此项长处，南京大学中文系的醇厚学风又给他以濡染，而这种优长恰恰构成对学术"浮世绘"的抗体。

　　乐妓与戏曲以及与表演艺术的关系，是文化史上深藏浅露的话题，学界人人皆知其重要，然虽时有零星探讨，终乏成系统性开掘。今天王宁发冰山之一角，自有其价值在。王宁立足于一种认识基础：大凡表演艺术，皆乃艺人演出在前，文人参与创作在后，因而乐妓的演出，影响甚至决定了宋元杂剧的形式。这种思维方法，引导他把目光聚焦于以往学界比较忽略的领域，就促成了这部著作的诞生。一种新的认识方式，能够牵出对事物的重新认识和观照，从而发现以前未为人知或知之不多的角落，这条经验再次为王宁的实践所证明。王宁的具体建树体现在许多方面。仅就下篇论之，我尤为欣赏其中运用宋元市语推进理解宋金杂剧类目含义的部分。例如把"冲撞"释义为"骂人"，"院本名目"中的"冲撞引首"因而理解为院本的开场段子；把"点砌"释义为"说笑话"，"院本名目"中的"诸杂砌"因而理解为诸般笑话。这些认识修正了前贤的某些假设性结论，增进了人们对宋金杂剧演出形式的了解。在此基础上，王宁把宋金杂剧区分为"歌舞类""说唱类"等不同层次，颇有见解。而通过重新对照"官本杂剧段数"和"院本名目"，比较出后者的某些进化痕迹，也是王宁对这一研究领域的具体推进。我稍感不满足的地方在于，王宁虽然正视了乐妓这一戏曲创作主体，探讨了其对于宋金元戏曲演出的参与比重，却忽略了对具体参与情形的探讨（当然限于材料），同时也忽略了对乐妓进行社会学的观照（当然也限于时间和篇幅），这些似乎是题中应有之义。我寄希望于王宁的后续研究。

　　王宁研究中涉及的有些问题，我认为尚有讨论余地，或则系学术界仍乏定见，或则为与我见解不一。下面列举若干，以助深研。第一，"官本杂剧段数"里一部分含有大曲乐调的杂剧，如《王子高六幺》《醉院君瀛府》《四僧梁州》《裴少俊伊州》《郑生遇龙女薄媚》《列女降黄龙》《崔护逍遥乐》等，我以为只是杂剧吸收了大曲乐调，不能视同为大曲本身。在当时人的概念里，"杂剧"和"大曲"的区分是明确而清晰的，不容混淆。让我们来引一些文献。吴自牧《梦粱录》卷二十"妓乐"条曰："向者汴京教坊大使孟角球曾做杂剧本子，葛守诚撰四十大曲。"吴自牧是把杂剧与大曲视为二物的。陈旸

《乐书》里把杂剧和大曲列入不同的类目,杂剧属"俗部·杂乐·剧戏"目,大曲属"俗部·雅乐·女乐"目。大曲是独立的音乐歌舞形式,杂剧则时而将其歌舞吸收到自己的表演里,于是有了《王子高六幺》等带大曲调名的剧目,但这些剧目在本质上与大曲是不同类的。"官本杂剧段数"中也有含诸宫调曲名的剧目,其情形与上述相同,为杂剧吸收了诸宫调的曲调,而不是它们就是诸宫调。否则,"杂剧"就成了当时各种说唱歌舞伎艺的总称,而失去了其作为戏剧样式的意义。第二,论述中反复提及金代有一种坐唱形式"连厢",引为定论。事实上文献材料仅见清代毛西河《词话》,属于晚代的孤证,学界通常做法是仅列为参考,并未形成共识性结论。我以为若要作为结论性意见,作者须重作正面论证。第三,文中推测说,宋金时期即有乐户杂剧存在,由于组织形式是家庭机构,因而演出也采用男女合演的形式,与都市杂剧演员男女互不混杂不同。此说有一定的道理。但举证用的出土文物杂剧雕砖的例子,并不能说明这种情况。作者意思是,因为出土地点都在乡间,因而墓葬雕刻里的杂剧演出都应该由乡下的乐户戏班承应。我以为这个结论是似是而非的。且不说戏班都是流动的,以都市为基地而随时到乡间演出的戏班应该很多,就说墓葬杂剧雕砖,它也是当时社会生活的整体反映,表现的并不仅仅只是乡间的情况;而城市里的人死了也埋葬到郊区,更使墓葬无法分别城乡。我还有一个相反的例子,证明这种文物举证法的疏漏,那就是著名的"丁都赛"雕砖的存在。丁都赛是北宋汴京城里著名的杂剧女艺人,孟元老《东京梦华录》卷七称之为"露台弟子",她的肖像雕砖却出土于三百里外偃师市的乡村墓葬里。这说明,当时流行用都市名角的肖像来塑造墓葬雕砖形象。第四,河南修武县出土的金代"小石调·嘉庆乐"石棺,所绘乃大曲舞蹈场面,书中指为"官本杂剧段数"中《老孤嘉庆乐》的演出场面,应该是一种误解。当然,这种说法并非作者发明,山西师范大学戏曲文物研究所编《宋金元戏曲文物图论》一书,因不明杂剧与大曲之区别,已经在解释这幅图画时致误①。第五,书中许多篇幅用于统计宋金元杂

---

① 山西师范大学戏曲文物研究所编:《宋金元戏曲文物图论》,太原:山西人民出版社,1987年,第65页。

剧里女性形象的比例,这在目前的研究中似乎意义不大。戏剧是表现人生的,人生故事都由男女两性人物构成,因而戏剧故事里都会有大量的女性出现,这并不能直接说明乐妓对于戏剧演出的参与。清代律令规定不许女人演戏,因此当时的戏子一般都是男性,所表现的对象却仍然是男女皆有,于是特别发展出男性青衣花旦老旦一行,涌现出许多名角,传为佳话。宋金时期也有同样情况,作者也谈到当时杂剧的"妆旦"角色。因此,作者似乎应该把更多精力花在对乐妓直接参与戏剧演出的研究上,而不是只进行间接推断。第六,为说明元杂剧里"旦"行的分化,书中引了《元曲选》里的例证,私意以为不妥。《元曲选》是明人改本,刊刻于明末,早已不全是元代的东西,其念白改动尤多,角色的分化也已经体现了明代的情形,以之作为元代文献恐怕不足为凭。最后,还想指出书中一个小小的失误:所举杂剧舞蹈的例子里,马致远《青衫泪》杂剧第四折裴兴奴见驾时的"旦拜舞科",只是一种跪拜程式而非舞蹈。

王宁书中提到,"院本名目·诸杂院爨"里的《讲百花爨》一目,可能是说唱形式。这个推断当去事实不远,我为之提供一个例证。近年晋东南发现的一批乐户祭祀用"前行赞词",系当地传统祭祀代代沿袭下来的东西,其渊源古远。其中有《百花头盏》一种,为说唱百花名的底本。其词如:"尊花是当今皇帝,桂花是龙子龙孙。牡丹花正宫皇后,地景花六院三宫。海棠花三千美女,茉莉花八百姣容。十样景花花宫殿,芍药花景遍长安。""迎春花正月开放,插金花头上显针。夏荷花漂漂荡荡,石榴花艳而花生。海棠花娇娇滴滴,菊花开好似黄金。款冬花冬季开放,腊梅花雪里藏身。"七字句,隔句韵,为民间说唱一般形式。这种说唱形式有可能是从金元时期的院本演出演变而来,一直保存到近代。"院本名目·诸杂院爨"里的同类者还有《讲百禽爨》《讲百果爨》等。理解了《讲百花爨》的表演形式,就为剖析金元院本里的许多同类剧目提供了钥匙。再联系到唐代敦煌变文里的《百鸟名》,其词如:"白鹤身为宰相,山鹇鹬直谏忠臣。翠碧鸟为执坛侍御,鹞子为游弋将军。苍鹰作六军神策,孔雀王专知禁门。"大率如此。院本《讲百禽爨》的情形大约应该与变文《百鸟名》相接近,这一支说唱形式的演变脉络就稍见清晰了。

　　这篇点评式的文字到这里就算做完了，当然不能概括王宁著作内容于十一，仅撮其大要而已，况未见得中的，也很枯燥。抬眼眺望窗外，却已是瑞雪纷飞，远处的房屋、树木、古塔都变白了、变胖了，在天地的景观里洇出淡淡的水墨渍。原来我的允诺已经拖过了数月方始兑现，内心有点歉疚——近来都在事务里忙了。南方王宁企盼的面影，晃动在我眼帘的水雾里。

　　又是一个兆丰年的征候。赶紧把这点文字托"伊妹儿"带去。

（原载《中国文化报》2003 年 4 月 26 日）

田野考察、文献积累与学术研究

——车文明《20 世纪戏曲文物的发现与曲学研究》序

20 世纪后 20 年中，一个似乎不大不小的新兴学科——戏曲文物学，伴随着当时的全国性文物普查和田野考察工作，悄然兴起。我这里用"似乎"一词，是因为早在多少年前，前贤们事实上已经开创了这项工作，只是那时还带有偶发性，附着于个别偶然发现的戏曲文物对象，不像后来大面积成规模的举动。值得在此特别提出的是，20 世纪五六十年代刘念兹师的较为专门的研究（他另以南戏研究成家），为戏曲文物学的奠定张了目，他也确于80 年代致力于这门学科的建立。作为他的私淑弟子，我是第一位以戏曲文物研究生的身份接触这项事业的。其时，中原大地不断地发现新的戏曲文物，作为中原之子的我感地气而兴、承时运而动，开始了专门的研究工作。此间一项令人瞩目的举措发生：地处山西临汾戏曲文物之乡的山西师范大学，成立了戏曲文物研究所。大约前后，另外一项规模宏大的工程开始启动——十大集成志书的编纂，这项在全国范围内进行普查的人海工程，把戏曲文物的考察、搜罗、统计和登录工作推进到一个无比宽阔的天地，我们掌握的资料终于可以用浩如烟海计了。20 年间，研究成果一本一本地出版。山西师大戏曲文物研究所又培养了一批批的研究生，车文明为其中之一。

平阳（临汾）自古乃文物之邦，金元全盛期间，遗留下众多文物古迹和宗教民俗仪式，又因地理、气候因素，这些遗存保存至今者在全国最为丰厚。行进于晋南大地、汾河流域的串珠状盆地上，你不时就会在乡村僻壤间发现一个个古代文明的惊喜。车文明在戏曲文物研究所工作，随同他的师友一道，多年从事田野考察，足迹遍踏太行、吕梁间，受到文物丛萃之邦的气蕴熏染，自然得地气之利。因此当他在华东师大中文系圈定博士论文选题时，长

355

久的积累蓦然迸射,这本书的构架就呈现出来。随手翻阅,任何人都可以感觉得到它的丰富厚实,绝非一蹴可就、一日之功可奏效也。

阅读这本书,我产生的第一印象是:其中搜罗的戏曲文物资料汗牛充栋,荦荦乎全哉!这使它成为学科数据库性质的著作。第二印象是:新见迭出,或发乎己心,或补充前贤,在所论述范围内言之凿凿,见出作者多年积累与思索的轨迹。带出的一个感觉是:有如此厚实的著作出现,戏曲文物学领域内可谓云蒸气蔚、蓬蓬其盛。三者合一,构成这本书的学科价值。

今天,戏曲文物学已经是荦荦大成,这一点我们可以从书中绎述的研究史脉络和著作积累中感知,也可以从书中戏曲文物资料附录中一窥其堂奥。车文明的贡献,在于首次从正面、以整体学科为对象来审视戏曲文物,同时从两个方面抉发了其价值内蕴——剧场史和演出史研究。其剧场史研究的推进在于用大量的民间现存戏台实例来论证神庙剧场的演变发展,尤其是明代阶段,我过去撰写《中国古代剧场史》时较为缺乏材料。而演出史研究则用实绩回应了近年戏曲史研究民间化的学术思潮。当然,上述两个方面的价值选择,并不能最终完成对对象的整体包笼,构架的内质尚未填充完毕,通常接续导言性质的研究概况和类型分布之后而来的,应该是贴近对象的直接逼视。蹈发式研究可以作为内容,但不是全部。由书名的二分法——戏曲文物发现与曲学研究,我们也稍稍感知到这种内缺。我这里指的是戏曲文物学导论的构设,这一构设由车文明著作的构架看出了端倪,但或许完成历史任务的条件尚未具备、时限仍需后延,我寄希望于他的接续性努力或其他后来者的研究。

戏曲文物的基本研究方法,传统的是"二文"法,即文物与文献互证法,后来又加上人类学和民俗学的人类群体、社区和村落遗存文化的考察,构成一个二级学科的生态体系。这一学科近20年的崛起,大大丰富和补缀了戏曲史研究的环节链条,也培养出众多的人文学者。诞生于21世纪首年的车文明的这本著作,或许在印证上述学科轨迹的背景方面具有象征性意义,愿它能够成为学科史上坚实的引桥。

（原载《中华读书报》2001 年 10 月 24 日）

新疆曲子：多民族音乐艺术的融合

——《新疆曲子研究》序

新疆、甘肃几位文化学者，经过若干年的艰苦调查和研究著述，完成了一部有关新疆曲子的课题，嘱我写篇序。我一直对新疆情有独钟，长期关注丝绸之路上的文化交流与艺术发展，为新疆东西方大陆桥的文化特性着迷，写过几篇学术论文和游记散文，虽对曲子不甚了了，仍慨然应允说几句题外话。

新疆令我着迷的是她雄奇瑰丽的自然山川，是她深邃丰厚的历史文化，更是她独特的民族融合与文化交会情形。新疆不是我国唯一多民族共居的地方，同样的省区还有云南、贵州等，但那些省区来源于古氐、羌民族而确立定居格局较早，唯独新疆地域里生活的民族在历史的长河中不断更替轮换。我们知道，在西域先后生活过的民族或国家至少有匈奴、月氏、楼兰、乌孙、于阗、疏勒、龟兹、大宛、车师、鲜卑、柔然、突厥、回纥、蒙古、汉族等。其中的匈奴后来消亡了，月氏西迁到阿富汗，而楼兰、乌孙、于阗、疏勒、龟兹、大宛、车师、鄯善等属于汉代西域 36 国的众多小国大都成为佛教国家，后来逐渐消失在历史长河中。回纥信奉伊斯兰教，逐渐形成今天的维吾尔族。汉族也是新疆的世居民族之一，西汉张骞"凿空"西域后即开始在今天的库尔勒、轮台一带屯田，以后历代屯田移民不断，直至清代达到高潮。

清代以来的大量汉族移民，把其原住地的曲艺样式——曲子带入新疆，以丰富自己的文娱生活，几百年间经过与新疆多民族音乐艺术的融合，逐渐形成有独自特点的新疆曲子，成为汉族和回族、锡伯族等民众喜好的文艺样式。迄今为止，对于新疆曲子还缺乏全面系统的社会调查与整理研究，本项目的完成，成为填补空白之作。

曲子盛行于明中叶,原系单支曲牌的小曲传唱,遍布长江、黄河中下游地区。明人沈德符在他的《万历野获编·顾曲杂言·时尚小令》里专门记录了当时小曲传唱的盛事,说是明朝立国百年,中原流行【琐南枝】【傍妆台】【山坡羊】【泥捏人】【鞋打褂】【熬鬏髻】【耍孩儿】【驻云飞】【醉太平】等小曲,明中叶以后,又流行【闹五更】【寄生草】【罗江怨】【哭皇天】【乾荷叶】【粉红莲】【桐城歌】【银纽丝】【挂枝儿】【打枣竿】之类,不分南北贵贱,不问男女老少,人人喜欢听喜欢唱,"举世传诵,沁人心腑"。此类俗曲传唱,到清代在各地逐渐发展演变出不同的曲种,诸如鼓词、弹词、道情、琴书、莲花落、子弟书、八角鼓、时调小曲等,结合当时红火繁盛的祭祀神诞、庙会社火、年节喜庆、红白喜事等民俗活动,在民间祗应坐场堂会、彩扮走场,长期广占鳌头、盛演不衰,成为封建社会晚期民俗中国的代表性征象。

本书为我们详细描绘了汉族移民把各地曲子带入新疆的过程,告诉我们天津时调、京韵大鼓、西河大鼓、乐亭大鼓、单弦(牌子曲)、蹦蹦、太平歌词、河南坠子、陕西曲子、陇东道情、甘肃曲子、兰州鼓子、河州莲花落、青海赋子(平弦、越弦)、陕甘宁青的民间歌曲(包括花儿)、时令小调等,是怎样伴随着移民的流动,经由甘肃逐渐传入新疆的,又是怎样吸收了当地的多元文化因素,受到新疆汉语方言声韵的影响,融合了新疆多民族音乐艺术,逐渐凝结成自己的个性特色,蜕变为新曲种的。著述还认真剖析了新疆曲子的音乐形态、曲调的多元构成、曲词的韵律规则及语言表达方式、演唱及表演形式等,自然,曲目内容和曲班经营也在视野之中。我们从中不仅可以详细了解新疆曲子的历史渊源和发展脉络,而且能够看出一部汉语方言曲调的传播演变史和地方化史,这是民俗文化衍生的生动例证材料。

又一种地域艺术有了自己的发展史类著作,增加了时下国泰民安、盛世修史背景下的文化积累成分,于时代于民族于历史都有助益,对撰述者来说不是最好的酬答吗?

(原载《文艺报》2013 年 2 月 25 日)

徐蔚《男旦：中国戏曲特殊现象研究》序

这本著作是徐蔚在博士论文基础上补充修缮完成的。

徐蔚是我在厦门大学中文系戏剧戏曲学专业招收的第一位博士研究生。从 2004 年 9 月到 2007 年 6 月，她在我名下攻读，但由于我人在北京，又忙于行政工作，因而给她直接上课很少，大多情况下是通过电子邮件往来，她提问，我回答，我们一起讨论戏曲史现象与疑点，讨论她的博士论文构思、内涵、写作和完善。今天整理起来，大约往返有几十封信，文字量约 3 万字，这些就是我对她的指导了，回想起来，不免内疚。因此，她的博士论文主要靠自力更生完成。

徐蔚于读硕士研究生时开始对戏曲史上的男旦反串艺术产生浓郁兴趣，遂确定为论文选题。续读博士研究生后，我经过对其知识面、学识、历史和文化积累各方面的了解，慎重考虑过后，与之商定继续深入开掘此论题作为博士论文。3 年中，徐蔚广泛搜集资料，涉猎了众多古今中外的典籍和文献，经过反复甄别排比、提炼抽绎，逐渐结构出论文的基本框架，写出初稿，又经过数次重大修改与起动，最终提交了具备一定质和量的博士论文，显现出相应的学术基础与功底，因而顺利通过了毕业答辩，获得博士学位。

事实上，她原拟定的构架要大于交结的博士论文，限于时间和精力，答辩时她预设的一些章节尚未完成，因而毕业工作后的若干年来，于承担的众多教学和科研任务外，她一直在这个领域里进行学术开垦和精耕细作，把论文进一步扩充和丰富完善，今天终于交出一份有价值的成果。

著作探讨了一个前人较少涉及或涉及未深的领域。男旦艺术是中国传统戏曲文化里的特殊现象，其中包蕴了戏曲易性表演的文化实际、反串艺术的特殊审美功能与趣味、其对戏曲表演程式与人物行当美学规范的作用力、对观众审美心理的特殊塑造与影响,乃至扩而大之,对于特殊生成环境的需求与民族文化心理的依赖等,因而了解它是一个复杂的系统解读与认知工程。由于接近的困难,研究界素来缺乏深入探讨,更缺少对之进行系统的分析评述。

该论题的创立因而是需要有探索眼光与理论勇气的。徐蔚首先从搜集整理基础文献出发,勾勒提炼出中国文化长河中男旦艺术发展演变的历史脉络,再通过将不同阶段男旦艺术的表演范式和审美趣味进行比较,揭示出男旦艺术的美学原理,并提示其精髓所在与价值意义,进而进一步深入剖析男旦艺术所由形成的深层文化心理与民族趣味诱因,将其置于传统性别文化规训特定的社会生态系统中来审视,得出有价值的结语和论说。

徐蔚对于戏曲反串艺术和男旦艺术的研究,廓清了其历史演变脉络,厘晰了其文化与环境背景,深入发掘了其形成的认知基础与民族文化心理定式,阐明了其艺术与哲学原理,从而推进了学界对这一领域的深入了解。其成果的价值在于:有助于我们认识民族特殊文化现象的观念与意义系统,深入了解男旦艺术这一特殊文化存在所赖以生存的基因与土壤,把握其审美本质及其在中国戏曲结构中的重要位置,尤其是对当下振兴京剧呼声中如何估量传统男旦艺术的价值意义有着直接的帮助和启示。

我想,如果能将西方戏剧男旦艺术也纳入观照视野并进行一点比较,或许会为研究增添新的内涵和价值,这也是徐蔚最初进行论文设计时即考虑进来的问题,但最终未能如愿,我相信她一定留有遗憾。愿她在今后的科研中能够将这一设想付诸实施。

(2013 年中秋于北京)

《戏曲文物发覆》后记^①

　　承厦门大学中文系聘请,我于 1998 年始担任其兼职教授,以后又担任其戏剧戏曲学博士点指导教师。值该系组织"厦门大学戏剧影视丛书",经陈世雄教授敦促,我遂起意将以往有关戏曲文物的研究论文辑为一本册子,名曰《戏曲文物发覆》。"发"者"揭"也,"覆"者"盖"也,合而析之,"揭盖子"也,亦即试图发掘出戏曲文物研究的一些隐秘之处。这也是对我过去20 年所着力从事的一项工作的一个回顾性总结。

361

　　我是以戏曲文物研究作为切入点开始进行戏曲史研究的,因而早期的注意力大多投注在这一领域里面,最初的成果也集中于此。那时,戏曲文物研究热尚未露头,我作为一名初出茅庐的研究生,开始了风尘仆仆的田野考察工作,对于墓葬戏曲雕刻绘画、古戏台、民间戏曲工艺等做了广泛的调查搜集,逐渐积累起较为丰富的知识和见解,陆续发表一批有关的研究论文,对这一领域的开辟做出了一点贡献。记得当时戏曲文物研究的先行者、我的老师刘念兹先生,已经在许多场合呼吁建立戏曲文物学这一研究学科。顷刻 20 年时间过去了,戏曲文物研究领域里已经是大有所成、硕果累累,后继者络绎而来。回首过去这些研究文字,不仅记录了一些戏曲文物个案研究和综合研究的例证,仍然有其学术价值,而且反映出这一学科的部分发展面貌,因此不避敝帚自珍之嫌,将其汇总出版,以作为一段学术史的记录留给后人。

　　这些文章的写作历时较久,其间不免有些看法和观点发生变化,造成前

---

① 　廖奔:《戏曲文物发覆》,厦门:厦门大学出版社,2003 年。

后的不尽统一;有些文章因使用了相同的材料而稍有重复感;有些文章发表
后,因为又有新材料发现,已经不够完备和全面。但这里一仍其旧,不做修
改,为保留历史面貌计也。好在我后续的研究成果——和刘彦君合著的四
卷本《中国戏曲发展史》,已经完全吸收了这些积累,并做出了完整全面的表
述,读者可以参看。至于最后一篇关于乡村社会的考察报告,与戏曲文物研
究的范域有相关处,也附录于此书。

仍然有一个学术观点应该在这里斟酌,即我所提出的汴京杂剧向河东地
区流播的问题①,这种看法由于受到山西师大戏曲文物研究所黄竹三教授的
批评而引起我的反思。他认为戏曲活动最初始于民间庙会祭祀社火活动,河
东地区原本即有繁盛的这类活动,而且北宋时期当地已经有神庙舞亭的架设
见于记载,因而宋杂剧应该是在汴京与河东同时开花,"流播"说不足为据②。
我反思的结果是:第一,由于阐述对象的缘故,我的上述表述并没有全面谈到
我对于宋杂剧发展全貌的认识,以致引起误会。第二,我的表述有不严密准确
的地方。第三,也有观点被黄先生曲解、归谬的地方。下面来具体解释一下。

我一直有这样一种认识,即一种比较成型的艺术样式,通常是在一个文
化中心的合适环境与氛围里发展出来的,然后就会向周围地区传播,带动其
他地区的发展。宋杂剧即是如此,它是在宋仁宗朝到徽宗朝的宫廷演出和
汴京市井瓦舍勾栏演出中成熟起来的艺术样式,以后由于金人将汴京大批
艺术家北掳,经过河东地区(今山西省境)时许多人逃亡,充实了当地的杂剧
队伍,同时也提升了当地的杂剧演出水平,刺激和带动了此地金代杂剧的发
展。但是这不等于说,除了汴京,其他地区就没有宋杂剧的存在。恰恰相
反,由于宋杂剧是在前代优戏的基础上形成,而唐、五代优戏早已呈全国开
花局面,所以宋朝开国后,各地都市乡村都发展出宋杂剧的演出活动,这是
不言而喻的。然而,宋杂剧的成熟并逐渐形成复杂的表演形式,例如从开始
的随意即兴表演到形成两段结构(北宋汴京的"一场两段")和三段结构(南
宋临安的艳段、正杂剧、散段),从开始以对白为主的滑稽戏表演到日益采纳

---

① 参见廖奔:《晋南戏曲文物考索》,《中华戏曲》1986 年第 2 辑。
② 参见黄竹三:《汴京杂剧与南戏、河东杂剧的关系》,《戏曲文物研究散论》,北京:文化艺术出版社,
1998 年。

音乐歌舞成分的综合表演,中心城市的文化环境起了极大作用。汴京,就是这样一个最重要的环境,它在宋杂剧发展中的作用是不言而喻的。自然,中心城市里发展起来的比较成熟的艺术形式,很快就会带动周边地区甚至更大范围里的艺术变革进程。我有一个例子,恰恰可以说明北宋时期全国风习是如何受到汴京的巨大影响的。宋人陈舜俞《都官集》卷二"敦化五"载:"今夫诸夏必取法于京师。所谓京师则何如? 百奇之渊,众伪之府,异服奇器,朝新于宫廷,暮仿于市井,不几月而满天下。"由此,"流播"说便建立起来了。至于"流播"对于各地的影响和促进,不能理解成是一种初始化的"播种",这是不言自明的。

其实我对于南戏形成地域不止于温州一市的理解,透露了我的戏曲发展观,可以作为这里的一个旁证。南戏研究界似乎众口一词地批驳刘念兹先生的南戏发生于温州地区与闽北说,一定要把南戏的形成局限于温州一座城市的范围,我对此不以为然。我与刘彦君合写的《中国戏曲发展史》里,论述南戏兴起一节的题目是"南戏在东南沿海地区的兴起",而不是"在温州的兴起"。其中有一段文字很能说明我们这里的问题,引如后:"事实上,一种戏剧样式产生的空间需要有较大的文化延展度和历史纵深,它既要有前代丰厚的戏剧文化基础作为前提,又要有一个适度的地域文化环境作为土壤,同时,在中心城市发生的进化最快的戏剧样式也必然很快地向周围地区蔓延。这就如同北宋杂剧在汴京发展得最为成熟,而它的足迹则遍见于全国各地,汴京杂剧也迅速向周围传播一样。汉、唐优戏传统已经推广到全国的广大范域,各地都产生了官衙乐部、军队乐部和民间优人的演出,宋代优戏继承了这个传统,因而在东南沿海一带也同样存在着广泛的优戏演出。"[①]当然,我并不反对说温州对于南戏形成起了重大的推动作用,温州南戏可以向周边地区"流播"。事实上我也是用同样的"流播"说来描述南戏发展面貌的:"大约在南宋中期,南戏有了一个比较大的传播,向北传入了杭州,向南传到了闽南,向西传入了江西,南戏成为一个足迹遍布浙江、福建、江西的声腔剧种。"[②]这个例

363

---

① 廖奔、刘彦君:《中国戏曲发展史》第1册,太原:山西教育出版社,2001年,第328页。
② 同上,第331页。

子可以反证我对于戏曲发展要依赖于一定面积的地理区域中的文化认同的观点,用以说明我的"流播"说内涵并非如黄先生那种狭窄的理解。

"流播"说并不否认河东地区有着久远的民间祭祀演乐传统,并不否认北宋时期河东地区有着繁盛的民间杂剧演出活动,更不否定河东地区在杂剧发展史上的重要地位,尤其是它在金元时期的重要性——我所获得的戏曲文物研究成果,不是大量奠基于河东地区吗? 至于把我的学术观点说成是重视都市而忽略乡村,我似乎无法在自己的成果里找出对应物。

以上是我碰到的一桩学术公案,经过这番辨析,或许已经比较清楚了。从事戏曲文物研究的乐趣,也许就蕴含其中:永远有发现的乐趣——当然还远不止此。例如我注意到,研究戏曲文物,要尤其关注晋、冀、豫三角地带的中原地区,因为这里不时有宋金元时期新的墓葬戏曲材料的发现,可以不断充实和纠正我们以往的认识。中原文化哺育着戏曲文物研究,随时给我们以快感和成就感。

我的研究兴趣和范围一直在不断地延伸,20 世纪 80 年代人们称我是戏曲文物研究者,90 年代开始人们说我是戏曲史专家,后来又说我是戏剧批评家和理论家,其实我从最初从事学术研究开始,自己的定位就非常明确:做一个戏剧学者。进行戏曲文物研究,只是在为戏曲史研究打基础,而戏曲史研究又是为全面的戏剧研究做准备。路要一步一步地走,馒头要一口一口地吃,基础要一点一点地打牢,蜻蜓点水、好高骛远、打一枪换一个地方是要不得的。但如果从一开始就把自己的眼界和目标限制住了,让自己局限在一个狭小的范围里拔不出来,也不会有更大的成就。这就是学术研究的辩证法。我把这些肺腑之言说给后路上的年青朋友们听,大概有些参考价值。

但我仍然对戏曲文物研究怀有极大的兴趣,随时关注着这方面的新材料和新发现,也随时关注着这方面的研究新进展。

我想,我这一辈子对它都不会放弃了。

(2003 年 9 月)

发掘梅兰芳背后的文人——齐如山
——梁燕《齐如山剧学研究》序

段与研究，为后人留下众多的"国剧"研究著述(61 种)。

其时，处身于激烈社会变革之中的京剧正面临转型，以谭鑫培为代表的老生京剧受到审美时尚的挑战与时代观念转换的影响，开始走向衰微，而旦角京剧的潮头正在昂起、方兴未艾。齐如山与梅兰芳的传奇性结识过程，成为文化人对旦角京剧进行文化注入的象征和开端,从此京剧名旦周围聚拢了一批文人,开始了京剧的文化创新与良性竞争局面,最终四大名旦历史形成,结束了京剧老生执掌牛耳的局面,奠定了京剧后来的发展格局。

这个时期中国戏曲研究也形成了划时代的开端。民国前后出现了三位影响深远的戏曲学者,王国维从历史维脉角度、吴梅从声韵格律角度、齐如山从舞台实践角度,共同探讨了戏曲的本质规律,深化了人们的认识。王国维奠定了现代戏曲史学基础,吴梅培养了许多戏曲研究传人,齐如山则直接成就了京剧大师梅兰芳。

然而,由于其成就主要体现在梅兰芳的舞台艺术实践中,齐如山长期被梅兰芳的成功光环所笼罩,人们看他的面目总是影影绰绰,对之虽时有所闻但又往往了解不深。梁燕的《齐如山剧学研究》着力于对齐如山在京剧史上历史贡献的全面品评,做的是发掘水线下冰山底座的工作,有助于我们加深理解20世纪京剧转型与旦角艺术兴起的历史文化内涵。

梁燕先是全面分析了齐如山剧学的各个方面,从他的历史论、特征论、技法论到他的评论和研究,然后总结出齐如山剧学带有特征性的三个意识:科学意识、实践意识与比较意识,最后探讨了齐如山的剧学实践:他的编剧艺术、导演艺术和策划艺术,总结了他的多种才能与贡献。

齐如山把研究的重点放在"台上戏剧之组织"方面,这是他不同于其他戏曲研究者而独树一帜的地方。齐如山爱戏到沉迷,对京剧进行了长时间细致入微的调查研究,他天天泡在戏园后台,逢人便问,什么都问:衣服、盔帽、勾脸、把子、检场、音乐,总带着本子、铅笔,边问边记录,回去再整理归类。他在回忆录里说,他由此认识了梨园界人士4000多人——这大约是其他文人无人能及的:"外界人尤其是官员、学者与戏界人来往,都只是认识好角,我则不分好坏角儿都认识,连后台管水锅的人等等,我都相熟……总之,你想要问一个人的专门技术,那你就要问该行的好角;若问戏界全体的事情,那你就各行都得问,生行的问生行,净行的问净行,关于行头就得问管箱之人,各行的事情都是如此。"①他因而得以写出许多归纳总结京剧实践的文字,仅看他的此类著

---

① 《齐如山回忆录》,北京:中国戏剧出版社,1989年,第90页。

述名目即可见一斑:《国剧身段谱》《上下场》《脸谱》《行头盔头》《论国剧中之笑》《戏中之建筑物》《戏中桌椅摆设法》《戏班》等,用他的话说,是"知道的戏界零碎事情"多。梁燕指出:齐如山"着眼于'场上之道',是出于认识上的自觉并且身体力行,在近代的戏曲研究中可谓独树一帜。他不像王国维那样偏重案头的考据,也不似吴梅那般热心于度曲订曲,而是对舞台技术、梨园口述资料给予了高度的重视和自觉的先导性研究"。他的许多研究成果直接帮助了艺人,梅兰芳对此深有感触,他说:"二十年间,余所表演之身段姿式,受先生匡正处亦复不少。近又将各种身段之原则,一一写出,实为从来谈剧著述中之创举,我侪同业旧辈咸视为极重要之发明,深信国剧不至失传,将惟此是赖。"①当然,齐如山的研究也有明显缺陷,他继承了古来帮闲文人的口味,著述有时类似搜罗逸文秘事,写出来的是谈闲掌故,不求科学严密,诚如梁燕所指出,齐如山"论结构、论语言没有李渔那样系统,那样高屋建瓴,还缺乏学理上的缜密,还显得零散而随意,有些地方逻辑性较弱。他的理论兴趣仅停留在技术层面,过于注重形式美,而忽略了思想的深邃性"。

然而,齐如山研究的实践性,使他得以烂熟于场上,熟悉并掌握了戏曲的本质与规律,直接帮助了他对梅兰芳的文化注入。在这方面,他眼界的开阔性又起了助成之功。旅欧观剧的经历使他建立起比较眼光,改革国剧弊病的自觉意识则使他关注当下演出,这成为他选择梅兰芳的直接契机。齐如山在寻找一个切入口,他找到了有着最佳气质和功底、最富潜力的梅兰芳。烂熟场上又使他得以具备导演和编剧才能,帮助他对梅兰芳进行成功的舞台塑造。1912 年齐如山从《汾河湾》"介入"梅兰芳,就是从导演角度入手的。他启发梅兰芳的舞台心理体验,为之设计出形体和表情动作的 9 个段落,做的就是导演工作。梅兰芳照办后,下次演到这里,场上就有"彩"。以后齐如山全面进入梅兰芳的舞台创作,在为他创作、排演系列古装新戏时,实现了对剧本、音乐、舞蹈、舞台设置、服装、化装的总体设计和把握,突破了京剧传统的审美格局,丰富了其舞台语言,提升了其艺术境界。梁燕因而指出:齐如山是现代戏曲导演和编剧的先驱者,他编导的许多剧目都成了

---

① 齐如山:《国剧身段谱》,《齐如山全集》第 1 卷,台北:联经出版事业公司,1979 年,第 358 页。

梅派的经典,如《嫦娥奔月》《西施》《洛神》等,他在剧目创作和导演方面都对中国戏曲起了非常大的建设性作用。齐如山能够根据演员的特长与风格为之设计剧目、唱腔、身段直至舞台和服饰,其创造呈现出编导互渗、编导一体的良好状态,这是他得以成功造就梅兰芳的坚实前提,也是他得以推动京剧艺术长足发展的有力推手。在齐如山的带动下,一时形成文人墨客纷纷与京剧旦角"联姻"的风气,如罗瘿公与程砚秋、庄清逸与尚小云、陈墨香与荀慧生,京剧四大名旦因此而崛起于京华,齐如山开辟之功莫大焉!当然,梁燕也客观品评了齐如山创作剧目之长短:其优点是长于抒情、载歌载舞,适宜于体现梅兰芳之舞台美;其缺点则有时较"冷",剧情方面不够叫座,齐如山在这方面也积累了经验和教训——这些品评可谓"中的"。

通过梁燕的发掘,我们今天走近了齐如山,看到了梅兰芳成就背后的一根有力支柱,这根支柱在京剧的现代发展及中国戏曲的现代历程中,曾经起过十分重要的推力,它是不应被历史忘却的。

梁燕今天学业有成,可以告慰于苏国荣老师了。这里借此篇幅再说几句题外话:彦君和我与苏国荣先生的友谊渊源也说来话长。1982年3月我们一起到中国艺术研究院戏曲研究所攻读硕士研究生时,苏国荣是我们的授课老师,讲戏曲美学。我们钦佩他的学问与学术精神,于是就有对他的私下叩学与造访,也结识了他的妻子李玉英老师,她在中国作家出版社工作,两人对我们都非常友好热情,实力相助。1984年12月我们毕业,一同被分配到戏曲研究所工作,和苏老师成为同事。1987年4月苏国荣和我分别被任命为戏曲研究所正、副所长,我于是又成为他的工作助手,我们彼此精神投合、配合默契。以后又长期在一起从事戏曲研究工作,互相支持砥砺,结为忘年交。他去后,这些成为我心底永远珍藏的怀念。苏国荣先生的戏曲美学研究颇有心得与成果,卓然一家,他教给梁燕的一定众多。我贡献梁燕的只是专门为她讲过20世纪前后中外戏剧交流的大背景,我想,研究齐如山这样一位眼界贯及东西的学者,不了解这个背景,是做不全面的。果然,从她的成果看,她对这个领域进入已深。

(原载《艺苑》2010年第3期)

《山东吕剧优秀唱段选集》序

吕剧于中华人民共和国成立以后为山东省有影响甚至可说为代表性剧种，然其崛起实乃近百年间事。19世纪前之齐鲁，盛行腔调是出自弦索声腔的剧种柳子戏(百子调)、肘鼓子(周姑子、肘骨子、卲鼓子、郑国戏、老拐调、茂腔、五音戏、拉魂腔、柳琴戏)、大弦子戏、大笛子戏、八仙戏、二夹弦、一勾勾等。吕剧则是清末由民间说唱艺术山东琴书(坐腔扬琴)发展演变而来。据说清光绪二十六年腊月二十三(1901年2月11日)，东路琴书艺人时殿元与同乐班同人，尝试着将曲目《王小赶脚》改为化装演出，在坠琴、扬琴、竹板等乐器伴奏下载歌载舞，表演形式生动活泼，初演即获成功。此后，他们陆续将《光棍哭妻》《站花墙》《兰桥会》《登云休妻》《鸿鸾喜》《丁灯扫雪》《拾玉镯》《王定保借当》《三打四劝》《后娘打孩子》《王天保下苏州》《王汉喜借年》等10多个书目改为化装表演，搬上舞台。光绪三十二年(1906)时殿元组建共和班，开始由拉地摊正式转向舞台演出。最初的吕剧只是一个地方小剧种，称为化装扬琴、琴戏、捋戏、迷戏、蹦蹦戏等，演唱一些故事简单、角色较少的剧目如《王小赶脚》《光棍哭妻》《三打四劝》等，演员们走乡串村，演出于田间地头。然而它一旦成型，立即表现出了极强的生命力，影响迅速扩大开来，以后逐渐吸收其他成熟剧种的长处，从对子戏、三小戏的形式扩大到演整本戏和连台本戏。1917年广饶县张凤辉组合的车里班首次演进了济南府。1930年前后，同乐班在济南大观园、劝业场等戏院演出，开始演出一些角色较多、情节较为复杂的剧目如《双换亲》《白蛇传》《秦雪梅观画》《金玉奴》等。当时较有影响的班社有黄家班、父子班、同乐班、庆和班、义和班等，著名艺人有时克远、薛金田、李同庆、于廷臣等。在城市环

369

境中,为满足都市居民的欣赏口味并与其他剧种争胜,化装扬琴在表演、唱腔、伴奏、服装、道具各方面逐步丰富提高,发展成为具有鲜明地方色彩的剧种。中华人民共和国成立以后,化装扬琴进一步改革创新,编演了《小姑贤》《蓝桥会》《李二嫂改嫁》《张大有被骗》《王秀鸾》等新戏,打开了现代戏创作的大门,涌现出郎咸芬、林建华、王俊英等一批著名演员。1953 年正式定名为吕剧,成立了山东省吕剧团,先后整理创作了《姊妹易嫁》《王定保借当》《光明大道》《借年》《两垅地》等剧目。此时吕剧达到了它的辉煌时期,名角荟萃,新戏迭出,尤其《李二嫂改嫁》唱红了大江南北。随着影响的日益扩大,吕剧的一些代表性剧目先后被拍成电影(如长春电影制片厂 1957 年拍摄了《李二嫂改嫁》《借年》,1976 年拍摄了《半边天》,1979 年拍摄了《逼婚记》;海燕电影制片厂 1965 年拍摄了《两垅地》),电影的广泛传播反过来又增加了吕剧的影响,逐渐使之成为享誉全国的剧种。

吕剧唱腔以板腔体为主,兼唱曲牌,基本板式为四平、二板(包括垛子板和流水)、娃娃。文场乐器有坠琴、扬琴和二胡、三弦、琵琶、笛子、唢呐等,武场乐器有皮鼓、板、大锣、小锣、大铙钹、堂鼓、打鼓等。演唱方法男女均以真声为主,偶有高音以真假声结合方法处理,唱腔朴实流畅、优美动听。角色分为生、旦、净、丑四大行当。传统剧目大体分为两类:一类是小戏和单出戏,多取材于民间故事,如《小姑贤》《爱女嫌媳》《三打四劝》《小借年》《王小赶脚》《双换亲》《独占花魁》《站花墙》《蓝桥会》《王定保借当》《王汉喜借年》《打瓜招亲》《姊妹易嫁》《丁僧扫雷》《樊梨花征西》等,计有 80 余出,这些是它的看家剧目。另一类是连台本戏,多根据长篇章回鼓词编创,有《金鞭记》《金镯玉环记》《于公案》《白云楼》《小八义》《珍珠塔》《刘公案》《孟丽君》《包公案》《绿牡丹》《五女兴唐》《回龙传》等 10 多部。中华人民共和国成立后吕剧创作和移植了众多的新剧目,如现代戏《王秀兰》《赵小兰》《苦菜花》《半把剪刀》《小女婿》《巧媳妇》《挑女婿》《夺印》《丰收之后》《初升的太阳》《江姐》《红霞》等,古装戏《逼婚记》《五姑娘》《红楼梦》《拉郎配》《画龙点睛》等,这些剧目的演出使吕剧获得了新的影响力。

我对于吕剧的熟悉和热爱,始于观赏郎咸芬老师主演的《苦菜花》。余生也晚,郎老师演出成名作《李二嫂改嫁》时我未能躬逢其盛,她塑造的一系

370

列人物如《蔡文姬》中的蔡文姬、《穆桂英》中的穆桂英、《丰收之后》的赵五娘、《沂河两岸》的梁向荣、《梨花狱》中的武则天、《山高水长》中的薛逢春等，我也都无缘领略，然而我赶上了看她演出的《苦菜花》，而且看了多遍。其时郎咸芬老师的表演已经炉火纯青，台风十分大气稳健、朴实丰厚，举手投足间带出大家风范，而她的唱腔委婉深沉、声情并茂，也把吕剧唱腔的特长发挥到极致。新时期以来，吕剧新人辈出，已经有高静、焦黎、刘玉凤、滕霞等人获得梅花奖，吕剧的继往开来重任在她们肩上。

　　然而吕剧依然存在着危机。随着时代发展和社会转型，吕剧与全国多数地方剧种一样遇到了生存困境。如今在吕剧的发源地，老艺人年龄日长，新人断档，代际师承关系几近中断，传统的吕剧艺术因子大量流失。作为重要非物质文化遗产的吕剧，其保护和发展需要全社会的帮助和投入大的力量。今天《山东吕剧优秀唱段选集》的出版，力所能及地为吕剧做坚砖固瓦的工作，实在是难能可贵。是集共收录传统剧目48种里的唱腔170段，现代剧目44种里的唱腔150段，单唱唱段23段，曲牌11支，约略可以体现出吕剧唱腔的面貌和特色。

371

（原载《山东吕剧优秀唱段选集》，中国戏剧出版社，2010年）

《民国戏剧文化丛谈》序

中国人民大学近年力倡"国学",成立了国学研究院,开展相应的系列研究,成果也在陆续推出,很是引起社会的注目。国学研究院里设有国剧中心,其同人最近编了一本《民国戏剧文化丛谈》,邀我作序。

翻一翻,原来是将其教研室教师和一些校外同人已发表的研究民国戏剧的论文结集出版,内容涵盖了民国时期戏剧文化的诸多方面,例如对京剧名家的谈往追忆、对表演绝活的品评总结、对戏曲经典的眷顾回味、对梨园旧迹的爬梳考证、对戏剧范畴的辨析讨论及其他种种。因为现在较少看到这么集中议论民国戏剧了,我于是津津有味地读下去。

吴小如先生说当年看叶盛章的戏,文戏如何,武戏啥样,丑戏怎的,新戏咋的,娓娓道来,如数家珍,是过去坐园子品戏文人的惯常笔法,读之别有情致。今天我们还能对哪个京戏演员如此品头论足、满嘴余香地议论他的戏路和绝活呢? 读来真是恍若隔世。钮骠先生说萧长华丑角艺术、说丑角戏的文字,类似明日黄花般的梦呓,更使我们哀婉今日京剧丑行的衰竭,钮骠先生本人也成为丑行功夫的仅存硕果了。其他文章里议论到的程长庚、谭鑫培、陈德霖、金少山、梅兰芳、裘盛戎,一直到前门外的老戏园子、京都梨园戏神、京戏唱片的灌制,也包括日本歌舞伎访华,这些,都是民国时期戏剧文化的珍贵内容。对这些内容的表述,过去常见为"掌故"类文字,今天少见了。"国剧研究中心"将其视为珍宝,也确系物有所值。但是,民国的文化生态已经并正在发生改变,因而又有京剧和梅兰芳的走出国门、走向东西方世界,于是集子里也留下了这类言说。我所高兴的是,这里面还有着更年青一代学人的观察和思考,他们的视角和方法已经打破了既有思维,向学界发出了新的声音。

民国时期在国学和国剧史上都是一个特殊重要的历史阶段。对国学来说,旧学转型,新学盛开,一代典章由此奠基。对国剧来说,则出现了传统生态中的戏曲最后繁盛期,它的光环直接辐射了戏曲的昨天和今天,甚至还影响未来。所以,对那一时期戏剧生态的研究,就不仅只是民国史料的爬梳,更有其特殊的时代意义和认识价值在了。

究竟如何? 请试读之。

(2015 年 7 月 28 日于北京马圈)

《中国戏剧图史》韩文版跋

13年前的2002年6月,我有机会到韩国一游,徜徉于景福宫,沉思于江华岛,在首尔和水原华城观剧,感兴趣于大韩民族与我们有着千丝万缕联系的历史与文化,也直接感受了韩国戏剧的繁兴。

2007年,我的《中国古代剧场史》在韩国出版了韩文版,我很高兴自己也在两国文化交流中起了一点作用。

2008年5月我再次访韩,这次走得更远一点,从首尔走到了庆州,在佛国寺、石窟庵、礁石王陵、成均馆文庙和清溪河间沉浸。

那一次,一位韩国学者告诉我,受到《中国古代剧场史》的启发,她撰述并出版了韩国剧场史。我很高兴能有这种文化影响发生。

现在,我的《中国戏剧图史》也要被翻译成韩文在韩国出版了。尽管我自己读不懂,我的韩国朋友们和更多的读者将读到它。我因而对韩国充满了友爱与感激之情。

我祝福大韩民族的美好未来,也祝福中韩两国天长地久的友谊。

(2015年4月26日于北京马圈)

温州，那一方戏曲空间
——《温州戏曲口述史》序

  东南沿海的温州，一个30多年来总在人们耳畔回响的都市名字。人们熟知它总是处于经济前沿的位势，却一般不会关注到它的文化地位。然而，那里的文化人同样在耕耘。最近温州艺术研究所搞了一本《温州戏曲口述史》，开拓了打开温州戏曲文化空间的新路途，颇为引人关注，也使我感奋。

  我本与浙江戏曲界熟稔，既久识得前辈顾锡东、胡小孩、钱法成诸先生，更与温州一班戏界朋友熟悉。记得2000年8月出席"南戏国际学术研讨会暨温州南戏新编系列剧目展演"，我得以在温州小住5天，连续看了永嘉昆曲《张协状元》、瓯剧《杀狗记》和越剧《荆钗记》《白兔记》《拜月记》《洗马桥》6台戏，并参加了一系列的剧目座谈会和南戏学术研讨会，与温州戏界多有交流，因而熟悉了这些戏的编剧尤文贵、张烈、张思聪、施小琴、郑朝阳等人。其中与张思聪、郑朝阳打交道稍多，是因为他们原来在艺术研究所工作，后来先后到了市文联，而我的工作单位也经历了从中国艺术研究院到中国文联的转换，因而有同道又同行之谊。张思聪的《荆钗记》1999年获得"中国曹禺戏剧奖·剧本奖"，我先后多次参加其剧目研讨，过后还与《荆钗记》的主演贾小萍保持了长年的通信联系。郑朝阳当了温州市副市长分管文化后，也与我保持着接触。

  我一生搞戏曲史研究，情感上最熟悉与亲近的早期城市有两个，一个是开封，另一个就是温州。开封是宋杂剧之都，我在开封出生，在开封读大学，自然对之钟情又倾情——我后来做学问，常年在开封地域考察宋杂剧文物，并专门选择开封明初杂剧名家朱有燉的作品进行深入研究和注释，都可以为证。温州则是北宋、南宋更替时南戏的发生地，在那里形成了中国最早的成熟戏曲形态"温州杂剧",产生了最早的南戏作品《赵贞女蔡二郎》《王魁负桂英》《张协状元》等,元末又出现戏界奉为"戏祖"的高则诚《琵琶记》。明清时期,南戏的嫡裔演变成全国各路声腔剧种,迅速占领了大江南北的广袤地区,在民间盛极一时。近代以来,温州仍然是民众饱蕴情感的戏曲之乡,盛行剧种有瓯剧、和剧、越剧、木偶戏等,另外它还长期保存了永嘉昆曲。可以说,戏曲在温州繁衍兴盛了最长的时间,温州在戏界的地位因而崇高而神圣。

口述史亦称口碑史学,以搜集和使用口头史料来研究历史。口述史是重视下层民众价值的产物,开辟了传统史学之外新的史学途径。它为原来在历史上没有声音的普通人留下记录,从而填补了以往研究中缺乏的普通社会生活内容的空间。温州戏曲口述史课题组针对温州的民间戏曲生活内容进行了广泛而充分的调查访问和采录整理,通过采访拍摄 30 余位戏界老人,回溯和记录了温州民间戏曲的近现代发展历程。针对某座城市构筑起一部戏曲口述史,这似乎还是第一次。

被采访人里有昆剧旦角演员,有越剧旦角和小生演员,有瓯剧传承人,有和剧老艺人,有木偶大师,还有终生从事戏曲编剧、导演、作曲、舞美设计者许家卿、翁洪森、张增周、周云娟、吴桐、黄湘娟、陈剑秋、陈寿楠、李子敏、尤文贵、商小红、杨佩芳、黄世钰、卓乃金、陈美娟、林天文、杨轲、张烈、张思聪、朱吉庆、章世杰等。他们中年龄最大的是瓯剧百岁男旦翁洪森先生,出生于木偶世家的张增周老师今年也已经 94 岁高龄了。他们是过来人也是目击者,每个人都有着与戏曲缠绕一生的酸甜苦辣,也经历了生活的起伏跌宕和人生的悲欢离合。尽管做戏之路崎岖坎坷,但他们都在漫漫长路中上下求索而不改。他们共同谱写了温州戏曲的历史,而中国戏曲就在其中坚守——我们从而感受到一种精神的力量,一种民族文化脉息强韧、承传不绝的内在动力。

由于同行的缘故,我对《温州戏曲口述史》里专门列入一批戏曲学者很感兴趣。许是得地缘文化之利,温州近现代出曲学名家,他们值得温州记忆。温州走出的前辈学者董每戡是开曲学宗派的人物,本地也出了音乐家、戏曲家郑孟津。一群我虽未识其人,却因拜读论文而久识其名的南戏研究家也名列其中：胡雪岗、侯百朋、徐顺平、唐湜、沈沉、徐宏图，这让我在阅读过程中感觉十分亲切。至于我熟悉的孙崇涛、叶长海先生，则是京沪学界的翘楚。他们为《温州戏曲口述史》增添了血肉。

我要说，《温州戏曲口述史》的结项，为地方文化传存做了有意义的工作。

（原载《中国艺术报》2015 年 10 月 16 日）

戏曲瓦当的发现和研究

——林成行《温州戏曲瓦当与南戏》序

　　十几年前,林成行先生拿来几页温州瓦当拓片,说内容是戏曲图案,引起我极大兴趣。若其说成立,瓦当种类和戏曲文物种类中又多一项内容矣。

　　瓦当是中国古建筑里用于覆盖檐头筒瓦前端的遮挡垂片,上面通常铸有图案或变形文字,内容有云头纹、几何形纹、饕餮纹、动物纹、文字纹等,起到建筑装饰的作用,因而成为独特的房屋构件。今见最早的是陕西扶风出土的西周素面半圆瓦当。汉代瓦当工艺极大发展,或铸文字如“长乐未央”“长生未央”“与天无极”等,或以四神、翼虎、鸟兽、昆虫、植物及云纹等为纹饰。魏晋隋唐时期佛教繁兴,莲花纹类瓦当盛极一时。宋代多见兽面纹瓦当,明清多见蟠龙纹瓦当。

　　温州地处东南沿海,时发雨霖,对房屋的瓦当构件有防风挡雨的实用性要求,因而与北方瓦当偏小不同,早在宋元时期就因地制宜制造出了形大、幅宽、框方的花檐瓦当。而林成行先生发现温州乡间这些人们熟视无睹的瓦当里,蕴藏着独特的文化内涵——铸有戏曲人物图案,他希望发掘出其历史意蕴,向世人展示一个未知的文化遗存。他因而开始了20年孤独的田野调查和艰辛的搜集研究工作,踏遍温州300多个乡镇4000多个村庄,从古旧民居、宗祠、庙宇、戏台、路亭等房屋建筑的檐头或坍塌的瓦土里,采集与挖掘各种明清花檐瓦当千余片。长久的寻寻觅觅、皓首穷学,终于聚沙成塔、集丝为茧,他来到了收获的季节。

　　经过对温州市、浙江省和全国各地的调查,林成行先生发现,到目前为止,戏曲瓦当仅出现在温州几县,又多出现在城镇和沿江平原的村落,其他地方则不见踪影。明清时期,戏曲装饰几乎无处不在——建筑梁栋檐角、门窗隔扇,居室书案桌椅、牙床屏风,日用漆器竹编、箱柜奁盒,服饰围裙兜肚、顶帽底鞋等,但瓦当上通常没有戏曲内容。唯独温州,把戏曲装饰在了瓦当上,使之日复一日地茕茕望月。

怎么知道这些瓦当上的人物图像是戏曲人物呢? 林成行先生首先依据的是田野考察中发现的民间记忆。例如他在永嘉王氏家族听到了"王氏瓦"的传说——当地民间传说瓦当中人物乃南戏人物王十朋,在永嘉雕刻作坊和瓦窑址听到了"太平瓦"的传说——据称瓦当内容系戏曲故事姜太公钓鱼。又如制瓦工匠说瓦当花版出自戏文——这些应该是民间记忆对于瓦当内容的诠释。

其次,就是对于瓦当图像仔细考察辨认、对比参照。材质所限,瓦当图像过于简单粗糙,不易辨识,加之瓦当铸造时期当地流行戏曲声腔及其盛行剧目也已经被岁月遮掩,难以考索。这给研究增加了困难,也是林成行先生最下功夫、力争夺路而出之处,其结晶就成为今天的著述成果。

温州发现戏曲瓦当有着戏曲史的象征意义。温州在北宋、南宋更替时产生了南戏,形成中国最早的成熟戏曲形态,并且创作出最早的南戏作品《赵贞女蔡二郎》《王魁负桂英》《张协状元》,而南戏的嫡裔在明清时期演变成了全国各路声腔剧种,唱遍了大江南北。元末又有温州人高则诚写出传奇《琵琶记》,成为流行最广的戏出,后来被全国戏界奉为"戏祖"。近代以来,温州盛行剧种有瓯剧、和剧、越剧、木偶戏等,并长期保存了永嘉昆曲。温州成为戏曲兴盛最早也是最久之地,在这里发现戏曲瓦当,体现了戏曲对民俗的深远影响,恰可反证温州的戏祖地位。而林成行先生在瓦当研究的基础上,试图进一步揭示戏曲史的演变轨迹,探查温州不同时期流行腔种和剧目的情形,我期待着他这方面研究能为人们认识温州戏曲史脉增添积累。

过去人们对瓦当的研究,多注目于战国、秦汉时物,后世因民间陈陈相因,瓦当不再受到关注。而艺人绘铸瓦当,其内容来自代代师徒相传和口传心授,往往不知其所以然。林成行先生的工作,为瓦当研究和戏曲文物研究打开一个新的视角,弥补了以往学术之阙,颇有时代价值和意义。

(原载《中国艺术报》2015 年 12 月 2 日)

张俊卿《明清戏曲选本的流变》序

我终于等到了张俊卿博士论文的出版。

还是在 2008 年,报考我的博士研究生的人里有一位来自安徽大学中文系,他的硕士生导师朱万曙教授向我推荐说,这是一个读书"能够坐得住"的学生。"坐得住?"这不就是当年张庚老师招收我做研究生时的取舍标准吗?时下"坐得住"的年轻人不多了,于是我先就在心里首肯了。他就是张俊卿。后来见到面,是一位瘦小的青年,眼睛细细的,身条也细细的,不知是否因为读书坐久而"消得人憔悴"了。

张俊卿逐步圈定博士论文选题范围的过程,也是他读书积累与慢慢集中思路的过程,其轨迹有一定的普遍意义,因此我乐于在这里大致描述一下。他最终做的是"通过明清戏曲选本对于传奇戏出的选择与改易看选本观念变化的研究",但最初的兴趣却只集中在一个点上。那时,他告诉我,他写了一些有关明清戏曲折子戏的文章,想在此基础上做一下《缀白裘》研究,于是递交了一份开题报告。

《缀白裘》?我眼睛一亮。自从台湾"清华大学"的王秋桂先生搜求海内外明清戏曲选本辑为《善本戏曲丛刊》,使得阅读流失文献有了便捷之途后,我就一直有一个心愿,想通过对今天掌握的明清戏曲选本的整体比勘,考察戏文和传奇的流播、演变与戏曲舞台的演出传承情况,《缀白裘》则是其链条里的最后一环。我因此做了一些案头准备,其间也利用这些选本做过个别颇有收获的个案研究,例如考察和尚、尼姑双下山故事源流和演变情形及它被目连戏吸收的情况,从而判断出现存目连戏的版本系统,也解决了传奇《孽海记》的历史疑案。但因工作繁忙,没能真正下手去做,而且短期内也没有条件做。于是,我转而寄希望于博士研究生们,多次在讲课时提出这一课题并渲染其价值,想引起他们做论文的兴趣。后来看到赵山林兄的博士生朱崇志2004年出版的成果《中国古代戏曲选本研究》,对此选题做了开拓,很高兴,虽然其内容与我的构设还有距离,但也不失欣慰了。现在,张俊卿也想做有关选题,我自然是支持的。

读了他的提纲,感觉大体路数是对的,于是向他提出:关键在于如何深入进去,如何发掘出有意义和价值的视野、角度与问题,并建议他,对于《缀白裘》如何选择剧目、折子和曲文,应该与其他选本作比较和对照性研究——当然这些要随着读书和思考的深入逐渐发现和展开。

后来一段时间,张俊卿下功夫对《缀白裘》中的材料进行了整理,尽量吃透所选剧目、折出甚至曲牌和其他细节,剧目对照整本传奇,折出比较其他选本。但他感觉似乎越做越多,甚至没完没了,担心读博的时间不够用,因而想重点研究《缀白裘》中的丑角艺术。我告诉他:"你已经读了这么多材料,如果深入进去,会有所发现,但和丑角研究有一定距离,放弃了可惜。你做的工作一方面大于丑角研究,可以把后者包括在内,但又小于丑角研究,因为它不能完全涵括后者。这是两个不同的出发点和目的地。既然把《缀白裘》作为主攻对象,我建议你就做前者,这样有几个好处。首先,你已经发现了一些有价值的观察视角,可以有目的地深入进去。其次,有一个具体对象来附丽,比较具体化和对象化,不至于漫天撒网。再次,它也包含了你对丑角研究的兴趣,为你提供了目前较易进入而又相对固定较易穷尽的范域。至于专做丑角研究,一方面需纵剖戏曲史,历史拉得很长,而材料不易得(明前稀缺,清后滥众但又不易寻),另一方面它又与舞台紧密结合,你现在条件可能达不到,学时也不允许。因此宜于把它作为自己今后的一个目标。"他于是收敛了心思,仍然回到原来的构想。

后来张俊卿在研究中发现:《缀白裘》收录多的作品,主要分布在两个时段,一是明初,二是明末清初,而其中收录明代中后期文人传奇创作高峰时的才子佳人戏很少。这是对的,因为它是明清传奇舞台本和案头本两类作品舞台传承不同的结果,意即民间的本子和文人创作的本子不同的舞台接受的反映。《缀白裘》是对清前期流行戏出的汇集,反映的是舞台演出的实际情况,从中可见明初戏文的长久舞台承传和明中后期文人传奇与才子佳人戏的不甚受普通民众欢迎,但明末清初文人传奇创作已经积累了成功的经验,比较适合"场上"演出了,题材范围也从才子佳人扩大许多,于是民间舞台也欢迎它们加入。

张俊卿还发现,用《古本戏曲丛刊》里的剧本与《缀白裘》对照,前者凡标为"旧抄本"的,就与《缀白裘》对应的折子戏相差不大,有的唱词、宾白几乎相同,像《千钟禄》《牧羊记》《风云会》,有的宾白有些精简,像《翠屏山》。但《古本戏曲丛刊》里标有"刻本""刊本"的作品,《缀白裘》对应的折子都有一定程度的改动,像《金锁记》《牡丹亭》和李玉的"一人永占"。而相差较大的折子,基本上都是丑角戏,如"思饭""串戏""问路"和《水浒记》《义侠记》之类,都是曲词有所保留,宾白改动非常大。我对他说:文人案头本上演仍需经过舞台加工,这就是为什么《古本戏曲丛刊》里的"刊本""刻本"到了《缀白裘》里总有改动,民间"抄本"却往往沿袭不改的原因。而《善本戏曲丛刊》里选本收录的许多明清戏出,就大体反映了民间舞台实际演出的状貌,它和当时的文人传奇创作是不同步的。与文人刊本对照着看,可以找到民间舞台对于剧本的需求与文人创作之间的距离。从这个角度切入,相信会发现更多的东西。至于《缀白裘》对明清传奇丑角戏的改动大,可以看出民间对丑角戏的欢迎和丑角行当在当时的迅速发展,从中可以找到研究丑角的线索。

他后来就认真做剧本比较去了。但随着工作的深入,接触到越来越多材料以后,他又有了新的苦恼。他说许多剧本前后改动的情况很复杂,《鸣凤记》就是如此。他对它们一一进行了详细的比勘,却发现如果就这样写成文章,叙述的成分多,论述的成分少,论文会缺乏深度。我肯定了他从细部着眼、认真比对校勘剧本的精神,指出现在很少有人肯这么下苦功夫了,但这只是成就学问的第一步。写作有叙述多于论述的感觉,是因为被材料所遮蔽,眼光还没有透出来,还未达到统贯全局的驾驭度。不能着急,因为对事物的了解都是从具体到一般的,先是了解了局部,然后才升华为整体认识。很难说还不知道原委深浅,就能够提炼出概括和总结的理性表述。当对局部开垦到一定时候,渐渐就会发现整体的轮廓呈现出来,然后水到渠成,那时就能高屋建瓴。当然我说:"你的学业或许不允许你这么优哉游哉地慢慢做了去,这是一个矛盾。为了解决这个矛盾,你或许现在应该开始从整体考虑博士论文的构架和任务了。那就是,你的目的到底是什么,要解决什么问题,要搭设什么样的论文框架,那就会有宗旨、总论出来,然后再逐渐分岔进入局部。那样的话,局部的定位和任务就会比较清楚了,论述的目的性也就呈现出来,你就知道需要说什么了,从而解决叙述与论述的矛盾。"

我另外还跟他谈:"从上面的介绍,大致可以看出,做学问无非是两条路,一条是从微观到宏观,就是你现在的做法,先接触材料,慢慢捋出思路,逐渐提升为整体认识;另外一条是从宏观到微观,先建立架构,确立范畴,定下目标,然后逐渐细化深化。但第二条路是建立在第一条路的基础之上的,因为,如果没有对对象的先期了解和熟稔,任何人都不可能凭空建立起宏观驾驭的大厦。所以,你的路径基本是对的。但走第一条路,也需要随时分析、判断和思考自己的所得,看它们究竟在整体中能够占什么位置,尽可能地将其升华为整体认识,这样,你的论述眼光、底气和内蕴就会逐渐出现了,它能帮助你提高论述的理论性。更重要的是,前面提到受学业期限的限制,不容许随心所欲地挥霍时间,你可能要在还没有全部把握住整体之时,就不得不开始对宏观的思考!两种方法,有着相反的路径,就像是从树叶还是从树根进行叙述一样。从树叶谈起,一下进入细部,很具体很生动,但人们会不知道你到底要说什么,另外叙述肯定缺乏整体驾驭的理论气势和综括力。从树根谈起,能很顺利地让人把握住你的叙述逻辑:先根,后茎,后枝,后叶,条分缕析,娓娓道来,那是研究结果应该达到的境界。一下子做不到,不妨就是现在的做法,但最终还是要达到。对于最终目的,心里一定要清楚。"

他后来在比较中逐渐发现了明清戏曲选本对于传奇戏出选择的观念变化,并通过这些变化挖掘出舞台演出对传奇剧本的取舍与加工,这就深入戏曲史研究的一些范域里去了。在此基础上,他做出了自己的初步答卷。

呈现在我们面前的,就是张俊卿的答卷了。他答得怎么样,功夫下够了没有、下到了没有,是否已经整理出有价值的思路,并找到了令人信服的结论,就请大家评阅了。

(2016 年 7 月 20 日)

中华戏曲文化美学及其现代转型

戏曲是中国传统文化在几千年的发展中孕育出的一道亮丽景观。就像讲欧洲文化史离不开古希腊悲剧和喜剧、讲印度文明史离不开梵剧、讲日本艺术渊源离不开能乐一样,讲中国文化就不能不关注戏曲。

和任何人类戏剧样式一样,中国戏曲源自人类初始文化的宗教仪式中。不同的是,它没有像在欧洲和印度历史上所发生的那样形成文化断裂,古希腊悲剧和喜剧、印度梵剧在发出耀目光芒之后,都有过中断,中国戏曲却一直生生不息地发展演变至今。

因此,戏曲保留了人类戏剧初始阶段的许多特征,它的首要特点是舞台形式的综合性。它是一种集诗歌、音乐、舞蹈、美术和模仿表演诸种艺术元素于一身的综合艺术。它在长期的演变过程中,又将所能够吸收的艺术成分都吸收进来,例如在它的表演形式中还涵括了仪式、杂技、魔术、武术等成分。戏曲将这些成分有机熔铸为一体,随着时间的推移,逐渐定型为以韵律和节奏为主导、以唱曲为特征、用唱念做打综合艺术手段表演人生故事的舞台样式。

由其文化品性所决定,戏曲呈现出象征型艺术的明显特征。它的表演手段都由生活抽象并升华而来,舞台创造的一切都根据韵律和美的原则来进行,而体现为程式化特点。它从唱腔、念白、做工等基本表现手段,到服装、化装、布景等辅助成分,处处都经过精心设计,这种设计的经验大多来自传统的积累和传承。

在中国文化发展演变的悠久历史中,戏曲一直在孕育、成长和变化。尤其是在中国古代史的后期,戏曲活动成为民众社会生活的重要构成方式,戏曲成为当时极其繁盛的民俗文化的集中代表,它因此也成为社会民众最为倾心与瞩目的艺术式样。如果说,在中国有哪一种艺术样式是全民的,体现了最为广泛的审美趣味和欣赏口味,成为从宫廷到市井到乡村一致爱好的对象,那就是戏曲。中国戏曲因此在它的肌体中挟带了中国文化的众量因子,要了解中国文化,不能不了解戏曲。

进入现代社会以后,戏曲遭遇了艰难的文化转型,其传统的舞台方式因受到现实需求的冲击而扭曲。然而,戏曲仍然是广大民众爱好的艺术样式,它每日每时都在广袤幅面的城市乡村间演出,有着广泛的观众群和爱好者。经历了曲折的探索、尝试与调整之后,戏曲这种典型的传统艺术,正与各种现代艺术样式一道,稳步而自信地走向未来。

一、深厚的文化内涵

中国戏曲的文化内涵极其广袤深厚,限于篇幅,这里不可能展开全面论述,仅选择覆盖率、影响力、文化性格和精神家园性四个角度来做些阐释。

(一)广袤的覆盖面

戏曲对于中古以后中国人的社会生活形成了全面覆盖。从空间意义上说,元明清以来经过繁衍生息而形成的众多地方剧种,对汉族和少数民族聚居区形成了靡有孑遗的覆盖。汉族地区有京剧、秦腔、山西梆子、豫剧、川剧、粤剧、闽剧、湘剧、汉剧、桂剧、吕剧、评剧、越剧、黄梅戏、锡剧、扬剧、沪剧等,少数民族地区有白剧、藏戏、侗剧、傣剧、壮剧、布依剧及彝族、土家族、壮族、侗族、仡佬族、仫佬族、毛南族、羌族傩戏等。中华文化中的诗乐传统常有盛行佳话,例如唐朝白居易的诗歌平易浅近流传最广,有"妇孺皆知"说;北宋柳永的词作婉转凄清流传最广,有"凡有井水饮处,皆能歌柳词"说(参见南宋叶梦得《避暑录话》)。这种极言之的比喻对戏曲来说则最终成为事实,中华大地上可说凡有人居处皆有戏曲,这在世界文化中是一大奇迹。从时间意义上说,宋元以后遍布城乡的勾栏戏馆、街台庙台上丝弦锣鼓终日不绝的演出,成为民俗文化生活的主要景观。例如孟元老《东京梦华录》卷二和卷五说,北宋都城汴京有演戏的勾栏棚50余座,每天看客充斥,"不以风雨寒暑,诸棚看人,日日如是"。清末北京戏园知道名字的有二三十座,见于道光年间北京精忠庙清道光七年(1827)《重修喜神殿碑序》载录的20座,为中和园、天乐园、裕兴园、同乐园、庆乐园、庆春园、广和楼、庆顺园、三庆园、广兴园、庆和园、隆和园、广德楼、阜成园、德胜芳草园、万庆园、万兴园、六和轩、太庆园、广成园,又见于其他记载的3座:广顺园、太和轩、吉阳楼。清人察富敦崇《燕京岁时记》说,这些戏园一年中除冬至封台一周外,天天有戏上演。而遍布城乡的神庙戏台、会馆戏台、祠堂戏台和私宅戏台,在神诞庙会时酬神许愿,一年中排着演戏,加上街巷里弄人家年节庆典、婚丧嫁娶还要临时搭台演戏,中华大地可谓朝朝燕舞、日日笙歌。从介入深度上说,戏曲文化成为宋元明清民俗文化的核心内容,几乎是地覆海涵、包罗万象,上述年节庆典酬神许愿、婚丧嫁娶红白喜事都被戏曲垄断是一典型例证。另外,几乎一切生活工艺都围绕戏曲而制作,建筑雕塑、居室装饰、器物装饰、绘画、年画、泥塑、剪纸、刺绣、瓷器、漆器、金银器种种皆如此。戏曲充斥了人们的文化空间,成为一切民俗艺术的载体,成为世俗生活中不可或缺的内容。

覆盖率还可以做另外一种层面的理解。例如戏曲创作对于中国传统题材的全面覆盖:积累起来的51876个传统剧目①,其内容可以涵盖一整部中国文明史,从上古开辟神话到全部二十四史几乎敷衍净尽,其中如京剧、秦腔、豫剧、川剧等大剧种都各有5000个以上的剧目,这种情况在全世界也是唯一的。不同的剧种又各有自己的曲调和表演特色,形成对多样审美风格的覆盖,也形成对不同流行地域的覆盖。例如京剧,原由徽调和汉调结合而成,在京都环境下博采众长,发展成庄严典雅、凝练厚重的剧种,规范谨严、做工精细、声调铿锵、词情并茂,尤其擅演表现宫廷政治的袍带戏,受到广大观众的欢迎,因而清末以来得到极大发展,不但由北京扩展到北半部中国,而且由上海沿长江流域上溯至南半部中国,成为近代以来覆盖面最广、影响

---

① 此数字系据1957年文化部召开的第二次全国戏曲剧目工作会议统计,是当时全国经过整改的传统剧目数。参见高义龙、李晓主编:《中国戏曲现代戏史》,上海:上海文化出版社,1999年,第195页;《中国大百科全书·戏曲曲艺卷》,北京:中国大百科全书出版社,1983年,第329页。

力最大的剧种。昆曲则典雅绮丽、轻歌曼舞、文辞华美、情思绵长,历史上曾经覆盖大江南北;梆子腔剧种则高亢激越、浑朴苍凉,由西北覆盖了北部中国;秧歌、采茶、花鼓等剧种则活泼轻快、民间气息浓厚,以南方更为盛行;20世纪新兴的越剧、沪剧等则舞台齐整、台风亮丽,流行于江浙一带。它们各自有着自己的观众拥戴群和流行地域,以自己的特色和风格吸引着大批的爱好者。

(二)深入的影响力

宋代以后中国传统社会进入民俗阶段,由几千年礼乐文化培养出的正统意识日渐化生为民俗,形成文化生活传统。其中,戏曲作为统一精英文化与大众文化的最重要桥梁,影响日益深入民间,成为传播传统文化的集中载体。中华礼乐制度自三代建立,中经孔子的大力提倡,逐渐普及和深入民间。例如中古以后民间城乡遍布的迎神赛会社火活动,即由古代社日祭祀等仪式发展而来,孔子曾称赞它对于辛劳一年的乡民有着调节精神、放松情绪的作用,《孔子家语·观乡》所谓"百日之劳一日之乐"。作为农耕文化节令性与仪式性的特征体现,其村庄社区群落聚集性的红火温馨,映射出延续数千年的礼乐文化的民间化过程。戏曲作为赛会社火活动的主要内容,成为传统礼乐文化的世俗化结晶,构成中华传统文化的独特存在和传承方式。而它礼乐合一的表达形式,进入并牢牢占据着村落社区的精神空间,孩子从小就在其中濡染中国文化的传统墨色,如鲁迅小说《社戏》里所描写的生动情景那样:

> 至于我在那里所第一盼望的,却在到赵庄去看戏。……
>
> 最惹眼的是屹立在庄外临河的空地上的一座戏台,模糊在远处的月夜中,和空间几乎分不出界限,我疑心画上见过的仙境,就在这里出现了。这时船走得更快,不多时,在台上显出人物来,红红绿绿的动,近台的河里一望乌黑的是看戏的人家的船篷。
>
> "近台没有什么空了,我们远远的看罢。"阿发说。……
>
> 在停船的匆忙中,看见台上有一个黑的长胡子的背上插着四

张旗,捏着长枪,和一群赤膊的人正打仗。双喜说,那就是有名的铁头老生,能连翻八十四个筋斗,他日里亲自数过的。

我们便都挤在船头上看打仗,但那铁头老生却又并不翻筋斗,只有几个赤膊的人翻,翻了一阵,都进去了,接着走出一个小旦来,咿咿呀呀的唱,双喜说,"晚上看客少,铁头老生也懈了,谁肯显本领给白地看呢?"……

然而我的意思却也并不在乎看翻筋斗。我最愿意看的是一个人蒙了白布,两手在头上捧着一支棒似的蛇头的蛇精,其次是套了黄布衣跳老虎。但是等了许多时都不见,小旦虽然进去了,立刻又出来了一个很老的小生。我有些疲倦了……

忽而一个红衫的小丑被绑在台柱子上,给一个花白胡子的用马鞭打起来了,大家才又振作精神的笑着看。在这一夜里,我以为这实在要算是最好的一折。

然而老旦终于出台了。老旦本来是我所最怕的东西,尤其是怕他坐下了唱……那老旦当初还只是踱来踱去的唱,后来竟在中间的一把交椅上坐下了。我很担心;双喜他们却就破口喃喃的骂。我忍耐的等着,许多工夫,只见那老旦将手一抬,我以为就要站起来了,不料他却又慢慢的放下在原地方,仍旧唱。全船里几个人不住的吁气,其余的也打起呵欠来。双喜终于熬不住了,说道,怕他会唱到天明还不完,还是我们走的好罢。大家立刻都赞成,和开船时候一样踊跃,三四人径奔船尾,拔了篙,点退几丈,回转船头,驾起橹,骂着老旦,又向那松柏林前进了。①

古代一般小民特别是妇女没有条件念书,他们的历史文化知识和文化观念多从看戏中来,他们同时也从戏曲演出中得到娱乐,所以看戏成为日常生活中一项最为流行和风靡的事。清代李绿园小说《歧路灯》在这方面有着十分详尽的描写:乡绅谭绍闻的续弦夫人巫翠姐,从小在山陕庙里看戏长大,每

---

① 鲁迅:《呐喊》,北京:人民文学出版社,1976年,第166~170页。

次演戏,戏台前柏树下就被她家占下,无论白天黑夜都来看,所以平日跟谭绍闻斗嘴,张口《程婴保孤》,闭口《断机教子》,惹得谭绍闻说她"小家妮子,少体没面,专在庙里看戏,学得满嘴胡柴"(第74回)。没有读过书的小民许多从看戏中增长了见识甚至增加了学问。明代文人凌濛初曾在《谭曲杂札》里感叹他的丫鬟家奴们看多了戏以后,一个个"命词博奥,子史淹通",都成了"康成之婢、方回之奴"(康成是汉代著名经学家郑玄,方回是元代著名文学家)。清代诗人赵翼《瓯北诗抄》绝句二里有一首绝句,感叹经常看戏的家仆说起历史掌故来竟然比自己知道的还要多,说是"老夫胸有书千卷,翻让童奴博古今"。甚至有些士大夫还把看戏和读书的功用相加,认为两者可以相辅相成。清人梁章钜《浪迹丛谈》卷六"看戏"条说,乾隆年间甘肃平凉知府龚海峰曾问他四个儿子读书好还是看戏好,少子说看戏好,被骂了一顿;长子说读书好,龚说是老生常谈;次子说书也要读戏也要看,龚说他圆滑两可;最后第三个儿子说"读书即是看戏,看戏即是读书",龚大笑,说"得之矣"。当然,戏曲对历史的扮演是主观性和艺术描写性的,并不能当作信史来看,它有时也造成了对普通民众历史知识的歪曲传授。例如曾有士大夫对之表示不满,清咸丰癸卯年(1853)二月《时事采新汇选》收录二月四日《同文沪报》山西阳曲县令文曰:"今以经史所传,历代圣君贤相,通儒达士,执吾华四百兆之众而问之,其瞠目而不能答者,殆十之八九。又举稗记所编,叛逆不逞之徒,怪谬无稽之说,执吾华四百兆之众而问之,其能津津而道者,又什之八九。此什之八九之众,盖未尝身入学堂,故暗于所见。若彼未尝不身入戏场,故迷于所见又如此……"

不同的戏曲声腔剧种对于民众的影响面是不一样的。例如昆曲唱词文雅、情调悠闲,多表现青年书生的科举事业与爱情,受到士大夫阶层的欢迎,普通百姓则不喜欢看这些掉书袋子卖弄学问、书生小姐调情骂俏的戏,而更喜欢看情节紧凑、故事集中、戏剧性强的武戏、鬼戏、功夫戏,于是弋阳、梆子等剧种更盛行民间,历史征战内容占了上风,当时称作"花部",清人焦循《花部农谭》自序说农夫渔父都爱看,"花部"因而发展播衍成几十上百种受欢迎的地方剧种。

（三）传统文化性格的体现

由于戏曲无所不在的覆盖率和影响力，中国人的道德观念、审美趣味乃至文化性格，都受到戏曲潜移默化的影响和塑造。《歧路灯》里多处描写了巫翠姐从戏中引申出做人道理，和谭绍闻反复争辩的场景，十分生动。例如说妇人要贤惠：巫氏自称看《芦花记·安安送米》，唱"母在一子单，母去三子寒"，"唱到痛处，满戏台下都是哭的"，她因而知道要善待前妻所生子："我不看《芦花记》，这兴相公（谭前妻子）就是不能活的。"谭绍闻问为什么，她说："从来后娘折割前儿，是最毒的，丈夫再不知道。你没见黄桂香（《黄桂香推磨》主人公）吊死在母亲坟头上么？"谭绍闻说："你是他的大娘，谁说你是他的后娘？"巫翠姐又说："大妇折割小妻，也是最毒的，丈夫做不得主。你没见《苦打小桃》么？"（第 91 回）又如说做人要讲义气：谭绍闻后悔赶走了仆人王中，觉得他没大错，想把他叫回来。巫翠姐说："骂你的结拜兄弟，还不算错？你看唱戏的结拜朋友，柴世宗、赵大舍、郑恩他们结拜兄弟，都许下人骂么？秦琼、程咬金、徐勣、史大奈也是结拜兄弟，见了别人母亲，都是叫娘的。"（第 56 回）巫翠姐还引用戏文来指责谭绍闻不好好读书，说是"若晓得《断机教子》，你也到不了这个地位"（第 82 回）。普通小民尤其妇女就是这样从戏曲里汲取伦理观念的。明人叶盛《水东日记》卷二十一"小说戏文"条说：戏曲受到民众爱好，书坊为了获利就大量印行戏曲本子，南方人喜欢的是刘秀、蔡伯喈、杨文广故事，北方人喜欢的是"继母大贤"故事，"农工商贩，抄写绘画，家蓄而人有之，痴呆妇女，尤所酷好，好事者因目为《女通鉴》，有以也"。戏文本子竟然被说成是女人的《通鉴》，其对妇女处世观念所具有的影响力可以想见。明末张岱《陶庵梦忆》卷七"冰山记"条还记载了一次城隍庙里上演李玉所写时事剧《清忠谱》的情景，由于涉及当时社会政治事件，竟然诱发了观众正义感、道义感的情绪怒潮："城隍庙扬台，观者数万人，台址鳞比，挤至大门外。一人上白曰：'某杨涟。'□□啐嚓曰：'杨涟！杨涟！'声达外，如潮涌，人人皆如之。杖范元白，逼死裕妃，怒气忿涌，嗫断嗟唶。至颜佩韦击杀缇骑，枭呼跳蹰，汹汹如崩屋。"戏演当朝宦官魏忠贤及其爪牙迫害忠良之事，当时魏忠贤的劣迹已经败露，引起天下共愤，所以出现了万众声讨的局面,表达了民众的强烈义愤。清人焦循《花部农谭》自序因而说地方剧种演戏,"其事多忠孝节义,足以动人,其词直质,虽妇孺亦能解,其音慷慨,血气为之动荡"。

戏曲与古代民众生活就是这样交织、交融在一起。民间生活重戏曲一个很重要的原因,是它浓缩了古代社会的政治史和精神史,提供了前人的经验和教训,表现了人世苦难与温馨,它善恶分明、惩恶扬善、褒忠贬奸,宣示了历史英雄主义、忠贞不渝的爱情、对美好事物的认识、对丑恶现象的鞭笞,传达了广大民众的理想和愿望,它因而成为传统道德与价值观的承载物,成为传承中华传统美德的桥梁和渠道——中国人的善恶观念从中而来,忠孝节义观从中而来,审美能力和情趣从中而来。如果按照美国人类学家芮斐德(Tobert Redfield)的理论来区分知识阶层所代表的高雅文化与社会大众所代表的民俗文化,而把古代文化分为大传统与小传统,那么,民间社会就是通过戏曲的影响,间接吸收了大传统中的儒家伦理和正统精神的。

戏曲体现的是正向的道德导向,它把历代淘洗积淀而成的传统道德意识作为创作出发点,以之为准选择题材和确定价值评判标准,将其转化为舞台形象,从而进行传统伦理的宣示与传播,而使自身成为传播的重要链条。传统伦理道德中有着中华民族的核心价值观,所体现的古代人物和事迹的崇高精神、爱国情怀、优良品格、善良人性、传统美德,是中华民族的宝贵精神财富。在中华传统文化中,如果说老庄、孔孟、李杜表达的是知识人格,儒、释、道折射的是精神之光,戏曲呈现的就是世俗人生的价值和意义。戏曲承载的众多的文化负载,因而成为中国人性格的组成部分,成为中国人文化性格的核心,成为我们今天的生命基因。当然,由于社会制度与人群结构的复杂性,传统道德积累也有负面,戏曲自然也承载了传统文化的糟粕,例如传统戏里不乏愚忠奴性、因缘果报、凶杀色情等内容。但这些也长期受到社会清议的自然调节和抵制,例如元明清有着大量禁毁诲淫诲盗戏曲小说的通令、乡规民约,王利器先生将其辑录为《元明清三代禁毁小说戏曲史料》一书(上海古籍出版社1981年版),可参看。

(四)中国人的精神家园

戏曲的精神辐射力,更深刻地体现在它成为中国人的精神家园上。戏曲不同的声腔剧种,是戏曲与各地不同方言、曲调和生活习俗结合的结果。秦朝统一文字的一大功劳,是各地方言变化而不离规范,有共同的文字在制约着它们的发展,否则今天的中国语言就会演变成为欧洲各国语。事实上,今天北方人听粤语、闽南语、客家语,仅从语音角度说,可能比英、法、德语互相理解的难度也小不到哪去。方言于是成为地方剧种的性格基因。地方剧种的区别除了方言,还有曲调唱腔的不同,而曲调唱腔又是在不同的方言基础上形成。各地曲调由于不同方言的作用形成不同的地方风味,比如山西人唱《兰花花》,苏州人唱《好一朵茉莉花》,两者一粗犷率真一缠绵细腻,风味大不相同。腔调区分自古以来即形成。春秋战国时期的楚地民歌不同于中原,越歌又不同于楚歌,著名的《越人歌》是越国舟人为鄂君子晳所唱,子晳一句也听不懂,翻译后才发现它是如此的美丽动情:"今夕何夕兮搴舟中流,今日何日兮得与王子同舟。山有木兮木有枝,心悦君兮君不知。"六朝时的吴歌、西曲构成与北方民歌完全不同的乐歌体系,两者风格差异很大,同为礼赞爱情,北方民歌是"欲来不来早语我"(《地驱乐歌》),南方民歌是"婉伸郎膝上,何处不可怜"(《子夜歌》)。金朝民间盛行的小曲各地有区别,燕南芝庵《唱论》指出:"凡唱曲有地所:东平唱【木兰花慢】,大名唱【摸鱼子】,南京唱【生查子】,彰德唱【木斛沙】,陕西唱【阳关三叠】【黑漆弩】。"元代的戏曲腔调分为南曲和北曲,明代南曲在江浙赣闽粤流传,产生出十几种变体,如昆山腔、弋阳腔、海盐腔、余姚腔、青阳腔、徽州腔、义乌腔、潮腔、泉腔等。其中最有影响的是昆山腔,发展为今天的昆曲。此外,各地仍有大量的民间歌调流行,又形成后来的各路声腔,如梆子系、皮黄系、秧歌系、花鼓系、采茶系、花灯系、滩黄系等声腔,衍生出秦腔、山西各路梆子、河南梆子、山东各种梆子、徽剧、汉剧、京剧、粤剧、川剧和各地秧歌戏、花鼓戏、采茶戏、花灯戏、滩黄戏的众多剧种。

肤色、种族、语言、习俗是一个文化共同的基因,乡音则是人们情感的寄托。古代出行条件不便,外出一去经年,往往经历各种艰难险阻,甚至一去不返,那就是生离死别,因而文艺作品里大量描写离情别绪。著名的如屈原《离骚》:"悲莫悲兮生别离。"如江淹《别赋》:"黯然销魂者,唯别而已矣……行子断肠,百感凄恻。"如李商隐《无题》:"相见时难别亦难,东风无力百花残。"唐代白居易的长诗《琵琶行》里说"商人重利轻离别",其实商人又何尝不愁离别不想家,只是为了生计不得不处奔波、四海为家,山西小调《走西口》才唱得如此凄凉辛酸:"哥哥你走西口,小妹妹我实在难留……"离家在外,乡音、乡曲、乡俗就成为乡情的寄托物。李白《春夜洛城闻笛》诗说:"此夜曲中闻折柳,何人不起故园情。"乡音曲调有着浓重的移情作用:"一声何满子,双泪落君前。"项羽的垓下之败就败在了"遍地楚歌"。人们在外行走一生,老了回到故里,都会感叹"乡音未改鬓毛衰"。地方剧种兴起后,不同地域观众都培养起了对家乡剧种曲调的熟悉感、亲切感和牵情感,走遍天涯海角,只要听到家乡的曲调,心底就会涌起五味俱全的复杂情感。古代条件下戏曲的传播多得力于这种乡梓文化需求,例如许多地方剧种都显示出随本地会馆在各地建立而流动的轨迹,而在外地看家乡戏的活动,常常会演变为民俗狂欢的盛会。今天华人的足迹遍及全球,我们也到处听得到地方戏曲唱腔在世界各地的回响。

眼下我们面临全球化背景下保护本土文化资源、守望精神家园的重任。什么是中国人的精神家园?乡音、乡曲、乡俗是中国人寻找情感寄托、身份认同和精神归属的对象,传达乡音、乡情的家乡戏就成为我们最重要的精神家园之一。

393

二、融通的美学原则

戏曲之所以能够成为人类艺术史上独一无二的瑰宝,是因为它有着独特的审美基因与功能。戏曲的审美原则决定了它是一种突出提倡假定性的戏剧,它与西方写实戏剧制造舞台幻觉的意旨相背离,它坦率地承认演戏就是演戏而不是别的什么,它通过符号化、象征化、装饰化的表意手段,在舞台上创造出带有强烈形式美感的情境,从而传达某种情感体验。戏曲的美学原则,从整体审美把握方面说有综合性、写意性和抒情性。

(一)综合性

戏曲是综合性的表演艺术,通过歌唱、念白、舞蹈、表演等多种艺术手段来表现人生内容,它把单纯的时间性艺术如诗歌、音乐,与单纯的空间性艺术如绘画、雕塑,以及初级综合性艺术如歌舞、表演等,通过演员的演出而有机统一在一起,形成自己复杂的艺术综合体。这些原本独立的艺术手段在进入戏曲的综合体之后,都按照一定的目的和要求、根据一定的节奏和韵律统一于舞台,而不再是其本身。例如京剧叙事和塑造人物,是通过演员在舞台上运用"四功五法"的手段进行"唱念做打"的表演而实现的。

戏曲对于音乐和诗的倚重是突出的,它把诗的节奏和音乐的旋律化为自身的韵律,使之成为统领戏剧的魂灵,同时通过舞蹈化的舞台动作来呈现它。其中的曲词由诗歌的直抒胸臆改为代言体,发抒内心情感的主体由作者改换成剧中人,于是曲词抒怀就受到剧中人物的身份、修养、心理和环境的限定,不能由作者随心所欲。音乐则随着人物心情和命运的变化而发生旋律改换,不再遵从自在韵律。舞蹈的作用被放大,人物动作都被纳入非生活化的舞蹈动作,因与生活动作产生距离而体现出美感。至于戏曲的化装美、服饰美、道具美,也无不统一于它的舞台整一性要求而不再是单独的存在。由戏曲舞台手段的综合性所决定,它的舞台方式十分放松自由,可以根据情感表达的需要随意驱遣歌唱、舞蹈、念诵、表演等手段辅助行动,而不受现实生活情景的限制。戏曲对于演员必备素质的要求则体现为完美的舞台综合能力。元代戏曲理论家胡祗遹提出"九美"说,包括外貌、举止、理解力、念诵、歌唱、神态、节奏感、角色感、临场发挥力等[①];明代戏曲品鉴家潘之恒提出"才、慧、致"说,"才"指外在表演才能,"慧"指内在理解能力,"致"指舞台感觉与控制能力。[②] 诗、歌、舞同台的综合性成为戏曲的本质特征,也是它的魅力所在,而使之与西方写实戏剧划清了界域。

戏曲熔铸自身经历了长期的过程。一部中国戏曲形成史,就是一部不断融括歌唱、舞蹈、对白滑稽剧、说唱、杂技、绘画、器乐伴奏等诸多表演艺术因素,使之走向内在融合的历史。宋代戏曲成熟之后,原来与之处于共生环境的单项艺术样式音乐、舞蹈、说唱、杂技就都被摄入戏曲的磁场成为它的

---

① 〔元〕胡祗遹:《黄氏诗卷序》,《紫山大全集》卷八,三怡堂丛书本。
② 〔明〕潘之恒:《鸾啸小品》卷二,明崇祯元年(1628)刊本。

附庸,或多或少地失去了独立性。戏曲将众多的艺术门类熔铸为自身的有机构成,因而具备更强的舞台表现力和感染力,在公众眼中,它的形态层次和审美价值高于其他分支艺术,例如灌圃耐得翁《都城纪胜》"瓦舍众伎"条说,宋代教坊表演的诗词歌舞说唱杂技众多艺术品类中,唯以戏曲为主导,所谓"唯以杂剧为正色"。而西方在话剧、舞剧、歌剧分途之后音乐剧的强劲崛起,也说明了对舞台综合艺术的审美需求是世界共通的。

(二)写意性

由"模仿说"发源的西方戏剧基本上是"再现性"的艺术,倾向于舞台动作和风格的写实。戏曲不像西方写实戏剧那样对生活动作进行直接模仿,而是经由节奏、韵律、姿态对生活动作进行加工、抽象、美化之后,再用它来表现生活。戏曲既然通过综合化的舞台手段来表现生活,它就是一种"表现性"的艺术,它的表现生活就不是写实性而是写意性的。马鞭一摇就是在路上走马,船桨一晃则是在江里行船,快步跑圆场则是人在急速行路——戏曲表演与生活动作就拉开了距离。使用脸谱也是戏曲的特征,它进一步把现实推向幕后,渲染象征的氛围,使戏剧指向写意。人们见到关羽的枣红重脸,就感觉到他的忠肝义胆;见到曹操的碎纹白脸,就感知了他的奸诈多疑。

我这里很愿意举两段例子来对照一下写实性和写意性戏剧的不同表演方法,写实性举曹禺话剧《雷雨》里的一段例子,写意性举京剧《玉堂春》里的一段例子。《雷雨》第四幕写彼此不知情而同居了的同母异父兄妹周萍和鲁四凤准备一起出走,因年轻时失足而造成今天状况的他们的母亲鲁侍萍想阻止他们结合,待知道真相后又下决心放他们走,由自己来承担上天的责罚。因为必须像生活中那样写实,剧中用了许多潜台词来表现人物的吞吞吐吐,观众则从中猜测人物的心理:

> 鲁侍萍:凤儿,来!
>
> 鲁四凤:妈。(抱着母亲的膝)
>
> 鲁侍萍:孩子,我可怜的孩子。
>
> 鲁四凤:妈,饶了我吧,饶了我吧,我忘了您的话了。

鲁侍萍：你为什么早不告诉我？

鲁四凤：……妈，我怕……我不敢告诉您。

鲁侍萍：这还是你的妈太糊涂了，我早该想到的……

……

周　　萍：鲁奶奶(周萍还不知道鲁侍萍就是自己的母亲——笔者注)，请您相信我，我一定好好地待她，我们现在决定就走。

……

鲁侍萍：你们不能够在一块儿！

……

鲁四凤：妈，您不能这样做！

鲁侍萍：不，不成！走，走！

鲁四凤：妈，您愿您的女儿急得要死在您的眼前么？

……

鲁侍萍：凤儿，你听着，我情愿你没有，我不能叫你跟他在一块儿。——走吧。

鲁四凤：啊，妈，妈！(晕倒在母亲怀里)

……

鲁侍萍：孩子，你不要怪妈心狠，妈的苦说不出。

……

鲁四凤：我，我——我跟他现在已经有……(大哭)

周　　萍：四凤！怎么，真的，你——

……

鲁侍萍：天哪！

周　　萍：鲁奶奶……我求您放了她吧。我敢保我以后对得起她，对得起您。

……

鲁侍萍：我是在做梦。我的儿女，我自己生的儿女，三十年功夫——哦，天哪，你们走吧，我不认得你们。

……

鲁四凤：妈，您，您是怎么？……妈，我现在到了这一步：他到哪儿我也到哪儿；他是什么，我也跟他是什么。妈，您难道不明白，我——

……

鲁侍萍：啊，天知道谁犯了罪，谁造的这种孽！——他们都是可怜的孩子，不知道自己做的是什么。天哪，如果要罚，也罚在我一个人身上……所有的罪孽都是我一个人惹的，我的儿女们都是好孩子，心地干净的。那么，天，真有了什么，也就让我一个人担待吧……①

观众在猜测中弄清楚真相，得到洞彻的快感，但戏曲并不这样表现。戏曲通过夸张性的强调来提示你人物心理，让你在明明白白中得到观赏的快感。

京剧《玉堂春》里"三堂会审"一场，主审官王金龙想替跪在下面的自己的旧情人苏三开脱，又不断地被苏三的供词勾动旧情，感情时而外露。陪审官潘必正、刘秉义二人看出其中隐情，潘想看笑话、寻开心，刘则嫉恨王金龙的少年得志，借机讥讽，两人于是不断地旁敲侧击、唇枪舌剑。京剧这一段表演却是用了非生活化的手法，既表现现场实景又揭示人物心理，还加以伴奏性的敲打来强调：

苏三唱至"王八鸨儿心太狠，数九寒天将公子赶出了院门"，王金龙回想往事，心中愤恨，随口说道："如此说来狠心的王八！"潘必正接一句："可恶的鸨儿！"刘秉义插进来："咳咳，偏偏就遇见这个倒霉的嫖客！"王金龙心里生气，不好说什么，只是一阵冷笑。谁知刘秉义一拍惊堂木："讲！"将他的笑打断，气得王金龙无话可说。苏三唱到"不顾肮脏怀中抱，在神案底下叙叙旧情哪"，潘必正说："我把他二人好有一比。"王金龙连忙问："比作何来？"潘说："黄连树下抚瑶琴，苦中作乐啊。"刘秉义也有一比，说："望乡台上摘

397

---

① 曹禺：《雷雨》，中国话剧艺术研究会编：《中国话剧百年剧作选》第2卷，北京：中国对外翻译出版公司，2007年，第331~334页。

牡丹,至死他还要贪花呀!"王金龙恨得抢先一拍惊堂木:"讲!"苏三唱:"打发公子南京去,在那落凤坡前遇强人。"潘必正说:"这公子真真的命苦。"王金龙不由得感叹道:"唉! 命薄得很吓!"谁知又被刘秉义挖苦道:"说什么命苦命薄,这也是他们做嫖客的下场头。"惹得王金龙怒火中烧,两人一齐抓着惊堂木,同时拍下:"讲!"苏三唱至"到晚来在那吏部堂上去巡更",潘必正说:"这公子真真的可怜。"王金龙接道:"唉! 可惨哪。"刘秉义又说:"说什么可怜,道什么可惨,分明是与他王氏门中打嘴现世呢!"王金龙与刘秉义又一齐抓起惊堂木,互相对看一下,却都不拍而放下:"讲!"通过拍惊堂木的一次次重复,三人间钩心斗角的关系就明确地显现出来。王金龙是上司,本可凭势压人,但话把儿攥在人家手里,害怕张扬,不得已忍气吞声而敷衍。潘、刘二人是下属,潘在奉承中微露锋芒,不无讨好之意,又带弦外之音;刘则依仗手中把柄,不断进攻。三人都转弯抹角地展开争斗交锋,因而给剧情带来浓郁的戏剧性和浓厚的喜剧气氛,紧紧抓住了观众。这其中的表演多是写意性的,是对人物心理的外化,是把日常交往中人的隐晦内藏部分,通过鲜明的节奏感、夸张动作,变形地呈现出来,从而带来观众的心领神会和会心微笑。

西方美学以逼真为美的极致,无论是古希腊的雕塑,还是文艺复兴时期的绘画,都高度体现了这一原则。古典主义将这种原则充分运用在戏剧之中,高乃依(P.Corneille,1606—1684)在《论三一律,即行动、时间、地点的一致》中说:"戏剧作品是一种模拟,说得确切些,它是人类行为的肖像;肖像越与原形相像,它便越完美,这是不容置疑的。"①这种理念最终导致了自然主义戏剧的泛滥。中国古典美学原则却尽量避免因注目于对事物的逼真模仿而丧失了对其内在精神的把握,提醒人们要注意避免"谨毛而失貌"②。

戏曲依靠叙述性手段与带有强烈装饰性的表演动作,得以对对象进行随心所欲的变形处理,因而获得了舞台手法的写意自由,这与中国传统美学中的"比兴说"原理是相通的。与"模仿说"以物为主、心附于物、强调审美

---

① 转引自伍蠡甫主编:《西方文论选》上卷,孙伟译,上海:上海译文出版社,1979 年,第 264 页。

② 〔汉〕刘安:《淮南子・说林训》,四部丛刊本。

主体对客体的服从不同，"比兴说"强调人心对于外物的感应，所谓"连类比喻""以物起兴"，重视人的感觉、诉诸联想，追求心物交融，也就是强调审美主体与客体的统一。这种美学原则在通过艺术手段表现对象时，就会追求"不似之似""言外之旨""手挥五弦目送飞鸿"，提倡内在精神的传达而非外貌的逼真。中国人的艺术观念偏重于对艺术形式及其所体现境界的理解，状摹对象追求神似，而不去注意艺术与对象之间的距离，欣赏一幅画只注重运笔是否气韵生动，可能并没有留心它是否逼真，这就叫作"得意忘形""貌离神合"。

（三）抒情性

戏曲手段既然是写意化的，不以状摩外物而以表现和抒发人物内心情感为主要特征，它就成为包蕴着浓郁抒情性的艺术样式。抒情是一种偏于表现个人内心情感的艺术方法，重在主观表现，主要反映社会生活的精神方面，展示的是抒情主体面对客体——自然与社会时，生发出来的特定心情与感受。而戏曲的艺术形态里囊括的诗歌、音乐、舞蹈等因素，都是在中国传统艺术里以发抒性情见长的，《礼记·乐记》因而说："诗言其志也，歌咏其声也，舞动其衷也。三者本于心，然后器乐从之。"戏曲的抒情性首先源于它的诗性。中国的诗歌以抒情诗为主体，即使是叙事诗也包含有浓郁的抒情因素，戏曲曲词于是多数成为抒情诗，是"代"入戏剧的抒情诗，张庚称之为"剧诗"①。而古人对于歌唱、舞蹈的理解是"情动于中，故形于声"（《乐记·乐本篇》），"歌以叙志，舞以宣情"（阮籍《乐论》），歌唱、舞蹈都是擅长抒发情感的艺术。戏曲囊括了这些抒情艺术，它也就先天性具备了抒情的特点。更重要的是，戏曲不同于西方写实戏剧以在舞台上"再现"客观世界为主要目的，而重在随时抒发人物的内心情感，它的表演强调用诗歌、音乐、舞蹈等艺术手段，把人物行动的内心依据或外界刺激人物内心所激起的反应直接揭示出来，不仅写人物做什么、如何做，而且写人物想什么、如何想，这

399

---

① 参见张庚：《关于剧诗》《再谈剧诗》，《张庚自选集》，北京：中国戏剧出版社，2004 年。

奠定了戏曲抒情性的基调①。例如《牡丹亭》里,正值二八青春、被长久羁困在绣阁里的杜丽娘,乍见春光明媚的花园,顿生感叹:"不到园林,怎知春色如许!"眼睛里看到的是"原来姹紫嫣红开遍",心里想到的却是"似这般都付于断井颓垣",联想到自己的青春虚度,心底幽情泛起:"观之不足由他缱,便赏遍了十二亭台是枉然。"原本一节表现观赏春景的表演,就转成揭示主人公心底幽怨的描摹,委婉抒发了杜丽娘的思春之情。尽管,戏剧展现人生的本质属性要求它成为叙事艺术,戏曲舞台也确实具备相应的叙事功能,但既叙事又抒情,叙事中有抒情,以抒情来叙事,构成了戏曲表现方法的辩证统一。

与抒情诗的功能一样,戏曲同样重在揭示人生的体验和感悟、心情与心境,对这些稍纵即逝、可喻不可即、可意会不可言传的情感状态,通过比喻、象征、对比、夸张等手法表现出来,从而托物言志、借景抒情、寓情于景、情景交融,实现"象外之象""味外之旨",最终达到以情动人的目的。昆曲《荆钗记·上路》演钱流行失去女儿,女婿仍迎他前去同住的哀伤心理,虽然眼睛里看到的是"日丽风和,花明景曙"的春天景色,唱出来的却是"景萧萧""古树枯藤栖暮鸦"的意象,"自叹命薄,难苦怨他"的心境,"叹衰年倦体奔走天涯"的凄苦。把人物的主观情感同客观景物糅为一体,客观景色经过人物感情过滤之后转换了寓意,从而表现出特定环境中活动着的人的精神面貌,这就是戏曲叙事抒情的情景交融效果。

三、灵动的表现手法

戏曲的美学原则,从舞台技术把握方面说,有程式性、虚拟性和时空自由性。

(一)程式性

由其综合表演技巧的难以掌握所决定,戏曲基本上不是一种临场创造

---

① 参见沈达人:《戏曲意象论》第五章"戏曲的抒情性",北京:文化艺术出版社,1995 年。

的戏剧,它首先强调的不是技巧上的独创,而是对于传统经验的最大继承。在漫长的发展演变过程中,戏曲的综合表演技巧越来越向着高精度和高难度的方向发展,越来越难以掌握,这限制了它表演的即兴性和随意性。戏曲表演要求演员有姿态的高度准确、身体的高度柔软、肢体的高度灵活,它的演出需要训练有素的演员来承担,而训练往往是一个长时间的艰苦的过程,按照累世经验和一定的艺术格式进行,这些经验和格式就构成了表演程式。一般来说,初学的演员跳不出巨量的前人经验,他只能借助于程式去接近它。

前人经验被后人反复使用,就成了程式。例如武将的“起霸”动作——披甲扎靠,最初是明代演员为表演《千金记》里霸王项羽半夜听到军情,进行披挂穿戴而设计的一套动作,后人觉得好,于是照样运用到其他武将身上,这套动作就成了程式。① 戏曲拥有各类程式,程式手法因而遍及戏曲肌体里所涵括的文学、音乐、表演、化妆、服装、布景、道具各个艺术门类。戏曲的音乐、舞蹈、动作、台词都是按照一定的规范进行的,这种规范就是程式。戏曲文学程式有曲牌体长短句或七字、十字对偶句的诗歌形态,有引子、对子、诗、数板的吟诵手段,还有自报家门、背躬、帮腔等特殊表现形式。戏曲音乐程式有包括各种宫调的曲牌联套体和正、反调的板式变化体结构,还有整套锣鼓谱和各种唢呐、胡琴、板胡牌子组合。戏曲表演程式除了与文学、音乐结合在一起的唱、念手段,还有云手、走边、起霸、趟马、四股档、八股档、幺二三、快枪、耍翎子、抖帽翅、踢大带、甩水发、弹髯口、耍水袖、撩袍、亮靴等做、打的一系列套路,以及扯四门、打朝、一条边、三插花、二龙出水、钻烟筒、龙摆尾、倒卷帘、蛇褪皮等舞台调度的各种规定。表演行当更是各种程式手段的组合与集结,老生、老旦、青衣、花脸、武生、花旦、小旦、小生、丑各有各的程式要求。阿甲说:“行当是前人通过自己的体验和表现创造出来的一种需要再创造的人物形象的程式。它是多少代人传下来的。”② 由于行当的分

401

---

① 参见张庚:《漫谈戏曲的表演体系问题》,陶苍等编选:《戏曲美学论文集》,北京:中国戏剧出版社,1984年,第6页。
② 阿甲:《谈谈京剧艺术的基本特点及其相互关系》,《戏曲表演规律再探》,北京:中国戏剧出版社,1990年,第34页。

工,文学、音乐、表演、舞台美术又按照塑造人物形象的不同要求,构成不同的程式系列,突出地显现了戏曲的程式化特征。

程式通常是夸张、放大并经过抽象、美化和加工过了的生活动作,它更加突出,更加集中,更加具备节奏感、韵律感和美感,因而更具表现力和舞台戏剧性。表现人物在特定情境中的特定心理状态时,特别是当人物处于尖锐、激烈的冲突状态中,一个身段、一个眼神,就能够传达出特定的思想和复杂细微的精神变化。张庚举例说:两个人生气相背而坐,互相偷看,等到目光相接的时候,小锣一击,两人受惊连忙将眼睛移开。这就是在真实生活基础上的夸张,而运用打击乐器强化并突出了人物的心理感觉。①

表演程式是通过对演员进行严格的形体和技术训练的结果,通常需要从"童子功"开始。利用程式来训练演员,就仿佛习字的"描红",可以有模范作用,达到事半功倍的效果。学戏的小演员可以通过对程式的学习和掌握,尽快达到登台表演的功力。一个孩子只要刻苦学会程式,也能像模像样地表演一出大戏。不少成名演员在他们还是孩提时代就粉墨登场,受到观众热捧,并不是说他们对所扮演的人物有了多么深刻的人生体验,而是继承了前辈一点一滴琢磨人物并通过程式转化为表演的经验,所以说程式能够让人"装龙像龙,装虎像虎"。

但是掌握了程式,还只是刚刚入门,演员还必须学会运用程式进行具体的舞台创造,否则掌握的就只是死程式,你就是按照传统程式不走样地演,也演不出戏的精神来。如何活用程式来表演复杂的生活,表现不同场景、不同环境、不同性格、不同心情里的人物,如何在表演中加入自己的心理体验,如何运用自己的生活经验和体会来塑造新的人物,都需要演员去进一步揣摩和发挥,程式这时就成了他表演的出发点了。梅兰芳说:"我体会到,演员掌握了基本功和正确的表演法则,扮演任何戏曲形式的角色,是能够得心应手,扮谁像谁的。但他们在创造角色时,却必须经过冥心探索,深入钻研,不可能一蹴而致,不劳而获的。"②程式规定性并不扼杀演员的创造力,他的创

① 参见张庚:《论戏曲的艺术规律》,《张庚自选集》,北京:中国戏剧出版社,2004年,第22页。
② 梅兰芳:《舞台生活四十年》第3集,北京:中国戏剧出版社,1961年,第101页。

造性就表现在具体情景中对于程式的灵活运用与发挥上。阿甲说:"戏曲的程式是要体验的。没有体验,程式就不能发展,不能变化,就不能表现现代生活和现代人物。"①戏谚有云"练死了,练活了""钻进去,跳出来",讲的就是这个道理。

我们常看不同的演员表演相同的戏,路数不同、风格不同、效果也不同。例如人们常说:谁谁的什么人物什么样。同是演京剧《小宴》里的吕布戏貂蝉,我看过姜派小生刘雪涛的吕布,以表情和做工为主,突出强调眼神,他说演吕布眼神要"利",像两支箭似的射出来,但是里边还得包含着儒雅。② 而叶少兰的叶派吕布则由翎子小生应工,主要运用翎子功来表现吕布的自命不凡和风流轻佻,当吕布向貂蝉自我吹嘘得到对方赞誉而张狂得意春心大动开始挑逗貂蝉时,他让吕布头颈轻轻一转,带动头上长长的翎羽划过一个漂亮的弧线,羽毛末梢似有似无地扫了一下貂蝉的颜面,貂蝉于是形体一颤、心领神会——通过熟练而准确的技巧实现了出神入化的表演效果。他们对生活和人物有着不同的体验,根据自己的表演特长和优势来活用与发挥程式,就取得了不同的效果。后来看到有年轻演员演此段,体验不到位,技术不过关,蹩手蹩脚,弄得让翎羽重重划过貂蝉的脸,羽毛都折了,被划的演员很不好受,一个劲儿往后躲,此时观众感到吕布哪里还有"戏"貂蝉的味道,简直就是在向貂蝉挑衅了。

同一个演员,由于体验的深化,也会不断改变自己的表演路径。徐小香演《群英会》里的周瑜,看到诸葛亮几次都猜破了他的心计,十分嫉妒和生气,开始是用气得浑身发抖来表现的。后来想,周瑜是三军统帅,当场发抖太失身份,怎样才能既揭示出他的心理状态,又保持表面上的镇定呢? 于是徐小香就练出了一样翎子功:翎子发抖、身子不动。周瑜内心的波澜就通过翎子的抖动传达出来了。③ 荀慧生的学生曾对他说:您的戏真不好学。前儿

403

---

① 阿甲:《谈谈京剧艺术的基本特点及其相互关系》,《戏曲表演规律再探》,北京:中国戏剧出版社,1990 年,第 33 页。

② 参见张雪超:《刘雪涛:燃一瓣心香,续一份戏缘》,《中国葡萄酒》2009 年第 4 期。

③ 参见张庚:《漫谈戏曲的表演体系问题》,隗芾等编选:《戏曲美学论文集》,北京:中国戏剧出版社,1984 年,第 12 页。

个您这出戏是那么样演的，怎么今儿个又这样演了，仿佛您在台上没个准谱似的。荀慧生的回答是：戏是死的，人是活的，演员为了适合戏情戏理，为了更细致地刻画人物的心情，就得不断琢磨、改进和提高表演的方式方法。但万变不离其宗，它的根本规矩没变。[①] 这也就是戏谚所说的“三分生，七分熟”。

这里我们遇到的是艺术创造中“守法与破法”的辩证关系。张庚说：“中国的艺术，绘画也好，演戏也好，都有一个共同的说法：叫作从守法到破法。初学的时候，一定要遵守规则严格去练，不能随便地瞎来，这叫守法；但是等你练扎实了之后，要进行艺术创作的时候，就不要被程式捆绑住，就要敢于活用它，这就叫作从守法到破法，或者是从有法到无法。一个真正的好演员不能仅仅只知道守法，还要懂得和善于破法。齐白石说：无法之法乃为至法。意思是：没有法的这种法才是最高的法。”[②]关于“有法无法”的说法见于清代画家石涛的《苦瓜和尚画语录》，他在“变化章第三”里说：“至人无法，非无法也，无法而法，乃为至法。”意思是当你达到了艺术的极境时，就可以自由遨游于习常的法度之外了。齐白石的说法就是从石涛那里来的。戏曲的破法当然不是天马行空、一空依傍地行动，而是对生活进行深入体验后，再精心揣摩表演方法的结果。

（二）虚拟性

戏曲通过虚空的舞台、虚拟的动作构筑起假定性的世界，这一世界要依赖于观众想象的补充才能完成。而西方写实戏剧却是通过逼真的布景、实体的道具、生活化的语言和形体动作，形成仿真的幻觉世界，以取得观众感观上的认同。两者是极不相同的。

程式化的虚拟动作是戏曲表演一个鲜明的特点，它运用象征、会意、譬喻、比兴等手法，使表演获得远远超出动作本身的意义。例如通过演员与观众的心理默契和协作，取得对一些物体的象喻理解：一鞭代马、双旗为车、持

---

① 参见荀慧生：《三分生》，《文汇报》1962 年 7 月 17 日。

② 张庚：《漫谈戏曲的表演体系问题》，隗芾等编选：《戏曲美学论文集》，北京：中国戏剧出版社，1984 年，第 11 页。

桨为船、叠桌为墙、方布为城,使有限的舞台时空具备了更宏阔的表现度。戏里的上马、下马、上船、下船、上轿、下轿、上楼、下楼、开门、关门等动作,都是虚拟出来的,但它得到了观众的认可。人物拿起马鞭,凭虚抚摸一下马背,然后做一个跨腿上马动作,马鞭一挥奔跃而去,观众就承认他是在骑马了。程砚秋1935年考察欧洲戏剧回来写的报告书里提到,欧洲戏剧家也承认戏曲里的"马鞭是一匹活马"[①]。豫剧《抬花轿》,抬和坐,动作都是虚拟的,走路、过桥都通过抬和坐的人的共同表演显示出来,观众看得如醉如痴。川剧《秋江》人物乘船行走,通过渔公、渔婆、潘必正、陈妙常等人的一字排列、共同颠簸起伏动作,活画出江中行船的神态。京剧《三岔口》在明明是亮堂堂的舞台上,却表现人物的摸黑厮打。京剧《雁荡山》里孟海公与贺天龙从岸上打到水里,又从水里打到岸上,其实就在空舞台上。更有甚者,杨四郎带了一个番兵夜奔宋营,演员唱快板来表达他此时思亲情切、感慨万千的心情,为了发挥好唱功,竟然站立而歌,而骑马飞奔的情景则让番兵挥着马鞭围绕他转了一圈又一圈来体现。梅兰芳1935年访苏,西方理论家尤为叹赏的是他不化装而表演女人的绝技。我近来几次看裴艳玲演《林冲夜奔》,都是不化装、不用景,就穿着她日常的长褂登台,但一进入角色和情景,立即气宇轩昂、呼喝咤跃,边唱昆曲曲牌【折桂令】曲不停声,边表演云手、踢腿、大跳、朝天蹬、鹞子翻身等系列动作,把一个乘夜落荒而逃、走投无路、情绪激愤的末路英雄的精神气质活灵灵呈现在观众眼前,没有一次不引起观众的掌声与欢呼声之潮的。观众不仅允许也充分理解这种简直有些匪夷所思的虚拟表演。

戏曲演出多数不用布景,布景和环境在演员的身上。戏曲演出时通常只有一座空舞台,它只是一个抽象的活动空间,具体环境的确定以人物的活动为依归。京剧《四进士》里,宋士杰出场后说到"街肆上走走",舞台即是街巷;唤出老伴商议,舞台上成了店堂;老夫妻一同救人,舞台又成了街巷;救人后落座叙话,街道又变成了店堂。短短一折戏,舞台上的地点被演员的

405

---

① 程砚秋:《赴欧考察戏曲音乐报告书》,《程砚秋戏剧文集》,北京:文化艺术出版社,2003年,第81页。

表演带着变换了四次。有些整场戏的景物更是演员在舞台上"转"出来的，越剧《十八相送》18个空间场景，全部由唱词和表演指示出来，观众觉得载歌载舞十分美。像《秋江》《千里送京娘》《林冲夜奔》《徐策跑城》《十八相送》等，都是舞台上常见的例子。

戏曲的舞台环境是以演员的形体动作为手段创造出来的，演员除了扮演人物，还要表现景物，不仅要体现人物动作的延续，还要通过形体动作体现景物的变化，因而他虚拟的不仅仅是人物动作，还有人物活动其间的环境，他的身段动作因而形成人景同构的虚拟表演。具体来说，戏曲舞台上的山水景色、居室建筑，都不以具象的画面出现，而附着于演员身上，通过演员在空舞台上的表演暗示出来。川剧《秋江》扮演角色的演员与他们所乘的船及水的关系为：在平缓的水面上，水是受动的一方；在急流险滩中，水是能动的一方。不论情形怎样复杂，两位演员都运用人景同构的虚拟动作表现了水形、船形，以及船上人的运动姿态。而在整个表演过程中，观众能直接看到的只是舞台上的船桨和人，船体和水都是虚的、看不见的。观众之所以能感到船体和水的动势，是演员通过虚实关系的处理传达出来的。其具体处理方法是通过表现人的各种特定姿态来表现船和水，例如用"一根线""六步距离"的身段程式间接地表现船体，用"上身不动，下身动""脚掌行走"的动作表现水的形态。演员利用人景关系及其连接点，利用特定的人体造型实现了空间景物的间架结构及其变化。

与之相同，戏曲演员在表演骑马时，连马的动感神态都表演出来。京剧《挑滑车》里，高宠骑马杀敌，纵跳腾跃、滚转翻扑，马蹄忽然深陷泥淖，这时已经人疲马乏，然而高宠重振精神、提缰勒马，马则振鬣长啸、一跃而起。这一系列的动作，都只由扮演高宠的演员一人完成，舞台上并没有马，而看戏的人也不去区分表演中哪是人、哪是马、哪是人腿、哪是马蹄，只为其纵马奔腾的雄姿和气度所感染、所吸引，为之心颤而动容。

中国画讲究空的艺术，讲究"藏"和"露"的辩证关系，讲究"神龙见首不见尾"，省略是为了达到传神的效果。八大山人画条鱼，别无他物，却让人觉得满幅是水。齐白石画虾不画水，但虾的动感已经传达出水的感觉。明人唐志契《绘画微言》所谓"善藏者未始不露，善露者未始不藏"，他们都是在运用动势来调动观众的联想,达到完成画作的目的。戏曲的道理一样,明代戏曲理论家王骥德因而在《曲律·杂论》里说:"剧戏之道,出之贵实,而用之贵虚。"戏曲于是具有舞台表现的虚实相生性。

(三)时空自由性

戏曲随着演员的表演而产生、而变化、而消失的时间和空间是一种自由流动的时空。它主要通过演员的上下场来切割舞台时空,通过表演动作构成空间景物的间架结构,通过语言的描述和身段的变换显示时间和空间的转换。演员上场,时间和空间开始发生和变化;人物下场,时间和空间也就消失。一个圆场,就是"人行千里路";一个趟马,就是"马过万重山";一个"转堂",就从大堂转到了二堂。演孙悟空的演员只要用语言交代一下,翻一个筋斗,就迈过了十万八千里的路程。

戏曲时空的流动特性,首先体现为场与场之间时空的流动(迁转),主要采用连续性的人物上下场手法来体现,它因而不同于西方写实戏剧的分幕和分场结构。戏曲舞台的前台和后台不是全然断开的,它有联有隔,联者如川流不息,隔者不计时日和远近。一个上场一个下场,空间上可以相隔三步五步或千里万里,时间上可以是瞬息之内也可以是十年八载。例如南戏《幽闺记》第十六出"违离兵火"演兵荒马乱中王瑞兰母女和蒋世隆兄妹被冲散的场景,连续用了7次人物上下场:第一,王瑞兰随母亲上,被乱兵冲下。第二,蒋世隆与妹妹上,被乱兵冲下。第三,众人一起上,被乱兵冲下。第四,王瑞兰上来找母亲,下。第五,蒋世隆上来找妹妹,下。第六,瑞兰母亲上来找女儿,下。第七,世隆妹妹上来找哥哥,下。这7次人物上下场,时间、地点都在一直发生变化,既渲染了当时的慌乱情形,又交代了人物处境。芭蕾舞剧《白毛女》借鉴了戏曲的手法,让年轻的喜儿在一个下场一个上场之间,满头青丝就化作白发飘飘,收到很好的现场效果。

戏曲时空的流动特性,还体现为同一场戏中时空的流动。它采用圆场、转场、唱念、歌舞的虚拟表演,塑造出舞台上流动的时空画面。宋代南戏《张协状元》第四十出"张协赴梓州任"描写张协得中状元之后,带着堂候官、院子和脚夫一行离京赴任,在圆场的身段动作中唱了4支【上堂水陆】牌子,每一支结束时都有一句合唱:"不觉过一里又一里。"短短的一个圆场、几支曲牌,人就到了相距数千里之遥的五鸡山,时间也度过了一年半载。到了京剧里,主帅在台中屹立不动,喊一声"发兵前往",锣鼓一敲曲牌一奏,8 个龙套围着他转一圈,再喊一声"人马列开",就算十万人马经历了长途行军到达了征战地点。

戏曲演员用身段动作创造空间结构和时间流程,就对舞台时空采取了一种超脱的态度,既不考虑舞台的空间利用是否合乎生活法度,也不追究剧情的时间转移是否符合常理。戏曲因而拥有了时空伸缩的自由,它可以把时空变成一种有弹性的存在,时间的长短,空间的大小,可以根据剧情需要自由延长或缩短、扩大或缩小,完全由表现内容的需要而确定。京剧《空城计》里诸葛亮在"城"(用布作城)头弹琴,司马懿在"城"下倾听;《长坂坡》里曹操立在桌子上表示站在山顶观战,赵子龙"趟马"在桌子前跑来跑去表现"七进七出"救取阿斗。现实空间就被缩小,戏曲空间就被扩大了。

戏曲表演中大量使用的运用唱腔揭示人物心理的手法,是时间扩充的例证。传统豫剧《三上轿》里主人公崔氏被仇人逼娶,怀揣利刃上轿准备为夫报仇,但她看到新设的丈夫灵位不忍离去,又挂念年迈的公婆,惦记尚在襁褓中的娇儿,于是一次次上了轿又下来,用声泪俱下的大段唱腔披露了自己内心的极度痛苦和矛盾,其效果却是唤起了观众的强烈共鸣。在现实中人物动身时的片时犹豫,甚至只是脑海里的一闪念,被戏曲唱作了整段整段的唱腔,拖腔和表演几十分钟不止,把人物情感上一瞬即逝的心理变化夸大出来,而观众是允许并欣赏这种强调性表演的。京剧《乌龙院》里"坐楼杀惜"一场,则是时间压缩的典型例证。宋江、阎惜姣被阎婆关在卧房里过了一夜。在舞台上,从场面起更到五鼓天明这段时间,是用宋江、阎惜姣更替唱的四段【四平调】来表示的。这场戏实际所用舞台时间约为一刻钟,所表达的剧情规定时间却是经过了 4 个更次 8 个小时左右,规定时间是舞台时间的 30 余倍,两者的不同非常显著。这样,从剧情发展的脉络看,前后是顺畅的、符合因果规律的,从舞台时间的流程看,每个顺序单元的时间则被有意识地处理成了不确定的,一个更次到另一个更次的相互衔接也抹去了清晰的界限。由此,舞台时间就对剧情规定时间进行了大幅度压缩和聚合,把

4 个更次中与剧情发展无关的过程,也即与人物关系和戏剧情境无关的过程全部删除,同时把足以表达宋、阎感情破裂的四段唱在时间流程上前后衔接起来。这种经过压缩和聚合的舞台时间,不仅未削弱宋、阎之间的冲突,反而格外鲜明地揭示了宋、阎两人同床异梦的感情状态。其他如《空城计》《四进士》《文昭关》《生死恨》《荒山泪》等戏,也都生动运用了这种压缩舞台时间的手法。这样的戏剧现象在西方写实舞台上不可能出现,尤其西方戏剧的"三一律"规则要求舞台时间要等同于实际生活时间,更是不可同日而语。例如"三一律"戏剧原则的最早提出者、意大利人卡斯特尔维特洛(约 1505—1571)在《亚里士多德〈诗学〉疏证》里说:"戏剧应该是原来的行动需要多少小时,就应用多少小时来表现……不可能叫观众相信过了许多昼夜,因为他们自己明明知道实际上只过了几个小时;他们拒绝受骗。"①

戏曲甚至还可以采用类似中国绘画的散点透视法,把不同时空的事物在舞台上共同表现,造成场景的时空交错,这更是它的一大发明。传统戏《张古董借妻》里,张古董把妻子"借"给李天龙,冒充李天龙新娶的妻子,到李天龙前岳父家去赚盘缠,后来张古董后悔追去,被关在了瓮城里。于是,舞台上一头表现张古董被关在瓮城里心急如火,另一头表现他的妻子和李天龙被强留在岳父家里住宿碰到的种种尴尬,两边一递一轮地道白,张古董猜疑自己老婆在和李天龙睡觉,张妻则埋怨张古董做出孟浪事,两两对照,营造出强烈的喜剧效果。吕剧《姊妹易嫁》有一场虚拟的楼上楼下互相呼应的戏则是空间错接:虚空的舞台一头代表楼上一头代表楼下,楼上姐姐撒泼使气、摔镜子扔东西地不肯梳妆上轿,楼下未婚夫毛娃听得一惊一乍心灰意冷,这两个身处不同空间层次的人实际上就在同一台面上表演。戏曲舞台上运用最多的空间交叉法还是"追过场"手法:前面的人逃,后面的人追,二者同在一个舞台上跑圆场,但路线却互相穿插交织,不仅使不同空间的画面得到同时呈现,而且极大渲染了环境气氛。今天的实验戏剧多有借鉴这种时空交错法的,也总能收到奇特的现场反应。

虚空的舞台代表着天地,戏曲如同用了缩地法,把天地浓缩于舞台。千

① 《古典文艺理论译丛》第 6 辑,北京:人民文学出版社,1963 年,第 2 页。

里可以化为咫尺,咫尺可以化为千里;一瞬可以转为长期,长期可以转为一瞬。戏曲表演的简略详尽、疏密浓淡都从中间化出,戏谚云:"有戏则长,无戏则短。"有戏时,浓墨重彩、层层渲染,甚至工笔描绘、精雕细刻;无戏时则蜻蜓点水,一笔带过,使之获得远远超出舞台本身的表现力。早在"五四"前夕,戏剧研究者张厚载就曾明确指出过这一点:"天下的东西只有戏台大。什么缘故呢?因为曹操率领八十三万人马,在戏台上走来走去,很觉宽绰……戏台可容八十三万人马,外国演陆军戏剧却必须另筑大戏院。"①所以旧式戏台楹联有云:"舞台大世界,世界小舞台。"这就是戏曲的时空自由特性,阿甲将其精辟地归纳为"无穷物化时空过,不断人流上下场"原理②。

四、辩证的艺术精神

上面归纳的戏曲美学原则与表现手法,体现出中国传统艺术的思维特点。由中国传统哲学思想所决定,戏曲在舞台呈现上遵从有机整体观,在审美把握上既求真更求美,在对客观对象的描述上既体验亦表现,这些都转化为戏曲的内在精神指归。

(一)艺术的有机整体观

戏曲的综合意识来源于中国人把握世界的有机整体观。中国传统思维最显著的特点,是用混沌直观的精神关照去感应物象,从而获得主客体浑融的整体融通感觉。中国哲学的"天人合一",强调的是对于宇宙终极精神的整体混一的生命感应,希图通过这种渠道,在人类精神与外在秩序之间建立起直觉沟通。以之诉诸艺术,可以对艺术有包笼状把握,体现出一种有机整体的意识。这样,我们就找到了戏曲手段综合融通性的思维基元。艺术的有机整体观是人对于客观外界直接感受与反应的产物。原始戏剧总是充分调动起人的身体的全部表现功能来展现他们对于世界的感觉,表现手段都

---

① 张厚载:《我的中国旧戏观》,《新青年》第 5 卷第 4 号,1918 年。
② 参见阿甲:《无穷物化时空过,不断人流上下场》,《戏曲表演规律再探》,北京:中国戏剧出版社,1990 年。

体现为节奏、歌舞与拟态动作并重的形式,这符合人类的情感基本抒发方式,人们总是激动了就喊叫、愉快了就歌唱、兴奋了就手舞足蹈。中国及遍布世界各个角落的史前岩画所体现内容皆如此。然而,当人类脱离原始状态进入艺术的自觉之后,东西方走了不同的发展路数。西方在解析世界的同时也解析了艺术的原始混沌性,东方则在保存艺术原始质的基础上发展起有机整体理论,将原始无意识的感性冲动导入艺术的规范,并通过主观控制使之完善化与装饰化,戏曲的综合融通性就在这种努力中逐步确立起来。

戏曲综合艺术特征的发生是与中国古代艺术的"物感说"理论相对应的。中国古代哲人认为有韵律的语言、音乐、舞蹈共同产生于人的精神对于外在物象的直接感应,《礼记·乐记·乐本篇》所谓"乐者音之所由生也,其本在人心之感于物也"。感应有着程度上的差异,因而体现手段也有着形式上的递进,《毛诗序》所谓:"情动于中而形于言,言之不足故嗟叹之,嗟叹之不足故永歌之,永歌之不足,不知手之舞之、足之蹈之也。"当人要传达比较复杂而动情的感受时,就会调动起自身全部的表达媒介来体现。而为了表现复杂的人生经历与情感,戏曲就调动起各种艺术手段综合地加以运用。

融通的要求必然导向对艺术和谐精神的追求。中国人在观念的世界和行动的世界里都发展起"中和"之道,其生命与价值的取向也都在于顺从自然。中国人的感官里充满了对于自然美与心境美的丰富与细微体察,追求在自然的静寂环境中体验一种心灵融合的平静,而感觉的外展与精神体验的内敛结合,共同氤氲而成一种包笼的气韵,将主体与客体、内我与外我融通起来。与这种精神和谐相关联,戏曲没有建立起西方悲剧那种恐怖与崇高的概念,不注重对哲学命题的穷究,不把人引向精神的拷打,它仅追求生理和心理上的愉悦,着重发挥戏剧的抒情与观赏功能,在对戏剧的审美中寻求尘俗烦恼淤积的化解,元人胡祗遹《紫山大全集》卷八《赠宋氏序》所谓"解尘网,消世虑,少导欢适,一去其苦。此圣人所以作乐,以宣其抑郁"。戏曲善恶分明,热衷于大团圆的套子,追求和谐圆融,永远以善战胜恶的喜庆结局收场,使观众心境最终进入祥和,取决于这种思维定式。

(二)既求真更求美

由表演的抽象性所决定,戏曲演出既讲求真实,也追求美感。中国传统艺术对于美的追求远超乎求真之上,孔子在《论语·八佾》里评价《武》与《韶》所持的标尺"尽善尽美",强调了美学的最高标准是善与美的统一,却忽略了真。中国艺术观念里不是没有"真"的概念,但它的"真"不仅仅指对自然物的客观摹象,还掺杂有浓厚的主观成分,寻求一种主体与客体间的精神交流,这就是唐代画家张彦远在《历代名画记·论顾陆张吴用笔》里说的"意存笔先",意即绘画在运笔之前先要"意到",作者的主体要和创作对象进行充分的沟通,只有把握住了自然物的神韵,才能够摹写出它的"真"。这种将表现对象区分为外形与内韵,并研究其对立统一关系的理论,在晋代被顾恺之于《魏晋胜流画赞》里归纳为"以形写神"说,在以后的长期实践中确立为"形神论"的美学范畴,辩证地处理了艺术真实与生活真实的对立统一问题,而将"神"置于统帅"形"的地位,晋人葛洪《抱朴子·至理》所谓"形须神而立"。这种重"神"轻"形"的审美观决定了中国戏曲的表现性特征。

著名川剧艺人康芷林说:"不像不成戏,真像不算艺。"为什么?"不像"就不具备"形"的规定性,但只有"形"而没有"神"又不能称之为艺术。这和齐白石"作画妙在似与不似之间,太似为媚俗,不似为欺世"(《题枇杷》)的体会是一致的。艺术表现不能拘泥于物象的外在形象,而应在抓住其内在本质的基础上发挥作者的艺术想象并进行情趣思考,用特有的表现突出它不同于其他物象的独有特点,这就实现了"不似之似",作品就能够"形神兼备"。王元化先生更认为,真实也分为"形"和"神"两种,他说:"真实有'形'方面的,也有'神'方面的,有物质生活方面的,也有精神生活方面的。"他说戏曲表现人物是把物质的人和精神的人一并囊括进去的。他引20世纪30年代美国戏剧评论家史达克·扬的说法"中国表演艺术非常真,不过不是写实的真,而是艺术的真,使观众看了比本来的真还要真"来说明什么叫作"以神传真"。①

中国人对戏曲的审美期待不仅是它能提供合理的内容,还有它对内容的特殊表现方式及其效果——美的传达,这也是由表现性戏剧具备更大观

---

① 王元化:《京剧与传统文化》上册,翁思再主编:《京剧丛谈百年录》,石家庄:河北教育出版社,1999年,第27页。

赏性的特质所决定的。在肯定其精神的同时,我们也必须指出这种美学观念一定程度上的负面效应:过分求美的结果是舞台技巧的复杂化、形式框架的定型化,它使戏曲日益构建和完善起与现实人生隔离的自封闭的循环体,从而把自身生命力限制在一个萎缩的时空中,而增添了自己向未来延展的困难度。

(三)既体验亦表现

与虚实相生的美学原则相适应,戏曲演员在表演上既注重体验,也强调表现。20 世纪中叶中国戏剧界广泛学习苏联斯坦尼理论体系时,有人以为戏曲不讲求体验只注重表现,这是对戏曲的误解,事实上戏曲史上有着众多演员深入体验生活的生动例子。明人李开先《词谑》载,颜容扮演《赵氏孤儿》中的公孙杵臼,开始观众看了不感动,他于是怀抱木雕婴儿,对着一面镜子反复体会练习,重新登台时,"观者千百人,哭皆失声"。颜容就是用了"他人有心,予忖度之"的体验法来创作的。明末清初人侯方域《壮悔堂集·马伶传》说,清初南京兴化班的大净演员马锦,一次和华林班的李伶唱对台戏,各演《鸣凤记》里的奸相严嵩,观众被李伶夺走。马锦害臊溜走,一去三年,回来后又与李伶比技,这回他形神都像,李伶气夺。问他,原来他跑到京城当朝宰相顾某家里为仆三年,观察揣摩其言谈举止、一举一动,终得其神韵。清代理论家李渔在《闲情偶寄·语求肖似》里总结戏曲规律时,特意标举"体验说":"言者,心之声也。欲代此一人立言,先代此一人立心。若非梦往神游,何谓设身处地?无论立言端正者,我当设身处地,代生端正之想。即遇立心邪僻者,我亦当舍经从权,暂作邪僻之思。"他认为要想演得像人物,就要深入体会人物的内心所想所思,达到梦往神游地步后才能够设身处地。不但扮演好人要设身处地地从好处为他着想,扮演坏人也要设身处地地从坏处为他着想。清代戏曲表演理论家黄幡绰也在《梨园原》里说:"凡男女角色,既妆何等人,即当作何等人自居。喜怒哀乐,离合悲欢,皆须出于己衷,则能使看者触目动情。"只有装什么人学什么人,并且要达到情感替代的程度,才能感动观众。这就是戏谚常说的"假戏真唱",要设身处地地揣摩和表现出人物的身份、性格、环境与心情。因此阿甲说:"戏曲的程式是要体验的。没有体验,程式就不能发展,不能变化,就不能表现现代生活和现代人物。"①

所以,体验是戏曲的传统。至于曾有过京剧大青衣只抱着肚子唱而不体验人物心理的做法,实际上是在清末茶园环境影响下走了弯路,所以戏曲史上才有了齐如山指点梅兰芳改革《王宝钏》表演路数的佳话。前面讲守法与破法关系时曾讲到演员随着体验的深入而不断改变演法的事,梅兰芳其实是最明白这个道理的。他曾说:"有朋友看了我好多次的《醉酒》和《宇宙锋》,说我喜欢改身段。其实我哪里是诚心想改呢,唱到哪儿,临时发生一种新的理解,不自觉地就会有了变化……要晓得演技的进步,全靠自己的功夫和火候,慢慢地把它培养成熟的。火候不到,他也理解不出。就是教会了他,也未必准能做得恰到好处。所以每一个演员的技能,是跟着他的年龄进展,一点都不能勉强的。我承认我的演戏,的确是靠逐渐改成功的。"②梅兰芳改革京剧的成功,很大程度上成功于他的体验人物,他的成功又影响了一代人。例如最近看到李玉茹谈程派名剧《碧玉簪》的文章,其中就说:"在学习梅兰芳表演艺术的过程中,程砚秋充分体会了梅韵的精神,也学会了如何体察人物的心情和剧情的意境,于是貌似老派的青衣戏,经过程砚秋的传承,散发出了不寻常的晶莹剔透的光泽。"③

但是,戏曲体验的结果不是把生活原样搬上舞台,而是还要运用恰当的舞台程式来表现生活。阿甲说:"戏曲演员的特点是带着他自己一套技术模型来重新塑造人物的。"④他还说:"戏曲体验要和技术的表演结合起来,他既要用人的感觉体验,也要用人的理性判断。"⑤当他寻找到人物准确的外形、动作和心理之后,还要运用自己熟悉的程式来进行艺术再创造,将其应用到对人物的表现上去,从而揭示出人物独特的气质和性格特征,带给观众

---

① 阿甲:《谈谈京剧艺术的基本特点及其相互关系》,《戏曲表演规律再探》,北京:中国戏剧出版社,1990年,第33页。

② 梅兰芳:《舞台生活四十年》第2集,北京:中国戏剧出版社,1961年,第35页。

③ 李玉茹:《〈碧玉簪〉中的独角戏》,《中国京剧》2010年第1期。

④ 阿甲:《谈谈京剧艺术的基本特点及其相互关系》,《戏曲表演规律再探》,北京:中国戏剧出版社,1990年,第55页。

⑤ 同上,第33页。

以审美享受。阿甲说："戏曲演员的心理体验要把严格训练过的歌唱、舞台的程式材料和自己的全部心理机能结合在一起，才能自由地潜入角色的体验，这个体验与表现无法分开。"①因而我们说，戏曲既是体验的艺术又是表现的艺术。阿甲曾举张云溪表演武松的例子，来说明戏曲表现的作用。当表演武松将要和敌人扑杀之前的决绝气概时，他果断地扭腰踢腿，把大带踢上左肩，顺手用右手抄过大带，唰唰有声地兜到左手，然后头向上一挺，啪的一声，趴在头顶的罗帽突然被他耸起一尺高。一条大带，一顶罗帽，就在这节奏铿锵的表演中体现出了角色内心的巨大激情。阿甲说，对于这种表演，"体验派演员是不能理解的"②。

　　所以，戏曲的体验与表现方法不同于西方写实戏剧。戏曲大师俞振飞曾谈过他的体会，他说西方写实戏剧的体验是"从内到外"，比较简单，只要"使真正的情感在内心产生，然后再通过身体自然地呈现出来"就可以了。戏曲的这个过程则比较曲折："首先是通过学习、模仿、训练，来掌握大量的程式，作为表现手段，作为外部表演的材料；然后通过深入生活、体验角色，来酝酿内心感情，成为内心表演的素材；再以后，还有一个外与内的结合，即程式与体验结合的过程。"③这就成了一个从外到内、从内到外、内外交织的复杂过程，需要花费大量的转化功夫，虽更加困难，但转化成功之后也更加美观、表现力更强。梅兰芳也说过，"把手、眼、身、法、步如何贯串起来，与内心成为一致，可以由内到外，由外到内，随心所欲，指挥如意，达到和谐顺适的境地"④，这是一个繁杂的转化过程。他曾回顾自己演时装戏《童女斩蛇》时的创作体会说："我在琢磨这场戏时，是从内到外来表演的，用心里的劲头指挥动作，这样，我所主观想要表达角色的复杂感情，就能适当地表达出来，不至于陷入僵硬枯竭境界。话又说回来啦，我当年如果没有青衣、闺门旦、

415

---

① 阿甲：《谈谈京剧艺术的基本特点及其相互关系》，《戏曲表演规律再探》，北京：中国戏剧出版社，1990年，第55页。
② 同上，第23页。
③ 俞振飞：《谈程式》，翁思再主编：《京剧丛谈百年录》上册，石家庄：河北教育出版社，1999年，第209页。
④ 梅兰芳：《舞台生活四十年》第3集，北京：中国戏剧出版社，1961年，第102页。

贴旦的功底和名师传授诀窍,想要由内到外、内外统一是很难想象的。"①所以阿甲说"西方写实戏剧就好比米做饭,戏曲就好比米酿酒"②,讲的就是这个道理。

有着不同表现方法的写实戏剧和写意戏剧,在与观众建立起默契关系后,都能够产生幻觉感。例如两者都有观众看戏时义愤填膺刺杀装扮坏人演员的事情发生。王元化先生曾举过西方的例子:1909 年芝加哥一家剧院演出莎士比亚名剧《奥赛罗》时,观众席里一声枪响把扮演伊阿古的演员威廉·巴茨当场击毙,正当大家惊魂未定时,又一声枪响,清醒过来的开枪者自杀身亡。人们将两人合葬在一起,墓志铭上写着:"哀悼理想的演员和理想的观众"。③ 中国的例子很多,清人焦循《剧说》卷六就搜集了好几个。一个是江浙边界的枫泾镇一次于三月三日赛神演戏,演到秦桧杀害岳飞时,忽然一人持刀跃上戏台,把装扮秦桧的演员刺得血流满地。大家把他绑了见官,他说我和这位演员从未见过面,只是看戏一时愤激,愿和秦桧同死,顾不上考虑真假。另外一个例子和上述近似,说是吴县洞庭山乡的一位樵夫看《精忠传》,见秦桧出来,上台就打,差点把演员摔死。大家告诉他这是在演戏,他说我也知道是演戏,所以只打了他一顿,否则就用斧头砍了。一直到1915 年前后梅兰芳排演时装新戏《牢狱鸳鸯》时,还碰到了类似的事情:"台底下有一位老者,大概兴奋过了头,实在忍不下去了,就跳上了戏台,指着县官说:'卫如玉没有杀人,为什么把他屈打成招!你这狗官,真是丧尽天良,我打死你这王八蛋!'说着真的举起拳头就打。"后台管事的赶紧上来把他拉下去,他一路走还可着嗓门喊:"狗官混账,冤屈好人,可恶极了,我非揍他不可!"④殊途同归的例子,说明演出都使观众产生了幻觉感,发生了移情作用。而相对来说,戏曲因为是表现性艺术,使用非生活化的唱腔和虚拟表演,对于观众感觉有一定的间离作用,使之产生幻觉更难,但它仍然发生了,

---

① 梅兰芳:《舞台生活四十年》第 3 集,北京:中国戏剧出版社,1961 年,第 100 页。

② 阿甲:《谈谈京剧艺术的基本特点及其相互关系》,《戏曲表演规律再探》,北京:中国戏剧出版社,1990 年,第 37 页。

③ 王元化:《京剧与传统文化》,翁思再主编:《京剧丛谈百年录》上册,石家庄:河北教育出版社,1999 年,第 11 页。

④ 梅兰芳:《舞台生活四十年》第 2 集,北京:中国戏剧出版社,1961 年,第 49 页。

说明写意的戏曲确实具备与写实戏剧相同的现场激发功能,这种功能建立在与观众更高的默契点之上。

五、曲折的现代转型

戏曲有着独特的美学原则和思维原则,凝聚了我们民族的传统智慧和审美经验,形成独立的美学样态。这种美学样态自宋代成熟,自在衍生、发展、传播了 700 年之后,在 20 世纪遭遇了现代转型。戏曲现代化的百年历程充满了荆棘和坎坷,走得颠簸、震荡与尴尬,这一历程至今未曾消歇。

(一)力所不及的历史使命

中国半殖民地半封建社会的末期,戏曲走上了歧途。一是内容脱离时代的陈腐,二是观者沉溺于笙歌燕舞的消遣,忘记国难家仇,三是舞台掺入许多迷信、色情、阴阳果报的成分,四是表演形成许多滥习、陋习,如饮场、唾壶等,五是茶园观演环境极度嘈杂混乱,六是戏子身份十分低下,七是戏班体制极其不合理等。在五四新文化运动所带来的巨大时代变迁面前,传统戏曲映射出它的腐朽与没落。

而时代却试图赋予戏曲以力所不及的使命。晚清的革新变法派意欲利用文化宣传推动国人醒悟与行动,于是突出强调包括戏曲在内的通俗文艺样式的鼓动功能。例如梁启超创办《新小说》杂志,力倡小说革命:"今日欲改良群治,必自小说界革命始;欲新民,必自新小说始。"①他所说的"小说"概念与今不同,指包含了戏曲在内的通俗文艺。当时尤其有一种对戏剧促动了法兰西革命的片面理解,引起人们的重视。天僇生《剧场之教育》说:第一次世界大战法国败于德国后,"法人设剧场于巴黎,演德兵入都时之惨状,观者感泣,而法以复兴"②。相同说法还见于当时的佚名《观戏记》和曾纪泽《出使英法俄日记》。时人于是想让戏曲向西方写实话剧学习。

417

---

① 梁启超:《论小说与群治之关系》,《新小说》,1902 年创刊号。
② 《月月小说》第 2 卷第 1 期,1908 年。

陈独秀在《论戏曲》一文中首次鲜明提出中国戏曲应"采用西法",他认为西方"戏中有演说,最可长人之见识,或演光学、电学各种戏法,则又可练习格致之学"①。说西方戏中有演说,可以长人的见识,是片面强化了戏剧的社会宣传功能,但这种认识在当时急切求新求变的社会心态面前,获得了众多民众的心理赞同。为了现实宣传的需要,社会舆论对写实戏剧的推崇进一步提升,例如要求演剧必"描摹旧世界之种种腐败,般般丑恶,而破坏之;撮印新世界之重重华严,色色文明,而鼓吹之是也……自今以往,必也一一写真,一一纪实"②。这种舆论促使改良戏曲大兴,写时事,写社会问题,甚至写外国事,辛亥革命前后一共涌现出 200 多个这类新编剧目。当时的时装京戏风靡舞台,穿现实服装的、穿洋装的,一拥而上占领舞台,如《民国万岁》《四川奇闻》《二十世纪新茶花》《黑籍冤魂》等。

为了达到宣传的目的,戏台上出现了专门议论时事的角色。当时有影响的如潘月樵被人称为"言论老生",刘艺舟被人称为"议论派"。吴梅 1903 年在《中国白话报》上发表的传奇《风洞山》首折,开场就让副末老衲进行演讲:"印度是世界上的强国……国势渐渐弱了,那法兰西国便侵略他土地,其后英吉利通商互市,竟把全国的财产利权归入英人掌下,印度从此亡却了……"但倡导戏曲是为了宣传民众,自然就不是从它的审美功能出发提出的要求,而是直接出诸社会需要,一经试用,立即发觉了戏曲的不适宜来。例如欧阳予倩批评戏中妄加言论说:"他们的言论都是即兴的。因此不可能有什么标准,高兴起来就完全不顾剧情,大放厥词,把其余角色僵在台上,说完一通再来做戏,最初是为了宣传革命,后来就成了演员自我表现……像顾无为、潘月樵就往往说得很长而词句不通,有时前后矛盾……不久观众也就厌倦了。"③改良京戏就在这样的哄闹声中很快走向失败,连一出剧目也未保留下来。

西方写实戏剧遵循的是另外一种截然不同的审美体系和美学观念,它和中国传统大相径庭。美化的写意的虚拟的戏曲无法像话剧那样,即时准

---

① 《安徽俗画报》第 11 期,1904 年 9 月 10 日。

② 健鹤:《改良戏剧之计画》,《警钟日报》1904 年 6 月 1 日。

③ 欧阳予倩:《谈文明戏》,《自我演戏以来》,北京:中国戏剧出版社,1959 年,第 239 页。

确反映现实、揭示社会矛盾、鼓励人们斗志,起到号角作用,因而在时代的需求面前显得捉襟见肘。加之传统戏曲表现现实的手段还很稀缺,只好把生活现象"硬"搬上舞台,其结果是诞生了不古不新不中不西不土不洋的怪胎。例如欧阳予倩说,当时他曾见上海名花旦毛韵珂(艺名七盏灯)演《新茶花》,扮爱国志士,"把手插在西装裤子袋里扯四门唱西皮"①,徐半梅也指责"伶人穿了西装登台,唱几句摇板,不中不西,不伦不类"②,这样的改良戏曲自然会受到社会的唾弃。梅兰芳后来曾详细总结了其症结:"京剧表现现代生活,由于内容和形式的矛盾,在艺术处理上受到局限……有些问题,却没有得到好好解决。首先是音乐与动作的矛盾。京剧的组织,角色登场,穿扮夸张,长胡子、厚底靴、勾脸谱、吊眉眼、贴片子、长水袖、宽大的服装……一举一动,都要跟着音乐节奏,做出舞蹈化身段,从规定的程式中表现剧中人的生活。时装戏一切都缩小了,于是缓慢的唱腔就不好安排,很自然地变成话多唱少。一些成套的锣鼓点、曲牌,使用起来,也显得生硬,甚至起'叫头'的锣鼓点都用不上,在大段对白进行中,有时只能停止打击乐。而演员离开音乐,手、眼、身、法、步和语气都要自己控制节奏,创造角色时,必须从生活中吸取各种类型人物的习惯语言、动作,加工组织成'有规则的自由动作',才能保持京剧的风格。这些问题,都是值得不懈地探索深思的。"③

(二)艰难推进的戏曲改革:自在阶段

经历了改良的失败,戏曲更加气息奄奄,而由西方传入的话剧却正是方兴未艾。于是五四新文化运动的斗士们开始摒弃戏曲,想把它推上时代的砧板彻底革除。如傅斯年说:"旧戏不能不推翻。"④胡适则把戏曲视为封建社会的"遗形物",他说:"在中国戏剧进化史上,乐曲一部分本可以渐渐废去,但也依旧存留,遂成一种'遗形物'。此外如脸谱、嗓子、台步、武把子等,

---

① 欧阳予倩:《自我演戏以来》,北京:中国戏剧出版社,1959年,第57页。
② 徐半梅:《话剧创始期回忆录》,北京:中国戏剧出版社,1957年,第2页。
③ 梅兰芳:《舞台生活四十年》第3集,北京:中国戏剧出版社,1961年,第98、99页。
④ 傅斯年:《戏剧改良各面观》,胡适编选:《中国新文学大系·建设理论集》,上海:良友图书公司,1935年,第361、362页。

都是这一类的'遗形物',早就可以不用了。""这种'遗形物'不扫除干净,中国戏剧永远没有完全革新的希望。"①钱玄同进而呼唤西洋派"真戏剧"的出现,他说:"如其要中国有真戏,这真戏自然是西洋派的戏,决不是那'脸谱'派的戏。"②

想以西洋文化彻底取代传统的想法自然是幼稚而行不通的,无论五四精英们如何对它进行评论和贬损,新兴的话剧也无法取代戏曲在群众中的影响力。戏曲进行自身改造以适应时代需求的步伐我行我素,戏曲的全国改革一旦拉开序幕也难以遏止其趋势。京剧四大名旦梅、尚、程、荀在20世纪20年代的崛起,是和他们对于京剧旦角演出剧目和表演方法的改革分不开的,一时赢得众多的观众和显赫声誉,也为京剧挽救了颓势。所以程砚秋说:"很有价值的旧房子修葺起来,或者比偷工减料的新房子也许还来得可靠些。"③然而他们的演出仍然深深陷入舞台形式矛盾,不乏以时装和舞台设备的玄妙神奇来取悦观众的成分。这些戏的登峰造极以尚小云的《摩登伽女》为最,该剧耗巨资添置新的服装道具与灯光布景,设计新的唱腔和表演动作。摩登伽女烫头插绿羽,穿色彩艳丽的旗袍,足乘西洋高跟鞋,坐立行走、一招一式都带有异域色彩,时而跳英格兰舞。唱腔中夹杂西洋旋律,以钢琴和小提琴伴奏。此剧虽在1927年6—7月《顺天时报》组织的"五大名伶新剧夺魁投票"中得票数高居第一,获6628票,远高于梅兰芳的《太真外传》1774票,却属于京剧改革中的岔笔逆流。梁实秋曾批评当时的剧坛说:"台面改变了,由凸出的三面的立体的台变成了画框式的台了,新剧本出现了,新腔也编出来了,新的服装道具一齐来了。有一次看尚小云演《天河配》,这位高头大马的演员穿着紧贴身的粉红色的内衣裤做裸体沐浴状,观众乐得直拍手,我说:'完了,完了,观众也变了!'有什么样的观众就有什么样的戏。"④单纯迎合取悦于市井观众低级趣味的京剧改革是没有价值的。

---

① 胡适:《文学进化观念与戏剧改良》,《新青年》"戏剧改良专号",1918年10月。
② 钱玄同:《随感录十八》,《新青年》第5卷第1号,1918年。
③ 参见上海《申报》记者:《对于改良旧剧的感想:新屋未成旧屋须爱护》,《申报》1933年11月4日。
④ 梁实秋:《听戏》上册,翁思再主编:《京剧丛谈百年录》,石家庄:河北教育出版社,1999年,第81页。

事实上梅兰芳较早认识到时装新戏在这方面的弊病,他说:"凡是一个舞台上的演员,他的本身唯一的条件就是要看演技是否成熟。如果尽在服装、砌末、布景、灯光这几方面换新花样,不知道锻炼自己的演技,那么就算台上改得十分好看,也是编导者设计的成功,与演员有什么相干呢?"①因而在演出了几部时装新戏《宦海潮》《邓霞姑》《一缕麻》之后,梅兰芳逐渐把自己的探索限制在了古装新戏方面,他享有盛名的剧目多为古装新戏,如《天女散花》《嫦娥奔月》《西施》《太真外传》《洛神》等,都是能够较多发挥戏曲特长和优势的古代内容剧目。

然而梅兰芳的改革,又把京剧推向雅化的道路,也颇遭到当时知识界的抨击,鲁迅、郑振铎等人都撰写了批评文章。鲁迅说:"士大夫是常要夺取民间的东西的,将竹枝词改成文言,将'小家碧玉'作为姨太太,但一沾着他们的手,这东西也就跟着他们灭亡。他们将他从俗众中提出,罩上玻璃罩,做起紫檀架子来。教他用多数人听不懂的话,缓缓的《天女散花》,扭扭的《黛玉葬花》,先前是他做戏的,这时却成了戏为他而做,反有新编的剧本,都只为了梅兰芳,而且是士大夫心目中的梅兰芳,雅是雅了,但多数人看不懂,不要看,还觉得自己不配看了。"②1928 年梅兰芳二次赴沪演出获得广泛赞誉时,郑振铎却在他主编的《文学周报》1929 年第 1 期编发了一个"梅兰芳专号",刊登 12 篇文章来抨击梅兰芳。郑振铎自己写的一篇名字叫作《没落中的皮黄剧》,他说:"如今这个俗文戏曲的运命已经临于'日落黄昏'了。这个'没落'的催命符却是由皮黄剧中的重要人物梅兰芳的手中送了过去的。原来前几年,有一班捧梅的文人学士,如李释堪之流,颇觉得皮黄剧中的旧本,文句类多不通,很生了'不雅'之感。于是纷纷的为梅兰芳编制《太真外传》《天女散花》一类的剧本。文字的典雅,有过于昆剧。继之,则为程砚秋尚小云诸伶编剧本者也蹈上了这条路去。于是听众便又到了半懂半不懂的境地。"③上述为一部分新文化运动者的观点,但另外一些五四先锋如胡适

---

① 梅兰芳:《舞台生活四十年》第 2 集,北京:中国戏剧出版社,1961 年,第 45 页。

② 鲁迅:《略论梅兰芳及其他》,《中华日报·动向》1934 年 11 月 6 日。

③ 郑振铎:《没落中的皮黄剧》,翁思再主编:《京剧丛谈百年录》上册,石家庄:河北教育出版社,1999 年,第 83 页。

等则放弃了以前的尖锐立场,遁入戏园里面听戏去了。这颇有些引起鲁迅的愤愤不平:"先前欣赏那汲 Ibsen 之流的剧本《终身大事》的英年,也多拜倒于《天女散花》《黛玉葬花》的台下了。"①

事实上戏曲更加需要的是反映现实的内容而不是外在形式。戏曲只有反映现实生活内容,才能与时代观众相契合,才能更好地发挥教育作用,这是时代的认识。例如 1931 年新闻记者许兴凯以"老摩登先生"的笔名发表文章,认为要担起时代的责任,第一步就要使"皮簧摩登化",第二步则要使皮簧成为摩登的社会教育。② 一些地方剧种如河南梆子、评剧等,大量创作现实剧目以争取观众,就产生广泛影响,迅速发展为享誉全国的新兴剧种。例如 20 世纪 30 年代冯玉祥督豫期间,曾由教育厅领导"剧改",组织编写了《长春惨案》《袁世凯皇帝梦》等时装戏,王镇南、樊粹庭等进步文人则推动河南梆子改革并为之编写《中法战争》《五卅惨案》《涤耻血》这类新剧本,常常引起轰动,豫剧在他们的推动下,很快发展成沿陇海线延伸、覆盖中原大地和北半部中国的大剧种。起于河北唐山"蹦蹦戏"的评剧,经成兆才 1919 年以河北滦县真实案件为素材创作出《杨三姐告状》,演出一时风靡,此剧成为评剧经典剧目盛演至今不衰,评剧则迅速发展为流行华北、东北地区和北京的大剧种。

在这种时代变化中,吸取当时处于优势的西方写实戏剧的舞台方法,甚至新兴的电影艺术的屏幕写实方法,以解决戏曲脱离时代之弊,似乎成为历史的要求。走得最远的是 20 世纪 40 年代盛行的上海沪剧"西装旗袍戏"。例如 1941 年 1 月成立的上海沪剧社首演根据美国同名电影改编的《魂断蓝桥》,在舞台形式方面就吸收话剧和电影手段进行了许多改革。它的舞台装置采用立体布景,配以声、光、电手段,替代原来的软片布景和一桌二椅,化妆以油彩取代过去的水粉妆。他们宣传自己的广告语言是"布景道具电影化,演出台步话剧化,唱词说白申曲化"③。电影化、话剧化如果指的是合理吸收这些表演艺术的优秀成分来扩大戏曲舞台的表现力,没有什么不好的。

---

① 鲁迅:《〈奔流〉编校后记(三)》,《奔流》第 2 卷第 2 期,1928 年。

② 参见程砚秋:《皮簧与摩登》,《北平晨报》1931 年 8 月 26 日。

③ 转见高义龙、李晓主编:《中国戏曲现代戏史》,上海:上海文化出版社,1999 年,第 59 页。

但实际运用中往往走向偏颇,带来许多问题。像程砚秋所批评的:"旧剧中有些人,死板地运用了'写实'两字,以为写实便该是实,于是在舞台上,火要真烧,雨要真下,活牛上台,当场出彩,这只是把戏不是艺术了,我觉得是错误的。"①违背戏曲本质属性和它的规定性的做法,只能造成舞台的失败,程砚秋因而总结说:"中国戏剧表演技术的构成……一切原来都是从写实上出发的,但是中间却经过一番舞蹈的陶冶,因而形成了一种特殊的方式。近些年来,许多人都试把直接写实的方法,渗入到旧剧里面去,结果新的道路并没开好,原旧的道路也模糊了。"②

(三)艰难推进的戏曲改革:自为阶段

戏曲改革一度失却了正确方向,因而被时代所冷落。然而,抗日战争的爆发,使它又重新回到了众目交会的位置。田汉说:"旧剧改革问题提起了数十年,迄不曾得十分满足的成就……这一问题直到抗战开始后反复提得很强。为的是要争取抗战胜利,必须动员广大军民。而广大军民最熟悉的艺术形式便是旧剧。因而改革旧剧使适合当前需要成为迫切之课题,盖无疑义。"③老百姓爱看戏曲不爱看话剧,戏曲有唱功有做工,与长期受到熏陶的百姓的审美趣味相吻合,戏曲结构符合民族审美习惯,例如叙事清晰、一线到底、有头有尾、大团圆。学习和接触过西方文化的知识界人士熟悉、适应、习惯了的西方审美样式,不等于广大百姓都能够顺利接受。话剧在底层民众那里不受拥戴的尴尬,说明了这一问题。20世纪三四十年代"话剧民族化"口号的提出,知识界关于话剧必须向戏曲学习的认识,都是试图解决这一问题的征象。更重要的,在运用各种表演手段深入揭示人物心理方面戏曲的表现力尤强,而话剧则基本无能。在时代的新需求前面,戏曲改革被重新提上了日程。

解放区的戏曲改革最初为了现实需要,走的是"旧瓶装新酒"的路子。

---

① 程砚秋:《关于地方戏曲的调查计划》,《人民日报》1950年4月16日。
② 程砚秋:《西北戏曲访问小记》,《人民日报》1950年2月25日。
③ 田汉:《关于旧剧改革》,翁思再主编:《京剧丛谈百年录》上册,石家庄:河北教育出版社,1999年,第99页。

鲁迅艺术学院 1938 年 7 月 7 日在延安抗日战争一周年纪念晚会上演出的新编京剧《松花江》，系根据京剧传统戏《打渔杀家》的情节框架编造而成，而把萧恩的故事改编为松花江畔一位老渔翁不堪忍受日本侵略者欺压凌辱，奋起反抗。演员穿戴当时的现代服装，脸部化妆参照话剧方法，打锣鼓点，唱西皮二黄。以后又有其他几部戏同样如此。例如《刘家村》系改编自旧京戏《乌龙院》，而把刘唐、宋江换作八路军侦察员和准备起义的伪官吏，将阎惜娇、张文远改写为敌伪走狗。《赵家镇》改自旧戏《清风寨》，内容换成八路军战士伪装妇女，把日军士兵引入民房活捉。① 这些戏形式和内容不尽吻合，但内容的新鲜感仍然吸引了观众的热心观赏。在这个基础上，鲁艺开始了真正的现代京剧创作。例如阿甲编写的《钱守常》一剧，表现开明士绅钱守常投奔游击队的故事，其舞台方式较为灵活自由地运用了京剧旧程式，内容和形式的矛盾解决得比较好，受到观众赞扬。在此基础上，1942 年成立的延安平剧院发表《致全国平剧界书》，正式提出"改造平剧"的口号，要将这种"时代的旧艺术，一变而为新时代的新艺术"②，于 1943 年 12 月 20 日首演新编京剧《逼上梁山》成功，1945 年 2 月 22 日又首演《三打祝家庄》成功，几年中更是编演了十七八个京剧现代剧目如《难民曲》《上天堂》等，尽可能地运用京剧的形式为表现新的生活内容服务，务求在编、导、演、音乐各方面取得和谐效果，为京剧改革和表现现代生活积累了经验。

1949 年成立的新的国家政权，首次把戏曲改革通过国家意志的方式确立下来，并且从以往的单纯舞台形式改革延伸到了"改戏、改人、改制"，全面改变了戏曲传统的艺术生产、经营方式和训练方式。创作现代戏的任务被以国家文化政策的方式醒目提出，以政务院《关于戏曲改革工作的指示》的方式面世，所谓"五五指示"，但它的倡导却是符合艺术发展规律的："戏曲应以发扬人民新的爱国主义精神，鼓舞人民在革命斗争与生产劳动中的英雄主义为首要任务……地方戏尤其是民间小戏，形式较简单活泼，容易反映现代生活，并且也容易为群众接受，应特别加以重视。"果然，反映农村生活

① 以上参见高义龙、李晓主编：《中国戏曲现代戏史》，上海：上海文化出版社，1999 年，第 97～98 页。

② 载《平剧研究院成立特刊》，1942 年双十节延安印刷。

的戏曲现代戏首先在地方小戏中成批涌现:评剧《刘巧儿》《小女婿》,沪剧《白毛女》《罗汉钱》,眉户戏《梁秋燕》,吕剧《李二嫂改嫁》,甬剧《两兄弟》,秦腔《血泪仇》,越剧《祥林嫂》,落子《小二黑结婚》等,取得了相当丰富的舞台经验。由于地方小戏的表现方式与农业耕作的生存方式有着血肉联系,在这方面传统与现实的距离并不大甚至没有距离,因而实现内容与形式的统一不须跨越多少障碍,易于获取成功。然而对于京剧这样以宫廷袍带戏为主要表现对象、程式化程度高的古老剧种来说,其功能与现实表现力的局限就非常大。当然,即使是京剧,其不同行当与现实的距离也是不同的,例如梅兰芳就说过:"我觉得花旦、丑角这两门行当,由于在传统剧目里,穿的服装,大半露手露脚,又常常说京白,习惯语言动作,比较接近现实生活,所以演时装戏,在创造人物时,比其他行当要便利些。"①这是经验之谈,也是他亲身实践的理性总结。对于像京剧这样程式化程度高的古老剧种难以改造以表现现代生活,当时人是有着清醒认识的。例如周扬就指出:"凡目前不适合于表现现代生活,而只适合于表现历史和民间传说题材的,就不是强求它立刻表现现代生活,以致损伤它固有的优点和特色,而只能逐步地引导它向这个方面发展。在这里,性急和粗暴是有害的。"夏衍也说:"不看到(京剧)这种程式化了的形式和它所要表现的新的内容之间的矛盾,而强求它立即去表现现代生活,我以为是不适当的。"②马少波则提出:要"在艺术上通过不断的实验和创造,在相当长的时间内逐步达到京剧能够表现现代生活。"③这些认识无疑具有客观性和真理性。

425

然而,焦躁的时代等不及了。1958 年的戏曲"大跃进"中,全国掀起创演现代戏的热潮,许多剧种都在极短时间内编演出众多的现代戏剧目。这些剧目大多未能留下历史痕迹,而且艺术粗糙,大约多在写实表演的基础上添加上戏曲唱腔而已,人讥为"话剧加唱"。在狂热的时代背景下,古老剧种也坐不住了,京剧创作了《白毛女》,昆剧创作了《红霞》。1958 年 6 月,文化部组织了现代戏联合公演,并在 7 月 14 日结束的"戏曲表现现代生活座谈

---

① 梅兰芳:《舞台生活四十年》第 3 集,北京:中国戏剧出版社,1961 年,第 101 页。

② 夏衍:《为提高和发展新时代的戏曲艺术而奋斗》,《戏剧报》1954 年第 12 期。

③ 马少波:《关于京剧艺术进一步改革的商榷》,《戏剧报》1954 年第 10 期。

会"上,第一次提出"以现代剧目为纲"的方针,号召掀起戏曲"大跃进":"鼓足干劲,破除迷信,苦战三年,争取在大多数的剧种和剧团的上演剧目中,现代剧目的比例分别达到 20% 至 50%。"①而周扬的讲话中更是提出现代戏创作要在"量中求质"②。艺术突击的结果自然会制造出不伦不类来,阿甲的下述叙说可以引以为证:"京剧的武打,为了发挥传统的武技,在表现现代战争时,见了敌人,好像故意有枪不放,只等着肉搏,好翻好打……(解放军军官)穿着军装,踱着方步,念着拖腔拖调、原封不动的韵白,也有为了添点舞蹈,举手投足,规格整齐,虽认真演戏,力求严肃,而效果恰恰是使人感到滑稽可笑……乐队演奏的节奏,和现代生活的动作节奏,有些地方往往不能合拍,如一打'长锤',穿西装的人物,也就自然而然地踱起八字步来……"③

经过迅速的创作突击和在舞台实践中克服上述缺陷之后,1964 年文化部举办的京剧现代戏观摩演出大会上,18 个省市的 29 个剧团演出了 35 台现代京剧,全面检阅了几年来在行政权力支持下收获的创作成果。尽管这些作品大约除唱腔外几乎全部改变了京剧的传统表演方法,但时代的思想需求也拉近了观众与京剧现代形式的距离,人们很快认可了这种穿现代服装唱皮黄的舞台样式。"文化大革命"时期的 8 个革命样板戏中,有 5 部现代京剧——《智取威虎山》《红灯记》《海港》《沙家浜》《奇袭白虎团》。以后又有《龙江颂》和《杜鹃山》也添名其间。京剧"样板戏"借鉴了许多话剧手法,一般都结构完整、场次集中、情节紧凑、矛盾冲突尖锐,故事脉络清晰、有头有尾,情节发展层层推进、高潮迭起。其成就尤其体现在音乐创腔上:西皮二黄基础上的完整人物主题音乐设计和中西混合乐队伴奏,使得音乐形象鲜明而丰富。而相对固定的时空、虚实结合的布景、节奏化了的生活动作都使其在吸收和超越话剧手法的同时,形成介乎戏曲和话剧之间的新的审美定式。

"文化大革命"样板戏的强制性推进使戏曲表现现实能力提高的同时,也造成戏曲一定程度上的写实化扭曲。至于极左思潮支配下的"三突出"模

---

① 刘明芝:《为创造社会主义的民族的新戏曲而努力》,《戏剧报》1958 年第 15 期。

② 《周扬同志谈戏曲表现现代生活问题》,《戏剧报》1958 年第 15 期。

③ 阿甲:《谈戏曲表现现代生活》,《中国戏剧》1958 年第 18 期。

式给戏曲带来的戕害则更是时代留下的疮疤。

（四）程式化与用景：两道门槛

戏曲现代化遇到的主要问题，是在反映现代生活的路途中，如何既遵循传统的美学原则以保守住自己的传统质，又能吸收新的表现手法来体现时代特色的矛盾。其中，如何利用和发挥好戏曲的传统程式，如何在戏曲舞台上用好布景等问题，成为长期探索的实践命题。

首先，我们来看戏曲的程式继承问题。戏曲是用程式表现生活的，它的传统程式是在古代生活基础上长期总结提升而成，因而与古代生活有着密不可分的联系。比如戏曲人物的许多动作，是在古代服装、用具和礼节制约基础上形成的，身穿长袍长衫的人迈步就与今人穿裤子不一样，坐轿就与骑自行车不一样，甚至古人见面打恭叩首的动作也与 20 世纪后的握手不同。民国以后中国民间生活方式已经改变得很厉害，服装、礼俗、动作和生活习惯与以前都有极大差异，戏曲要对之进行舞台表现，缺乏程式经验，硬要表现则只好走写实一路。于是，戏曲丢失了根本，戏曲表演陷入无法克服的矛盾。梅兰芳曾经总结说："拿我个人一点粗浅的经验来看，古典歌舞剧是建筑在歌舞上面的。一切动作和歌唱，都要配合场面上的节奏而形成它自己的一种规律。前辈老艺人创造这许多优美的舞蹈，都是根据现实生活中的动作，把它进行提炼、夸张才构成的歌舞艺术。所以，古典歌舞剧的演员负着两重任务，除了很切合剧情地扮演那个剧中人，还有把优美的舞蹈加以体现的重要责任。时装戏表演的是现代故事。演员在台上的动作，应该尽量接近我们日常生活的形态，这就不可能像歌舞剧那样处处把它舞蹈化了。在这个条件之下，京剧演员从小练成功的和经常在台上用的那些舞蹈动作，全都学非所用，大有'英雄无用武之地'之势。"[1]

因为用古代社会生活基础上长期积累形成的程式无法表现现代生活，服装变化使水袖功、行走功、靠把功都无法使用，武器的变化使打出手、对花枪、刀法锤法枪法都无法使用——我们却经常在戏曲舞台上见到现代战士

427

---

[1] 梅兰芳：《舞台生活四十年》第 2 集，北京：中国戏剧出版社，1961 年，第 69、70 页。

作战扔掉枪支不用而拿刀格斗的可笑场面,而社会阶级、阶层人群的变化,使得以往在古代士农工商和官吏基础上确立的行当程式成为无源之水、无本之木,例如花脸、丑角和袍带戏的表演程式在扮演社会新兴人物时大多无法直接利用,表演就只好写实,舞台效果则靠近话剧,戏曲演出就成了话剧加唱,于是,戏曲相对于话剧失去了舞台优势。戏曲的唱腔也和写实的舞台表演发生冲突,于是在剧中主角歌唱时,我们习常见到的是满台的人物都站在那里等待的沉闷场景。尽管自始至终有人在不遗余力地倡导要创造新的程式和行当,现实操作中却难度极大。更有甚者,现代生活的发展变迁速率出乎想象,农业时代向工业时代的转化刚刚成型,信息时代的状貌就已经大面积覆盖。而程式本不是一朝一夕能够形成的,需要固定不变年复一年的生活重复,需要长久的舞台积淀和淘洗,需要观众在长期观演中确立起理解默契。充满了变化的现代生活却不断对舞台表现构成挑战和颠覆:刚有人创造了一个很有特色的自行车舞,汽车又淘汰了自行车;打电话的舞姿人们还没有熟悉,操纵电脑的舞蹈又登场了。这里还没有涉及当代审美趣味的更加追求新奇、崇尚艺术创新而唾弃沿袭重复。

人们在实践中认识到丢掉戏曲美而靠向话剧演出的路数行不通,因为话剧加唱严重损害了戏曲的审美原则而使之丧失了特色与本质。梅兰芳从时装京戏退缩回来就说明了这一点。但是,如何使现代戏能够保持戏曲化、程式化和美化的表演,则是一个需要长期探索的命题。今天看来,地方小戏、表现农村生活、以近现代内容为对象的演出,其成功率较大。但是,古老剧种、表现都市生活、以当代内容为对象的演出,几乎还迄未成功。

其次,我们来探讨戏曲的用景问题,用景构成了戏曲舞台改革的突出矛盾。当话剧的实景演出最初出现时,它的娱目力是强大的,戏曲于是蠢蠢欲动,也想学着用话剧的写实布景来吸引观众,一时之间舞台面貌大变。光绪十九年(1893)十月,上海天仙茶园排演《中外通商》的"灯彩新戏",聘请了"西洋画师"和"闽广彩匠"共同创作布景,采用平面绘画和立体彩扎相结合的方式,把火轮船、炮台、云梯、外国兵大餐房、水龙会、十六国扮相等景物,写实地呈现在舞台上①。因为效果颇为新奇,所以次年元月天仙茶园又排演"奇彩灯戏"《财源茂盛》一剧,继续采用此法。这种做法日渐成风,开始影响到戏曲创作的背景构设。从当时人创作的戏曲剧本提示中,我们可以看出舞台对写实布景道具的运用:"场上放烟火,作汽车抵埠介"②,"场上设洋菜席"③,"场上设礼堂"④,"场面摆设纸扎戈登像石塔,改摆纸扎亭台花盆等物"⑤,"场上设铜像二"⑥,"场上设树枝,上缀零星白纸,作梨花状"⑦等。剧本中这些实景装置的指示性要求,反证了当时舞台布景风气的一斑。

但是戏曲用景遇到极大的舞台矛盾。其首要矛盾是表演的虚拟性与舞台景物的写实性发生冲突。早在徐珂《清稗类抄·戏剧类》里就说,清末戏曲舞台上"多用布景,器具必真,于是扞格附会,反多支离。如上床安寝,何以未卸裙履?未入房户,何以能见联屏?乘车者既有真车矣,骑马者何以无真马?交战时,背景一幅山林,而相打者乃转来转去,追逐半日,不离寻丈之地,此皆不可通者也"。床是真的了,上床睡觉却不脱衣服;屋子里摆上了屏风,进屋却没有门;坐车的上了舞台,骑马的还在挥假鞭子;征战者骑马追打了几十里地了,后面的景物却没发生任何变化。这种生硬掺和写实写意两种不同舞台方式的做法,只能给人以不伦不类感。所以梅兰芳曾说:"拿我个人的经验说,大部分旧剧是不适用布景的。因为京剧的表演方法是写意

429

中华戏曲文化美学及其现代转型

---

① 光绪十九年(1893)十月初八日《申报》刊登新戏演出广告云:"迩日,《申报》上论说中外通商五十年,于华历十月初十、十一两天,工部局、租界、店铺俱皆悬灯结彩,以为中外共庆和好之年,万民均睹升平之象。小园借此为题,将五十年内中外事情排成为戏。不惜工本,聘请闽广彩匠、西洋画师,札就诸色绫罗绸绢灯彩,火轮船、炮台、云梯、外国兵大餐房、水龙会、十六国扮相,别开生面。是否有当,以博一观。准于十月初九夜试演。届期务请诸公早降是荷。天仙园主谨启。"

② 伤时子:《苍鹰击》第5出,阿英编:《晚清文学丛钞·传奇杂剧卷》上,北京:中华书局,1962年。

③ 感惺:《断头台》,《中国白话报》1904年。《中国新文学大系·戏剧集一》,上海:上海文艺出版社,1985年,第468页。

④ 华伟生:《开国奇冤》,阿英编:《晚清文学丛钞·传奇杂剧卷》,北京:中华书局,1962年,第289页。

⑤ 东亚病夫:《孽海花》,阿英编:《晚清文学丛钞·说唱文学卷》,北京:中华书局,1962年,第370页。

⑥ 讴歌变俗人:《经国美谈》,阿英编:《晚清文学丛钞·说唱文学卷》,北京:中华书局,1962年,第537页。

⑦ 洪栋园:《警黄钟》第2出,《新小说》1906年。

的，当演员没有出台的时候，舞台上是空洞无物的，演员一上场，就表现了时间与空间的作用和变化，活的布景就全在演员的身上，马鞭一打，说明了走马；船桨一摇，说明了行船；转一个圆场，就过了好几条街，或者是千山万水；更鼓一响，就说明了黑夜或天明；由于时间和环境的变动太快，布景就追不上，所以在旧剧目里使用布景，局限性很大。据我的经验，只有在排演新戏的时候，可以使用布景。"①然而使用写实布景似乎成了戏曲舞台吸引观众的重要途径，100 年来人们在这方面反复尝试不已，也屡屡失败不已。一直到 1961 年，宗白华还分析说："中国广大群众是否都要求布景，需要进行分析。要布景，是为了看热闹，看多了会转过来看表演的。群众要求不平衡，层次复杂，应该看主要的倾向。""群众并不要求西洋式的布景。目前部分群众有这种要求，这不会是永恒的，是会改变的。"②

徐珂早就指出的实景与虚拟表演之间的矛盾，半个世纪之后仍然存在于样板戏中而没有前进半步！一个极端的例子是革命现代京剧《智取威虎山》里，出现了写实布景与虚拟表演的决然对立：布景是大森林中的排排撑天松树，阳光从树的缝隙里射进，投下斜的光线。表演却是主角杨子荣骑着一匹看不见的马，手里高擎马鞭在高歌疾驰。效果是杨子荣行走了上百里路，他背后的松树却还是原来的，一动也没动！

而戏曲剧场的现代化改造，加重了对传统表演的离心力。在西方建筑学思想和技术的影响下，中国的戏园建筑从清末开始发生变化，改变了传统的简陋，开放式台口改为镜框式，采纳现代声学和光学原理，采用西方的舞台技术设备如机械传动、灯光照明、分幕与垂幕、各类新颖材料制作的景片等。改变了在上下场门之间进行曲线运动的传统舞台调度的范式，而镜框式演出又习惯性地要求添置写实布景，戏曲受到场地影响的因素就加大了。中华人民共和国成立后为了"净化舞台"，又"创造"出一种新的困扰。由于戏曲演出不分场，不可能像话剧那样只在几幕之间开合大幕，而是随时都要换场，有时一场戏要改换几十次场地，为了掩盖换场换布景，只好不断地开

---

① 梅兰芳：《对京剧表演艺术的一点体会》，《戏剧报》1954 年第 12 期。

② 宗白华：《中西戏剧比较及其他》，翁思再主编：《京剧丛谈百年录》上册，石家庄：河北教育出版社，1999 年，第 119、120 页。

合大幕。一场戏里,只见大幕拉开又合上,合上又拉开,弄得观众看不见戏只看见幕了。我在20世纪80年代初看戏时还常常见到这种情形:戏曲中有时充满了碎场子,于是只见二道幕纷飞,有时幕把正在演唱的演员"切"进幕里,有时幕把应该"切"进幕里的桌椅"切"在了幕外,还要里面人再伸出手来拖进去,闹出许多笑话,严重干扰了观众剧场审美。吴祖光曾经讽刺说:"记得刚刚以拉幕来代替检场时,一位著名的演员对我说:'我们现在成了变戏法的了。幕一闭桌椅不见了,再一拉桌椅又出来了。'"他因而总结说:"一般的舞台都很浅,二道幕拉来拉去常常会妨碍演员的表演和地位。"[1]而一些戏曲作家为了减少这种问题,在写剧本时尽量参照话剧办法来结构场次,多用大场整场戏,减少小场过场戏,戏曲的传统结构就被改变了。

在长期的舞台实践与理论探讨中,总结了不少成功与众多教训之后,人们才逐渐认清了戏曲发展的一些基本原则,例如要尊重和继承传统,戏曲要程式化、虚拟化不要话剧化,戏曲用景可以以虚为主以实为辅,要一戏一议、一场一议不能一概而论等。

431

(五)新时期的舞台曙光

盲目地模仿西方使戏曲一定程度上迷失了自我,过度的写实倾向则对戏曲的本质属性造成损害,这种情形在新时期之后的30年舞台实践中才逐步纠正过来。20世纪80年代以后,戏曲界反思了以往创作现代戏的盲目倾向,开始在现代化剧场和舞台上确立符合民族审美特性的表演手段和空间处理方式。虽然演出空间的基础仍然是西式剧场,但当代戏曲导演和设计者对于传统美学原则、现代灯光、布景装饰、舞台调度手段的理解和运用都达到了一个新的高度,绝非昔日可比了。

20世纪80年代,一些地方剧种发挥舞台动感强烈、手段欢快活泼的特点,率先做出榜样,在体现现实生活的舞台场景中尽量发挥戏曲程式和虚拟表演的功能与特长,以提高舞台的写意化程度和观赏因素,令人耳目一新。

---

[1] 吴祖光:《谈谈戏曲改革的几个实际问题》,《吴祖光论剧》,北京:中国戏剧出版社,1981年,第130页。

湖南花鼓戏《八品官》《牛多喜坐轿》《嘻队长》，豫剧《倒霉大叔的婚事》，商洛花鼓戏《六斤县长》，都有值得称道的地方。川剧《四姑娘》里自由时空的运用，淮剧《奇婚记》里门里门外的虚拟表演，汉剧《弹吉他的姑娘》里的电话舞是人们乐于称道的。90年代以后，现代戏创作的成功剧目已经积累起经验，荆州花鼓戏《原野情仇》，梅州山歌剧《山稔果》，吕剧《苦菜花》《石龙湾》，楚剧《虎将军》，粤剧《驼哥的旗》，眉户戏《迟开的玫瑰》，评剧《贫嘴张大民的幸福生活》，越剧《孔乙己》，昆明花灯剧《小河淌水》，梅州山歌剧《等郎妹》，蒲剧《土炕上的女人》，豫剧《铡刀下的红梅》等，在剧种特色基础上创造出适合戏曲表演的崭新形式，尽可能体现出戏曲歌舞演故事的美学特征，都给人以深刻启发。一些充满现代活力的剧种如花鼓戏、采茶戏等，利用自身轻捷灵动、歌舞魅力强的优势，充分吸收现代声、光、舞台装置的成果来发挥舞台美，以其载歌载舞的艺术形式引起世人的广泛瞩目，推出了一批内容和形式结合得较好的优秀作品，如赣南采茶戏《山歌情》《榨油坊风情》，彩调剧《哪嗬咿嗬嗨》，荆州花鼓戏《十二月等郎》，把鲜活的地域特点与深刻的生活内涵注入舞台，实现了剧作意境的诗意表达。这期间，传统剧种逐渐实现舞台转换，焕发出新的青春气息。例如川剧将自身丰富的表演程式与现代舞台技术创造性地焊接，以一部连一部的新创剧目系列，如《巴山秀才》《易胆大》《四姑娘》《变脸》《死水微澜》《山杠爷》《金子》等，标示出自身舞台转型的实现。京剧也推出了《药王庙传奇》《江姐》《山花》《风雨同仁堂》《华子良》《骆驼祥子》系列，以其突破旧程式的尝试和表现现代生活的创新，将京剧艺术推向一个既沉雄淳厚又瑰丽多姿的阶段。获得良好舞台效果并得到观众一致好评的现代剧目，都十分重视人物的舞台形体语言，刻意在传统程式基础上对现实生活状态进行戏曲化加工改造，川剧《金子》、京剧《骆驼祥子》和《华子良》都在这方面有着成功探索。当然，戏曲现代化的步伐仍然比生活转型慢一个节拍，戏曲能否表现和如何表现现代都市生活，或许还有漫长的探索之路要走。

新时期戏曲在处理舞台布景与表演的关系方面取得成功推进，积累起成熟的经验。它主要运用两种方式来解决以往无法调和的矛盾，一是注意制作抽象布景，二是运用灯光进行调节，后者在戏曲舞台变革中甚至发挥了划时代的作用。

　　抽象布景不具体代表一个固定场景,不确定一个实际的生活空间,而是暗示或者象征一种情调、一种氛围、一个边缘模糊的空间概念,人们只是在感觉上觉得它符合剧情的需要,它并不影响和干扰舞台上的表演。我们看到现在戏曲舞台上背景和景片设置尽量写意化、抽象化,模糊它对固定时空的暗示,以制造恰当氛围和情调而不是具体指示背景为目的,收到很好效果。当然也时而看到很具象的舞台设计,那是由于剧目的特殊需要。如果剧目要求固定时空,当然可以用实景,一定时候还能发挥很大作用。20 世纪 90 年代以后人们对于舞台的评价都是具体的,看其是否符合自身的完整性要求,而不是出于外在的某种观念。如果剧目要求写意场景,舞台上出现的就应该是写意的背景。剧目要求写实空间,布景也可以是写实的。人们只就一部戏的风格是否整一、布景与剧目需要是否吻合来做出评判,这是实事求是的艺术态度。

　　灯光则成为当代戏曲舞台最常用的空间限定手段和表现手段,例如灯光的转亮和转暗可用来处理换场、撤换道具,舞台时空转变大部分可用灯光解决。暗转,一束追光,一个聚焦,时空就改变了,灯光再亮,舞台场景都变了。聚光灯的光圈甚至可以把舞台分隔成不同的表演空间。现在常常见到黑底幕无布景的设计,仅凭灯光来烘托表演,表演就获得了自由的时间和空间。人们通过灯光的强弱、角度、色彩、变换方式,景片的质地、视感、色温、内在意蕴,来感受戏曲的时空氛围。灯光对于人类戏剧舞台革新起了巨大的作用,而这个作用在 19 世纪末还仅仅是设想。那时瑞士伟大的灯光设计师阿庇亚预言说,灯光将改变整个戏剧世界。这个预言早已在西方,现在又在中国实现了。20 世纪戏剧的任何改革都离不开灯光的支持。西方现代派戏剧利用灯光,以后又利用多媒体来切割舞台,发挥了很大作用。而新时期中国的戏曲舞台上,灯光的影响力也越来越大,舞台上已经取消了侧幕,相当数量的戏甚至是没有幕的,靠的就是灯光调节。20 世纪 90 年代以后戏曲舞台上的灯光运用已经达到了炉火纯青的程度,人们充分享受着灯光革命的成果,领略着戏曲舞台万紫千红的风采。光线、色彩与音乐的结合,其表意性是强烈的,又是极其美妙的。灯光是走在现代戏曲 T 形台上的时装模特,时代风貌与美的气息扑面而来。戏曲对灯光的依赖性越来越强,而灯光则使戏曲在一夜之间告别了过去,跨入新的纪元。

今天戏曲的尴尬在于其自身特征的逐步消失,这很大程度上一方面来自现代科技对戏曲舞台的支撑与阉割,一方面来自戏曲对于公共导演越来越多的依赖。新时期舞台技术的巨大跨步,造成重大的时尚转移。现代戏曲在舞台设备现代化、电子化、程控化的基础上,广泛受到影视艺术和其他综合艺术的影响,舞台为日益加重的声光电效果所充斥,改变了其自身的原始质朴与浑融。戏曲表演对声光电特效的依赖日益严重,这既反映了戏曲的时代性进步,也使其舞台受到严重的声光电冲击,减少了表演的独立含量。而由于公共导演的开放性视野、较深厚功力和学力、对于舞台综合表意手段的整体驾驭力、对于现代科技手段的掌握力和运用力、对于戏曲舞台可能性的自觉意识和更大开掘力,带来戏曲创新力的勃发,从而整体推动近30年的戏曲舞台革新,为之装点出姹紫嫣红的时代色。然而,首先是舞台公共表意手段的经常共用,其次是地方文化和民俗特征的逐步泯灭——许多地方戏曲特征仅剩下唱腔,而唱腔又在外来音乐的掺并下减弱了个性,再次是对公共导演的依赖导致戏曲的进一步话剧化、歌舞化、影视化,使得原始的戏曲质被众量消除。戏曲的面目正在模糊,棱角分明的塑形正在融为一团混沌。时代共力的作用,使戏曲日益泯灭了独特性。

艺术没有先进与落后之分,只有盛行与湮灭。中华传统戏曲的命运即如此:兴盛800年,20世纪初遇到危机,50年代成为一代天骄,"文化大革命"十年中八花独放,80年代后先衰落后变异再振兴。21世纪开局,由于人类口头和非物质遗产计划的正向推进,戏曲似乎正在新的平台上走向中心。尽管戏曲的发展受到当代社会生活方式和现代派艺术的很大冲击,它仍然是当今最受关注和尊重的传统艺术之一,而且随着社会转型与文化立国目标的迫近,将越来越受到重视。眼下我们看到的是:民间需要戏曲,政府提倡戏曲,国际文化重视戏曲。中华戏曲将作为优秀传统艺术进入现代社会的一个典型而得以发扬光大。

（原载《光明日报》2010年8月26日）

纵观戏剧戏曲学学科发展

首先需要声明,"戏剧戏曲学"学科的概念是不规范的,其中"戏剧"包括"戏曲",大概念与小概念并列了。但这一名称已经成为眼下我国大学学科点的通行用语,我也理解其命名是为了特别强调中国的传统戏曲,因此这里沿袭使用。

纵观戏剧戏曲学这一学科在 20 世纪的发展,从民国之前传统学界视之为小道末技,到 20 世纪后叶大学和研究单位开始为之设置硕士点和博士点,有着长足的进步。粗略划分,共有三代学人在其中投注了心血和精力,各自做出不同的贡献。

一、第一代学人建制

19 世纪末 20 世纪初是中国现代学术的创立时期,也是中国现代戏曲史研究架构的创立时期。它的背景是西学东进,中国的国学在此前体现为经学,此后现代学科分类及其填充都模仿西方,各种现代学科在此基础上建立起来,例如文史哲等。王国维因此而奠定了戏曲史学的基础框架。中国传统认识是把戏曲视为通俗娱乐的,不登大雅之堂,自此戏曲成为学术研究的对象而存在。王国维国学基础深厚,又有西学背景,根底与眼光的双重作用使之对戏曲史研究作了开蒙。王国维曾经说过,一代学术的发展依赖于两个前提的开掘,一是观点,二是材料,材料又分为文献与文物。王国维自己的研究就占全了两者:引进了西学观念,对旧有和新发现的传统材料进行贯通处理。这主要体现在他的甲骨文研究、文学和历史研究里,而戏曲研究只是他前期的小试牛刀。即使如此,他也已经奠定起戏曲史研究的基本框架,后人只是丰富和完善但无法超越他。当然王国维之前也有许多古人研究戏曲史,清末的姚燮已经做得非常好,但毕竟缺乏科学性和系统性,缺乏现代学术视野。王国维的研究发生了质的飞跃。

然而,王国维对戏曲的重视又是有条件的,他仅从文学角度接触历史上的戏曲资源,而忽略戏曲的生态状况研究。因此,他只偏爱于元杂剧及其来源材料,并不推崇明清以后的戏曲样式。勿论明传奇,更何谈清代地方戏!因此他并没有完成戏曲史的完整构架。这个构架是被日人青木正儿续成的。青木正儿对于戏曲的爱好成就了他的戏曲史成果。

王国维注重研究戏曲史的社会背景是:西方文化传统里重视戏剧的审美功能、西风东渐使得中国传统观念倾仄。这个社会背景更造成对西方戏剧样式的直接引进。中国社会引进西方话剧的直接功利原因,又与中国传统文化的道德基因不无关系。中国戏曲历来为高台教化的工具,因而当启蒙社会急需宣传工具时,戏剧自然就成为关注的对象。当然,由于传统戏曲的过于程式化,它的宣传功能很快被直接便利的话剧所取代,于是田汉、洪深、欧阳予倩等人开始身体力行地向中国引进话剧样式,一直到曹禺写出经典剧本《雷雨》,标志了中国话剧的成熟。

传统戏曲此时境况尴尬,于是梅兰芳、程砚秋等名演员开始一边改良京剧,发展古装戏,一边在学人齐如山、张彭春等的帮助下,向西方谋求参照系。梅兰芳 1930 年访苏、1935 年访美,程砚秋 1932 年访欧,都从西方得到中国传统戏曲很"先进"的信息回应——这是由于当时欧美戏剧正在从写实框范中挣脱,回归传统和迈向东方,寻求新的变革契机。这种回应使得国人增加了对传统戏曲的自信心,虽然业界之外很少有人相信戏曲的这种价值诉求,但理论界对之研究的兴趣加浓。

上述戏剧家的业绩,还不属于学人的工作,但与之同时期的宋春舫、余上沅、熊佛西等人的介绍西方戏剧及其理论,以及他们建立新戏剧及其理论体系的努力,把戏剧学科的发展向前推进了一大步。一些戏剧专科学校先后建立起来,开始进行表演和理论的研究。

以上种种,共同构筑了现代戏剧戏曲学的学科根基。另外还有一个人则处于时代大潮的边缘,那就是吴梅的古典戏曲本体研究与创作实践。吴梅很"不合时宜"地独自在钻研已经消亡了的杂剧、传奇样式的曲律、发音、声韵,在这一点上他并无师承,只是自己在经验的基础上琢磨出一套理论,当然也借鉴了前人的曲律研究成果。同时他还搞杂剧创作,这种创作当然是"死"创作,缺乏上演实践。吴梅虽然被时代抛弃在外,但却延续了传统曲学的一线丝脉,他的传人则成为后来曲学本体研究的薪火种子,出于他门下的卢前、王起等人都成为有成就的学者。

二、第二代学人丰富发展

周贻白的中国戏曲史研究,成为国人通贯而成体系成果的最初代表。周贻白先生个人系戏曲票友,能演唱,能"吊毛"翻跟斗,懂"场上",同时又有很深的传统曲学根底,经他一人之力而完构的《中国戏剧史》《中国戏剧史长编》《中国戏曲发展史纲要》等著作,建立起戏曲史的完整构架(与王国维《宋元戏曲考》、青木正儿《中国近世戏曲史》相较而言),正式成为学科的教科书式著作。当然,在他前后还有徐慕云、卢前等人的同类著述出现,但影响力远远不及。戏曲史著作之外,还有许多深入发掘具体对象的成果,如任二北《唐戏弄》、胡忌《宋金杂剧考》、傅惜华的系列戏曲剧目搜集、陆萼庭《昆剧演出史稿》、庄一拂《古典戏曲存目汇考》等,丰富了学界的戏曲史认知。

在第二代学人的努力下,全国形成三个有影响、成规模的戏曲研究中心:中山大学王起,复旦大学赵景深,中国艺术研究院张庚、郭汉城,以及他们周围团结的一批学人。其他还有一些学人及其环绕者,例如扬州师范学院任二北、南京大学钱南扬、中央戏剧学院祝肇年、上海戏剧学院陈多等。其中张庚、郭汉城主编的三卷本《中国戏曲通史》,奠定了学科全面建设的著述体例。另外中国台湾和海外的戏曲史研究力量也在出现和逐渐形成规模。

上面是从戏曲角度讲的,如果把视野扩及话剧和西方戏剧,那就有另外几个力量很强的研究中心,即中央戏剧学院、上海戏剧学院、中国艺术研究院(话剧研究所和外国文艺研究所)和南京大学中文系,他们的代表性史著如廖可兑《西欧戏剧史》、吴光耀《西方演剧史论稿》、葛一虹主编《中国话剧通史》,理论著作如张庚《戏剧艺术引论》、陈瘦竹《悲剧喜剧研究》、谭霈生《论戏剧性》等,共同勾画出学科的知识内涵,建设起学科点,并培养了众多的研究生。

由于历史的原因,第二代学人受到社会环境的干扰过大过重,影响了他们的学术积累和知识探求,消减了他们的整体学术成就,这使他们历史性地成为承前启后的一代。他们的最大功绩在于通过自己的授业,延续了戏剧戏曲研究的香火。上述戏剧研究中心在凝聚队伍、掀起声势、确立学科、培养传人方面都功不可没,为第三代学人的隆重出场奠定了坚实的基础。

经过第二代学人的丰富发展,戏剧戏曲学学科逐渐成形。

三、第三代学人补充完善

438

本来,第三代学人先天不足,经历了"文化大革命"造成的断档,无论是国学根底还是西学基础,都无法望第一代学人的项背。而经过两代学人的努力,戏剧戏曲学范域内似乎已经没有多少空间可以发展。但是,第三代学人却仍然遇到了自己得天独厚的历史机遇,得到了时代的另一种青睐。那就是,他们遇到了再一次的思想和观念解放,中国的改革开放和打开国门放眼看世界,为学术发展提供了新的契机。此前,第二代学人由于政治和意识形态方面极左思想路线的束缚,多年来"以阶级斗争为纲",在学术观念方面受到极大的限制,文化根底又不比第一代,因此相对来说未能完成完善第一代的任务。第三代学人于是在新时期乘时而起,开始发展自己的特色学术。新时期的戏曲研究又有另外一个突破,即眼界和方法的突破。从国外借鉴了文化人类学、文化民俗学的成果,从20世纪80年代开始了广泛的田野考察,诸如文物考察、声腔剧种调查、宗教戏剧研究(傩戏、目连戏)等,形成了一个又一个学术热点,举办了系列学术研讨会,加上这一时期的文物文献新发现,共同构成了一代学术的推进。新时期的话剧和西方戏剧研究也在积极展开国际性交流、广泛吸收世界成果的基础上,掀开了新的一页。

此期学者个人的原创性成果仍然不少,略举几例:戏曲如叶长海的《中国戏剧史》、郭英德的《明清传奇戏曲文体研究》、俞为民的戏曲乐律研究、张发仁的戏班史、郭净的面具研究、傅瑾对于地区性民间戏班的跟踪研究、康保成从佛经中发现戏曲文献新资料推动戏曲史一些基本问题研究的进展等皆是。我本人则在戏曲文物考察和研究中用力甚勤,延伸到剧场史研究、声腔史研究等,然后与刘彦君的剧作家文化心态研究成果结合,共同构筑了四卷本的《中国戏曲发展史》框架。这部著作应该说集时代学术之大成,归纳总结了 20 世纪的戏曲史研究成果。话剧如众多的现当代剧作家个案研究。西方戏剧如陈世雄的《现代欧美戏剧史》、陈世雄和周宁的《20 世纪戏剧思潮》,周维培的《当代美国戏剧史》等。另外,苏国荣、朱栋林等人的戏曲美学著作,谢柏梁的中西悲剧史研究,都是开辟之作。

此期的研究还有一个推进,那就是大戏剧观念的确立。南京大学董健教授的"打通说"明确引入了这一观念。此前的戏曲、话剧和西方戏剧研究基本上是各自为政的,尤其是戏曲与话剧似乎水火不相容,各自成为一个系统。董健教授用大戏剧的认识来包容这一切,引起了学界的重视。从"打通"的角度看,有两所大学的戏剧戏曲学学科队伍比较健全:南京大学与厦门大学,其研究领域的覆盖也比较完整。另外,东西方戏剧打通研究和比较研究也逐渐成为热点,余秋雨的《戏剧理论史稿》是为开山之作,田本相主编有《中国现代比较戏剧史》,以后有刘彦君的《东西方戏剧进程》。我自 20 世纪 90 年代以后学术重心也逐渐转移到这方面来。而我和刘彦君、傅瑾等人参与戏剧现状研究与评论,逐渐也在批评界形成气候。

第三代学人一个突出条件是时下的戏剧戏曲学学科点日益增多,由一些过去的集中区域辐射扩布开来,逐渐有星散之势,研究队伍也迅速扩大,力量增强,由此戏剧戏曲学可望在一定时限内发展成为显学。

四、21 世纪的学科延伸

21 世纪戏剧戏曲学学科怎样延伸,我还不能预测。最近有两位戏曲博士的论文获得教育部优秀论文奖——车文明的 20 世纪戏曲文物学和宋俊华的戏曲服饰史,又有刘水云的博士论文《明清家乐研究》,都是资料发掘与利用方面的成果,沿袭了过去的学术路径。但眼下戏曲发掘资料的空间已经很小了。向周围看一看,中国台湾以及日本、韩国、美国的中国戏曲研究,或许能给我们以启发。

台湾的戏曲研究和大陆划代不尽一致,第一代郑骞教授等是从大陆到台湾去的,第二代曾永义教授著述之外成气候地培养了众多学生,他的学生和一些留美回来的学者等构成目前活跃而有建树的第三代。受西方重视民间民俗文化和活文化的影响,他们近年十分活跃,竟然把戏曲研究搞成了台湾中文科系里的显学,反过来又影响和推动了大陆的戏曲研究气势。日本的戏曲研究传统由青木氏奠定,后来出现一批有成就的研究者。他们的传统自成体系,与我们不尽相同,尤为重视实地田野考察和资料搜集,其中田仲一成的成果尤为引人注目。目前新一代的学人不少,主要是他们自己培养的,但也开始从中国汲取。韩国由于缺乏戏剧传统,之前研究不多,只有少数学者涉足,目前一代是从大陆和台湾学成回国的,正在努力掘进。美国和西方对于中国戏曲的探究,限于语言隔阂,最初一、二代主要是翻译,开始时翻译戏曲剧本只译词不译曲,后来扩展到全本戏。20 世纪后叶学者的翻译已经十分熟练,白之教授翻译的《牡丹亭》是杰出作品,奚如谷、伊德玛教授的翻译也炉火纯青。但更年轻一代仍然在超越他们。魏莉莎教授先学演京剧,然后翻译舞台剧本,连念白韵口都要求翻译得贴近原样,以利表演时更多保留京剧的原汁原味。90 年代以后来中国学戏曲的西方留学生,更是先熟悉当地的民俗、文化、语言、生活方式,同时也学表演,然后才进行研究,方法日益深入化了。另外,欧美研究中国戏曲,比较多地从社会学、历史学、文化学、性别学等多种角度入手,因此常有新见。例如我的学生郭安瑞在美国伯克利大学是学中国历史的,但却研究晚清时期北京的京戏,目的是从京戏里看北京民间社会生活方式和平民的生活观。从以上介绍里,我们可否窥探到中国台湾和国外戏曲研究的一些特点和趋势?

经过三代人的努力,目前戏剧戏曲学学科的队伍壮大,学科点日益增多,后继者不断涌来,硕士博士成批。这是正面的观察。反过来说,以往大陆的学者有着直接占有资料之利,中国台湾和其他国家的学者则多从观点视角上突破。今天,由于时代的进步,资讯的公共开发使用日益普遍,起跑线拉平了。今后的戏剧研究学者如何寻求突破点,是一个值得深思的话题。

(原载《戏曲艺术》2005 年第 4 期)

中国戏曲空间特性的美学困境及其突围①

中国戏曲从 13 世纪成熟算起,经历了 600 年的自我发展,在其特殊场地上形成了自己的空间观念与美学特征。20 世纪西方文化侵入,中国传统舞台受到极大冲击,其行为方式在模仿西方的过程中发生了很大改观,也带来许多问题。20 世纪 80 年代以后,随着舞台新变化的展开与民族艺术观的再确立,中国戏曲舞台有了新的面貌。

一、中国传统表演艺术与场地的关系及其审美特性

先了解一下中国传统表演的场地情况。

根据记载,中国最早原始农耕阶段举行祭祀神明的仪式性乐舞,是在宽敞的田野上进行。② 例如前 2000 年前后夏朝第一位君主启,就在原野上组织了大型仪式乐舞《九韶》的盛大演出。③ 前 7 世纪左右的春秋时期,还有一条利用自然地形进行仪式表演的记载,当时陈国的民众不分寒暑,聚集在宛丘(宛丘:四周高中间凹的地形),手持鹭羽击鼓跳舞。④ 在这种地形举行歌舞仪式,是为了便于观者围观。公元前后汉代的演出,或者是在广场上,或者是在庭院中,都是平地上的表演,观众一般站立围观。6 世纪以后的隋唐时期,佛寺演出有了露台供表演专用,广场演出有了看棚供身份高的人或

---

① 本文系作者 2008 年 5 月 20 日在韩国首尔第二届亚洲表演艺术论坛上的发言稿。

② 参见《吕氏春秋·仲夏纪·古乐》。

③ 参见《竹书纪年·帝启》。

④ 参见《诗经·陈风·宛丘》。

女眷使用。无论露台还是广场演出,通常都铺设一块地毯,表演区就是地毯上的四围空间。^①

10 世纪的宋代以后,一般庙宇里都在露台基础上建起戏台,戏台通常是一座四方形或长方形、座基 1 米以上的高台,上面建有亭子式的顶盖,表演在台上进行,观众站立四处围观。宋代形成的城市商业演出场所——勾栏棚,也只是用一个很大的棚子把类似于庙宇的戏台和观众席都罩进去而已。后来戏台的后部被遮挡起来,就构成一座伸出式舞台,观众从四面围观变成三面围观,这是中国传统戏曲最基本的舞台模式。

用以遮挡舞台后部的,初时只是一块临时挂上的布帘,它把舞台分隔成表演区和准备区两个空间。后来布帘被固定墙面代替,成为永久性的舞台后壁。布帘和后壁上,或是空白没有任何装饰物,或者点缀一些中性的装饰画,它不具备描绘性绘画的暗示性,也不具备指意性图案的象征性,只起到纯粹装饰性的作用,并不妨碍演员的舞台创造。

总括上述情况,中国传统表演对于场地的要求很随意,它的演出场所可以是一座空台,甚至只是一块平地上的空场。在中国传统表演的这个空间里,有没有建筑学意义上的剧场和美术学意义上的布景都不重要。在中国传统戏曲中,舞台不是戏剧人物活动其间的逼真环境画面,它只是一个表演场所,一个动作进行的空间。在这个空间里长期培养起来的戏曲表演,有着富于弹性的舞台时空状态、流动的舞台时空性质、以人物动作决定环境的人景合一性等美学特性,它公开承认表演假定性的原则,在空舞台上随意实现时间和空间的转换,运用演员上下场、语言叙述和身段表演相结合的方式来实现环境、时间的变化。戏曲演员为了扩充表现空间,借助于曲线活动,在舞台上转一个圆圈,就是"人行千里路""马过万重山",演孙悟空的演员只要说一句台词,翻一个筋斗,就是十万八千里的行程,表现曹操率领 83 万人

443

---

① 〔唐〕常非月:《咏谈容娘》诗:"举手整花钿,翻身舞锦筵。马围行处匝,人簇看场圆。"(《全唐诗》上册,上海:上海古籍出版社,1986 年,第 481 页。)这首诗描述的是在大路旁边广场平地上的演出,提供给演员的只有一块"锦筵",即地毯。明清时期普遍流行的堂会戏,也都是在一般的家庭厅堂里铺上地毯即算是戏台。而当时的庙宇戏台、茶园演出中,戏台上也习惯于铺地毯,是对这种古老习俗的沿袭。

马行军,实际在戏台上只有几个随从跟着他走来走去作为象征。

当然,由于14世纪以后明清时期的戏曲演出大多在伸出式戏台上进行,戏曲也形成一些与戏台构造有关的特性。例如,戏台照例在后壁左右两边各开一个门,供演员上下场,于是戏曲的圆场运动就总是由上场门开始,从下场门结束,上下场门就成为戏曲演员行走弧线的两个终端。与西方写实戏剧布景里特定的门不同,戏曲的上下场门并不是戏剧情境里的门,不是与某一剧情发生地点联系的通道,它只是角色出入的抽象通道。上下场门的虚拟特点,与曲线运动的法则相配合,成为传统戏曲舞台调度的范式。又如,因伸出式舞台表演的需要,戏曲要求每一个动作都要做到"三面好看",以照顾围绕三面观看的观众,甚至还形成了"走四门"这样的程式,就是演员转圆场时要向前面、左右不同方向各展现一次。由于舞台永远是敞开着的,戏曲的结构不分幕,情节只随着演员的上场和下场区分段落。

二、西方写实话剧冲击下的舞台变化与戏曲困窘

19世纪下半期开始,受到西方剧场的影响,清末的戏园建筑开始发生变化。同治十三年(1874)英国侨民在上海博物院路建起了一座欧式剧场——兰心剧院,以供其A.D.C.业余剧团上演西方话剧用,它的台口为镜框式,建筑设计的声学音效很好,为中国剧场的改革提供了建筑样式的直接借鉴。以后传统戏园开始模仿西式剧场进行改造,例如,1908年7月上海南市十六铺创建的第一座新式舞台,改变了过去的伸出式台口,取消其前面的两根角柱,模仿西方舞台改成内缩式,但是为了照顾中国传统戏曲的表演习惯,采取了折中方案,保留一个呈半圆形外凸的台口。以后其他地方纷纷仿效,台口都缩进去,装上大幕和侧幕,安装了舞台灯。在西方建筑学思想和技术的影响下,新式剧场改变了传统戏园的简陋,结构采纳现代声学和光学原理,并采用了西方的舞台技术设备如机械传动、灯光照明、分幕与垂幕、各类新颖材料制作的景片等。

戏剧舞台空间的变化影响到其表现形式的改变,新的剧场要求对传统表演程式做出或多或少的调整。例如取消上下场门以后,演员的上下场改

由侧幕通道,行进的弧形的弧度就减小而靠向直线,照顾三面观看的表演变成主要朝前。另外,过去显露在台上的伴奏乐队被隐藏到了侧幕后面,当然这些细微的变化并没有改变戏曲的美学本质。但是,随着西方写实话剧产生越来越大的社会影响,戏曲的传统表演方式也日益受到话剧的干扰。例如,1949 年后中国统一推行苏联斯坦尼斯拉夫斯基(K. C. Stanislavsk, 1863—1938)的话剧表演体系,政治力量要求戏曲也要向之学习,戏曲表演就逐渐向写实靠拢。加上 1949 年后的新建舞台全部改为西方镜框式,演出习惯性地要添置写实布景,戏曲受到场地影响的因素就加大了。

一个极端的例子是,20 世纪 60 年代影响极大的革命现代京剧《智取威虎山》里,出现了写实布景与虚拟表演的决然对立:布景是大森林中的排排撑天松树,阳光从树的缝隙里射进,投下斜的光线。表演却是主角杨子荣骑着一匹看不见的马,手里高擎马鞭在高歌疾驰。效果是杨子荣行走了上百里路,他背后的松树却还是原来的!

另外,还有一个拉幕的困扰,也严重影响到了戏曲表演。由于戏曲演出不分场,不可能像话剧那样只在几幕之间开合大幕,而是随时都要换场,有时一场戏要改换几十次场地,大幕只好不断开合,弄得观众看不见戏只看见幕了。一些戏曲作者为了减少这种问题,在写剧本时尽量参照话剧办法来结构场次,多用大场整场戏,减少小场过场戏,戏曲的传统结构就被改变了。

盲目地模仿西方使戏曲一定程度上迷失了自我,过度的写实倾向则对戏曲的本质属性造成了损害。

三、20 世纪 80 年代以后戏曲舞台处理的进步

20 世纪 80 年代以后,中国进入一个改革开放的新时期。戏曲界反思了以往盲目模仿西方的错误倾向,开始寻找符合民族审美特性的舞台空间处理方式。虽然演出空间仍然是西式剧场——除少数几个用于给外国旅游团演出的旧式剧场之外,戏曲已经无法回到传统舞台上去——但当代戏曲导演和设计者对于现代灯光、装饰景片、舞台调度手段的理解和运用都达到一个新的高度,绝非昔日可比。

其中主要用两种方式来解决以往的舞台布景与戏曲表演的矛盾,一是制作抽象布景,二是运用灯光调节。抽象布景不具体代表一个固定场景,不确定一个实际的生活空间,而是暗示或者象征一种情调、一种氛围、一个边缘模糊的空间概念,人们只是在感觉上觉得它符合剧情的需要,它并不影响和干扰舞台上的表演。灯光则成为当代戏曲舞台最常用的空间限定手段和表现手段,例如灯光的转亮和转暗可用来处理换场、撤换道具,而聚光灯的光圈则可以把舞台分隔成不同的表演空间,现在常常见到黑底幕无布景的设计,仅凭灯光来烘托表演,表演就获得了自由的时间和空间。

戏曲有一个特性,它一直不断地在舞台上创造新的剧目,而不仅仅是演出保留的传统剧目。1949 年后的新剧目创作由于受到西方写实戏剧影响和剧场空间限定,总是处理不好民族表演形式的问题,当时针对新编戏曲剧目一个流行的讽刺语是"话剧加唱",就是按照话剧的演法加上歌唱。但现在戏曲创作已经能够游刃有余地解决这个问题,就是充分利用灯光与中性布景。人们通过灯光的强弱、角度、色彩、变换方式,景片的质地、视感、色温、内在意蕴,来共同为戏曲表演服务。而以往演出离不开的幕布则被有限制地使用,很多时候几乎不用。

在这种情况下,戏曲许多传统手法可以恢复使用,也根据现代舞台的性能进行许多表演创新。例如越来越多的戏如京剧《宰相刘罗锅》等,干脆像传统演出那样把伴奏乐队安排在场上,乐队在现代观众看来也成为传统表演的一部分。同时,戏曲有时也进行改变演出空间的尝试,例如借鉴西方的小剧场演出方式,走下大舞台,走到观众圈中进行表演,近年上演的京剧《阎惜娇》等戏即如此。

随着经济实力的增长,20 世纪 90 年代以后大制作戏曲开始出笼,在舞台上炫示富丽堂皇的布景装置,如越剧《红楼梦》、京剧《贞观盛事》等,形成空间与表演形式新的冲突,这是戏曲发展新的层面上的问题。

（原载《艺苑》2008 年第 6 期）

东方戏剧及其文化命运

东方戏剧的范畴虽然是一个比较笼统的概念,它的内部仍然具有广泛歧异的内涵构成,但对应于西方戏剧来说,它仍可说是较为明确的界定。这种界定既带有文化区分的意义,也含有传统的内蕴。从历史概念来讲,西方戏剧对应于欧洲技术革命以来所建立起来的近现代工业文明,而东方戏剧对应于传统文明。从文化范域来讲,西方戏剧勃生于基督教文化领地,东方戏剧则繁衍于佛教文化范围。历史与文化的交合作用,将世界戏剧定型为东、西两大基本范畴,二者具有不同的传统渊源和艺术发展轨迹,形成不同的形式规则与美学风范。

447

与奠基于古希腊、罗马戏剧和中世纪宗教戏剧,逐步走向现代话剧、歌剧、舞剧三种形态分流,而以话剧为基本舞台样式的西方戏剧不同,东方戏剧具有一致的诗、歌、舞混融的舞台艺术特征,这是它得以确立自身概念范畴的基本要素,尽管这一要素的内部构成方式及实际操作规程,在东方戏剧种属内仍然歧异很大。

以欧洲为中心的文化论者,大概是把基督教文明以外的一切所谓"亚"文明地域都称之为东方的,因此,非洲戏剧也被他们划入东方戏剧的范域之内。本文着重于对东方那类具有悠久传统而又高度发展了的成熟戏剧样式进行论证,因此,尚处于原始戏剧形态的非洲戏剧不在视野之内,恰恰避免了误入上述陷阱。

依据传统的地域概念,中东伊斯兰教文化范域也应归属于东方。但伊斯兰教文化未能孕育成熟的戏剧样式,而且随着它的兴盛,清除了以前古希腊和罗马戏剧在当地的遗痕,并在其渗入印度、新疆和南亚地区后打断了当地戏剧传统的自在延续进程。因而,东方戏剧的内容中只好遗憾地减去这一块。

这样,本文运用"东方戏剧"这一词语的概念范畴就很清晰了:它指自印度而东受到佛教文化强大浸润地区的传统戏剧,亦即印度、中国、日本及其他东亚和南亚国家的传统戏剧。

事实上,东方戏剧和西方戏剧严格分野式的概念界定,只具备近代意义。在人类戏剧的诞生和演变史中,当世界长期在自然宗教的文明过程中徘徊,很长的时限内是无法做类似区分的。不要说被一些欧洲人指视为"东方"的东北非,曾经进入古希腊和罗马的地中海文明圈(指古埃及文化),埃及更早的俄塞里斯(Osiris)祭仪或许还是希腊酒神狄俄尼索斯(Dionysus)祭仪的先声,从而对古希腊戏剧的孕育与形成起了先导作用。即使是小亚细亚的广袤原野,与古希腊和罗马戏剧文化的渊源关系也有目共睹:希腊酒神狄俄尼索斯信仰即于前13世纪左右从小亚细亚传入,希伯来文明中的《旧约全书》里也涵括有戏剧剧本(《约伯记》),而前4世纪统治希腊的马其顿国王亚历山大大帝的强力,不仅使希腊戏剧文化的覆盖圈包容了整个中亚细亚,而且延伸到北印度。于是,我们视野中作为东方戏剧最早渊源地的印度,其戏剧的原始基因中,就打上了西方文化的痕迹!① 说明这一点,是为了明确:近代确立的东方文化和西方文化的对应范畴,仅仅是带有历史时段性的概念——它根基于人为宗教(基督教、佛教、伊斯兰教及儒教等)的兴起及其文化范域的划定。这一认识有助于我们下面对于东西方戏剧比较基点的确立。

需要指出的是,19世纪中叶之前,由于东西方文化各自处于自在发展阶段,东西方戏剧之间的界限也壁垒分明,它们基本上可以划归具有不同审美指向的两种本质相异的艺术样式。19世纪中叶特别是20世纪以后,世界

---

① 很多学者致力于对古印度梵剧与古希腊戏剧之间文化联系的研究,他们找出了一些二者具备姻亲关系的例证,例如说印度雅语中称"幕"为"耶伐尼"(Yavanika 或 Javani),意思为"希腊的"等。从大的文化背景看,这种联系具有极大的可能性。印度语言与欧洲同属印欧语系的先决条件,为其交流建立了便捷渠道。印度与希腊、罗马一些神的性格的相同性,早已引起希腊化时代的希腊学者的注意,毗湿奴(Visnu)与阿波罗(Apollo)、湿婆(Śiva)与狄俄尼索斯(Dionysus)之间有着某种亲近性,甚至一些神的名称都相似。

文化的格局出现复杂化趋势,其调整大体上呈现出两种势能:一种是呈强势面貌的西方文化对东方的落差性渗透,另一种是东方文化民族意识的崛起及其抗争,以及西方现代主义思潮由自身精神窘境所激发的对东方思维优长的着意倾目。两种势能的起始有着时间差,先是西方文化东渐的势头形成,其后在与东方文化的交接碰撞过程中,又引起东方的觉醒,同时也引发了西方文化的反思意识。这两种势能的交合作用支配了整个20世纪。在它们的先后和长期作用下,东西方戏剧于演化中出现了彼此倾听→吸纳→新的生成的实践,其结果虽然未能泯灭将东西方戏剧分离的终极特征,但足以构成支配21世纪戏剧趋势的力量源。

一、佛缘东向

由于典籍和文物材料的缺乏,古希腊与古印度戏剧之间的关系毕竟是扑朔迷离的,猜测的成分大于实证。但,随着佛教文化向东南方向的蔓延,印度梵剧文化对于整个东方戏剧的浸润和渗透,却随处表露出清晰的印痕。根据文化征候进行区分可以看到,印度梵剧文化随着佛教的东渐,在东方造成两个受其影响的戏剧文化圈,一个是与印度接壤、隶属于印度文化直接传播圈的东南亚诸国,包括缅甸、泰国、老挝、柬埔寨及印度尼西亚、马来西亚等,一个是由中国西域导入,经中国文化吐纳氤氲后发散的文化圈,包括朝鲜、日本等。越南则受到这两个文化圈的双重覆盖。东南亚诸国在遭遇佛教文化时,由于其本土文明尚处于自在的蒙昧阶段,几乎全盘转接了佛教文明,这里的戏剧题材打有深刻的印度胎痕,佛本生故事及印度两大史诗《罗摩衍那》(Rāmāyana)和《摩诃婆罗多》(Mahabharata)的内容都在戏剧舞台上被长期和广泛采用,溶解为土著戏剧的精神与血肉。东南亚古典戏剧在艺术风范上也与梵剧血脉暗通,其舞剧中的舞姿多以手部与臂部繁杂细微的运动程式为主要手段,随时传递出印度戏剧经典《舞论》(Nātya-sāstra)美学理想的神韵。中国接受印度佛教文化的程度和方式与东南亚有别,在这里,佛教文化为中国高度发展了的既有文明所过滤,因而中国对梵剧因素的接受也经过了筛选与折射。至于日本经由中国二级输送的佛教文化,已经着染了中国的鲜明特色,例如禅,而日本戏剧所承接的大唐文化渗透,更是直接由中土的歌舞散乐而来了。

　　本文把"佛缘"作为沟通东方戏剧文化姻缘的一条孔道,是根据东方戏剧都或多或少地打有佛教文化印痕的事实,并不意味着东方戏剧仅仅是梵剧文化的衍生物。佛教渗入东方各国后,地域宗教都呈现出多元混融、共立并存的局面,它们一同创造了东方戏剧的复杂精神包蕴。东方宗教精神中的多神信仰及其广博的含容性是这种文化融合的前提,基于此,东渐的佛教才能见容于中国的儒教、道教,而由中国东来的佛教、儒教才能见容于日本的神道教。亦在这种文化品性的支配下,东方戏剧才得以彼此吸纳并呈现出某种一致性的舞台风格趋势。事实上东方戏剧有着多元的缘起,指明梵剧施加于中国戏曲之上的文化影响,不等于说中国戏曲与梵剧有着本体上的直接承袭关系。与欧洲戏剧的历程不同,东方各种戏剧样式的最初源起,多半都有一个直接从本土原始宗教仪式脱胎出来的过程,其后来发展中向横侧面吸纳文化和艺术滋养,虽然在量的方面各有不同,但都须经过与本体有机交糅使之转化为自身元素。这造成东方戏剧形态构成的多样性和民族性,决定了东方未能形成西方式的共通戏剧类型。

　　由于印度梵剧、中国戏曲、日本能乐是人类戏剧中自成渊源而保持了长久历史传统的四大戏剧样式中的三种(另外一种是古希腊、罗马戏剧),前者对于后者具有递相文化浸润关系,后二者则一直生生繁衍至今,成为东方古典戏剧的代表样式,因而对它们之间的关系做一些勾勒,将有助于对其同异风格比较的理解。

　　中国戏曲基原于黄土高原上的原始宗教精神及其仪式规范,有着自身清晰的衍生线。然而,由其范畴中包蕴众量舞乐因子的根性和其性格中具备开放的囊括精神所决定,在碰巧遭遇到佛乐文化时,它曾有过一段对之吸纳汲取的过程,只是结果表现为同化后的变形征貌,使人不易辨认。2世纪印度贵霜王朝的霸业与佛教大乘宗的兴起相辅相成,通过丝路将其文化信息源源不断地发散到中原内陆。此时中原经魏晋之乱,正统雅乐遗失,又适逢盛唐的博取精神高涨,佛乐佛舞就大量渗入汉民族的艺术藏库,直接刺激了一代艺术样式——唐代大曲的繁盛。天宝十三载(754)遵唐玄宗旨于太常寺勒石的佛曲 58 首,被全部冠以汉名,列为法曲(意即大曲中的佛曲),其中包括著名的《霓裳羽衣曲》(由《婆罗门曲》改来),就是大唐舞乐吸纳印度佛乐的一次大规模行动。[①] 唐代大曲与优戏结合孕育出诗、歌、舞一体的综合戏曲形态的过程,与吸纳印度佛乐佛舞的过程一齐展开,使戏曲与印度梵乐带有了天生的姻缘联系。和佛乐的东传相比,梵剧由于其体裁和语言上的限制,在东渐的路途中逐步发生了变异。梵剧经由西域进入中原,必须跨越几个文化范域:中亚吐火罗语文化区、新疆回鹘语文化区,最后才能来到汉民族文化在西部的最大集结地:敦煌。本世纪以来在新疆发现的印度梵剧大师马鸣(Asvaghosa)和他人写作的三种古文字(梵文、吐火罗文、回鹘文)、多种写本的《舍利弗传》(śariputrapakarana)、《弥勒会见记剧本》(Maitreyasamitinātaka)、《难陀本行集剧本》(Nahd Acaritanātaka)等剧本,为梵剧东渐所经历的这种文化跨越提供了实证。根据这些不同语言文本戏剧性递相减弱的特征,我们就可以解释敦煌典籍中为什么已经不可能发现真正的汉文梵剧剧本,而仅仅出现大量变文说唱文本了。[②] 佛教文化来到另外一个强盛的文化凝聚体——汉文化的边缘,二者发生碰撞,在双向引力作用下,梵剧与东土艺术里的某些实用型形态发生了杂糅与融合,蜕变为新质——变文。变文说唱的艺术形式及内容,对于综合形态中国戏曲的成熟也发生了潜移默化的作用,而突出于表层的一个实例即印产《目连救母》故事从精神到伦理的中土化,并实现了一个戏曲剧目所能产生的最大传播面与影响值。

正当唐朝大规模吞吐印度文化之时,日本与唐朝的文化交往也达到了历史上的高峰时期,众多的遣唐使和僧侣的往来,把佛教与印、唐文化一并移入东瀛列岛,经过神道宗教精神的过滤,使之融入本土文化。通常认为,传入日本的唐土散乐,以及佛教禅寺中在宗教仪式结束后进行的余兴技艺表演延年舞曲,经与土著农家之乐的田乐,庶民阶层里流行的风流、连事等表演技艺结合,蜕变出日本的古典戏剧能乐。能乐包括能和狂言。能以历

451

---

① 参见《唐会要》卷三十三,北京:中华书局,1955 年。
② 参见廖奔:《从梵剧到俗讲——对一种文化转型现象的剖析》,《文学遗产》1995 年第 1 期。

史英雄、哀艳美女为主人公,表演结构有序、破、急三段式,序时奏乐歌唱、破时穿插歌舞、急时进入节奏紧张的高潮的韵律,表演人的只舞不唱、佩戴面具、用合唱队伴演,透示出唐代大曲的美学风范。狂言则更类同于唐代优戏的世俗滑稽调笑,它夹杂于能段落中演出的程序,也与大曲间以优戏的表演规程合拍。然而,将能和狂言与时代接近的中国戏曲样式元杂剧对照,我们很难找到类同的成分,日本戏剧在吸纳了大唐舞乐文化之后,就进入自身独立的演变过程,因而东方又一种具备独特艺术质的古典戏剧样式才得以形成。

梵剧文化在亚洲大陆上的东渐,比较实在而有线索可循的轨迹如上述。但它同时也会利用南海的水路,绕道马六甲海峡,经中国的南海到达广东、福建、浙江、江苏及日本。马来群岛的佛教文化痕迹是一个实例,中国于20世纪30年代在浙江省天台山国清寺发现印度3—5世纪著名梵剧作家迦梨陀娑(Kālidāsa)的名剧《沙恭达罗》(śakuntala)的写本①,更表露了这种迹象。另外,比较研究揭示了梵剧体例与中国产生于东南沿海一带的南戏更为接近,而不是兴起于北方的元杂剧②,可能是这种说法的有力证据;关于印度商船携带宗教保护神并履行戏剧祭仪的猜测也是对这种说法的支撑③,当然它的确认仍然需要实证材料。

印度佛教文化在向东方发出强力的脉冲以后,其自身却在伊斯兰教文化的冲击下于12、13世纪衰败下去,以致梵剧这个东方最早兴盛、历时1000多年的古典戏剧样式成为古迹。梵剧的文化信息,只在印度南部一些寺院里通过仪式戏剧的形式保存下来,例如喀拉拉(Kerala)邦的库提亚特姆(Kutiytham)古剧,但是我们从中已经不能窥见梵剧的原貌。至于印度在中古以后陆续兴起的方言戏剧,转而接受了更多西方文化的渗透,已经是变异后的结果了。

东南亚一些国家承继的传统戏剧样式,一般都形成于印度梵剧发展的

---

① 参见郑振铎:《插图本中国文学史》第三册,北京:人民文学出版社,1982年,第568页。

② 同上,第568~572页。

③ [德]布海歌(Helga Werle-Burger):《中国戏曲传统与印度Kerala地方的梵剧的比较》,《戏曲研究》1987年第24辑。

后期甚至在它衰亡之后①，它们与梵剧的直接联系已经无可凭依，但梵剧文化对其所加诸的影响却历历鲜明②。其中马来群岛的土著戏剧显现了更为复杂的文化交渗态，成为东南亚戏剧文化现象中的一个特例③。

二、东方性格

东方各民族在对自然的感受和宇宙观上有着相近的地方，因而其文化气质、审美心理、欣赏习惯各方面有着接近性，其艺术风格和美学原则也呈现出某种一致的趋势，这在东方戏剧里表现得很明显，东方戏剧在渊源上的血脉关系加强了这种一致。

如果我们将变量的因素排出视野，然后对东西方戏剧中恒定的支配了其各自生命走向的本质部分做一比较，可以看出显著的差异。经过这种凸现处理后的东方戏剧，其性格大体可以做出如下把握。

从功能角度说，东方戏剧具有戏剧体验的世俗宗教情绪性。起源于原始宗教时期受交感巫术思维控制的象征和拟态表演，决定了人类的戏剧活动最初都带有仪式性和体验宗教情绪的经验，东方戏剧后来发展的路向不是把这种体验逐步从审美活动中剔除出去，而是将其内化为戏剧体验的情感组成，戏剧活动与宗教仪式共同承担的人的精神和情感的载负，把戏剧的美感效应向更为强烈的精神抒发与疏导扩展。印度的梵剧，中国的傩和目连戏，日本的能乐，朝鲜的山台假面戏，都是仪式性与戏剧性融合而一、宗教

---

① 柬埔寨的古典戏剧（巴萨剧、依该剧、舞剧）大约产生于 10 世纪的吴哥王朝初期，老挝的古典戏剧约于 14 世纪从高棉传入，缅甸的古典舞剧（阿迎、缅甸剧）产生于 15 世纪的阿瓦王朝，泰国德南万戏（后演变为孔剧）约出现于 15 世纪末期，源于印度卡塔卡利的演出。
② 例如柬埔寨著名的古典戏剧《林恰的故事》受到印度史诗《罗摩衍那》的影响，印度传说中的神猴哈努曼也成为其戏剧主人公。缅甸第一部剧作《摩尼格》是巴德塔亚扎根据泰国《佛教故事》中的《萨达陀奴王子》写成的宫廷戏剧。
③ 马来西亚的哇扬影戏早在 8 世纪已经出现，源于爪哇人的祭祖活动，印度文化传入后，哇扬影戏的剧目受到影响，14 世纪后伊斯兰文化的势力膨胀，通过波斯和印度本土也来到这里，使当地的文化与戏剧又印上了伊斯兰的痕迹。马来西亚的邦沙万剧，更是直接由波斯辗转传入的伊斯兰宗教祭祀舞剧。至于当地的巴厘舞剧，更多地保留了原始戏剧的形态，则隶属于自然原生态的艺术样式了。

体验与戏剧体验交织不分的舞台样式,在它们的实现过程中,戏剧对于人的精神控摄力由宗教情绪与审美愉悦共同承担,因而显现出浓烈的精神效果。东方戏剧的这种性质决定了它的舞台手段常常利用变形和夸张来突出象征意义,强烈的节奏感则要求鼓的充分介入并支配整个戏剧过程,宗教精神的裹挟力打通了台上台下、戏里戏外、艺术与生活、精神与现实之间的界限,造成人们戏剧观念的模糊,致使东方剧场从未人为地建立起生硬冷酷的框式来隔离演员与观众。西方戏剧从中世纪走出来之后,就与宗教体验分道扬镳,进入纯感官艺术领域,走了不同的路数。

从形态角度说,东方戏剧具有舞台手段的综合融通性。诗、歌、舞同台是东方戏剧的本质特征,也是它的魅力所在。东方戏剧对于音乐和诗的倚重是突出的,它把诗的节奏和音乐的旋律化为自身的韵律,使之成为统领戏剧的魂灵,同时通过舞蹈化的舞台动作来呈现它。中国戏曲把戏剧首先视为“曲”而不是“剧”,编写剧本的技巧着重于对声律词韵的把握而忽视结构冲突,体现了它的上述特征。东方戏剧对于演员必备素质的要求体现为完美的综合表演能力,日本能乐的开创者世阿弥(1363—1443)指出能的表演包括音曲(念、唱)、舞蹈、动作、身段和做工,而把表演所达到的最高境界归结于“念唱和做工、舞蹈和音曲”的“融而为一”①。年代更早的中国元代文人胡祇遹(1227—1293)对于戏曲表演提出的“九美”说,与世阿弥的理论形近神合②。东方的戏剧概念,就是这样一种统括了各门表演艺术的综合体,在公众眼中,它的形态层次和审美价值高于其他分支艺术,因而印度婆罗多(bhārata)《舞论》说戏剧是“集合了一切学科和工巧”的神造物③。一部中国

---

① [日]世阿弥:《风姿花传·花修篇》,刘振瀛译,《古典文艺理论译丛》,北京:人民文学出版社,1965年,第72页。

② “九美说”为:第一,姿质浓粹,光彩动人;第二,举止闲雅,无尘俗态;第三,心思聪慧,洞达事物之情状;第四,语言辨利,字真句明;第五,歌喉清而圆转,累累然如贯珠;第六,分付顾盼,使人解悟;第七,一唱一语,轻重疾徐,中节合度,虽记诵娴熟,非如老僧之诵经;第八,发明古人喜怒哀乐,忧悲愉快,言行功业,使观听者如在目前,谛听忘倦,唯恐不得闻;第九,温故知新,关键词藻时出新奇,使人不能测度,为之限量。见元·胡祇遹:《黄氏诗卷序》,《紫山大全集》卷八,三怡堂丛书本。

③ [印度]婆罗多:《舞论》,金克木译,《古典文艺理论译丛》,北京:人民文学出版社,1965年,第2页。

戏曲形成史,就是一部不断融括歌唱、舞蹈、对白滑稽剧、说唱、杂技等诸多表演艺术因素使之走向高度内在融合的历史,当戏曲成熟之后,与之处于共生环境中的单项艺术——音乐、舞蹈、说唱、杂技等就都被摄入了戏曲的磁场,或多或少地失去了独立行动的能力。由东方戏剧舞台手段的综合融通性所决定,它的舞台方式十分放松自由,可以根据感情表达的需要随意驱遣歌唱、舞蹈、念诵、表演等手段辅助行动,而不受现实生活情景的限制。从接受的方位看,人们更重视戏剧的综合表演所带来的审美愉悦,世阿弥说,尽管能的表演可以有唱念型、舞蹈型、动作型的不同侧重,但"真正情趣盎然、使观众进入陶醉境地的能",是那种音曲、舞蹈、动作兼而有之的能。①

从形式角度说,东方戏剧具有表现技巧的程式规范性。由其综合表演技巧的难以掌握所决定,东方戏剧基本上不是一种临场创造的戏剧,它的演出需要训练有素的演员来承担,而训练往往是一个长时间的艰苦的过程,按照累世经验和艺术格式进行,这就锻铸了程式。一般来说,初学的演员跳不出巨量的前人经验,他只能借助于程式去接近它。东方戏剧拥有各类程式,从剧本、音乐、表演到舞台表达方式,种属繁多。仅就表演而言,《舞论》把角色的情感规定为"常情"8种,"不定的情"33种,"内心表演的情"8种,共计49种"情",各有规定的表现手法,例如"艳情","应当用眼的灵活、眉的挑动、媚眼、行动、戏弄、甜蜜的姿态、语言等等随情表演"②来体现。东方戏剧首先强调的不是技巧上的独创,而是对于传统经验的最大值继承。程式规定性并不扼杀演员的创造力,他的创造性就表现在具体情景中对于程式的灵活运用与发挥上,《风姿花传》说优秀的演员能够传达出表演的"风韵",拙劣的演员只会依样画葫芦③,讲的就是这样一种境界差。西方戏剧也有过确立程式规范的经验,与东方不同的是,它的程式仅指表演的一般性技巧,而后者的程式则与具体的剧目内容相连,通过人世交接而将程式连同剧目

455

① [日]世阿弥:《风姿花传·花修篇》,刘振瀛译,《古典文艺理论译丛》,北京:人民文学出版社,1965年,第71页。
② [印度]婆罗多:《舞论》,金克木译,《古典文艺理论译丛》,北京:人民文学出版社,1965年,第5页。
③ [日]世阿弥:《风姿花传·花修篇》,刘振瀛译,《古典文艺理论译丛》,北京:人民文学出版社,1965年,第81页。

一并递相承传。

从构成角度说，东方戏剧具有舞台性格的演员中心性。东方戏剧的宗教体验性、表演综合性与技巧程式性特点，决定了它在诸多舞台因素中的不以剧本而以表演为中心，剧本情节的设置、结构的组合、冲突的安排往往要事先考虑到演员演技的限制，从而才能使表演得心应手地发挥传统舞台手段的功效。所以世阿弥说："将演技放在念头里写成的能，在念、唱它的词章的时候，就会从音曲中自然而然地产生出做工来。"①与之相适应，东方戏剧理论也以演员的表演为基本着眼点，这在《舞论》《风姿花传》和胡祗遹的论述里都有明确的体认。《舞论》通过对"情"与"味"的论述，确立了以演员表演为中心、重视观众审美参与作用的戏剧观。《风姿花传》提出的能的美学范畴"花"，其概念内涵实际上就是建立在演员表演基础上的"新鲜感"。西方戏剧在它最初的发展中即确立了剧本中心的思想，把演员表演放在无所谓轻重的位置，古希腊哲人亚里士多德（Aristotle，前384—前322）甚至说："悲剧艺术的效力即使不倚靠比赛或演员，也能产生。"②这种认识的极端发展就导致演员符号论。

从叙事角度说，东方戏剧具有角色身份的随意转换性。东方戏剧往往不是彻底的代言体戏剧，在其文本衍伸抒展过程中常常有着叙述人与代言人身份的转换，表演者可以自由出入于我体与喻体世界之间，这表露了它与史诗和说唱艺术之间的联系痕迹，而这种痕迹早在希腊戏剧里已经括清了。亚里士多德对于悲剧与史诗范畴的明确界定："（悲剧的）模仿方式是借人物的动作来表达，而不是采用叙述法。"③体现了希腊人戏剧概念的清晰外延。东方的戏剧观念里是将叙述手段作为再现场景的补充的，因而婆罗多曾经明确说："模仿人们的行为叫作戏剧，描绘人们的行为叫作戏剧。"④戏剧作为表现生活的艺术手段，它对于客体的映射必然受到自身形式的限制，

---

① ［日］世阿弥：《风姿花传·花修篇》，刘振瀛译，《古典文艺理论译丛》，北京：人民文学出版社，1965年，第71、72页。
② ［希腊］亚里士多德：《诗学》，罗念生译，北京：人民文学出版社，1962年，第24页。
③ 同上，第19页。
④ ［印度］婆罗多：《舞论》，转引自［印度］瓦拉德帕德：《戏剧概念》，冯乐明译，《戏曲研究》1994年第48辑，第179页。

它不能也不必把生活时空照搬到舞台上来,它必须以自己的特定手段来处理生活。处理的办法,西方用集中场景来避免面对生活时空的无限,东方用叙述手段来接引时空的过渡。借助于叙述,东方戏剧取得了从容不迫的裕如心境,它得以把过量复杂的矛盾过程推向幕后,而将场景留给人物的心理冲突和感情昭示,从而奠定了戏剧非写实的抒情性基调。

从结构角度说,东方戏剧具有舞台场景的线性流动性。这一特点的奠定依赖于东方戏剧的叙述性特色,它又决定了东方戏剧时空的呈线状自由延伸。与西方戏剧以动作、时间、空间集中为基点的块状结构倾向不同,东方戏剧在处理舞台时空上享有更多的自由,它依据散点透视法解析情节,用线性延展的方式组接绵延不断的场景,形成"累累乎端如贯珠"①的形势。综合表现手段对于舞台时空的更多占用,从另一个角度要求东方戏剧尽量删削或避免情节的枝蔓,因而清代理论大师李渔提出戏曲创作要"立主脑""减头绪",尽量围绕"一人之事"来运笔②,使之增加结构脉络的清晰度。东方戏剧的表现性本质允许它将对象的时间、地点、环境氛围都由演员的舞台动作传达,不必借助于剧场布景,赋予了其舞台场景线性流动的可能性。

从审美角度说,东方戏剧具有舞台表现的虚实相生性。由"模仿说"发源的西方戏剧基本上是"再现性"的戏剧,倾向于舞台动作和风格的写实。东方戏剧则是"表现性"的戏剧,它依靠叙述性手段与带有强烈装饰性的程式化动作,得以对对象进行随心所欲的变形处理,效果上直趋其神,获得了手法的写意自由。明人王骥德说:"剧戏之道,出之贵实,而用之贵虚。"③提倡的就是寓神于形的美学追求。东方人的艺术观念偏重于对艺术形式及其所体现境界的理解,而不在对艺术与对象之间距离的测度,欣赏一幅画只注重运笔是否气韵生动,可能并没有留心它是否逼真。东方人从戏剧本质为表现艺术的认识出发,对戏剧的审美期待不是它能提供合理的内容,而是它

---

① 〔清〕刘熙载:《艺概》,中国戏曲研究院编:《中国古典戏曲论著集成》(九),北京:中国戏剧出版社,1980 年,第 118 页。

② 〔清〕李渔:《闲情偶寄》,中国戏曲研究院编:《中国古典戏曲论著集成》(七),北京:中国戏剧出版社,1980 年,第 14、18 页。

③ 〔明〕王骥德:《曲律·杂论》,中国戏曲研究院编:《中国古典戏曲论著集成》(四),北京:中国戏剧出版社,1980 年,第 154 页。

对内容的特殊表现方式及其效果——感情抒发的把握恰到好处,这也是由表现性戏剧具备更大观赏性的实质所决定的。世阿弥强调了"表现"对于能的重要性:"能只要在某一点上,足以发挥精湛的技艺、渲染出美妙的风趣,即可以成为一出富有情趣的能。"①能的表演旨在创造一种高雅深邃、悠远寂静的气氛,所谓"幽玄",从而使观众得到精神性的享受,它的价值也就实现了。程式化的虚拟动作是东方戏剧一个鲜明的特色,它运用象征、意会、譬喻等手法,使表演获得远远超出动作本身的意义,同时通过演员与观众的心理协作和默契,取得对一些物体的象喻理解,例如以拂代车、以鞭代马、以棒代象等,使有限的舞台时空具备了更宏阔的表现度。普遍使用面具也是东方戏剧的特征②,面具进一步把现实推向幕后,渲染象征的氛围,使戏剧指向写意。与虚实相生的美学原则相适应,东方戏剧在演员的情感投入上既注重体验,也强调表现。《风姿花传》既讲"模写达于极致,完全进入所扮演角色中去"的自由境地"不似位",也强调舞台动作要注意形式的美感,不能等同于生活动作,所谓"演勇悍的风体"要"保持柔和之心","演优美的做工戏"要"保持强的心"。③

总而言之,东方戏剧是一种明确肯定假定性的戏剧,它与20世纪前的西方戏剧制造舞台幻觉的意旨相背离,它坦率地承认演戏就是演戏,而不是别的什么,它通过符号化、象征化、装饰化的表意手段,在舞台上创造出带有强烈形式美感的情境,从而传达某种情感体验。

这里应该指出,上述东西方戏剧的性格反差,是经过西方理性主义思潮的作用放大后所呈现的情景。文艺复兴以后的西方文化日益走向脱离自然状态的科学主义时代,这个时代排斥一切原生的浑朴和模糊感觉,在极大推动人类认识进步的基础上,也扩大了自身认识论结构的盲角。它阉割了自己戏剧形态中满足假定性的诸多原生律,把古希腊戏剧和莎士比亚戏剧一

---

① [日]世阿弥:《风姿花传·花修篇》,刘振瀛译,《古典文艺理论译丛》,北京:人民文学出版社,1965年,第69页。

② [印度]梵剧、喀拉拉邦古剧库提亚特姆、卡塔卡利,中国的傩和戏曲,韩国山台假面戏,日本能乐,泰国德南万戏,印度尼西亚假面哇扬戏里都见到面具的踪迹。

③ [日]世阿弥:《风姿花传·花修篇》,刘振瀛译,《古典文艺理论译丛》,北京:人民文学出版社,1965年,第85、86页。

起推向历史的审判台。亚里士多德关于悲剧的演出时间以太阳一周为限的说法,到了意大利学者钦提奥(Cirandi Cinthio,1504—1573)那里就被合理地歪曲成故事的演进时间限制在 24 小时甚至 12 小时之内的教条①。机械性思维的元素分离与定量分析手段并不能解决科学的全部命题,例如它不能面对宏观与微观世界的双向无限,更无法解释人类精神世界的诸多非理性实践。于是,在充分显现了舞台仿真能力过后,西方戏剧来到了理性境界的边缘,在阐释人性和对人的精神释放方面失去了原初的诚恳与坦率。在这里我们用得着《庄子·应帝王》篇里的那个寓言:好心人为混沌凿七窍,窍成而混沌死②。肢解的戏剧就只剩下无生命的躯壳。

三、思维特征

以上大体归纳了东方戏剧一些明显的特征,如果从思维方式的角度做些探查我们会发现,这些特征都打有东方思维的强烈印记,以下三个方面则是最为突出的。

1.艺术的有机整体观

东方思维最显著的特点,是用混沌直观的精神关照去感应物象,从而获得主客体混融的整体融通感觉。中国哲学的"天人合一",印度哲学的"梵我一如",强调的都是对于宇宙终极精神的整体混一的生命感应,希图通过这种渠道,在人类精神与外在秩序之间建立起直觉沟通。以之诉诸艺术,就获得对艺术的彻底生命投入,以及对对象的包笼状把握,体现出一种有机整体的意识。在东方的艺术实践中,有机整体观从两个角度都有鲜明的折射:创作的整体生命性体验与欣赏的全身心性投入。这样,我们就找到了东方戏剧手段综合融通性与戏剧体验宗教情绪性的思维基元。

艺术的有机整体观是人对于客观外界直接感受与反应的产物。原始戏剧总是充分调动起人的身体的全部表现功能来展现他们对于世界的感觉,

459

---

① 参见罗念生:《诗学》译后记,《诗学·诗艺》,北京:人民文学出版社,1962 年,第 125~126 页。
② 《庄子·应帝王》,〔清〕王先谦注:《庄子集解》,北京:中华书局,1954 年,第 49 页。

表现手段都体现为节奏、歌舞与拟态动作并重的形式,这符合人类的情感基本抒发方式。人们总是激动了就喊叫,愉快了就歌唱,兴奋了就手舞足蹈。遍布世界各个角落的史前岩画所体现的内容如此,北美、澳大利亚、非洲原始部落祭祀歌舞如此,古希腊酒神祭如此,中国古代的巫祭表演也如此。然而,当人类脱离原始状态进入艺术的自觉之后,东西方走了不同的发展路数。西方在解析世界的同时也解析了艺术的原始混沌性,东方则在保存艺术原始质的基础上发展起有机整体理论,将原始无意识的感性冲动导入艺术的规范,并通过主观控制使之完善化与装饰化,东方戏剧的基本性格就在这种努力中逐步确定了。

中国戏曲综合艺术特征的发生恰恰可以对应于中国古代艺术的"物感说"理论。中国古代哲人认为有韵律的语言、音乐、舞蹈共同产生于人的精神对于外在物象的直接感应,《礼记·乐本篇》所谓"乐者音之所由生也,其本在人心之感于物也"。① 感应有着程度上的差异,因而体现手段也有着形式上的递进,《毛诗序》所谓:"情动于中而形于言,言之不足故嗟叹之,嗟叹之不足故永歌之,永歌之不足,不知手之舞之,足之蹈之也。"②当人要传达比较复杂而动情的感受时,就会调动自身全部的表达媒介。戏曲的功能正是导入对人生复杂情感的体现,它将人的各种艺术手段综合融会运用恰足以满足传达的需要。

西方人对于戏剧的理解不同。出于理性思维的考虑,亚里士多德早就解析出悲剧的媒介是可以清晰表达思想的语言,但他还没有把人体表达感情的其他传媒全部排斥在戏剧手段之外(例如他承认戏剧媒介兼有节奏、歌曲和韵文)③。到了黑格尔(G. W. F. Hegel,1770—1831)那里,对戏剧手段的理解就走向了绝对的单一化:"在音乐和舞蹈的陪伴之下,语言毕竟不免遭到损害。因为语言是心灵的精神性的表现,所以近代的演员认识到要从音乐和舞蹈之类陪伴因素中解放出来。"④出于逼真化的目的,这时的欧洲

---

① 《十三经注疏·礼记·乐记》,北京:中华书局,1980 年,第 1527 页。
② 《十三经注疏·毛诗正义》,北京:中华书局,1980 年,第 270 页。
③ [希腊]亚里士多德:《诗学》,罗念生译,北京:人民文学出版社,1962 年,第 19、6 页。
④ [德]黑格尔:《美学》第三卷下册,北京:商务印书馆,1996 年,第 276 页。

戏剧业已完全排斥了亚里士多德尚且认可的歌曲和韵文。这是理性思维对于戏剧要素语言的独特思想传导功能的倚重,然而将语言作为人类心灵唯一媒介的企图,使黑格尔陷入了他自己设置的悖论:音乐和舞蹈是非心灵精神性的表现。事实上人的精神现象常常不是可以言表的,但却能够通过情绪化的节奏、旋律和动作实现更充分的外化,并有效地传达给他体。西方现代派舞蹈所追求的正是在舞台上下构筑起这种传达的通道。西方现代戏剧的实践也早已彻底摒弃了黑格尔代表他的时代所申述的上述戏剧观念,荒诞派戏剧甚至进行了放逐语言的尝试。黑格尔的误解某种程度上是由西方传统所赋予戏剧的习惯性能力所引起,事实上东方戏剧最需要展示心灵的精神性的时候,恰恰更多借助于音乐和舞蹈而不是语言。

2.追求艺术精神的和谐

印度人的宗教精神有着宁静和谐的终极指向,体现在性格上为顺从、宽容、宥和,这一点早为叔本华(A. Schopenhauer,1788—1860)所指出,他认为在印度哲学中"到处都充满了一种明确的、彻底的和谐精神","呈现出根本的、顺从自然的生命"①。中国人则在观念的世界和行动的世界里都发展起平和的中庸之道,其生命与价值的取向也都在于顺从自然,这一点与印度相类似。因而,东方从未走向人与自然的对峙状态,自始至终没有产生出对于自然的阉割力,西方理性主义的人类主宰万物、征服自然、权力意志、力量正义等强力对抗思想,在东方缺少支撑点。东方艺术建立在人与自然的互渗与融合之中,建立在人的内心的宁静混融之中,它的感官里充满了对于自然美与心境美的丰富与细微体察,追求在自然的静寂环境中体验一种心灵融合的平静态,而感觉触角的外展与精神体验的内敛结合,共同氤氲而成一种包笼的气韵,将主体与客体、内我与外我融通起来。

与艺术的精神和谐指向相关联,东方戏剧不正视甚至化解冲突,不将悲剧的震撼强调到极端,避免强烈的恐怖和血腥的感官刺激,即使是死亡的展现亦呈现出优美的曲线和心境,梵剧甚至把暴力和死亡摒弃在舞台之外。

461

① 《叔本华著作集》卷六《附录和补遗》,转引自[日]中村元:《比较思想史》,吴震译,杭州:浙江人民出版社,1987年,第13~14页。

东方戏剧根本排斥了亚里士多德的理论:模仿只要惟妙惟肖,就能引起快感,哪怕对象为尸首①。东方戏剧没有建立起西方悲剧那种恐怖与崇高的概念,不注重对哲学命题的穷究,不把人引向精神的拷打,它仅追求生理和心理上的愉悦,着重发挥戏剧的抒情与观赏功能,在对戏剧的审美中寻求尘俗烦恼淤积的化解,印度《舞论》所谓"对于遭受痛苦的人,苦于劳累的人,苦于忧伤的人,各种受苦的人,及时给予安宁"②,中国人所谓"解尘网,消世虑,少导欢适,一去其苦。此圣人所以作乐,以宣其抑郁"③,都是对东方性戏剧功能理解的阐释。梵剧的结构不以冲突而以某些人类的基本感情(一共9种)为中心,演出的目的在于带给观众一种和睦的心态;梵剧和戏曲都善恶分明,热衷于大团圆的套子,永远以善战胜恶的喜庆结局收场,使观众心境最终进入祥和,都取决于这种思维定式。即使是日本的能上演很多悲剧,在它五出结构的最后仍然会安排一出欢快的段子作为收束,以将感情导出沉潜。

　　东方的戏剧欣赏一般没有发展起西方那种对于艺术神圣性的尊重心理,以及贵族式的内在情感专注式体验(但日本的能乐与西方有某种一致性),而倾向于情感的外在投入,较多地显现了世俗性,观众可以对戏剧自由出入,游戏的心理成分更大,观众直接参与的程度也更深。表面看来,西方对于戏剧的欣赏态度和习惯显现了更高雅的趣味,但同时也就隐藏了危机:它对于艺术的欣赏是不完全的,它虽然充分激发了观众内心高尚情感的深层沉醉,但同时也压抑了观众世俗情感释放的需要,这种需要在当代摇滚乐欣赏里表现得最为突出。

3.侧重艺术的求美而非求真

　　东方艺术对于美的追求远超乎求真之上,孔子评价《武》与《韶》所持的标尺"尽善尽美",强调了美学的最高标准是善与美的统一,却忽略了真④。

---

① [希腊]亚里士多德:《诗学》,罗念生译,北京:人民文学出版社,1962 年,第 11 页。

② [印度]婆罗多:《舞论》,金克木译,《古典文艺理论译丛》,北京:人民文学出版社,1965 年,第 2 页。

③ 〔元〕胡祗遹《赠宋氏序》,《紫山大全集》卷八,三怡堂丛书本。

④ 参见《论语·八佾》,《十三经注疏·论语注疏》,北京:中华书局,1980 年,第 2469 页。

中国艺术观念里不是没有"真"的概念,但它的"真"不仅仅指对自然物的客观摹象,还掺杂有浓厚的主观成分,寻求一种与客体的精神交流,这就是唐代张彦远说的"意存笔先"①,认为只有把握了自然物的神韵才能摹写出"真"。印度绘画"六支"的古典理论里讲"似","似"也是与"形""量""情""美"等要素共构的,不能单独存在,况且"似"的含义仍包括象征在内,印度的绘画与雕塑并不完全似真,具有程式化的象征性,证实了这一点。② 西方美学则以逼真为美的极致,无论是古希腊的雕塑,还是文艺复兴时期的绘画,都高度体现了这一原则。古典主义将这种原则充分运用在戏剧之中,高乃依(P. Corneille,1606—1684)在论述戏剧"三一律"时说:"戏剧作品是一种模拟,说得确切些,它是人类行为的肖像;肖像越与原形相像,它便越完美,这是不容置疑的。"③这种理念最终导致了自然主义戏剧的泛滥。中国古典美学原则却尽量避免因注目于对事物的逼真模仿而丧失了对其"神"的把握,提醒人们要注意避免"谨毛而失貌"④。中国艺术在长期实践中确立的美学范畴"形神论",辩证地处理了艺术真实与生活真实的对立统一问题,而将"神"置于统帅"形"的地位,所谓"形须神而立"⑤。这种重"神"轻"形"的审美观决定了中国戏曲的表现性特征。东方艺术倾注于对美的领略,虽然不同的民族对于美的构成的理解有偏差,例如日本的"情美观"把"情"作为"美"的依托,至于将"善"与"美"连接为内容与形式的内在组合,把它作为艺术境界的最高追求,则是中国伦理的特色。

463

在肯定其精神的同时,我们也必须指出东方戏剧的美学观念在一定程度上可以引起负面效应。过分求善的结果是艺术的伦理化,这在中国戏曲中有着极端的表现,明初丘濬图解伦理规范的传奇剧本《五伦全备》为之代

① 〔唐〕张彦远:《历代名画记·论顾陆张吴用笔》,转引自胡经之主编:《中国古典美学丛编》上册,北京:中华书局,1988 年,第 149 页。
② 参见金克木:《略论印度美学思想》,《比较文化论集》,北京:生活·读书·新知三联书店,1987年,第 141~142 页。
③ 〔法〕高乃依:《论三一律,即行动、时间、地点的一致》,孙伟译,转引自伍蠡甫主编:《西方文论选》上卷,上海:上海译文出版社,1979 年,第 264 页。
④ 〔汉〕刘安:《淮南子·说林训》,四部丛刊本。
⑤ 〔晋〕葛洪:《抱朴子·至理》,四部丛刊本。

表,中国现代史上直至今天仍然存在的对艺术过分的伦理功利要求为其表征。过分求美的结果是舞台技巧的复杂化、形式框架的定型化,它使戏剧日益构建和完善起与现实人生隔离的自封闭的循环体,从而把自身的生命力限制在一个遥远的萎缩的时空中去完成理想的梦,而遏止了自己向未来延伸的可能性,这导致东方戏剧形态一个接一个地消失在历史中。

除以上指明的以外,东方思维的其他一致性也赋予了东方戏剧诸多的近似点,例如,信仰从不定于一尊的多元性和包容性,抽象概念阐释的随意性和不确定性,美学范畴的感悟性和边界模糊性,美学形态的可塑性和自然演进性等,致使东方戏剧在彼此的影响和辗转衍流中,可以凭借自己的文化性格来随意处理外来信息,由着自己的直观理解来任意对之进行接受与发挥。在东方戏剧的历史上从未发生西方戏剧统一于亚里士多德原则并在严格核勘比并基础上的一致性发展,也未遭到某种强硬美学规则的框范和裁剪。它不采取否定之否定的决然态度对待遗产,其运动轨迹不表现为突转和叛逆,而是随风转影、移步换形地呈现出柔和的曲线。

我们在论述东方戏剧的性格时,是把它作为一个整体概念来操作的,这在大的范畴中是允许的也是合理的。但如果把目光聚焦到东方戏剧的内蕴及细部,就会发现这种大而化之的统论方式存在着极大的片面性,尽管在总括时这种片面性可以被暂时忽略掉。东方思维中,印度、中国和日本之间的歧异亦是十分明显的,它导致东方三大古典戏剧之间的差异。同时,它们中又时而会闪烁一缕跳出的而类同于西方的色彩,企图冲决东西方思维之间的"柏林墙",上面已经对此偶有涉及。

印度与希腊一样长于玄思歌咏,在英雄时代对民族历史的宗教性体验和神话思维中发展了史诗,因而印度梵剧也类同于希腊戏剧体现为民族历史和宗教史的集中折射。中国人的注重实际使严谨简约式的史传文学得到发展而抑制了史诗,因而中国未能与希腊和印度同步地在史诗基础上发展起有完整结构和鸿篇巨制、带有超验理想的庄重戏剧来,而是长期在仅仅发挥技巧、完善娱乐功能,只表现生活片段的戏剧的初级阶段徘徊。当戏曲终于在俗世生活中走向定型时,它已经融入市井理想的五彩缤纷与琐屑而失去原始理念的神圣、弘博与崇高。(日本戏剧由于其特殊历程,在这一点上

不具备可比性)

与之有着密切联系的问题的另一个侧面是:印度思维有超越现实人生的倾向,中国和日本文化则呈现出强烈现世主义的特点。儒家理念认为真理具体表现在人们的实际生活当中,孔子学说的着眼点就是日常生活,是对于具体生活现象的总结。中国文化的这种实践理性,决定了中国戏剧具有强烈的世俗精神,而深刻影响到日本。

印度思维关注于事物的普遍性,习惯于内在反省式思考,形而上的学问发展得比较彻底,长于逻辑推论与抽象,在对语言现象和心理现象的分析方面极为精细,创立了烦琐复杂的抽象概念,而这些概念又被赋予了实体性,因而印度梵剧中详细规定了表演所要模仿的 3 类 49 种情,并强调要以之传达出戏剧的 9 种"味":艳情、滑稽、悲悯、暴戾、英勇、恐怖、厌恶、奇异、寂静①,梵剧类型中甚至专门辟出以抽象概念为剧中人物(例如"菩提"——智慧,"称"——名誉,"持"——坚定)的宗教寓意剧一类。中国和日本的思维倾向于具象性,关注于个别或特殊,更多地依赖直觉,很少在抽象的概念世界里进行演绎游戏,因而戏剧偏重于对个体的人及其现实人生情感与经验的具体体味与张扬,但并不解析其情感构成,同样也不解析戏剧自身的美学意蕴。

中国思想思考的中心是伦理问题,文以载道的功利美学观强硬钳制着戏剧,致使中国的戏剧作家常常自觉地建立起自己的道德价值追求,希图用戏剧来正"朝廷君臣政治之得失",分"闾里市井父子兄弟夫妇朋友之厚薄",定"医药卜筮释道商贾之人情物理"②,元代戏文作家高明还发出"不关风化体,纵好也枉然"③的宣言。印度和日本的戏剧没有这种强烈的道德负载意识。《舞论》的社会价值尺度在于:要求戏剧通过对于"情"的把握与表现,把"味"的美学感觉传达给观众,从而对人们教导正法、满足爱欲、施行惩戒、教导自制,赋予人们勇气、刚毅、坚定、决心、聪慧和学力,供给娱乐,提供

---

① [印度]婆罗多:《舞论》,金克木译,《古典文艺理论译丛》,北京:人民文学出版社,1965 年,第 3 页。其中归纳出 8 种,后来又增加了最后一种。

② 〔元〕胡祗遹:《赠宋氏序》,《紫山大全集》卷八,三怡堂丛书本。

③ 〔元〕高明:《琵琶记》第一出"副末开场"。

教训,给予安宁,有益于人们的身心健康①。这无疑是对戏剧功能意义更为全面与合理的概括。

佛的普世思想与儒家的民本思想消释了阶级的阻隔,它使梵剧和戏曲成为民间俗世的共通娱乐样式,没有体裁上与服务对象上的高下区分。中世纪的日本则把能和狂言划归不同的阶级所属,表现不同的内容并运用不同的手段,武士阶层的掌握统治权及其推行严格的阶级隔离政策,是日本戏剧当时所遭遇到的特殊社会环境。能是贵族士大夫的宫廷雅乐,有意制造庄严的气氛,多讲述英雄业绩,崇尚悲剧。能剧演员在社会中的最高的武士地位足以令梵剧和中国戏曲艺人望洋兴叹。狂言是庶民的艺术,表现下层生活,运用大量俗世调笑的表演手段,追求喜剧效果。能与狂言的区别在某种意义上接近古希腊悲剧与喜剧。

梵剧与戏曲具备相当鲜明的戏剧冲突,能却更加销蚀了冲突。在将军幕府拼命传扬皇室的宗教性权威和宫廷雅乐文化以标榜正宗来维系政治统治的氛围中,能的雅乐功能及宗教神圣性被扩张到极度,于是能的表演形态和美学风范朝向高度装饰化发展。在这个过程中,能化解与流失了矛盾对立与戏剧冲突因素,余下的只是在极端程式化的音乐和舞蹈中,运用象征手段来传达一种浓郁的悲哀情感,给观众造成深刻的情绪感染。能所创造的这种境界就是"幽玄"之美,含有幽邃和哀婉的情调意味。日本古典艺术思维中的"物哀说",与禅宗精神对于静寂、幽玄境界的体验结合,给日本艺术蒙上了伤感、恬静、幽寂的浓重面纱,而禅宗用内在生命进行直观感悟的思维方式,为日本艺术带来走向内心的审美指向。在这种美学情趣影响下,能的表演成为个人进行情感遣怀的工具,体现的多是个人的细微感觉和情绪,因而它把表演的形体幅度限制到最小,但其蕴含量却极大,从中追求一种内敛式的静心体验,使自身走向东方戏剧最精纯的形式。精纯艺术在具备浓郁美感效应的同时就带来它的极大限制,英国诗人和东方艺术鉴赏家比尼恩(L. Binyon,1869—1943)曾经明确指出:日本艺术中"有着一种完美的精

---

① [印度]婆罗多:《舞论》,金克木译,《古典文艺理论译丛》,北京:人民文学出版社,1965年,第1~2页。

纯性,有着一种按照相当严苛的口味加以精选的目的性","它的制作意识和诱人的技巧效果过于强烈而独创的欲望则相形见绌"①,这是对东方艺术暨东方戏剧发展到极端境界的中肯批评吧?

四、近世蜕变

东方戏剧具有相同的近代命运:西方文明的崛起,在它与过去及与东方之间划出了一条明显的鸿沟,并以其强力把世界纳入全球化的轨道,与传统生存方式相联系的东方文明从此被归结为传统,划归与现代相隔离的概念。受到这一强势的冲击,东方文明逐渐萎缩和衰落,而西方文化则成为东方的法本。处身于这一涡流中的东方戏剧,它的自在衍生状态被打破,舞台开始向西方倾斜,而异质戏剧的作用导致它走向衰微与变异。东方戏剧的命运受到了挑战。

由于东方国家相异的历史遭际,东方戏剧的近代历程各有不同,但大体来说都由三方面的演进构成,即引入西方戏剧样式、古典戏剧发生蜕变、一些新的文化混合体的形成。在一些国家里(例如印度),三种演进趋势可以是合一的,共同体现于某种民族戏剧的发展演变过程中。在更多一些国家里,这种演进造就了不同戏剧类型的出现与共生,其历史过程的展开,通常演进的第一、第二方面为并发,第三方面则稍晚后逐渐产生。

印度首当其冲地承接了西方文明的入侵,在它18世纪中叶沦为大英帝国殖民地的时候,其文化上曾经极度盛行的梵剧传统早已中断,而方言戏剧则刚刚兴起,舞台形式尚未定型,在文化接受上它正在进行融括印度史诗与神话及古典梵剧、波斯与阿拉伯神话传说的努力,于是对于西方戏剧一种必然的吸纳和熔冶过程也就适时地开始了,呈文化混合体面貌的戏剧形式由之诞生。随着更多的现代剧作家和舞台技术人员日益得到西方戏剧理论的教育与训练,印度方言戏剧越来越向西方话剧的舞台行为靠拢,类似的情形在泰米尔语、孟加拉语、印第语、乌尔都语方言戏剧中都同样发生。

① [英]L. 比尼恩:《亚洲艺术中人的精神》,孙乃修译,沈阳:辽宁人民出版社,1988年,第95页。

更多的东方国家,特别是保存了悠久戏剧传统的中国和日本,当它遭受到西方戏剧文化辐射时,其影响虽然也带来了民族戏剧面貌的极大改观,但不足以使传统戏剧样式整体蜕变,而只把其中一些蜕变较大的部分分离使之独立出去,造成戏剧的传统样式与蜕变形式并存的局面。这些国家对于西方戏剧的接受,通常都从翻译和介绍经典作品开始,最初的注重点是内容而非形式。在将这些作品搬上舞台的初期,往往利用或借鉴了民族戏剧的形式,导致了一些蜕变戏剧样式的出现,日本的新派剧,中国的改良戏曲和文明新戏,马来西亚邦沙万剧的新剧,越南的小说剧都是类似的产儿。从异质文化的接受过程来看,先决概念导致最初的错位总在发生,随着对西方舞台本质了解的深入,这种错位就被修正了,运用民族语言而遵照西方舞台样式进行演出的新剧(在中国称之为话剧)从而形成,创作也继而开始。

东方对于西方戏剧的接受,有两种不同的途径,一种是在西方殖民文化的直接作用下被迫承受,如印度和东南亚许多国家;另一种是为求自身文化的振兴图强而主动向西方寻求真理,如日本、中国。后者的出发点建立在共同的认识基础上:民族的传统戏剧样式由于积淀了过多的历史内涵与形式美抽象,已形成庄稳持重的舞台定式,它那丰厚的传统美基因横亘于它与现代社会生活的联系之间,使之失去现实的生命活力,无法满足社会处于思想变革阶段狂飙突进式思维方式的需要,唯一的办法似乎只是大量抛却传统的形式美内蕴,使戏剧的舞台风格向西方的写实性靠拢。

虽然近代以来日本与中国面对着共同的世界局面,由于本身文化性向的差异,日本却先于中国采取了主动迎接西方文化挑战并积极回应的态势,这造成日本近代发展轨迹在东方的独特性,使之成为 19 到 20 世纪之交东西方文化冲撞中东方领时代之先的民族。于是,与明治维新共脉搏的古典戏剧改良运动促成了日本新派剧从歌舞伎中脱胎而出,20 世纪初叶更导致了新剧的诞生。由于长期遭受天朝意识和文明古邦优越心理的支配,中国改良派所面对的惰性传统远较日本强大和顽固,不得不在日本维新取得耀目成果之后,放下架子,取法东瀛,寻求便捷之路,因而,中国 20 世纪初叶产生的西式戏剧样式文明新戏却并非直接来自欧美,而启蒙于日本新派剧,它造成中国话剧早期的奇异形式,及至欧美戏剧形式通过留学返归的隧道被带入中华本土,中国新剧运动才汇入东方剧坛主流。朝鲜戏剧同样有一个转道日本接近西方的过程,只是那已经是在日本殖民形态中发生的事了。①

在部分特质蜕变出新的戏剧样式的同时,东方古典戏剧的传统舞台样式受西方影响也发生了不同程度的变异,它接受了现代社会为之提供的筛选和改造。最重要的变异取决于剧场建筑形制的改造,在西方建筑学思想和技术的影响下,东方戏剧改变了已往剧场的简陋与随意,逐步建立起采纳现代声学和光学原理构设的新式剧场,并采用了西方的舞台技术设备如机械传动、灯光照明、分幕与垂幕、各类新颖材料制作的景片等。戏剧生存空间的变化影响到其表现形式的改变,通常新的戏剧场地都要求对传统表演程式做出或多或少的调整,这种时代的要求,如果在尊重民族艺术原则的前提下实现,自然会收到满意的效果。然而科学技术的进步不一定都给艺术带来正面的效应,一个不该发生但却一直在发生的事实是,盲目地模仿西方倾向使东方戏剧一定程度上迷失了自我,例如镜框式舞台对于伸出式戏台的取代逼迫中国戏曲过分改变自己的舞台行为方式,而过度的写实倾向则对东方戏剧的本质属性造成阉割。

东方戏剧写实倾向的形成不完全由于19世纪中期以后盛行的西方写实主义戏剧流派的影响,其中蕴含了某种合理的时代要求。中国晚清时期开始的朝向写实发展的戏曲改良,其直接动因不在于西方戏剧的吸引,而是出于本国政治形势的急迫需要,但它在形式上的取向无疑法自后者。"戊戌六君子"之血突显了国民漠然与麻木的贫血心态,使政治改良派产生唤醒民众的历史醒悟与急迫感,从而利用戏剧这种直接诉诸观感、天生兼备良好宣传职能的艺术形式来完成这一任务,成为诸多有识之士的共同举措。传统的戏曲样式由于其重神轻形、擅长构造美的境界而不擅状摹真的情景、能陶铸幽深艳丽的美境而不能激起民众的政治意识,因而被置于改造的刀俎之上。自然,后来这种时代的要求被更为便利的话剧样式承接而去,戏曲部分恢复了它古典的气韵,但继而又被卡进西方输入的体系性戏剧理论思维框

① 朝鲜在日本占领期间,接受了日本的新派剧,1911年冬季开始上演,1920年春一些留学生又从日本模仿了新剧演出。见[韩]金文焕:《韩国文化艺术的成就与展望——戏剧》,汉城,Koreana,Vol.3,No.3.1995,Autumn,第55页。

架中弄得进退失据,使之长期不自觉地按照写实戏剧的模式来剪裁自己。

如上所述,面对西方戏剧文化的整体包笼,东方传统戏剧经受了同一的命运,然而由于历史条件不同,东方不同种类的戏剧所面临的问题不尽相同。印度由于殖民文化的原因,传统歌舞剧最初反而在西方猎奇与追寻异国情调的需求中得以保存,及至 19 世纪末期,经过甘地(M. Gandhi,1869—1948)、泰戈尔(R. Tagore,1861—1941)等现代哲人的努力,兴盛的民族主义思潮逐步促成了保护传统艺术的自觉意识。日本文化性格中试图保存每一种传统艺术样式的心理顽固性,使能和狂言能够穿透历史时段的阻隔,在舞台上延续了 800 年而不绝,其他几种递兴的古典戏剧样式人形净琉璃、歌舞伎等同样如此。日本舞乐文化中世代相袭的保守制度在其中发挥了重大的作用,这一次同样帮助它渡过了西方戏剧文化冲击的危机,并在经历了明治维新与二战失败两次大的社会动荡之后,重新恢复活力,60 年代陆续建立起来的专门演出场所"能乐堂"等,以及各大寺院恢复的节庆能乐演出,都为之鼓息输氧。现代自省意识促使日本人把能乐视为国宝,从中寻找民族传统的美的魂灵,用以抵御战后颓废文化的侵蚀——进入现代的能早已失却了其原始质中贵族情怀的阶级意识,而转化为体现民族文化精髓的一种艺术样式。

中国戏曲面临的局面最为复杂,因此目前的状况也最值得忧虑。它的传统从 1000 年前的宋代一直生生不息地延续下来,在悠久的时间和广袤的地域里,它繁衍出了众多形态接近而风格各异的剧种样式,它们的生命历程叠相交织、此起彼落,古典的消亡了,近代的又兴起,一些过了盛年进入衰退期,一些刚刚萌发向往着未来,老迈的孕育着新生的萌芽,稚嫩的流淌着远古的血液。它保持历史延续性的顽强生命力就体现在这种循环往复、新陈代谢的运动过程中,一旦运动终止,它就失去了活力。然而,20 世纪后半叶以来,由于种种社会因素的制约,它的运行速率已经极度减缓。对于西方文化思潮的滞后性接纳,加强了这种减缓的力度:中国的戏曲剧场无一例外地由随意式改造为镜框式,当它近年悔悟地意识到西方伸出式和自由式舞台剧场运动重新风靡的内在机理时,受经济力量制约至少在一个很长时段内无法改变的错误早已铸成。

目前东方传统戏剧所面临的共同困惑是：如何在文化的变迁中保存自己的东方特色，亦即保存东方戏剧的原始质？这个问题受到两个方面的牵制：一、艺术在变异过程中不可丧失本原精神，否则就成为另外一种它质艺术；二、在东西方文化交融的趋势中，东西方艺术的风貌必然出现某种程度的趋同。在坚持原质与美学原则渗透之间，有一个具备张力并呈历时性改变的夹角，对它的准确把握永远是一个困难的实践命题。

与传统戏剧的踌躇相对照，20世纪后半叶东方的新剧舞台却发生了一些显著的变化，一方面它开始尝试缩短与西方共时态戏剧的地理距离，另一方面它也开始了对民族风格与形式的探讨。

世纪初东方对于西方戏剧舞台样式的接纳，与西方剧坛的现代美学趋势有脱节现象。历史轨迹和文化理解上的距离，以及社会因素对于艺术样式及其形式选择的制约性，决定了东方戏剧顺理成章地自然接受了西方舞台上稳态运行并被充分的时间长度证明为合理的写实主义戏剧样式，而当时正处于变量阶段的西方现代派戏剧，由于哲学和社会观念差异的缘故，未能在东方舞台上立住脚跟。中国的新文艺思潮中虽然一度曾涌动着浓烈的现代派意绪，毕竟与异质土壤和时代的要求脱节。而大众由于缺乏类似的精神体验，无法读解现代派戏剧的独特话语。嵌有奥尼尔（E. O'Neill, 1888—1953）深刻印痕的中国现代戏剧大师洪深（1894—1955）带有强烈象征意味的话剧《赵阎王》，因其形式的怪诞离奇所造成的错乱感而无法维系短暂的舞台生命，就是一个典型的例子。及至世界文学进入"红色的30年代"，具现代倾向的激进剧作家就都义无反顾地投入现实的革命文学运动中去了。时间跨越到20世纪后半叶，东方在迈入现代的进程中逐渐与当年困扰西方的精神现象相遇，于是，西方舞台上曾经并一直在发生的艺术反动或云回归又在东方重温故迹，尽管二战以后西方现代主义因素已经逐渐走向与传统手法之间的普遍消融。日本曾在20年代与中国一样做了试图理解表现主义、结构主义戏剧的努力，由于它与西方文化的切近性，因而60年代对荒诞派戏剧手法的接续与延伸就显得入情入理。马来西亚甚至于70年代在荒诞派戏剧思潮的裹挟下形成独特的"当代剧"，这种以刻意创造怪诞离奇的舞台形象来深入展现人的孤独内心的戏剧类型，被其社会视作"上品剧"而备受青睐。中国在经历了长期的文化隔断之后,于80年代开始的话剧探索时期,将西方现代派戏剧一个世纪的蜕变历程都压挤在舞台上。与这类舞台躁动相适应,广泛推进在西方各地的小剧场运动,也在东方各国试验不衰。自然,尽管如此,后写实主义戏剧始终是东方舞台亲昵的类型。

由西方引进的新剧样式,受到本土文化"磁场"的"磁力线"吸引,东方舞台上慢慢出现了民族化趋势,并逐步形成带有各民族特征的戏剧类型。从最初运用民族语言进行演出就已经决定了东方的新剧不能完全类同于西方戏剧,东方舞台的本原传统又总在向它发散信息,或多或少支配它的运作。至于东方在民族意识鼓励下主动对之进行的东方化尝试,则是它在这方面迈出大的步伐的动力。中国话剧从戏曲中汲取了为民众喜好的浓郁人情味和写意风格,是话剧工作者在民族化、大众化目标导引下获取的实绩。20世纪80年代韩国大学兴起的"民族剧"运动,"其宗旨在于站在民众的立场上恢复受西方文化影响而枯竭的本国文化传统,进而从文化帝国主义的统治下解放出来",因此,民族剧在戏剧美学方面的特点为:"在戏剧中舞蹈和歌曲占据相当的比重,与贯穿全剧的情节相比更重视气氛的烘托,夸张地塑造人物的类型,对时空进行自由的压缩,剧场和布景的简化,观众参与反响,允许旁白人物的时常出现等。"[①]很明显,从世纪初到世纪末,东方新剧的运行轨迹画出了一道曲线,从最初以民族舞台形式为基础进行模仿,到纯化舞台手段的西方原质,再回到对于传统舞台方式的有意移用。这里不回避西方戏剧的东方情结更加浓厚对东方的精神反馈作用,但促使新剧更加贴近民族审美心理层面的自觉努力则是主要原因。

当然,20世纪世界的舞台戏剧整体受到了新兴传播艺术电影和电视的冲击,因而无论是东方还是西方戏剧都似乎走过了盛期,上文所述民族戏剧的衰微还应该正视这一更为强悍的因素。但是,也可以理解为戏剧的部分功能被后者分离出去而加入更为宽广的传播领域,这于戏剧的命运是促衰还是现代延长?

---

① [韩]金文焕:《韩国文化艺术的成就与展望——戏剧》,汉城,Koreana,Vol.3,No.3.1995,Autumn,第55页。

五、反馈西方

20 世纪世界剧坛的运动明显呈现出双极的指向:东方完整引进了西方的戏剧样式并使之逐渐融于本民族的文化之中,西方则日渐地、反复地、多层次多角度地从东方戏剧发掘并啜吮一种属于艺术本原的精神,从而结束自身的戏剧迷失。这一起始于 19 世纪末的双向逆反运动,至今未能止息。

事实上,西方对于东方戏剧的发现,可以前推到启蒙时代,只是更多地表现在文化精神而不是舞台性质上,而且这种"发现"也很快为高涨起来的西方情绪所斩断。当时的西方,欧洲中心主义的文化论尚未成形,思想家们着力于从各个文化里寻找人类文明的共有源头,借以追寻理念的启示和现实发展的传统力。当深入东方大陆的传教士们携带回了大量东方文化的信息,一个偶然的契机,也把中国戏剧的文本引向了欧洲舞台。1698 年,中国戏曲中的元杂剧剧本《赵氏孤儿》被法国耶稣会传教士普雷马雷(J. Premare)翻译成法文,引起包括伏尔泰(Voltaire,1694—1778)、歌德(J. W. Goethe,1749—1832)在内的思想、文化界人士的重视,从此这一东方悲剧就在欧洲语种中辗转传译,并在舞台上连续改编上演,其形式包括话剧和歌剧。由于戏剧舞台样式和剧本规则的不同,以及由之体现的审美准则的不同,当时的欧洲与中国戏曲是有很大距离的。为了向教皇和欧洲民众说明中国是怎样一片适宜于上帝眷顾的国土,那里的臣民有着足以理解基督教义的理性基础,普雷马雷在选择一个"典型的"中国剧本进行翻译时是做了慎重比较和挑选的。他了解欧洲戏剧的美学口味,理解社会上层心理最推崇的戏剧类型是"悲剧",也熟知当时欧洲的戏剧概念已经朝向时空的绝对集中性相当发展了,因而他选择了中国戏曲古典样式之一——传统的元杂剧,而不是当时社会流行的戏剧样式——明清传奇的剧本,前者具有时空相对集中的四折结构(类似于四幕),而不是后者时空流动和随意性更大的动辄几十出,特别是,无论从"模仿高尚的人的行动""模仿比我们今天的人好的人"①等各个方面,它都是中国戏曲中最符合欧洲标准的一个剧本,即使是按照意大利人斯卡利杰(J. C. Scaliger,1484—1558)的说法,"写进悲剧中的人物都是帝王将相"②,它也是吻合的。《赵氏孤儿》中所体现的道义原则与舍生取义精神是引动其翻译的精神支点。即便如此,它仍然与当时欧洲民众的欣赏习惯有距离,因而当哈尔德神父将这一剧本收入他后来影响巨大的《中华帝国通志》(*Description geographique,historieque,chronologique,politique,et physique de I' empire de la Chine et de la tartaricchinoise*)时,特地添加了如下说明:"读者们不能在这里找得出三一律的遵守,时之统一、地之统一、情节的统一,在这里是找不到的。至于我们在戏剧里所守的其他惯例,令我们的作品精雅而整齐的惯例,在这里也是找不到的。我们的戏剧之达到今天的完美者,只是近百年内的事情。在此之前,也不过是十分笨拙而粗率。因此,如果是我们见得中国人不守我们的凡例,也不该觉得诧异。他们原是向来局处一隅,与世界的他部断绝往来的。"③这是西方用新古典主义尺度来衡量东方戏剧所得出的必然结论。当一种文化到达一个特定的认识阶段并形成固定的认知模式,甚至连它自身的文化来源与遗产都遭到品头论足(例如莎士比亚的悲剧原则遭到了新古典主义者的横加指责)时,一种完全外来的奇异文化及其准则受到抨击就是非常自然的了。

在中国古典戏曲剧本引入欧洲 90 年之后的 1789 年,印度著名梵剧作家迦梨陀娑依据史诗《摩诃婆罗多》写成的剧本《沙恭达罗》,被英国琼斯勋爵(William James)译为英文(1791 年翻成德文,1830 年翻成法文),它那带有鲜明东方情调的风格,热烈缠绵的爱情,神秘主义的美,撼动了欧洲艺术界。虽然与译介东方天朝剧本《赵氏孤儿》的情形不同,《沙恭达罗》作为殖民者已经控制的财富,与印度雕塑、建筑、工艺品一样成为西方殖民者口袋里的古董而受到喜爱与把玩,但它那深刻的精神奥义与文化内涵,使自己获

---

① [希腊]亚里士多德:《诗学》,罗念生译,北京:人民文学出版社,1962 年,第 12、9 页。

② [意]斯卡利杰:《论诗人》,转引自[英]阿·尼柯尔(A. Nicoll):《西欧戏剧理论》(*The Theory of Drama*),徐士瑚译,北京:中国戏剧出版社,1985 年,第 100 页。

③ 转引自陈受颐:《十八世纪欧洲文学里的赵氏孤儿》,《岭南学报》第 1 卷第 1 期,1929 年。

得了超然于政治与经济之外的强大美学摄制力,这种摄制力恰巧对于欧洲正在蓬勃兴起的浪漫主义文学艺术洪流发挥了刺激作用,使赫尔德(J. G. Herder,1744—1803)、歌德、席勒(J. C. F. Schiller,1759—1805)等浪漫艺术大师都从中获得了创作灵感。经过不同语言的改编,《沙恭达罗》在欧洲舞台上演不衰,导致了西方人对印度深奥的宗教思想与神奇艺术美的极大兴趣,印度学和对印度文化的深入探讨由此兴起。

18世纪欧洲对于东方戏剧的追寻与热情,根基于当时的欧洲人对于悠久东方文化的神秘感和崇拜意识,其中不乏猎奇心理的驱动。18世纪末期以后,随着工业革命所带来的经济力量促成的对东方的逐步征服,以及考古使古希腊和罗马文化重新焕发出耀目的光焰,欧洲世界发源说和欧洲文化中心主义的形成及时遏止了这种欲望。物竞天择的生物进化原理和历史递进观在文化和艺术领域里的机械套用,使东方文化艺术与东方戏剧从此蒙上了原始、幼稚、浅薄、可笑的阴影①,哀婉地退出了西方人的视线。19世纪的西方人,以其自身欣赏习惯和审美心理为尺度,用以量裁东方戏剧,结果当然是更加方枘圆凿,不合口味,而优等民族的自负又使之无法平等对待并试图理解另外一种文明,于是中国戏曲里传统的假声唱法效果遭到了"猫叫"的辱评②。等到又一个世纪以后,西方人在理性主义道路的尽头遇到了难以跨越的阻挠和麻烦,回过头来重新思考立足于自然的东方思想的价值时,东方戏剧的尴尬心理才得到缓解。

475

---

① 例如法国人布朗梯也尔(Brunetiere)在他为中国驻巴黎公使馆总兵衔军事参赞陈季同所著、1886年于巴黎出版的《中国戏剧》一书写的书评里说:"我发现在我们的戏剧和中国戏剧之间唯一的实际差别……是成人语言和婴儿嗫嚅之间的差别。"见 *Ferdinand Brunetiere in 'Revue Litter-aire', March 1,1886.* 转引自 Leonard Cabell Pronko, *Theater East and West.* Berkeley, University of California Press,1967,p.40.

② 参见 G. de Bourboulon,'*Les Representations dramatiques en Chine*',Correspondant(May,1862),p.98.转引自 Leonard Cabell Pronko,*Theater East and West.*Berkeley,University of California Press,1967,p.40。Bourboulon 于19世纪中叶曾因为某种军事目的逗留中国,目睹过中国戏曲的演出,为最早对于中国戏曲舞台艺术留下评论的西方人之一。当时昆曲的小生、皮黄的青衣和小生都用假嗓发声。欧洲在19世纪以前,歌剧用阉人假嗓,一些国家(英、俄)的教堂里也由男性假嗓唱女高音和女低音,另外瑞士、奥地利山区民歌用真假嗓交替的唱法。只是在19世纪以后,歌剧以自然男女声取代了阉人歌唱家,美声唱法进入新时期,一时风靡为欧洲正统,到 Bourboulon 的时代,普通欧洲人已经忘却了自己的历史和民间传统,因而有上述对于东方艺术的轻蔑性评论。

西方人的戏剧观念,从亚里士多德的模仿说开始,即埋藏了一种危机:以戏剧为生活的真实再现。这种观念旨在在舞台上制造幻觉,制造求真的生活场景,而不允许戏剧动作朝向装饰性发展。古典主义"三一律"原则对于时间、地点、动作的一致性考虑,即是为了照顾到真实规则中观众对于戏剧逼真性的认可,意大利人卡斯特尔维屈罗(L. Castelvetro,1505—1571)所谓"不可能叫观众相信过了许多昼夜,因为他们自己明明知道实际上只过了几个小时;他们拒绝受骗"①。19 世纪以后,在实证主义哲学思潮的影响下,西方以理性主义为基础的认识论和艺术论都推进到一个科学验证、数学分析阶段,一切对象都被用同样的手段来测试,戏剧同样尝试了其滋味。自然主义强调第四堵墙内生活原状的细节真实,是将这种舞台求真观推进到极度。西方戏剧表演思想的近代集大成者斯坦尼斯拉夫斯基(K. C. Stanislavsk,1863—1938)要求演员完全进入角色的理论,是将这一美学倾向体现在表演主体方面的代表性表述。然而,求真戏剧尽管积累起丰富的成功经验,仍然无法在生活真实和艺术真实之间画上等号,因而它终究不能满足观众出于相同准则的量尺,反而越是向生活真实靠拢,例如在舞台上炒菜、倒污水、洗澡,越是给人以厌恶的造作和粗俗感。艺术永远无法超越手段和工具的限制而实现生活真实,艺术的目的也不应该是对生活进行再造,用违背艺术本质属性的方法来阉割艺术,只能走向艺术的反面。

当写实主义戏剧在 19 世纪末期走到了尽头之时,西方社会和人的精神现实却来到了极端分裂与痛苦的关口。技术主义使感情从人的工作与生活中日益分离出去,而大工业化和劳动者的物化则越加排挤人的精神与感觉。弗洛伊德(S. Freud,1856—1939)的精神分析理论在人的潜意识领域里的实践,揭示了精神潜流对于人的行为的支配力度。而写实戏剧无力探讨人的这种深层心理活动,它只能平面地浅层地表现人的经验和感情,当它在外表上装模作样地做些虚假的痛苦表情和动作时,戏剧就越发暴露出它与真实人生的隔膜。虽然写实的戏剧似乎是合乎逻辑的,但人的内在自我却恰恰

---

① [意]卡斯特尔维屈罗:《亚里士多德〈诗学〉的诠释》,陈鹄译,转引自伍蠡甫主编:《西方文论选》上册,上海:上海译文出版社,1979 年,第 195 页。

是不合逻辑的,理性无助于对人之本原精神的最终控制。于是,戏剧开始酝酿它的反动,开始在恢复和开拓其假定性本质方面谋求出路,非理性主义的现代派戏剧实验运动由此兴起。

一次世界大战的历史悖逆使西方人自省到自身文化的危机:现代工业文明驱赶人类社会走向文化荒谬,它使人类越来越多地脱离了自然状态,在技术的驾驭下走向反人类的危险端点。在企图跳出思维惯式和命运轮回的努力中,一些西方哲人倒向东方哲学的和谐精神及其传统,开始注重于对东方思维及其效果的研究。与之相适应,在西方的戏剧思维里,东方戏剧的原始混沌性重新得到认识。

反理性原则的戏剧实验统贯了 20 世纪的西方剧坛,从象征主义(symbolism)到超写实主义(surrealism),从达达派(dada)到荒诞派(the theatre of the absurd),从结构主义(constructivism)到残酷戏剧(theatre of cruelty)。这一系列戏剧实验的基本宗旨都是相同的,即用背离 19 世纪传统的、通常是违背常规的舞台手段,增大戏剧表现对于人生的探测力度和深度,使观众从幻觉的统治中独立出来走向感知的自由。为了实现这一目的,现代派戏剧需要传统经验的借鉴与启示,它们将目光投向自身传统和东方舞台上活的标本。于是,那种原始的仪式性及其对于精神的启示与感应,那种和谐包容、得以体现人类原始情感的综合舞台手段都被引起重视,并得到反复的舞台尝试。这样,戏剧的本原精神摆脱了仿真思维的桎梏而重新焕发出来。

早在 19 世纪中叶的德国作曲家瓦格纳(R. Wagner,1813—1883)已经注意到了戏剧中的音乐作用于人们感官的强烈美学效果,在他的重要美学著作《歌剧与戏剧》(1851)和《未来的艺术作品》(1849)里,认为戏剧是感官艺术,只有在它被情感的需要证实是合适的时候才会有意义,因而,人最深刻的感情只有通过充实的合唱和协奏所表达的"音调语言"才能完满地体现出来。他尖锐地指出,歌剧的根本性错误就在于"音乐的表现手段被弄成了目的,而表现目的却变成了手段"。在此认识基础上,他提出了"整体艺术作品"的概念,认为在未来的艺术中,音乐和诗歌应该结合起来以创造一种完美的戏剧。瓦格纳关于艺术应该纯粹和富于理想主义的理论,为 20 世纪建立在原型与神话、梦及超自然的神秘成分之上的象征性戏剧开了先导,并将它们引向对东方戏剧的关注。①

1885 年一个中国剧团在巴黎演出,1900 年一个日本能剧团在伦敦出现,是东方戏剧敲响西方大门的开端,都曾激起了相当的兴趣。以后,随着对东方戏剧观赏机会的增加,越来越多的西方现代派戏剧家对之投注了目光,而西方戏剧的舞台尝试中,日益明显地显现出东方戏剧原则精神的体现。我们很难说西方哪些现代戏剧流派未曾受到东方戏剧的濡染,也很难说哪个现代派戏剧家未曾得到东方戏剧的启示。相反,我们可以随手开列出一大批现代戏剧家及其所代表的流派,并指明他们与东方的内在精神联系,诸如爱尔兰的叶芝、法国的克洛代尔、奥地利的莱因哈特、苏联的梅耶荷德、法国的杜兰、美国的奥尼尔、法国的科克托、法国的阿尔托、美国的魏尔德、法国的热内、法国的巴罗、美国的威廉姆斯、美国的米勒,别克的"生活剧场"(the living theater)、波兰的格洛托夫斯基的"质朴戏剧"(poor theater)、德国的布莱希特的"史诗戏剧"(epic theater)等。

478

1916 年前后,爱尔兰象征主义戏剧的代表人物叶芝(W. B. Yeats,1865—1939)发现了日本能乐的精神,他从能乐严苛的宗教仪式主义,及演出中音乐、舞蹈和诗歌成分在技艺上的统一,找到了展现象征手法的渠道。20 世纪 20 年代,东欧与西欧都有产生影响的戏剧家注目于东方。苏联反叛斯坦尼斯拉夫斯基的象征派人物梅耶荷德(B. 3. Meyerhold,1874—1940)立足于传统的和东方戏剧的假定性原则来建构他的学说,他于 1925 年起草《梅耶荷德剧院的思想和艺术纲领》时明确指出:"要在舞台上确立真正的戏剧时代的传统,而主要是民间戏剧艺术的传统(即兴喜剧、莎士比亚戏剧、日本和中国的民间戏剧)。"②他的学生伊里因斯则突出强调了梅耶荷德思维中的东方情结:"梅耶荷德的主要功绩是在于:他回顾了中国和日本的民间戏剧假定性传统,胸有成竹地把戏剧艺术引向它的假定性本质。"③法国残酷戏剧的代表人物阿尔托(A. Artaud,1896—1948)于 1922 年在马赛海外

① J. L. 斯泰恩:《现代戏剧理论与实践》第二册,刘国彬译,北京:中国戏剧出版社,1992 年,第 10~12 页。

② 转引自童道明:《时间的流逝廓清了很多问题……》,《外国戏剧》1983 年第 1 期,第 101 页。

③ 同上。

殖民地博览会上看到柬埔寨传统舞剧的演出,1931 年在巴黎海外殖民地博览会上看到印度尼西亚传统巴厘舞剧的演出,他从东方戏剧里发现了艺术的本原和终极精神,认为体现为整体统一性的艺术的原始性,是艺术的本性,只有创造出整体统一的艺术氛围,观众才能从一种强烈而神奇感受的经验中,真正释放自己的深层潜意识,使戏剧的目的得到最终实现,而这种戏剧才是真正的戏剧。这就是体现在他 1936 年出版的名著《戏剧及其两重性》(*Theatre and Its Double*)中的思想。为了借助于他所理解的东方戏剧的仪式性和神秘主义、演员的非人格化、表演的不通过言词而通过动作与姿势传达信息等手段,使法国戏剧恢复青春的活力,阿尔托于 1936 年在墨西哥印第安人部落中度过了六个月的原始仪式和歌舞生活体验。30 年代由于中国京剧大师梅兰芳等人的登临,西方舞台弥漫着东方潮热。莱茵哈特(M. Reinhardt,1873—1943)、杜兰(C. Dullin,1885—1949)都关注中国戏曲舞台上的中性净幔,杜兰还评价戏曲虚拟表演是"珍贵的写意的演剧术",在杜兰导演的《悭吝人》里设置了一个搽红脸的角色来体现他追求写意效果的意图。[①] 莱因哈特则根据维也纳汉学家亨齐克(A. Henochke,笔名克拉本德)改编自元杂剧的《灰阑记》在柏林组织了演出。梅兰芳 1935 年在莫斯科一次讨论会上身穿西装的即席旦角身段表演,催发了与会者之一,德国表现主义戏剧家布莱希特(B. Brecht,1898—1956)著名的间离效果(verfremdungseffekte)理论,从而导致了影响深远的史诗戏剧运动。布莱希特本人创作的著名戏剧《高加索灰阑记》(*Der Kaukasische Kreidekreis*)和《四川好人》(*Der Gute Mensch uon Sezuan*)所采用的诗歌、音乐与合唱的综合形式,暗示性的布景,面具及人物的虚拟表演,都体现了东方戏剧的明显特征。1955 年中国京剧院出现在巴黎国家剧院舞台,至少触动了法国荒诞派戏剧家热内(J. Genet,1910—1986)的艺术感觉,他事后给人写信说:"那次演出给我留下极深的印象。"[②]在他 1956 年创作的《阳台》(*The Balcony*)、1957 年创作的《黑

---

① 参见程砚秋:《赴欧考察戏曲音乐报告书》,《程砚秋文集》,北京:中国戏剧出版社,1959 年,第 208 页。

② 转引自 Leonard Cabell Pronko, *Theater East and West*. Berkeley, University of California Press,1967, p.65。

人》(*The Blacks*)、1961 年上演的《屏风》(*The Screens*)中,出现了浓郁的仪式化和象征化风格。

总而言之,在今天的西方戏剧舞台上所见到的各种表现手段,诸如空舞台、开放性结构、自由而随意的时间和空间调度、象征或写意性的风格化表演、中性和当众添置与撤换的布景,简陋的象征性道具、颜色绚丽而夸张的服饰与化装、对于面具的普遍使用、对诗歌和音乐韵律节奏的追求、叙述手法的介入等,都可以使我们明显感受到东方戏剧的神韵,尽管这些特征都被做了移形处理而陌生化了。

六、文化扭结

如果要对东方戏剧的未来命运做出预测,它在很大程度上取决于世界文化的精神趋势,这一点是不难肯定的。在一个日渐走向一体化的世界中,东方戏剧已经不可能继续在自为的范围里进行自我选择和设计,它只能沿着世界文化的轨道运行。世界文化的精神趋势在 20 世纪已经逐渐定型,我们大致可以厘清它的轨迹,这就是:文化扭结的日益加重与融合互渗的渐进发生。上面对于东西方戏剧彼此吸纳的讨论中已经涉及这一点。

过去一个世纪的文化发展,体现为西方强势逐渐消解与东方弱势缓慢回升的过程。首先是西方文化陷入新世界困境后出现自省意识,其思维中惯性保持的西方视点受到撼动。人们谈论 20 世纪西方思想进程时常常提到的德国思想家斯宾格勒(O. Spengler,1880—1936)于 1920 年出版的《西方的没落》一书,是西方人觉察到自己中心视点危机的起步,其中承认各种人类文化进程都呈现为兴起、鼎盛和衰亡的周期性运动轨迹,而做出欧洲文化正处于没落时期的预见,尽管其浓郁的"文化忧患"色彩仍然是西方意识的生成。① 这一观点对西方建立在达尔文进化论认识基础上的,认为历史永远呈直线发展并走向进步,先进文明总要对落后文明取而代之的历史观是一个重大的冲击,狠狠击中了欧洲人基督教文明终将获得全球性胜利的心

---

① [德]斯宾格勒:《西方的没落》,北京:商务印书馆,1991 年。

理企盼。斯宾格勒的思想方法在英国历史学家汤因比（A. J. Toynbee，1889—1975）那里得到感应与充实，从而引起西方世界的文化信念危机。40年代德国哲学家雅士柏斯（K. Jaspers，1883—1969）建立的"轴心时代"（Axial Age）概念（即以色列、希腊、印度、中国四种几乎同时出现过哲人时代的文化，是今天人类文化的主要精神传统），已经开始走出中心意识，清晰概括了世界文化的多元特征，而把人类文化的各种主要精神传统摆在等量齐观的位置，这是立足于人类文明的基点进行文化反思的产物①。其次是东方以稳重而快速的上升态势有力改变了世界格局，于是，世界文化与艺术将有希望重新进入平等对话与彼此静心倾听的心境。20世纪后半叶东方经济的崛起，使人们对于世界格局的传统概念为之倾斜，无论西方还是东方，人们都越来越多地开始正视这样一种文明基因的存在：儒家哲理及为其所塑造的政治和伦理秩序。在东方儒文化圈内的国家所经历的现代化历程中，这种基因所发挥的强力效应有目共睹，为东方文化蒸腾起希望，一些西方忧世主义者由此而惊呼东方即将支配下一个世纪。由此，东方艺术及东方戏剧原理也将受到尊重和深入研究。

481

　　世界进步了，认识拓展了，文化发展的多元观已经进入人们的普遍社会视野。1993年8月28日至9月4日在美国芝加哥召开的世界宗教会议上，由6500位代表讨论通过并签署的《全球伦理普世宣言》，试图在对话的基础上建立起一种既不是西方的也不是东方的而是全世界各种宗教所共同认可的最低限度的伦理原则②，表明思想界和宗教界平等倾听的思潮正在由潜流逐渐发展为汹涌的波涛。这种新的社会氛围为东西方文化的沟通提供了条件，用高下来区分文明的势能型思维为每一种文明都有其存在合理性的理解所代替。于是，东方戏剧不必再继续用西方的眼光来对位，它将彻底摆脱自身一百数十年来的心理尴尬而平静地走入新的世纪。

　　其实，在基督教早期与佛教遭遇时，已经有西方先哲强调了异质文明并存的合理性。亚历山大的克雷芒（Clement，约150—约215）教父在他论述

① 参见[美]杜维明：《从世界思潮的几个侧面看儒学研究的新动向》，刘志琴编：《文化危机与展望——台港学者论中国文化》，北京：中国青年出版社，1989年，第397页。
② 参见[美]列奥纳德·斯威德勒：《走向全球伦理普世宣言》，何光沪译，《东方》1995年第2期。

理性及其启示的著作里指出:神圣的理性是真理的火花,它不仅出现于《旧约全书》的福音书的历史中,而且也在异教徒的哲学当中放射出光辉。① 他这种普遍主义思想在西方宗教史上被长期视为异端,但今天的人们读来,不免感叹先哲思考的敏锐和睿智。18 世纪处于启蒙时代的歌德面对东方的智慧渊薮,已经喊出了"世界文学"的口号。随着时间的推移,西方跳出既定眼界和观念制约的思想逐渐加强,19 世纪末的德国哲学家多伊森(Paul Deussen,1845—1919)认识到:"由于我们全部的宗教和哲学的思索,使我们正陷于一种毫无道理的偏见之中,而且还可以使我们理解到有一种与黑格尔对事物的理解方式完全不同的另一种理解方式。黑格尔认为,事物是以唯一可能的而又是合理的形式产生的。"②当认识论图式本身被解构时,对话就形成了。东方虽然没有这种认识理性的自觉,但东方思维的非排他性从本质上已决定了它自然蕴含对异质文明的包容与吞吐机制。

对于东方来说,新的文化环境的刺激会导致另一个侧面的心态失衡:反叛的后殖民情结的恶性膨胀与反仆为主的文化报复倾向。在东方辉煌的鼓舞下,一些打有狭隘民族主义印记的东方思想者产生了新的思考兴奋点,从斯宾格勒和汤因比又迈出了一步,其结果是 21 世纪东方文明主宰论的兴起,其极端的理论体现在日本农学家岸根卓郎的著作《文明论》中③。从社会文化的发展实质看,今天的世界文明格局奠定于整个人类传统,尤其是西方近代文明传统的基础之上。东方崛起的一个不容忽视的发展前提,就是对于西方工业文明成就的直接模仿和引进。东方的现代化历程享有后发优势,既可以直接将自己的轨道接引到西方科学技术的最前沿,而避免摸索中的失败与延误,又可以充分利用自己文化滞后与文明世界的强烈反差所激起的民族坚忍与图强精神,并发挥自身传统文化中为西方所不具备的集体主义素质优势。因而,东方文明无法也不应该否定西方文明。这种建立在

---

① [日]中村元:《比较思想论》,吴震译,杭州:浙江人民出版社,1987 年,第 4 页。

② 同上,第 10 页。

③ 岸根卓郎声称,他发现了东西方文明以 800 年为周期呈循环性交替的"文明兴衰法则",在 1200 年到 2000 年这 800 年间,为西方文明的高峰期,继之而来的 2000 年到 2800 年这 800 年则将成为东方文明的高峰期。见[日]岸根卓郎:《文明论》,王冠明等译,北京:北京大学出版社,1992 年,第 71、72 页。

文化征服意义上的思维特征,未能立足于现实人类的整体命运和前途,未能建立科学未来主义的眼光,与人类思维的进展和时代潮流是背道而驰的。

在历史将地球分为东、西两半时,东西方思维都受到自身的局限。东方传统宇宙观的盲视在于它模糊思维负面的不可知性与表象化,西方传统宇宙观的危机在于它机械思维的极致就是对生命与自然的最终否定。地球终究要合二为一。现在的人类已经成为一个共同体,无法继续认真区分彼此,共同为地球的生存环境及其危机所制约。为了人类的整体进步,世界的趋势是在共同现实面前人类精神的靠拢。在这里我们联想到了希腊神话里一个先验的启示:人体被分隔的两半都急切地扑向对方。中西宇宙观的合流是人类历史发展的必然结果,无论是东方还是西方的感性与理性原则,都将在新的世纪里被世界所认同与扬弃,新的思维基点将建立在对人类文明的整体总结之上。虽然在 21 世纪里文化冲突不可避免①,但冲突也就意味着掺并、混淆与融合的发生和实现。

东西方戏剧在一个世纪里也变得越来越彼此靠拢,折射了人类思维的整体趋势。50 多年前,有一位美国戏剧评论家根据当时剧坛发生倾斜的状况,及时预测了世界戏剧的走向,他说:"很清楚,中国戏曲正在由象征走向写实,而西方戏剧却正在由写实趋于象征。或许,两者在道路上会不期而遇并发生融合,从而诞生人类自古及今一直在梦想的完美的戏剧样式?"②问题在于,完美的戏剧样式是什么。20 多年前,美国戏剧理论家盖斯纳(J. Gassner)也已经关注到这个问题,他认为,以演戏为写实和以演戏为演戏这两种对立的派别,实际上在戏剧中都无法独立存在,而未来的戏剧前景则要看能否把这两种并存而又杂乱无序的状态融合归整起来,使之结成牢固而又活泼的联盟。③ 这是戏剧的正确方向吗?

但是,东西方戏剧舞台特性的完全合二为一是绝对不可能发生的,一体

---

① 美国国际政治刊物《外交事务》1993 年夏季号发表哈佛大学教授塞缪尔·亨廷顿(Samual P. Hunthgton)《文明的冲突?》一文,把文化差异作为未来新世界的冲突根源,引起一定范围的反响与争议。

② Vera Kelsey, *The New Theatre of China*, Theatre Art Monthly, II, June, 1928.

③ John Gassner, *Form and Idea in the Modern Theatre*. New York: Dryden, 1956, p.8.

化的世界虽然可以大量销蚀传统与风俗习惯,但不能根本取消它们;可以造成某种整体共通的欣赏习惯与艺术观,但不能荡涤所有的民族性与地方趣味。何况人们会由维护传统的自觉意识出发去进行有意义的努力。退一步说,东西方戏剧还各有语言媒介的作用在支撑。艺术风格的差异首先取决于材质与手段的不同,对于以语言为基础的戏剧来说,其最终的语言差异是不可消除的,这也决定了不同戏剧形态存在的合理性。至少,以共同语言为基础的世界性文化圈域,会成为异态戏剧生存的村落。

最后,未来世界对于戏剧艺术的认同程度亦将支配东方戏剧的命运。只要电影、电视与多媒体电脑的冲击波不能最终隔断人们对于舞台戏剧的亲和力,东方戏剧就仍然有自己在未来世界里的一席之地,并作为人类精神与艺术的特殊样式而存在与发展下去。

(原载《中国社会科学》1996 年第 4 期)

关于东方戏剧

——在'96东方戏剧展演暨学术研讨会上的发言

这里,东方戏剧指的是从印度往东、受到佛教文化影响地区的传统戏剧,包括印度梵剧、中国戏曲、日本能乐及东南亚各国的传统戏剧,它和基督教文化圈域里生成的西方戏剧相对应。

东方戏剧作为一个范畴,是西方人首先提出来的。19世纪以后,西方人来到东方,发现了这些和他们文化中不同的戏剧样式。20世纪以来,西方戏剧在其自身的舞台变革中,看到了东方戏剧的参照作用。于是,西方人开始对东西方戏剧进行研究与比较,产生了诸多的著作,例如近年我读到一本 Leonard Pronko(伦纳德·普龙科)写的《东方戏剧与西方戏剧》(*Theater East and West*),就是探讨二者之间联系的书。东方戏剧的范畴就在这种比较中产生了。

在我的研究中,越来越多地碰到了把东方戏剧作为一个彼此关联的整体进行思考的问题。这里,我提出两个方面的思考角度来请教在座的与会者。

第一个角度是东方戏剧本身的同异性问题(相同性、差异性)。

东方戏剧有着许多一致的舞台特性,这个大家都注意到了,我在文章里也做了一些归纳,例如它的诗、歌、舞融通混一,世俗宗教情绪的贯穿,表现技巧的程式化,时空处理的随意性等。它们和19世纪以前传统的西方戏剧性格有很大的差异。

东方戏剧的这些特性来源于东方人认识和解释世界的方式,也就是说,它们体现了东方人的思维特征,例如艺术的有机整体观、追求艺术精神的和谐、对于艺术美的追求超越了真实性的层次等。

485

但是,东方思维也有明显的歧异性,例如印度人的擅长玄思和抽象思维,与中国人的注重实际和实践理性不同;中国人强烈的道德载负意识,与日本人的走向内心自省不同。这些差异,和其他诸多地域文化征候一起,决定了东方戏剧性格中的歧异方面。

对于东方戏剧性格的探讨,已经有过不少的论述,大家见仁见智、各抒己见,我也只是归纳了自己的一些看法。但是,有一个东西一直在强烈地吸引着我,那就是:东方戏剧性格的趋同部分的形成,很可能和它们历史上曾经被佛教文化所裹挟有密切关系。也就是说,佛教文化的东渐,在梵剧与中国戏曲、日本能乐、东南亚传统戏剧之间,架起了一座文化的桥梁,以至于它们彼此之间产生了许多近似的性格基因。

这个问题是老调重弹,半个世纪以前,许地山、郑振铎等人就曾经试图阐述梵剧与戏曲之间的关系,但是,因为涉嫌中国戏剧发源外来说而遭到冷落。1987 年在北京召开的首届国际戏曲研讨会上,西德学者布海歌(Helga Werle-Burger)女士又重提此议,但是也没有能够说服很多人。原因在于他们都只举出了一些二者之间的相似性,但却不能进一步证明这些相似性究竟是同源传递还是异域共生现象。

这些问题当然应该做深入一步的探讨,我以后也会继续做出努力。在这里我只想提出的是:由于新疆三种古文字(梵文、吐火罗文、回鹘文)的梵剧剧本的发现,至少证实了梵剧与戏曲之间存在这座文化桥梁的可能性。不过,根据我的研究,这座桥梁的意义不在于戏剧样式的输送,而在于文化浸润。也就是说,梵剧的样式并没有对中国戏曲发生直接影响,但它的文化因素却被后者广泛地吸纳,直接促成了后者的成熟。

中国戏曲与日本能乐的关系也是一样。在日本明治时期,已经有学者探讨戏曲与能乐的关系,并且得出后者源于前者的结论。虽然近代以来,这些结论的科学性在某些方面遭到了质疑,但也绝不是捕风捉影。我对于戏曲和能乐这两种戏剧在体制方面的比较研究,也使我相信它们在文化生成上存在着联系。当然,证实这种联系,也并不排斥能乐是日本土著戏剧自我完善结果的前提。只是,由于条件的限制,我在这方面的研究才刚刚开始,一些思考还需要进一步验证以后才敢于正面提出,以后将会多方请教今天在座的诸位日本学者和日本研究者。

我提出的第二个思考角度是:东方戏剧在当今世界文化中的命运问题。

随着 19 世纪西方文化的东渐,东方戏剧遭到了相同的历史命运:受到西方文化的强势冲击。东方戏剧这种追求形式美的艺术样式,被现代社会发生的巨变所嘲弄,因而备受冷落。于是,东方戏剧被迫向西方戏剧样式靠拢,去努力增加舞台上的写实因素。这造成传统因素的减退和消亡。

但是,与此同时,我们注意到,西方戏剧却在发生相反的变化,它的舞台行为也出现了对于传统的背逆,而热情关注于东方艺术的启示。西方戏剧的写意性发展势头,已经使它的舞台面貌与 19 世纪相比面目全非。

在东西方戏剧之间可以说是同时发生的这股双向逆反运动,一直延续到今天。

那么,面对这种东西方传统戏剧观念的各自反叛自身与拥抱对方,我们不禁要问:戏剧的本质究竟是什么? 人类戏剧的前景又是什么? 我没有回答这个问题的资格,但我至少看到:东西方戏剧在未来的世纪里,可能会以人类戏剧的整体面貌出现,各自成为其中的一个分支。

这里再说几句题外但也是题内的话。一个世纪以来,东方戏剧在西方文化的冲击下,发生了不同的变化,它带来目前的结果:印度和一些东南亚国家产生了东西方文化混合型的新式民族戏剧样式,中国和日本一方面保存其原有的古典戏剧样式,一方面形成了多种现代戏剧类型。对于古典戏剧样式,日本与中国采取了不同的态度和措施:前者以保存为主,后者以改革为主。两者孰优孰劣,要有一个较长的历史时段为坐标才能判断。但是,由于古典艺术无论如何也无法抗拒现代艺术的世界性事实,我认为我们应该对日本的做法有更多的重视:先保存下来,再选择道路。

东西方文化撞击中的梅兰芳

20 世纪前期,面对滚滚涌来的西方文化大潮,中国传统的东方文化和东方艺术精神受到严峻的历史挑战,它甚至一度遭遇到生存还是灭亡的价值审判,其中,作为民间通俗文化代表的中国传统戏曲首当其冲。这时,梅兰芳崛起了。作为当时发展最为兴盛和完善的京剧艺术的杰出代表,梅兰芳不得不正视对传统戏曲价值进行再确认的历史要求,而确认最好的方式是进行比较和甄别,这就需要构建一个外在的参照系。于是,梅兰芳毅然于1930 年和 1935 年两次率团西征,让中国戏曲对世界戏剧直接参与,并接受国际舞台的检验。

——中国戏曲的美学原则得到充分的国际性认定,东方艺术的神韵在世界精神领域中获得一次强烈的弘扬,东方和西方都开始了持续至今的重新打量这一深厚文化传统的过程。梅兰芳的西征就像在横亘的大山中打通了一条隧道,东西方文化交流的途径从此更加敞亮,东西方戏剧融会的前景也从此奠定。

——上述这一切,都促使我们通过更加广阔的视野,在更为宏大的背景中去框定中国戏曲的价值坐标,而起点则要从梅兰芳对世界戏剧的成功参与开始。

一、历史动因

滤去琐屑的事物表象,站在时间所赋予我们的超然台阶上俯视,可以抽绎出梅兰芳当年西征的三种历史动因或者前提,这也就是造成这一文化撞击行为的背景。

（一）西方梦幻般的东方文化情结加浓

西方人的东方神往可以上溯到古代丝绸之路唤起的财富和文明渴望，中世纪旅行家和近代传教士前驱们的笔记信札增添了这种诱惑。鸦片战争洞开了东方古国的大门，也使欧亚版图上的东弱西强局面得以奠定。以长期积贫积弱、腐败落后的经济、政治特色为烘托的中国传统文化，虽然无法处于平等地位与西方的扩张文化进行公平对话，但是，它那积淀了悠久历史经验的深邃哲理意识和提炼到完整纯粹程度的艺术原则，却长期对西方精神保持了强大的吸引力。延续到19世纪末，西方的理性与实证主义似乎在艺术领域走进了死胡同，一种对异质文化进行静心倾听和试探性触摸的姿态开始普遍出现。于是，东方艺术及其精神再次引起了世界性的关注。随着西方对东方哲学、美术、工艺兴趣的扩大，中国戏曲也日益成为它一个新的兴奋点。

489

（二）失落的中国戏曲寻求价值肯定

晚清以来中国社会启发民智、图存救亡的持续政治运动，使传统戏曲面临着极其尴尬的局面：它所负载的内容及其全部道德伦常观念都成为社会奋力突破的障碍；它古典的艺术原则使它与现实社会生活相脱离；它的艺术天地——剧场甚至成为旧世界的遗老遗少们借以避难遁世的桃花源。而这一切致命的欠缺，恰恰都由西方输入的写实戏剧来填补。以此导致的19世纪20年代末期，由当时执掌思想界大旗的著名刊物《新青年》发难，展开的那场对传统戏曲的驳难，几乎全面否定了它的存在价值。否定集中在三个方面：第一，缺乏理想和现代精神，不能称之为"真正的戏剧"。第二，不能直面人生和社会的现实，脱离时代。第三，处于戏剧演变史上的幼稚阶段，它的诸多舞台手段如歌唱、程式化动作、脸谱等，终将被历史进化所淘汰。有着悠久历史和独特完美舞台特性的中国戏曲果然如"新文化派"所宣判的那样，在世界上最终失去了它的生存价值？

（三）梅兰芳的艺术使中国传统戏曲出现复兴

20 世纪一二十年代的梅兰芳,先以他的卓越天姿和清纯舞台表演,力排当时戏曲剧场迷信、果报、色情、凶杀的迷乱滥流,继而在一些学贯中西剧坛之士如齐如山等人的合力帮助下,括尽当时戏曲舞台散漫冗杂、敷衍怠惰之俗,并从祖国典雅的艺术传统中挖掘出优美的蕴含,促使京剧的音乐和舞蹈实现复兴。由于这些卓有成效的建树,梅兰芳已经站在当时京剧艺术以至中国戏曲艺术的峰巅,成为最有资格代表传统戏曲成就的大师,也成为对中国戏曲的命运负有直接责任的人。

——梅兰芳西征的必要性和历史可能性就在这种基础上确立了。

最初的动议由美国驻华大使芮恩施(Paul Reinsch)在离任宴会上提出,他说:如果想加深中美两国人民的相互了解和彼此友谊,最好请梅兰芳到美国去,把他的艺术呈现给美国人民。[1] 尽管借艺术调和政治的目的十分明确,至少他已经肯定了东方戏剧的内在精神和艺术魅力——他的看法在西方具有广泛的代表性,后来的历史也证实了他的预测。

对梅兰芳演剧艺术的提纯做出过杰出贡献的齐如山先生,根据他对西方世界的长期考察和了解,深信中国戏曲能够博得美国人民的欢迎,并且能够在世界戏剧中占据自己的一席地位[2],因而对梅兰芳的赴美做了积极有效的促成——其结果所产生的深远意义直至今天仍然在对最初的努力做出回报。

二、西方剧坛的准备

当梅兰芳率领他的精粹剧组乘坐加拿大号轮船完成跨越太平洋的航行时,西方剧坛为迎接这一历史的碰撞又做了什么样的准备呢?

继对莎士比亚的古典戏剧原则——同时也是对古希腊的戏剧原则的理

---

① 齐如山:《梅兰芳游美记》,长沙:岳麓书社,1985 年,第 2、112、135 页。
② 同上。

性否定之后,西方戏剧已经在逼近生活真实的路子上蹒跚了300年。它抛弃了以往舞台上的程式化动作、独白、面具、时间和空间的自由转换等"陈旧"或"幼稚"手段,而借助长足发展的现代绘画和科技手法来制造貌似逼真的舞台幻觉三维空间,在要求演员用模仿生活的动作进行彻底"真实"表演的同时,它也就否定了戏剧本质意义上的假定性,并对观众的理解进行欺骗。然而同时它也造成了自身的反动:同样的求真原则被观众用来挑剔它的舞台手段,戏剧的表现力越来越局限在极其狭小的空间,从"三一律"到"第四堵墙"再到展现琐屑生活细节的自然主义戏剧,它身上捆缚的绳索越来越多、越来越紧了。当现代生活日益强烈地向戏剧提出展现人的精神深层的要求时,这种写实戏剧的绝对功用就走到了尽头——它必须被一些新的舞台手段所取代。19世纪后期以来西方与现代派文艺思潮相呼应的连续不断的舞台革新运动,从阿批亚(Adolph Appia)到戈登·克雷(Gordan Craig),到莱因哈特(Max Rheinhardt),到梅耶荷德(Vsevolod Meyerhold)和布莱希特(Bertolt Brocht)都致力于打破以往绝对写实舞台对戏剧表现力的束缚,并获得了令人瞩目的成果。他们一个共同的原则就是让戏剧回到它原始的假定性上去,成为通过某种形式化的表演而反观生活原理的艺术,而这种形式化的表演可以也应该借助于多种非现实的舞台手段来展现,这些包括抽象和风格化的形体动作、舞蹈姿势和音乐旋律在内的手段被综合地使用表明了演员的演技又被重新认识——戏剧走向了否定的否定,走向了循环。

西方的现代舞台正在向古老的艺术传统回归,西方戏剧家反复研究莎士比亚戏剧以至古希腊戏剧的原理,研究东方古老戏剧的原则,渴望着人类聪慧之光的启示——在这个当口,一种延续在舞台上的活的古老艺术传统,正沿着太平洋的航路从东方开过来。

三、东方神韵

重新发掘舞台表现力的西方戏剧在选择它可能的前途,并不断进行了摸索和尝试。这时,延续千年不绝而仍然保持了欢快和旺盛精力的中国传统戏曲,以它新异美丽的面貌呈现在面前,怎能不引起人们的惊呼! 怎能不使人对它历尽沧桑而不衰的生命力表示赞叹! 因此,恰如历史所必然地昭示的,梅兰芳的艺术在西方获得了巨大的反响。如果我们把那些与本文主题关系不大的对梅兰芳个人成熟而出色的表演技艺的赞赏和评论略去,西方戏剧家和评论家们对于中国戏曲的话题主要集中在两个方面,即它与西方古老戏剧传统精神的暗合及它与西方现代派戏剧神韵的相通。让我们深入进去。

在寻求经验和借鉴以解决现实问题的人类社会各种改革中,复古都是某种必经的途径。西方戏剧在从绝对写实主义的穷途里挣脱出来时,同样力图借鉴他们古老的戏剧传统,从伊丽莎白时代到古希腊,从莎士比亚到索福克勒斯。众多戏剧家在历史文献里搜抉爬梳,细心揣度古代传统的精神沉积,并力图把它们复原在舞台上。但戏剧是一种寄托在舞台延续性上的生命,考古只能获得死去的基因,最好的方式是同时能够在仍然存活着的古老东方舞台上获得验证。

当梅兰芳出现在西方舞台时,这个联想式的证明过程就自然地展开了。让我举出两位著名人物的思考作为例子。一位是美国的戏剧评论家斯达克·扬(Stark Young),另一位是苏联的戏剧和电影大师爱森斯坦(Serger Eisenstein)。爱森斯坦从实践家的角度捕捉住他的感觉:"我们一直尊重莎士比亚时代。我们经常想象着这个杰出时期的戏剧。那时演出常用假定性的方法,表现夜间的场面时舞台上有时也不暗下来,但是,演员却可以充分把夜晚的感觉传达出来。我们在梅兰芳的戏剧中也看到这一点。"①他得到了戏剧充分运用假定性的实证并明确表示了对它的肯定。斯达克·扬出自理论家的缜密和抽绎能力,分别总结了中国戏曲与伊丽莎白时代的戏剧及古希腊戏剧的明显相似处。前者,他指出双方的情节场面固定,运用象征性的道具,运用表演程式,时空自由流动,散文韵文交错使用,场次不受限制,男扮女装。后者,他指出双方有许多表面上的共同点,例如男女反串,运用

① [瑞典]拉尔斯·克莱贝尔格整理的 1935 年苏联艺术家讨论梅兰芳艺术记录《艺术的强大动力》,李小蒸译,《中华戏曲》1993 年第 14 辑。

脸谱或面具,布景俭朴等;更有诸多精神上的共同特征,诸如动作的程式化,常规情节表演的格式化,运用道白、歌唱、音乐、舞蹈等各种手段构成和谐的综合艺术等①。

与标志世界电影艺术高峰的《战舰波将金号》一片的导演爱森斯坦更加立足于现实艺术的需要不同,斯达克·扬对于古老戏剧精神的追求更为执着,因而他还从中国戏曲里看到了"对任何国家都可能出现过的古典艺术,而且也对希腊古剧""富有启发性的诠释"。他指出,当时在德国、英国、法国和意大利恢复演出的希腊古剧里出现的所谓"希腊因素",都只是"回顾性的,很不自然,也往往过于理论化",因此,尽管它们显示了一定的业绩,但"无论我们多么感受到它的诗意和美,这些却都不是希腊戏剧因素的固有性质,也不是细心钻研的结果"。恰恰相反,希腊戏剧的特征却"以一种自然的思考方式,一种深刻的内在精神,体现在中国戏剧里"。因而他说:"梅兰芳的戏剧是我所见到的一种对希腊古剧最深刻的诠释。""在没看到梅兰芳的中国戏剧之前,我从来没见过一种同时代的、具有古典精神的戏剧艺术达到如此的高超地步。"②斯达克·扬的结论从一个角度揭示了世纪初的西方戏剧青睐中国戏曲的心理原因。

当西方现代派戏剧家尝试利用能够想象到的并且能够付诸舞台实践的各种表现手段,进行戏剧观念的突破并获得一定程度的成功时,他们内心的喜不自胜是可以理解的。然而当他们突然从古老的中国戏曲里发现了类似的手法,就像人类在原始森林中突然遇见了自己的始祖,他们能有什么样的心理反应呢?下面的例子从不同的角度描画了这个场面。

烦琐的写实布景走到舞台生命力的绝境以后,成为演员舞台表演的束缚,而过于细致的布景也给设计带来种种困难,西方戏剧家开始探索用象征性的方法来简化它。美国著名舞台灯光师和导演格迪斯(Bel Geddes)教授说,近来人们进行了舞台设计的多种尝试,自以为已经尽量简化了布景,谁知看了中国戏曲以后,才发现它原来根本就不用布景!这种手法实在是最

493

---

① [美]斯达克·扬:《梅兰芳》,梅绍武译,《戏曲研究》1984 年第 11 辑。

② 同上。

高艺术原则的体现。① 以表演单人戏剧著称的美国著名女艺术家雷德(Ruth Draper)说,我在初创单人戏剧的时候,决定不用布景,一切情节都用象征的手势、表情和形体动作来表现,但是在具体运用时有许多问题解决不了。看了中国戏曲,恍然大悟,原来它早就使用了这种方法,而且处处安排得非常和谐美观,给了我极大的启发。② 莎士比亚戏剧旁白的现代运用,也是西方人视为惊奇的,它使美国著名现代剧作家尤金·奥尼尔(Eugene O'Neill)1928 年创作的《奇妙的插曲》一剧获得了焦点注目,并"在当代戏剧中掀起一阵争先仿效的时髦的狂热",然而,这种"新颖"的戏剧手法竟然也出现在中国古典戏剧舞台上!《洛杉矶审查报》1930 年 5 月 1 日以《中国早在几百年前就已听见"旁白"》为题发表文章,透示了西方人内心的惊讶。③

经过对中国戏曲种种表现手法的检验,以及以他们自己的戏剧创新为坐标进行甄别,西方人得出了一个与中国五四新文学革命家们完全相反的奇怪结论:中国戏曲的传统手法是非常"现代化"的。美国著名戏剧女演员康佩尔(Patruck Compell)的坦率说法具有代表性:常常有人说中国戏曲十分陈旧,但是如果我们用艺术的眼光来认真判断,就会得出这样的结论:它实在比西方戏剧中最为现代派的手法还要现代。④ 类似说法被西方人一直重复到现在。

虽然这种孙悟空跳不出如来佛手掌式滑稽的感觉,不应该成为东方古老戏剧维护自己优越心理的平衡器,西方现代派戏剧自有它深厚的文化积淀和时代光芒的闪烁——但是这个事实毕竟充分显现了人类精神古今的相通和东西的相通,它从另一个角度揭示了世纪初的西方戏剧青睐中国戏曲的心理原因。

面对纯粹而完整的人类古老戏剧样式,面对自己难以跳出的巨大戏剧经验积累和美学升华的宝藏,正像面对稳固踞坐而俯瞰地中海的金字塔和严整列出庞大方阵的秦始皇兵马俑,一种强烈的文化震撼在西方沉思者那

---

① 参见齐如山:《梅兰芳游美记》,长沙:岳麓书社,1985 年,第 2、112、135 页。
② 同上。
③ 转引自梅绍武:《我的父亲梅兰芳》,附岳麓书社 1985 年版《梅兰芳游美记》后。
④ 参见齐如山:《梅兰芳游美记》,长沙:岳麓书社,1985 年,第 2、112、135 页。

里必然地发生了。斯达克·扬说:"在一个属于古老民族的传统艺术和一个被他们的人民承认为伟大艺术家的人面前,我们大多数观众必定会感到谦卑。"①另一位戏剧评论家罗勃特·里特尔(Robert Littell)有着相似甚至更为强烈的精神体验,他说:"昨夜看到中国最著名的演员梅兰芳介绍京剧给美国观众,这是我在剧院里度过的一个最奇妙而激动人心的夜晚。我也许只懂得其中的百分之五,而不了解其他大部分,但这足以使我为我们的舞台和一般西方舞台上的表演感到惶恐谦卑,因为这是一种以令人迷惑而撩人的方式使之臻于完美的、古老而正规的艺术,相比之下我们的表演似乎没有传统,根本没有旧有的根基。"②

——用一种沉积了浑厚历史内涵的艺术样式叩开西方文化之门,梅兰芳西征的第一重意义已经显现得十分充分了。

四、智慧的启示

495

如果说,梅兰芳在美国戏剧界引起的旋风效果还仅仅触动了普通的西方戏剧文化层——由此带来对于戏剧本质和共性理解的一般思考,那么,他在苏联的特殊际遇则使他能够对当时世界上几种有代表性的戏剧思潮起到直接推波助澜的作用。我们惊讶地看到,仿佛是冥冥之中主管戏剧之神的安排,百年难遇的"九大行星"会聚竟然于这时发生在莫斯科戏剧界!让我们排列一下这一个个都足以让我们产生崇敬之情的名字吧:斯坦尼斯拉夫斯基、戈登·克雷、梅耶荷德、泰依洛夫、皮斯卡托、布莱希特、爱森斯坦、丹钦柯——戏剧之神通过偶然这一手段把这些分别代表了世界戏剧一个方面的优秀人物及他们的学派集中在一起,仿佛就是为了用梅兰芳所带来的中国戏曲的坐标做出公开的检测和判断。

众星会聚的自然景观是令人神往的,由此造成的太阳系物理场变化能够提供科学探测的重要数据。同样,"关于这些极不相同的、各具自己鲜明

---

① [美]斯达克·扬:《梅兰芳和他的剧团的节目》,《新共和》杂志 1930 年 3 月 5 日,转引自梅绍武:《我的父亲梅兰芳》。

② 转引自梅绍武:《我的父亲梅兰芳》,附岳麓书社 1985 年版《梅兰芳游美记》后。

个性的、决定着 20 世纪戏剧面貌的导演观点的艺术家们相互'碰撞'的想法",至少使瑞典斯德哥尔摩大学的戏剧教授拉尔斯·克莱贝尔格(Lars Kleberg)激动不已,他获悉当时苏联对外文化协会曾经组织过一个梅兰芳讨论会,在一时找不到原始文献记录的情况下,竟然按照当时可能发生的情景虚构了一个现场的"臆想记录",这就是对话体剧本《仙子的学生们》,并于1986、1988 年在波兰和法国分别上演。① 这部话剧以其对各个戏剧大师思想和性格的戏剧性模仿,尤其对他们戏剧观念的准确把握和阐发而获得认可。最近发掘出来的历史材料证明,上述戏剧家中有一半人并没有参加这个讨论会,虽然他们当时都在莫斯科,虚构的"碰撞"并没有直接发生②。不过,他们中一些人也留下了谈对中国戏曲印象和看法的文章或书信,说明他们与梅兰芳的其他性质接触是曾经有过的。

克莱贝尔格的思路毕竟给了我们启发。汇拢原始记录和文章书信,我们就能够大体看清楚各位大师看待中国戏曲的角度。限于篇幅,这里仅仅举出两位各自戏剧表演体系的代表梅耶荷德和布莱希特的反应作为说明,再辅以电影大师爱森斯坦一个绝妙的印证。

以自己一生的追求探索戏剧新形式的梅耶荷德,从他的老师斯坦尼斯拉夫斯基与观众完全隔膜的写实主义戏剧中反叛出来,走向戏剧的假定性和表现派。当他看到自己的思想被一种如此古老深厚的戏剧传统所证实了的时候,压抑不住内心的感情起伏,他说:"我们这些正在建设新戏剧的人,现在感到惊奇和欣喜,同时我们也非常激动。因为我们确信,当梅兰芳离开我国以后,我们仍然会感觉到他的特殊影响的存在。"他当即决定把自己正在排演的新戏《聪明悟》全部推倒重来。事实上,爱森斯坦也注意到了梅耶荷德剧院与梅兰芳戏剧手法的接近并在发言中指出了。对于梅兰芳表演的评介,梅耶荷德恰恰强调了他自己最注重的两点:第一,形体动作;第二,内在节奏。梅耶荷德关于演员必须利用他整个身体及其姿势、动作和手势来完成形体表演"塑性"的立场,使他强烈突出了梅兰芳对手的运用:"我们有

---

① 参见[瑞典]拉尔斯·克莱贝尔格整理的 1935 年苏联艺术家讨论梅兰芳艺术记录《艺术的强大动力》,李小蒸译,《中华戏曲》1993 年第 14 辑。

② 同上。

很多人谈到舞台上面部表情的表演,谈到眼睛和嘴的表演。最近很多人又谈到动作的表演,语言和动作的协调。但是我们忘记了最主要的一点——这是梅兰芳博士提醒了我们的,那就是手。"而他通过风格化的演出使戏剧显现出清晰内部节奏的信念又引来他对梅兰芳戏剧节奏的极力称赞:"谁要是看过梅兰芳的表演,就会为这位天才的舞台大师,就会为他的表演节奏的巨大力量所折服。"梅耶荷德这位推动了世界戏剧新运动的革新家,在中国戏曲中印证了自己的体系。①

布莱希特没能在讨论会上发言,但他看了梅兰芳的舞台表演,事实上从他谈到梅兰芳"穿着男装便服,在一间没有特殊灯光照明的房间里,在一群专家的围绕中间表演他的戏剧艺术的片段"②来看,他甚至可能到达讨论会的现场。布莱希特此前一直在为建立一种要求演员为观众提供脱离幻觉的表演的理论而奋斗,他曾名之为"异化"或"陌生化"。一旦看到中国戏曲,他立即感到自己的理论得到了最有力的传统支撑,他生造了一个词 Verfremdung(间离)来重新为自己的理论命名,次年干脆以《中国戏剧表演艺术中的间离效果》为题,系统阐述自己的观点。对于布莱希特理论的内涵已经有足够多的专题研究,这里仅想指出他对中国戏曲表演原则的一个误解,即他以为戏曲演员的感情在整个表演中一定是从头至尾保持冷静的,不会被他的人物引入体验境界,这个误解使他陷入了悖论,即当戏曲舞台上出现与"间离"理论相抵触的情景时,他无法接受。例如当他看到梅兰芳在表演《刺虎》中贞娥垂死时情景的逼真时,他认为是败笔。③

爱森斯坦是运用蒙太奇技巧把电影艺术对生活的概括和细致描绘手段统一起来,并使之达到诗意境界的大师,《战舰波将金号》里面那个"永无尽头的台阶"镜头及其产生的强烈审美震撼力已经成为世界电影艺术的经典例证。所以,他在梅兰芳身上看到的是"由这个传统所形成的,非常细致又

① 参见[瑞典]拉尔斯·克莱贝尔格整理的 1935 年苏联艺术家讨论梅兰芳艺术记录《艺术的强大动力》,李小蒸译,《中华戏曲》1993 年第 14 辑。
② [德]布莱希特:《中国戏剧表演艺术中的陌生化效果》,丁扬忠等译:《布莱希特论戏剧》,北京:中国戏剧出版社,1990 年,第 195 页。
③ 参见施叔青:《西方人看中国戏剧》,北京:人民文学出版社,1988 年,第 19 页。

非常概括的性格刻画方式,正是这个戏剧的令人惊异的特点之一。这种生动的创作个性的感觉,正是最令人震动的印象之一……概括达到了象征、符号的地步,而具体的表演又体现着表演者的个性特征",同时他高声召唤一种"形象文化,也就是高度诗意形式的文化"①,就不免让你发出会心的微笑。

——以自身丰富的智慧储蓄启示了西方戏剧各种流派的思考和实验,梅兰芳西征的第二重意义在这里也完全显现出来。

五、历史的跨越

事实上,早在梅兰芳之前大约两个世纪,西方世界已经广泛注意到了中国戏曲这种古老的东方戏剧样式,但是那时人们对它的反应却极其不同甚至完全相反。由于观念和文化发展阶段的原因,西方人在接近中国戏曲的路途中行进了 200 年,跨越了双重障碍:充满偏见的理解和追寻异国情调的热情,最终走到了对一种人类艺术结晶的真正认识。

除了 17 到 18 世纪那些有机会深入东方腹地的耶稣会士,一般西方人最初接触中国戏曲的形式是从书本而不是舞台上,也就是说,通过那些耶稣会士们翻译的剧本,也通过他们翻译的其他大量中国书籍,留下对中国文化间接而片面的印象。当他们从自己既定的历史传统和文化观念阶段出发来认识一种完全的异域文化时,发生偏见就是不可避免的。第一部中国戏曲剧本——元杂剧《赵氏孤儿》被翻译成欧洲文字并出版后,它那"怪异"的形式立刻引来了猛烈的批评和抨击。矛头主要集中在三个焦点上:一是中国戏曲的时空自由转换规律严重违背了当时统治欧洲剧坛的戏剧"三一律",《赵氏孤儿》的剧情活动时间长达 25 年之久,表现出极其的"笨拙和粗率"②。二是中国戏曲的风格无法清晰地区分为悲剧、喜剧、通俗剧等完善

---

① [瑞典]拉尔斯·克莱贝尔格整理的 1935 年苏联艺术家讨论梅兰芳艺术记录《艺术的强大动力》,李小蒸译,《中华戏曲》1993 年第 14 辑。

② [法]迪·哈尔德:《赵氏孤儿》序,转引自陈受颐:《十八世纪欧洲文学里的赵氏孤儿》,《岭南学报》第 1 卷第 1 期,1929 年。

戏剧类型,仍处于幼稚的"儿童阶段"。三是中国戏曲把歌唱和说白"奇奇怪怪地纠缠在一起"①,不像当时的欧洲戏剧一样,话剧、歌剧、舞剧都截然分开。另外,还有对中国戏曲缺乏理性、感情的表现和畅快洋溢的辩才,却充满了可笑的自报家门等幼稚手段的讥讽。如果说19世纪以前的西方人对中国戏曲的认识还仅仅是由于地缘文化隔膜所带来的偏见的话,19世纪以后随着炮舰的胜利,西方人在自己的文化优越感支配下就形成更为偏激的认识,尽可以把中国戏曲随意说成是"婴儿的牙牙学语"②,"只能跻身于通俗剧、老套的报导剧或歌剧文词中间"③。

普通西方人对于中国戏剧异国情调的欣赏则发端于17、18世纪时对于东方文化的盲目热情,那时虽然生活在欧洲本土上的人几乎都没有看到过中国戏曲,但他们却有机会看到欧洲舞台上生造的形形色色的"中国戏剧",例如众多以所谓中国题材甚至形式演出的轻歌剧、通俗剧和喜剧,取名诸如《中国人》《中国偶像》《大官人》等,《赵氏孤儿》杂剧也被一再改编为欧洲戏剧在舞台上搬演。鸦片战争以后,逐渐有中国戏曲剧团循着出海华工的足迹走向欧美,出于各种动机和原因来华的西方人也逐渐增多,中国戏曲就慢慢为他们所熟悉。虽然对于中国戏曲的音乐和艺术规则,他们或许觉得不堪忍受,但其内容和形式所引起的好奇心也足以激发部分兴趣。

20世纪开始的西方文化对于东方的潜心倾听,以及西方戏剧对于寻找和再确认舞台本质的渴望,把梅兰芳推上了一个极为有利的讲坛。中国戏曲似乎被西方人重新发现,正像美国评论家斯金纳(R. D. Skinnen)所指出的:"梅兰芳的艺术无疑超越了东西方之间所存在的障碍。"④于是,在经过了200年的龃龉之后,我们第一次听到西方人从审美的角度对中国戏曲做出贴切而恰当的艺术评判就不是偶然的了。

① 转引自范存忠:《赵氏孤儿杂剧在启蒙时期的英国》,张隆溪等编:《比较文学论文集》,北京:北京大学出版社,1984年。
② 转引自 Leonard C. Pronko, *Theater East and West*. Berkeley, University of California Press, 1967. p.40。
③ 转引自于漪:《浅说中西戏剧传统之交融》,陆润堂等编:《比较戏剧论文集》,北京:中国戏剧出版社,1988年。
④ 转引自梅绍武:《我的父亲梅兰芳》,附岳麓书社1985年版《梅兰芳游美记》后。

所以，苏联戏剧艺术家丹钦柯在观看了梅兰芳演出之后能够得出这样的结论："中国戏剧以一种完美的，在精确性和鲜明性方面无与伦比的形式体现了自己民族的艺术……我从未想到过，舞台艺术可以运用这样杰出的技巧，可以把深刻的含意和精练的表现手法结合在一起。"①甚至早在五年前，有着足够艺术和理论敏感性的美国评论家斯达克·扬就已经断言："梅兰芳的戏剧是一种具有真正原则性的学派。"中国戏曲已经被西方审美者当作一种人类千年艺术经验积累的塑成品看待，美国著名文艺评论家布鲁克斯·阿特金逊(J. Brooks Atkinson)对这一点似乎说得更透彻："这种艺术具有它独特的风格和规范，犹如青山一般古老……但它却像中国的古瓷瓶和挂毯一样优美。如果你能摆脱仅因为它与众不同就认为它可笑的浅薄错觉，你就能开始欣赏它的哑剧和服装的精美之处，你还会依稀觉得自己不是在与瞬息即逝的感觉相接触。你也许甚至还会有片刻痛苦的沉思：我们自己的戏剧形式尽管非常鲜明，却显得僵硬刻板，在想象力方面从来没有像京剧那样驰骋自由。"②这已经是彻底跨越了文化和传统阻隔的真正出自人类审美动机的评价。

——西方人对中国戏曲的认识深入到文化和美学理解的程度，这是梅兰芳西征的第三重意义。

六、西方坐标的定位

梅兰芳的超绝眼光和艺术胆魄使他把中国传统戏曲摆上了世界祭坛，从而，它不可避免地经受了一次现代文化的高层次审美检验和定位。回顾当时诸多戏剧理论家的精到剖析，我们不仅会为其准确的审美捕捉力和鉴别力所叹服，而且也为这些至今仍然鲜活隽永的剖析感到惊讶。让我们来看一些最抓住精髓的见解。

---

① ［瑞典］拉尔斯·克莱贝尔格整理的 1935 年苏联艺术家讨论梅兰芳艺术记录《艺术的强大动力》，李小蒸译，《中华戏曲》1993 年第 14 辑。
② ［美］斯达克·扬：《梅兰芳》，梅绍武译，《戏曲研究》1984 年第 11 辑。

（一）一种能够充分调动起全部舞台手段并使之达到有机综合的艺术

在超过 3000 年的漫长演进史上，人类戏剧积累了大量行之有效的表现手段，这些手段中的一些重要组成如诗歌、音乐、舞蹈、程式性等在近 200 年内被短暂地从西方舞台上分离出去，造成戏剧的能源枯竭。但是在中国戏曲舞台上，这种因素却在源源不断地发射惊人能量。由此斯达克·扬指出："说这种中国艺术未必包容人类一切经验在内，但作为戏剧艺术却是完整的，意思是说它汲取了这种特殊艺术的一切手段，包括了表演，道白，歌唱，音乐，广泛意义上的舞蹈，形象化舞台装置，最后还包括观众在内，因为演员明确而坦率地把观众像其他任何因素一样包括在他的技艺之内。"① 每一种人类艺术的经验都有它的道理，例如戏剧中间的音乐，斯达克·扬说，在看了中国戏曲之后，"我越发理解到一部既纯洁又理想的戏剧作品最终的质量，是要用它接近音乐的程度来衡量，是要用人们无论听到还是觉察到音乐而都依赖音乐活力的意识来衡量"。他援引了自己的具体感受："我发现每逢感情激动得似乎需要歌唱，人物就唱起来，这从生物学的观点来看是正确的——因为我们情绪一旦激昂就会很自然地引吭高歌——依我看来，这是戏剧艺术高度发展中的一种正常而必然的现象。"他甚至直接点明："在这方面，希腊人实践过，教会一向知道在宗教剧中怎样保存这种道白和歌唱相互交替表达感情的水平；莎士比亚和马洛在当时没有这种技巧可能性的情况下，却能以一种极其出色的风格使他们的诗文这一艺术手段达到非常狂放神妙的境界，来弥补这种缺陷。"② 继续推导下去，就必然得出近代西方戏剧毫无顾惜地抛弃这些人类经验是极端反艺术的结论。

自然，中国戏曲舞台上的多重表现手段并非呈现一种机械和数学式运作的结构，那它一定不会如此长久繁衍，所以苏联戏剧家泰依洛夫充分注意到了"这种综合性戏剧具有极不寻常的有机性。当舞台上梅兰芳博士的手势转化为舞蹈，舞蹈转化为言语，言语转化为吟唱，我们就看到了这个戏剧

---

① 转引自梅绍武：《我的父亲梅兰芳》，附岳麓书社 1985 年版《梅兰芳游美记》后。
② ［美］斯达克·扬：《梅兰芳》，梅绍武译，《戏曲研究》1984 年第 11 辑。

的有机性的特点"①。美国评论家罗勃特·里特尔表述了同样的观点:"演员、歌唱家和舞蹈家三位一体,结合得那样紧密无间,你简直看不出这三种艺术相互之间存在什么界限——这在京剧里确实是浑然一体而不可分解的。"②如果考虑到这种美学分析出自最初接触中国戏曲的人,而他们具有另外一种文化背景,我们在 70 年后的今天能不产生敬佩吗?

(二)一种遵循原则与创造性相统一的艺术

西方人于对中国戏曲再发现之前,已经在道听途说、浮光掠影和片面性混合构成的印象上形成了误解,以为中国戏曲是一种深陷在程式里的纯粹形式主义戏剧样式。既然一切取决于传统,这种艺术还有什么创造性呢?当梅兰芳戏剧艺术的蓬勃生机直接显现在舞台上时,真正的西方艺术家从震撼中品味到了它的美学原则。爱森斯坦注意到,中国戏曲的"概括达到了象征、符号的地步,而具体的表演又体现着表演者的个性特征"③。斯达克·扬甚至提炼出它的舞台创作原理:"这种古典精神的实质在于这种形式和特征里并不闪避或否定自己,而是充分表达自己的思想感情。一种格式尽管可能多么趋向于固定化,但那股体现它时的创作冲动却仍能发挥出来……它不是单纯的机械制成品,却像一切艺术品那样经常冲击形式而同时又存乎其中,通过这种既冲击又遵循的方式保持生机。"④这样,作为一代艺术大师的梅兰芳出神入化驾驭程式来从事创造的秘诀被他们窥得一清二楚,中国戏曲能不为在西方找到知音而感到骄傲吗?

(三)一种抽象化、装饰性与具象化、精确性统一,象征主义、理想主义与写实主义统一的艺术

运用程式并不妨碍中国戏曲在舞台上对现实生活进行模仿,它的一切

① 〔美〕斯达克·扬:《梅兰芳》,梅绍武译,《戏曲研究》1984 年第 11 辑。
② 〔瑞典〕拉尔斯·克莱贝尔格整理的 1935 年苏联艺术家讨论梅兰芳艺术记录《艺术的强大动力》,李小蒸译,《中华戏曲》1993 年第 14 辑。
③ 转引自梅绍武:《我的父亲梅兰芳》,附岳麓书社 1985 年版《梅兰芳游美记》后。
④ 〔瑞典〕拉尔斯·克莱贝尔格整理的 1935 年苏联艺术家讨论梅兰芳艺术记录《艺术的强大动力》,李小蒸译,《中华戏曲》1993 年第 14 辑。

表演手段,例如手势、动作、念白、表演、歌唱等都与现实保持着距离,但又时时显露出惊人的仿真能力,如何处理取决于舞台创造的需要。斯达克·扬否定了那种中国戏曲是彻底理想化的非现实主义艺术的说法,他认为梅兰芳的戏剧艺术和西方的立体派绘画、阿拉伯的抽象性装饰或几何舞蹈设计不同,它并非完全没有现实主义成分,这一点与中国绘画和雕刻的性质相同。他说:"我们欣赏之后遗留在记忆里的,是对它们的抽象化和装饰性的印象;在欣赏过程中我们往往对那种精确性感到惊讶不止:自然界里的一片叶子、一束花朵、一只鸟、一件斗篷,都被观察得极为精确细致,同时我们也对它们那具有特征的细节所呈现的使人眼花缭乱的色彩缤纷的标志感到惊奇。"他举了一个梅兰芳表演中的例子:"一旦为了取得完整效果而要求精确性就出现惊人的精确。例如:一个吹灭灯盏的动作就跟最有天赋的现实主义演员所能做到的一样细腻精确。"因而他认为中国戏曲的原则旨在追求一种非幻觉的艺术的真实,它的真实性超越了西方舞台的机械模仿。"这种表现现实而运用的完美灵活手法,使中国戏剧艺术能进入最深邃的真理的自由领域,能再现本质的纯洁性,能证实人的精神不靠外表来体现也是许多现实主义当中的一种现实。"而西方戏剧的所谓真实性实际上受到舞台的更大牵制,让我们再引述一段他的精彩见解:"扼要地说,梅兰芳受他的艺术中那些程式规范的传统约束比我们的戏剧受它那种现实主义的约束要少得多,而更加自由些。因为他不论任何时刻想造成一点震惊和牵制的效果,都能成功地穿插一些真实的细节,而我们的一位演员,不管他渴望能在他所喜爱的某些段落里怎样改动一下,或运用一下什么风格,却都受到日常生活当中那些想见得到的姿态、举止和实际可能性的约束而并不自由。"①我们不得不佩服斯达克·扬的理解和分析力及实事求是的论证。

(四)一种发展到纯净优美完整和谐阶段的艺术

把上述对中国戏曲的认识崇高化,就得出这一结论,而达到这一步的又是斯达克·扬!斯达克·扬强调中国戏曲所运用的一切手段,包括动作、面

---

① [美]斯达克·扬:《梅兰芳》,梅绍武译,《戏曲研究》1984 年第 11 辑。

部表情、声音、速度、道白、故事、场所等,都绝对服从于统一的艺术目的,"所以结出来的果实本身便是一个完全合乎理想的统一体,一种艺术品,绝不会让人错当作现实"。他注意到"梅兰芳在表演当中身体的节奏感自始至终完整和谐",而表演带给人的则是一种不同于西方戏剧效果的强烈审美震撼。他举《费贞娥刺虎》的例子说:"我激动得浑身发抖,怪就怪在这种激动比我对死亡和恐惧仅是摄影般的描绘所感受到的那种激动要强烈得多,而同时显得更朦胧更纯净。"①相似的感觉也曾经被罗勃特·里特尔用他富有激情的笔描述过:"你看他在舞台上表演,会觉得自己仿佛置身于一个古老的神话优美和谐而永恒的领域里……你忘记了一切,仅剩下他所绘制的一幅优美的图画,每个富有表情的姿势都像中国古画那样浓重而细腻,单单服装和容貌看上去就十分美丽,充满极其微妙的庄严和宁静。然后,你就会想到我们自己表面化的即兴表演,昨天产生,明天就会陈旧了……"②尽管这也许只是一种在西方人中间并不具备共性的心理悸动,但也已经十分难能可贵了。

——通过立足于西方文化和艺术坐标的反观,以及与西方戏剧内蕴的比较,中国戏曲的美学价值得到了清晰的映现和确认,这是梅兰芳西征的第四重意义。

七、余言

梅兰芳的西征犹如一股出海的河水,携带着大量东方大陆的文化信息冲向奔涌的海潮,在那里掀起掺并、交会、融合的涡流。他给正在酝酿着革新和创造的西方舞台带来了新的参照和动力源,他也使长期处于封闭状态的中国戏曲得以打开眼界。

对于发生在 20 世纪 30 年代这一世界文化动作的影响,最直接的反应是当时引起的戏剧理论界的喧嚷,几乎所有的戏剧大师们都被裹挟到对它

---

① [美]斯达克·扬:《梅兰芳》,梅绍武译,《戏曲研究》1984 年第 11 辑。

② 同上。

的评判中来,上文的叙述里对这一点已经有充分的揭示。它的另外一个实绩,是对此后的西方戏剧实践产生了潜移默化的作用,诸多戏剧家都有意无意或多或少地运用或借鉴了中国戏曲的手法,比较明显的如莱因哈特、梅耶荷德、布莱希特、克罗代、T.王尔德、奥尼尔、热内等。在他们的作品里,经常可以见到近似于中国戏曲而背离西方近代传统的戏剧手段的运用,例如空舞台,简陋的象征性道具,中性或随时撤换的布景,艳丽和夸张的服饰和化妆,使用面具和脸谱,写意的虚拟表演,诗歌、音乐、舞蹈的综合运用,自由的时间和空间处理等——西方舞台恢复戏剧本质的实验在梅兰芳的推动下大大朝前跨进了。对于当代戏剧呈现的趋势,可以看得到的是:东西方在彼此沟通及相互融会方面仍然保持着广阔的前景。

梅兰芳为中国戏曲所获得的参照系也正面回复了它所遭到的责难,那些责难竟然也以西方文化为基点!它宣示了一种完美的人类古老艺术永远不会失去现代生命力的道理。只是,一些西方艺术家的提醒也是意味深长的。爱森斯坦说:"艺术领域中的现代化,是这个戏剧应该极力加以避免的……人类的戏剧文化,完全可以保留这个戏剧现有的极其完美的形式,而不会影响自己的进步。"[①]

把戏曲推向东西方文化碰撞旋涡的毅然举动成就了世界舞台上的梅兰芳,梅兰芳也使中国戏曲成为世界戏剧引人注目的重要一员——这就是70年后我们对这一历史行为的总结。

(原载《文艺研究》1995 年第 1 期)

---

① 转引自梅绍武:《我的父亲梅兰芳》,附岳麓书社 1985 年版《梅兰芳游美记》后。

文化渊源与审美性格

——关于中日戏剧比较的一点思考

　　我对于日本文化和日本戏剧的了解不深，只是由于近年潜心于搞东西方戏剧的比较，需要先认真把握东方戏剧的内涵，东方戏剧里的中国戏曲是我所熟悉的，于是我就特别关注印度梵剧、日本能乐和歌舞伎的情况，读了一些有关著作和文章，受到很多启发，但是也感到某些不足甚至一些问题。现在从三个角度对中日戏剧比较谈点感想。

一、关于中日戏剧文化渊源的比较研究（影响比较）

　　中日文化之间的历史渊源关系是明显的，但具体到中日戏剧之间在文化渊源上有无关系，则是一个需要验证的题目。文化渊源的发掘较之戏剧本身的比较当然是一个更为泛化的领域，恰当的方法应该是在尊重历史的前提下，充分注重文化的广博性、含容性和互渗性，这就需要展开一个较之戏剧比较宽泛得多的背景，如果单纯从戏剧样式之间的似与不似出发去启动研究似乎远远不够。

　　例如，日本的能乐与同期而稍前成熟的元杂剧之间有无影响关系，这是一个很老的课题，最初的提出者是日本江户时代（1603—1867）的学者荻生徂徕（1666—1728）和新井白石（1657—1725），他们都认为能乐是直接受到元杂剧的影响而形成，这种说法为一些人所接受，直到近年还有一些中国学者在沿着这一思路进行探求。但近代以来，这种认识已经受到了日本学者的普遍挑战，他们以没有丝毫证据为由而否定上述思路，自然，这种否定性认识的形成本身也是合理的。但由此出发，一些日本学者进而提出日本戏

剧自成文化渊源说,则走入了伪三段论式的认识盲角,其公式可以概括如下:

　　　1.大前提:没有直接关系的事物之间缺乏联系;

　　　2.小前提:能乐与元杂剧没有直接关系;

　　　3.结论:日本戏剧是自成文化渊源的。

明眼人一看即晓,推论的第三步是偷换概念,能乐与元杂剧没有直接关系,不等于它们在文化渊源上缺乏任何联系。这完全是两个概念范畴里的东西。

　　如果单纯着眼于元杂剧对于能乐的直接影响,我也认为其命题不能成立,因为除两者的"不似"之外,我还注意到这样一个简单的历史事实:元朝与日本之间缺乏文化交往。元世祖忽必烈曾经两次伐日,一次在至元十一年(1274),另一次在至元十八年(1281),两次都遭到失败,第二次还由于遭遇海上暴风而全军覆没。征讨使得日本对于这个强悍而野蛮的亚欧大陆统治者惊惧无比,于是一直实行海禁政策,断绝了和大陆的来往。也就是在这个时期里,日本的能乐开始孕育成形,我们知道,能乐的第一代大师世阿弥(1363—1443)是在大约元末的时候,推动能乐走向成熟的。元朝的统治只有短短不到100年时间,在这样短的历史时段和特殊政治背景中,能乐很难有条件向元杂剧进行"横向借鉴"。我比较倾向于能乐在这一时期中自在发展而孕育成形的说法。唯其如此,能乐才在"外貌"上与元杂剧有着显著的区别。

　　但是,说元杂剧对能乐没有直接影响,不等于说中日戏剧在文化渊源上没有关系。文化渊源是另外一个宽泛得多的概念范畴,对它的寻求决不能局限于某种或某些戏剧样式之间。日本受中国文化影响最盛时期为六朝至隋唐,特别是大唐文化发散和辐射的脉冲极强,到了宋代,由于中国政治和文化都呈现出一种收敛的态势,对外部的辐射信息极大地缩减,日本受到的影响就减弱了。通常的日本戏剧起源研究,普遍要提到六朝、隋唐的文化影响,这是比较合宜的做法。在这一历史时段中,中国的散乐和民间傩戏向日本的传播已经得到公认。一般认为,中国的散乐和民间傩戏传入日本后,与其佛寺中的技艺表演延年舞曲,以及土著农家之乐的田乐、庶民阶层的风流韵事表演等结合,共同孕育了能乐,这是日本戏剧史学者通常持有的观点。当然,说日本戏剧在文化渊源上受到中国的影响,不等于说日本戏剧源自中国戏曲,任何一种民族艺术形式的孕育,都有其自身的独特基因在起作用,外来因素只是起到某种刺激效果而已,我在《东方戏剧及其文化命运》一文(《中华戏曲》第20辑)里已经谈到这一点,我说:"日本戏剧在吸纳了大唐舞乐文化之后,就进入了自身独立的演变过程,因而东方又一种具备独特艺术质的古典戏剧样式才得以形成。"另外,我们也应充分注意到,中国戏曲自身的孕育和发展也有一个历时性的过程,唐代中国戏曲还不成熟,甚至到了宋杂剧也还只是一些片段性的演出,在戏剧结构上还不完善,因此只有舞乐因子在对日本起作用。日本能乐是无法从这些舞乐因子里模仿出一种成形的戏剧形态来的。

解决了上述认识偏差后,我们就会看到,中国舞乐对于日本能乐影响的蛛丝马迹还在。我特别注意到,唐代盛行的乐舞样式——大曲,在日本能乐身上的投影很深。例如能乐和大曲一样采取序、破、急的三段结构,序时开始缓慢地奏乐歌唱,破时节奏加快,开始舞蹈和身段表演,到了急的阶段进入快节奏的高潮。这是一种对于舞台内在节律的理性归纳,它从实践而来,准确反映了当时舞乐表演的内在规律,也是对于观众欣赏舞乐时的心理节奏的科学把握。唐人以此规律来规范大曲,到了世阿弥那里则用它来规范能乐,说明能乐与大曲的内在节奏是相通的。又如能乐的依靠面具辅助演出,和元杂剧有距离,但却和大曲相同。唐代大曲的著名作品《拨头》《兰陵王》都戴面具,这些作品当时传到日本后,为日本宫廷长期保留传演,并一直演到近世,它们对于日本戏剧的影响不言自明。再如大曲表演的过程中时而穿插滑稽戏的演出,这与能和狂言的交替演出形式相类,而滑稽戏与狂言性质接近,都是表现世俗人生的滑稽小故事。大曲虽以歌舞为主,但带有浓厚的叙事性和故事性,能则是带有浓厚歌舞因素的戏剧,但其戏剧性却是世界几种古老戏剧样式中间最弱最淡的,用西方人的眼光来看,它简直就是一种歌舞,因而我们不能简单地用歌舞、戏剧的概念分类,就把大曲和能截然分开。据我的判断,大曲是直接影响到能的孕育和成熟的极为重要的因素。唐代之后,日本戏剧大约已经走上了自在的独立孕育之路,与中国的关系不是十分密切了。有些中国学者依据时差接近的前提,试图从宋杂剧中寻找与能的类同成分,以说明能更直接地受到宋杂剧的影响,但收获甚微。这反证了我的推测。

在更大背景上把中日戏剧的文化渊源联系起来的历史事件是佛教文化的东传。佛教文化渗透到中国本土的最强时期是六朝,而进入接收终端日本的最强时期则是隋唐,恰与隋唐乐舞的兴盛与发散同步,于是二者彼此结合、共同推进,将其文化辐射的强劲脉冲发抒到日本。能乐与佛寺中延年舞曲的血肉联系本身即证明了这一点。

在进行文化渊源方面的比较研究时,盲目宣扬的民族情感可以造成严重干扰,以致遮掩历史真实,干扰对结论做出科学判断。江户时期的日本,由于中国文化精神高涨,多方向中国学习,所以狄生徂徕等人很容易地就认为日本戏剧受到了中国的影响,虽然其能乐出自元杂剧说并不科学。明治之后的日本迅速自强,民族自信心膨胀,反过来就蔑视甚至痛恨中国文化的落后一面,希望能够彻底摆脱其影响,甚至提出"脱亚入欧"的口号。这以后的日本,开始耻于其文化方面与中国的千丝万缕联系,于是采取不承认态度,这种态度也渗透到戏剧的文化渊源研究之中。但是,盲目的民族情感与科学研究的理性精神是背道而驰的,它只能将人的眼目遮蔽,使其认识脱离事实。我私下认为,中国与日本戏剧的文化渊源关系是明显的,日本学者只要稍稍投入一些精力,去关注一下日本戏剧起源中的中国文化影响因素,去探讨一下至今保留的日本宫廷乐舞的历史文化渊源,就能够得到接近历史真实的结论。但直到目前,这个工作没有人去做,民族情感在做抵制。我这么说,不等于否认中国的学术研究就没有这方面的问题,问题同样存在。例如印度梵剧对于中国戏曲所施加的文化影响也是一个值得探讨的课题,它长期以来一直在纠缠着研究者,但干扰这项工作取得实质性进展的重要原因之一,也是中国学者被盲目的民族感情所干扰,先天地就在体内形成排拒基因,它障蔽了进行科学推测和探讨的可能性。只要有人在这个领域内做些试探,马上会招来出于民族义愤的严正道德批判:崇洋媚外的中国戏剧起源外来说。事实上谁都明白,外来文化影响是一码事,起源的根基又是一码事。面对文化研究中的这类观念阻碍,我只有一句话:科学无禁区,让事实说话。

二、关于中日戏剧审美性格的比较研究（平行比较）

在这方面的研究已经有了一些成果,发表过一批文章,总结出一些带规律性的东西,例如认为中日戏剧都具有综合性、表现性、程式性、虚拟性等特征,当然也归纳出一些不同的东西。这些研究作为奠基,起到了一定的认识作用,但是,接下来怎么能够进一步深入?如果还继续在这些特征上做文章,反复做出貌似有异但实质相同的归纳,或者再归纳得、精密一点,阐述得高深一点,仍然属于原地踏步,于推进研究无大补。我认为,接下来的工作重点,应该放在对上述特征的深层原因的挖掘。也就是说,在这些规律的后面还有什么?是什么东西在支撑着它们是这样而不是那样?于是,我们就势必回答这样的问题:这种现象反映出什么样的自然观、宇宙观和思维方式?反映出什么样的文化观、政治观和民族性格?只有对这些问题做出回答,才能更加深入地理解中日戏剧审美性格的相同和相异,才能更加合理地解释其终极原因。现在读到的这类文章还不多。我注意到,近年国内学界的中日文化比较研究已经有了长足的进展,产生了一批有分量的著作,这些成果值得我们研究中日比较戏剧时借鉴。当然,我认为目前探讨日本人文化性格的最好一本书,还是美国人类学家本尼迪克特写的《菊花与刀——日本文化的诸模式》,其中对于日本人的宇宙观和民族性、心理特征和性格基调、思维方式与文化品性,都从历史渊源与现实呈现两个方面着眼来进行追踪研究,从而得出极具说服力的结论。这本书对于我们来说,有着重要的方法论意义。

我个人有一点对于中日文化性格比较的肤浅认识。当然我只能谈点零碎的感觉,属于皮毛,而且是印象式的,可能不准确。

例如我认为对于自然美的突出感受和多愁善感的情调是东方思维的特征,它是印度、中国和日本所共同拥有的东西,大约与稻作文化的生产和生活方式有关。人们喜欢描绘自然,并将人类的痛苦和喜悦同他们周围的自然环境联系起来,这在西方的艺术观照里是不多见的,虽然也在德国诗歌中存在,但更为古老的希伯来和希腊诗歌里却相当缺乏。因而,重视自然和珍视自然是中日艺术的共性。中国艺术讲究意境的闲淡疏远,日本艺术讲究幽闲、空寂、闲寂,都是从自然感受里汲取而来的审美观念、概念与标准。日本诗人从汉文学里得到灵感,吸收了对自然感受的表达方式、对时序变迁感的抒发,甚至还越加夸张运用。当然,中国的自然感主要体现在绘画和诗歌审美上,日本则更进一步延伸到戏剧、注入能乐。中日艺术都突出强调美,而不像西方艺术那样更加强调真,中国与日本在这一共性基础上又有区分,中国注重善与美的完美结合,日本重视情与美的密切联姻,因而中国戏曲重伦理感染,日本戏剧重内在情感抒发,这与中国是长期礼教社会而日本缺乏这方面的道德培育有关。关注点的差异造成中日文学作品叙事目的的不同:前者强调文以致用,后者重视文以达情;也造成记叙风格的不同:前者于借景寓情中抒发议论,后者于客观描绘中工笔写实。中国和日本都因为其文化性格中的包容性而接受了佛教影响,然而在中国儒文化永远是正统,而日本思想则受到禅宗的深刻支配,幽闲与禅结合的结果是越加形成脱离现实的倾向。中国艺术在忠君和民本思想支配下,形成众多感怀时世、忧国忧民的诗歌和戏曲作品,日本则更常见到抒发个体感受的和歌、俳句和能剧,较少采用反映重大社会问题的题材。

以上是关于中日文化性格本质接近而又有细节不同的一些叙述,但这些基本都属于东方文化的同一性的范畴。日本性格中又有跳出东方文化的某种趋势。日本是海洋岛国,缺乏自然资源和国土,有先天性的扩张欲,又因环水而长于航海,勇于探索远方奥秘,血管里流动着海洋文化的血液,长于接受,善于学习,这些都使其性格产生某种类同于一些欧洲国家的趋势,而与中国相去甚远。这里可以举两个例子说明中日的不同。一个是1853年美国海军将领佩里舰逼东京湾,迫使日本天皇开国、出借港口,遭受了这种丧权辱国的奇耻大辱之后,日本却为其在东京湾建立纪念碑,这在中国是绝对不可能的。日本明治时期实现全盘西化的政治改革几乎没有受到多少阻力,而中国学习西方却长期被体用之争所缠绕,所以前者很快成功,后者招致失败。日本的先天基因里存在着跳出东方而近似西方的成分,因而其艺术也有着相应的表现。突出的例子是,与印度梵剧和中国戏曲的追求情感的圆满、完美与和谐相异,日本的能则重在揭示人的心理痛苦和幻灭。日

511

本与古希腊一样喜爱悲剧,而悲剧在中国和印度都是被排斥了的戏剧体裁。另外,日本能乐的戏剧样式、表现内容和观众对象有阶级的区分(能为贵族服务、表现上流社会生活,狂言为庶民服务、表现下等阶层生活),这在印度和中国是找不到的,因为它和佛教的普世思想、儒家的民本主义精神相违背,但却与古希腊悲剧和喜剧的区分类似。

三、余话

我还注意到中日戏剧在传承方面有着显著的差异,这也是一个很有意思的比较课题,似乎历来揭示得很不够。日本善于保存历史上发生过的每一种文化形态,虽然新的文化形态总是脱胎于旧的,但是新的产生之后,旧的并不消亡,而一直与新的并行存在。例如日本几种戏剧形态的形成和演变都是如此:从能乐和人形静琉璃中脱胎出歌舞伎,歌舞伎孕育了新派剧,新派剧里提炼出新剧,每一种新形式的诞生都不导致旧形式的灭亡,而是大家一起和平共处。于是,日本当代戏剧舞台就成为能、狂言、人形静琉璃、歌舞伎、新派剧和新剧共同表演的场地。中国戏曲不同,它的声腔类型、剧种样式的发展演变轨迹是随风转影、移步换形的,旧的逐步改造为新的,而新的形成了,旧的就消失了。南戏唱北曲,昆曲唱南戏,京剧唱昆曲,每一种后起样式都吸收了前行者的营养,但也改变了其性质,然后前面的样式就一个一个地消失在历史长河之中。造成这种不同现象的原因,就日本方面来说,我想大约和它处于欧亚大陆的边缘,也就是说,不处于文化信息传播的发散地而处于它的接收终端,因而习惯于接受外界的任何信息,并且对之珍视和善为储存有关。如果说,日本海洋岛屿的品性造成其文化的开放性一面,那么,这里所说的地理位置原因,则在顽强地支持着日本文化的保守性一面。中国文化对于自身阶段性的产品并不十分重视,因为它们都只是文化整体发展过程中的一环,仅仅是过程而不是终端,因此没有特别注重的必要。

(原载《文艺理论与批评》2000 年第 3 期)

东方戏剧的悬想

——第九届中日韩 BESETO 戏剧节话语

在 2002 年 11 月 4 日到 11 日北京举办的第九届中日韩 BESETO 戏剧节上,三国各自推出了自己的特色戏剧。参演剧目共 7 台,包括:中国的北京市河北梆子剧团《忒拜城》、空政话剧团《霸王别姬》、北京人民艺术剧院《万家灯火》;韩国街头派演剧团《乡村儒士》、诺特剧团《东方〈哈姆雷特〉》;日本三条会剧团《发光的苔藓》、静冈县舞台艺术中心《新释〈源氏物语〉》。一个共同的特点是:这些作品都在戏剧民族化和本土化的道路上进行了有益的探索。每场演出过后,中、日、韩三国专家都满怀热情当场进行讨论,理论思维活跃,撞击随时发生。10 日、11 日又举行专门的论题研讨,把理论话语引向纵深。引发三国学者热烈讨论并争执不已、各执一端的理论话语,是有关东方戏剧概念的内涵和外延。东方戏剧,这是一个正处于氤氲之中、边缘模糊的戏剧话语,它已经在三国的对话中引起歧义,它更将愈加频繁地遭遇实践,尤其在全球化浪潮势必席卷东西方各个角落的 21 世纪里。因此,解读其历史密码、定位其现实蕴含,成为理论的需求。

歧义首先也主要是在中、韩学者中发生。一位中国学者在观摩了韩国综合性表演程度很高的《东方〈哈姆雷特〉》之后,提问这是不是话剧——她的前提是:这是韩国传统戏剧样式还是西方的 Drama 样式(隐含前提是:她对韩国戏剧发展脉络一无所知)。韩国诺特剧团演出的《东方〈哈姆雷特〉》,是一台奇特的《哈姆雷特》戏剧。它抽绎掉了原作的背景(故事、历史甚至环境),只剩下对《哈姆雷特》中某些精神指向的思考,例如生与死,而把这种思考通过自己的方式展现在舞台上。剧作也抽绎掉了舞台上的一切,没有布景,只运用黝黑昏暗的灯光,照出一群可怜而又渺小像虫豸一般

513

的生命的蠕动。空的底幕给人的感觉是辽阔无垠的宇宙或深邃无底的黑洞。这些生命在舞台上也不是张扬而是蜷缩的、扭曲的,它们在挣扎、呻吟、自戕,表现的是生命的艰难旅途——人从生到死的过程,体现出来的却是当代人对生活、生命、人际关系的一种恐怖理解。舞台表演里少有语言,而充分利用演员的肢体语言,大量吸收现代舞的语言,把这种感受宣扬到了极致。韩国学者针对上述提问做出回答,说是韩国对于戏剧的理解,不仅仅包括运用语言手段的表演,而且包括运用表情、肢体、音乐等多种成分的表演,为什么戏剧要单纯强调说话呢?充分运用综合表演手段,使舞台面貌远离西方,呈现出浓郁的东方色彩,是韩国戏剧人的追求目标(隐含前提是:"话剧"就是单纯运用说话表演手段的戏剧)。那位中国学者说,话剧也包含你说的这些东西,中国近年的话剧演出中,运用肢体语言已经很多(隐含前提是:中国把那种与传统戏曲不同的、源自西方 Drama 的戏剧样式叫作话剧)。韩方说,那么就不应该叫作"话剧",而应该叫作"戏剧"——这里出现了一个概念理解上的差异。

事实上,这次日、韩两国参演的四台剧目,以及中国空政话剧团演出的《霸王别姬》,都是我们理解意义上的"话剧",但是都进行了表演形式和手段上的探索和改造,已经不是传统意义上单纯强调运用语言手段的话剧了。日本三条会剧团演出的《发光的苔藓》,表现战争年代日本海上渔民人吃人的事件,把人的生存境遇推向极致,制造出一个两难命题:吃人,或者死掉,以此来检验极端状态下人的灵魂的扭曲和变异。奇特的内容又和奇特的形式连在一起。戏里没有正面展现渔船上的吃人事件,采取事后法庭审判与罪犯追忆的形式,而审判又采用变形手法,审判官、辩护人、罪犯、被吃掉的人共处一间教室,大家像教师和学生在一起朗读一篇课文,其间由罪犯和被吃掉的人一起用形体和表情来呈现现场感觉,通过间离手法来达到目的。演员的表演是绝对认真的,感觉是逼真的,因此带给观众以强烈的残酷、惊惧与恐怖。日本静冈县舞台艺术中心演出的《新释〈源氏物语〉》则采用另外一种方式。因为是从日本平安时期紫式部的古典小说《源氏物语》里摘取情节,表现一个受尽艰辛而不悔等待的传统凄婉故事,因而它将舞台风格靠向古典戏剧样式——能乐。它的整座舞台就结构得类似一座能乐舞台,但同时又是戏中主人公居住的日本传统木结构房屋,周围环境也像能乐一样处处精心点缀,大如竹子、石头,细到蜘蛛网。人物则穿古典式服装,步态重下盘,拖动着粗质宽幅的裙摆走动,亦如能乐。说话发声并不仿真,而是模仿能乐表演那样粗着脖子说话。这样,演出的既不是传统意义上的话剧,也不是能乐,而是一种向古典能乐汲取表演材料的改良戏。我曾向日方提问,为什么全台女性的发音都要模仿能乐,我认为这样并不美。而传统能乐只有男演员,以男演女,原本是有缺陷的,现在倒过来模仿,不是更加远离生活了吗?导演回答说,这种演法由日本的戏剧改革家铃木忠志奠定,他只是按照铃木忠志的既定规范来工作而已。韩国的《东方〈哈姆雷特〉》是大量借助于形体动作的话剧已分析如上,韩国另外一台戏《乡村儒士》则是融合东西方舞台手段反映韩国民族精神最为成功的,将在下面进行重点分析,这里暂且忽略。中国空政话剧团的《霸王别姬》重新解读了虞姬为项羽自刎垓下这一千古历史绝唱,用项羽和刘邦的人格差异解释二人的历史成败,用虞姬甚至吕雉对于项羽的爱涂染项羽这一血性男儿的气质与形象,诠释他的命运。结构用了随意性与情绪化极强的"波普艺术"拼接法,故事是颠倒错乱的,重在从浮光掠影的历史流程中捕捉并渲染人物的心灵状态。表演带有强烈的夸张性和写意性,舞台设计和灯光运用也共同创造着一种风格化的氛围。这是一台从内容到形式都名副其实的实验戏剧,它带给人以相当的新鲜感,此剧因而在 2001 年第 14 届开罗国际实验戏剧节上获得提名奖。总之,上述例证充分表明,三国话剧在拓展舞台语言方面进行了各自的大胆探索,而脱离了单一的语言特征。

　　10 日的学术研讨会讨论日、韩戏剧的现状和发展情形。中国学者以往对于日本戏剧历史比较熟悉,而对韩国戏剧历史不甚了了,这次研讨中,大家对韩国戏剧发展状况表现出很大兴趣。韩国学术代表李润泽以《韩国戏剧中的剧作家们》为题,介绍韩国 20 世纪以来的戏剧发展状况,文中蕴含着强烈的民族文化意识。李润泽是韩国当红编剧和导演,这次参演的《乡村儒士》就是他的作品。他在论述韩国戏剧 20 世纪的进程时,提出"正剧"和"现代戏剧"的概念区分。他猛烈抨击韩国 20 世纪 60 年代以前的"韩国主流戏剧"——正剧,说那是"以亚里士多德的艺术理论作为其戏剧创作基础的""它重视情节结构,突出对人物性格的塑造,并以语言为中心展开对情节的叙述。这一所谓正剧的概念是彻头彻尾的西欧戏剧史的概念,是以现实主义流派的戏剧为中心的"。他说,"我们没有跳出作为第三世界的从属于西欧文化史的这样一个范畴"。他认为 20 世纪 60 年代以后,韩国以民族传统为基础的、有别于正剧的新的戏剧创作开始涌现,也叫非正统戏剧。90年代以后韩国戏剧家开始反思:到底什么才是韩国式戏剧。于是对传统实施解体与再构,从而,实现传统与时代的结合成为一代戏剧家的任务。李润泽归纳在这种思潮下创作的戏剧特征说:"原来是以情节结构为中心,现在则更重视场景;原来是以语言为中心,现在是语言、声音和身体动作并重。"他指出,从此"韩国戏剧走入了一个新的时期,一个有别于西欧的、具有现代性的韩国的戏剧体已初具格局。场景与场景相互独立的存在,以叙事剧的结构相串联,同时以语言、声音和形体完美和谐的综合艺术表演形成一个崭新的创作模式,是 20 世纪结束之后,韩国戏剧史上的一个新的突破"。李润泽不但在理论上进行归纳总结,他还是一个大胆实践者,他的剧团的演员和编创们集中生活、训练在一起,强调训练的多面性、全方位性,他本人既是编剧又是导演,活跃在韩国现代戏剧的舞台上,成为实验先锋和旗手。

李润泽的发言至少有三个问题值得注意。第一,他所说的正剧与立足于传统创新的戏剧,实际上就是 20 世纪前欧洲的写实戏剧与 20 世纪后现代派戏剧的区分。第二,他极力强调韩国戏剧要运用民族手法来表现民族精神,尤其强调要从韩国的民族传统中发掘表现手法。第三,他认为东方戏剧应该探索自己有别于西方的独特发展道路。

李润泽把西方话剧归结为亚里士多德式戏剧,这是一个误解。事实上,20 世纪以来,西方话剧已经从象征主义、存在主义、荒诞主义、叙事主义走向五花八门的探索,从语言单一的手段模式挣脱出来,进入多层次全方位的表现。戏剧的舞台探索是世界潮流和趋势,已经汹涌澎湃了一个世纪。但是,李润泽突出强调韩国戏剧要从自己的传统中挖掘潜力,从而创造东方戏剧,倒是提出了一个值得思索的任务,特别是面对全球化趋势日益宏巨的时代潮流,尤其如此。

我国话剧事实上在走着与韩国相同的或至少是近似的路,同样在借鉴民族传统,同样在发掘除语言外的其他舞台语言,例如肢体语言等。成功者如近年演出的《生死场》,它的舞台表演对于肢体语言的运用给人造成极其深刻印象,甚至引起戏剧舞台的冲击波,让人们意识到话剧还能有这种演法,只是我们都还把它们归入话剧的范畴,没有像韩国那样将其视为一种新的戏剧。这种区别之所以发生,在于韩国原本没有自己的传统戏剧样式,只有引进西方的新剧,它的唱剧是后来才在民族说唱基础上重构的。而中国有着强大的传统戏曲,引进新剧之后就称为话剧,与戏曲泾渭分明。日本则又是一种情形。由其民族性所决定,日本保留了其历史上出现过的每一种戏剧样式,从古典的能、狂言、歌舞伎,到近代以来受西方影响形成的改良剧和新剧。它们彼此之间互不干扰、并行不悖。"新剧"就是中国所谓的"话剧",但由于和西方保持了畅通的渠道,日本的话剧发展是和西方同步的,因此也不存在韩国把话剧区分为"新剧"和"现代戏剧"的情况。经过讨论,弄清楚了韩国戏剧的概念问题,也反衬了中国话剧的概念问题,大家觉得很有收获。

517

一个有意思的情况是,李润泽还直言不讳地抨击了韩国的唱剧,说那种从传统中直接照搬的做法,并没有完成对于现代戏剧的建构,传统仍然停留在传统,他称之为不成功的尝试。我们知道,韩国的唱剧是把本民族的传统说唱形式转变为舞台表演。事实上,中国戏曲里面有许多近现代形成的剧种,都走了近似的道路,从说唱曲艺样式演变为舞台戏剧,例如滩簧类剧种。1949年后我们还曾有过造剧运动,形成的一些新的戏曲剧种现在还活在舞台上,例如从二人转演变而成的吉剧、龙江剧。韩国唱剧是近似的东西,它应该可以存活,这已经被中国戏曲舞台的实践反复证明过了。但李润泽的逻辑起点是:唱剧并没有完成对于现代戏剧的建构,也就是说,它仍然不是一种现代戏剧。换句话说,所谓的现代戏剧,只有建立在话剧革新的基础上才能成功。他的这一论点,引起中国学者的反感,认为他过于武断了,一句话就全部否定了中国戏曲的舞台革新,判定了传统戏曲永远不能够进入现代。但是,当我们于当天晚上观看了他执导的韩国现代戏剧《乡村儒士》之后,我们才明白了他的实指,也才明白他的追求的现实性。

韩国街头派演剧团演出的《乡村儒士》取得了相当的成功,中国观众对之反应强烈,产生了真情的感动。原因主要来自三个方面,首先是戏里所着意宣扬的乡村儒士曹南溟的凛凛节操,饱含着东方传统人格的内涵。他作为一个乡村读书人,不谙诸般世事,不事生理,在生活面前碰得头破血流。但是,当政治倾仄、国家发生危难、正直的大臣都被砍了头、朝野上下无人敢说话时,他却以一介小吏的身份,冒着杀头危险,上书君王,力图匡正时弊,扶助王室。戏里所弘扬的读书人这种担载精神,是中国儒文化里所熟悉的。我们历来有"先天下之忧而忧,后天下之乐而乐""天下兴亡,匹夫有责""知不可为而为之"的传统理念,这是我们民族的优秀精神遗产。在这里,我们看到了韩国文化与中国的交融,而我们自己已经很久没有产生类似的作品了。因此,许多中国观众对之发生心灵的沟通,产生共鸣,就是理所当然的了。其次是导演新颖流畅的舞台处理手法,既是传统的又是现代的。舞台上载歌载舞、朝鲜民族情调浓郁,用来辅助转场和渲染气氛,效果极佳。传统手法的表现又是与现代舞台手段融合在一起的。例如在舞台上杖责七大臣到死,这是历来少有人敢于正面表现的,其受刑难耐的痛苦挣扎表演,非常逼真,也非常残酷,带有自然主义的味道和血腥气,给人以强烈的生理震惊。但杖击却不是打在他们身上,而是打在舞台地板上,用了象征手法。传统与现代的结合,使得这台戏显得既有深厚文化底蕴又染有先锋色彩。再次是上述精神潜质与流畅的舞台处理相结合,再加上舞台设计的精心结撰,让我们感受到了一种极其浓郁的东方传统美。舞台上时见的水墨山水,和朝鲜民族服装、歌舞、风俗交融在一起,给人以宁静安逸的乡间田园诗的意境,诗情画意飘浮其间。尤其是结束时的轻轻一描,曹南溟微笑着,化入到茂林修竹之中去,鲜明地突显出回归自然的意境,提示出主人公身洁志远的人生态度和精神趋势,是神来之笔。这部戏给人带来的上述感动,既是导演功力的显现,也生动体现了导演在今天上午研讨会上的主张:从传统中发掘当代意识。他做到了传统精神与当代美意识的结合,为我们提供了很好的心灵享受。再联想到前面看过的一台突出强调肢体语言的韩国现代派戏剧《东方〈哈姆雷特〉》,我们对于韩国现代戏剧的理解有所深入了。

遗憾的是,中国参演的河北梆子《忒拜城》一剧,无法和《乡村儒士》的成功相比。郭启宏根据古希腊悲剧改编的《忒拜城》,剧本取材于古希腊传说里兄弟相残、争夺王位的故事,这和中国历史上反复发生的事情没什么两样。不同的是,兄弟二人皆亡后,其舅舅就任新王,下令不准为其中一人收尸。他们的妹妹安提格涅却不惜以生命为代价,掩埋兄长,从而受到舅舅的严酷惩罚——故事的立意就从揭露政治倾轧转换成了讴歌骨肉相亲。接下来又一转:舅舅的儿子却是安提格涅的恋人,安提格涅不堪忍受屈辱悬梁自尽后,他也拔剑自刎,和爱人死在了一起。主题又向爱情忠贞转过去。然而最后还有一笔:王后(舅母)见爱儿死去,自己也勒死在儿子身旁,只剩下老国王一人孤孤单单地承受这由自己一手造成的人世苦难。古希腊命运悲剧的影子在这里浓郁地浸染过来。主题多义、最终归结为命运的摆布,是古希腊悲剧的常见模式,而在中国故事里少见。郭启宏大概是被故事里人物命运的大开大合、急剧转折所吸引,意欲用河北梆子高亢、激昂的唱腔来表现其中人物的心情,想法固然是不错的。然而具体处理起来,除去上述几个转折颇能抓取人心外,剩下的就只是大段大段的唱了,显得冗长单调,令人感觉枯燥欲困。这再一次证明,戏曲剧本应该在人物关系而不是其他处理上上下功夫。导演罗锦麟想了许多办法,尽量调动戏曲里的武打、技艺手段来活跃舞台,但是在人物有大段唱腔时也没有办法,只好让舞台上其他人干坐在那里。总之,这是一台旧瓶装新酒式的演出,用中国的传统材料,包装古希腊的内容,总让人觉得格格不入。

　　然而,日、韩代表对于中国选送剧目《试拜城》《霸王别姬》仍然很感兴趣,认为是用民族传统演出现代戏剧的有益尝试,但对于另一台北京人艺的《万家灯火》则有微词。《万家灯火》是李龙云创作的一台写实主义话剧,以北京金鱼池小区改造前后居民的烦恼和喜悦为对象,表现北京城区建设的成就。虽然是奉命之作,而且是急就章,李龙云仍然显得游刃有余,把他几十年积累的功力都用上了,特别是对于平民百姓的关怀与了解,以及语言的诙谐、幽默与北京风味,给此剧增添了许多平民气。演出效果是好的,掌声不断。导演林兆华选上场的一批群众演员,都是小区的居民,他们演出了本色效果,从而使这次演出成为林兆华的一次成功实验。散戏后在剧院会议室座谈至深夜 11:30,日本学者认为此剧能够运用一批业余演员,创造了自然、亲切的表演风格,有它的质朴特色,但比起《茶馆》《雷雨》等经典名著来，还是显得艺术性不够。这当然是恰当的，也是实事求是的批评。中国一位学者甚至激烈抨击这次命题作文唱颂歌的举动，说是阉割了艺术。

11 月 11 日上午，我在中、日、韩三国戏剧研讨会上发言，试图整合几天来通过实践和理论交流所得到的认识。我指出：中、日、韩三国有着相近的文化渊源和文化传统。19 世纪以前，远东国家的文化交流也就是我们彼此之间的交流。因此，我们的传统文化有着许多相似之处。昨天在研讨韩国戏剧《乡村儒士》的时候，大家提到三国许多文化习惯的相同，例如都崇敬岁寒三友"松、柏、竹"，都有对于数字"七"的好尚（七仙女、七郎），都流行"竹林七贤"的文化典故等。19 世纪以后，三国走了不同的道路。日本最早向西方开放，于是中、韩两国都有了从日本转道引进西方现代化的经历。中、韩对于西方戏剧的引进，最初也都同样借道日本。二战以后，由于各国情况不同，戏剧的发展道路也不同。日本保持了与西方的直接接触，于是日本现代戏剧能够与西方同步，日本对于向西方推介自己的传统戏剧例如能乐、歌舞伎也不遗余力，收到了很好的效果。中、韩两国戏剧则由于政治原因，与西方的接触不够畅通。20 世纪七八十年代以后，这种阻隔消除了。而世界所发生的事情是，20 世纪一整个世纪里西方戏剧的反叛与变革，很大程度上根基于向东方传统戏剧的借鉴。阿尔托对于印尼巴厘岛宗教民俗歌舞的欣赏，布莱希特对于日本能乐、中国梅兰芳京剧的感叹，促成了他们戏剧理论的生成和戏剧体系的建立。现在，在全球化的语境中来谈论三国戏剧，我们感觉彼此之间有着许多的相同点，因为我们共同处于东西方文化的东方一极，共同代表东方戏剧，因此在未来的全球文化大融会中，我们有着自己的独特价值。我们要很好地探讨三国文化和戏剧的共同点，保持自己的个性和特色，为人类戏剧发展做出自己的努力。

第九届中日韩 BESETO 戏剧节对于东方戏剧内涵和外延的涉及与争论，由于是针对一次演出实践而发出的，受到时间和理论条件的限制，并没有能够深入下去。然而它所提出的问题，却值得戏剧理论界做进一步的深入探索。"东方戏剧"这一名词在 20 世纪 90 年代已经被中、日、韩的学者们频繁引用，我曾经对其概念内涵有过一个概括，引在这里作为本文的结束语：

"东方戏剧的范畴虽然是一个比较笼统的概念,它的内部仍然具有广泛歧异的内涵构成,但对应于西方戏剧来说,它仍可以说是较为明确的界定。这种界定既带有文化区分的意义,也含有传统的内蕴。从历史概念来讲,西方戏剧对应于欧洲技术革命以来所建立起来的近现代工业文明,而东方戏剧对应于传统文明。从文化范域来讲,西方戏剧勃生于基督教文化领地,东方戏剧则繁衍于佛教文化圈围。历史与文化的交合作用,将世界戏剧定型为东、西两大基本范畴,二者具有不同的传统渊源和艺术发展轨迹,形成不同的形式规则与美学风范。"

"与奠基于古希腊、罗马戏剧和中世纪宗教戏剧,逐步走向现代话剧、歌剧、舞剧三种形态分流,而以话剧为基本舞台样式的西方戏剧不同,东方戏剧具有一致的诗、歌、舞混融而一的舞台艺术特征,这是它得以确立自身概念范畴的基本要素,尽管这一要素的内部构成方式及实际操作规程,在东方戏剧种属内仍然歧异很大。"

(原载《中国戏剧》2003 年第 6 期)

人类戏剧的播衍

在我们这个蓝色的星球上,漂浮着树叶状的七大洲陆地。除永冻的南极洲之外,其他部分住满了不同肤色而富于智慧的人群。他们生活着、劳作着、思考着,闲暇时则阅读、运动和娱乐。他们在世界的任何一个角落里从事戏剧活动,运用各种语言、形式和场所,从而求得精神的陶冶、情感的发抒、心理的愉悦。戏剧是人类普遍的艺术现象。

然而,如果我们朝向历史的纵深眺望,让目光回到人类的童年,戏剧对于陆地的覆盖并不是那么均衡,步履也不总是那么平衡。这期间有着早发文明的璀璨辉映、异军突起,也有着野蛮时代的长夜漫漫、一息犹存。戏剧的长河里时而波澜壮阔,时而细流涓涓。凝神静心,你听得到它一路幽咽婉转、奔突冲撞、呼啸而来的声音,直到汇入现代文明的艺术汪洋。

人类戏剧的原始萌发,伴随着人类文明的曙光出现。似乎世界上的任何民族,当她最初从事庆贺神明诞生或欢度节日庆典的宗教仪式时,都会和原始戏剧相遇。于是,当我们把目光投向 5000 年前的古埃及文明时,我们看到了她祭祀尼罗河神——俄塞里斯的祭仪中,有关俄塞里斯生平的盛大装扮表演。俄塞里斯祭祀的神圣程序被 2000 年后的古希腊人狂热的酒神崇拜所继承,并朝向世俗装扮表演发展。人类另一处古老文明——印度,在它的"吠陀时代"(前 13 世纪—前 7 世纪)之前,已经在频繁的祭祀活动中夹杂拟神行为。而中国在 4000 多年以前的尧、舜、禹时代,也有着众多史前时期宗教仪式中的原始戏剧活动,反映在一些先秦典籍如《尚书》《吕氏春秋》里。可以说,当人们在原始的宗教庆典中,装扮神明,扮演他们的故事时,无意识的原始戏剧就产生了。人类文明史反复证实了这一点,我们从美洲的玛雅文化、澳洲和非洲的土著部落文化、印度尼西亚的巴厘岛土著歌舞及更多例证里,都可以看到原始宗教戏剧的影子。

然而,人类从事有意识的戏剧行为,或者换句话说,戏剧作为一门艺术样式而独立存在,最初仅仅发生于少数几个文明当中。这几个文明是:古希腊、古印度和古代中国。古希腊于前534年举办的悲剧竞赛见于记载,宣告了人类戏剧成文史的开端。古印度梵剧是在前4世纪开始传播的。古希腊和古印度都产生了伟大的史诗作品,为戏剧的借鉴内容、实现体裁转换提供了条件。古代中国戏剧的独立,由于没有民族史诗的支撑和帮扶,在她形成较为完整的戏剧文学结构——以文学剧本的出现为标志——的路途上走过了漫长的旅程,而后于12世纪走向成熟。

站在当代的基点上,回首遥望我们这个星球的过去,人类戏剧的明亮光芒最初只在几个点上放射,地球上的多数地域则被暗夜所笼罩;这几个点上的光芒也并不同时亮起,它们呈间歇性递相发射辉光。于是,我们真正感觉到这些最初光亮的珍贵。然而,它们却持续不灭、生生不息,最终发展播衍成了今天戏剧覆盖全球的状貌——我们不得不感谢人类早期戏剧对于现代文明的奠基之功。

人类古老戏剧的步履和轨迹各个不同。古希腊和罗马戏剧在放射了千年的璀璨光芒之后,随着罗马帝国的灭亡而中止,欧洲戏剧从此在中世纪宗教独裁的漫漫隧道里苟延残喘。印度梵剧则在持续盛行了1400年之后,于12世纪遭受了伊斯兰文化的冲击而断绝。中国戏剧却在12世纪初期真正脱离了原始与初级面貌,诞生了今天所知道的第一个完整剧本《张协状元》,标志着一种有意味的东方传统戏剧样式——戏曲的正式形成,从此生生繁衍至今,并不断向周边区域发射文化脉冲。

东方还有其他一些比较古老的传统戏剧样式,例如日本的能,13世纪在中国舞乐文化的影响下,由传统祭祀节庆表演发展而成;孟加拉的“贾拉达”,其历史或许可以追溯到古代雅利安人的祭祀仪式;柬埔寨的“巴萨剧”,大约形成于吴哥王朝初期的10世纪;越南的“嘲剧”,或许发源于李陈朝时期(11—13世纪)。这些东方传统戏剧都流传到了今天,成为东方戏剧文化的丰富宝藏。但它们大都发生在印度文化和中国文化的影响圈之内,与这两地的古老戏剧有着一定的文化继承关系,也都可以划归传统的诗歌舞综合舞台艺术的范畴。

与东方各个封闭文明里自在发展、自我完善的戏剧不同,欧洲戏剧走过了一个由古老向近代不断蜕变、同时又不断扩张到世界其他地域的过程。古希腊和罗马戏剧的伟大传统虽然断绝,中世纪教堂里宗教戏剧的活跃却延续了欧洲戏剧的人文传统。即使是在教堂戏剧时期,随着基督教的播迁,中世纪的欧洲已经将她的戏剧文化推衍到一个较大的地理范域。虽然这段宗教独裁阶段被史家称为黑暗时期,但是它为以后欧洲戏剧的复兴开垦了广阔的沃土。待到文艺复兴的曙光升起,欧洲各国由教堂戏剧传统中蜕变出来的各类轻歌剧、滑稽戏、哑剧蜂拥而起,宫廷和乡间到处载歌载舞。其间英国的莎士比亚戏剧放射出万丈光芒,奠定了欧洲戏剧继古希腊之后的又一个丰厚传统。而文艺思潮的模仿原则和趋实原则,奠定了欧洲戏剧分化为三大类型的哲学和美学基础,这三大类型为话剧、歌剧和舞剧,分别以语言、音乐和舞蹈为主导性的舞台表现方式,不同于东方古老戏剧综合融会的舞台原则——东西方戏剧由此分途。西方戏剧又以话剧为主导样式,它为人类贡献了丰富的人文和文学瑰宝,以写实性舞台方式区别于东方传统的写意性戏剧。

由世界史的整体趋势所决定,西方世界在实现了地理大发现和工业革命以后,加快了其一体化的步伐,其间几乎没有多少特色文明可以单独保存。由此,欧洲戏剧在文艺复兴以后的盛大发展,可以视为一种各国大体同步的过程,虽然彼此时而有着差异,彼此互相促发和诱导,最终却促进了西方戏剧文化的整体进步。因此,欧洲 20 世纪以前的戏剧发展,基本上是一系列思潮影响下的共同运动,由古典主义到浪漫主义,再到现实主义和自然主义,而不同的文艺思潮导致不同的戏剧流派形成,各自推出了经典性的代表人物和巨著,产生巨大的影响。相对来说,东方各个封闭的传统文明,是在西方工业文明崛起,挟军事和经济强势东来之时,被陆续打破壁垒的。因此,西方戏剧更多呈共性特征,东方戏剧则保留了一些特殊的古老痕迹。

15 世纪末的地理大发现使欧洲戏剧的播衍急剧扩张。最初西班牙把她的教堂戏剧带到了美洲,以后是英国、法国殖民者的后续。随着欧洲在东方殖民地域的扩张,以及西方文化的东渐,西方戏剧也向着东方不断渗透,遮蔽了非洲、亚洲一直到大洋洲的广大地域。也可以说,西方戏剧随着英语、法语、西班牙语覆盖地域的急剧扩大,迅速扩展成为世界性的戏剧现象。而印度、中国、日本和南亚这些有着古老戏剧传统的国家和地区,以及世界上任何语种的国家,也都逐步在自己的舞台上引进了西方戏剧样式,而用本国语言来演出,同时也按照西方式样建造起众多的剧院供演出使用。西方戏剧于是在 20 世纪成为全球性的文化现象。

西方戏剧的渗透,引起了东方古老戏剧的观念变革,于是 20 世纪可以视为东方戏剧变革的世纪,这些变革从日本、中国、东南亚及其他传统国家的舞台变化中体现出来。但同时,西方戏剧也由于自身原因,产生了变革的强烈需求。其原因来自社会机体、宇宙观、哲学思潮、文艺思潮各方面的诉求,也来自其朝向写实发展的最终穷途末路。因而 20 世纪也是西方戏剧各种现代思潮和流派盛行时期,从象征主义到表现主义,从存在主义到荒诞派,从现代派到后现代派,产生了众多的代表作家和作品。在自身的变革中,西方戏剧从东方传统的戏剧美学中汲取了灵感,这促进了东西方戏剧的交流和交融。

人类的步伐迈入了 21 世纪。戏剧这个至少有 5000 年华龄的艺术样式,这个伴随了人类文明始终的艺术样式,虽然不断遭受到现代新兴媒体艺术的冲击,仍然成为我们星球上最为普及和盛行的艺术样式。她的足迹遍及人类各个群落,可以说有人群即有戏剧。戏剧已经成为人类文化的不可或缺部分,成为人类的一种生存方式。她还将伴随着人类历史的延伸而繁衍下去。

(原载《人民政协报》2004 年 3 月 22 日)